**Collection
Premier
Cycle**

Histoire

des États-Unis

JEAN-MICHEL LACROIX

Professeur de Civilisation nord-américaine
à la Sorbonne nouvelle - Université de Paris III

2e édition mise à jour

*Presses
Universitaires
de France*

A Louis-Henri et Pierre-Philippe

ISBN 2 13 052218 1
ISSN 1158-6028

Dépôt légal — 1re édition : 1996, novembre
2e édition mise à jour : 2001, septembre

© Presses Universitaires de France, 1996
6, avenue Reille, 75014 Paris

Sommaire

Pourquoi une autre histoire des États-Unis qui risque fort de ne pas être nouvelle ? L'abondance des histoires générales des États-Unis est toute relative et le monde des américanistes est finalement peu étendu.

Le désir d'écrire une histoire des États-Unis des origines à nos jours relève de la gageure mais l'idée d'un ouvrage en un seul volume correspond au souci de ne pas dissocier les origines du point d'aboutissement contemporain. A défaut d'une mythique Amérique Wasp, c'est-à-dire blanche, anglo-saxonne et protestante, existe-t-il une Amérique « éternelle » au-delà des changements et du conjoncturel ?

Le présent ne peut être lu qu'à la lumière des événements fondateurs. Le désir est donc d'insister sur la naissance de cette nation américaine, d'essayer de voir si le destin des États-Unis, à défaut d'être manifeste, a bien été unique et ce qui est véritablement exceptionnel ou distinctif.

Y a-t-il une « civilisation » américaine ? Il y a certainement des « valeurs américaines » qui permettent ou ont permis à certaines époques le consensus national. Sans être supérieure, l'Amérique peut avoir des traits spécifiques.

Unité et diversité, consensus et conflit constituent un des enjeux de ce pays dont le leadership est actuellement en crise ou qui est en passe de se redéfinir. Si le XXe siècle a été américain, le XXIe siècle pourra-t-il l'être encore ?

Y a-t-il continuité ou cycles ? Il y a certainement des modes au niveau de la lecture de cette histoire américaine perpétuellement réécrite, revue et corrigée au gré des idéologies du moment et des interprétations personnelles. En France, en particulier, la perception de l'autre est souvent altérée par la vision que l'on a du contexte politique de l'hexagone.

Mais les modes touchent aussi les États-Unis. Que faut-il penser des thèses révisionnistes puis de celles de la New Left ? Le politically correct est une lecture possible mais la mode en passera aussi.

La mode n'est plus aux histoires générales, « totales », et il est tentant voire intéressant de privilégier le point de vue des femmes, des minorités, des marginaux, *de toutes les composantes singulières d'un ensemble éclaté. On peut toujours avec profit mettre l'accent sur un groupe, une région, au détriment de l'ensemble qui a laminé spécificités et différences mais il est surtout dangereux de vouloir a posteriori réinterpréter systématiquement un passé à la lumière de thèses modernes. Une telle approche n'autorise pas à juger de façon péremptoire ou dogmatique. Loin de nous l'idée de condamner ou de défendre tel ou tel système de pensée, telle ou telle attitude mais plutôt de chercher à comprendre le fonctionnement des institutions, le fondement des comportements, les contradictions entre l'idéal proclamé et les réalités vécues.*

Même si la chronologie tant décriée est ici un peu trop présente, elle n'exclut pas les percées thématiques et de même que l'approche générale des États-Unis gomme la richesse d'une approche régionale, elle essaie de restituer l'importance de la diversité de l'Union. Il y a place pour une histoire générale des États-Unis dans une collection de premier cycle alors que l'étude de ce pays a une place modeste dans la formation des lycéens et qu'elle a pratiquement disparu des programmes de terminale dans les classes d'anglais au profit de l'acquisition indispensable des mécanismes de la langue ou de débats sur des problèmes sociétaux généraux. Mais il n'y a pas que les étudiants qui souhaitent s'informer sur la société américaine au-delà des reportages journalistiques souvent réducteurs et des présentations stéréotypées. Tout public plus large, soucieux de culture générale, prendra peut-être aussi plaisir à comprendre l'évolution d'une société qui, au terme de près de cinq siècles d'existence, commence à cesser de porter les stigmates d'un pays jeune. Le Nouveau Monde a désormais quelque ancienneté et le recul d'un demi-millénaire permet quelque distanciation.

Cet ouvrage ne cherche pas à innover au plan de la recherche scientifique ; il vise simplement à éclairer et à guider dans la connaissance des États-Unis, à la lumière des études récentes de spécialistes. L'architecture du livre correspond à un souci de simplicité et de clarté. Même si le découpage chronologique n'est pas toujours intellectuellement pleinement satisfaisant, surtout après 1916, il a paru commode de respecter l'importance de la périodisation et de dégager des continuités entre certaines administrations au-delà des seules affiliations partisanes.

La référence à des périodes de trente ans dans la plupart des chapitres nous est apparue parfaitement correspondre au concept de génération et, grosso modo, *ce sont bien huit générations qui couvrent l'histoire américaine de la guerre d'Indépendance à nos jours. Symboliquement aussi la cassure de la guerre de Sécession, évoquée dans le chapitre 5, occupe une place centrale. Enfin, sans doute par déformation professionnelle, l'angliciste a-t-il été conduit à proposer le plus systématiquement possible la traduction française d'expressions américaines sans équivalent véritable et souvent employées telles quelles. Osons espérer que les services rendus par cet ouvrage de découverte de l'Amérique sauront faire oublier ses inévitables lacunes.*

Introduction

Si on la compare à celle de l'Asie ou de l'Europe, l'histoire des États-Unis paraît singulièrement courte. A peine quatre siècles se sont écoulés depuis la fondation de la Virginie et, malgré l'existence de crises ou de ruptures, le déroulement d'une « histoire sans histoires » semble n'avoir été orienté que dans le sens du progrès et du bonheur. On dit bien d'ailleurs que les peuples heureux n'ont pas d'histoire.

En réalité, l'historiographie américaine a connu plusieurs étapes mais toujours dominées par le sens d'une forte interprétation personnelle. La responsabilité morale de l'historien consisterait-elle aux États-Unis à garantir que l'Amérique a accompli sa mission ? La conscience d'une destinée manifeste serait-elle assez forte pour justifier ce parti pris d'idéalisme parfois très éloigné de la réalité concrète. La réalisation hypothétique de ce destin collectif ne saurait occulter l'existence de crises et de conflits.

L'historiographie américaine a suivi plusieurs développements. Elle met un certain temps déjà pour cesser d'être la glorification héroïque des débuts épiques, qu'il s'agisse de l'aventure du *Mayflower* ou de la naissance des colonies du Nord-Est. La période hagiographique dure et il faut attendre le milieu du XIXᵉ siècle pour voir émerger une histoire nationale avec George Bancroft ou Francis Parkman. Le patriotisme de ces historiens les conduit à proposer une vision du consensus qui se cristallise autour de la création nationale et de la célébration des Pères fondateurs. L'Histoire semble devoir conforter la supériorité des Américains dont le destin collectif doit s'accomplir. Mais après l'âge d'or de l'expansion territoriale, les premières difficultés apparaissent. L'Amérique n'est ni divine ni romantique. Elle n'est sans doute pas un don de Dieu pas plus qu'elle ne plonge ses racines dans les forêts germaniques. L'expérience du populisme, la montée du parti démocrate, l'aventure de l'impérialisme remettent en question le concept même de consensus pour introduire celui de tensions ou de conflits. C'est le sens de la thèse des frontières successives développée par Turner à la fin du XIXᵉ siècle. Selon cette première vision véritablement globale, l'histoire américaine devient le produit de conflits ou d'accords entre les différentes « sections » ou aires géographiques nouvelles au fur et à mesure des avancées du peuplement et d'un contact permanent entre la civilisation d'origine européenne et la « barbarie » indigène. Ce sont bien les différences entre les sections qui permettent d'expliquer le clivage entre le Nord et le Sud. Et la guerre de Sécession, malgré la Reconstruction, demeure une cassure profonde dans l'Union.

L'influence forte de Charles Beard sur les thèses progressistes des historiens des premières décennies du XXᵉ siècle fait prévaloir l'étude des forces économiques et sociales conflictuelles, moteur de l'évolution du pays. Colorée d'un marxisme diffus, cette interprétation met en relief les conflits entre possédants et non-possédants, entre le Sud agrarien et le Nord industriel et commercial. Une fois surmontée la crise de la Grande Dépression et une fois traversée l'expérience du *New Deal*, la Seconde Guerre mondiale redonne aux États-Unis le sentiment de la sécurité et de la confiance et l'école du consensus fait à nouveau ressortir l'idée d'une supériorité américaine ou tout au moins de la spécificité de ses institutions. Les États-Unis auraient pour principal avantage de s'être libérés du poids des traditions mais, comme pour suivre un mouvement de balancier, les années 60, assombries par le mouvement de contestation et par la guerre du Viêt-nam, voient se développer à nouveau les thèses du conflit chez les historiens de la *New Left*. La Nouvelle Gauche propose une relecture de l'histoire américaine en insistant sur les mouvements de protestation et de radicalisation. Enfin, la mode depuis quelques décennies est à l'histoire sociale.

L'histoire de tous ces courants historiques successifs bute à l'heure actuelle sur le sentiment d'un éclatement et d'une fragmentation. Loin du récit des événements, la « nouvelle histoire » n'est pas pour autant dispersion fatale mais enrichissement de recherches et approfondissement d'investigations dans des champs thématiques pointus.

Au-delà des querelles et sans avoir la prétention d'écrire une nouvelle histoire totale, il est apparu utile de redonner à l'étudiant qui n'est pas historien professionnel, le sens de l'arrière-plan général et du contexte d'ensemble sans lequel ses bribes d'information parcellaires sur tel ou tel thème ou sur telle ou telle période de l'histoire américaine risquent de le conduire à renforcer ses préjugés et sa perception stéréotypée. L'idée est de proposer ici une synthèse qui n'évacue pas les particularismes. Par ailleurs, l'existence dans la même collection d'une histoire culturelle des États-Unis et le projet de publication d'une étude de la société américaine ont conduit à évacuer délibérément certaines réalités fondamentales au risque de paraître réducteur.

1. Les premiers établissements : l'Empire britannique et la société coloniale (1607-1763)

La rencontre entre l'Europe et l'Amérique a attendu bien long-temps alors qu'à peine un mois de navigation les séparait l'une de l'autre. Cette rencontre à sens unique, puisqu'elle s'est faite seule-ment d'est en ouest, est devenue une découverte dans l'imaginaire collectif alors qu'il s'est plus justement agi de conquête.

L'ère des expéditions de « découverte » (avant 1607)

La « découverte », d'aucuns diront l'invasion par les Européens d'un « Nouveau Monde », se situe aux alentours de l'an 1000 avec les expéditions des Vikings et notamment le débarquement de Leif Ericson, fils d'Éric le Rouge, à Vinland, « la Terre des vignes » (Terre-Neuve) mais ce n'est guère avant la fin du XVᵉ siècle que l'Europe va tirer parti et profit d'un monde dont la richesse la fascine.

La découverte relève d'une méprise et n'est que le fruit acciden-tel du hasard puisque l'intention était d'inventer une voie maritime (l'hypothétique « mer de l'Ouest ») vers les Indes et l'Extrême-Orient, Cathay (la Chine) et Cipangai (le Japon) susceptible de conduire à un véritable El Dorado. 1492 vit donc Christophe Colomb (Cristoforo Colombo), un Italien au service de l'Espagne d'Isabelle la Catholique, atteindre les Antilles. Le 14 octobre 1492, il aborda à l'île de Guanahani (plus tard San Salvador), puis à Hispaniola (Saint-Domingue). Ses deux autres voyages, en 1493 et 1498, le menèrent encore aux Antilles puis au nord de l'Amérique du Sud. Colomb a sans doute permis à l'Espagne de constituer un puissant empire mais, contrairement à ce qui deviendra un élément légendaire dans le mythe d'origine de l'Amérique, il n'a pas véritablement découvert le continent nord-américain. Il a ouvert la voie aux autres.

La première moitié du XVIe siècle voit de très nombreuses expéditions en quête de nouvelles terres mais il est difficile de prévoir alors qui dominera des Portugais, des Espagnols, des Français puis des Anglais qui vont devenir rivaux sur les côtes du continent américain. On remarquera au passage que les Italiens qui sont d'excellents marins furent au service de souverains étrangers. Dans cette course fabuleuse en quête de richesses, les puissances maritimes d'Europe occidentale se livrent à une course à handicap dans laquelle les Anglais partent presque les derniers.

L'exploration de l'Atlantique (mais dans le sens opposé au continent américain) sourit aux Portugais qui, à l'initiative du prince Henri le Navigateur (1394-1460), s'engagent dès 1420 dans une série d'expéditions le long du littoral occidental de l'Afrique, atteignent la *Gold Coast* (le Ghana actuel) en 1471 avant que Bartolomeu Dias ne franchisse le cap de Bonne-Espérance en 1487 et que Vasco de Gama n'arrive en Inde en 1498. Les Portugais qui maîtrisent assez mal vents et courants se hasardent rarement au grand large et ils ne sont pas prêts à s'aventurer sur la « mer Océane ».

Les Espagnols n'ont pas de prétentions sur le nord du continent malgré quelques explorations sans véritable lendemain, celle de Juan Ponce de Léon en Floride (qui désignait alors tout le sud-est des États-Unis actuels) en 1513, suivie en 1521 par la tentative vouée à l'échec devant l'hostilité des indigènes de fonder un établissement (probablement dans la baie de Tampa) ou bien encore celle de Hernando de Soto qui découvre la Savannah, l'Alabama, le Mississippi et l'Arkansas entre 1539 et 1543.

Les Français, sous le règne de François Ier, envoient le navigateur florentin Giovanni Verrazano vers le Nouveau Monde (nommé Amérique en souvenir d'Amerigo Vespucci, lui aussi d'origine florentine) qui découvre en 1524 la baie de New York baptisée Nouvelle-Angoulême. Verrazano décide d'éviter l'actuel Cap Fear en Caroline du Nord qu'il croit occupé par les Espagnols et remonte plus au nord pour découvrir la rivière Hudson, longer l'actuelle Nouvelle-Angleterre avant d'atteindre, tout au nord, l'Arcadie/

Acadie devenue par la suite la Nouvelle-Écosse et le Nouveau-Brunswick. La seconde expédition, au printemps 1528, conduit l'explorateur vers la Caroline où il est tué et dévoré par les cannibales. Verrazano aura eu le mérite de prouver la continuité de la côte atlantique de la Floride à l'Acadie et de baliser la future Nouvelle-France.

La présence française est également assurée par les expéditions de Jacques Cartier ; la première, en 1534, conduit l'explorateur malouin à Terre-Neuve (les côtes de Terre-Neuve désignaient alors toutes les côtes atlantiques allant du nord de l'île de Terre-Neuve jusqu'à l'île du Cap-Breton) et à l'embouchure du Saint-Laurent, régions assidûment fréquentées pour la pêche à la morue et la traite des fourrures avec les Indiens ; le second voyage, en 1535, lui permet de remonter le Saint-Laurent et de fonder Québec puis d'aller jusqu'à Hochelaga, le site du futur Montréal. En 1541, la troisième expédition d'exploration conduite par Jean-François de la Roque de Roberval (Cartier n'en fut pas le premier responsable) se transforma en mission de colonisation mais ce fut l'échec de l'établissement français en raison du scorbut et des Iroquois.

Il faut attendre 1562 pour qu'une expédition jusqu'au nord de la Floride ne soit conduite par Jean Ribaut puis par René de Laudonnière en 1564, qui avaient reçu l'appui de Gaspard de Coligny, l'amiral de France protestant, pour tenter d'y établir un refuge pour ses coreligionnaires en cas de persécution. L'établissement de Ribaut sera détruit en 1565 par l'envoyé de Philippe II, Pedro Menendez de Aviles, qui fonda à Saint-Augustine la ville la plus ancienne des États-Unis.

Mais il n'y a toujours pas d'Anglais dans cette partie du monde à l'exception de l'incursion du Génois de Bristol, John Cabot (Giovanni Caboto) qui, avec une patente d'Henri VII d'Angleterre, avait navigué vers Terre-Neuve et avait reconnu le golfe du Saint-Laurent en 1497.

Le retard des Anglais est causé par des problèmes internes d'ordre essentiellement politiques et religieux tels que la Réforme, les affaires d'Europe, la rivalité avec l'Espagne mais aussi des difficultés d'ordre démographique et économique à savoir le surpeuplement, la pauvreté et l'emploi.

Ce n'est qu'au cours de la seconde moitié du XVIᵉ siècle que s'apaisent les rivalités religieuses et que peuvent s'affirmer les ambitions anglaises de type colonial avec l'arrivée sur le trône d'Elisabeth Iʳᵉ (1558-1603). Les récits de Jean Ribaut et de ses compagnons, en dépit de l'échec de la colonie, réveillent les ambitions coloniales anglaises. La reine Tudor et son secrétaire d'État Sir Francis Walsingham permettent à l'Angleterre de devenir une véritable puissance maritime dont la suprématie est consacrée par la victoire de Sir Francis Drake sur l'Invincible Armada de Philippe II en 1588. Ce même Francis Drake serait allé jusqu'aux côtes de l'actuelle Colombie britannique, lors de la première circumnavigation anglaise de 1577 à 1580. Dès 1576, grâce à la création de la Compagnie de Cathay, Martin Frobisher part à la recherche du passage du Nord-Ouest et découvre la terre de Baffin et la baie de Frobisher. Le rêve d'établir un empire motive le plan de Sir Humphrey Gilbert qui affirme en 1576 (notamment dans *A Discourse of a Discoverie for a New Passage to Cataia*) son désir d'établir une colonie en Amérique pour lutter contre l'Espagne ; après l'échec d'une première expédition en 1578, il parvient jusqu'à Terre-Neuve en 1583, au terme d'une seconde dont il ne reviendra pas. La succession est alors assurée par le demi-frère de Gilbert, Sir Walter Raleigh (1554-1618), qui fut le premier à formuler les fondements de la future puissance anglaise et illustra l'intérêt nouveau des classes dirigeantes pour les entreprises de colonisation en établissant la puissance nationale sur le commerce, la puissance commerciale sur la maîtrise des mers et la puissance navale sur le commerce. Raleigh réussit à obtenir une nouvelle charte en 1584 et après avoir longé la côte au sud de la baie de Chesapeake, il découvre la Virginie ainsi baptisée en l'honneur d'Elisabeth la Vierge. Une autre expédition dirigée par Richard Granville permet, en 1585, la découverte de l'île de Roanoke au large de la Caroline du Nord mais la tentative d'établir une colonie échoue (cf. carte 1). Il faut attendre 1587 pour que l'aquarelliste John White prenne un nouveau départ pour Roanoke où sa fille donnera naissance à Virginia Dare, le premier sujet de sa Majesté britannique à voir le jour sur le sol américain. Il est clair que désormais l'objectif des missions est plus colonisateur qu'exploratoire et que l'idée est d'établir des colonies de peuplement susceptibles d'être des comptoirs de commerce.

Toutes ces initiatives s'inscrivent dans le contexte nouveau d'un véritable projet de colonisation admirablement résumé dans les écrits de Richard Hakluyt (1533-1616) qui est à l'origine de toute une tradition de littérature promotionnelle. Les deux textes, de 1584 et de 1589, *Discourse Concerning Western Planting* suivi de *The Principall Navigations, Voiages, Traffiques, and Discoveries of the English Nation,* fournissent tous les arguments qui vont permettre à cette propagande en

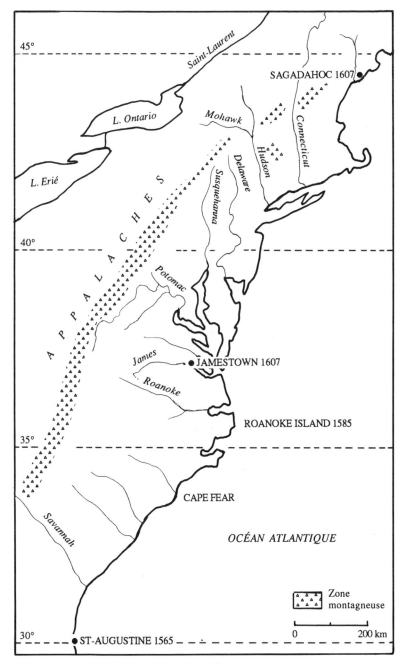

45°

Saint-Laurent

SAGADAHOC 1607 ●

L. Ontario

Mohawk

Connecticut

Hudson

L. Erié

Delaware

Susquehanna

A P P A L A C H E S

40°

Potomac

James

● JAMESTOWN 1607

Roanoke

ROANOKE ISLAND 1585

35°

CAPE FEAR

Savannah

OCÉAN ATLANTIQUE

Zone
montagneuse

0   200 km

30° ● ST-AUGUSTINE 1565

Carte 1. — L'Amérique du Nord en 1607

faveur de l'Amérique d'attirer des colons et d'informer la future idéologie impériale britannique. L'établissement en Amérique doit pouvoir résoudre les problèmes économiques de l'Angleterre et satisfaire les ambitions nationales autant que le désir individuel de s'enrichir. Ainsi est créé le rêve d'une Amérique opulente, véritable terre d'abondance. Au slogan *land scarce and labour plenty* qui caractérisait l'Angleterre correspond alors la formule *land plenty and labour scarce* qui allait désigner la société coloniale.

A la fin du XVIᵉ siècle, malgré plusieurs tentatives de colonisation et la présence quasi continue des chasseurs de baleine et des pêcheurs de morue, aucun établissement européen n'avait réussi à survivre en Amérique, au nord du Mexique. On a cependant inventorié des sources de richesse inattendues et le territoire a commencé à être balisé et donc à être sérieusement délimité par les puissances européennes rivales. On retiendra que toutes ces explorations demeuraient des aventures hasardeuses et plusieurs facteurs retardèrent l'installation permanente d'établissements humains : l'hostilité des indigènes, les condi- tions climatiques des lieux d'accueil souvent insalubres, la nécessité de trouver des financements très onéreux pour commanditer les expéditions, l'absence de motivation et surtout de formation des équipages.

La première phase de la colonisation (1607-1660)

Si le XVIᵉ siècle est l'ère des explorations, le XVIIᵉ siècle est celui de la colonisation. En effet, la colonisation anglaise de l'Amérique du Nord ne commença vraiment que sous Jacques Iᵉʳ (1603-1625) et se poursuivra sous Charles Iᵉʳ (1625-1649). En l'espace d'une quarantaine d'années, les Anglais fondent ainsi la plupart des treize colonies qui vont marquer le début d'un véritable empire américain.

Les raisons de la réussite anglaise

Un certain nombre d'éléments permettent d'expliquer la réussite anglaise. Dans le contexte immédiat de la signature de la paix avec l'Espagne en 1604 qui lui permet de pouvoir investir désormais davantage de ressources économiques et humaines dans l'aventure coloniale, l'Angleterre fait face à des conditions socio-économiques qui ne peuvent qu'inciter ses habitants à quitter le royaume et à participer activement à l'essor maritime et colonial.

L'augmentation de la population, tout d'abord, joue dans un sens positif. La croissance démographique est forte entre 1540 et 1640. De moins de trois millions d'habitants au début du XVIe siècle, la population passe à près de quatre millions et demi vers 1579 pour atteindre cinq millions quatre cent mille en 1688, selon les estimations de Gregory King. Même si à cette époque-là l'Angleterre ne comprend qu'à peine plus du quart de la population française, son accroissement démographique commence à être indiscutable car l'Angleterre connaît moins que la France les oscillations violentes et les pointes de surmortalité.

Les bouleversements de structures dans le monde agraire font évoluer l'Angleterre de l'*open field* aux réformes des *enclosures*. Ce vaste et profond mouvement de remembrement qui permet aux grands domaines de s'étendre aux dépens de la propriété paysanne non par expropriation des paysans mais par achat des terres paysannes, a pour effet de modifier la hiérarchie du monde rural et, s'il enrichit les uns, il conduit au chômage certains *tenant farmers, yeomen* ou petits propriétaires qui ont perdu leurs terres.

Les conflits religieux sont aussi à la base de départs vers l'Amérique. Malgré les apaisements apportés par Elisabeth Ire soucieuse sinon de respecter la diversité du moins de préserver le compromis, les Puritains considèrent qu'il y a encore trop de catholiques romains dans l'Église anglicane et certains *dissenters* puritains songent à s'établir ailleurs.

Les règnes successifs des Tudors puis surtout des Stuarts sont caractérisés par le développement de la richesse. Là où la France de Louis XIV (1643-1715) ou du « tragique XVIIe siècle » d'après 1630 traverse une longue période de stagnation et même de déclin voire d'effondrement, l'image traditionnelle de la pauvreté anglaise cède la place à celle de la prospérité nouvelle. Bien sûr, misère et sous-emploi ont été réels et l'Angleterre a traversé des périodes difficiles (les années 20 ou la guerre civile), mais rien n'est comparable à la dépression prolongée qui affecte la France après 1630. Les inégalités subsistent au niveau de la répartition des richesses et des conditions sociales mais l'esprit d'entreprise permet un réel décollage économique.

La colonisation anglaise se distingue en effet très vite de celle des autres puissances européennes. La tradition des droits individuels et de la mobilité sociale, établie sans doute en Angleterre plus tôt qu'ailleurs en Europe, crée un esprit d'entreprise individuel qui conduit à la modernisation. On a souvent répété aussi que le développement de la Réforme anglaise depuis Henri VIII avait généré un individualisme spirituel et un sens des responsabilités protestants qui, alliés à l'esprit d'entreprise des classes marchandes, avaient favorisé la réussite économique. Sans vouloir minimiser les différences de structures sociales et de mentalités entre l'Angleterre et le reste de l'Europe ou ces dispositions favorables à l'esprit d'entreprise qui caractériserait les Anglais de façon originale, il convient d'expliquer le succès en privilégiant avant tout l'explication économique.

En tout cas, à la différence de ses nations rivales, l'Angleterre s'engage pauvre dans l'expérience coloniale mais à ces éléments négatifs qui contraignent au départ, s'en ajoutent d'autres plus positifs. Démarrée sous Elisabeth, l'anglicisation de l'Irlande à la population nombreuse et à l'agriculture développée offre un modèle pour la colonisation anglaise en Amérique.

Mais le véritable atout réside dans le changement de mentalité qui s'opère avec la prise de conscience que la richesse ne provient pas uniquement des métaux précieux. Les rêves de richesses fabuleuses et de profits immédiats longtemps symbolisés, par exemple, par les prises lucratives des boucaniers se dissipent. Très vite, les Anglais vont s'adapter aux conditions du milieu américain qui n'offre pas, dans sa partie nord, les mêmes ressources qu'aux Espagnols dans la partie sud et le développement de l'agriculture va s'imposer dans les esprits comme étant un des soutiens essentiels à la colonisation. L'importance du tabac, du coton, du sucre, du café voire du poisson prend alors un relief aussi déterminant qu'inattendu. Selon la formule d'Andrews, l'histoire de la colonisation se résume excellemment par les trois mots : *gold, trade and tillage* (l'or, le commerce et le labourage).

Les conditions d'établissement en Virginie dès 1607

L'aventure de la colonisation démarre sous Jacques Ier et le nouveau règne Stuart ouvre une nouvelle ère d'espoir quant aux possibilités d'exploitation commerciale.

De nouveaux voyages sont entrepris dont l'expédition de Sir George Weymouth au large de la côte de Nantucket et du Maine en 1605. Sans doute la rivalité avec la France qui avait envoyé Samuel de Champlain en 1603 pour explorer le Saint-Laurent avait-elle stimulé les énergies. Champlain fonde Port-Royal en Acadie dès 1604 avant de fonder Québec en 1608. Fin 1605, des marchands demandent à la Couronne une charte pour leur permettre de s'établir en Amérique et, le 10 avril 1606, le souverain accorde une charte à la Compagnie de Virginie, deux sociétés commerciales rivales en fait, l'une établie à Londres, l'autre à Plymouth, avec pour mission de fonder deux colonies. Grâce à une concession territoriale sur une profondeur de 100 *miles* (160 km), celle de Londres peut opérer entre le 34e et le 41e parallèle, celle de Plymouth entre le 38e et le 45e parallèle, à condition de laisser entre les deux une distance de cent *miles* pour remédier au risque de recouvrement. La charte royale donnait aux deux compagnies dirigées par un conseil de 14 personnes nommées par le roi, « les terres, les bois, le sol, les ports, les rivières, les minerais, les marécages, les eaux, les pêches, les biens meubles ou immeubles ». Elle accordait la possibilité de frapper monnaie sans toutefois autoriser le commerce avec des puissances étrangères. Les colons et leur descendance étaient en outre assurés de jouir des libertés des Anglais et, en particulier, du droit de posséder et de transmettre des biens. La possession et la jouissance des terres étaient donc formellement garanties moyennant le reversement au roi d'un droit annuel, le socage.

La compagnie la plus éphémère fut celle de Plymouth qui envoie 120 hommes qui débarquent en mai 1607, au cœur du Maine, à l'embouchure de la Sagadahoc mais les colons ne survivent pas ou repartent et la compagnie cédera ses droits plus tard (en 1619) à une autre compagnie, le Conseil de Nouvelle-Angleterre, sous l'impulsion de Sir Ferdinando Gorges. Fin décembre 1606, la branche de Londres, en revanche, confie au commandant Christopher Newport une expédition de 144 personnes (des hommes uniquement) qui, à bord du *Susan Constant*, du *Godspeed* et du *Discovery* et au terme d'un voyage de quatre mois, atteignent la baie de Chesapeake le 26 avril 1607. Les 105 survivants remontent une rivière qu'ils nomment la James River en l'honneur du roi et ils fondent, le 24 mai 1607, le premier établissement anglais permanent d'Amérique du Nord sur une péninsule marécageuse baptisé *Jamestown*. L'environnement n'est guère hospitalier et, au bout de la première année, 32 hommes seulement ont réussi à survivre à la famine, à l'hostilité des indigènes et à la malaria.

Mais l'une des difficultés majeures du groupe réside dans son organisation. La présidence du conseil mal assurée par Edward Wingfield conduit à des dissensions graves qui ne pourront être dominées que par le capitaine John Smith. Grâce à son leadership fort, Smith prend la situation en main et, bénéficiant des conseils des indigènes, impose aux colons de cultiver le maïs *(Indian corn)*. Au terme du premier hiver, la trentaine de survivants se voit renforcée par un nouveau contingent qui arrive au printemps et à l'automne 1608 mais, en raison de son autorité excessive, Smith est contraint de quitter la colonie en octobre 1609. Peu avant son départ, les relations avec les indigènes de Powhatan se détériorent et la sévérité de l'hiver 1609-1610 ne laisse finalement que peu de survivants en juin 1610. Pour la plupart, les colons ne sont ni préparés ni formés aux techniques aratoires.

Face à cette situation difficile et attribuant aux clauses de la charte de 1606 les principales raisons du demi-échec de l'implantation, la Couronne essaie une nouvelle formule. Une deuxième charte en mai 1609 étendit le territoire et supprima le conseil royal pour le remplacer par un conseil élu annuellement par les actionnaires de la société commerciale auquel elle délègue le pouvoir de légiférer et d'édicter ses règles. Le nouveau conseil est dirigé par un gouverneur qui a les pleins pouvoirs y compris celui de recourir à la loi martiale. Cette nouvelle phase, inaugurée par un nouveau gouverneur, Lord De La Warr, qui arrive en 1610 accompagné de 300 colons, verra se succéder plusieurs gouverneurs (Thomas Gates d'août 1611 au début 1614, puis Sir Thomas Dale de 1614 à avril 1616) qui agirent en maîtres absolus mais furent impuissants à surmonter les problèmes. Une troisième charte, en mars 1612, donne plus d'importance à la Compagnie et accroît ses pouvoirs. Mais, en 1616, la colonie comprend 324 personnes contre 450 en 1611. Il devient dès lors évident que l'établissement ne sera possible qu'à la condition de sacrifier le projet collectif au bénéfice d'intérêts plus individuels et donc plus motivants.

Le seul élément encourageant fut l'introduction du tabac par John Rolfe en 1612. Les diverses tentatives pour planter du tabac finissent par réussir. L'espèce cultivée a d'abord été la *Nicotiana rustica* d'origine mexicaine, supplantée ensuite par la *Nicotiana tabacum*, sans doute venue de l'intérieur du Brésil. Si le maïs permet la survie alimentaire, le tabac s'annonce comme très prometteur au niveau de sa valeur commerciale et d'ailleurs les premières exportations vers l'Angleterre commencent en 1614 (2 600 livres) et ne cesseront de se développer par la suite (20 000 livres en 1617). Les relations avec les indigènes semblent devoir s'apaiser et on a souvent monté en épingle le mariage de Rolfe, en avril 1614, avec Pocahontas, la fille du roi Powhatan. Cette première alliance officielle avec une indigène prit valeur de symbole mais sans régler pour autant le problème des rapports avec les Indiens.

Un nouveau système, celui du *Virginia head-right* ou supplément par tête est mis en place en 1618. Il consiste à accorder aux propriétaires un supplément de 50 acres (40 ares) par personne « transportée » de statut servile. La première pièce de terre est ainsi donnée à John Martin et, d'avril à décembre 1618, la Virginie passe de 400 à 1 000 habitants. C'est d'ailleurs à partir de 1619 que les premiers esclaves noirs sont introduits en terre américaine. L'ensemble de ces facteurs va permettre la constitution des futures grandes plantations caractéristiques du Sud.

Les colons pourront jouir de toutes les libertés, franchises et immunités et seront désormais gouvernés comme en métropole et pourront élire des représentants (au nombre de 22, soit 2 par établissement humain ou par plantation) au sein de la Chambre des Bourgeois *(council of burgesses)*. La première assemblée élective est ainsi réunie par le gouverneur George Yeardley en juillet 1619. Le document autorisant la réunion de cette assemblée a été perdu mais l'ordonnance de 1621 (24 juillet) en est une reproduction sans doute fidèle et c'est la raison pour laquelle on a coutume de dire que les statuts de cette colonie ne sont vraiment définis qu'en 1621. La Virginie s'est ainsi donné un modèle de gouvernement représentatif qui jette les premières bases de la démocratie américaine. L'Assemblée législative fut puissante jusqu'à la Restauration des Stuarts en 1660 où elle dut se soumettre au gouverneur royal.

Tout semble devoir se mettre en place : la colonisation doit réussir sous la direction d'entrepreneurs privés qui cherchent un profit individuel sans exclure pour autant la poursuite de l'intérêt national. Individualisme et modernité vont aller de pair dans un contexte de liberté. Et la décision prise par la Couronne en décembre 1619 d'arrêter la plantation du tabac en Angleterre donne un coup de fouet sérieux à la production virginienne. La colonie d'exploitation se donne aussi pour but d'être une colonie de peuplement. A ce niveau-là, la réussite est moins spectaculaire et, malgré les efforts faits pour faire venir davantage de « jeunes filles » qui devaient être données en mariage aux colons, l'implantation demeure précaire.

Trop de colons sont inadaptés pour vivre dans le bois ou arrivent à la mauvaise saison et n'ont pas le temps de s'acclimater ou n'ont tout simplement pas une constitution physique assez forte pour résister. Un quart seulement des 4 000 personnes transportées entre 1618 et 1622 survivent.

D'autre part, la mort du roi Powhatan et de Pocahontas vient déstabiliser la cohabitation entre indigènes et Européens. Les Indiens ne tolèrent plus les Anglais dont ils ont compris que l'installation se voulait définitive et une attaque-surprise, le 22 mars 1622, fait 350 morts sans compter les destructions importantes dans la plupart des plantations. La riposte ne tarde pas et les colons exercent des représailles à l'encontre des indigènes mais, après une trêve de courte durée, les hostilités reprendront (guerre de 1644-1646).

Le raid meurtrier de 1622 signe, en réalité, l'arrêt de mort de la compagnie de Virginie qui est dissoute en mai 1624, suite à l'enquête ordonnée en avril 1623 par le Conseil privé sur l'état de la colonie. A compter de 1624, la Virginie change de statut en devenant colonie royale avec un gouverneur. Les années 1630 et 1640 verront l'arrivée d'une deuxième génération, celle des grandes familles de Virginie, *yeomen* ou membres de la *gentry*, les Washington, les Carter, les Harrison, les Lee, les Beverley, les Cary, les Mason, les Randolph ou les Byrd. La guerre civile eut pour conséquence l'exode des Cavaliers à partir de 1642 (et surtout de 1649), qui dura jusqu'à la Restauration en 1660.

Pour conclure provisoirement, on peut dire que les tentatives coloniales sont donc, au début, des échecs économiques au moins jusqu'en 1630 et, d'abord conçue comme un comptoir, la Virginie sera une colonie de peuplement. L'entreprise réussira mieux avec cet apport de Cavaliers qui appartenaient aux classes aisées et qui contribuèrent à gérer de grandes exploitations. En 1670, la Virginie compte un peu plus de 35 000 habitants. Le facteur religieux a relativement peu joué dans la première colonie anglaise d'Amérique à côté du facteur commercial et les plantations de tabac vont assurer la base de l'essor commercial anglais. Sur le plan des institutions, la Virginie peut légitimement s'enorgueillir d'avoir mis en place la première assemblée législative qui servira de modèle à l'Amérique tout entière. Mais le mode de gestion et d'organisation jette aussi les bases des contradictions futures d'une démocratie fondée sur la représentation des uns et sur l'exploitation ou l'exclusion des autres.

Les établissements en Nouvelle-Angleterre et la première colonie puritaine à partir de 1620

Il faut attendre l'immigration massive des puritains pour réussir la mise en valeur de la Nouvelle-Angleterre. On se souvient de l'échec de l'établissement à Sagadahoc en 1607 et, partant, de la Compagnie de Plymouth. Le projet de Sir Ferdinando Gorges, l'un des actionnaires de la compagnie, qui veut donner suite à son rêve de faire fortune, consiste à fonder en 1619 le Conseil de Nouvelle-Angleterre composé de quarante personnes choisies et non plus élues et à répondre à la demande des *Pilgrim Fathers* (pères pèlerins).

L'histoire de ces puritains commence en fait en Angleterre à Scrooby, petit village du Nottinghamshire, patrie de William Brewster (1560 ?-1644), et à Gainsborough dans le Lincolnshire, lieu où le pasteur John Robinson (1576 ?-1625) exerça son ministère. Les puritains peuvent être définis comme les radicaux du protestantisme anglais après qu'Elisabeth eut organisé l'Église anglicane par les Actes de suprématie et d'uniformité de 1559 et par les Trente-Neuf Articles de 1563. Le compromis de l'anglicanisme ne va pas assez loin à leurs yeux et à partir de 1560-1561 ils se réfèrent au presbytérianisme de John Knox en Écosse. Dès lors, le puritanisme se diversifie et recouvre des courants très variés : les uns sont fidèles au système écossais, d'autres au sein de l'Église établie voudraient plus de calvinisme. En 1580, Robert Browne rompt avec l'anglicanisme et fonde la première Église congrégationaliste qui élit ses pasteurs et abolit la hiérarchie. Pleins d'espoir en 1603 de voir Jacques Ier monter sur le trône qui avait régné sur l'Écosse calviniste et presbytérienne, un certain nombre révélèrent leur déception face au conformisme traditionnel du roi qui n'avait pas retenu les demandes de la Pétition millénaire et la Conférence d'Hampton Court en 1604 constitua un véritable tournant en marquant le début d'un courant séparatiste minoritaire mais fort. Les espoirs frustrés de ne pas voir progresser une nouvelle avancée de la Réforme suscitèrent le désir de quitter l'Angleterre. Et tandis qu'il commençait d'être inquiété, le groupe de puritains militants dirigés par William Brewster décida de se réfugier à Leyde en Hollande où régnait la tolérance. D'autres « séparatistes » qui désespéraient de pouvoir purifier de l'intérieur une Église dangereusement tentée par les dérives de l'arminianisme (la doctrine de Jacob Armenzoon, dit Arminius, venue de Hollande,

qui est une forme de protestantisme moins rigoureux et moins austère qui a tendance à nier la prédestination et à attacher de
l'importance aux rites catholiques) ou de l'épiscopalisme (en faveur
d'un pouvoir accru des évêques et partisan de plus de pompe et de
faste dans les cérémonies) partirent pour la Hollande dès 1606. C'est
à Leyde que ces groupes se réunirent sous le ministère de John
Robinson et, devant la crainte d'une invasion des Provinces-Unies
par les Espagnols, décidèrent de solliciter une patente royale pour
s'installer en Amérique.

Bien que la Virginie fût anglicane, ils acceptèrent l'offre que
leur fit Thomas Weston, au début de 1620, au nom des mar-
chands-aventuriers de la Compagnie de Virginie qui n'avait encore
pris légalement les statuts du Conseil de Nouvelle-Angleterre. Aux
termes d'un contrat de sept ans, les pèlerins s'engagent à cultiver la
terre, à pêcher et à construire des maisons mais ils ont aussi un
intérêt dans l'entreprise puisqu'ils partageront les bénéfices avec la
Compagnie. Deux navires, le *Mayflower* et le *Speedwell*, sont censés
les transporter mais le second faisant eau, seul le *Mayflower* prend le
départ, le 16 septembre 1620, pour un voyage de deux mois, avec
à son bord 102 personnes dont femmes et enfants. Le groupe de
passagers est fort hétérogène car un tiers seulement est composé des
puritains de Leyde et certains agents de la compagnie manifestent
déjà avant d'arriver une cupidité inquiétante. On peut légitimement
redouter ce que sera le gouvernement de la future colonie mais le
miracle se produit puisque le *Mayflower* offre un exceptionnel huis
clos qui permet la rédaction du célèbre *Mayflower compact*, premier
contrat social écrit fondant une société libre et ratifié par 41 signa-
tures le 21 novembre 1620. La réalité devient vite mythe et on a
tôt fait de voir dans ce document l'origine de la démocratie même
s'il s'agit, en vérité, du souci de quelques-uns de garder tout le pouvoir entre leurs mains. Les conditions de l'arrivée en Amérique ne
sont pas très claires : il semble qu'après avoir aperçu le cap de la
morue *(Cape Cod)* à la mi-novembre, les pèlerins aient décidé de
voguer plus au sud vers la Virginie mais, en fin de compte, pour
des raisons mal élucidées, ils débarquèrent à New Plymouth le
25 décembre 1620 (cf. carte 2).

Le scénario de la Virginie se reproduit en ce sens que plus de la
moitié des passagers ne survivent pas au premier hiver. Mais la différence fondamentale est que les survivants sont animés d'une résolution et d'une ferveur religieuses qui leur font accepter leur sort. Tous
ces sentiments admirables furent heureusement confortés par une

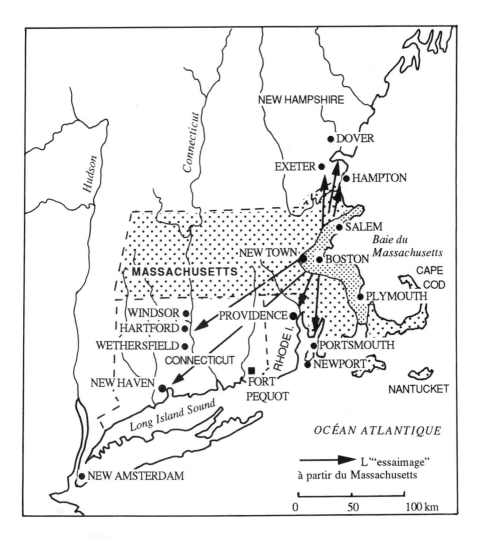

Carte 2. — Les premiers établissements au début du XVIIe siècle

bonne récolte l'été suivant qu'ils célébrèrent dignement, comme il se doit, à *Thanksgiving*.

Grâce à la colonie de Plymouth dont l'aventure a été relatée de façon émouvante par son gouverneur William Bradford (cf. *History of Plymouth Plantation, 1606-1646*) et qui constitue le noyau primitif essentiel de la première colonie puritaine, la vocation de la Nouvelle-Angleterre va être désormais d'accueillir d'autres puritains. Le climat politique et religieux en Angleterre renforce la forte émigration puritaine ; si, au tout début, seuls les départs des grands théologiens (Nathaniel Ward, John Cotton, Thomas Hooker) ont des raisons strictement religieuses, à partir des années 1630 le mouvement s'amplifie. C'est l'époque de la Grande Migration puritaine qui voit en dix ans 20 000 colons peupler la Nouvelle-Angleterre. Dès 1625, l'accession de Charles Ier qui est favorable à l'arminianisme et qui a épousé une catholique mais surtout la nomination de Laud en 1629 à l'évêché de Londres puis en 1633 à l'archevêché de Cantorbéry constituent une menace réelle pour les dissidents plus que jamais victimes de persécutions religieuses.

En 1628, dans l'impossibilité de réaliser leur projet qui est de purifier l'Angleterre de ses péchés, des puritains se portent acquéreurs d'actions du Conseil de la Nouvelle-Angleterre (qui devient la Compagnie de la baie du Massachusetts en 1629) et s'établissent au nord de Plymouth, dans la Baie du Massachusetts qui devient le refuge privilégié des puritains. Le 4 mars 1629, la charte de la compagnie est devenue la constitution de la colonie. C'est aussi en 1629 que Charles Ier dissout le Parlement dominé par les puritains. Le gouverneur John Winthrop (1588-1649) arrive alors, à bord de l'*Arabella*, à Salem (fondée un peu plus tôt par John Endicott) en juin 1630, accompagné de 900 colons ; il a le ferme désir et l'ambition exemplaire d'établir cette fameuse cité sur la colline *(a shining city on the hill)* ainsi que le sentiment très fort de la destinée qui va caractériser l'Amérique. Son choix se porte sur Shawmut, c'est-à-dire Boston. D'autres colons s'installent dans la région et huit villes sont ainsi fondées comme Mishawum (Charlestown), Mystic (Medford), Dorchester, Watertown ou Roxbury. Boston devient rapidement un très grand port et le cœur d'une très grande activité commerciale mais aussi intellectuelle dont la création de *Harvard College* en 1636 est l'un des reflets. Le flux migratoire est si important qu'en 1660 la colonie du Massachusetts a 20 000 habitants mais, à l'inverse de la Virginie, la colonisation de ces établissements a des causes plus religieuses qu'économiques. Des communautés entières se regroupent et reforment les villages anglais d'origine.

Le système politique est aussi très particulier : John Winthrop commence par établir une théocratie, c'est-à-dire un État ecclésiastique dirigé par une véritable oligarchie, le droit de vote étant réservé aux membres de l'Église congrégationaliste, mais une révolte des colons éclata à Watertown en 1632 qui conduisit à établir la deuxième assemblée législative du pays en 1634. Le Massachusetts fut une république puritaine pendant un demi-siècle et devint une colonie royale en 1691.

Le Massachusetts va essaimer en donnant naissance à son tour à de nouvelles colonies (cf. carte 2). La première est le Connecticut dont le noyau central est Hartford. Elle doit sa fondation à William Goodwin arrivé en 1632 à Newtown (l'actuelle ville de Cambridge dans le Massachusetts) et rejoint par Samuel Stone et Thomas Hooker. Le pasteur Hooker (1586-1647), formé en Angleterre à Cambridge, est plus libéral que John Cotton immédiatement choisi après son arrivée en 1633 comme théologien par la Première Église de Boston ; la rivalité des deux hommes est exacerbée par la trop grande proximité et explique la réimplantation des communautés de Newton, de Watertown et de Dorchester à Hartford, Wethersfield et Windsor en octobre 1635. La fondation de Quinnipiac (New Haven) en 1636 est due au Révérend John Davenport (1597-1670), ami de John Cotton, qui vient d'Angleterre escorté de quelques amis dont le marchand londonien Theophilus Eaton. Le Connecticut compte, dès 1636, 800 habitants et affirme d'emblée son indépendance et son goût pour la démocratie. Le Connecticut n'a pas de charte commerciale mais il s'illustre dans le domaine politique, en janvier 1639, lorsque les colons jouissant des droits politiques *(freemen)* rédigèrent les Ordres Fondamentaux du Connecticut *(Fundamental Orders of Connecticut)* qui constituèrent la première constitution écrite américaine, la première du monde occidental. Cette colonie dirigée par un gouverneur, un corps de conseillers et une Chambre Basse élue obtint de Charles II une charte très libérale en 1662 et le privilège de se gouverner elle-même.

Les persécutions religieuses n'excluent pas que leurs victimes se laissent aller à des rivalités personnelles et, si les désaccords religieux provoquent en Angleterre la création d'une nouvelle secte, en Amérique, ils entraînent celle d'une nouvelle colonie. L'orthodoxie doit être défendue et c'est ainsi que les puritains contraignent le pasteur de Salem, Roger Williams (1603-1683), à s'exiler en 1635 à cause de ses idées avancées ; adversaire farouche de la théocratie dont il dénonçait le côté tyrannique, ce dernier fonda ainsi, en 1636, avec des colons du Massachusett une nouvelle colonie baptiste à Seekonk (Providence) dans le Rhode Island qui devait s'illustrer par son climat de tolérance religieuse et son respect des groupes amérindiens. Cette même colonie accueillit un autre chef religieux, en 1638, Anne Hutchinson (1591-1643) qui fut bannie de Boston où elle était arrivée avec sa famille en 1634. Son adhésion à l'antinomianisme (une croyance qui insiste sur une forme extrême de prédestination) lui fait remettre en cause l'action même des pasteurs puisque les élus ont la grâce et n'ont pas besoin de l'obtenir par les œuvres ou par la sanctification. Assez ironiquement, Anne Hutchinson sera assassinée par les Amérindiens en 1643. La ville de Portsmouth est créée en 1638 par Anne Hutchinson et William Coddington, un ami de Roger Williams ; ce même Coddington fonde ensuite Newport en 1639 avant que Samuel Gorton n'établisse Warwick en 1643.

Les quatre villes de Providence, Portsmouth, Newport et Warwick se regroupèrent sous l'autorité de Roger Williams. Une charte de 1644 fit en tout cas de cette colonie une autre petite république au sein de l'empire britannique qui réussit à demeurer la communauté la plus libre qui fût, et ce, jusqu'à la Révolution en instituant une séparation totale entre l'Église et l'État. Le Rhode Island demeura un peu à l'écart des événements et du développement colonial.

Toujours avant 1640 furent également constitués les établissements du New Hampshire ou du Maine qui sont unis plus ou moins étroitement au Massachusetts. On attribue généralement la fondation du New Hampshire à John Mason dès 1635, tandis que l'antinomien John Wheelwright qui n'est autre que le beau-frère d'Anne Hutchinson, établit Exeter en 1638. Le New Hampshire passera sous la coupe du Massachusetts en 1643 (tout comme le Maine en 1652) avant de redevenir une colonie royale distincte en 1680. Le Maine demeurera partie intégrale du Massachusetts jusqu'en 1820, tandis que les querelles de frontières du New Hampshire avec le Massachusetts et la colonie de New York se régleront à l'avantage du New Hampshire en 1764, puisque ce sera la seule partie de la Nouvelle-Angleterre qui échappera à l'administration des puritains.

D'une façon générale, la Nouvelle-Angleterre autour des noyaux primitifs de Plymouth et de la baie du Massachusetts bénéficia de la forte émigration puritaine et de son apport intellectuel. Outre cultivateurs et marchands, elle accueillit toute une classe de médecins, d'avocats, d'instituteurs, de pasteurs qui lui permit de jouer un rôle prééminent dans la vie intellectuelle et culturelle de l'Amérique. La Confédération de Nouvelle-Angleterre regroupant le Massachusetts, New Haven, Plymouth et le Connecticut fut créée en mai 1643.

Le Maryland : un refuge pour les catholiques et la première « colonie propriétaire »

Il eût été possible de suivre les références géographiques et de voir dans le Maryland une autre colonie du sud malgré sa proximité des colonies intermédiaires ou moyennes *(middle colonies)* mais il a paru préférable de s'en tenir à la période de sa fondation (qui est la même que pour les colonies précédentes) et surtout aux motivations qui ont présidé à son établissement et, en l'occurrence, au paramètre religieux.

En effet, une autre forme d'exclusion religieuse va frapper les catholiques qui ont à souffrir des décisions de Jacques Ier après le Complot des Poudres fomenté en 1605 par Guy Fawkes et quelques complices catholiques. En juin 1632, comme s'il avait voulu se débarrasser de sa présence indésirable, le roi Charles Ier accorde une charte au catholique Cecilius Calvert, deuxième lord Baltimore (1605-1675), qui lui permet de fonder la colonie du Maryland en 1634. Il s'agit d'une colonie propriétaire, la première du genre en Amérique. Calvert reprend le rêve de son père d'en faire le refuge des catholiques mais il n'y parvient pas vraiment car la colonie est également habitée par des protestants, des anglicans et surtout des disssidents. Le résultat positif fut que la colonie devint le refuge de la liberté religieuse. En outre la prospérité économique et commerciale fut assurée grâce à la production de tabac et un climat de paix régna grâce à une absence de conflits avec les indigènes. Au plan politique enfin, Lord Baltimore qui avait les convictions absolutistes des Stuarts fut d'abord opposé à l'idée d'un pouvoir législatif qu'il dut finalement admettre en 1635 en réunissant la Chambre des délégués. Les Calvert finiront par perdre leur prérogative en 1692 et la colonie devint royale jusqu'en 1715.

Les fondations par acquisition ou conquête après la Révolution et la Restauration de 1660

Deux colonies intermédiaires : le Delaware et le New Jersey

L'histoire du Delaware et celle du New Jersey sont liées au destin de la Pennsylvanie en raison du duc d'York, frère de Charles II, mais elles peuvent aussi s'y rattacher dans leur rôle vis-à-vis de la communauté quaker.

Bien qu'installés très tôt sur le continent et notamment dans Manhattan et ses environs, les Hollandais ne se limitent pas à la vallée de l'Hudson ; dès 1638, ces derniers manifestent un intérêt pour la région de la Delaware où ils sont en rivalité avec les Suédois. La colonie suédoise qui a construit les premières maisons en rondins et qui a introduit très tôt l'Église luthérienne en Amérique sera finalement annexée en 1655 à la Nouvelle-Hollande après la prise de Fort Casimir. Les Hollandais de la Nouvelle Amsterdam ont donc réussi à absorber la Nouvelle-Suède qui devient le Delaware avant que ces derniers ne finissent par être absorbés à leur tour par les Anglais en 1664 ; le duc d'York cède ensuite la province, en 1682, à W. Penn alors que le territoire ne lui appartient même pas !

Le New Jersey (New Caesarea) fut également cédé par le duc d'York à deux de ses favoris en 1664, Sir William Berkeley et George Carteret. Cette colonie fut divisée en deux en 1676 et une partie fut donnée aux Quakers.

La colonie de New York devenue anglaise par voie de conquête

L'absorption de régions étrangères situées dans les zones intermédiaires du continent trouve sa meilleure illustration avec le cas de New York.

L'Anglais Henry Hudson avait été chargé par les Hollandais d'explorer la rivière qui porte son nom en 1609 et un petit comptoir voit le jour en 1613 à Manhattan. L'année suivante voit la fondation de Fort Nassau près d'Albany mais le développement de la province de la Nouvelle-Hollande *(New Netherlands),* fondée en 1624, est lent outre qu'elle comprend des voisins devenus gênants pour les colons du Connecticut. En 1626, Peter Minuit, gouverneur de cette colonie, achète l'île de Manhattan aux Indiens pour le compte de la Compagnie hollandaise des Indes occidentales et l'appelle *Nieuw Amsterdam*. Les Anglais souhaitent s'emparer de cette enclave étrangère au cœur de l'Amérique anglaise. C'est chose faite à l'été 1664 : la Nouvelle Amsterdam est prise par les troupes anglaises, malgré la résistance symbolique de son gouverneur Peter Stuyvesant, et devient New York après que le roi Charles II eut fait don de l'ensemble de ce territoire à son frère, le duc d'York. En 1685, à l'avènement de ce dernier sur le trône d'Angleterre sous le nom de Jacques II, New York devient colonie royale.

L'extension dans le Sud : les deux Carolines

Très tôt explorée par les Espagnols puis par Sir Walter Raleigh qui y installa les premiers colons entre 1584 et 1587, la région de la Caroline, tout comme le New Jersey, est fondée après 1660 selon le principe de la concession à des Propriétaires. Charles II (1630-1685) offrit en effet les Carolines à huit de ses courtisans dont Anthony Ashley Cooper, Lord Shaftesbury pour les services rendus au roi à la Restauration. Si la concession date de 1663-1665, le premier établissement permanent est celui de Charleston en Caroline du Sud qui date de 1670. Nostalgique des structures féodales, Shaftesbury essaye de transplanter avec plus ou moins de bonheur les structures sociales et politiques anglaises dans les *Constitutions fondamentales* des Carolines. Le régime des Propriétaires prend fin en 1719 et la séparation de la colonie en deux (Caroline du Nord et Caroline du Sud) intervient en 1730. Cet établissement du sud demeurera longtemps un avant-poste un peu isolé et toujours menacé par la présence des Espagnols en Floride.

La Pennsylvanie, la colonie des quakers

La dernière colonie située dans la région centrale présente bien sûr l'intérêt d'avoir été fondée après la Révolution et la Restauration des Stuarts en 1660 sous le régime propriétaire. Elle présente surtout un caractère religieux qui lui confère une spécificité tout à fait originale.
Selon le principe de la donation de territoires, la Pennsylvanie fut concédée, en 1681, comme propriété personnelle au quaker

William Penn (1644-1718) par Charles II qui voulut dédommager Penn d'une dette contractée envers son père, l'Amiral qui avait conquis la Jamaïque. Les quakers représentaient le courant le plus radical du puritanisme. Guidés par la lumière intérieure et l'inspiration personnelle que donne l'Ecriture, les membres de la Société des Amis refusent pasteurs, sacrements et toutes les formes institutionnelles. En 1682, Penn fonde la capitale, Philadelphie, qui est certainement la ville la plus prospère et la plus active de l'Amérique coloniale. Il promet de maintenir la tolérance religieuse dans « la cité de l'amour fraternel ». La seule difficulté est d'ordre politique car les quakers sont vite enfermés dans leurs contradictions. Le refus de porter des armes interdit-il de se défendre ? Comment peut-on exercer le pouvoir si on refuse de prêter serment ? Penn finit par convoquer une assemblée élue en 1682 qui vota une constitution ou Grande Charte finalement accordée en 1701.

La dernière colonie ou la création des fondateurs-philanthropes

La Géorgie enfin est fondée la dernière en 1732 grâce à une charte de colonisation qu'obtient de George II (1727-1760), pour une durée de vingt et un ans, le général James Oglethorpe (1696-1785). Membre de la Chambre des Communes, bouleversé par le sort des prisonniers pour dettes, il conçoit le projet de favoriser la réinsertion de ces débiteurs en les regroupant dans une colonie américaine. La publicité qui est faite sur les richesses de la région située entre la Savannah et l'Altamaha, sur le charme de son climat et sur la fertilité de son sol, lui donne l'attrait d'une véritable terre promise. On peut également concevoir l'intérêt que peut présenter la Géorgie en raison de sa situation d'état-tampon face à la Floride espagnole et à la Louisiane française constituant un remarquable avant-poste dans le développement de l'empire. Gouverneur dès 1733, Oglethorpe fonde alors Savannah et se propose d'accueillir pauvres et exclus. Cet homme d'action aux buts clairs et précis est de la veine des fondateurs philanthropes et se vante de « faire œuvre de charité et d'humanité » en voulant soulager ceux qui souffrent sous le poids d'une grande misère « due à la maladresse et au chômage ». Mais la générosité ressortit parfois au paternalisme et les colons de Géorgie seront finalement victimes de

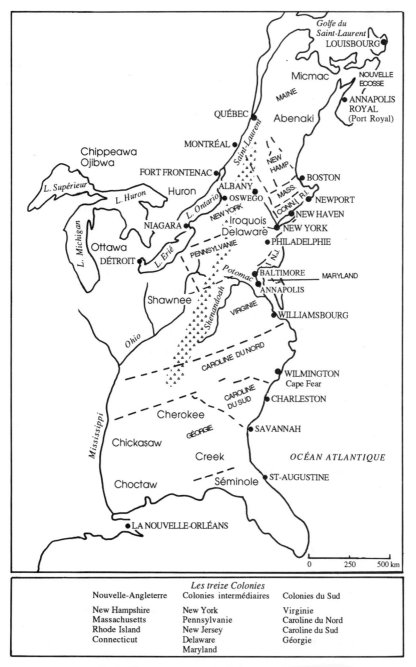

Carte 3. — Les treize colonies de l'Amérique anglaise en 1760

cet altruisme car la colonie est gouvernée de Londres et les administrateurs conçoivent leurs plans trop loin du lieu de l'expérience.
L'originalité de la Géorgie dans le contexte colonial est bien que les
hommes qui financent l'entreprise peuvent prétendre être désinté-
ressés mais ils ont aussi le tort de décider de loin. Leur politique
terrienne est inadéquate en voulant imposer des parcelles certes
égales mais stériles et pas assez vastes pour être rentables.
L'entêtement à vouloir produire de la soie donne des résultats inégaux pour ne pas dire décevants. Le refus systématique de faire
appel à une main-d'œuvre servile noire devra être levé en 1750. La
sélection des colons est telle que finalement une dizaine seulement
de prisonniers pour dettes auront été admis car on veut bien aider
les plus malheureux mais à condition qu'ils soient aussi les plus vertueux et les plus travailleurs. En fin de compte les colons ont été
déçus par de fausses promesses et les fondateurs ont été victimes de
leur propre propagande. On peut songer aux effets du traité que
signa probablement Oglethorpe lui-même, *A New and Accurate
Account of the Provinces of South Carolina and Georgia.* Un mélange
d'anarchie et de tyrannie avait finalement compromis les meilleures
intentions du monde et les administrateurs de la colonie rendirent
leur charte à la Couronne avant même l'expiration du contrat et la
Géorgie devint ainsi colonie royale en 1752. Beaucoup de colons
abandonnèrent la Géorgie et s'installèrent dans les Carolines, ce qui
explique que la Géorgie se trouve être la moins prospère et la
moins peuplée de toutes les colonies américaines au moment de la
Révolution.

   Ainsi vient d'être complété l'ensemble des 13 colonies qui constituent l'Amérique anglaise (cf. carte 3) mais forment surtout une
société coloniale aux caractéristiques propres.

La société coloniale

   Le XVIIe siècle a donc permis l'édification du premier empire colonial anglais. Les colonies anglaises forment une bande continue le
long de la côte orientale de l'Amérique du Nord et, malgré les difficultés du départ, une économie prospère va s'installer peu à peu. Si la
formule des comptoirs prévaut en Afrique occidentale ou aux Indes,
la formule américaine est celle de colonies de peuplement.

L'essor démographique

La démographie joue un rôle essentiel dans l'expansion économique des colonies. Elle va aussi donner à l'Amérique l'un de ses traits originaux qui n'a pas manqué d'entraîner toutes sortes de commentaires depuis les premières considérations des amateurs démographes du XVIIᵉ siècle tels que Sir William Petty (1623-1687) dans ses *Essais d'arithmétique économique* (1680) ou dans son *Anatomie politique* (1691) jusqu'aux craintes, au siècle suivant, de Benjamin Franklin aux États-Unis ou de Thomas Malthus en Angleterre. Quelle que soit la force de conviction des réactions viscérales teintées de biais idéologiques personnels, les estimations de population n'ont rien ni de très systématique ni de très scientifique puisque le premier véritable recensement officiel ne date que de 1790. Autant dire que pendant deux siècles on doit faire confiance à des chiffres fragmentaires et approximatifs mais qui donnent cependant une idée satisfaisante des grandes tendances.

La première grande occultation tient au fait que les premiers chiffres de population partent de zéro et ne tiennent pas compte de la population aborigène puisque les Anglais la considèrent comme hors de la juridiction anglaise. Le nombre des Amérindiens a fait l'objet de spéculations variées et d'estimations fantaisistes qui reflètent l'interprétation que l'on veut donner du choc culturel entre Européens et Autochtones. Le chiffre varie de 1 à 12 millions. Jusqu'à une date récente on s'accordait à penser que la population autochtone était d'un million quand les premiers colons européens débarquèrent (cf. carte 4). C'est ce qu'indique Albert L. Kroeber qui parle de 900 000 Amérindiens en Amérique du Nord, dans *Cultural and Natural Areas of Native North Americas* (1939). Le chiffre est souvent repris, même récemment, par divers auteurs mais il paraît faible. Les ethnologues avancent maintenant le chiffre d'une dizaine de millions (10 à 12) : cf. H. F. Dobyns, *Current Anthropology*, VII, 1966. Il est repris par Elise Marienstras ou André Kaspi. Cette évaluation est peut-être un peu élevée et conforte la thèse récente du « génocide ». La vérité est sans doute entre les deux : Harold Driver donne le chiffre de 3 à 4 millions dans *Indians of North America* (1961) ; Alan L. Sorkin retient celui de 7 à 8 millions dans *The Urban American Indian* (1978). Les seuls dénombrements dont nous disposons sont ceux du recensement de 1708 qui signale la présence de 14,6 % d'Amérindiens en Caroline du Sud et du recensement de 1764 qui

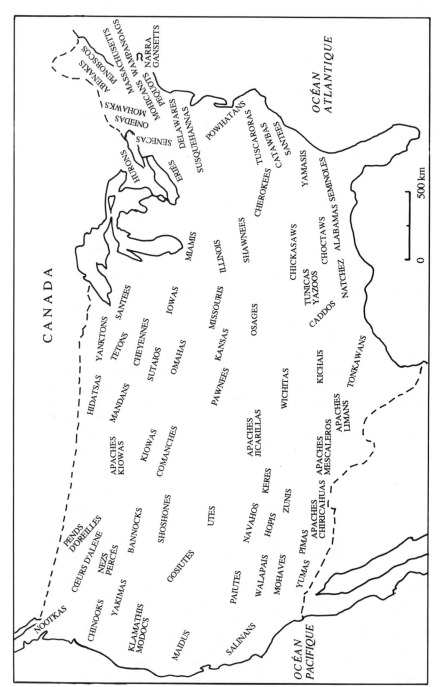

Carte 4. — La répartition des principales tribus amérindiennes avant la colonisation

fait état de 0,7 % d'Amérindiens dans le Massachusetts où ils sont trois fois moins nombreux que les Noirs et concentrés dans les îles côtières de Martha's Vineyard et Nantucket ainsi que dans le comté de Berkshire.

Les premiers contacts avec les Amérindiens ont lieu en Virginie avec les Powathans ou les Wampanoags qui sont des tribus de la famille algonquine. Ils inaugurent toute une série de relations dont il est question plus loin.

La première caractéristique de la population américaine à l'époque coloniale est son essor constant. Au début du XVIIe siècle, l'expansion démographique est surtout le fait de l'immigration. Malgré tous les handicaps dus au climat, aux épidémies, à la disette, aux massacres commis par les indigènes, la population augmente de façon très régulière. La création d'un nombre croissant de colonies permet d'expliquer en partie le phénomène mais la très forte immigration en provenance quasi exclusivement du Royaume-Uni résulte du fait que l'Angleterre laisse partir les sujets de sa Majesté, au moins au début. En effet, dès la seconde moitié du XVIIe siècle, l'immigration anglaise se tasse un peu lorsqu'on prend conscience, avec le développement du mercantilisme, que le capital démographique constitue une vraie richesse. « Il n'est de richesse que d'hommes », selon la formule de l'économiste français de la Belle Époque mercantiliste du XVIIe siècle. Dès lors, la population devra essentiellement son expansion à l'accroissement naturel (à hauteur de 95 % après 1750). Les causes sont multiples. Le taux de natalité, de l'ordre de 40 à 50 ‰, parfois de 55 ‰, est supérieur à celui de l'Europe qui n'est que de 30 à 40 ‰. Le taux de mortalité (moins de 25 ‰) est plus bas qu'en Europe peut-être parce que l'alimentation est meilleure et sans doute parce que le chauffage est plus régulier. L'eau est potable et le climat est meilleur dans la plupart des colonies. Naturellement la situation n'est pas la même partout en Amérique et si on peut espérer dépasser l'âge de 60 ans en Nouvelle-Angleterre, l'espérance se réduit à 45 ans dans les colonies de la Chesapeake où la malaria décime la moitié de la population avant l'âge de 20 ans. De même la variole qui sévit à New York en 1731-1732 provoque le décès de 6 % de la population.

Un autre facteur positif est la fécondité accrue : 15 % seulement des femmes américaines ont moins de trois enfants ; elles en ont en général entre cinq et sept, parfois dix ou plus. Il est vrai que les mariages sont précoces. Les hommes se marient de plus en plus tôt : à l'âge de 27 ans à l'époque de la fondation des premiers établisse-

Tableau 1 - La population totale des colonies américaines de 1610 à 1780

	1610	1620	1630	1640	1650	1660	1670	1680	1690	1700	1710	1720	1730	1740	1750	1760	1770	1780
Virginie	350	2 200	2 500	10 442	18 731	27 020	35 309	43 596	53 046	58 560	78 281	87 757	114 000	180 440	231 033	339 726	447 016	538 004
Plymouth		102	390	1 020	1 566	1 980	5 333	6 400	7 424									
Massachusetts [1]			506	8 932	14 037	20 082	30 000	39 752	49 504	55 941	62 390	91 008	114 116	151 613	188 000	202 600	235 308	268 627
Connecticut				1 472	4 139	7 980	12 603	17 246	21 645	25 970	39 450	58 830	75 530	89 580	111 280	142 470	183 881	206 701
Rhode Island				300	785	1 539	2 155	3 017	4 224	5 894	7 573	11 680	16 950	25 255	33 326	45 471	58 196	52 946
Maine [1]			400	900	1 000											20 000	31 257	49 133
New Hampshire			500	1 055	1 305	1 555	1 805	2 047	4 164	4 958	5 681	9 375	10 755	23 256	27 505	39 093	62 396	87 802
Maryland				583	4 504	8 426	13 226	17 904	24 024	29 604	42 741	66 133	91 113	116 093	141 073	162 267	202 599	245 474
Delaware					185	540	700	1 005	1 482	2 470	3 645	5 385	9 170	19 870	28 704	33 250	35 496	45 385
New Jersey							1 000	3 400	8 000	14 010	19 872	29 818	37 510	51 373	71 393	93 813	117 431	139 627
New York			350	1 930	4 116	4 936	5 754	9 830	13 909	19 107	21 625	36 919	48 594	63 665	76 696	117 138	162 920	210 541
Caroline du Nord						1 000	3 850	5 430	7 600	10 720	15 120	21 270	30 000	51 760	72 984	110 442	197 200	270 133
Caroline du Sud							200	1 200	3 900	5 704	10 883	17 048	30 000	45 000	64 000	94 074	124 244	180 000
Pennsylvanie								680	11 450	17 950	24 450	30 962	51 707	85 637	119 666	183 703	240 057	327 305
Géorgie														2 021	5 200	9 578	23 375	56 071
Vermont																	10 000	47 620
Kentucky																	15 700	45 000
Tennessee																	1 000	10 000
% d'augmentation par décennie					89,11%	49,01%	49,13%	35,35%	38,85%	19,25%	32,21%	40,53%	35,02%	43,86%	29,28%	36,11%	34,79%	29,43%
Total	350	2 302	4 646	26 634	50 368	75 058	111 935	151 507	210 372	250 088	331 711	466 185	629 445	905 563	1 170 760	1 593 625	2 148 076	2 780 369
Pour mémoire, Grande-Bretagne et Pays de Galles										5 835 279	6 012 190	6 047 664	6 007 638	6 012 750	6 252 924	6 664 989	7 123 749	7 580 938

(1) De 1660 à 1750, la population des comtés du Maine est incluse dans la population du Massachusetts. C'est en 1820 que le Maine se détache du Massachusetts pour devenir un État de l'Union.

(Source : Historical Statistics of the United States, Colonial Times to 1970, DC, US Department of Commerce, Bureau of the Census, 1975, vol. 2, p. 1 168.)

ments et à 24,6 ans à la fin du XVIIe siècle. Les femmes se marient en moyenne à l'âge de 22,3 ans (car la puberté intervenaitplus tard que maintenant), sans parler des Noires qui se marient plus tôt encore, vers 19 ans. Toutes ces données sociodémographiques favorisent l'existence d'une population jeune et active importante.

Au XVIIIe siècle l'accélération de l'explosion démographique est également confortée par l'appel de plus en plus systématique à une immigration étrangère. Les 40 000 personnes que l'Angleterre envoie pendant les quatre premières décennies de la colonisation ne représentent que 1 % de sa population totale. C'est un bon investissement qui va fructifier. En 1700 la population américaine représente un peu plus de 4 % de la population de l'Angleterre (250 588 par rapport à 5 835 279). A l'époque de l'indépendance, le pourcentage est en progression spectaculaire puisque l'Amérique compte 36,7 % de la population de sa métropole, et ce, malgré les effets de la Révolution industrielle qui commencent à se faire sentir sur la population de l'Angleterre (en 1780, les chiffres sont respectivement de 2 780 369 et de 7 580 938).

Si l'on se réfère au tableau 1, on peut constater qu'à partir de 1650 le taux d'accroissement par décennie varie entre 30 % et près de 50 %. Si la population anglaise a doublé entre 1689 et 1815, en Amérique le doublement a lieu tous les vingt ou vingt-cinq ans, comme le remarque Benjamin Franklin et pourtant les débuts ont été difficiles. On se souvient de la première implantation en Virginie. Le démarrage est précaire et les chiffres sont longtemps de l'ordre de quelques centaines. L'unité de mesure est finalement le nombre de passagers contenus par navire et qui survivent à la traversée, une bonne centaine au plus : la cargaison des Pères pèlerins est de 102 et les 900 colons qui accompagnent John Winthrop en 1630 débarquent de onze navires.

Si l'on peut étudier de près l'évolution de la population virginienne c'est parce que nous disposons de données chiffrées établies attentivement par la Compagnie de Londres qui surveillait de près la rentabilité de la colonie. Les progrès démographiques sont hypothéqués par les rigueurs du climat ou les agressions des indigènes : 105 colons débarquent à Jamestown en 1607, une trentaine survivent au premier hiver ; malgré de nouvelles arrivées en 1608, un hiver encore plus rude en 1608-1609 réduit les effectifs (de l'ordre de 300 en 1610) et, malgré le chiffre de 450 atteint en 1611, la population retombe à 324 en 1616. De 1618 à 1624, malgré

4 000 arrivées, un quart seulement survit tant le taux de mortalité est élevé, sans compter les 350 colons massacrés par les Indiens lors du raid de 1622. En 1625, près de vingt ans après la fondation, la population totale n'est que de 1210. La mise en valeur agricole et la culture du tabac vont permettre le décollage dont les effets sont nets à partir de 1640. La Virginie demeurera la colonie la plus peuplée de l'Amérique jusqu'à l'indépendance et au-delà.

L'histoire des autres colonies réitère avec des variantes le cas virginien. Le noyau de base des établissements humains qui fondent les nouvelles colonies est de l'ordre de 300 à 500. C'est ce qui se passe dans le Massachusetts, dans le Maine, dans le New Hampshire ou dans le New York en 1630 ou bien encore dans le Rhode Island ou dans le Maryland en 1640. Même plus tard, en 1680, la Pennsylvanie ne démarre qu'avec un groupe de 680 personnes.

Dans la première moitié du XVIIᵉ siècle les deux vagues migratoires importantes sont bien celle des Puritains et celle des Cavaliers. Le facteur explicatif est bien d'ordre religieux et politique : il s'agit de persécution, d'intolérance et d'exclusion. La Grande Migration puritaine de 1628 à 1640 signifie un apport de l'ordre de 20 000 âmes. De 1630 à 1640, la population de Plymouth et du Massachusetts passe de 896 à 9 952 et, de 1640 à 1650, de 9 952 à 15 603 ; si l'on ajoute le Connecticut et le Rhode Island qui sont nés de l'essaimage à partir du Massachusetts, on peut considérer que la Nouvelle-Angleterre arrive à un minimum de 20 527 personnes en l'espace de vingt ans. L'effet de l'apport des catholiques est moins facile à cerner au Maryland dont la progression démographique est régulière à partir de 1640 (environ 8 000 personnes en vingt ans), car cette province n'a pas été le refuge catholique qu'il devait être. L'impact enfin des Cavaliers en Virginie est nettement identifiable aux plans quantitatif et qualitatif. Les Cavaliers, aristocrates et royalistes chassés par les « Têtes rondes » pendant la Révolution et jusqu'à la Restauration, de 1642 à 1660, viennent grossir les rangs de la population virginienne mais fournissent surtout l'aristocratie des plantations du Sud.

Un groupe de cinq colonies se détachent nettement des autres au cours du XVIIᵉ siècle représentant 91 % de la population totale en 1670 et encore plus de 73 % en 1710. Leur ordre en terme de poids démographique demeure inchangé jusqu'en 1710. La Virginie et le Massachusetts caracolent en tête suivis par le Maryland, le Connecticut et New York. Toutefois, si l'on ajoute la population de Plymouth et du Massachusetts, cet ensemble dépasse la Virginie à partir de 1670, et ce, jusqu'en 1710. *A fortiori*, il est évident que si l'on considère les regroupements régionaux, tout l'ensemble de la Nouvelle-Angleterre écrase la seule Virginie. Au début du XVIIIe siècle, le Massachusetts dépasse la Virginie qui ne reprend la tête qu'à partir de 1730-1735. L'élément vraiment nouveau au XVIIIe siècle est la progression de la Pennsylvanie qui prend la cinquième place devant New York à partir de 1710, puis la quatrième place devant le Connecticut à partir de 1750, puis la troisième place en rattrapant le Maryland à compter de 1760, pour enfin détrôner le Massachusetts et occuper la deuxième place derrière la Virginie à partir de 1770.

Outre ces chiffres qui correspondent à des ensembles, il conviendrait de comparer en termes de densité de population. A cet égard, elle est plus faible dans le Sud où les villes sont moins importantes et plus rares. Même encore en 1775 la population américaine est quasi exclusivement rurale mais les villes se développent et commencent à jouer un rôle important dans la société coloniale. Les activités commerciales ont entraîné un mouvement vers l'urbanisation qui est particulièrement sensible en Nouvelle-Angleterre (Boston, Newport et Salem) et, plus tard, en Pennsylvanie. Dans les années 1770, Philadelphie est devenue, et de loin, la plus grande ville de l'Amérique avec près de 30 000 habitants devant New York (un peu plus de 20 000), Boston (la métropole de la Nouvelle-Angleterre qui compte entre 18 000 et 20 000 personnes), Charleston (la première ville du Sud avec 8 000 habitants) et Newport (environ 7 000 habitants). Moins d'un Américain sur 12 vit en ville au XVIIIe siècle mais il est clair que les villes sont le siège de l'activité économique, politique et intellectuelle.

Ceci pose d'ailleurs le problème des rapports entre le monde urbain et le monde rural, non seulement celui des migrations internes à l'intérieur du territoire, mais aussi celui des mentalités. Si les villes se développent le long de la côte, si l'expansion économique débouche sur des activités portuaires, il y a en parallèle tout un mouvement de pénétration à l'intérieur des terres dans l'*Old West*. Cette avancée des pionniers va dès le milieu du XVIIIe siècle bien au-delà de la *fall line* (ce point où les rivières descendent dans la plaine et deviennent navigables) et les hommes de la frontière vivent en toute indépendance et recherchent la sécurité dans un monde qui leur semble un paradis. Les normes de ce milieu sont particulières. Les distinctions de classes n'ont pas cours ou ont moins de sens car les réalités du terrain et l'aventure atténuent les différences sociales et entraînent une certaine égalité démocratique. Il faut naturellement cohabiter voire se battre avec les Indiens et les décisions idéalement pacifiques à l'égard des indigènes prises en ville agacent. Mal représentés dans les assemblées qui gouvernent la vie coloniale, les gens de la frontière se sentent frustrés d'être dominés par ceux de la côte. Le clivage s'installe entre le centre et une forme de périphérie ou de marge.

Un peuple varié

On s'est longuement interrogé sur l'unité ou la diversité du peuple américain.

Le débat porte tout d'abord sur la diversité ethnique. Il est certain que si au XVIIᵉ siècle les colons sont anglais dans leur quasi-totalité, les origines se diversifient ensuite au siècle suivant. Mais, même au tout début, les Anglais ne sont pas seuls. Sans parler du problème racial qui naît dès les origines avec les Amérindiens et qui est réactivé ensuite par la présence des Noirs d'Afrique, on ne peut oublier que des étrangers sont sur le continent en même temps que les Anglais ; les Hollandais sont présents à Manhattan, à New York, dans la vallée de l'Hudson, les Suédois sont regroupés dans ce qui deviendra le Delaware. Ces derniers ont fait eux-mêmes appel à d'autres étrangers : des Wallons, des Espagnols protestants, des Norvégiens, des Juifs sépharades, aussi, d'origine espagnole et portugaise que l'on retrouve dans les villes, à Newport, à Charleston, à Philadelphie ou à New York. Mais il est vrai que les Anglais absorbent assez vite Suédois et Hollandais et que la plupart de ces groupes s'assimilent bien.

Le XVIIIᵉ siècle, en revanche, va connaître deux fortes vagues migratoires étrangères. Deux fonds de population beaucoup plus importants et à l'identité plus marquée vont être assez tôt constitués par les Allemands et les Irlando-Écossais *(Scotch-Irish)*. La misère de l'Allemagne occidentale, surtout en Rhénanie, les dévastations entraînées par les armées françaises de Louis XIV et les persécutions religieuses notamment contre les luthériens voient un premier groupe d'Allemands s'installer dès 1683 en Pennsylvanie (dans la partie sud) puis une plus grosse vague déferle à partir de 1700. William Penn a fait une certaine publicité pour sa province et essaie d'attirer une main-d'œuvre de paysans pauvres dont il a besoin pour la mise en valeur des terres. La communauté allemande fournit ainsi de forts contingents d'agriculteurs qui prospèrent mais conservent leur identité propre. Les *Pennsylvania Dutch*, c'est-à-dire les Allemands (du nom de *Deutsch*) représentent jusqu'à 35 % de la population totale de la Pennsylvanie en 1790, ce qui n'est pas sans inquiéter Benjamin Franklin, peu ouvert aux étrangers et inquiet devant ce qu'il dénonce comme le danger de la « germanisation » dans ses *Observations Concerning the Increase of Mankind, Peopling of Countries* (1751). Les Allemands pénètrent plus tard dans la vallée fertile de la Susquehanna, entrent dans le Maryland, traversent le Potomac et vont jusqu'en Virginie le long de la vallée de la Shenandoah ou en Caroline du Sud à l'ouest de la Blue Ridge. On évalue à 200 000 le nombre des Allemands à la veille de l'indépendance. Essentiellement paysans ou artisans, ils demeurent groupés en communautés assez homogènes et s'intègrent moins facilement.

La seconde vague est irlando-écossaise. Il s'agit d'Irlandais du Nord protestants d'origine écossaise appelés *Scotch-Irish* pour les distinguer des Irlandais catholiques. Ils sont plus écossais qu'irlandais et descendent de presbytériens qui avaient immigré en Ulster au siècle précédent au moment de l'anglicisation de l'Irlande. Au total, un quart de million a traversé l'Atlantique et, au moment de l'indépendance, ce groupe représente 10 % de la population totale. Comme les Allemands mais pour des raisons différentes qui tiennent à leurs origines et à leur caractère, les *Scotch-Irish* sont assez réfractaires aux règles édictées par les Anglais. Leur tempérament vif et aventureux en fait d'excellents pionniers et ils sont souvent à la pointe du combat avec les Indiens. On les retrouve sur l'Ohio autour de Pittsburgh, dans les Carolines jusqu'à la rivière Tennessee ainsi qu'en Virginie.

Il convient enfin de rappeler l'existence d'un dernier groupe numériquement peu important mais dont l'influence fut considérable, celui des huguenots français. Après la révocation de l'Edit de Nantes en 1685, les huguenots émigrent en Suisse, en Hollande ou en Angleterre et, en un deuxième temps, en Amérique. Les membres de cette communauté ont une expertise professionnelle spécialisée (notamment dans le domaine de la soie ou de la viticulture), un esprit entreprenant et ils s'installent dans des régions bien précises : le New York, la Pennsylvanie, la Virginie et surtout la Caroline du Sud. Un demi-millier d'entre eux tiennent le haut du pavé à Charleston à la fin du XVIIe siècle. On ne les trouve pas en Nouvelle-Angleterre car ils ne sont pas congrégationalistes. Ils fondent des villes dont les noms rappellent leurs origines : New Rochelle au nord de New York (1695) ou New Bordeaux en Caroline du Sud (1764). Leur réussite est totale et ils s'intègrent très vite aux élites dirigeantes que ce soit dans l'aristocratie de la plantation (Gabriel Manigault, le fils de Pierre Manigault qui est arrivé à Charleston en 1695, est sans doute le plus riche planteur de Caroline du Sud) ou dans les cercles marchands (Andrew DeVeaux fait fortune grâce à l'indigo en Caroline). Le groupe qui comprend environ 55 000 personnes en 1790 se fond dans la société coloniale, perd l'usage du français et intègre l'église anglicane par souci de reconnaissance sociale. Certains ont fondé de grandes familles célèbres : les Jay, les Delano, les Vassar ou les de Forest à New York, les Bowdoin, les Allaire, les Faneuil ou les Revere dans le Massachusetts, les Maury ou les Latané en Virginie, les Gaillard, les DeSaussure, les DuPre, les Laurens, les LeGaré ou les Manigault en Caroline du Sud.

Cette diversité ethnique est indiscutable et elle donne raison aux observations perspicaces d'un aristocrate normand devenu pionnier et naturalisé dans la colonie de New York après la guerre de Sept ans, Michel-Guillaume Jean de Crèvecœur (1735-1813) qui, en 1782, est le premier à percevoir que l'Amérique est un creuset *(melting-pot)*. Un Américain, selon sa propre définition dans les *Lettres d'un cultivateur américain*, « c'est un mélange d'Anglais, d'Ecossais, d'Irlandais, de Français, de Hollandais, d'Allemands et de Suédois ». « Ici, ajoute-t-il, des individus de tous les pays se fondent *(melt)* pour former une nouvelle race d'hommes. »

Il est significatif que Crèvecœur ne signale pas la présence « invisible » des Noirs qui constituent une autre forme d'immigration et qui font pourtant aussi partie de la société coloniale depuis les origines. Transportés sur un navire hollandais, les 20 premiers esclaves noirs débarquent en Virginie dès 1619. Avec l'arrivée de ce premier contingent de main-d'œuvre servile commence en Amérique le problème des relations raciales. En près de deux siècles, il arrivera 523 000 esclaves noirs. Ce type d'immigration qui ne fournit que 1 à 5 % de la population totale au XVIIIe siècle s'intensifie par la suite avec le grand commerce négrier qui date surtout du XVIIIe siècle. A cette époque-là, on a découvert que les esclaves noirs s'adaptaient mieux au climat que les serviteurs blancs sous contrat et surtout qu'ils coûtaient moins cher (un Noir s'achète £40 vers 1740). Ils vont alors rejoindre les grandes plantations des colonies du Sud qui sont de plus en plus étendues et, en 1780, 9/10 d'entre eux sont au sud de la Pennsylvanie. Le rythme des arrivées s'accélère surtout à partir de 1730 où ils représentent déjà 15 % de la population totale et, à la veille de l'indépendance, plus d'un Américain sur cinq est noir (cf. tableau 2).

Tableau 2 - La population noire dans les colonies britanniques
de 1619 à 1780

	1619	1630	1640	1660	1680	1700	1720	1740	1760	1780
Massachusetts			150	422	170	800	2 150	3 035	4 566	4 822
New York		10	232	600	1 200	2 256	5 740	8 996	16 340	21 054
Maryland			20	758	1 611	3 227	12 499	24 031	49 004	80 515
Virginie	20	50	150	950	3 000	16 390	26 559	60 000	140 570	220 582
Caroline du Nord				20	210	415	3 000	11 000	33 554	91 000
Caroline du Sud					200	2 444	12 000	30 000	57 334	97 000
Géorgie									3 578	20 831
Total	20	60	597	2 920	6 971	27 857	68 839	150 024	325 806	575 420
% pop. totale	1%	1,3%	2,2%	3,9%	4,6%	11,1%	14,8%	16,6%	20,4%	20,7%

(Source : *Historical Statistics of the United States, op. cit.,* vol. 2, p. 1168.)

Dans certaines colonies, le pourcentage est même supérieur à 20 %. En Géorgie où l'esclavage est proscrit jusqu'en 1750, 3 habitants sur 10 sont noirs en 1753 et, dès 1773, on atteint presque l'équilibre avec 18 000 Blancs et 15 000 Noirs. En Virginie, les esclaves représentent, vers 1770, près de la moitié d'une population de 450 000 habitants, tandis qu'en Caroline du Sud ils sont presque deux fois plus nombreux que les Blancs.

Les Noirs viennent généralement de la côte occidentale de l'Afrique, de la Sénégambie au nord jusqu'à l'Angola au sud. Les Anglais supplantèrent les Hollandais en 1672 et fondèrent la Compagnie Royale Africaine *(Royal African Company)* qui eut le monopole de la traite jusqu'à la fin du XVIIe siècle. Le trafic fut ensuite organisé par diverses sociétés américaines et anglaises. Les compagnies de négriers furent très prospères, comme en témoigne la fortune amassée par Henry Laurens à Charleston après 1750.

Le développement de la prospérité économique dès la fin du XVIIe siècle entraîne une demande accrue de main-d'œuvre et les chiffres de la population noire n'augmentent de façon véritablement sensible qu'à partir de 1660-1670. Il importe de rappeler que les premiers Noirs ne furent pas au départ des esclaves. Si l'esclavage n'a pas existé d'emblée, il deviendra progressivement la règle par adaptation des institutions européennes aux conditions de vie américaines. En effet, on pouvait ne pas être libre sans pour autant être esclave. Un immigrant sur deux, peut-être davantage, était un engagé ou un serviteur sous contrat. Venus d'Angleterre, ces *indentured servants* gardaient leurs droits de sujets britanniques mais n'étaient pas libres. Recrutés pour travailler dans les colonies, vendus à un capitaine de navire, ils n'ont pas l'argent du voyage et se louent pour une durée variant entre quatre et sept ans. Revendus à un propriétaire foncier, ils travaillent alors pour son compte en étant nourris et logés et ne retrouvent leur liberté qu'au terme du contrat. La servitude volontaire est limitée dans le temps et, jusqu'en 1661, le statut du Noir n'est guère différent de celui du Blanc. Bien sûr, l'immigration contrainte des Africains change la nature des choses et permet aux planteurs blancs d'allonger, à partir de 1640, la durée des contrats ainsi prolongés *ad infinitum*. Cette situation *de facto* va devenir une situation *de jure*. La servitude à vie ne fut légalisée qu'en 1661 avec l'adoption par la Virginie d'un code de l'esclavage qui allait servir de modèle dans d'autres colonies. Selon les cas, la législation était plus ou moins dure. C'est sans doute la Caroline du Sud où la crainte des révoltes était la plus forte qui adopta les règles les plus strictes. La première rébellion eut lieu en Virginie en 1663 mais, d'une façon générale, la répression brutale fut la réponse de l'époque à toutes les formes de subversion vis-à-vis de l'autoritarisme arbitraire des maîtres blancs. A l'évidence, le Noir devint rapidement aux yeux des Sudistes blancs un corps étranger difficile à assimiler.

En dehors des esclaves, il convient de ne pas exagérer l'hétérogénéité d'une population coloniale qui a subi une très forte empreinte britannique. S'il y a une relative diversité des origines nationales, il y a bien unité de la langue et des institutions mais on se gardera tout de même de survaloriser la fusion des peuples.

La diversité des opinions politiques et des croyances religieuses

Le peuplement américain est varié ethniquement mais il est aussi caractérisé par la grande diversité de ses convictions politiques et religieuses. Les convulsions de l'histoire intérieure de l'Angleterre laissent une marque indélébile et les premiers flux migratoires sont marqués au sceau de l'exclusion, qu'il s'agisse des dissidents chassés par la réaction anglicane, des cavaliers, aristocrates et royalistes chassés par les têtes rondes, des puritains bannis par la Restauration ou des jacobites qui ont préféré s'expatrier sans compter avec les événements extérieurs tels que la Révocation de l'édit de Nantes qui provoqua l'afflux de l'émigration protestante vers l'Amérique.

L'importance du fait religieux est indéniable. Puritains ou catholiques, les émigrés ont obéi à des considérations d'ordre religieux et la persécution ou l'intolérance dont ils ont fait l'objet établissent la prégnance du fait religieux dans l'Amérique des origines. Malgré les apports successifs de groupes finalement dispersés voire divisés sur le plan des convictions, les premiers colons sont unis par le sentiment d'être des élus et d'avoir été choisis par Dieu pour peupler et évangéliser le nouveau monde. Tous se ressemblent par la force de leurs convictions, par leur intégrité et leur droiture morales et par les contraintes qu'ils s'imposent. D'emblée, les liens entre religion et politique se manifestent et il suffit pour le prouver de rappeler la vivacité des débats relatifs aux relations qui doivent s'établir entre État et Église. Le principe de l'union étroite ou de la séparation l'emporte dans toutes les discussions passionnées sur les vertus du gouvernement théocratique (on peut relire à cet égard John Winthrop dans son *Modell of Christian Charitie* (1630), John Cotton dans son échange avec Lord Say and Seal (1636) ou plus tard John Wise dans *A Vindication of the Government of New England Churches* (1717). Si, en Virginie, l'Église anglicane accepte l'aide financière de l'État sans exercer sur lui de contrôle, il n'en est pas de même dans le Massachusetts ou le Connecticut où il y a bien identification entre l'Église puritaine et le gouvernement au point de créer une situation de véritable despotisme clérical. L'ordre puritain est conservateur et rigide : il implique discipline, conformité ou obéissance et donc intolérance. La détermination et la résistance permirent l'indépendance mais créèrent aussi une forme de tyrannie qui finit par détruire totalement le vieil idéal du *self-government* démocratique. Le synode des églises puritaines qui adopte le célèbre « programme de Cambridge » *(Cambridge platform)* en 1646 traduit bien cet autoritarisme excessif qui va jusqu'à punir toute rébellion d'une congrégation ecclésiastique en suspendant le paiement de son pasteur voire en le révoquant. Au nom de l'ordre et de l'orthodoxie, les puritains se sont rendu coupables de bannissements, de pendaisons (notamment celle des quakers entre 1659 et 1661) ou de chasses aux sorcières comme à Salem en 1692 où 19 hommes et femmes furent pendus.

Le Rhode Island fournit, à cet égard, un contre-exemple puisque l'exclusion de Roger Williams et d'Anne Hutchinson permit la fondation d'une colonie où purent s'épanouir l'individualisme, la liberté et la tolérance. Williams rejetait la théocratie comme trop contraignante et défendit farouchement la séparation de l'Église et de l'État qui permit l'admission des dissidents.

Les colonies centrales pratiquèrent davantage la tolérance. Les efforts pour établir l'anglicanisme dans le New York échouèrent, de même que les tentatives pour faire du Maryland une colonie catholique avortèrent et ces établissements virent de nombreuses sectes se côtoyer en bonne intelligence. Les colonies du Delaware ou de Pennsylvanie dominées par des quakers pacifistes fournissent une autre exception de tolérance, même si cette dernière est généralement plus motivée par la nécessité que par le principe.

L'émigration puritaine constitue bien le vieux fonds du peuplement américain et il en restera quelque chose ; séparatiste ou non, elle fut fondatrice du congrégationalisme. On peut dire qu'à l'exception de 25 000 catholiques et de 2 000 juifs, 99 % des Américains sont protestants en 1774 mais ils sont constitués d'au moins 18 sectes en majorité calvinistes. A côté des 600 000 congrégationalistes, des 500 000 anglicans, des 410 000 presbytériens et des 200 000 membres des Églises allemandes, on trouve aussi 75 000 réformés hollandais, 40 000 quakers, 25 000 baptistes, 5 000 méthodistes sans compter les mennonites, les dunkers, les frères moraves ou les Salzbourgeois luthériens. On a compris en tout cas que la diversité n'était pas synonyme de tolérance.

On terminera en signalant le grand événement religieux de la vie coloniale qui fut un indiscutable élément d'unité, à savoir le mouvement du Grand Réveil religieux *(the Great Awakening)* sous l'inspiration de la prédication évangélique venue d'Angleterre. Dès 1720 le pasteur allemand Theodore J. Frelinghuysen avait réintroduit l'émotion au sein des communautés hollandaises de tradition piétiste dans le New Jersey et, sans attendre la tournée triomphale de George Whitefield en 1739-1740 (cofondateur avec les frères Wesley du méthodisme au sein de l'Église anglicane), Jonathan Edwards, dès 1734, sut revivifier la communauté de Northampton en insufflant un nouvel enthousiasme. Les sermons de ce calviniste intransigeant frappent les esprits par leur imagerie terrifiante et réenflamment les convictions assoupies. L'accent mis sur le sentiment plus que sur la raison, l'idée que le salut n'est plus exclusivement réservé qu'aux élus mais devient possible pour tous, l'opposition du libre-arbitre à la prédestination et à l'élection permirent une plus grande diversité spirituelle et confirmèrent la séparation de l'Église et de l'État. Les « nouvelles naissances », la conversion par l'émoi de l'âme conduisirent à un véritable renouveau évangélique. La ferveur ou le zèle enthousiaste semblent être une menace pour l'ordre social et les églises confortablement établies. En faisant ainsi appel à des accents émotionnels et antiintellectuels et en privilégiant tout simplement le vécu, les « évangéliques » font fortune dans les régions moins développées et touchent plus particulièrement les milieux modestes ou les couches populaires. Le Grand Réveil fut essentiel dans le développement des courants notamment baptistes ou méthodistes et son immense impact s'est prolongé dans les formes assumées par l'expression du phénomène religieux des sectes dans l'Amérique contemporaine.

Une société inégale mais fluide

Il est facile d'édifier des mythes sur des réalités réinventées. On peut concevoir que la dureté des conditions de la traversée transatlantique puis de l'adaptation et de la survie sur le sol américain ait incité à croire qu'elle avait permis de dégager des solidarités.

Ce n'est pas tant l'environnement immédiat qui a créé les différences sociales ou le prétendu esprit démocratique américain. Tout tient plutôt aux conditions de départ et aux origines des premiers arrivants. La société anglaise est par définition inégale et hiérarchisée et les premiers colons ont certainement hérité du respect et de la déférence que leurs contemporains restés en Grande-Bretagne éprouvaient naturellement pour leurs supérieurs *(social betters)*, même s'il est vrai que ces références à des éléments de distinction ou de différenciation avaient moins de sens dans le contexte américain. En réalité, la société des premiers établissements est relativement homogène à défaut d'être totalement égalitaire. Certes, il y a des hommes riches, très riches même, mais dans de faibles proportions car la plupart des colons sont pauvres ou appartiennent au mieux à des échelons intermédiaires. Une part importante (plus de la moitié selon la plupart des estimations) de la population coloniale est constituée par les serviteurs sous contrat dont il a déjà été question et ces engagés, tenus de respecter un engagement à durée déterminée, doivent rembourser par leur travail un maître qui a payé leur voyage. D'emblée, la vie coloniale se caractérise par une majorité numérique qui est au service d'une minorité et connaît un statut servile.

Il convient à ce stade de nuancer car il existe trois types d'immigrants, la différence reposant non sur la fortune ou la classe sociale mais sur le degré de volontariat ou d'adhésion personnelle. A côté des véritables volontaires, il y a ceux qui sont recrutés de bon ou de mauvais gré et, enfin, ceux qui sont contraints et forcés. Cette dernière catégorie qui comprend prisonniers politiques, pauvres, mauvais garçons et condamnés de droit commun (les *convicts*) fait couler beaucoup d'encre.

Le départ des condamnés vers les colonies commence dès 1618 en Virginie pour permettre à la population de progresser vraiment. Le spectre de la pauvreté a toujours obsédé les Anglais. Malgré l'adoption de Lois des Pauvres (par exemple, en 1563 et en 1597) qui représentait un nouvel effort pour maintenir l'ordre social, il est évident que la diversification du système économique a vu la condition des pauvres s'aggraver. Menacés par le chômage, les maladies et le mouvement des enclosures, ils ont du mal à subvenir à l'essentiel de leurs besoins comme dans le cadre de l'exploitation rurale communautaire. La mobilité des plus démunis représente un véritable danger et les souverains anglais successifs cherchent à s'en débarrasser. Olivier Cromwell ne rompt pas avec cette tendance de ses prédécesseurs et fait tout pour chasser les pauvres et les prisonniers politiques qui inquiètent.

Une législation de 1660 confirmée par le Parlement en 1718 statua sur les mendiants et les vagabonds. En réaction à ces mesures, la Virginie interdit l'importation de condamnés en 1676 bientôt suivi par le Maryland qui agit de même en 1723. Toutefois les pressions exercées par l'Angleterre furent plus fortes et l'arrivée des condamnés reprit en 1748 ; 40 000 furent ainsi expédiés pendant les six décennies précédant la Révolution dont beaucoup au Maryland alors que l'on estime à 50 000 le nombre total de ces arrivées pour l'ensemble de la période coloniale.

Un autre cliché consiste à opposer un peu schématiquement la société démocratique de la Nouvelle-Angleterre dominée par les marchands et les entrepreneurs et la société aristocratique du Sud où s'installe une oligarchie de planteurs. Certes, l'exode des Cavaliers de 1649 à 1660 a considérablement grossi la population de la Virginie mais en a surtout changé la nature de sa composition, en faisant de cette colonie de pauvres une colonie de riches. Appartenant aux classes fortunées, les Cavaliers ont en effet investi des sommes importantes dans l'acquisition ou l'extension de grands domaines et fondé ainsi de grandes dynasties. D'une façon plus générale, on peut dire que, confrontés au même environnement, les colons vont recréer de nouvelles inégalités et le XVIIIe siècle vit se figer ainsi des degrés inégaux de statut et de réussite. Quoique le statut même de la colonie ait eu un rôle à jouer, surtout lorsqu'elle a été implantée par un « Propriétaire ». De surcroît, le gouvernement anglais a tout fait pour encourager le développement d'une élite coloniale.

Mais il ne faudrait pas opposer trop radicalement le Massachusetts et la Virginie car, au tout début, ceux qui ont fait la fortune de ces colonies provenaient de la même origine, c'est-à-dire de la classe moyenne anglaise, du monde des petits fermiers, des artisans, des boutiquiers, des employés. Les colonies du Nouveau Monde sont surtout marquées par le triomphe des classes moyennes (la *middling sort*).

La véritable opposition, parfois conflictuelle et violente, fut sans doute celle qui apparaît entre le monde rural et le monde urbain, entre le petit peuple de l'intérieur et les gens riches et puissants de la côte. L'oligarchie ou l'élite urbaine va tenir le haut du pavé mais la consécration sociale n'est pas due à la naissance et la richesse demeure essentiellement liée à la terre. Il y a bien une équation qui s'établit entre la liberté et la propriété. Le monde foncier connaît toutes sortes de catégories, des grands propriétaires aux fermiers et petits propriétaires ou encore aux squatters, sans oublier le monde de la spéculation qui concrétise souvent l'espoir de s'enrichir. A cette hiérarchie sociale, il faudrait ajouter le paramètre régional car la répartition des terres est naturellement variable selon les colonies.

Mais, en fin de compte, les valeurs qui semblent compter avant tout pour cette population active demeurent le travail et l'énergie. La foi ou les convictions religieuses ont été l'une des motivations de départ mais il faut y associer la recherche du profit. La mobilité sociale est réelle, même si elle est lente et difficile. Au terme du contrat, seulement 10 % environ des engagés réussirent à accéder au rang de petits propriétaires terriens. Mais, bien sûr, on peut citer d'autres exemples d'ascension remarquable. On pourrait évoquer William Pepperell, Sir William Phips, Henry Laurens, Thomas Hancock ou Richard Derby. Songeons plus précisément à Daniel Dulany, né en Irlande en 1685, serviteur sous contrat qui deviendra, grâce à un riche mariage, planteur de tabac, spéculateur et avocat général du Maryland. Le colonel John Lamb, le riche marchand et homme politique de New York dans les années 1770, était bien le fils d'un Anglais qui avait été expédié en Amérique après avoir été condamné à la potence. Terminons par le modèle exemplaire de Benjamin Franklin (1706-1790), petit-fils d'indenturé et prototype du *self-made man* qui nous donne les recettes de sa réussite dans son *Autobiographie*.

Pour conclure, on peut affirmer que la société coloniale américaine est plus ouverte qu'en Europe mais cela ne veut pas dire pour autant qu'elle est égalitaire. Ce monde d'hommes comporte peu de femmes au début et, même si ces dernières finissent par représenter près de la moitié de la population totale à la période de l'Indépendance, il y a encore beaucoup de chemin à parcourir pour parler d'égalité. Essentiellement confinées au monde domestique et tenues éloignées de toute formation intellectuelle, les femmes, lorsqu'elles travaillent, sont beaucoup moins payées que leurs partenaires masculins. Les vrais exclus demeurent aussi les Noirs qui passent insensiblement mais durablement du servage à temps limité à l'esclavage à vie puis héréditaire.

La spécificité des ensembles régionaux

Même si chaque colonie préserve jalousement sa distinction et demeure tout à fait autonome, un ensemble de facteurs – situation géographique, climat, origines de la population, type d'économie, organisation et statut politiques, style de vie – concourent à faire émerger des caractéristiques propres à ce que l'on pourrait appeler des ensembles régionaux. Sans vouloir inscrire d'emblée le futur clivage Nord-Sud qui marquera l'histoire ultérieure, on peut procéder à des tentatives de regroupements.

L'ensemble de la Nouvelle-Angleterre est le plus ancien. Ses composantes, quatre colonies de taille inégale (le Massachusetts qui a absorbé Plymouth et acheté le Maine, le New Hampshire, le Connecticut, le Rhode Island), ont toutes été fondées entre 1620 et 1636. C'est la région où la population puritaine a imprimé sa marque la plus nette tant sur la vie privée que sur la vie publique. Les valeurs dominantes y sont la vie morale, une certaine austérité, un goût prononcé pour le travail et un esprit démocratique affirmé. Dans un contexte de prospérité en raison d'une activité économique différenciée et rentable, tout permet le développement d'une vie intellectuelle intense dont Boston demeure le symbole le plus visible.

L'ensemble du Sud comprend quatre colonies méridionales qui sont, du nord au sud, la Virginie, la Caroline du Nord, la Caroline du Sud et la Géorgie. Leur création est davantage étalée dans le temps. Leur superficie est généralement plus vaste mais leur population n'est pas plus nombreuse que celle des précédentes. Les villes y sont plus rares et les ports peu actifs et cette société de plantations de type aristocratique est plus axée sur la mise en valeur de la terre.

L'ensemble des colonies dites intermédiaires ou centrales est formé par un troisième groupe de cinq colonies : le New York, le New Jersey, le Delaware, la Pennsylvanie et le Maryland. Plus proches des régions septentrionales mais moins homogènes par leurs origines et par leur peuplement, ces établissements sont en véritable position d'arbitre. La capitale de la Pennsylvanie, Philadelphie, sera très vite appelée à jouer un rôle essentiel dans le développement politique de la jeune nation américaine.

Mais plutôt que de se référer à ces trois ensembles définis selon des critères essentiellement géographiques, il convient de rappeler que les deux modes de vie opposés qui dominent la société coloniale ne se situent pas selon l'axe nord-sud mais selon l'axe est-ouest. Le monde de la côte tourné vers l'Europe, dominé par les perspectives d'échanges commerciaux, en voie d'urbanisation, gouverné par les élites intellectuelles et politiques n'a rien à voir avec la « frontière », le monde de l'intérieur ouvert à l'aventure par les explorateurs. Cette zone qui sépare littéralement la civilisation de l'état sauvage est exposée à une double menace, celle des Amérindiens et celle des Français.

Le péril indien et français

Les relations avec ceux que l'on a improprement appelés Indiens en raison de l'erreur initiale des découvreurs ont été diversement appréciées mais souvent sans nuances. En fait, elles ont été caractérisées par un mélange subtil de coopération commerciale, d'assistance au niveau des techniques héritées notamment dans le domaine agricole, d'échanges de maladies, de traités d'alliance ou d'agressions violentes allant jusqu'aux massacres. Dans la vie quotidienne les contacts sont le plus souvent faciles, les conflits ne survenant que dès qu'il est question pour les Européens de prendre les terres ou d'affirmer la domination ou la souveraineté politique du roi d'Angleterre.

Si les premiers occupants ont fourni aux futurs Américains la source privilégiée de leur épopée nationale, il faut se garder de tomber dans les interprétations excessives à leur sujet et d'éviter tout autant le mythe du « barbare » que celui du « bon sauvage ». On peut en effet distinguer trois phases dans l'évolution des relations entre colons et autochtones : une phase de conflits épisodiques mais ouverts dominée par quelques guerres notables, une phase de résistance contre l'agresseur caractérisée par des alliances entre Amérindiens et une phase d'alliances où les Européens se font la guerre en concluant des traités avec des tribus amérindiennes différentes. Dans tous les cas, les Amérindiens furent défaits et dominés sinon exterminés.

Venus d'Asie centrale par le Grand Nord, les Amérindiens sont installés sur le continent bien avant l'arrivée des Blancs mais le monde autochtone est divers, constitué de plusieurs centaines de tribus (cf. carte 4) que l'on peut regrouper selon le paramètre de la langue (groupe algonquin-wakashan, groupe hokam-sioux, groupe penutia-na-dené, groupe aztèque-towan et groupe esquimau-aléoute). L'organisation la plus puissante est celle des Cinq (plus tard Six) Nations (les Mohawks, les Onondagas, les Oneidas, les Cayugas, les Senecas et, à partir de 1722, les Tuscaroras) qui font partie de la famille des Iroquois implantés dans l'ouest du New York. Mais il y a aussi les Algonquins, les Muskogeans, les Sioux et d'autres. Les tribus sont sédentaires ou semi-nomades et vivent de chasse et de pêche mais aussi de cueillette et parfois d'agriculture.

Les premières violences apparaissent entre les Virginiens et les Powathans (Powhatans) en 1622 puis en 1647 qui font respectivement 347 et 500 victimes du côté anglais. Un autre épisode sanglant est fourni par la guerre contre les Péquots en 1636-1637 dans la vallée du Connecticut et en Nouvelle-Angleterre qui conduit à l'extinction totale de cette tribu ; 500 Péquots sont ainsi brûlés vifs par les hommes du capitaine John Mason. En 1675, les Wampanoags (de la famille algonquine) menacent la colonie de Plymouth. Plus tard, les colons de la Caroline du Nord ont à faire face à un regroupement de forces amérindiennes dans la guerre des Tuscaroras tout comme ceux de la Caroline du Sud dans la guerre des Yamasis. Enfin, tandis que les tribus indiennes du Sud sont soutenues et armées par les Espagnols, celles du Nord s'allient aux Français contre les Iroquois qui combattront aux côtés des Anglais. On pourrait multiplier les exemples de ces confrontations brutales mais il faut dire que les toutes premières attaques sont le fait des colons car, au départ, les indigènes aident les nouveaux arrivés à survivre en leur apportant de la nourriture, en leur enseignant des techniques aratoires ou bien encore en leur montrant comment s'adapter à l'environnement. Qui illustre cette attitude de coopération mieux que Pocahontas, cette princesse amérindienne qui intercède en faveur de John Smith fait prisonnier et épouse John Rolfe qui introduit ensuite la culture du tabac ? Outre leurs préjugés et la peur de la « conspiration » des Peaux-Rouges, les puritains éprouvèrent la nécessité de trouver une justification divine à leur occupation du sol. John Cotton, dans un sermon de 1630 *(God's Promise to His Plantation)*, avait exposé la thèse des terres vidées d'habitants et John Winthrop avait à son tour affirmé que Dieu était seul propriétaire des territoires.

Toutefois, deux colonies font un peu exception en tentant d'instaurer des relations pacifiques avec les Amérindiens. Il y a tout d'abord le Rhode Island en raison des convictions personnelles de Roger Williams qui cherche à convertir les premiers occupants dont il est persuadé qu'ils sont les maîtres du continent. Plus préoccupé par la survie de sa propre colonie, Williams ne remplira finalement pas sa mission de christianisation. Le second cas intéressant est celui de la Pennsylvanie dont le développement bute sur la présence des Iroquois et des Algonquins du Delaware. La philosophie pacifiste des quakers joue un rôle déterminant et, dès 1682, William Penn propose à l'« empereur du Canada », le chef des Iroquois, de passer un contrat en bonne et due forme et d'acheter des terres indiennes. Mais, au milieu du XVIIIe siècle, l'assemblée législative quaker est en conflit avec le gouverneur de la colonie qui ne partage pas les mêmes convictions religieuses au sujet de la politique indienne à mener et les massacres interviennent après 1756. Ce n'est que sous la pression des colons que le gouverneur déclare la guerre aux Shawnees et aux Delawares en 1756-1757. 1759 est l'année du massacre de paisibles Amérindiens par les Paxton Boys en Pennsylvanie toujours. Le sort des Iroquois qui combattent avec les tuniques rouges tandis que Pontiac, le jeune chef Ottawa, est l'allié fidèle des soldats de Louis XV, sera définitivement scellé par l'issue de la guerre de Sept ans et surtout par la guerre d'Indépendance. Sans doute les frères moraves auront-ils réussi à convertir quelques-uns de ces Amérindiens mais le bilan de la rencontre avec les autochtones est tragique et on peut dire qu'à la fin du XVIIIᵉ siècle il n'y a plus de péril indien à l'est des Appalaches faute de combattants.

En réalité, le péril indien est indissociable du danger que représente la présence française pour la sécurité des Anglais mais surtout pour leur expansion dès qu'ils tentent de pénétrer plus à l'intérieur du continent. Lorsqu'ils se sentent à l'étroit sur le littoral et décident de s'enfoncer vers l'Ouest, ils se trouvent inévitablement en contact avec les Français. Installés au Canada, dans la vallée du Saint-Laurent et en Acadie, ces derniers s'étaient établis de façon permanente en Amérique bien avant les Anglais et, dès le début du XVIIᵉ siècle, la Nouvelle-France est une véritable réalité. La première moitié du XVIIIᵉ siècle voit l'essor du Canada. Les missionnaires jésuites et récollets, les « coureurs de bois » reconnaissent les Grands Lacs, le Mississippi et se rendent maîtres de l'immense territoire qui s'étend de l'embouchure du Saint-Laurent à celle du Mississippi : la Louisiane. L'empire français d'Amérique forme un immense arc de cercle de l'Atlantique Nord au golfe du Mexique qui entoure littéralement les treize colonies anglaises en leur déniant espace et mouvement.

Benjamin Franklin fut l'un des plus perspicaces qui avait bien compris la situation en dénonçant ce double péril indien et français dès 1748. Sans doute inspiré par l'ouvrage pionnier de Cadwallader Colden *(A History of the Five Indian Nations)* qui vante en 1727 les dons oratoires et les qualités démocratiques de la Ligue des Iroquois, Franklin préconise avec force la signature d'ententes avec les Amérindiens pour mieux lutter contre les ambitions françaises. Il négocie en 1753 un accord avec le Conseil des Indiens de l'Ohio. Dans un célèbre article publié le 9 mai 1754 dans la *Pennsylvania Gazette* intitulé « l'union ou la mort » *(Join or Die)* illustré par une gravure d'un serpent coupé en morceaux symbolisant l'état des colonies (en algonquin, iroquois veut dire vipère), Franklin essaie en vain de mobiliser les colons contre la menace française et son plan d'union des colonies élaboré à Albany en juillet 1754 n'est ratifié ni par l'assemblée de Pennsylvanie ni par les autorités de Londres. L'histoire finira par lui donner raison.

L'affrontement décisif entre la Nouvelle-France et l'Amérique britannique démarre précisément en 1754 et l'enjeu en est le contrôle de la vallée de l'Ohio que Français et Anglais revendiquent et que les Américains de la Pennsylvanie et de la Virginie commencent à occuper. Finalement plus nombreux et surtout mieux soutenus par la métropole, les Anglais réussissent à renverser à leur profit une situation qui leur était défavorable et la guerre de Sept ans consacre la perte d'influence française : en 1763, le Canada passe à l'Angleterre et la Louisiane à l'Espagne. Désormais la route de l'Ouest est ouverte. Au cours de ces combats contre les prétentions de la France, un officier s'est distingué : George Washington. Mais surtout la conscience d'intérêts communs se dégage progressivement dans cette lutte victorieuse contre la menace française et amérindienne qui vient, pour ainsi dire, de l'intérieur. Il ne reste plus qu'à se libérer de la domination extérieure en s'affranchissant de la tutelle britannique.

L'économie coloniale

Si le facteur religieux a renforcé les causes économiques du départ pour l'Amérique et a profondément marqué la société coloniale, le projet puritain comporte sa part d'utopie parfois révolutionnaire mais il est surtout soucieux de conservatisme social et économique. Les premiers arrivants ont bien dans l'esprit de préserver la propriété et de réaliser des profits et l'établissement permanent de colons permet la mise en valeur de terres vierges. On a souvent voulu associer l'essor des activités commerciales à l'esprit d'entreprise caractéristique de la mentalité protestante. Max Weber a notamment contribué à renforcer la théorie d'un lien de cause à effet entre l'éthique du travail et la relation spécifique à l'argent des puritains d'une part et l'essor du pré-capitalisme en Amérique d'autre part (cf. *Die protestantische Ethik und der Geist des Kapitalismus*, publié en 1905). L'idée admise de la supériorité économique des pays protestants semble trouver sa justification dans la thèse webérienne (controversée d'ailleurs) qui prétend que le capitalisme est bien le produit de l'idéologie puritaine. Ce qui est plus sûr c'est que le devoir d'acquérir n'entraîne pas pour les puritains le droit de dépenser et de jouir.

La tendance des colonies est, en tout cas, assez naturellement, de reproduire des schémas hérités du pays d'origine et l'Angleterre agraro-mercantile dessine les traits distinctifs de ses prolongements coloniaux. La terre joue un rôle essentiel dans les colonies, tout comme en Angleterre. La clôture des terres cultivées transformées en pacages pour répondre à la demande des produits lainiers a eu pour résultat en Angleterre de chasser les *yeomen* de leurs terres et on remarque que les premiers colons américains viennent pour la plupart des terres à moutons de l'Est (Essex, Suffolk, Norfolk, Lanca-shire). Les années 1620 connaissent des émeutes de la faim et les principales victimes de la récession sont ces classes intermédiaires qui vont constituer le fonds de départ de la population américaine. Le peuplement de l'espace colonial est indubitablement passé par le développement de l'agriculture et par l'exploitation du sol ; 85 % de la population active travaille dans le secteur agricole. La terre ne manque pas en effet et l'accession à la propriété est relativement aisée, quels que soient les modes d'attribution et d'acquisition qui varient selon les colonies. En Virginie, par exemple, les grands sei-gneurs qui ont obtenu des concessions du souverain divisent leurs propriétés en lots et les fermiers qui s'y établissent ont la possibilité de devenir à leur tour des propriétaires. De surcroît, le fait de faire venir à leurs frais des immigrants vaut aux propriétaires de bénéfi-cier d'un supplément par tête *(headright)* qui représente 50 acres ou 20 ha par immigrant. Ce système favorise la constitution de grands domaines héréditaires et, dès le début du XVIIIᵉ siècle, la taille moyenne d'une plantation est de 700 acres. Dans le Nord, dans le Massachusetts par exemple, les exploitations sont plus petites et varient entre 100 et 300 acres mais surtout le système est différent. Dès qu'un groupe forme une congrégation, il obtient de l'assemblée de la colonie un lot de 6 miles carrés, soit 15,5 km². A charge ensuite pour les propriétaires de répartir ces terres entre eux selon le principe de l'équité et non de l'égalité.

L'objectif vital de la survie pour tous les nouveaux arrivants entraîne pour eux la nécessité de cultiver la terre et, grâce aux tech-niques enseignées par les autochtones, les colons se lancent dans la mise en valeur du sol. La Virginie se consacre dès le tout début à la culture du tabac (implantée par John Rolfe) et, très tôt, de grandes plantations assez dispersées produisent des quantités importantes au point que, dès 1617, la colonie en exporte 20 000 livres. D'autres colonies comme le Maryland adoptent aussi le tabac. La fortune de cette production sera telle qu'en 1770 l'Amérique du Nord en exporte près de cent millions de livres. Le bilan n'est pas que positif. La Virginie est par trop dépendante d'un seul produit, ce qui la rend vulnérable. Le cours du tabac est infiniment variable. Si le prix moyen est de 2 pence et demi par livre en temps de paix, il baisse considérablement (jusqu'à moins d'un penny par livre) pendant les périodes de guerre. Outre le fait que la culture du tabac a pour effet de provoquer ce que l'on appelle la *landbutchery*, c'est-à-dire l'épuisement très rapide du sol qui contraint à défricher tous les trois ou quatre ans des terres sans cesse nouvelles, elle implique une main-d'œuvre servile noire importante qui va donner son visage légendaire au système de la plantation dominé par une aristocratie blanche, celle du *gentleman-farmer*, à la fois gestionnaire et exportateur.

La deuxième culture commerciale du XVIIIe siècle est le riz. Elle est introduite en 1693 en Caroline du Sud puis en Caroline du Nord et en Géorgie. Enfin, l'indigo est implanté plus tardivement, après 1740, notamment dans ces trois mêmes colonies. Il faut attendre 1815 pour voir apparaître le coton, absent à l'époque coloniale. La prédominance de ces cultures dans le Sud n'exclut pas la culture du maïs ou du blé ou bien l'élevage du bétail mais l'économie du Nord est assurément beaucoup plus diversifiée. Véritable grenier de l'Amérique, le Nord produit des céréales (maïs, blé, seigle, ainsi que sarrasin, orge et avoine), des fruits et des légumes. Si la Virginie passe pour être une *tobacco colony* et la Caroline une *rice colony*, la Nouvelle-Angleterre est une *bread colony*. Cette réalité justifie concrètement la vision de l'Amérique comme terre d'opulence. L'élevage du mouton, du bœuf et surtout du porc y est important. On ne saurait oublier aussi la pêche et la chasse à la baleine en Nouvelle-Angleterre ou l'exploitation du bois du New-ampshire.

La difficulté des communications entre les différentes composantes de l'espace colonial, cette bande étroite de territoire comprise entre la côte et la *fall line*, est telle que la mer prend aussitôt une importance cruciale. Lorsque Franklin quitte Boston pour aller à New York en 1722 ou à Philadelphie en 1723, il le fait en bateau et non par l'intérieur des terres. Le transport par eau est naturellement indissociable de l'implantation de ports et, très vite, la réalité des exportations des produits de la terre conduit au développement du commerce extérieur. L'économie de subsistance disparaît rapidement au profit d'une économie commerciale et monétaire.

Mais la particularité du lien colonial veut que ce soit la métropole qui bénéficie essentiellement des ressources de son empire. La colonie ne vit en quelque sorte que par et pour la métropole. Le principe du mercantilisme prévaut et le développement des colonies américaines provoque en Angleterre l'essor rapide des importations de denrées coloniales et un gros trafic de réexportations. A la métropole revient le droit exclusif d'importer, d'exporter et de transporter. L'essor du commerce extérieur et du cabotage est aidé par les contraintes des Actes de Navigation de 1651 à 1663. L'Acte de 1651 indique que toute marchandise coloniale devra être apportée dans un port anglais uniquement sur des bateaux anglais avec équipage en majorité anglais. Celui de 1660 ajoute que les trois quarts d'un équipage de navire anglais devront être de nationalité anglaise. Un nouvel Acte, en 1663, réserve à la métropole le commerce exclusif avec ses colonies et fait ainsi de l'Angleterre l'entrepôt de tous les produits à destination et en provenance des colonies.

L'expression du mercantilisme anglais est avant tout navigation-niste dans la mesure où il vise au développement de la marine marchande. Sa fortune repose sur la conjugaison de trois éléments : *ships, colonies and commerce.* La puissance navale garantit la sécurité du commerce et permet les conquêtes coloniales et, par voie de consé-quence, un nouvel essor du commerce.

L'autre principe est aussi celui de l'échange des articles manufac-turés en métropole contre les produits primaires importés des colo-nies. Ce trafic mondial fondé sur l'échange provoque une révolution commerciale qui donne naissance à l'Angleterre marchande. L'expansion du commerce anglais résulte en effet des progrès rapides de ce trafic colonial jusqu'à l'Indépendance. Le développe-ment des colonies d'Amérique a eu pour effet premier l'essor rapide des importations de denrées coloniales et d'un gros trafic de réexpor-tations. En 1640, les échanges de l'Angleterre avec les colonies amé-ricaines représentent 5 à 6 % du volume total des échanges ; ils représentent plus de 25 % au début du XVIIIe siècle. La valeur des exportations passe de près de 3 millions de livres sterling en 1640 à 6 millions en 1700 et à 24 millions en 1791. Le mercantilisme est lié aussi à une forme de protectionnisme en stimulant une production intérieure sans cesse accrue, en protégeant les compagnies de com-merce et de colonisation à monopoles et en engageant une guerre monétaire et douanière avec l'étranger.

Le gouvernement des colonies

Les régimes juridiques et les types d'organisation politique des colonies étaient extrêmement variés. On peut classer les colonies amé-ricaines en fonction des conditions de leur implantation et de leur sta-tut. Le facteur religieux et le facteur économique sont inséparables d'un contexte juridique lié au mouvement d'expansion impériale de l'Angleterre. On a vu comment ont été conduites les missions d'exploration et de découverte et on ne saurait oublier le rôle des entreprises privées, surtout au début, dans cette aventure coloniale.

La multiplication des compagnies coloniales en fournit la meilleure preuve et donne naissance au premier type de colonies, les colonies par actions *(joint-stock colonies)*. Contrôlées par un groupe d'actionnaires, les compagnies commerciales ont été créées en vue du profit. Il s'agit d'associations contractuelles de marchands, d'armateurs, de financiers qui se voient accorder des chartes de concession par le souverain. Leur statut est établi par une charte royale qui leur confère un monopole sur le territoire concédé. Compte tenu du fait que le roi et son entourage reçoivent en retour toutes sortes de prébendes, on imagine assez vite à quel point sont liées spéculations privées et politique officielle.

On sait comment ont été établis la Virginie et le Massachusetts. La Compagnie de Londres, créée par des actionnaires résidant à Londres, obtient sa charte en 1606 pour fonder une colonie entre le 34ᵉ et le 41ᵉ parallèle tout comme la Compagnie de Plymouth pour établir une colonie entre le 38ᵉ et le 45ᵉ parallèle. Leur vie est éphémère. La Compagnie de Londres est dissoute en 1624 et celle de Plymouth a cédé ses droits dès 1619 à une autre compagnie, le Conseil de Nouvelle-Angleterre. Les chartes de concession peuvent aussi être accordées à des communautés religieuses : c'est le cas de la Compagnie de la baie du Massachusetts formée en grande majorité d'actionnaires puritains qui obtient une charte en 1629. Dans certains cas comme celui-là, les « hommes libres, c'est-à-dire les actionnaires sont membres des congrégations avec les conséquences que cela entraîne. Si, pour accéder au corps politique, il faut être reconnu comme membre d'une Église, on aboutit à la constitution d'une théocratie ou État ecclésiastique. Les pouvoirs des compagnies sont en tout cas immenses puisqu'ils consistent à répartir les terres, à exploiter les mines, à battre monnaie et assurer la défense du territoire.

Le deuxième type de colonie est celui des colonies personnelles ou colonies propriétaires *(proprietary colonies)* où les titres de propriété foncière sont concédés en toute jouissance à un individu qui est un seigneur (un *lord*). C'est ainsi que le Maryland est donné à Lord Baltimore par Charles Iᵉʳ en 1632 tandis que les Carolines sont offertes à un groupe de courtisans de Charles II en 1663, le New Jersey à deux favoris du duc d'York en 1664 et la Pennsylvanie à William Penn (1644-1718) par Charles II en 1681. Selon leur tempérament, ces hommes établissent des modes de gouvernement plus

ou moins autoritaires et favorisent plus ou moins volontiers le fonctionnement d'assemblées législatives. Lord Baltimore reproduit un
modèle absolutiste là où William Penn met en place un système de
représentation populaire aux termes d'une Constitution *(Grande
Charte)*.

Il y a enfin les colonies royales *(royal colonies)* dont l'administration
directe est assurée par la Couronne. C'est le cas d'anciennes colonies
par actions dont les compagnies ont fait faillite. Suite à des revers
financiers, la Compagnie de Londres perd sa charte en 1624 et la
Virginie change de statut en devenant colonie royale. La Géorgie,
dont le cas est un peu particulier puisqu'elle n'est pas vraiment une
colonie propriétaire, est administrée par Oglethorpe, le gouverneur-
philanthrope, qui obtient en 1732 une charte pour une durée de
vingt et un ans. L'échec des projets utopiques et généreux conduit la
Géorgie à devenir aussi colonie royale dès 1752. Le cas également
spécifique de Plymouth mérite d'être mentionné. Les Pèlerins qui
n'avaient aucun titre pour s'établir avaient signé un accord politique,
le *Mayflower Compact*, qui servit de base à leur gouvernement mais,
après son absorption par le Massachusetts en 1691, Plymouth devint
aussi colonie royale.

Selon les trois types de colonies, le degré d'initiative privée est
variable. Il va en décroissant à l'époque de la maturité, c'est-à-dire
après l'époque de Cromwell, au moment où le pouvoir du roi se
renforce en Angleterre, où le contrôle des colonies est plus évident et
où la volonté impériale est plus nettement affirmée.

Qu'elles appartiennent à la Couronne ou à un Propriétaire, les
colonies ont toutes plus ou moins le même système politique : un
gouverneur anglais, nommé par le roi ou le Propriétaire, aidé d'un
Conseil (une sorte de Chambre Haute) composé de représentants
américains et dont les buts sont souvent conflictuels. Chaque colonie
a, en outre, une assemblée représentative (Chambre Basse) qui vote
les lois, les dépenses et les impôts. Cette assemblée affirme souvent
des revendications contradictoires avec la politique du gouverneur
qui préfigurent les relations tendues qui opposent la volonté impériale anglaise et la défense d'intérêts locaux.

Il convient de ne pas oublier le statut très spécifique de deux
colonies, le Connecticut et le Rhode Island qui constituèrent de
véritables républiques puisqu'elles purent se gouverner elles-mêmes
et choisir librement leurs magistrats. On a déjà signalé que les
Ordres fondamentaux du Connecticut furent en 1639 la première constitution écrite américaine et que la charte de 1644 accordée au

Rhode Island reconnut à cette province le pouvoir de se gouverner elle-même.

On retiendra surtout que ce qui caractérise ces premières institutions coloniales est le respect profond pour les contrats et pour les textes de loi écrits. L'importance de l'Écriture pour les puritains et la nature même de la charte qui est un document commercial écrit constituent un phénomène tout à fait original qui est à la base de la tradition constitutionnelle américaine. D'autre part, l'immense pouvoir que confère aux assemblées représentatives la gestion du budget fait que ces dernières sortent le plus souvent gagnantes de tous les conflits de pouvoir. En contenant la prérogative de légiférer, les chartes rendaient aussi posssibles les tentatives d'émancipation. Ce mode de gouvernement colonial n'a donc rien de véritablement tyrannique mais garantit en fait un maximum de liberté, compte tenu de l'époque, même si ce gouvernement est par ailleurs un gouvernement de classe. Pour voter, il faut posséder des terres. C'est bien une minorité de riches qui gère les affaires politiques, une minorité d'hommmes riches et blancs. Les exclus ne sont pas toujours réduits au silence, comme en attestent la révolte de 1632 des citoyens non représentés dans la ville de Watertown en Pennsylvanie ou la rébellion des mécontents de la frontière organisée par Nathaniel Bacon en Virginie en 1676, même si cette colonie peut être fière par ailleurs d'avoir mis en place la première Assemblée législative du pays.

La vie intellectuelle et culturelle

Les caractéristiques religieuses, économiques et politiques de la société coloniale ont bien mis en évidence l'existence d'une oligarchie de pouvoir qui constitue également une élite intellectuelle.

Les liens entre religion et culture s'imposent naturellement. Les ministres du culte dominent par leur formation intellectuelle et leurs disputations théologiques révèlent des esprits aiguisés. L'exode de ces cerveaux formés dans les grandes universités anglaises, Oxford et Cambridge, a installé une véritable aristocratie du savoir en terre d'Amérique. On relève en 1656 en Nouvelle-Angleterre 130 diplômés d'Oxford ou de Cambridge pour une population de 25 000 habitants. Les puritains impriment leur marque. Il leur importe d'éveiller les âmes et d'inculquer le savoir qui sert de rempart contre les attaques de Satan, ce vieux Malin qui veut détourner les hommes des Écritures. La nécessité de créer des universités – lieux idéaux pour la formation des ministres du culte – s'impose très tôt. Les puritains sont associés à la création – sur le modèle communautaire anglais – des premiers *colleges*, Harvard dès 1636. Les anglicans, grâce à la détermination de James Blair, fondent le deuxième *college* à Williamsburg en Virginie en 1693, l'établissement universitaire de William and Mary où Jefferson fut étudiant. En opposition à ce qu'ils considèrent comme la dérive latitudinariste de Harvard, les puritains rigoristes, sous la houlette du pasteur John Pierpont fondent Yale (New Haven) en 1701. La *collegiate school* établie d'abord à Saybrook fut transférée à New Haven en 1716 à l'instigation de Cotton Mather, déçu de ne pas avoir été accepté comme président de Harvard. Un peu plus tard, sont édifiées d'autres universités : l'académie de Philadelphie (école secondaire en 1740) devient le *college* de Philadelphie en 1755 grâce à l'impulsion de William Smith qui sut mobiliser l'intérêt de Benjamin Franklin. Bien qu'il fût ministre anglican, Smith mit surtout l'accent sur un enseignement à contenu pratique et utilitaire. Les presbytériens écossais créent le *College of New Jersey* (appelé plus tard Princeton) en 1746. Les anglicans établissent le *King's College* (la future université Columbia) en 1754. Les baptistes fondent le *Rhode Island College* (actuellement Brown University) en 1764. Les réformés hollandais créent le *Queen's College* qui devint Rutgers, en 1766 et les congrégationnalistes établissent Dartmouth (New Hampshire) en 1769 qui, au départ, visait à enseigner les Amérindiens. Au total, ce sont neuf *colleges* qui furent ainsi créés avant 1770. L'enseignement juridique et médical est pour ainsi dire inexistant. La formation dans ces domaines est assurée par la pratique sur place ou en allant en Angleterre. Le premier enseignement est bien mis en place par le College de Philadelphie en 1765 mais il n'est pas d'un excellent niveau. Si les premiers établissements étaient contrôlés par les organisations religieuses, l'impact du rationalisme du XVIIIe siècle fut tel que l'enseignement supérieur, à la fin de l'époque coloniale, était moins centré sur la théologie. La mission assignée n'est plus de former des ministres du culte mais des responsables de la société américaine.

D'une façon plus générale, chaque colonie est sensible à l'importance de l'enseignement et se dote d'institutions scolaires dont le statut est variable, municipal ou privé. Dès le milieu du XVIIe siècle, toute une série de lois scolaires instituent l'obligation pour les écoles primaires. Les instituteurs s'acharnent littéralement à répandre les connaissances et visent au moins à apprendre à lire et à écrire. Ils utilisent le célèbre *hornbook* (monté sur une plaque de cuivre servant de poignée) qui contient l'alphabet, les neuf chiffres et le Notre Père. Sont volontiers utilisés l'abécédaire, les psautiers et la Bible. Mais il est plus facile de respecter ces objectifs élémentaires et de lutter contre l'illettrisme en milieu urbain. Certaines colonies comme la Virginie ou le Maryland ont plus de difficultés même si partout on se soucie avec plus ou moins d'efficacité d'instruire les orphelins et les pauvres. Certains serviteurs sous contrat sont recrutés comme précepteurs. Quant aux filles, elles fréquentent des *dame schools* où on leur enseigne la musique et la danse, la couture et la broderie.

Le niveau de l'enseignement secondaire est beaucoup plus inégal et même si on tâche de respecter l'importance du latin et de la formation classique on se soucie aussi beaucoup de l'enseignement à vocation professionnelle.

Les activités intellectuelles sont indissociables de la production de livres, journaux et revues. La première imprimerie américaine est fondée à Cambridge en 1639. Des presses se développent ensuite, surtout à Boston et à Philadelphie. La *Boston Newsletter* de John Campbell est lancée en 1704 initiant toute une série de créations de journaux dont la diffusion est rendue possible grâce au développement des services postaux. James Franklin, le demi-frère de Benjamin Franklin, lance en 1721 le *New England Courant*, la première publication périodique satirique à oser critiquer le gouvernement royal. La Nouvelle-Angleterre joue un rôle moteur dans le secteur du livre. Les libraires installés dans des villes comme Salem, New Haven, New York, Philadelphie, Charleston et surtout Boston ont, comme en Angleterre, un rôle essentiel dans la publication et la diffusion des productions culturelles. Il y a déjà 20 libraires à Boston entre 1669 et 1690.

Parmi les grands succès de librairie, citons les œuvres de Cotton Mather (au total 444 livres et brochures) dont *The Practice of Piety* et surtout *Magnalia* (1702) ou de Richard Baxter *(Call to the Unconverted)*, les sermons de William Perkins, les *Commentaires* de Blackstone, les poèmes de Michael Wigglesworth (*Day of Doom*, 1662) ou d'Anne Bradstreet (*The Tenth Muse Lately Sprung Up in America*, publié à Londres en 1650 mais qui connaît une seconde édition à Boston en 1678).

L'attachement réel pour le livre est prouvé par le fait que les colons ont éprouvé le besoin d'emporter dans leurs bagages un certain nombre d'ouvrages. Il faut cependant attendre le XVIIIe siècle pour que des bibliothèques rassemblent des fonds intéressants.

On trouve 3 000 titres à Harvard en 1723 et 2 600 volumes à Yale en 1742. Il existe aussi des collections privées comprenant entre 3 000 et 4 000 titres, celles de Cotton Mather à Boston, de William Byrd II à Westover en Virginie, de Thomas Hutchinson, le dernier gouverneur du Massachusetts ou de James Logan, le secrétaire de William Penn en Pennsylvanie.

Les lectures de Benjamin Franklin donnent également une bonne idée de la culture des élites à la veille de l'Indépendance : Bunyan *(Pilgrim's Progress)*, Locke, Shaftesbury, les classiques de l'Antiquité, Addison. Le même Franklin fonde le *Junto*, un club ou cercle social d'amélioration mutuelle, met sur pied une bibliothèque circulante *(The Library Company of Philadelphia)* en 1731, fonde la Société philosophique américaine en 1743. Il y a plus de 64 bibliothèques de prêt avant la Révolution. Mais sans attendre le bonhomme Richard, déjà le Dr Thomas Bray avait été l'un des promoteurs des bibliothèques qu'il considérait comme le moyen idéal pour « civiliser les colonies ». Le fondateur de la *Society for Promoting Christian Knowledge* en 1699 et de sa filiale, la *Society for the Propagation of the Gospel in Foreign Parts* en 1701, avait mis sur pied une bibliothèque à Charleston en 1698.

La culture coloniale demeure marquée par la culture puritaine. Préoccupée du salut de l'âme, elle accorde de l'importance aux sermons, aux jérémiades, aux récits hagiographiques. On lit la Bible, des almanachs (dont le très populaire *Almanach du Bonhomme Richard* qui parut de 1732 à 1757), des encyclopédies, des ouvrages d'histoire (le best-seller étant la *History of the World* de Sir Walter Raleigh), des guides de voyage. On s'intéresse aux livres utiles dans le domaine des techniques agricoles (cf. les ouvrages de Gervase Markham), de l'art militaire *(Military Discipline ; or, The Young Artilleryman* de William Barriffe), de la médecine *(The Method of Physic,* 1583, de Philip Barrough ou *Directions for Health, Both Natural and Artificial,* 1600, de William Vaughan) ou du droit *(The Country Justice* de Michael Dalton, les *Reports* de Sir Edward Coke ou les *Tenures* de Sir Thomas Littleton).

L'Amérique coloniale n'est pas un désert culturel. La culture puritaine a sans conteste un caractère utilitaire et édifiant ainsi qu'un côté provincial. Implantée dans un environnement fruste et éloigné de la mère-patrie, elle est tributaire de l'Ancien Monde et répond aux besoins immédiats de la vie matérielle et spirituelle. On ne décèle guère de formes d'art original. On ne peut guère parler non plus de sciences ou de belles lettres. Il s'agit d'une production qui ne se soucie pas d'embellissements et dont les visées ne sont pas esthétiques.

La grande question est de savoir si cette culture coloniale est américaine ou anglo-américaine. Quand on voit comment Benjamin Franklin défend encore avec conviction des thèses inspirées de l'Europe et marque son attachement à l'Angleterre à la veille de la Guerre d'Indépendance, on ne peut que conclure que l'indépendance culturelle de l'Amérique doit encore attendre que se relâchent les liens politiques et économiques avec la métropole mais le fait de se gouverner seules en étant si éloignées du modèle d'origine va conduire les colonies à des changements de mentalité.

La phase coloniale prend fin avec la Révolution américaine mais rien ne laissait présager que l'Amérique deviendrait indépendante pour former les États-Unis d'Amérique.

Les colonies comportent des éléments d'unité linguistique, culturelle et politique qui les rapprochent. Les colons sont venus pour des raisons semblables, qu'il s'agisse des persécutions religieuses, de la crise économique et sociale ou de la recherche du profit et de l'aventure, et ils ont hérité de traits culturels communs. Mais la diversité l'emporte : chaque colonie est isolée et forme un ensemble séparé, indépendant et à la fois original. Londres a certainement profité de ces cloisonnements dans sa gestion ou son exploitation des colonies. La domination de l'Angleterre va bientôt apparaître comme un facteur d'unité mais on ne peut guère encore parler d'identité collective américaine. Le sentiment d'appartenance des colons se définit par rapport au contexte local ou bien à la mère patrie ou les deux.

Bien sûr, certains éléments peuvent toutefois permettre d'expliquer l'émergence de l'idéologie républicaine mais rien n'est joué d'avance et aucun de ces éléments ne conduit inévitablement aux événements ultérieurs. Même si, en 1776, l'indépendance a des raisons d'être, rien n'était inéluctable[1].

---

1. Toutes les dates comprises entre le 1er janvier (début de l'année grégorienne) et le 25 mars (début de l'année julienne) sont sujettes à caution, la Grande-Bretagne n'ayant adopté le calendrier grégorien qu'en 1752. L'année du calendrier julien étant trop longue d'environ onze minutes et quatorze secondes, le pape Grégoire XIII entreprit une réforme qui prit effet en 1582 afin d'éliminer cette différence. L'ajustement se fit en ajoutant dix jours chaque année jusqu'en 1699 puis onze jours à partir de l'année 1700 et en retirant onze jours de l'année 1752 (ainsi le 3 septembre devint le 14 septembre). Introduit dans les pays catholiques, le calendrier grégorien rencontra l'hostilité des nations protestantes et schismatiques. Nous nous sommes efforcé de faire référence ici aux dates du calendrier grégorien.

2. Indépendance et Révolution.
La naissance de la jeune nation.
La Constitution de 1787 (1763-1789)

Il ne s'écoule que treize années entre la victoire commune des colonies et de la métropole contre les Français en 1763 et la proclamation solennelle de leur indépendance par les treize colonies en 1776. Comment expliquer cette rupture que rien ne semblait annoncer ? Et pourtant le premier événement a bien conduit au second. Peut-on parler d'émergence d'une mentalité voire d'une identité américaine ?

Des éléments d'identité distincts sont certainement en cours d'élaboration pendant la période coloniale et la Révolution américaine jouera son rôle de cristallisation. Même si, en 1790, à la date du premier recensement officiel qui dénombre quatre millions d'habitants pour les treize États, près de 80 % sont d'origine britannique (78,9 % exactement, soit 60,9 % d'Anglais, 8,3 % d'Écossais, 6 % d'Irlandais-Écossais et 3,7 % d'Irlandais), le peuple américain a introduit la variété dans sa composition et peut revendiquer d'être un mélange d'origines diverses. L'environnement américain a toutes les caractéristiques de la différence grâce aux ressources et à l'espace qu'il fournit. La société américaine demeure très proche du modèle européen mais elle commence à dégager des traits distincts. La véritable originalité tient sans doute au problème de l'organisation de l'empire et à l'opposition sans cesse croissante entre deux conceptions radicalement différentes du pouvoir. L'Amérique naissante ou en gestation hésite entre les avantages d'un pouvoir centralisé et ceux de l'autonomie locale. L'ambiguïté vient essentiellement du fait que l'Amérique constitue en réalité un empire fédéral mais qu'elle est toujours en théorie et en droit un empire unitaire et centralisé.

Vers l'Indépendance (1763-1783)

Les causes de la rupture

Le danger de la présence française s'avère de plus en plus menaçant au milieu du XVIIIᵉ siècle et constitue un obstacle gênant pour l'extension des colonies britanniques en Amérique. L'empire français, cet immense croissant qui s'étendait de Québec à La Nouvelle-Orléans en passant par Detroit et Saint Louis encerclait les Anglais en les contenant sur une étroite bande de terre à l'est des Appalaches. Les hostilités entre les deux puissances européennes rivales ont duré pendant plus de soixante-dix années pour se terminer en 1763. Toute une série de guerres franco-indiennes ont créé un climat de harcèlements incessants, de tensions permanentes et de frustrations contenues chez les colons de la frontière. Tout semblait être à l'avantage de la Nouvelle-France et, en particulier, son gouvernement très centralisé. La guerre de Sept ans (1756-1763) vient mettre un terme à cette situation de menace sur l'arrière-pays et, aux termes du traité de Paris, l'Angleterre prend tout le Canada à la France et la Floride à l'Espagne, l'alliée de la France dans le conflit. Cette date-charnière marque la consécration des efforts britanniques puisque l'Amérique du Nord, à l'exception de La Nouvelle-Orléans, devient anglaise de l'Atlantique au Mississippi.

Même si elles ne sont pas immédiates, les conséquences de la guerre de Sept ans sur le sentiment national américain sont immenses. Dès lors que la victoire est acquise, la nécessité des troupes anglaises sur le sol américain se fait moins sentir et le sentiment de se suffire commence à se dégager. Même si en 1763 les colons se considèrent le plus naturellement du monde comme des sujets fidèles de la Couronne britannique, la victoire anglaise a pour effet de changer la nature des relations entre les colonies américaines et la métropole. La guerre a déjà constitué un facteur d'union des diverses régions même si tous les projets d'unification ont avorté ou échoué.

Le plus célèbre de ces projets fut celui de Benjamin Franklin qui eut l'idée d'un vaste empire anglo-américain, dès 1754, à l'occasion du Congrès d'Albany qui rassemblait des délégués de sept colonies. Le but du représentant de la Pennsylvanie est d'élaborer une stratégie d'union des colonies pour lutter contre le péril indien et mettre sur pied une défense commune qui permettrait de garantir la sécurité des nouveaux établissements. Le désir de se tourner vers l'ouest n'implique pas un abandon ou un rejet de l'est. Il s'agit bien d'un plan d'union et non de séparation visant à renforcer ou à améliorer la structure impériale et non à la contester. On pouvait se concevoir comme Américain tout en demeurant fidèle à la Couronne et Franklin n'était absolument pas gêné par cette double loyauté. Le projet de Franklin ne fut pas adopté et, même s'il était trop d'avant-garde, il fit avancer dans les esprits l'idée de l'unification. On est même jusqu'à aller affirmer que si le plan de 1754 avait été ratifié, la guerre d'Indépendance n'aurait jamais eu lieu. En tout cas, pour organiser la défense de l'empire, il fallait aussi trouver des moyens financiers et lever des impôts, d'où la proposition de Franklin de créer un Conseil intercolonial ayant ce pouvoir. Or, on sait le rôle que va jouer plus tard le problème de l'imposition fiscale.

Pour l'heure, les colonies sont dans une situation de dépendance acceptée et consentie. L'organisation des colonies n'incombe pas à un ministère des colonies mais elle est confiée à partir de 1696 à un Bureau des Commissaires pour le Commerce et les Plantations *(Board of Trade)* où siègent des ministres anglais. En réalité, l'essentiel de la gestion est assuré de façon assez souple par des fonctionnaires qui sont chargés de régler les problèmes économiques et notamment d'appliquer la législation commerciale, de s'occuper des finances et de la justice et d'adresser des instructions aux gouverneurs royaux. Leur rôle demeure assez discret jusqu'à ce que le comte de Halifax ne se mette en tête de reprendre les choses en main à partir de 1748.

La dépendance politique est instituée en droit. Le roi d'Angleterre nomme les gouverneurs, au moins dans les huit provinces royales. En 1760, seuls le Rhode Island et le Connecticut sont des colonies autonomes à charte qui fonctionnent comme des républiques et seuls la Pennsylvanie, le Delaware et le Maryland sont des colonies concédées à des propriétaires. C'est surtout le Parlement qui a des pouvoirs législatifs très importants sur les colonies et qui a, en fait, tous les pouvoirs. Jusqu'à la fin de la guerre de Sept ans, il a voté des Actes de navigation et s'est soucié de contrôler la vie économique et financière des colonies. La sujétion est donc aussi commerciale et économique. Le système mercantiliste réglemente les conditions de transport des marchandises à l'importation et à l'exportation, de même qu'est mise en place une véritable dépendance sur les « produits énumérés » (toute une série de produits qui ne peuvent être exportés qu'en Angleterre ou dans les autres colonies britanniques).

Au milieu du XVIIIᵉ siècle, l'empire britannique était sinon juridiquement du moins dans la pratique un empire fédéral et la nouvelle attitude de l'Angleterre à partir de 1763 va, dans une conjoncture tout à fait inopportune, déclencher un enchaînement de réactions de méfiance et de rejet de la part des colonies.

Le premier signe du changement politique est l'accession au trône de George III en 1760. A l'inverse de ses deux prédécesseurs, le nouveau souverain a une conception plus autoritaire et plus absolutiste de son pouvoir. Il se situe bien loin de l'esprit de 1688 et de la Glorieuse Révolution. Mais c'est sous le ministère de George Grenville (1763-1765) que les changements sont le plus visibles. L'Angleterre s'engage désormais dans une nouvelle politique impériale et veut réviser tout en le consolidant son système colonial. Le sentiment prévaut dans la classe politique dirigeante que les colonies se sont montrées un peu réticentes à participer à l'effort de guerre (très largement soutenu en Angleterre par l'aristocratie terrienne et la classe des marchands) et qu'elles manquent parfois à leur obligation de fournir la métropole en préférant commercer avec des puissances rivales. Or, c'est précisément au moment où l'identité américaine est en train d'émerger que l'Angleterre souhaite exercer un contrôle plus strict.

Le problème de l'autorité et de la liberté est désormais posé. Les colons veulent bien être des sujets britanniques mais ils n'en ont pas tous les droits. L'une des causes de leur frustration est en particulier qu'ils ne participent pas aux élections à la Chambre des Communes. La question de la représentation va devenir d'autant plus douloureuse que les lois votées par le Parlement après 1763 vont l'être dans une absence totale de participation et de consultation.

Les causes économiques de la Révolution

Le divorce entre colonies et mère-patrie commence par une série de malentendus et de griefs. Les frustrations diffèrent selon les régions et selon que l'on a affaire aux marchands du Nord, aux planteurs du Sud ou aux spéculateurs fonciers de l'Ouest.

Ce sont les colonies du Nord qui sont le plus touchées par les Actes de Navigation car elles ont peu de produits de base à exporter en échange des produits manufacturés en provenance d'Angleterre et il faut également reverser du numéraire à la métropole. Une telle situation contraint ces colonies à exporter de la viande, du blé, du bois aux Antilles en échange de coton, d'indigo et de sucre. La mélasse antillaise est alors transformée en rhum qui sert ensuite de monnaie d'échange en Afrique pour se procurer des esclaves noirs. Le Parlement anglais avait bien essayé en 1733 de limiter ces pratiques en votant la Loi sur la Mélasse *(The Molasses Act)* mais cette législation ne cessa pas d'être constamment détournée. La nouvelle volonté politique anglaise conduisit le Parlement à adopter une nouvelle législation qui reprend celle de 1733. La Loi sur le Sucre (*The Sugar Act* qui est en fait *The Revenue Act)* de 1764 augmente sensiblement les droits sur les importations de mélasses dans les colonies en provenance de l'étranger. La majoration de la taxe d'exportation sur les marchandises continentales expédiées de Grande-Bretagne aux colonies passe en 1764 de 2,5 % à 5 %. Ces mesures visaient à empêcher le commerce direct de la Nouvelle-Angleterre avec les Antilles pour le réserver à la métropole mais ne touchaient pas que le sucre et s'appliquaient à d'autres produits comme le vin, le café ou la soie. Les taxes sont considérées non seulement comme prohibitives mais surtout comme arbitraires.

Les colonies du Sud sont placées dans une situation un peu différente car elles ne commercent guère avec les Antilles. Leur problème est davantage celui de la dette qui s'est considérablement accrue et qui justifie en un sens la décision de Londres. Pour l'Angleterre, la richesse d'une nation est en proportion directe de son stock d'argent ou d'or. D'où la nécessité pour elle de contrôler le stock monétaire. Dans ce contexte, l'émission de papier-monnaie dans les colonies du Sud prend une énorme importance après 1730 et rencontre une vive opposition en métropole au point que cette dernière adopte le principe de son interdiction aux termes d'une loi de 1764, *The Currency Act.* Les débiteurs du Sud expriment leur mécontentement et pour eux la révolte consiste essentiellement à vouloir annuler leurs créances.

Dans l'Ouest, on a affaire à un autre type de réactions. Dans cette partie de l'Amérique les deux sources d'enrichissement sont le traditionnel commerce des fourrures et la spéculation sur les terres. Après la révolte du chef Pontiac et les efforts des Ottawas et de leurs alliés pour freiner la progression des Anglais, Londres réagit en décidant que la colonisation doit désormais s'arrêter à la crête des Appalaches. La déclaration de la *Proclamation Line* de 1763 a pour but de réserver pour la Couronne les terres situées au-delà des Appalaches. Selon cette Proclamation, le territoire situé à l'ouest de la chaîne montagneuse est réservé aux Indiens et tout achat de terres est interdit. De plus les colons déjà installés sont contraints de se retirer, et ce, sans avoir été consultés. On imagine ce que l'effondrement du rêve de conquête a pu entraîner de frustrations.

D'une façon générale, on peut conclure au durcissement d'attitude de la part de Londres mais force est de constater que les restrictions apportées à la liberté économique n'ont pas véritablement entravé l'activité des colonies mais que c'est plutôt leur aspect vexatoire qui a profondément choqué.

Les causes fiscales

Sceptique quant à la capacité des colons américains d'assurer seuls la défense des colonies, le premier ministre George Grenville décide d'entretenir une armée de 10 000 soldats anglais en Amérique du Nord mais aussi de faire supporter le tiers du coût de leur entretien par les Américains. Afin de trouver le financement nécessaire, l'idée lui vient alors de déposer un nouveau projet de loi instituant un nouveau droit sur le timbre. Voté en 1765, le *Stamp Act* impose une taxe de trois pence sur toute publication, c'est-à-dire l'obligation d'acheter des timbres à apposer non seulement sur les journaux mais aussi sur les pamphlets, sur les almanachs, sur les cartes à jouer et sur toutes sortes de documents légaux et commerciaux. Cette nouvelle décision perçue comme une provocation repose le problème des relations entre les assemblées coloniales et le Parlement anglais. D'une part, les colons souhaitent n'être taxés que par leurs assemblées locales et refusent l'impôt qu'ils n'auraient pas eux-mêmes consenti mais, d'autre part, ils commencent à établir la distinction entre le droit de douane *(duty)* qui paraît admissible et l'impôt *(tax)* qui paraît arbitraire. La taxation sans la représentation devient intolérable ; les colons ne se contentent pas d'être représentés « virtuellement » et se mettent à ressentir leur infériorité juridique avec la métropole. Insensiblement l'indignation conduit au soulèvement.

La sécession : vers la Révolution

Les colons n'ont pas quitté les îles britanniques et fui la tyrannie dont ils ont souffert pour retomber sous le coup de l'arbitraire. Des mouvements de soulèvement encore sporadiques mais organisés et non spontanés commencent à éclater pour marquer leur rejet de la Loi sur le Timbre. De véritables groupes d'action directe organisent la résistance dans tout le pays. Ces Fils de la Liberté *(Sons of Liberty)* sont surtout des artisans locaux ou des petits marchands et négociants d'origine modeste encore en contact étroit avec la base ; ils se livrent à toutes sortes d'actions, brûlent l'effigie de Grenville, empêchent par tous les moyens la vente des timbres, s'en prennent aux agents du fisc et vont jusqu'à commettre des destructions sur les biens propres des représentants de la Couronne. Le centre des activités de ces mouvements est installé à New York et leur secrétaire, un artisan de New York, John Lamb est au cœur de la contestation. Dès octobre 1765, des représentants de 12 colonies (la Géorgie est la seule à ne pas être présente) se réunissent à New York et le *Stamp Act Congress* demande l'abolition des mesures impopulaires. Cette réunion a valeur de symbole : c'est la première assemblée intercoloniale depuis 1754. On notera que les délégués demeurent loyaux au roi et au Parlement même s'ils dénient violemment à cette dernière institution le droit de taxer.

Du côté anglais, le débat est intense et la classe politique est divisée quant à la conduite à tenir face aux événements d'Amérique. William Pitt, pour sa part, est favorable à l'abolition des taxes et se réjouit, à la Chambre des Lords, de la résistance américaine. Il est d'autres défenseurs tels que Burke qui soutiennent les revendications des colonies jusqu'aux Communes ; la cause américaine a un avocat américain convaincu à Londres en la personne de Benjamin Franklin qui fait aussi campagne dans ce sens et c'est finalement le point de vue des protestataires qui l'emporte puisque le *Stamp Act* est aboli en 1766 par le ministère Rockingham. Le malheur est que cet apparent retrait du gouvernement anglais cache l'adoption d'une mesure qui passe un peu inaperçue mais dont l'impact est fondamental. La même année, en effet, est votée la Loi déclaratoire *(Declaratory Act)* qui réaffirme la primauté du Parlement et de la Couronne sur les colonies. Les colonies « ont été, sont, et par droit doivent être placées sous l'autorité et la tutelle de la Couronne impériale et du Parlement de Grande-Bretagne ».

Enfin, en 1767, le chancelier de l'Échiquier Charles Townshend fait passer par le Parlement les *Townshend Acts* qui reviennent à imposer des droits sur une nouvelle série de produits tels que le thé, le papier, le verre, le plomb et les colorants. C'est alors que, de 1768 à 1770, les colons se livrent en réaction à un véritable boycott des produits anglais importés ou consommés ainsi frappés par les taxes.

L'effet est spectaculaire puisque dans certaines colonies les importations anglaises sont réduites de moitié. La pression est telle qu'à nouveau, en 1770, le Parlement décide d'annuler les nouveaux droits sauf sur le thé. C'est alors le début d'une paix toute relative. Mais on peut dire qu'en l'espace de sept ans, de 1763 à 1770, les colons américains ont pris conscience, en défendant des intérêts apparus comme communs, d'une identité américaine qui se fonde avant tout sur le rejet de la tyrannie du gouvernement anglais.

Le débat d'idées et le rôle des pamphlétaires dans les années 1760

La rébellion ne fut pas que le fait d'agitateurs. Bien sûr, on ne peut oublier le rôle joué par Samuel Adams dans le Massachusetts, par Patrick Henry en Virginie ou par Christopher Gadsden à Charleston. Samuel Adams, qui s'appelle lui même « Populus », demeure le prototype de l'agitateur ou du merveilleux organisateur selon les points de vue. Mais à côté de ces chefs « radicaux » et d'un grand nombre d'artisans, de petits commerçants, d'hommes de loi, on est frappé par la prolifération de pamphlets sous la plume de penseurs ou d'hommes instruits. Citons quelques noms, à titre d'exemples : James Otis Jr (1725-1783), avocat du Massachusetts qui publia en 1764, à Boston, *Les droits des colonies britanniques affirmés et prouvés (The Rights of the British Colonies Asserted and Proved)* ou bien Daniel Dulan(e)y (1722-1799) du Maryland qui livra en 1765 à Annapolis ses *Considérations sur l'opportunité d'imposer des taxes (Considerations on the Propriety of Imposing Taxes)*. Ces deux pamphlets vitupèrent contre l'imposition décrétée unilatéralement par le Parlement et affirment la souveraineté du peuple. On peut ajouter la contribution de John Dickinson (1732-1808) de Philadelphie qui dans ses *Letters from a Farmer* (1768) accepte les liens constitutionnels, reconnaît au Parlement le droit de réglementer le commerce impérial mais lui dénie tout droit de lever l'impôt. Il est assez ironique de constater que tous ces écrits paraissent au moment même où Sir William Blackstone (1723-1780) affirme en Angleterre dans le premier tome de ses *Commentaires des lois d'Angleterre (Commentaries on the Laws of England)* imprimé en 1765, dans le droit fil des idées précédemment exprimées par Sir Edward Coke, que la souveraineté repose dans le roi, les Lords et les Communes et que la juridiction du Parlement est si absolue qu'elle ne saurait être limitée. L'épineuse question du degré d'autorité et de centralisation du pouvoir est alors posée.

Il est clair que les colons acceptent d'être traités comme des sujets de la métropole mais ils aspirent tout aussi fortement à jouir de la liberté. La Révolution américaine n'est pas la rébellion d'Américains qui secouent le joug de la tyrannie britannique mais plutôt la très forte revendication de liberté de la part de Britanniques qui sont dominés par d'autres Britanniques.

L'agitation des années 1770

L'agitation est continue pendant les années 1770 qui sont marquées par une série d'incidents plus ou moins graves. Un premier accrochage se produit avec les troupes anglaises en 1770 à Golden Hill dans la colonie de New York. Des commerçants incendient un petit bâtiment de guerre qui fait la chasse aux contrebandiers, le *Gaspee*, dans la baie de Newport en 1772. Mais l'incident le plus sérieux est le « massacre de Boston » en mars 1770 (savamment exploité par Samuel Adams) qui fit 3 morts et 2 blessés mortels. L'affrontement violent entre les soldats et la foule devint très vite le symbole de la tyrannie britannique et le nouveau premier ministre *tory* Lord North (1733-1792), au pouvoir pendant douze ans (1770-1782), ne comprit ni la signification ni la portée de la montée de cette indignation populaire ; il insista pour maintenir la taxe sur le thé, même si son montant fut ramené à trois pence par livre. Cette fermeté rigide prit valeur de test et conduisit directement à la Révolution américaine. Le *Tea Act* de 1773 déclencha la célèbre « partie de thé » *(tea-party)* de Boston. Pendant la nuit du 16 décembre 1773, des hommes déguisés en Indiens, sous la conduite de Samuel Adams, montèrent à bord des navires de la Compagnie des Indes et détruisirent en les jetant à l'eau plus de 340 caisses de thé (au total 18 000 livres). Cet acte d'insubordination fut considéré comme un défi à la Couronne et George III décida de punir la cité rebelle, suivi dans cette voie par le Parlement qui vota, en 1774, cinq lois très sévères dites intolérables *(The Coercive Acts* ou *The Intolerable Acts)*. Les deux premières limitèrent considérablement les libertés politiques *(self-government)* du Massachusetts en abolissant la charte de cette colonie et en y nommant comme gouverneur le général Gage qui commandait les troupes anglaises en Amérique et qui bénéficia, à ce titre, d'un contingent supplémentaire de 10 000 hommes. Il fut ensuite prévu de transférer en Angleterre les fonctionnaires qui seraient accusés de crimes graves. Le port de Boston fut également fermé à tout trafic tant que le thé détruit ne serait pas remboursé et, enfin, l'adoption de l'Acte de Québec *(Quebec Act)* fut particulièrement mal ressentie. En reconnaissant les lois civiles françaises et les droits religieux des catholiques français tout en conservant au Québec le système seigneurial de type féodal, l'Angleterre, en réalité, empêchait aussi les colons américains de s'étendre vers le nord-ouest. En agrandissant le territoire de la province par l'adjonction d'une partie importante de la vaste zone amérindienne créée en octobre 1763 (toute la région située au nord de l'Ohio et à l'ouest des Appalaches), l'Acte de Québec eut pour effet de bloquer l'accès à la région des Grands Lacs. Les réactions ne se firent pas attendre face à ce que les colons prirent pour des représailles.

Déjà depuis quelques mois s'étaient formés des comités locaux et intercoloniaux de correspondance, toujours à l'initiative de Samuel Adams, qui mettaient en place un véritable réseau insurectionnel. Dès l'été 1772, les citoyens de Boston avaient fondé un comité qui fut à la source de la rébellion. L'idée se répandit ensuite en Virginie et ailleurs où une politique de table rase conduisit à la création d'assemblées révolutionnaires, de congrès provinciaux qui se substituèrent aux anciennes assemblées régulières, jugées trop conservatrices et trop soumises aux volontés des gouverneurs royaux. Les premiers congrès provinciaux se réunirent en 1774 après l'adoption du *Boston Port Act*. Le message du printemps et de l'été 1774 fut que la cause de Boston était la cause de toute l'Amérique britannique.

En général, le Massachusetts et la Virginie constituaient l'aile marchante de la rébellion tandis que le New York et la Pennsylvanie demeuraient plus prudents. La Pennsylvanie s'était toujours plus ou moins tenue à l'écart en raison de la tonalité pacifiste donnée par les quakers mais ce furent sans doute sa position centrale et la généralisation du mécontentement qui firent de Philadelphie le siège de la réunion du Ier Congrès continental le 5 septembre 1774. Toutes les colonies sauf la Géorgie furent représentées par 55 délégués qui étaient solidaires de Boston et qui avaient au moins en commun leur ressentiment vis-à-vis de l'Angleterre. En réalité, les délégués ne se ressemblent guère car ils défendent des intérêts locaux différents. Il n'est surtout pas question de rompre mais il s'agit seulement de faire valoir ses droits et de négocier. Très vite se dégagent deux sensibilités opposées, celle des « loyalistes », des conservateurs conciliants tels Joseph Galloway qui demeurent fidèles à l'Angleterre et celle des « patriotes », des radicaux intransigeants comme Patrick Henry, John et Samuel Adams qui expriment leur animosité avec véhémence. Tous réaffirment leur « pouvoir exclusif » de légiférer sur les affaires les concernant avant de soumettre ces lois au veto royal. La grande décision est surtout de déclarer le boycott des produits anglais. Tous ceux qui ne respectaient pas cet accord encouraient le risque d'être châtiés par le fouet ou d'être enduits de goudron et de plumes *(tar and feathered)*.

La nouvelle étape dans la répression est marquée par le recours aux armes et l'envoi à Boston, en avril 1775, d'un renfort de troupes anglaises (800 hommes envoyés par Gage) chargées de s'emparer de dépôts d'armes illégaux et d'arrêter Samuel Adams et John Hancock, un riche marchand bostonien impliqué dans la contrebande. Les patriotes sont sur leurs gardes. Paul Revere réussit à mobiliser des fermiers sur le pré communal de Lexington mais, après une première escarmouche, c'est la fusillade qui fait huit morts. On peut dire que la Révolution a commencé. La guerre d'Indépendance débute, en effet, après la fusillade du 18 avril 1775 et les incidents qui se déroulent entre les tuniques rouges anglaises *(red coats)* et les miliciens américains *(militiamen)* à Concord, tout près de Boston encore. Le 10 mai, la prise de Ticonderoga (sur le lac Champlain) permit aux forces américaines de se rendre maîtres du fort qui constituait un verrou sur la route du Canada. Désormais la voie est libre pour une éventuelle expédition contre Montréal et Québec. En attendant, l'idée est de convaincre les Canadiens de rallier la cause américaine mais la fidélité du Canada français envers le monarque anglais s'avère plus forte en raison du contenu de l'Acte de Québec et de l'arrivée massive au Québec de Loyalistes dès le début de la Révolution. Assiégés dans Boston, les Anglais tentent de reprendre la redoute américaine de Bunker Hill où a lieu la première grande bataille décisive les 16 et 17 juin 1775. La dure charge de l'infanterie anglaise est en partie repoussée par les Américains. Les Anglais ont perdu 1 054 hommes et les Américains seulement 441. Ces derniers prennent alors conscience de leur force au cours de cette victoire à la Pyrrhus.

Réuni dès le 10 mai à Philadelphie, le IIe Congrès continental auquel participe Jefferson demande la paix à George III pour la dernière fois en adressant en juillet la pétition dite « de la branche d'olivier » tout en montrant qu'il est prêt à durcir sa position. La personne du roi est pour la première fois attaquée et Paine s'illustre en traitant le souverain de « brute royale ». Le commandement en chef de l'armée continentale est confié, le 15 juin, à George Washington qui appartient à l'élite virginienne et qui symbolise l'union des colonies. Le 6 juillet, enfin, le Congrès vote la « Déclaration sur les causes et la nécessité du recours aux armes » qui annonce la Déclaration de 1776 sans mentionner encore l'idée d'indépendance. Mais George III répond le 23 août 1775 en déclarant les Américains « rebelles ». Le ton est donné. Le Congrès se dote d'un drapeau qui comporte les 13 bandes horizontales rouges et blanches préfigurant ainsi le futur emblème de la nation américaine mais on doit noter toutefois que, même s'il est relégué dans le coin supérieur gauche, l'*Union Jack* n'a pas disparu : c'est le signe que le principe d'allégeance à la Couronne n'a pas encore été totalement aboli.

La situation générale a évolué en ce sens que la résistance est désormais devenue la rébellion ouverte de 2,5 millions de sujets en Amérique.

Les origines idéologiques de la Révolution et la prolifération des pamphlets

L'année suivante, en juillet, les 13 colonies proclamèrent leur indépendance mais, dès janvier 1776, la publication d'un ouvrage intitulé *Le Sens commun (Common Sense)* qui contenait les revendications de Thomas Paine (1737-1809), un radical anglais arrivé deux ans plus tôt à Philadelphie, fut un littéral succès. Son auteur y recommande de « franchir le Rubicon », c'est-à-dire de se séparer de l'Angleterre ; il y dénonce non seulement la monarchie mais s'en prend à la personne du roi, parle ouvertement d'indépendance et est le premier à envisager la création d'une république. La sortie de ce texte célèbre, qui se vendit à près de 150 000 exemplaires en l'espace de quelques mois, est sans aucun doute liée à l'apparition d'un début de sentiment national.

Un grand débat oppose les historiens sur les origines idéologiques de la Révolution. Certains affirment qu'elles sont italiennes et citent l'influence de Machiavel. Elles nous semblent indubitablement britanniques, qu'il s'agisse d'Algernon Sidney (*Discourses Concerning Government*, 1698), de Milton (1608-1674), l'auteur de l'*Eikono-*

klastes (1649) où est revendiqué pour un peuple le droit de déposer un mauvais souverain et de *The Tenure of Kings and Magistrates* (1649) où est affirmée la nécessité de rejeter tout souverain injuste et tyrannique, de Benjamin Hoadly (mort en 1761), l'auteur de *The Measures of Submission to The Civil Magistrates Considered* (1705) et de *The Original and Institution of Civil Governement Discussed* (1710), de John Trenchard (1662-1723) et de Thomas Gordon (mort en 1750), à qui l'on doit les *Cato's Letters* et la série d'articles hebdomadaires signés *Independent Whig* rassemblés en 1721, ou surtout de John Locke (1632-1704). L'héritage lockien est sans doute le plus important, surtout pour les principes du droit naturel et la théorie du contrat exprimés dans les *Deux Traités du gouvernement civil* rédigés dès 1681 et publiés en 1689-1690 après la Révolution de 1688.

L'idée générale n'est pas tant de changer la société et d'introduire des principes nouveaux mais plutôt de préserver l'esprit de la Constitution britannique et celui de la Glorieuse Révolution de 1688. Les années 1760 et surtout 1770 ont vu la prolifération d'une très abondante littérature. En 1775, il y a 35 journaux en Amérique auxquels il faut ajouter les innombrables traités, discours, sermons ou lettres livrés sous forme de pamphlets. Plus de 400 furent ainsi publiés entre 1750 et 1776. Plus de 1 500 le seront en 1783. Ces pamphlets remarquablement analysés par Bailyn constituent la littérature de la Révolution et ces documents avant tout politiques reflètent bien l'opinion en donnant le sens de l'évolution des événements.

Parmi les différentes références, on trouve aussi naturellement l'influence de la littérature classique, celle du rationalisme des Lumières, celle de la *common law* anglaise (retranscrite dans les *Institutes* de Sir Edward Coke au début du XVIIᵉ siècle), celle du puritanisme de la Nouvelle-Angleterre (notamment le concept de la théologie du *covenant* exprimé par Benjamin Trumbull dans *A Discourse Delivered at The Town of Newhaven* publié en 1773).

Mais la philosophie des « droits naturels » est essentielle pour comprendre le sens de cette première émancipation de colonies. L'indépendance américaine s'inspire, dans ses principes, de Locke et plus particulièrement du *Second Traité du gouvernement civil* de 1689. La société naît d'un état de nature mais les hommes entrent en société pour protéger des droits naturels. Un certain nombre de restrictions doivent être acceptées librement par tous pour le bien de tous et le gouvernement, au terme d'un contrat, devient le gardien de l'ensemble des pouvoirs individuels ainsi confiés. Le pouvoir est donc naturel et nécessaire mais il doit être fondé sur un contrat, même si Locke, à vrai dire, parle plutôt d'une entente ou d'un accord. Si le gouvernement ne respecte plus le contrat et menace les droits naturels, alors les citoyens sont fondés légitimement à dénoncer ce contrat. Le droit à l'insurrection ou à la Révolution est ainsi établi.

On remarque que la littérature pamphlétaire de cette époque contient plus de mépris, de colère et d'indignation que de haine et de peur. Son but est essentiellement de convaincre et ses ressources créatives sont impressionnantes avant 1776. En tout cas, il n'est pas question de renverser ou de bouleverser l'ordre social existant mais plutôt de préserver la liberté politique mise en danger par une perversion de la Constitution.

La proclamation de l'indépendance (1776)

Au sein du IIe Congrès, les délégués de la Caroline du Nord, de la Virginie et du Massachusetts sont chargés de proposer l'indépendance des colonies. Le 7 juin 1776, Richard Lee rédige une « Résolution » proclamant l'indépendance Une commission composée de John Adams, Benjamin Franklin, Thomas Jefferson, Robert Livingston et Roger Sherman, rédige un texte de motion qui est adopté, le 2 juillet, par 12 colonies (toutes sauf le New York). Le 4 juillet, la Déclaration de Jefferson (cf. appendice A) est votée et signée par le Président du Congrès, John Hancock, et, quelques jours plus tard, le New York donne son accord. C'est donc l'unanimité. Les colonies sont devenues des États.

La Déclaration, dont l'auteur est Jefferson, fonde en droit l'insurrection et établit le système de valeurs qui est à la base de la philosophie politique des Américains. Exposé des griefs (27 en tout), ce texte est surtout le rappel des éléments fondamentaux établissant la société politique. Jefferson, ce Virginien âgé de 33 ans, de formation juridique mais à la culture très vaste, va devenir une figure centrale de la politique américaine. Il a participé à la Chambre des Bourgeois de Virginie de 1767 à 1775 et il est alors connu pour son pamphlet sur les droits de l'Amérique britannique *(A Summary View of the Rights of British America)* publié à Williamsburg en 1774.

La Déclaration de 1776 marque nettement la rupture avec la métropole et crée, au moins en théorie, une nouvelle entité politique.

Elle constitue l'acte de naissance des États-Unis d'Amérique. Le texte de Jefferson affirme d'emblée des principes généraux qui seront contenus dans des déclarations des droits ultérieures et, en particulier, dans celle de 1789 : « Nous tenons pour évidentes par elles-mêmes les vérités suivantes : tous les hommes sont créés égaux ; ils sont doués par le Créateur de certains droits inaliénables ; parmi ces droits se trouvent la vie, la liberté et la recherche du bonheur. Les gouvernements sont établis parmi les hommes pour garantir ces droits et leur juste pouvoir émane du consentement des gouvernés. Toutes les fois qu'une forme de gouvernement devient destructrice de ce but, le peuple a le droit de la changer ou de l'abolir et d'établir un nouveau gouvernement ».

Le premier principe clairement affirmé est celui de l'égalité. Il ne s'agit pas naturellement d'une égalité socio-économique des membres de la société américaine mais d'une liberté de nature politique pour ceux qui sont considérés comme des citoyens à part entière du corps politique et surtout d'une égalité entre les Américains et les Anglais.

On peut toujours s'interroger pour savoir si Jefferson est influencé par la philosophie écossaise du *moral sense* incarnée par David Hume (1711-1776), Adam Smith (1723-1790), Francis Hutcheson (1694-1746), Thomas Reid (1710-1796) ou Lord Kames. Il est permis de penser qu'il reçoit en héritage la pensée de Locke. On retrouve en tout cas dans la Déclaration jeffersonienne l'affirmation de la nécessité de se séparer et la justification de résister aux excès de l'exécutif et de sa tyrannie en rompant un contrat qui n'a pas été respecté par un roi, despote absolu et arbitraire. L'écho du *Second Traité* se fait aussi sentir dans l'utilisation du groupe ternaire lockien qui associe « vie, liberté et propriété » repris et modifié dans une énumération comprenant « vie, liberté et bonheur ». L'ambiguïté du mot « bonheur » a fait couler beaucoup d'encre. Outre le fait qu'il faut exclure toute définition hédoniste et que l'on peut y déceler les traces puritaines de la recherche du salut, on doit commencer par rappeler qu'il s'agit d'un concept très XVIIIe siècle puisqu'il implique un optimisme fondamental selon lequel l'homme est perfectible. Le terme contient de façon implicite la notion de propriété. Il pourrait donc fort bien comprendre à la fois l'acquisition et la préservation des biens ainsi que la participation commune à l'intérêt public.

On a remarqué aussi la référence claire au Créateur (et non à l'Être suprême comme dans le texte français postérieur) qui vient ici confirmer l'importance de la religion en Amérique.

Enfin, la souveraineté du peuple libre est affirmée et la répétition du « nous » consacre la formation d'une conscience nationale. Les colonies sont dégagées de toutes obligations mais l'accent est surtout mis sur ce qui a trait aux relations extérieures. La Déclaration ne règle pas le problème de l'État ou des États. Le transfert de souveraineté vers les États est clairement inscrit mais le problème de l'unité nationale n'est pas réglé. La Déclaration est peu précise sur la nature exacte des compétences qui relèvent de chaque État. Le rôle des États indépendants est de « déclarer la guerre, de signer la paix, de contracter des alliances, de faire du commerce ». Il faut bien dire que ce texte n'a pas de prétention universelle mais qu'il conserve une grande efficacité politique dans la contingence du moment. Certes, l'affirmation de l'indépendance n'est pas l'indépendance mais la Déclaration ne sera pas qu'un texte puisqu'elle sera concrétisée par les acquis de la guerre d'Indépendance.

Conformément aux vues de Locke qui excluait du « peuple » des citoyens actifs les non-possédants et autres personnes « indignes », les principes édictés par Jefferson ne concernent pas *tous* les Américains. Il y a bien décalage entre la théorie et la pratique même si l' « apparente contradiction » est justifiée par la définition restrictive de ceux qui jouissent des droits politiques ; 1776 demeure l'année de la première indépendance coloniale mais on ne saurait passer sous silence tous ceux pour qui ce fut le début d'une guerre coloniale. A côté du « nous » de la Déclaration qui demeure théorique et limité, il y a tous les « oubliés de la Révolution américaine ». Les hommes sont créés égaux mais ne sont inclus dans cette affirmation solennelle ni les femmes, ni les Amérindiens ni les esclaves noirs.

Les oubliés de la Révolution américaine

Sans aucun doute l'Histoire a surtout retenu de la Révolution américaine une lutte entre blancs sous-tendue par une idéologie libératrice mais ce serait oublier le rôle d'autres composantes importantes de la société.

Même si leur cause n'a pas progressé, les femmes ont tenu leur place et rien n'aurait été possible sans leur participation à l'effort de solidarité. Sans attendre les conquêtes du féminisme contemporain pour réhabiliter les tâches domestiques, on peut aisément imaginer qu'en l'absence des maîtres du logis, les épouses ont dû s'occuper du foyer et de la famille. Mais par-delà le fonctionnement quotidien de l'économie domestique et sans aller pour autant faire appel aux hauts faits de quelques héroïnes (qu'il s'agisse d'espions, de messagères ou de femmes travesties en soldats), la majorité des femmes n'ont pas été passives. Substituts de leurs maris à la ferme, on les trouve aussi au combat. Beaucoup de femmes accompagnent l'armée et se livrent à des activités essentielles en qualité d'infirmières ou de blanchisseuses. Elles assurent le lien vital entre la population civile et le monde des soldats en fournissant vêtements, provisions et moyens de subsistance de toutes sortes. Même lorsqu'elles ne sont pas engagées directement dans les combats, elles font souvent montre d'une rage guerrière et d'un patriotisme féminin en poussant les hommes à accomplir leur devoir militaire.

Les femmes ont également contribué fortement au succès du mouvement de résistance en s'investissant dans les manifestations de rue ou les actions de foule. Elles participent aussi activement aux opérations de boycott et se mettent à remplacer les produits manquants, notamment en relançant les activités de filage et la fabrication artisanale de tissu. Au total, si on a peu parlé des « mères fondatrices », il y eut beaucoup d'héroïnes anonymes. Les femmes ont certainement été présentes et elles se sont mêlées à l'activité révolutionnaire de leur propre chef. Leurs activités publiques ont eu un caractère plus social que politique. Même si elles s'intéressent à la réforme de l'éducation des femmes, leurs revendications se limitent à des pétitions individuelles, à des lettres à la presse, à des correspondances privées et à des conversations dans des cercles intimes sans prendre un caractère collectif et public. A la limite, on peut même penser que le rôle respectif des sexes qui va se figer au XIXᵉ siècle – au moins au sein des classes moyennes – a l'avantage d'être moins nettement défini dans l'Amérique coloniale et que l'efficacité de l'action des femmes en a été par là même grandement facilitée. Toutefois, leur participation indiscutable n'est assortie d'aucune reconnaissance et leur cause n'a pas avancé. Si l'expérience révolutionnaire a rendu la femme plus forte en lui permettant de prendre conscience de son rôle, elle n'a pas véritablement modifié son statut de dépendance.

Le cas des Amérindiens est un peu différent. Eux aussi n'ont pas été reconnus mais, à la différence des femmes, ils sont totalement étrangers à la nation qui s'annonce. Présents mais marginaux, les Amérindiens n'ont joué aucun rôle décisif. De leur point de vue, ils ont tout à perdre d'une victoire américaine et c'est sans doute la raison principale pour laquelle ils se sont laissés convaincre dans leur grande majorité de rejoindre les rangs britanniques.

Rien ne peut faire oublier que la Révolution signifie pour les Autochtones une nouvelle guerre de conquête. Depuis qu'ils ont perdu leurs alliés français en 1763, rien ne semble les protéger contre la perte des terres et le déplacement des tribus. Si la Révolution engage un mouvement de décolonisation pour les 13 colonies américaines sur la façade atlantique, elle poursuit un mouvement de colonisation pour les Amérindiens sur le front continental. La Frontière ne cesse d'avancer ou de reculer, selon le côté où l'on se place ; elle est caractérisée par les intrusions des pionniers, les manœuvres des spéculateurs et les exactions des colons. Source de profit et d'enrichissement pour les uns, elle est source de spoliation et d'aliénation pour les autres.

La présence des Amérindiens dans le contexte révolutionnaire demeure un enjeu de taille et chacun des deux frères ennemis tente de ne pas s'aliéner les premiers occupants du sol. Ces derniers demeureront constamment divisés et leur stratégie manquera pour le moins de concertation. Dans tous les cas, ils constituent un obstacle qui doit être contourné et, partant, leur rôle ne peut être que celui d'auxiliaires. La guerre sur la Frontière, notamment dans les régions de l'Ohio et du Kentucky, connaît plusieurs épisodes aussi brefs que sanglants. Le théâtre des opérations est immense de Fort Niagara au Canada à Pensacola aux limites de la Floride espagnole. Même si les expéditions sont ponctuelles, elles n'en sont pas moins violentes et la guerre est totale et n'est faite que de civils tués ou scalpés et de maisons et de récoltes brûlées. Il est vrai que pour gagner il importe de détruire les ressources de l'adversaire.

Le Congrès continental a fait des propositions aux indigènes en mai 1776 qu'il perçoit comme des « nations étrangères » et les Britanniques s'allient dès 1777 à la majeure partie des populations amérindiennes (en particulier, quatre des nations de la Ligue et les Cherokees). Au terme d'une guerre très destructrice menée en Caroline du Sud en août 1776, les Américains font capituler les Cherokee en mai 1777. Quant aux Delaware, alliés aux patriotes, ils acceptent de signer à Fort Pitt, en septembre 1778, le premier traité indien conclu par le Congrès des États-Unis. Ce traité d'amitié reconnaissant la souveraineté des nations indiennes ne sera pas respecté en réalité et marque ainsi le début d'une longue série de quelque 400 traités conclus par les États-Unis. Ce n'est en fait qu'à partir de 1779 que Washington comprend l'importance de la Frontière pour l'issue de la guerre et le général qui reçut le surnom de « destructeur de villages » décida une grande offensive en pays iroquois pour pacifier le front du Nord-Ouest. 4 000 hommes dirigés par le général Sullivan et le général James Clinton se livrèrent à une véritablement extermination et, lorsque la paix sera signée en 1783, on se souciera peu des frontières de la nouvelle nation et de ce que les terres indiennes à l'ouest des Appalaches allaient devenir. Les alliés amérindiens des Américains eurent en fin de compte autant à souffrir de l'Indépendance américaine que ceux qui l'avaient combattue et on peut dire que depuis la Révolution l'histoire amérindienne est devenue celle d'un peuple en diaspora.

Si les Autochtones sont présents mais marginaux, les Noirs sont tout aussi présents mais exclus. Ils font aussi l'objet d'une surenchère de la part de chacun des deux belligérants qui essaie de les gagner à sa cause en leur promettant la liberté. Partagés entre les deux camps, ils se situent davantage du côté des défenseurs de la cause américaine mais la décision des esclaves noirs de soutenir la cause des patriotes ou celle des loyalistes n'a finalement de sens que si on la replace par rapport à leurs attentes. Même lorsqu'ils se rangent du côté des rebelles, leur motivation n'est certainement pas le mécontentement vis-à-vis de mesures fiscales anglaises qui ne les touchent pas.

Le vrai paradoxe est que la Révolution inscrit comme principes fondamentaux les idées de liberté et d'égalité mais qu'elle maintient en même temps la propriété et défend donc les intérêts des planteurs du Sud. La libération dont il est question est bien celle de colonies qui souffrent sous le joug de la tyrannie anglaise mais, dans l'esprit des Noirs, elle est l'espoir de voir les campagnes des abolitionnistes conduire à la fin de l'esclavage.

Même lorsque la « révolution noire » qui s'organise est menée aux côtés des rebelles américains blancs, elle se situe en parallèle car la notion de servitude n'a pas la même définition pour les uns et pour les autres. Les mouvements de résistance et de rébellion prennent chez les Noirs toutes sortes de formes, tantôt violentes quand il s'agit d'évasions ou d'émeutes, tantôt légalistes quand il est fait recours aux *freedom suits* et aux pétitions. Mais les « Fils d'Afrique » ne sont pas les égaux des « Fils de la Liberté » et ils ne mènent pas le même combat. Très vite surtout les révoltes et les déchaînements des Noirs déclenchent une peur panique de l'insurrection chez les

Blancs. Dans le Sud, les planteurs redoutent infiniment plus les soulèvements noirs qu'ils ne craignent l'Angleterre.

C'est le même espoir de liberté qui pousse les Noirs à s'engager volontiers dans l'armée continentale, quand ils n'en sont pas exclus ; l'armée adopte en effet une attitude ambivalente à l'égard des recrues noires car elle ne doit pas être le refuge des fugitifs mais, quand les effectifs se font rares, on se fait moins exigeant. Les maîtres sont, eux aussi, divisés : certains acceptent de prêter leurs esclaves à l'armée en échange de quelque prime tandis que d'autres recherchent désespérément leurs esclaves en fuite. En tout cas, une fois la guerre terminée, le Congrès ne prend aucune mesure pour libérer les esclaves et laisse prudemment ce soin aux États qui furent peu nombreux à s'engager dans cette voie.

L'idéal de liberté n'était pas l'apanage exclusif des patriotes car, en un sens, les loyalistes en étaient aussi l'incarnation. Il y a bien surenchère des deux camps. Les Anglais avaient bien su montrer en 1772, à l'occasion de la célèbre affaire Somerset, qu'ils pouvaient être les champions de la liberté en déclarant l'esclavage illégal sur le sol anglais. Le malheur voulut que le principe ne valait pas pour les colonies mais les Britanniques (surtout lorsque les opérations militaires se déplacèrent vers le sud) parlèrent d'affranchissement pour tous ceux qui rallieraient leur camp. On se souvient de l'appel lancé en novembre 1775 par le gouverneur royal de Virginie, Lord Dunmore. La stratégie réelle consistait naturellement à inquiéter les rebelles du Sud en détournant la main-d'œuvre noire des plantations afin de saper l'économie du pays qui reposait sur le système esclavagiste. Une fois encore, la fin de la guerre n'apporta pas les promesses annoncées, même à ceux qui avaient choisi d'être loyalistes. Certains Noirs furent évacués par milliers vers la Jamaïque en août 1782, d'autres qui rêvaient de retour en Afrique projetèrent de créer une nouvelle colonie en Sierra Leone, un bon nombre d'autres s'exilèrent en Nouvelle-Écosse, à Halifax. Mais la plupart restèrent aux États-Unis et, si certains furent affranchis, la majorité furent repris en esclavage. Bien sûr, les États-Unis des années 1780 comportent davantage de Noirs libres que l'Amérique pré-révolutionnaire mais l'esclavage n'est toujours pas aboli et le sort de ceux qui ont survécu est loin de s'être amélioré.

L'histoire de la Révolution aura donc été pour les Noirs celle de morts souvent héroïques, de sacrifices, de promesses oubliées ou déçues. Ceux qui ont quitté le sol américain sont en général mal reçus dans les pays d'accueil et ceux qui restent forment désormais une classe qui devient vite indésirable, surtout dans les milieux urbains où le prolétariat noir s'est accru dans des proportions considérables.

Les exclus de la Révolution américaine

On aura soin enfin de rappeler les limites de l'unanimité qui se fit au sein du Congrès composé de quelques délégués qui appartenaient à une élite. Les patriotes avaient triomphé mais ils avaient emporté l'adhésion dans un contexte d'indifférence, d'indécision, de prudence voire de réticence ou d'hostilité. Un tiers des colons étaient favorables à l'indépendance, mais un tiers hésitants et un tiers franchement hostiles. La cause de l'indépendance ne bénéficiait pas d'un soutien populaire massif et on peut estimer à au moins 20 % le nombre de personnes véritablement réfractaires à la cause américaine. La Révolution américaine a des allures de guerre civile. Pour les patriotes, les loyalistes sont des traîtres. Ces derniers furent l'objet de discrimination sociale et politique voire de violences physiques. Leur persécution commence dès 1774 avec la création de comités de surveillance *(committees of safety)* chargés de traquer les fraudeurs ne respectant pas le boycott des échanges commerciaux avec la Grande-Bretagne. Les loyalistes durent quitter les États-Unis. Dès 1776, un véritable exode qui toucha environ 80 000 personnes (soit 3 % de la population) se dirigea vers l'Angleterre, les Antilles ou le Canada. Ils contribuèrent ainsi à l'édification du Canada et constituèrent un des facteurs essentiels de la résistance canadienne à la rébellion américaine. La confiscation de leurs biens se généralisa dans la plupart des États avec la caution officielle du Congrès, créant ainsi la ruine des loyalistes mais permettant de consolider les finances de la Confédération endettée. Le morcellement de leurs vastes domaines permit une redistribution des terres à de nouveaux propriétaires et, partant, une démocratisation de l'agriculture qui constitua un véritable acquis social. Cette tendance se poursuivit même après la fin de la guerre, et ce, malgré les pressions de l'Angleterre pour dédommager ceux qui lui avaient été favorables.

Contrairement à ce que l'on a longtemps dit, le mouvement loyaliste n'est pas le fait d'une classe, d'une confession, d'une région ou d'un groupe isolable. Il reflète, par-delà les clivages classiques, une sensibilité ou une perception différente du courant qui va devenir bientôt dominant et qui revendique déjà la spécificité américaine.

La guerre d'Indépendance (1776-1783)

Il était sans doute bon de rappeler l'existence et surtout le point de vue des oubliés de la Révolution qui n'ont certainement pas perçu les événements de la façon dont l'histoire officielle les a généralement décrits mais il serait bien sûr ironique et absurde que les obscurs viennent éclipser ceux qui étaient en première ligne dans la guerre d'Indépendance.

Sans être infinies, les possibilités d'interprétation de cette guerre sont nombreuses et le choix nous est aussi offert de privilégier l'idée d'un conflit armé, d'une guerre civile entre sujets britanniques, d'une guerre entre Américains, d'une rébellion contre le pouvoir excessif de la métropole, d'une révolte contre un roi autoritaire et du rejet de la monarchie pour instituer une république.

Les tentatives de quelques whigs dont Pitt devenu comte de Chatham et Edmund Burke n'ont pas empêché la guerre d'Indépendance de commencer véritablement en 1776. Il faut donc plus de six années, presque sept entre la déclaration et la conquête de l'indépendance. La concrétisation de l'idée aurait pu ne pas aboutir car rien ne semblait devoir garantir *a priori* le succès à une armée continentale mal organisée et mal équipée. L'absence d'un commandement central et permanent semble être une faille de taille. L'armée, de surcroît, est essentiellement composée de miliciens et d'hommes que l'on réunit à la minute sur la place du village, d'où leur nom de *minutemen*, mais ils sont peu exercés. La discipline n'est pas respectée par des hommes qui désertent volontiers. Les hommes se débandent aussi vite qu'ils se rassemblent et il s'agit d'une armée éphémère. Les officiers, quant à eux, manquent du sens des responsabilités. On peut imaginer que le moral des troupes est précaire dans les moments difficiles et surtout pendant l'hiver : on se souviendra à cet égard du tournant qu'a pu représenter la retraite à Valley Forge. L'armée n'est pas constituée de soldats de métier mais de citoyens ordinaires et volontaires qui ne doivent leurs armes qu'à eux-mêmes. La nécessité de se défendre afin de survivre dans un environnement hostile avait mis une arme entre les mains de chacun ou presque, créant ainsi une relation toute particulièrement américaine face au port d'armes que l'on invoque souvent pour expliquer un certain climat de violence. On se contentera de dire que la défense militaire n'est, à cette époque-là, conçue que comme une riposte ponctuelle contre les attaques de l'ennemi – amérindien en l'occurrence – et toujours dans l'immédiate proximité des biens à préserver. On voit mal nos fermiers en armes transporter leur ardeur aussi vive que passagère sur des fronts lointains. L'absence de soutien officiel et le cloisonnement de chaque colonie renforcé par l'isolement ne portent guère au développement des solidarités.

Si la supériorité militaire peut se jauger au nombre des troupes, l'avantage n'est certainement pas du côté américain. Face à un minimum de 30 000 tuniques rouges, l'armée de Washington est à géométrie variable. Le nombre des soldats américains passe de 16 000 à l'été de 1775 à 8 000 en mars 1776 pour remonter à 11 000 en 1777. Washington a bien essayé de pallier ce handicap en pressant le Congrès d'allonger la durée du service des engagés volontaires mais la décision n'est prise qu'en septembre 1776. Plus grave est le manque d'argent pour soutenir l'effort de guerre. Aucune institution ne peut lever des impôts et les États qui se montrent réticents à financer, se lancent dans des émissions massives de papier-monnaie conduisant à la dépréciation. Le climat général enfin ne facilite pas les choses puisque l'opinion publique compte autant de conservateurs que de patriotes.

A côté de ce tableau négatif, on peut recenser les avantages dont disposent finalement les Américains. Tout d'abord, le souvenir de Bunker Hill s'avère durable et paralyse un peu la détermination des Anglais. Howe qui avait commandé l'attaque anglaise est invité à remplacer Gage, rappelé à Londres en octobre 1775, mais il gardera désormais une certaine réticence à se lancer dans de nouvelles opérations contre les Américains. Sans aller dire que la guerre ne fut pas gagnée par les Américains, elle fut en partie perdue par les Anglais en raison de l'aveuglement et de l'entêtement du roi, du manque de vision du premier ministre et du conservatisme de la majorité parlementaire. Dans des combats dont l'issue a été longtemps incertaine, l'alliance des Américains avec la France à partir de 1778 va se révéler décisive. La distance des colonies par rapport à la métropole constitue un autre atout. Les Américains ont l'avantage d'être chez eux et de se battre sur un terrain familier, ce qui leur permet de mettre en œuvre une technique de résistance du type guerilla. Le pays étant en outre très vaste, il n'existe pas de centre vital réel des opérations et les victoires ne peuvent jamais être définitives. L'ardeur au combat est aussi un élément essentiel chez des Américains caractérisés par une véritable *furor bellandi*. Le chef enfin a sa part dans le succès des opérations. Washington, ce planteur de Virginie calme et pondéré, est l'âme de la guerre. Il a d'indéniables qualités de caractère. Brillant par son courage, sa sagesse et son intégrité, il se montre d'un patriotisme exemplaire.

Le conflit armé dure donc au total 8 années si l'on considère qu'il démarre le 19 avril 1775 et qu'il prend fin le 19 avril 1783. Il serait séduisant de pouvoir distinguer des phases dans la chronologie des opérations mais elles manquent de netteté. Toutefois, durant une première phase qui se termine en octobre 1777 les Américains sont essentiellement sur la défensive. Les incidents de Lexington et de Concord puis le siège de Boston sont suivis de quelques succès. La prise par les Américains du Fort Ticonderoga sur le lac Champlain, dans le nord du New York, le 10 mai, élargit l'aire géographique du conflit et assure le contrôle de la route du Canada. La bataille de Bunker Hill, le 17 juin, semble conforter les positions de l'armée de Washington mais l'automne 1775 s'avère plus sombre. Il est essentiellement dominé par l'échec des expéditions américaines au Canada puisque après l'occupation de Montréal par Montgomery le 13 novembre, c'est l'échec devant Québec le 30 décembre. L'année 1776 n'est guère plus favorable. Le général Howe qui commande les forces britanniques évacue Boston le 17 mars et se replie sur Halifax puis fait mouvement sur New York avec l'appui de la flotte britannique en juin. Les Américains sont défaits à Long Island à la fin août puis l'automne confirme leur situation catastrophique. A la mi-novembre, l'armée de Washington perd ses positions au nord de Manhattan, se replie dans le New Jersey puis sur la rive occidentale de la Delaware, en Pennsylvanie, après la chute de Fort Washington et de Fort Lee. Mais, grâce à l'audace et à l'habileté de Washington, la situation revire à l'hiver 1776. La bataille de Trenton, le 26 décembre, est l'un des premiers tournants dans la guerre. Les Américains attaquent par surprise et font un millier de prisonniers parmi les mercenaires hessois que le roi d'Angleterre a recrutés pour pallier la difficulté de lever une armée suffisante. Ce succès est confirmé par une nouvelle victoire sur les Britanniques à Princeton (New Jersey), le 3 janvier 1777. Le reste de l'année 1777 est moins glorieux pour les patriotes. A l'été, les troupes britanniques s'engagent, à partir du Canada, dans une offensive confiée au général Burgoyne ; elles repoussent les Américains à Monmouth (New Jersey) en juin et reprennent le Fort Ticonderoga le 6 juillet. La Pennsylvanie devient alors le foyer principal des opérations pendant l'automne et l'hiver. Washington est défait à Brandywine le 11 septembre puis à Germantown le 4 octobre et, le 26 septembre, l'occupation de Philadelphie par les Anglais contraint le Congrès à prendre la fuite. A la mi-décembre le général américain doit se retirer à Valley Forge, au nord-est de Philadelphie. C'est là qu'il passe le célèbre hiver qui détruit le moral de ses troupes sévèrement touchées par le froid et la maladie. Heureusement la capitulation de Burgoyne, le 7 octobre, à Saratoga dans le New York constitue un tournant décisif et amorce la deuxième phase de la guerre qui va s'avérer plus offensive à défaut d'être triomphante. La victoire de Saratoga n'a pas eu d'effet euphorisant sur l'armée américaine mais, par sa valeur symbolique, elle facilite l'offensive diplomatique de Franklin qui défend la cause des États-Unis auprès du ministre français des Affaires étrangères Vergennes. La victoire américaine permet aux « Insurgents » d'obtenir l'aide de la France, ravie sans doute de pouvoir prendre sur l'Angleterre une revanche qu'elle attend depuis 1763. Beaumarchais qui ne s'adonne pas qu'aux activités de la plume est activement engagé dans le trafic d'armes et le traité d'alliance signé avec la France, le 6 février 1778, implique une aide de 8 millions de dollars et l'envoi de 6 000 hommes sous le commandement du comte de Rochambeau. Ce sont là des atouts non négligeables qui vont sérieusement étayer les positions américaines, même si l'Histoire a surtout mis en relief l'intervention pleine de panache mais individuelle de La Fayette, ce jeune officier de 19 ans littéralement enthousiaste pour la liberté, qui s'était porté volontaire dès juillet 1777 au service de l'armée continentale pour défendre une « juste cause ». Dès juin 1778 la situation se présente sous un jour plus favorable. Les Anglais qui craignent un blocus naval français évacuent Philadelphie et Washington est victorieux à Monmouth (New Jersey) le 28 juin. Le 10 juillet, la France déclare officiellement la guerre à l'Angleterre et la flotte de l'amiral d'Estaing arrive à l'embouchure de la Delaware. Devant leur échec en Nouvelle-Angleterre et dans les États du centre, les Anglais décident alors de se tourner vers le sud en occupant Savannah en Géorgie le 29 décembre. Cette nouvelle extension du conflit n'est pas faite pour conclure les opérations de façon définitive. Hormis la déclaration de guerre de l'Espagne à l'Angleterre en juin et la victoire navale de l'Américain John Paul Jones en septembre, l'année 1779 s'avère incertaine. La tentative franco-américaine de reconquérir Savannah échoue tandis que Washington doit affronter les rigueurs d'un hiver particulièrement dur. Son armée installée à Morristown dans le New Jersey a à faire face à de nombreuses désertions. L'année 1780 n'éclaire guère les perspectives. Les Anglais semblent conforter leurs positions dans le Sud grâce à la prise de Charleston, le 12 mai, et à la victoire des troupes de Cornwallis à Camden (Caroline du Sud) sur celles de Gates. Benedict Arnold, l'officier américain qui s'était illustré dans la victoire de Saratoga, passe au service des Anglais en septembre. Sans doute l'arrivée à Newport (Rhode Island) des 6 000 soldats français de Rochambeau vient à point nommé mais c'est sans aucun doute la victoire américaine à King's Mountain (en Caroline du Sud à nouveau) qui préfigure l'issue de la guerre.

Le dernier acte va se dérouler en Virginie qui a décidément vocation à jouer un rôle déterminant dans le sort de la nation américaine. L'année 1781 va marquer la fin des combats proprement dits. La situation n'a guère changé en ce sens que les mutineries continuent en Pennsylvanie du côté américain. Mais l'élément nouveau est l'appui des forces françaises et la division des chefs britanniques quant à la stratégie à adopter en raison de l'élargissement géographique du conflit. Le général Cornwallis qui occupe Yorktown en Virginie le 1er août attend en vain des renforts de New York que le général Clinton veut défendre. La bataille navale dans la baie de Chesapeake le 5 septembre permet de chasser la flotte anglaise et le siège de Yorktown engagé par les forces franco-américaines le 9 octobre conduit à la capitulation des Anglais le 19 octobre.

Sans diminuer l'effet symbolique et maintenant mythifié, on doit dire que la victoire de Yorktown marque la fin de la deuxième phase de la guerre d'Indépendance, sans aucun doute en raison de la lassitude des Anglais de mener une guerre à distance et de leur découragement de s'enliser dans un trop vaste continent insaisissable. Les Américains ont gagné peu de batailles mais ils ont gagné la guerre. Contrairement à l'image reçue, le conflit aura été très meurtrier, le plus meurtrier de l'histoire américaine après la Guerre civile puisque les quelque 26 000 morts du seul côté américain représentent tout de même près de 1 % de la population totale.

La troisième et dernière phase qui occupe les deux années suivantes est dominée par la négociation de la paix. Dès lors, les événements se précipitent. Tandis que la guérilla continue dans le Sud, la Chambre des Communes annonce, le 27 février 1782, sa volonté d'arrêter les hostilités ; le premier ministre Lord North démissionne un mois plus tard et les négociations de paix sont engagées à Paris à compter du 12 avril. Il faut attendre le 11 juillet pour que les Anglais évacuent Savannah et le 14 décembre pour qu'ils quittent Charleston. Le 30 novembre 1782, les préliminaires de paix sont signés à Paris par John Adams, Benjamin Franklin et John Jay. Le Congrès les ratifie en avril 1783 et la signature définitive du traité de Paris intervient le 3 septembre de la même année. Au terme de cet accord, l'indépendance des États-Unis est reconnue, l'Angleterre conserve Gibraltar et le Canada mais rend à la France quelques Antilles (Tobago) et des comptoirs en Afrique (le Sénégal) de même qu'elle donne la Floride à l'Espagne. 1783 consacre ainsi la fin du premier Empire anglais et constitue l'acte de naissance de la jeune nation américaine.

Lorsque les derniers Anglais quittent New York le 25 novembre, le sens de la mission confiée à Washington perd son sens et le général victorieux renonce à ses fonctions de commandant en chef de l'armée américaine le 23 décembre. La fin de la guerre a signifié la fin de l'armée et Washington ressemble plus à Cincinnatus qu'à César. Le planteur de tabac retourne à ses champs et présidera la Société des Cincinnati. C'est l'absence d'une caste militaire qui permet au citoyen soldat d'avoir sa place dans la vie politique américaine et Washington sera ainsi très vite invité à jouer un rôle national.

L'émergence de la jeune nation : le gouvernement après la Révolution (1776-1789)

Une certaine confusion prévaut toujours dès qu'il s'agit de définir avec rigueur le concept de Révolution américaine. Dans quelle mesure recoupe-t-il la guerre d'Indépendance ? John Adams offre sa réponse dans une lettre adressée à Jefferson en 1815 : « Qu'entendons-nous par Révolution ? La guerre ? Elle ne fait pas partie de la Révolution. Elle n'en est que la conséquence. La Révolution était dans l'esprit des gens et s'est déroulée entre 1760 et 1775. »

Si on peut toujours accepter l'idée que la Révolution américaine se déroule progressivement dans les esprits des colons au cours des quinze années qui précédent Lexington, on affirmera aussi que l'établissement des institutions politiques des États-Unis – indissociable de l'esprit révolutionnaire – nécessite 15 autres années, de 1774 à 1789. Il commence avec la convocation du Ier Congrès continental et se termine avec la mise en route de la République.

Les découpages historiques ont souvent un côté artificiel d'autant que les événements ici se chevauchent : la conduite des opérations militaires et la mise en place des institutions sont en effet difficiles à dissocier. Ainsi, le début des années 1770 correspond à une période de résistance et de guerre mais aussi d'intense activité politique. Évidemment ce sont surtout les années 1777-1787 qui constituent la période centrale dans la formation du gouvernement national. Même si beaucoup reste à faire et si le sort des oubliés n'est pas réglé, les Insurgés ont tout de même été les premiers à se donner une Constitution écrite inscrivant les libertés politiques et à jeter les bases d'une démocratie fondée sur plus d'égalité et à faire du peuple la source de tout pouvoir. Mais avant de se doter d'une Constitution les États ont élaboré des constitutions locales.

L'établissement des premiers gouvernements d'États à partir de 1776

Le premier effet de 1776 est de confirmer le principe de la souveraineté des États et de l'établir pour longtemps, jusqu'à la guerre de Sécession en fait puisque c'est en vertu de ce principe que les États du Sud revendiquèrent le droit de quitter l'Union et qu'il fallut la victoire du Nord pour restreindre le droit des États. La guerre d'Indépendance unit des États différents dans une lutte commune contre les Britanniques mais sans régler le problème délicat de l'union de ces diverses composantes régionales. Jaloux de son autonomie et soucieux de préserver ses libertés, chaque État se dote d'institutions propres.

Ainsi 12 États sur 14 (le Vermont est venu s'ajouter aux 13 colonies en 1791) adoptent des statuts entre 1776 et 1804. Les seuls à faire exception sont le Connecticut et le Rhode Island qui conservent malgré quelques modifications la charte royale reçue depuis la fondation. Les autres instituent des régimes républicains et élaborent des constitutions qui sont écrites pour avoir une garantie supplémentaire contre les abus de pouvoir éventuels. 7 d'entre eux (la Virginie, la Pennsylvanie, le Maryland, le Delaware, la Caroline du Nord, le New Jersey et le Massachusetts) font précéder leur constitution d'une déclaration des droits (*bill of rights*) de 1776 à 1780. La déclaration la plus ancienne, celle de Virginie, adoptée le 12 juin 1776, est l'œuvre de George Mason et servit de modèle à toutes les autres. Elle influença sans doute la Déclaration d'indépendance de juillet 1776 et son impact va même au-delà de l'Amérique puisqu'elle inspirera la Déclaration française des droits de l'homme et du citoyen de 1789. Assez ironiquement la déclaration virginienne reprend tout l'héritage de la tradition politique anglaise incarnée par la Grande Charte *(Magna Carta)* de 1215, la Pétition des Droits et le *Bill of Rights* de 1689 mais aussi toute la tradition de l'époque coloniale symbolisée par le *Body of Liberties* du Massachusetts (1641), les *Fundamental Laws* du New Jersey (1676) et la *Pennsylvania Charter of Privileges* (1701). On remarque que le texte de la Virginie rappelle que les droits fondamentaux de l'individu vivant en société sont la liberté, la propriété et le bonheur, termes repris par Jefferson dans la Déclaration d'indépendance. La liberté est absente mais on aura compris qu'il est difficile de mentionner ce concept dans un État qui pratique l'esclavage.

La Virginie adopte ensuite une Constitution le 29 juin 1776. En 1776, quatre colonies ont déjà leur Constitution. La rédaction de ces textes suscita des débats fort animés et le degré de participation des citoyens fut variable mais toujours important.

Des éléments de diversité apparaissent clairement dans tous ces textes. Les disparités sont d'ordre religieux ou politique. Les uns font de l'Église anglicane la religion d'État, d'autres comme la Pennsylvanie, sous l'influence des quakers, éprouvent le besoin de garantir la liberté de conscience et d'expression et la résistance au service militaire. Sur le plan politique les variantes sont nombreuses. Le système colonial ancien qui a prévalu jusqu'au 4 juillet 1776 est aboli de fait par la Déclaration d'indépendance. Dans l'ancienne situation le système de gouvernement avait des structures identiques. Le pouvoir exécutif était détenu par un gouverneur nommé par le roi (sauf dans le Connecticut et le Rhode Island où il était élu). Le gouverneur était assisté d'un Conseil dont les membres étaient eux aussi nommés ou agréés par le roi. Le pouvoir législatif était exercé par une assemblée dont les représentants étaient choisis de façon plus ou moins démocratique selon les colonies. Désormais chaque État définit les règles du jeu politique à sa façon. En 1776 les gouverneurs royaux quittent les colonies et la gestion échoit aux assemblées législatives confortées par les comités révolutionnaires. Les régimes les plus « populaires » sont sans doute ceux de la Géorgie et de la Caroline du Nord. La Virginie et la Pennsylvanie privilégient le régime d'assemblée par crainte d'un exécutif trop fort. Le Maryland et le New York se dotent d'un système plus équilibré entre les deux pouvoirs exécutif et législatif tandis que la Caroline du Sud opte pour la formule la moins libérale.

Il est intéressant enfin de constater les divergences sensibles des États face à la question de l'esclavage. Il n'est guère surprenant que les États esclavagistes se soient gardés de mentionner le concept de liberté dans leurs textes officiels. On constate cependant des progrès notables sur cette question dans les États où les esclaves ne représentent pas d'enjeu économique. L'abolition entre dans la loi et même dans les faits mais l'esclavage ne reçoit pas de réponse globale au niveau de l'Union. Pendant la période de la guerre d'indépendance, le trafic d'esclaves est pratiquement interdit dans la quasi-totalité des États sauf en Caroline du Nord et en Géorgie où il est limité par une forte imposition. Pour donner quelques exemples, la traite est interdite par le Delaware en 1776, par la Virginie en 1778, par la Pennsylvanie en 1780 et par le Maryland en 1783. Mais le problème demeure celui de l'émancipation. L'esclavage reste en vigueur au sud de la *Mason-Dixon line* en raison du *lobby* tout-puissant des planteurs du Sud pour qui cette pratique a des justifications économiques. Même des hommes comme Jefferson, Madison ou Patrick Henry n'arrivent pas à imposer leurs idées face à la résistance de l'aristocratie terrienne sudiste. Jefferson a dû enlever de sa Déclaration ce qui avait trait à la dénonciation de l'esclavage mais il réussit, en 1782, à faire adopter par l'assemblée de Virginie une loi permettant d'affranchir individuellement les esclaves. Pour résumer, il se dégage deux types d'attitudes face à cette épineuse question : d'une part, celle des États comme le Vermont, le Massachusetts ou le New Hampshire qui se prononcent en faveur de l'abolition immédiate et, d'autre part, celle des États qui retiennent la formule de l'émancipation progressive (« *gradual abolition* »), c'est-à-dire applicable à partir de la génération suivante, comme la Pennsylvanie en mars 1780, le Rhode Island, le Connecticut puis, plus tard, le New York en 1799 et le New Jersey en 1804.

Le rôle du Congrès (1775-1781)

Tous ces gouvernements locaux se sont donc constitués dans un contexte national qui n'a pas encore défini son mode de fonctionnement politique. Le primat des conditions locales a certainement contribué à paralyser l'élaboration même d'institutions nationales mais il a aussi favorisé l'épanouissement de cet idéal démocratique dont on dit volontiers qu'il va caractériser la nation américaine. L'Amérique est confrontée à des tendances contradictoires qui vont dominer la vie politique des États-Unis. Il est fort difficile de trouver un juste équilibre entre la nécessité d'opposer un front commun à l'Angleterre tout en respectant le désir profond de maintenir une union lâche et limitée. Très vite la nécessité d'édifier une autorité collective acceptée par tous et susceptible d'être reconnue à l'extérieur du pays va s'imposer.

En attendant, la seule institution fédérale est le Congrès continental qui joue un rôle fondamental de 1775 à 1781. Le Congrès est bien une association volontaire mais le paradoxe tient au fait qu'elle n'a rien de juridique. Chaque État y est représenté par un nombre de délégués variant de 2 à 7 même s'il ne dispose que d'une seule voix. Le 11 juin 1776, le IIe Congrès continental avait désigné une commission dont le mandat était de rédiger les *Articles de Confédération*, substituant ainsi le principe de l'union définitive à celui d'association temporaire. Ces *Articles* rédigés essentiellement par John Dickinson furent finalement adoptés le 15 novembre 1777 mais ils n'entrèrent en vigueur que le 1er mars 1781 en raison du blocage opéré par le Maryland à propos d'une querelle territoriale opposant cet État à la Virginie. Le résultat est que, de 1775 à 1781, c'est le Congrès qui fit office de gouvernement. Ce système flou, sans base juridique solide, eut à régler toute une série de problèmes, outre le fait qu'il eut à conduire la guerre et à négocier la paix avec l'ancienne métropole.

Le gouvernement fédéral n'a donc aucun pouvoir réel ou, plus exactement, il a des pouvoirs mais il n'a pas le pouvoir. L'exécutif est inexistant et le législatif n'a pas de pouvoir de coercition. Bien sûr, il vote les lois, traite avec l'étranger mais n'a pas le pouvoir de percevoir les impôts. Incapable de prendre la moindre sanction, il ne jouit que d'une autorité morale. Cette situation va conduire à la révision progressive du système et on peut donc considérer que la Confédération a servi de banc d'essai à l'Union.

Le concept d'union et les Articles de Confédération (1777)

L'idée de l'union n'est pas nouvelle. Sa première élaboration remonte au projet conçu par Benjamin Franklin et présenté à la réunion d'Albany en 1754. Il était alors prévu d'instituer un président général désigné et rémunéré par la Couronne et un grand Conseil élu pour trois ans par les assemblées des diverses colonies au prorata de leurs contributions fiscales. Même s'il n'est pas retenu parce que les Américains trouvent qu'il paraît conduire à un excès de prérogatives et parce que les Anglais considèrent qu'il s'aventure trop sur la voie de la démocratie, ce plan préfigure tous ceux qui seront examinés par les assemblées révolutionnaires ultérieures.

Un schéma du même type est notamment proposé au Ier Congrès continental de 1774 par le conservateur Joseph Galloway de Pennsylvanie et il ne lui manque qu'une voix pour être adopté. Le Congrès finit par soutenir une *Déclaration des droits et des griefs* assortie d'une pétition au roi. Il est même prévu que la décision de boycott dans un pacte d' « association » sera contrôlée par des comités d'inspection. On peut s'étonner de la contradiction. En effet, le Congrès qui proteste contre les abus du Parlement anglais crée lui-même un organisme puissant sans existence juridique réelle pour exercer une fonction de contrôle. C'est cette Déclaration des droits et des griefs qui conduit à la Déclaration d'Indépendance.

Le concept de Confédération est enfin introduit dans les *Articles* de 1777, plus particulièrement dans l'article I instituant les États-Unis d'Amérique, mais il demeure incertain. Le préambule présente la Confédération comme une « union perpétuelle » mais l'article III déclare que les États « constituent une solide ligue d'amitié réciproque », tandis surtout que l'article II rappelle que « chaque État conserve sa souveraineté, sa liberté et son indépendance et tout pouvoir, juridiction et droit qui n'est pas expressément délégué aux États-Unis réunis en Congrès ». Ces contradictions reflètent en réalité les tensions qui ont présidé à l'élaboration des *Articles*. Dickinson représente les conservateurs qui veulent un gouvernement fort tandis que les radicaux comme Thomas Burke de Caroline du Nord insistent pour préserver l'égalité totale entre les États. C'est ce dernier point de vue qui l'emporte avec l'adoption de l'article V qui définit le principe du vote par État.

Vers la formation du gouvernement national (1777-1787) :
le problème des délimitations territoriales

Quoi qu'il en soit, ce sont ces *Articles de Confédération* qui régissent le pays pendant huit ans, de 1781 à 1789. Les gouvernements locaux constituent l'ossature du système et l'opinion, sensible à la contradiction interne entre les concepts de liberté et de pouvoir, se montre attachée à la représentation équitable des États en tant qu'éléments indépendants au sein d'une Assemblée fédérale. Deux options radicalement opposées s'affrontent : d'une part, les tendances centralisatrices ou autoritaires et, d'autre part, les tendances décentralistes ou autonomistes. Cette opposition va insensiblement recouper le clivage entre les attitudes conservatrices et démocratiques.

Ainsi les années 1780 sont conflictuelles. Certes, l'expérience commune de la Révolution a soudé les Américains en créant en eux une certaine fierté nationale. L'expérience de la liberté leur a donné confiance dans le futur mais le problème est que le consensus n'existe pas sur la forme que ce futur doit prendre.

L'une des oppositions fondamentales est aussi celle qui sépare les cercles attachés à la mise en valeur de la terre et les milieux marchands et commerçants. Les mondes de la campagne et de la ville sont aux antipodes et l'une des difficultés majeures à résoudre par le Congrès au cours de cette décennie est celui des délimitations territoriales qui est lié à la distribution des terres. C'est bien la querelle territoriale qui a retardé l'application des *Articles de Confédération*. Avant 1776 plusieurs colonies considéraient qu'elles avaient le droit de s'étendre à l'ouest des Appalaches, même si ce droit était devenu caduc aux termes de la *Proclamation royale* de 1763. Les conquêtes opérées pendant la guerre d'Indépendance avaient réactivé les prétentions de certains États. Ainsi confortée par le succès de l'expédition du colonel Clark de 1778-1779, la Virginie revendiquait la partie occidentale de territoire situé au nord de sa frontière sud et à l'ouest du Maryland et de la Pennsylvanie. Soucieux de trouver des sources de financement pour restaurer le crédit de l'État, le Congrès dut prendre position sur le problème des ventes des terres « nationalisées » et adopta en octobre 1780 une Résolution sur les terres publiques régissant le mode de cession. Il faut attendre décembre 1783 pour que la Virginie accepte de transférer à la Confédération toutes les terres situées au nord-ouest de l'Ohio. D'autres

États comme le Massachusetts et le Connecticut en firent de même et toute une série de mesures contribuèrent à la constitution d'un domaine national et à l'organisation administrative des nouveaux territoires, qu'il s'agisse de l'*Ordonnance sur les Territoires* de 1784, de l'*Ordonnance sur les Terres publiques* de 1785 ou de l'*Ordonnance sur le Nord-Ouest* de 1787.

Il s'agit bien d'organiser la colonisation des territoires de l'Ouest mais la principale aventure consiste à gérer un territoire, hors des frontières des États eux-mêmes, aux contours incertains et grand comme presque deux fois la France. Jefferson fut très inventif et proposa un plan de découpage qui devint l'Ordonnance de 1784. Son don pour la géométrie et son goût pour le système métrique l'avaient poussé à découper le territoire en petits rectangles mais le plan en damier proposé ne vit jamais le jour car il ne tenait pas suffisamment compte de la configuration naturelle du terrain. Monroe, en particulier, fit des objections en arguant de la pauvreté des sols et défendit l'idée d'ensembles moins nombreux mais plus vastes. C'est la formule retenue par l'Ordonnance sur le Nord-Ouest de 1787 établissant un Territoire du Nord-Ouest au nord de l'Ohio et à l'est du Mississippi et prévoyant la création de cinq territoires dans la zone lotie susceptibles de devenir des États quand ils auront 60 000 habitants. Ce sera le cas de l'Ohio en 1803.

Si les limites des futurs États ne revêtent aucun caractère d'urgence, il en va différemment en revanche de la délimitation des parcelles à vendre. Dans ce cas, le projet de découpage géométrique de Jefferson convenait fort bien et il inspira la loi de 1796 définissant les « *sections* », des petites surfaces carrées d'un *mile* sur un *mile* et d'une superficie de 640 acres (soit 256 ha). Regroupées en carrés de 6 *miles* sur 6, ces sections devaient constituer les célèbres *townships*, des ensembles géométriques réguliers de 9,6 km de côté et d'une superficie de 92 km². L'avantage résidait dans le fait que la préparation du terrain à vendre était peu coûteuse mais l'inconvénient était qu'il fallait procéder au relevé topographique avant l'implantation des colons impatients et surtout que la taille des futures exploitations ne correspondait pas le plus souvent au minimum vital d'une famille quand elles étaient situées dans des zones arides.

A l'initiative encore de Jefferson, la Virginie et d'autres États abolirent le droit d'aînesse *(primogeniture)* et le droit de substitution *(entail)* qui permettaient de léguer tous ses biens à l'aîné des fils et d'interdire à tout héritier de vendre ses terres. L'abolition de ces deux pratiques féodales qui permettaient de ne pas morceler les propriétés va entraîner une nouvelle donne foncière. Si l'on ajoute à cela la vente des biens confisqués aux *tories* ou aux loyalistes et celle des terres « nationalisées » de l'Ouest, on peut raisonnablement conclure que sans bouleverser radicalement la propriété foncière et, *a fortiori*, sans provoquer de révolution sociale, ces initiatives entraînèrent cependant des changements notables dans la répartition des terres. Il ne faut pas oublier toutefois que le but premier n'était pas de redistribuer le patrimoine foncier et de promouvoir une démocratie sociale puisque les terres furent vendues aux enchères et que l'ensemble de ces mesures favorisèrent l'enrichissement de spéculateurs.

La convention constitutionnelle de Philadelphie (1787)

La Constitution de 1781 aura établi pendant huit ans une ligue d'amitié plus qu'une véritable union. Le problème des terres a en tout cas retardé la naissance de l'Union et souligné l'impuissance de la Confédération. Le principe qui avait guidé les rédacteurs des *Articles de Confédération* de 1781 était que le meilleur gouvernement est encore celui qui gouverne le moins. La méfiance de tout pouvoir central s'explique aisément. Les colons avaient trop souffert en Grande-Bretagne de la tyrannie politique ou de la persécution religieuse et toute autorité centrale rappelait trop la tyrannie britannique. Par ailleurs, la crédibilité de la jeune nation devient problématique surtout dans ses relations avec les puissances étrangères. Il est donc difficile de trouver un juste équilibre entre ces tendances contradictoires qui vont dominer la vie politique des États-Unis entre, d'une part, la nécessité du front commun et d'une autorité collective reconnue à l'extérieur et, d'autre part, le désir de maintenir une union lâche et limitée.

Toutefois, un mouvement en faveur d'un gouvernement plus fort s'amorce vers 1785 pour s'amplifier l'année suivante et conduire à la convention de 1787. Un ensemble de facteurs expliquent ce sursaut. Après la signature de la paix en 1783 le temps de la réflexion est venu mais surtout la crise économique du milieu des années 1780 permet de comprendre l'insatisfaction des milieux marchands qui imputent la dépression à la faiblesse de la Confédération. Les tensions déjà fortes entre créanciers et débiteurs sont avivées par la chute des cours monétaires. La situation économique et financière se dégrade assez vite et se caractérise par l'augmentation croissante de la dette, par l'absence de monnaie unique et par la dépréciation rapide de la monnaie et notamment du papier-monnaie adopté par sept États en 1786. On a évoqué l'existence des querelles entre les États mais les saisies de terres pour règlement d'impôts augmentent les risques de soulèvements et de désordres. La révolte de Shays, conduite en juillet 1786 dans le Massachusetts par un certain Daniel Shays, un vétéran de Bunker Hill, fournit un excellent exemple de ces soulèvements agraires qui font craindre un mouvement révolutionnaire. L'augmentation des troubles intérieurs semble vite menacer la sécurité de la propriété privée. De quel crédit enfin l'Amérique peut-elle jouir auprès de l'étranger ?

La jeune nation s'est émancipée mais elle paraît impuissante. Il lui manque un État. La prise de conscience que « les rouages du gouvernement sont bloqués », comme l'écrivit Washington en 1785, se généralise. L'initiative de réviser les institutions est prise en dehors du Congrès par des hommes dont on ne saurait réduire le rôle : qu'il s'agisse de George Washington, le symbole de l'Indépendance à l'autorité incontestable et l'archétype du citoyen américain idéal unanimement respecté, de James Madison (1751-1836), planteur de Virginie et avocat, diplômé de Princeton, étonnemment doué pour l'analyse politique, qui a étudié les problèmes de gouvernement en général et les systèmes de fédérations en particulier, ou bien encore d'Alexander Hamilton (1755-1804), étranger d'origine modeste mais qui incarne l'homme nouveau de la période révolutionnaire, l'aide de camp de Washington qui s'illustre à Yorktown et acquiert sa réputation de patriote.

Deux réunions informelles entre représentants d'États font germer l'idée de doter la nation d'un véritable système de gouvernement. La première se tient en 1785 à Mount Vernon autour de Washington et réunit des représentants du Maryland et de la Virginie pour essayer de régler la question des droits de navigation sur le Potomac. Madison y assiste et, inquiet devant le désordre qui prévaut dans le commerce du pays, lance l'idée d'une conférence plus large. Ce fut la seconde, celle d'Annapolis en 1786 où ne furent représentés que cinq États seulement mais George Washington et James Madison de Virginie ainsi qu'Alexander Hamilton de New York lancent alors un appel pour réunir une convention à Philadelphie. L'idée est retenue malgré la réticence du Congrès. Ainsi 55 délégués (cf. appendice B) choisis par les assemblées de chaque État à l'exception du Rhode Island vont siéger dès le 25 mai 1787 dans la capitale de Nouvelle-Angleterre sous la présidence de Washington et rédiger une nouvelle Constitution (cf. appendice C).

Les « Pères fondateurs », comme on les surnommera plus tard, sont en effet des hommes exclusivement. Ce sont essentiellement des juristes, des marchands ou des planteurs qui forment une élite sociale et intellectuelle. Ce sont eux qui élaborent la Constitution et la signent à la quasi-unanimité des 42 présents au cours de la dernière séance, le 17 septembre 1787 ; 39 délégués paraphent le document tandis que George Mason et Edmund Randolph de Virginie et Elbridge Gerry du Massachusetts s'abstiennent car ils regrettent l'absence d'une déclaration des droits.

Mais avant d'entrer en vigueur encore faut-il que le texte soit ratifié, comme il en a été convenu à Philadelphie dans l'article VII par trois quarts des États soit 9 États sur 13. Plus le temps passe, plus le texte a du mal à rallier l'adhésion. Accepté à l'unanimité par le Delaware, le New Jersey et la Géorgie puis à une large majorité par le Connecticut, il passe plus difficilement en Pennsylvanie. L'objectif fixé par les *« Framers »* est atteint le 21 juin 1788 avec l'acceptation du neuvième État, le Massachusetts, où le résultat est obtenu avec tant de difficulté qu'il est célébré par un immense défilé dans les rues de Philadelphie le 4 juillet 1788. Plus difficile encore à obtenir est l'accord de la Virginie rendu possible le 25 juin grâce à l'appui de Washington et de Madison ou celui du New York acquis le 26 juillet grâce à Hamilton. Le débat de ratification donne lieu à une polémique très animée. Les fédéralistes et, plus particulièrement, Hamilton, Madison et Jay, qui veulent faire adopter la Constitution ont recours à la presse en 1787 et 1788 et notamment à l'*Independent Journal* de New York ou encore à *The New York Packet* ou au *Daily Advertiser* pour insérer toute une série d'articles louangeurs. Ces 85 textes de propagande signés Publius, du nom de Publius Valerius qui chassa les Tarquins de Rome pour y établir la république, seront rassemblés sous forme de livre, à la fin de 1788, dans les *Federalist Papers*. Inquiets de l'extension du pouvoir central, les antifédéralistes qui recrutent en général dans les régions rurales, chez les fermiers de l'arrière-pays, les spéculateurs ou les partisans du papier-monnaie, sont soucieux de préserver les prérogatives des États. Ils finissent par s'organiser et ripostent vigoureusement en publiant des lettres ou des pamphlets. Citons les *Letters of the Federal Farmer* d'octobre 1787, des lettres anonymes qui seraient d'un certain Richard Henry Lee de Virginie. On trouve une *Adresse au peuple de l'État de New York*, signée

Plebeian, sous la plume de Melancton Smith. Une série d'essais signés Brutus attribués à Robert Yates, l'un des deux délégués du New York ou bien encore les lettres signées Agrippa dans la *Massachusetts Gazette* écrites par un bibliothécaire de Harvard, James Winthrop, nous rappellent par leurs pseudonymes empruntés à l'histoire romaine, la conjuration de ceux qui assassinèrent César, symbole de la tyrannie. On pourrait aussi mentionner les lettres de John Francis Mercer, *A Farmer*, insérées dans *The Maryland Gazette* ou celles de Luther Martin, *The Genuine Information*, publiées à Baltimore. La Caroline du Nord attendra 1789 pour ratifier la Constitution et le Rhode Island ne se décidera qu'en 1790. Il est en tout cas certain que la succession des conventions dans les divers États a donné lieu à des joutes oratoires passionnées qui ont prolongé le débat révolutionnaire et montré l'intérêt pris par l'opinion pour tous ces sujets.

Pour revenir aux délégués de Philadelphie, leur mandat était de prendre « les dispositions qui leur sembleraient nécessaires afin que la Constitution du gouvernement fédéral réponde aux exigences de l'Union ». Avant d'en venir au contenu de leurs délibérations, il importe de souligner le nom de grands absents, le plus illustre étant Thomas Jefferson, alors ambassadeur en France ; mais il en est d'autres qui sont en mission à l'étranger, ne serait-ce que John Adams, ambassadeur à Londres ou John Jay, secrétaire des Affaires étrangères, à New York. On notera aussi que les héros les plus actifs de la Révolution ne siègent pas à la convention. Inconditionnel de la démocratie directe et de la souveraineté des États, Patrick Henry a été choisi par la Virginie mais il refuse de se laisser piéger dans une machination qui « puait le rat ». Résolument attaché aux *Articles de Confédération*, Samuel Adams est également en dehors de la convention, de même que Tom Paine ou Christopher Gadsden qui ne sont pas choisis. Le mode de désignation des délégués par les Parlements des États a exclu de fait les « radicaux » et a envoyé ceux qui avaient des convictions nationalistes (les futurs fédéralistes).

L'expérience des affaires publiques de ces hommes est indiscutable mais on est toujours frappé que ce « concile de demi-dieux », selon la formule de Jefferson, ait été aussi peu nombreux et aussi jeune. Les 55 délégués ne participent pas à la totalité des débats et, à la fin par exemple, ils ne sont plus que 42. Le vieux Franklin, certes, a la sagesse d'un homme de 81 ans mais il constitue une exception dans une assemblée dont la moyenne d'âge excède à peine 40 ans.

Hamilton n'a que 32 ans et Madison 36. Le plus jeune, Jonathan Dayton du New Jersey, a 26 ans.

Malgré les fortes diversités voire divergences d'intérêts et de vues des constituants, le secret des délibérations et la volonté d'aboutir permirent d'arriver à un résultat. La principale source d'information que nous ayons des débats demeure le journal quotidien des discussions que Madison rédigea à partir de ses notes et qui fut publié en 1840, quatre ans après sa mort. Le texte constitutionnel final ne doit en aucun cas être interprété comme un document idéal mais comme le fruit d'un ensemble de compromis. L'assemblée ne manquait pas d'hommes de conciliation comme B. Franklin ou d'autorité comme G. Washington qui permirent de dépasser les visées particularistes.

La Constitution de 1787 : les enjeux du débat

Les *Articles de Confédération* auraient pu être modifiés. Ce n'est pas la solution qu'adoptèrent les constituants qui élaborèrent un document entièrement nouveau. Contrairement à celle de la Grande-Bretagne, la Constitution américaine est un texte écrit. C'est un garde-fou contre la tyrannie. Il s'agit d'un ensemble concis et relativement court (un préambule et sept articles qui ne dépassent pas 4 000 mots) mais qui semble avoir prévu toutes les éventualités par sa souplesse et sa capacité d'adaptation à toutes les évolutions. Les Fondateurs ont d'ailleurs précisé dans l'article V des mécanismes de transformation constitutionnelle et un mode d'amendement formel en deux étapes, l'une relative aux propositions d'amendement et l'autre concernant la ratification. Tout amendement peut être proposé soit par un vote aux deux tiers au Sénat et à la Chambre des représentants ou par une convention nationale convoquée par le Congrès à la demande des deux tiers des législatures des États. La ratification, quant à elle, doit être acquise par les législatures de trois quarts des États. L'histoire montrera dans les faits que la plupart des amendements auront été acquis au terme d'une procédure informelle.

Mélange de pragmatisme et d'idéalisme tout à la fois, la Constitution est dans sa formulation une œuvre de circonstance. La contradiction fondamentale qui semblait insurmontable était de créer un gouvernement des gouvernements, de renforcer le pouvoir central sans que les États aient à aliéner une part de leur souveraineté.

La nouveauté fut de dépasser cette dualité en créant un double système de souverainetés à la fois entières et distinctes avec un partage de compétences. Les secteurs de la politique extérieure, de la défense, du commerce avec l'étranger et entre les États relevaient du niveau d'intervention fédéral tandis que tous les autres secteurs demeuraient de la compétence exclusive des États. Et ces compétences n'étaient pas des moindres puisqu'elles touchaient les écoles, les tribunaux locaux, la police, la constitution de banques, l'entretien des ponts, des routes et des canaux sans parler des décisions relatives au droit de vote et de la protection des libertés civiles. Ce double niveau d'intervention devait pour la première fois jeter les bases du fédéralisme appliqué ou marquer l'essor de ce que l'on a aussi appelé le fédéralisme expérimental. Il est intéressant de relever au passage que le mot fédéralisme n'est jamais invoqué explicitement dans le texte constitutionnel même si le second niveau de gouvernement, celui des États, y est précisé. Il faut attendre le 10ᵉ amendement de 1791 pour que soit garanti que « les pouvoirs non délégués aux États-Unis par la Constitution, ou qui ne sont pas refusés par elle aux États, sont réservés aux États ou au peuple ».

Boorstin a bien montré l'originalité paradoxale de la formule américaine qui n'a pas été gênée par un passé féodal, véritable obstacle en Europe pour édifier des nations et unifier les pays. La diversité, aux États-Unis, est à la fois force et faiblesse. Elle risque de conduire à la dispersion et à l'anarchie mais elle donne aussi le sentiment que chaque entité séparée a le pouvoir de se gouverner elle-même. Jusqu'à la guerre civile, on parle bien de la nation au pluriel.

Le débat est bien de savoir si l'on doit établir un gouvernement *fédéral* au sens ancien du mot fédéral désignant des relations fondées sur la bonne foi (le mot latin *foedus* – traité – est dérivé de *fides* – foi) ou bien un gouvernement *national* ayant un caractère absolu et obligatoire. Le premier, dans la tradition de *l'Esprit des lois* de Montesquieu, est « une convention par laquelle plusieurs corps politiques consentent à devenir citoyens d'un État plus grand qu'ils veulent former : c'est une société de sociétés, qui en font une nouvelle, qui peut s'agrandir par de nouveaux associés qui se sont unis ». Ce système permet aux confédérés de conserver leur souveraineté. Le second est celui de l'État unitaire ou « consolidé » qui demeure entier et parfait.

On remarquera que les termes de « nation » et de « national » ont été savamment omis dans le texte de la Constitution et que l'on préfère se référer aux États-Unis. Il s'agit, comme le rappelle Madison en 1788 dans le *Federalist* (n°s 39 et 51), d'un gouvernement fédéral (mais au nouveau sens du terme) et non national ou, de façon plus ambiguë, d'un « gouvernement composite ». En réalité, on aboutit à une formule qui frôle l'absurde dans la mesure où les Fondateurs créent une formule mixte mais bâtarde. Assembler des États souverains dans une fédération souveraine revient en effet à mettre un terme à la logique de la tradition politique anglo-continentale qui, depuis Jean Bodin jusqu'à Rousseau en passant par Hobbes et Locke, avait fait de la souveraineté une réalité indivisible et impartageable.

L'autre difficulté majeure consistait à respecter le principe de l'égalité entre des États dont la taille, le poids, la richesse et la population demeuraient fort inégaux. On comprend la crainte des petits États d'être absorbés par les grands. Oliver Ellworth du Connecticut trouva un compromis astucieux en proposant à la fois une représentation égale de tous les États au Sénat (2 représentants par État) et une représentation proportionnelle (déterminée selon le poids de la population) pour ce qui est de la Chambre des représentants. Cette division du législatif en deux assemblées sur la base de ce double type de représentation apporta la solution.

Une troisième source féconde de discussions était liée aux absents oubliés de la Révolution qui vont devenir les présents occultés de la Constitution, à savoir les esclaves noirs. La question de l'esclavage fait apparaître le clivage entre les États du Nord et ceux du Sud. Elle n'est abordée en fin de compte que lorsqu'il s'agit de déterminer les règles du calcul de la population d'un État en vue de sa représentation dans la Chambre basse. Les États qui ont une forte proportion d'esclaves posent problème puisque ces derniers, n'étant pas des Blancs, ne font pas partie de l'électorat. A titre de compensation pour les États du Sud on finira par retenir la proposition de James Wilson de Pennsylvanie qui consistait à compter les esclaves pour les trois cinquièmes de leur nombre et à les ajouter aux « citoyens blancs et libres ». Il était ainsi tenu compte des Noirs des États du Sud sans pour autant trop alourdir le poids de l'imposition directe. Mais cette clause dite des trois cinquièmes (art. I, sect. 3) est un excellent exemple d'occultation. Le terme d'esclave n'est jamais expressément utilisé dans la Constitution qui a recours à des périphrases et à des euphémismes, la prise en compte des « autres personnes » dans le calcul de la population étant une façon indirecte de reconnaître l'existence de l'esclavage. Cette réalité entraîne une autre discussion d'ordre commercial et qui a trait aux prérogatives du futur Congrès. Se pose en effet le problème de l'importation des esclaves considérés comme une véritable marchandise et donc soumis au paiement de droits à leur entrée dans les États. On se doute que les États du Sud défendaient la liberté du commerce extérieur tandis que ceux du Nord et du Centre tenaient à ce que la réglementation du commerce soit une prérogative du Congrès. Un nouveau compromis fut trouvé qui consistait à reconnaître au Congrès le droit exclusif de réglementer le commerce avec l'étranger et entre les États en échange du maintien de la traite pendant vingt ans, soit jusqu'en 1808 (art.I, sect. 9, cl. 1).

Mais ce serait limiter considérablement la portée de la Constitution que de n'y voir le résultat de compromis ingénieux. Le pragmatisme permit aux 55 constituants de produire un document qui non seulement reçut leur agrément à l'époque de son élaboration mais qui devait briller par sa longévité. Par-delà les circonstances, les Pères fondateurs n'avaient pas improvisé. Chaque délégué était plus ou moins porteur d'un texte susceptible d'être discuté : la Virginie avait élaboré un plan préparé en grande partie par Madison qui fut présenté par Randolph, William Paterson du New Jersey présenta un projet qui revenait au régime des *Articles de Confédération* et provoqua les réactions violentes d'Alexander Hamilton, le Connecticut avait aussi son plan qu'il soumit par la voie de Roger Sherman. Mais, surtout, les Fondateurs étaient animés d'une philosophie politique, au sens où ils adhéraient à un certain nombre de principes.

Les principes de la Constitution

Les délégués de Philadelphie n'ont pas seulement écrit une Constitution, ils ont mis en place un système de gouvernement.

Les Fondateurs se sont très longuement interrogés sur la forme que devait prendre le nouvel exécutif national, pour savoir s'il devait être unique ou collégial, et quel serait son mode de désignation. Après avoir opté pour un exécutif unique, il convenait d'éviter de donner trop de pouvoirs à un président fort qui aurait par trop rappelé la forme monarchique dont on connaissait les dangers. Et pour éviter une autre forme de tyrannie que constituerait la dictature de la « populace », il fut décidé que le président ne serait pas élu directement par le peuple. Il n'est pas question de suffrage universel direct mais d'une désignation indirecte à deux degrés qui permet de réconcilier à nouveau les contraires. Le président sera donc désigné à la majorité absolue par un collège électoral dans lequel chaque État envoie autant d'électeurs présidentiels qu'il a de représentants dans les deux Chambres. Cette solution présente l'avantage de protéger les droits des États, de faire du président l'émanation du peuple tout en contrôlant le pouvoir populaire. Ce sytème original retient les avantages de la république et de la monarchie.

Le premier principe de base est l'indépendance des pouvoirs et leur séparation. Aucun ne peut mettre un terme à l'existence de l'un des autres. Il n'y a pas de responsabilité de l'exécutif devant le législatif. Le président choisit ses ministres à son gré qui ne sont responsables que devant lui mais il ne peut pas dissoudre les deux Chambres. Sans négliger l'impact des thèses philosophiques, les décisions des délégués découlent aussi de l'expérience coloniale marquée par les abus de pouvoir des gouverneurs puis de l'expérience du gouvernement des États dominés par les assemblées législatives. Le gouvernement est donc divisé en trois branches distinctes, égales mais coordonnées. Solennellement consacrée par les trois premiers articles de la Constitution, la formule tripartite américaine qui met en place un système de pouvoir composé d'un exécutif unique, quasi monarchique, d'un ensemble de tribunaux nationaux soumis à l'ultime autorité d'une Cour suprême et d'un Congrès bicaméral qui dispose d'une part de souveraineté enlevée aux États, va au-delà du seul concept de séparation des pouvoirs popularisé par Locke puis par Montesquieu et dont on sait qu'elle est par ailleurs théorique. L'idée nouvelle que l'on doit surtout à Madison est qu'aucune branche ne doit dominer les autres mais que chacune doit pouvoir être reliée aux autres. Un subtil jeu d'équilibre mais aussi de contrôles, de poids et de contrepoids *(checks and balances)* va ainsi caractériser le système américain.

Selon ce deuxième principe, il y a bien mixité des pouvoirs. Si le président est le chef des armées, c'est le Congrès qui déclare la guerre et vote les crédits militaires. Le président est le chef de la diplomatie, il négocie les traités et désigne les ambassadeurs mais c'est le Sénat qui ratifie les traités et confirme les nominations du personnel diplomatique. A l'inverse si le Congrès a l'initiative législative, le président peut toujours user de son droit de veto (même s'il n'est que suspensif) pour contrecarrer les éventuels abus ou tout ce qui irait à l'encontre de sa politique. Les deux Chambres sont dotées d'un pouvoir judiciaire : la Chambre des représentants peut mettre en accusation le président pour crime d'État selon la procédure de l'*impeachment* à la majorité simple et le Sénat a le pouvoir d'en juger le bien-fondé et de voter la révocation à la majorité des deux tiers. Le président peut aussi désigner des membres de la Cour suprême mais aucune proposition *(nomination)* ne peut devenir définitive *(appointment)* sans l'approbation du Sénat.

L'originalité véritable réside dans le pouvoir judiciaire qui s'avère supérieur aux autres avec, à son sommet, la Cour suprême. On a souvent insisté sur le gouvernement des juges aux États-Unis. Pourtant le texte de la Constitution est fort laconique sur le judiciaire (cf. la brièveté de l'article III qui lui est consacré) et il faut attendre l'élection du nouveau Congrès en 1789 pour en préciser les cadres. Enfin l'autorité acquise par la Cour suprême qui a le pouvoir d'interpréter la Constitution (il s'agit du pouvoir dit de *judicial review* ou contrôle de constitutionalité) et qui par ses décisions joue un rôle essentiel dans la vie quotidienne des Américains, n'interviendra qu'un peu plus tard durant le mandat de John Marshall à la présidence de la Cour suprême de 1801 à 1835.

Le troisième principe mais sans doute le plus important est le dogme de la souveraineté populaire qui constitue, au dire de Tocqueville, la « loi des lois » du système politique américain. C'est bien ainsi que débute d'ailleurs le célèbre préambule « Nous le peuple des États-Unis... ». La version préliminaire du texte qui déclarait : « Nous le peuple des États du New Hampshire, du Massachusetts, du Rhode Island et des Plantations de Providence, du Connecticut... » fut modifiée pour des raisons de style mais ne remit pas en cause le principe défendu par Robert Morris de faire reposer la Constitution non sur les États mais sur le peuple. En plus d'un État, on crée ainsi une nation, la nation américaine. Le concept de souveraineté populaire est très expressément inscrit dans l'article I, section 2, à propos de « la Chambre des représentants qui sera composée de membres choisis tous les deux ans par le *peuple* des différents États » (c'est nous qui soulignons).

Le quatrième principe lié au précédent est l'établissement de la république. Le principe même de la représentation l'implique mais il est affirmé clairement dans l'article IV, section 4, que « les États-Unis garantiront à chaque État de l'Union une forme républicaine de gouvernement ». Comme le rappelle James Madison : « Nous pouvons définir une république [...] comme un gouvernement qui dérive tous ses pouvoirs, directement ou indirectement du peuple ». On remarquera surtout qu'aucun État n'est représenté en tant qu'État dans les instances représentatives. En faisant du peuple la source de toute autorité, on ne détruit pas pour autant la souveraineté des États mais on la court-circuite. L'Union a pour gouvernés non des États mais de simples citoyens.

Mais la difficulté principale demeure que pour freiner les excès de la démocratie sans toutefois la détruire, le système de représentation doit choisir une élite. La démocratie revêt ici un caractère très sélectif mais qui repose sur une aristocratie naturelle plutôt que sur une aristocratie héréditaire, les critères de choix demeurant les vertus et les talents plutôt que la naissance ou la richesse. A l'évidence, les constituants ont rejeté l'idée d'une pure démocratie. Le système mis en place est libéral mais pas totalement démocratique. Pour s'en convaincre, il suffit de rappeler l'élection indirecte du président, le poids modérateur du Sénat, la non-élection des juges de la Cour suprême, la nature anti-majoritaire du contrôle de constitutionalité des lois et, tout simplement encore, l'abus d'autorité des fondateurs dont le mandat initial n'était que de « réviser » les articles de Confédération.

Il est clair que les délégués se méfiaient du peuple ou plutôt de l'oppression de la part d'une majorité populaire sur la minorité qui constituerait un risque de tyrannie aussi redoutable que celui d'une monarchie absolue. Grande est la peur de cette *mobcracy* (démocratie populaire) et tout est fait pour atténuer la représentation directe. Les sénateurs sont désignés par les législatures des États et le président est choisi par un collège restreint d'électeurs. Gouverneur Morris de Pennsylvanie et Edmund Randolph, gouverneur de Virginie, furent de ceux qui insistèrent pour se protéger contre le radicalisme démocratique et Hamilton alla encore plus loin en proposant de nommer à vie les élites dirigeantes.

Enfin, le dernier principe, celui de la suprématie de la loi nationale ou de la supériorité de la loi fédérale sur celle des États, est établi sans la moindre ambiguïté dans l'article VI (sect. 1) : « La présente Constitution, ainsi que les lois des États-Unis qui en découlent, et tous les traités déjà conclus, ou qui le seront, sous l'autorité des États-Unis, seront la loi suprême du pays. » Cette clause dite de suprématie soutient un gouvernement fort et se trouvera renforcée par la suite avec le développement et l'extension du contrôle de constitutionalité des lois qui, lui, n'est pas inclus dans le texte constitutionnel mais dont il est fait mention dans le n° 78 du *Federalist*.

Vertus et limites de la Constitution

Le résultat d'ensemble est si séduisant qu'il est l'objet d'éloges dithyrambiques. L'Histoire donne donc raison à Franklin qui avait voulu voir avec optimisme dans le soleil qui luisait derrière la tête de Washington un soleil levant et non couchant. Selon le mot d'Hamilton, l'acte de fondation relève du « prodige ». Madison y trouve le doigt d'une intervention providentielle. Le texte qui frise la perfection est en fin de compte assez banal pour l'époque mais il sera vite transformé en mythe fondateur et nombreux furent les historiographes américains qui, en s'extasiant sur le génie des *Framers*, participèrent à une véritable entreprise de sacralisation.

Pourtant le texte n'est pas sans limites, notamment en ce qui concerne les libertés publiques et individuelles. Les délégués qui refusèrent de signer la Constitution et plus largement tous les antifédéralistes avaient bien regretté que le texte ne comportât pas de Déclaration de droits. S'agit-il d'une simple négligence ? D'aucuns ont prétendu que les constituants avaient déjà beaucoup travaillé et que l'été de 1787 avait été très long et très chaud. On peut aussi arguer que presque chaque État s'était déjà doté de ce genre de déclarations. Disons avec plus de sérieux que les Fondateurs étaient intimement convaincus qu'ils avaient inscrit assez de garanties dans leur texte. De surcroît, de par son indépendance vis-à-vis de la société, le judiciaire est censé constituer le meilleur gardien des libertés même s'il n'a aucun pouvoir de coercition. Le rôle des 9 juges inamovibles de la Cour suprême nommés par le président sous le contrôle du Sénat est « d'empêcher qu'une partie de la société soit injustement traitée par une autre partie et de servir de rempart contre les empiétements du législatif ». La république, à leurs yeux, est une garantie en soi mais sans doute sous-estimaient-ils le risque d'oppression des minorités par les majorités.

Une autre faiblesse de taille touche à la question de l'esclavage qui n'est qu'indirectement abordée à l'occasion d'une négociation aux implications économiques et fiscales, comme on l'a vu. Un timide mouvement abolitionniste avait bien vu le jour et connu un succès modeste pendant la période révolutionnaire et la traite fut condamnée par Jefferson qui, par ailleurs, possédait des esclaves. La traite est interdite par toute une série d'États : le Delaware en 1776, la Virginie en 1778, la Pennsylvanie en 1780, le Maryland en 1783. La Caroline du Nord, pour sa part, augmente les droits d'entrée sur les esclaves mais les milieux négriers ne cessent pas leur activité. Quant à l'esclavage, il est condamné par les États du Nord et supprimé à des dates s'échelonnant entre 1780 et 1804 mais, comme on le sait, le Sud ne suit pas le mouvement et les déclarations généreuses demeurent lettre morte en raison des mentalités collectives qui trouvent une justification à leurs actes en invoquant les nécessités économiques.

Enfin, les critiques sévères n'ont pas manqué. Tout un mouvement progressiste qui démarra dans les années 1890 culmina, en 1907, avec la publication de l'ouvrage de J. Allen Smith, *The Spirit of American Government*. C'est dans le droit fil de ces historiens progressistes qui voyaient dans la Constitution le triomphe de la réaction contre les forces de la « vraie » démocratie que se situe Charles Austin Beard dont la thèse est contenue dans son *Economic Interpretation of the Constitution of the United States* publiée en 1913. Cette lecture économique marxiste de la Constitution sera reprise par les tenants de la *New Left* dans les années 1960. Mettant en doute la sagesse et le patriotisme des Pères fondateurs, Beard démontre que les délégués de Philadelphie ne furent mus que par le désir de défendre leurs intérêts de classe et qu'ils cédèrent à la logique des possédants. Il dénonce le conflit opposant les « capitalistes » des grandes villes qui possèdent des biens mobiliers et des créances publiques et les « agrariens » (petits cultivateurs, artisans, fermiers endettés, détenteurs de papier-monnaie dévalué) qui cherchent à acquérir des biens immobiliers. Les analyses sociologiques de Beard manquent de rigueur et sa thèse économique pèche par réductionnisme.

L'étude du profil socio-économique des représentants à la convention de Philadelphie permet de nuancer les choses. Il est vrai que l'assemblée constituante rassemble surtout des membres de l'élite sociale mais elle comprend aussi quelques petits fermiers ou quelques représentants des groupes moins privilégiés. On peut citer le cas de Luther Martin du Maryland ou de William Few de Géorgie. Hamilton, lui-même, est au départ un étranger d'origine modeste même s'il fournit ensuite un exemple de la réussite récemment acquise.

Une étude serrée des thèses beardiennes relatives aux détenteurs

de certificats de dette publique qui constituent la majorité des constituants (55 %) a prouvé que les vrais spéculateurs qui ont acheté des
obligations publiques sont minoritaires (29 %) et qu'ils sont divisés
sur le principe d'un gouvernement national fort, ne serait-ce que
parce que les uns spéculent au niveau de la Confédération et les
autres au niveau des États. Ni la classe sociale, ni l'état de la fortune,
ni les formes de spéculation ne permettent d'opposer aussi schématiquement les fédéralistes et les antifédéralistes. Il n'y a pas véritablement deux classes antagonistes et chaque groupe de partisans est
hétérogène et comprend des riches et des pauvres, des patriciens et
des parvenus, des grands propriétaires et des petits fermiers. Les
recherches conduites par Jackson Turner Main ont en revanche
montré que s'il y a clivage il s'opère selon d'autres paramètres, ceux
du lieu de résidence et du degré d'ouverture sur le monde.
L'opposition s'établirait plutôt entre les « cosmopolites » et les
« localistes », entre les habitants des zones côtières urbanisées tournées vers les marchés extérieurs et ceux qui vivent en autarcie et
vendent leurs produits sur des marchés locaux.

De toute façon, on ne peut guère être surpris qu'à cette époque
la liberté soit indissociable de la propriété, tout comme dans
l'Angleterre du XVIIIᵉ siècle. Mais la société américaine demeure toutefois plus égalitaire que celles du vieux continent. Bien sûr, on doit
reconnaître que la Révolution américaine est conservatrice au sens
où elle introduit un bouleversement politique mais non social. Naturellement il s'agit de défendre la propriété privée et les problèmes
évoqués sont ceux des taxes, de la monnaie, de la dette publique et
de la réglementation du commerce. On a parlé d'un Thermidor à
l'américaine à propos de la Constitution de 1787 qui ne reprendrait
pas les généreux principes de la Déclaration d'indépendance
de 1776. On peut être tenté d'opposer ainsi l'esprit réaliste, aristocratique et autoritaire de 1787 à celui de 1776 qualifié de populiste
et d'égalitaire voire de révolutionnaire et de libertaire. Sans doute
est-on face à deux courants différents de la sensibilité américaine qui
seront incarnés plus tard par l'opposition politique entre Hamilton et
Jefferson.

En revanche, il semble difficile de vouloir remettre en question le
sérieux de la démarche d'hommes intelligents qui ont œuvré pour
faire triompher dans l'acte fondateur d'une république le règne de la
raison et de l'ordre et mettre un terme au hasard et à la violence en
faisant un gouvernement de lois et non pas d'hommes. Les Fondateurs n'avaient-ils pas défendu la théorie du gouvernement représen-

tatif qui privilégie la volonté générale sur la volonté de tous et la recherche du bien commun sur l'expression désordonnée des intérêts individuels ?

En 1789, les membres élus des deux assemblées sont réunis à New York promue au rang de capitale provisoire et élisent à l'unanimité George Washington comme premier président des États-Unis. Dès lors, la Constitution de 1787 entre officiellement en vigueur et la jeune république a des fondements politiques.

A défaut d'être totalement nouvelle puisqu'elle tient compte de l'acquis d'expériences constitutionnelles provinciales, la Constitution de 1787 a le mérite incontestable de l'antériorité. Elle est la première constitution écrite d'un grand État occidental dotant d'institutions républicaines les 13 colonies indépendantes au terme d'une révolution réussie.

L'esprit de 1776 n'a pas été véritablement trahi ; 1787 doit être interprété comme un achèvement, celui d'un long processus qui constitue les États-Unis en nation. De la rupture avec la Grande-Bretagne en passant par la Déclaration idéaliste de Jefferson et la guerre d'Indépendance, on aboutit au texte pragmatique de 1787. La Confédération de 1777 a servi de banc d'essai à l'Union et a cédé la place, dix ans plus tard, à une Fédération unique en son temps. Mais rien ne garantissait ce résultat et il s'en est fallu de peu que les antifédéralistes ne gagnent le combat, comme l'a bien montré le débat historiographique des années 1980. Il n'y a ni vainqueurs ni vaincus et le processus qui conduit à la ratification de la Constitution n'a rien d'inéluctable.

L'originalité de la formule américaine tient à la notion de citoyenneté volontaire et à l'élaboration d'un système de légitimité représentative mais aussi à l'instauration de cette « souveraineté composite » qui tente d'accommoder le gouvernement fédéral et les gouvernements des États fédérés. Mais, en réalité, il s'agit bien d'une entreprise de « consolidation » du gouvernement central, comme le démontrent les événements ultérieurs.

On ne peut que souligner enfin l'exceptionnelle durabilité d'un texte qui demeure aujourd'hui la loi fondamentale des États-Unis. L'évolution est allée essentiellement dans deux directions : le centre de gravité est passé nettement des États à l'État fédéral et l'opinion publique a repris de plus en plus ses droits.

3. Nation et création nationale (1789-1829)

Le lien colonial a longtemps donné une certaine unité à des colonies que caractérise surtout la diversité des personnalités impressionnant mais il s'est rompu avec l'indépendance qui vient accuser leur côté disparate. Au terme de la Révolution, la Constitution dote les États-Unis d'un État mais se limite au fonctionnement d'institutions politiques qui demeure encore théorique tant que n'est pas véritablement édifiée la nation.

Les années 1789-1829 correspondent à la mise en place de cette nation américaine au sein de laquelle les divergences qui demeurent doivent être accommodées voire dépassées. Il apparaît très vite que les conflits apparents ne sont pas les plus profonds et que l'équilibre auquel semble parvenir la société américaine, à la fin des années 1820, demeure très précaire.

Cette période de quarante ans constitue une véritable charnière en ce sens qu'elle met un terme à tout un passé européen dont elle prétend même parfois vouloir renier l'héritage mais qu'elle doit aussi inventer un futur établi à partir de ses propres origines glorieuses magnifiées. On retrouve comme amplifiée l'évolution de l'Amérique de 1776 à 1787.

On se souvient de la dualité inhérente à la Déclaration de 1776 qui juxtapose un constitutionnalisme de filiation anglaise permettant de dénoncer légitimement la « tyrannie » du souverain anglais et une tradition jusnaturaliste issue des Lumières qui établit la *tabula rasa* et la création d'un « nouveau » gouvernement. L'effet de rupture de la Révolution accentue dès lors le discours sur la « nouveauté américaine », cette capacité de « commencer le monde à nouveau » dont parle Thomas Paine dans son *Common Sense* dès 1776.

Le concept de rupture est en effet fécond. La séparation dans l'espace avait atténué les effets de la domination britannique pendant la période coloniale. Conclus par la rédaction d'un texte ensuite imposé par la faction au pouvoir puis rapidement consacré et vénéré par tous, les événements révolutionnaires ont opéré dans certains esprits une sorte de séparation dans le temps qui va permettre de dessiner les premiers contours du style national.

Au-delà des conflits et des divergences sur le contenu qu'elle doit prendre, les États-Unis se lancent dans une vaste entreprise de création nationale qui va conduire à la construction du futur nationalisme américain.

La croissance économique et l'expansion territoriale du début du XIXe siècle confortent cette édification politique aux allures parfois mythiques mais contiennent les germes mêmes d'une autre « sécession », d'une cassure sociale interne profonde, celle de la guerre civile à venir.

En attendant, l'idée nationale, l' « esprit américain » commencent à se définir nettement dans les secteurs de compétence de l'État fédéral tels qu'indiqués dans le *Livre des fondateurs,* qu'il s'agisse de l'organisation de la vie politique, de la mise en place d'un programme économique, de la gestion de l'expansion territoriale et enfin du choix d'une politique extérieure indépendante.

L'organisation de la vie politique

L'adoption de la Constitution de 1787 constitue l'acte de naissance des États-Unis en tant que société politique organisée. Il ne reste plus qu'à faire fonctionner les institutions et à fixer les règles du jeu de la vie politique. La génération des Pères fondateurs va imprimer sa marque aux débuts de la république et tous y jouent un rôle actif sauf Benjamin Franklin qui meurt en avril 1790.

La mise en place des nouvelles institutions

Le calendrier de la mise en route prévu par le Congrès avant sa séparation n'est pas respecté à la lettre car les Représentants ont minimisé la grandeur du territoire et la lenteur des communications retarde d'un bon mois les travaux du nouveau Congrès réuni à New York, promue au rang de capitale provisoire.

Quoi qu'il en soit, Washington est élu à l'unanimité comme premier président des États-Unis (appendice D). Ce n'est pas une surprise dans la mesure où les délégués de Philadelphie avaient déjà orienté certaines de leurs discussions en pensant aux responsabilités qu'ils voulaient confier au héros de la guerre d'Indépendance. On ne retiendra ici que l'arrivée triomphale de Washington à New York le 30 avril 1789. La grandeur de l'événement a été, maintes et maintes fois, soulignée et personne n'a oublié ni la majestueuse traversée, en barque blanche, de la baie séparant le New Jersey du New York ni l'accueil enthousiaste par la foule à la pointe sud de Manhattan. Le président établit alors une tradition qui s'est perpétuée jusqu'à nos jours et qui consiste à prêter serment sur la Bible au cours d'une séance inaugurale qui aura lieu désormais le 4 mars (la date initialement prévue mais retardée), devenu le 20 janvier depuis 1937 suite à l'adoption, en 1934, du 20ᵉ amendement. Très fort est le rêve d'une monarchie sans monarque à l'imitation du régime anglais et la cérémonie installant officiellement Washington a bien, en tout cas, la solennité d'un sacre. La république peut avoir parfois les allures de la monarchie.

Le premier acte politique du président est de désigner les membres de son Cabinet. Une fois encore, l'influence des mœurs politiques anglaises n'a pas disparu puisque cette institution n'est pas inscrite formellement dans la Constitution américaine. Un groupe restreint de ministres importants se réunissant régulièrement va ainsi conforter l'action du président assisté du vice-président John Adams.

Washington confie à Jefferson le secrétariat d'État pour traiter les problèmes de relations avec l'étranger, responsabilité à laquelle il était naturellement destiné vu le nombre des années passées en France à occuper des fonctions diplomatiques. Il a été ministre des États-Unis depuis 1785. Alexander Hamilton qui va s'avérer être un des hommes clés du gouvernement, a la charge du secrétariat au Trésor, fonction qu'il exercera de 1789 à 1795. Henry Knox, général médiocre mais populaire, est ministre de la Guerre et Edmund Randolph, très récemment converti à la cause fédéraliste, devient ministre de la Justice *(attorney general)*. Outre ces départements ministériels, est créé un office des postes *(postmaster general)* qui est confié à Samuel Osgood.

Contrairement à ce que l'on croit souvent lorsqu'on parle de l'ère des fédéralistes, les choix du premier président n'ont pas été dictés par les seules considérations partisanes. Il est vrai que les affiliations politiques à l'époque ne sont pas déterminées sur les mêmes bases que maintenant. L'entourage immédiat de Washington a naturellement des convictions allant dans le sens d'un gouvernement central fort mais tous ne sont pas des ouvriers de la première heure comme Hamilton ou Knox ; certains sont des ralliés de fraîche date comme E. Randolph et d'autres comme Jefferson vont très vite affirmer leurs réticences vis-à-vis du credo fédéraliste au point de passer en quelque sorte dans l' « opposition ». Les nominations à des postes mineurs sont également guidées par le souci d'équilibrer les sensibilités politiques et de mêler de façon diplomatique partisans et adversaires de la construction de l'État fédéral. Malgré ses convictions et ses sympathies, Washington se veut au-dessus de la mêlée. On aura remarqué en outre que le grand absent de ce premier gouvernement est Madison mais on ne retrouve pas non plus les noms de Patrick Henry, de Sam Adams ou des deux Morris (Robert et Gouverneur).

La composition de l'équipe au pouvoir est fort révélatrice du flair politique de Washington qui essaie d'établir un certain consensus autour de l'idée nationale et d'y associer l'ensemble de l'élite politique. Ce qui caractérise en effet la vie politique est davantage la compétence que l'étiquette politique mais surtout les solidarités personnelles d'hommes appartenant au même milieu. On a volontiers parlé d'air de famille à propos des hommes chargés de diriger le pays. Il est clair que Washington fait partie d'une longue « dynastie virginienne » qui va gouverner pendant plusieurs mandats successifs et, d'une façon plus générale, à une aristocratie aux origines essentiellement régionales ou locales plus qu'à une élite nationale.

Pour compléter le dispositif, le Congrès (dont c'est la responsabilité) crée et organise l'appareil judiciaire au niveau fédéral (une Cour suprême, trois tribunaux régionaux et treize tribunaux fédéraux de district) par le *Judiciary Act* de 1789 – véritable annexe de la Constitution – et John Jay est désigné pour présider la Cour suprême.

Le « Bill of Rights » de 1791

La première tâche du nouveau gouvernement est de promulguer une Déclaration des droits *(Bill of Rights)* (cf. appendice E) puisqu'elle avait été promise aux adversaires de la Constitution et, en particulier, à cinq États (dont le Massachusetts, le New York et la Virginie) en échange de leur accord lors du débat de ratification. Même si les fédéralistes s'exécutent à contrecœur, ils honorent leur contrat et Madison joue un rôle essentiel puisqu'il rédige le texte de la Déclaration avant de le soumettre pour examen à la Chambre des représentants. Le *Bill of Rights* qui regroupe un ensemble d'amendements constitutionnels est adopté par le Congrès le 26 septembre 1789. La procédure de ratification par les États suit alors son cours et dix des douze amendements proposés sont approuvés par neuf États le 15 décembre 1791. Pour des raisons de principe, trois États (le Connecticut, la Géorgie et le Massachusetts) attendront 1939 pour ratifier le texte.

On peut désormais considérer cet ensemble de dix amendements comme faisant partie intégrante de la Constitution. Pour le contenu, le législateur s'est inspiré de textes semblables qui avaient été adoptés par les États et notamment par celui de la Virginie. La *Déclaration des droits* refuse d'empiéter sur les droits des États et se limite au niveau fédéral, ce qui restreint sensiblement la portée du document. Même s'il inspire un peu plus tard les Constituants en France, la *Déclaration des droits de l'homme et du citoyen* du 26 août 1789 connaîtra un rayonnement plus grand en raison de son caractère plus général, plus rationalisant et plus universel.

La déclaration américaine manque en réalité un peu d'unité et regroupe divers articles dont la teneur et l'impact sont inégaux. Toutes les grandes libertés sont bien affirmées et garanties, qu'il s'agisse de la liberté de conscience, d'expression, de pétition, de presse, de réunion mais aussi celle de porter des armes ou celle de refuser le logement des troupes en temps de paix. C'est le sens des trois premiers articles. Indubitablement la plus grande avancée a trait à la liberté de conscience établie par le premier amendement et notamment au droit d'exercer sa religion : « le Congrès n'adoptera aucune loi ayant pour objet l'établissement d'une religion ou en interdisant le libre exercice ». La diversité religieuse est donc non seulement ratifiée constitutionnellement mais elle est clairement inscrite dans la vision que la nation américaine se forge d'elle même. « *In God we trust.* » Les religions importées vont pouvoir se faire plus américaines et, plus encore, l'identification entre nation et religion sera telle que l'Amérique va se croire plus religieuse et, partant, le lieu d'élection privilégié du christianisme.

Conformément à la tradition britannique, les mesures contre l'arbitraire de la justice occupent une place de choix (art. 4 à 8) et concernent l'interdiction de perquisitionner sans mandat valable, la suppression d'une caution excessive ou de châtiments cruels et inusités, l'octroi de garanties aux accusés, notamment le droit au jugement par jury ou le droit de ne pas plaider coupable. Les deux derniers (art. 9 et 10) ont un caractère plus politique et précisent le partage des pouvoirs entre l'État fédéral et les États. L'article 10 si souvent cité (« les pouvoirs non dévolus à l'État fédéral sont réservés aux États et aux citoyens ») n'a en fait rien à voir avec le reste de la Déclaration mais il a été ajouté pour apaiser les esprits et rassurer les États sur le fait qu'ils ne seraient pas dessaisis de leurs prérogatives.

Le plus gênant est que le *Bill of Rights* ne contient aucun principe d'ordre véritablement général et notamment absolument rien sur l'égalité. Et pour cause puisque la question de l'esclavage a été traitée par le silence. La Révolution américaine, on le sait, n'a pas entraîné de bouleversement social mais strictement rien n'est dit ni sur la propriété ni sur le droit de vote.

Quoi qu'il en soit, avec l'adoption des dix premiers amendements, le contrat est rempli et les Fondateurs ont complété les institutions nouvelles. Le fonctionnement de la vie politique est donc possible.

Les débuts de la république

Les six premiers présidents sont issus des États qui comptent eu égard à leur poids historique dans la fondation de l'Amérique, à savoir la Virginie et le Massachusetts. L'alternance des fédéralistes et des républicains au pouvoir est aussi celle des États du Nord et des États du Sud. Les Virginiens exercent tous deux mandats successifs : Washington de 1789 à 1797, Jefferson de 1801 à 1809, Madison de 1809 à 1817 et Monroe de 1817 à 1825. Les présidents issus du Massachusetts n'ont qu'un simple mandat : John Adams de 1797 à 1801 et son fils John Quincy Adams de 1825 à 1829. Très souvent les présidents ont commencé par être vice-présidents (c'est le cas de John Adams et de Thomas Jefferson) ou bien ils ont exercé des fonctions importantes dans le Cabinet, notamment au secrétariat d'État, comme James Madison ou John Quincy Adams.

Les fédéralistes (1789-1801)

Les fédéralistes vont demeurer au pouvoir pendant onze ans. Washington commence par exercer deux mandats (1789-1797). Élu sans concurrent, l'homme a une telle stature qu'il s'impose avec

autorité et son premier mandat est à l'abri des contestations. Il
est réélu en 1792 et établit ainsi une tradition qui va devenir la
règle. Aucun président désormais ne sera réélu plus d'une fois,
à l'exception du seul F. D. Roosevelt qui le sera à deux
reprises (1933-1945). La limitation à deux mandats sera officiellement inscrite dans la Constitution en 1951 avec l'adoption du
22ᵉ amendement.

Le premier mandat de Washington est consacré à la mise en
place des institutions et à l'adoption du *Bill of Rights* mais il est
surtout axé sur les problèmes financiers (le règlement de la dette
consécutive à la guerre) et sur le redressement économique. La
philosophie de son action est tout entière dominée par l'idée
d'unité nationale. L'homme fort de l'administration est Hamilton
dont la politique économique suscite des oppositions farouches mais
le président en fait aussi les frais. Le second mandat est davantage
tourné sur la politique étrangère mais il s'avère plus difficile. La
réélection du vice-président Adams est moins évidente la seconde
fois aussi puisqu'il n'obtient que 77 voix contre 50 à l'antifédéraliste
George Clinton. Quant à Jefferson, il notifie sa démission en juillet 1793 et quitte ses hautes fonctions à la fin de 1793 alors qu'il
avait donné son appui au président en 1792 pour sa réélection. Dès
1794, l'administration de Washington est rudement contestée
jusqu'à sa personne qui est remise en cause. Le traité de Jay avec
l'Angleterre en 1795 lui vaut d'être accusé de tous les crimes y
compris la prévarication. Tout le pousse à se retirer à la fin
de 1796 et à ne pas solliciter un troisième mandat. Son célèbre discours d'adieu enjoignant ses concitoyens à demeurer unis et Américains résume sa philosophie de l'union et la fierté qu'il tire de son
patriotisme.

On peut s'interroger pour savoir s'il faut vraiment conserver le
souvenir d'un très grand président. Les dernières années de sa vie
sont incontestablement difficiles mais son image est très vite transformée après sa mort qui survient le 14 décembre 1799. Il devient
même l'objet d'un culte quasi religieux et sa canonisation dans la
mythologie nationale reflète bien le désir des Américains de se donner des héros nationaux et de se construire des origines glorieuses.
Washington aura non seulement marqué par sa dignité et la modération de son jugement mais aussi par sa vision de l'avenir et son
sens de la destinée de l'Amérique.

L'élection de 1796 permet au fédéraliste John Adams de
prendre la succession (1797-1801) en étant élu de justesse contre

Jefferson mais sa tâche ne s'avère pas très aisée. Il souffre tout d'abord de la division des fédéralistes car il entretient des rapports tendus avec Hamilton et l'homme de la Nouvelle-Angleterre qu'il est ne rallie pas les suffrages des gens du Sud. En outre, le climat des relations avec la France s'est obscurci au point de faire craindre une guerre. Il est hors de doute qu'Adams est compétent mais il est aussi obstiné, têtu et sans tact. Tout ceci explique peut-être que son administration se montre au début assez partisane et doive imposer son autorité en adoptant une série de mesures sévères mais jugées répressives dans le domaine de l'économie et surtout des libertés individuelles. Les lois sur les étrangers et la sédition de 1798 sont particulièrement impopulaires. Il s'agit de quatre lois qui ont pour but d'augmenter de cinq à quatorze années la durée de résidence exigible pour devenir citoyen américain, d'autoriser le président des États-Unis à expulser des étrangers jugés dangereux, d'arrêter des étrangers par temps de guerre et de poursuivre tous les responsables de groupes d'opposition aux lois nationales ou les auteurs d'articles critiques vis-à-vis du gouvernement. Les réactions hostiles prennent une forme organisée en Virginie et dans le Kentucky où sur l'impulsion respective de Madison et de Jefferson, les assemblées de ces deux États votent une résolution rappelant qu'un État pouvait mettre son veto à un acte inconstitutionnel. Ainsi est initiée la procédure dite de nullification à laquelle on aura recours plus tard à plusieurs reprises et qui a surtout pour but ici de défendre les droits des individus.

On notera au passage que le système politique est tel qu'il permet assez curieusement à l'opposition d'être associée au pouvoir en place puisque, malgré la lutte qui l'a opposé à John Adams et dont il est sorti battu, Jefferson doit cohabiter avec lui en tant que vice-président (Adams a 71 voix et Jefferson 68 seulement). Le système électoral en vigueur veut que les grands électeurs se prononcent en un seul scrutin et que le candidat arrivé en tête soit président et que le second soit vice-président. Ce système paraît si peu satisfaisant que, dès 1804, le 12ᵉ amendement établira deux scrutins différents. En tout cas, les deux hommes auront ironiquement des destins parallèles puisqu'ils auront été tous les deux vice-présidents puis présidents avant de se retirer des affaires dans le calme de leurs retraites paisibles, l'un à Quincy, l'autre à Monticello, d'où ils échangeront une correspondance très amicale, avant de mourir le même jour, le 4 juillet 1826, le jour du cinquantième anniversaire de la Déclaration d'indépendance.

Les républicains-démocrates (1801-1829)

La meilleure solution pour que l'opposition dépasse le stade des protestations vaines semble qu'elle ait un candidat aux élections présidentielles de 1800. Thomas Jefferson prend alors sa revanche en l'emportant à son tour sur John Adams avec 73 voix contre 65. Aaron Burr, également candidat pour le parti républicain-démocrate ayant obtenu lui aussi 73 voix, il devient vice-président. Jefferson exercera deux mandats successifs (1801-1809). On peut voir dans cette nouvelle présidence le signe de l'alternance. L'arrivée du sage de Monticello à la fonction suprême représente un vrai tournant dans la vie politique des États-Unis. Le style de l'homme qui a changé imprime une marque différente. Démocrate amoureux des libertés, le nouveau président donne à l'exercice de ses fonctions moins d'apparat mais davantage de simplicité. Aux qualités des hommes d'action et d'organisation qui l'ont précédé, Jefferson offre les vertus du penseur et du philosophe. C'est un homme de culture. Passionné d'architecture, il établit lui-même les plans de sa résidence à Monticello et, passionné d'enseignement, il fonde l'Université de Virginie. Doué pour les relations humaines, il manifeste sa nette volonté de réconciliation et se veut le président de tous les Américains. Les luttes des partis s'apaisent et l'opposition fédéraliste disparaît pour ainsi dire. Les thèses fédéralistes n'en conservent pas moins un brillant défenseur en la personne d'un grand survivant. Nommé *in extremis* avant le départ de John Adams à la présidence de la Cour suprême, John Marshall donnera à la Cour suprême son autorité et son pouvoir après avoir exercé, à cette charge, de 1801 à 1835, le plus long mandat de toute l'histoire américaine. L'adoption, en 1803, de la célèbre décision *Marbury contre Madison* donne à la Cour suprême le pouvoir de décider de la constitutionnalité des lois et consacre sa prééminence sur le Congrès. C'est la première fois qu'une loi adoptée en 1789 est ainsi invalidée.

Le second mandat, comme souvent, est rendu plus difficile suite à l'affaire Aaron Burr. Ce dernier avait fait campagne aux présidentielles de 1800 au sein du même parti que Jefferson et, les deux candidats ayant obtenu le même nombre de suffrages auprès des républicains au sein du collège des grands électeurs, il avait fallu l'intervention d'Hamilton auprès des membres fédéralistes qui dominaient la Chambre des représentants pour que cette instance se décide en faveur de Jefferson au trente-sixième tour de scrutin. Il était sans doute resté de cette affaire quelque acrimonie qui poussa en tout cas Jefferson à déclarer Burr coupable du meurtre d'Hamilton en 1804, avant même l'ouverture du procès. Ce faux-pas laissa entendre que le président pouvait à l'occasion bafouer ses principes sur les libertés individuelles. On pourrait aussi revenir sur la contradiction de l'homme qui fait voter l'interdiction de la traite mais sans résultat concret et qui possède lui-même des esclaves.

Paradoxe ou contradiction, Jefferson peut prendre des décisions qui vont à l'encontre des thèses qu'il a pourtant défendues dans l'opposition. Il sait à l'occasion justifier ses actes en se référant à la doctrine des pouvoirs implicites, comme à l'occasion de l'achat de la Louisiane. Et l'homme qui s'est acquis une solide réputation en étant le défenseur des droits des États se révèle être un nationaliste ardent. C'est pendant son mandat qu'est décidé le transfert du gouvernement dans la nouvelle capitale fédérale baptisée du nom de Washington mais surtout créée *ex nihilo* pour mieux marquer le début absolu de l'histoire du peuple américain. La part décisive qu'il prend dans le développement territorial dans l'Ouest met en évidence sa croyance en une Amérique supérieure à l'Ancien Monde et sa volonté d'établir une nation indépendante aux plans politique mais aussi culturel. Mais, plus ironiquement, sa politique en matière d'expansion territoriale et notamment l'achat de la Louisiane vont mettre en lumière des tendances sécessionnistes et révéler plus que jamais les égoïsmes régionaux contre lesquels il avait tant lutté.

Quoi qu'il en soit, il est intéressant de noter que Jefferson mettra plus de temps à devenir un héros national (il faudra attendre 1858) mais qu'il est le seul de ce début de siècle à avoir survécu avec Washington. L'ambiguïté fascinante est que ces deux présidents incarnant deux tempéraments et deux philosophies politiques pourtant opposés sont finalement réunis dans la mémoire collective comme ayant été les grands artisans de la construction nationale.

Le successeur de Jefferson est l'un de ses amis proches, un autre Virginien, James Madison, qui exerce deux mandats successifs (1809-1817). Président sans éclat, il manque d'un programme cohérent et il inaugure l'« ère des bons sentiments » *(era of good feelings)* dont on a pu dire aussi qu'ils étaient faibles. Le nationalisme de Madison est modéré et le pays traverse de réelles difficultés. Les libertés individuelles sont bafouées et la guerre de 1812-1814, la deuxième guerre d'Indépendance contre l'Angleterre, constitue un moment critique pour l'Union mais vaut aux États-Unis le respect de l'ancienne mère-patrie et à ses habitants de ne plus se sentir anglais mais américains.

Personnalité sans génie particulier mais qui a fait une brillante carrière, James Monroe est élu à l'unanimité moins une voix et bénéficie d'une trêve dans les rivalités entre les partis. Il manque de charisme et n'est pas vraiment populaire mais il exerce deux mandats (1817-1825) et continue la politique intérieure de Madison. Sa politique étrangère s'affirme comme ouvertement nationaliste dans le droit fil des idées de Washington. Il est l'auteur de la célèbre doctrine qui porte son nom et qu'il élabore avec son secrétaire d'État, John Quincy Adams. Ce dernier est président de 1825 à 1829. Homme de valeur à la forte personnalité, il n'en est pas moins paralysé par l'hostilité grandissante du très populaire Andrew Jackson qui l'a devancé en terme de voix à l'élection de 1824 mais qui n'a pas été retenu par le Congrès faute d'obtenir la majorité absolue dans le collège des grands électeurs.

La naissance des partis politiques et le début de la démocratisation

L'une des grandes frayeurs des constituants était le rôle que pouvaient jouer les factions et les pressions susceptibles d'être exercées par des groupes d'opinion populaires. En soi, les factions sont nécessaires et même salutaires dans la mesure où elles expriment les intérêts divers de la population mais elles deviennent dangereuses si elles ne sont pas canalisées et filtrées et finissent par exercer leur tyrannie. Sous la plume de Madison, le n° 10 du *Federalist* évoque ce danger avec on ne peut plus de clarté : « The regulation of these various and interfering interests forms the principal task of modern legislation, and involves the spirit of party and faction in the necessary and ordinary operations of the government [...] the *causes* of faction cannot be removed, and [...] relief is only to be sought in the means of controlling its *effects*. »

Les clivages de l'opinion publique à partir de 1787 à propos de la ratification du texte constitutionnel avaient conduit à la victoire des fédéralistes mais ils n'avaient pas pour autant disparu. Il y a bien deux écoles de pensée qui s'affrontent radicalement sur le thème d'un gouvernement central fort mais qui s'opposent en réalité à propos d'un enjeu plus fondamental qui est celui de l'évolution démocratique de la République. Et c'est à partir de ce débat que naissent les premiers partis politiques en Amérique. Face au Parti fédéraliste fondé par Alexander Hamilton qui veut renforcer le pouvoir fédéral émerge, en 1791, un parti d'opposition conduit par Thomas Jefferson et qui prend le nom de républicain (il s'agit en fait de républicains-démocrates) parce que ses partisans, nourris des souvenirs de l'Antiquité gréco-latine, veulent une vraie république. Jefferson s'écarte de plus en plus dans sa philosophie politique des hommes au pouvoir et s'attache à défendre une société démocratique de petits propriétaires terriens libres et égaux. Inspiré par Horace et par Rousseau, Jefferson rêve d'une Arcadie américaine, d'une société agraire (agrarienne) où seront préservés les libertés individuelles et les droits des États. L'opposition entre Hamilton et Jefferson que l'on peut considérer comme symbolique de deux démarches intellectuelles ou de deux styles de vie radicalement différents qui ne cesseront de diviser les États-Unis ne doit pas faire oublier pour autant que les deux hommes sont et demeurent dans le cabinet de Washington tout au moins durant le premier mandat présidentiel. Les deux philosophies politiques qui animent les deux partis politiques en présence recoupent le clivage socio-économique d'une Amérique urbaine en voie de développement industriel et tournée vers l'extérieur et celle de cultivateurs attachés aux valeurs de la terre et axés sur le milieu local. Ce clivage est celui-là même qui, par la suite, mettra aux prises Jackson et Calhoun dans le débat sur la nullification, le Nord et le Sud à l'époque de Lincoln et de la guerre civile ou bien encore les partisans et les adversaires du *New Deal* sous F. D. Roosevelt.

Il n'empêche que Jefferson fait partie du cercle restreint des patriciens virginiens maintenant disparus, même s'il démissionne de l'administration de Washington au début de son second mandat pour affirmer sa sensibilité politique. On ne peut guère parler de programme au sens moderne du terme pour les partis politiques naissants mais plutôt de différences d'attitudes sur des questions concrètes relatives à la gestion des affaires.

Une autre source de différend entre les deux partis en présence est relative à l'interprétation de la Constitution. Une fois le principe acquis que le texte constitutionnel doit être respecté, la question est de savoir dans quel sens on doit l'interpréter. Le choix est possible entre l'interprétation « étroite » ou stricte du texte pris à la lettre et se limitant à ce qui est formellement écrit et l'interprétation « large » qui pallie les manques ou les obscurités du texte pour se référer aux « intentions » des Pères fondateurs. Les tenants de la première attitude sont en général ceux qui défendent les États contre les empiétements de pouvoir de la part du fédéral et ils se réfugient le plus souvent derrière le 10ᵉ amendement qui rappelle que « les pouvoirs non délégués aux États-Unis par la Constitution, ni refusés par elle aux États, sont réservés aux États respectivement, ou au peuple ». Les défenseurs de la seconde attitude vont pratiquement toujours dans le sens du fédéral mais, là encore, on se rendra compte que Jefferson, par exemple, invoquera les principes qu'il a combattus pour justifier ses propres décisions.

On peut finalement conclure que l'un des premiers acquis des fédéralistes dans le domaine de la politique intérieure est d'avoir contribué à l'effort de démocratisation par la mise en place d'un système de partis avec alternance au pouvoir. Fédéralistes et Républicains vont inaugurer le fonctionnement du bipartisme sur lequel vit encore la société américaine contemporaine. Mais l'apparition encore timide de partis politiques au caractère très pragmatique n'exclut en rien les personnalités individuelles fortes du personnel politique en place ni l'importance de l'alchimie des relations personnelles. Si l'affirmation nationale présente, au moins au début, un caractère partisan, avec l'arrivée de Jefferson à la présidence, les fédéralistes se divisent et s'affaiblissent par manque de bases populaires solides et, enfin, sous Madison, les partis dans leur ensemble semblent avoir perdu assez considérablement leur énergie révolutionnaire comme si la génération des Pères fondateurs avait disparu ou tout au moins quitté le devant de la scène.

Les États privilégiés au niveau de la représentation et le rôle de la « dynastie virginienne »

Le sentiment national n'en est qu'à un stade embryonnaire au début du XIXᵉ siècle et il faut attendre la première grande synthèse de Bancroft en 1834 pour que l'histoire nationale cesse d'être un assemblage d'histoires locales. En attendant on ne peut qu'être frappé par la représentation massive de certains États clés qui font figure de privilégiés. Si l'on considère les origines des titulaires des postes essentiels dans la première administration de Washington, le New York a deux représentants : Hamilton et Jay, le Massachusetts y figure en bonne place avec Adams et Knox et la Virginie se taille la part du lion avec Washington, Jefferson et Randolph. Ces trois

États sont ceux où le débat de ratification a été le plus difficile et où le volontarisme des Pères fondateurs a été le plus vigoureux.

Quant à la Virginie, elle fournit aux États-Unis quatre de ses cinq premiers présidents et la dynastie virginienne a exercé le pouvoir au sommet presque sans discontinuer de 1789 à 1828 sauf pendant le mandat de John Adams (de 1797 à 1800) et celui de son fils, John Quincy Adams (de 1825 à 1828). Comme le rappelle William Boyd, « à l'origine, l'Amérique tout entière était la Virginie ». Mais l'esprit ancien de la première colonie américaine a bien changé depuis 1607. Les possibilités de promotion socio-économique et la fluidité des classes sociales ne durent que jusqu'à la fin du XVIIᵉ siècle. Vers 1700 la société s'est figée. Le système universel s'est progressivement réduit au profit des propriétaires, le fossé entre les classes s'est creusé, l'accès à la petite propriété est bloqué, l'esclavage s'est développé et la main-d'œuvre noire a considérablement augmenté. En un mot, la Virginie est devenue une colonie aristocratique aux mains de trois ou quatre centaines de grandes familles et le gentilhomme campagnard est devenu un planteur « capitaliste ». La génération des Pères fonda-teurs virginiens (Washington naît en 1732, Jefferson en 1743, Madi-son en 1750 et Monroe, qui n'en fait pas vraiment partie, en 1758) est formée dans une colonie qui a changé de caractère par rapport aux origines. L'Histoire s'est empressée de faire de la Virginie coloniale l'embryon d'une démocratie égalitariste qui devait naturellement engendrer des chefs politiques pour conduire les rênes de la nation américaine. Peut-être devrait-on plutôt chercher les causes de cette inclination des Virginiens à gouverner dans la nature même du milieu socio-économique qui les a produits. La culture du tabac est un sys-tème de culture qui épuise les sols et elle conduit donc les planteurs à être avisés dans la recherche constante de nouvelles terres et de nou-veaux investissements. Les planteurs virginiens doivent faire preuve de dynamisme et d'esprit d'entreprise et la direction des domaines conduit naturellement à la direction des affaires de la colonie. Gou-verner pour un Virginien issu des grandes familles est un devoir et, en fin de compte, les premiers présidents virginiens ont conçu la gestion de l'ensemble du pays comme une extension de la Virginie. La nation est encore la petite patrie. Tant que le sentiment national n'est pas affirmé, la chose est possible. Lorsque la construction nationale sera mieux définie, le sentiment régional qui a constitué un atout devien-dra très vite une limite et ressortira au provincialisme étroit voire au sectarisme. Et lorsque l'économie virginienne trop peu diversifiée tra-versera une crise avec le déclin de la culture du tabac, l'aristocratie virginienne commencera à se démanteler. Ce déclin correspondra exactement avec la fin de la conception de la vie politique qui n'est au départ rien d'autre qu'un compagnonnage aristocratique.

Le décollage économique

Le redressement et le développement de l'économie, responsabilité confiée au gouvernement fédéral, ont aussi considérablement contribué à diffuser l'idée nationale, même s'ils ont mis en relief ses contradictions. .

La politique économique nationale d'Hamilton

Le programme économique de la nation américaine à ses débuts est essentiellement l'œuvre d'Alexander Hamilton (1755 ou 1757-1804). On peut s'étonner que cet homme, relativement peu connu en dehors de l'Amérique et qui n'a jamais été président, ait eu un rôle aussi déterminant. Secrétaire du Trésor de 1789 à 1795, il est le personnage clé du gouvernement de Washington et passe pour être le père du « capitalisme » américain. Il est avant tout animé d'une vision politique forte au point de devenir le chef de file d'un parti essentiellement attaché à resserrer l'Union et à renforcer les pouvoirs du gouvernement national. Faut-il voir dans ces prises de position le réflexe de l' « étranger » qui veut pour s'intégrer mieux marquer son attachement à une nation qui non seulement l'a accueilli mais qui a permis son extraordinaire ascension sociale. Né aux Antilles de père inconnu et de mère huguenote, il a une revanche à prendre sur la vie : il fait des études au *King's College* (Columbia University) de New York, s'impose comme le chef des patriotes de New York, se fait remarquer par Washington qui en fait son aide de camp en 1777, brille au siège de Yorktown avant d'exercer comme avocat à New York. Délégué pour l'État du New York à la convention de Philadelphie, il est limité dans ses interventions par l'hostilité de ses collègues aux principes de la Constitution mais il participe ensuite très activement à la campagne de propagande en faveur de l'instauration du gouvernement fédéral et réussit, grâce à sa personnalité, à faire ratifier la Constitution dans le New York.

Pendant la guerre d'Indépendance, Hamilton a été choqué par la faiblesse et l'incapacité qui l'entourent et cet homme d'ordre appelle de tous ses vœux une autorité fédérale forte. L'administrateur efficace qu'il est est soucieux de faire fonctionner la république. Par ailleurs, il a reçu une formation qui le tourne vers le modèle anglais qu'il admire par-dessus tout. Il est fasciné par la monarchie parlementaire mais il veut surtout imiter l'Angleterre qui s'est engagée dans la révolution industrielle. William A. Williams a bien souligné que l'accent ainsi mis par Hamilton sur l'industrialisation n'était qu'une continuation du mercantilisme anglais. Le spectacle de la Confédération, au sortir de la guerre, l'attriste au point qu'il lui semble urgent de proposer des réformes pour réorganiser les finances et l'économie. Dès l'hiver 1789-1790, il présente au Congrès les mesures qu'il préconise. Son premier rapport soumis le 14 janvier 1790 concerne le crédit public. Il est impératif de restaurer le crédit des États-Unis affaiblis par les années de guerre et les divisions entre les États. Pour ce faire, l'idée est que la dette du gouvernement fédéral (d'un montant de plus de 50 millions de dollars) soit épongée en remboursant les titres de la dette publique à leur valeur nominale et que les dettes des États (d'un montant supérieur à 20 millions de dollars) soient reprises à son compte par le gouvernement fédéral. Ces mesures reposent sur la conviction profonde qu'il en va de la nouvelle nation de prendre ses responsabilités et de s'imposer un redressement financier douloureux qui permettra ensuite de restaurer la confiance et de stimuler le commerce. Elle a aussi pour avantage de favoriser les riches investisseurs ou les spéculateurs et de rallier ceux d'entre eux qui hésitaient encore à la cause fédéraliste.

Les objections ne se font pas attendre et, en particulier, de la part des Sudistes qui dénoncent les clauses relatives au paiement des dettes antérieures à la Révolution et qui avaient été contractées en grande partie par la Virginie. L'opposition est dirigée par Madison et les amis de Jefferson. Une fois encore, cette opposition a ses limites puisque les arrangements personnels l'emportent encore bien souvent dans la conduite des affaires. Jefferson lui-même prend l'initiative d'inviter Madison et Hamilton à un dîner au cours duquel Hamilton, défenseur des intérêts de New York, accepte que la nouvelle capitale soit installée sur le Potomac tandis que Madison, lui, accepte de soutenir les mesures concernant les dettes des États.

Compromis typique où chaque partie perd et gagne tout à la fois au terme de concessions réciproques. Une fois ces dissensions résolues, le Congrès vote les mesures proposées. Toutefois, la résistance populaire ne disparaît pas totalement et, en particulier, dans les milieux du Sud toujours animés et échauffés par Patrick Henry.

Il va sans dire que pour consolider la dette, le plan prévoyait un système d'impôts assurant des ressources régulières puisque le gouvernement ne disposait d'aucun revenu fixe. Il incluait donc un tarif modéré sur les importations, ce qui revenait à instituer une forme de protectionnisme. Une idée visant à faire comprendre à tous que la pression fiscale devait être répartie sur l'ensemble du pays, mais qui s'avéra moins heureuse, consista à imposer une taxe sur la production de whisky. L'opposition est alors très vive sur la frontière et donne lieu en 1794 à une véritable insurrection en Pennsylvanie occidentale qui nécessite l'intervention de la milice. Apeurés par les souvenirs de la rébellion de Shays, les fédéralistes ont ainsi recours à la clause sur la violence domestique pour maintenir l'ordre et éviter d'autres débordements. On comprend que les fermiers de Pennsylvanie mais aussi de Caroline du Nord et d'ailleurs veuillent continuer à utiliser leur excédent de grains pour en faire de l'alcool. La « révolte » du whisky est tout à fait symbolique. Une fois la révolte matée, les causes du mécontentement et de la frustration des milieux ruraux de l'intérieur qui se sentaient exclus de la nouvelle prospérité et lésés par les nouvelles mesures fiscales n'avaient pas disparu et le résultat fut qu'ils se regroupèrent pour former une base solide du futur électorat de Jefferson en 1800.

La deuxième réforme proposée par Hamilton porte sur la Banque des États-Unis. Dans un rapport de décembre 1790, ce dernier met sur pied une Banque centrale avec l'aide de l'État et des investisseurs privés, ayant constaté l'incapacité des rares banques régionales de New York, de Philadelphie ou de Boston à émettre assez de billets et de monnaie métallique pour répondre aux besoins commerciaux minimums. Mais est-ce bien constitutionnel d'instaurer une banque semi-publique avec 80 % de financement privé ? Non, si l'on s'en tient (et c'est la position défendue une fois encore par Madison et par Jefferson) à une interprétation stricte de la Constitution. Les fédéralistes défendent donc une interprétation large du texte et Hamilton se retranche derrière la théorie des « pouvoirs implicites » *(implied powers)* en défendant l'idée que les Pères fondateurs n'avaient pas tout expressément prévu ni indiqué dans leur texte mais que, par ailleurs, le Congrès avait le pouvoir de prélever des impôts et que, pour ce faire, il était parfaitement fondé à « faire toutes les lois qui seraient nécessaires et appropriées ». En l'occurrence, une banque nationale permettrait au gouvernement de mettre à exécution son pouvoir qui était de prélever les impôts et d'émettre des emprunts. L'argumentation est convaincante et, malgré sa prudence naturelle et sa réticence à trancher, Washington prend, dans ce débat, le parti d'Hamilton. Il suffit même d'attendre un peu pour que la prétendue opposition ne finisse, lorsqu'elle sera au pouvoir, par reprendre à son compte l'héritage hamiltonien. La Cour suprême validera à son tour la thèse des pouvoirs implicites par une décision prise en 1819 à propos de l'affaire *McCulloch contre le Maryland* et confirmée en 1824 par la décision *Gibbons contre Ogden*. En tout cas, le 25 février 1791, une loi établit la première Banque des États-Unis pour une durée de vingt ans. Et cette banque « mixte » permit le contrôle de l'émission monétaire et surtout assainit la situation financière.

Un troisième rapport, le plus visionnaire, celui sur la question des manufactures, est présenté en décembre 1791 ; il ressemble davantage à un plan économique d'ensemble et il va déterminer la vocation économique ultérieure des États-Unis. L'instauration de mesures protectionnistes visait à limiter les importations de produits manufacturés en provenance de l'étranger, notamment dans les secteurs du textile et de la chaussure et de préserver une certaine indépendance des entreprises américaines, quitte à les subventionner. La création d'une économie industrielle était nouvelle et allait à l'encontre des idées agrariennes de Jefferson qui avait contribué à conforter largement le mythe de la richesse et de la prospérité fondées sur la mise en valeur de la terre. Le monde agraire semblait, à l'époque, offrir de surcroît toutes les garanties pour assurer la vertu et le bonheur et le sentiment général allait dans ce sens au point que le Congrès, sous la pression du lobby agrarien, ne vota pas en faveur du rapport.

A la veille de l'élection de Jefferson, l'opposition politique critique la vision d'ensemble de cette nouvelle Amérique industrielle, urbaine et capitaliste qui se dessine plus que le détail des mesures proposées. Même si la totalité de son programme ne fut pas accepté, Hamilton a ouvert la voie à un libéralisme économique axé sur les grands intérêts économiques et sur la protection de la propriété privée. Selon la tradition hamiltonienne, la liberté qui compte avant tout est bien la liberté économique.

**Le rêve jeffersonien d'une Amérique agrarienne
mais un projet toujours national**

Même si on a parlé de « révolution jeffersonienne » à propos de
l'année 1800 qui consacre l'arrivée au pouvoir de Jefferson, elle n'est
en rien un bouleversement politique ou social. Elle se traduit cependant par des changements dans le domaine politique qui vont dans
le sens de la démocratisation du pouvoir ; le gouvernement prend un
tour nettement plus populaire puisque l'électorat du nouveau président est essentiellement constitué d'une classe sociale différente, non
plus celle des possédants ou des milieux aisés mais celle des travailleurs (petits fermiers, ouvriers, boutiquiers). En outre, les qualifications de propriété liées au droit de vote sont supprimées.

Mais rien ne change guère au plan économique. Jefferson finit par
appliquer en grande partie le programme de ses prédécesseurs fédéralistes. Si l'une des premières décisions consiste à supprimer l'impôt sur
l'alcool et à abroger la loi de 1798 sur les étrangers, il touche très peu
au système fiscal et financier mis en place par Hamilton. Craignant
que l'industrialisation et l'urbanisation ne réduisent la liberté des individus, il poursuit son idée d'encourager l'agriculture et d'exploiter les
terres nouvelles acquises auprès des Indiens auxquels on achète les
titres de propriété, puisque le fait de cultiver la terre rend indépendant, vertueux et libre. La mise en valeur du sol se fait aussi avec
l'aide d'étrangers que l'on invite à rejoindre les États-Unis. La loi sur
la naturalisation est libéralisée et permet la venue d'un contingent
important d'immigrants. Jefferson rêve d'une véritable Arcadie et il
croit que la mission de l'Amérique est de proposer un modèle de
développement susceptible d'être « le meilleur espoir du monde ».

Ce gouvernement « sage et économe » réduit ses dépenses. L'impôt
direct est supprimé et remplacé par les taxes douanières. Le budget
militaire est sévèrement limité. La flotte de guerre est mise au rancart et
l'armée devient une affaire de professionnels avec la création de West
Point en 1802. Les mesures prises par Albert Gallatin, le secrétaire au
Trésor, permettent de réduire très sensiblement la dette nationale et le
successeur d'Hamilton fait finalement preuve d'une rigueur et d'une
sévérité dont les fédéralistes n'auraient jamais osé faire montre.

Une autre obsession de Jefferson est de maintenir la paix mais le
climat de relations difficiles entre la France et l'Angleterre à l'époque
de Napoléon et du blocus continental (les décrets français de blocus

de 1806 et de 1807 sont pris pour rétorquer à la décision de l'Angleterre de limiter à partir de 1804 les relations commerciales entre les neutres et la France) bat sérieusement en brèche le principe de neutralité américaine affiché depuis longtemps par Washington. La rivalité franco-britannique n'est pas sans incidence sur le commerce des États-Unis. Chaque fois qu'un navire américain transporte des marchandises, notamment en provenance des Antilles françaises, il court le risque de représailles de la part de l'Angleterre et, s'il entretient des relations avec l'Angleterre, le risque d'être saisi vient alors de la France. La situation conduit ainsi Jefferson à engager une « guerre commerciale » et à faire voter par le Congrès, en décembre 1807, la loi sur l'embargo interdisant tout commerce avec l'étranger. L'une des conséquences immédiates est que les capitaux des riches qui ne sont plus investis dans le commerce international sont reconvertis désormais dans les manufactures américaines. Assez ironiquement cette mesure a donc pour effet de donner une impulsion décisive à la future révolution industrielle des États-Unis que Jefferson n'appelait pas de ses vœux. De surcroît, les mesures d'embargo provoquent le mécontentement non seulement d'armateurs ou de négociants au bord de la faillite en Nouvelle-Angleterre et à New York mais aussi des milieux agricoles qui voient s'effondrer les cours de leurs produits dont ils ne peuvent plus exporter les excédents.

Face aux réactions populaires, Jefferson décide de mettre un terme à l'embargo et de lui substituer, deux ans plus tard, la *Nonintercourse Law*. Cette mesure, prise peu de temps avant que Jefferson ne quitte la présidence, est un assouplissement par rapport à la première puisqu'elle limite l'interdiction de commercer seulement à la France et à l'Angleterre mais en indiquant que l'embargo serait levé à l'encontre de l'une ou l'autre de ces puissances européennes au cas où cesseraient les attaques visant le commerce neutre. Cette nouvelle attitude n'est guère plus efficace puisqu'elle n'empêchera pas les États-Unis de s'engager dans la guerre de 1812 avec l'Angleterre.

Les inquiétudes de la guerre mais la poursuite du nationalisme économique sous Madison

C'est Madison qui doit gérer les effets de cette guerre qui donne un coup d'arrêt au démarrage économique amorcé ; mais l'activité reprend après 1814. Le plus frappant demeure la solution de continuité en matière de philosophie économique. L'un des tests de cette continuité est sans doute la décision à prendre quant au renouvellement de la charte de la Banque des États-Unis qui vient à expiration en 1811. Madison s'y oppose en un premier temps mais, après avoir constaté que le système de fonctionnement et la multiplication des banques autonomes régionales étaient peu satisfaisants, il change d'avis et accorde, en 1816, une charte de vingt ans à la deuxième Banque des États-Unis. Elle a son siège central à Philadelphie avec des succursales un peu partout. La deuxième Banque dispose d'un capital de 35 millions de dollars, là où la première avait 10 millions.

Madison va aussi dans le sens du protectionnisme en faisant voter par le Congrès, en 1816, des tarifs douaniers de l'ordre de 20 à 25 % sur le coton et sur l'acier. Des mesures supplémentaires concernant l'acier et les textiles sont adoptées en 1818 et 1819.

De nouveaux leaders politiques ont émergé dans l'Ouest, notamment Clay et Calhoun, qui sont très attachés à l'idée d'améliorer les moyens de transport. Une grande ambition nationaliste est de doter la Banque d'un fonds de réserve de 1,5 million de dollars pour développer un système de routes et de canaux susceptible de bénéficier à l'ensemble du pays sans nuire aux régions. C'est tout le sens du *Calhoun's Bonus Bill* de 1817 mais l'adoption de cette loi sur les « internal improvements » est bloquée par Madison pour des raisons de scrupules juridiques et d'interprétation stricte de la Constitution. Son successeur prendra la même attitude et il faudra attendre John Quincy Adams pour que ce projet voie le jour et conduise à cette révolution des transports qui va bénéficier à l'ensemble de la vie économique américaine.

L' « ère des bons sentiments » et l'affirmation du « système américain »

Comme cela a été le cas sous le gouvernement de Madison, la période de 1817 à 1829 est dominée par trois questions centrales : le débat sur la Banque des États-Unis, les tarifs douaniers et les améliorations des moyens de transport. Ces questions suscitent un fort débat qui met en relief les oppositions entre les différentes régions et les divergences d'appréciation quant à l'interprétation de la Constitution.

La présidence de Monroe est surtout dominée par la crise économique de 1819-1822, caractérisée par la restructuration du crédit par la deuxième Banque des États-Unis à l'initiative du secrétaire au Trésor William H. Crawford, l'augmentation massive du chômage, les protestations des fermiers du Sud qui demandent la baisse des tarifs douaniers et, d'une façon générale, l'apparition des conflits qui facilitent la naissance d'organisations syndicales et l'augmentation du mécontentement qui conduira au triomphe électoral d'Andrew Jackson.

Si le fédéralisme a disparu, c'est sans doute parce que ses thèses se sont imposées. Les années 1820 sont bien marquées par la poursuite du nationalisme économique. La meilleure illustration nous en est fournie par la reprise des idées d'Hamilton dans un plan économique proposé en 1824 par Henry Clay (1777-1852). Homme du Kentucky, ce « faucon » de la guerre de 1812, candidat malheureux à plusieurs élections présidentielles, est élu en 1810 comme speaker de la Chambre des représentants. Son programme baptisé « système américain » repose sur la combinaison de tarifs douaniers élevés et de construction de moyens de transport, les premiers finançant les seconds. Son but est de stimuler l'entreprise et de favoriser le développement. Sa philosophie est enfin de mettre en place une organisation nationale des interdépendances régionales. La seule limite de ce programme est de ne rien contenir qui soit de nature à satisfaire les intérêts des Sudistes qui, une fois de plus, s'élevèrent avec force contre ces « abominations ».

Le dernier exemple de cette affirmation de l'idée nationale ne vient plus cette fois du Congrès mais de la Cour suprême. La décision de 1824, *Gibbs contre Ogden,* a des conséquences immenses sur l'organisation du commerce et des transports, les deux étant indissociablement liés. En déclarant la fin du monopole accordé par l'État de New York à une compagnie de navigation à vapeur privée assurant la liaison entre l'État de New York et le New Jersey sur la rivière Hudson, John Marshall signifie clairement que désormais c'est l'État fédéral qui l'emporte sur les États. En matière d'économie nationale et de réglementation du commerce entre les États, le Congrès voit sa suprématie nettement établie.

Sans doute le nouveau nationalisme économique des républicains a changé de visage en étant plus démocratique et plus dynamique que celui, plus conservateur et figé, des fédéralistes. L'idée s'est imposée et a transformé la réalité économique.

La politique de neutralité
dans le domaine des relations extérieures

La guerre d'Indépendance avait mis en relief la difficulté des colonies émancipées à définir une politique cohérente vis-à-vis des partenaires extérieurs. L'impuissance de la jeune nation devant les puissances étrangères a très vite constitué une raison supplémentaire d'étayer davantage un pouvoir central fort en lui confiant la gestion de la politique étrangère.

La Révolution française et les relations avec l'Europe

Les origines européennes des États-Unis expliquent assez naturellement que les Américains ne puissent pas rester indifférents à certaines circonstances extérieures et notamment à la Révolution française et à la guerre en Europe.

La formation des États-Unis coïncidant avec la Révolution en France, la première question à l'ordre du jour est l'attitude à adopter vis-à-vis de la Révolution française. Une fois encore, le clivage géographique et politique des États-Unis donne lieu à deux attitudes contradictoires. En 1789, les Américains ont terminé leur Révolution quand les Français commencent la leur et un sentiment quasi général de soutien s'exprime de façon diffuse en faveur d'un mouvement de lutte qui semble devoir conduire à la conquête des droits individuels. Mais lorsque les événements sont plus marqués par la violence, que la France établit un gouvernement républicain et décapite son roi, les États-Unis se divisent. Les années 1792-1793 marquent un tournant dans l'opinion publique américaine et l'opposition entre Hamilton et Jefferson qui réapparaît une fois encore, reflète bien les deux courants qui s'affrontent. Jefferson qui a représenté son pays en France jusqu'en 1785 est francophile et naturellement gagné à la cause révolutionnaire et au combat pour la liberté. Hamilton, plus attiré par le modèle anglais, voit dans la Révolution française une menace pour l'ordre établi. Mais par-delà leurs sympathies opposées, ces deux hommes sont du même avis pour ce qui est de la conduite à adopter et soutiennent la thèse officiellement défendue par le président Washington qui consiste à proclamer, le 22 avril 1793, la neutralité des États-Unis.

Les relations avec la France étaient toujours définies par les

termes du traité d'aide mutuelle de 1778 et la France avait clairement soutenu l'Amérique dans sa lutte pour l'indépendance mais
puisque le gouvernement qui avait signé ce traité avait été renversé,
il était plus aisé pour Washington de ne pas prendre parti. Outre les
excès des jacobins et le début de la guerre franco-britannique,
l'année 1793 est marquée par l'incident de la mission Genêt. Les
agissements de ce représentant de la France aux États-Unis qui profite de sa situation pour armer des corsaires contre la flotte britannique sont considérés comme un empiétement scandaleux sur les
prérogatives du gouvernement et les fédéralistes indignés exigent son
rappel. Genêt demeurera aux États-Unis comme simple citoyen et
épousera la fille du gouverneur de New York, George Clinton.

Le traité de Jay est complété par celui que Charles Pinckney,
ministre des États-Unis en Angleterre, négocie avec l'Espagne
en 1795 et qui assure aux États-Unis une plus grande liberté sur mer
et sur le continent. Il définit la frontière des États-Unis à l'ouest et
au sud en se référant au Mississippi et au 31e parallèle et il accorde
la liberté de navigation sur le Mississippi.

L'année suivante, c'est le traité négocié, en novembre 1794, par
John Jay pour régler le contentieux avec l'Angleterre qui provoque
l'irritation mais, cette fois-ci, dans le Sud demeuré francophile. Une
partie de l'opinion américaine a le sentiment que les concessions
américaines sont excessives et les républicains associés au Sud accusent les fédéralistes d'indulgence coupable avec l'Angleterre monar-
chiste. L'accord accorde au commerce américain le libre accès aux
Antilles et prévoit surtout le retrait des Anglais des comptoirs commerciaux dans le Territoire du Nord-Ouest et des postes militaires
occupés dans la région des Grands Lacs. Ainsi les termes du traité de
1783 sont respectés mais surtout les colons américains peuvent progresser plus avant à l'intérieur.

Le traité de Jay est complété par celui que Charles Pinckney,
ministre des États-Unis en Angleterre, négocie avec l'Espagne
en 1795 et qui assure aux États-Unis une plus grande liberté sur mer
et sur le continent. Il définit la frontière des États-Unis à l'ouest et
au sud en se référant au Mississippi et au 31e parallèle et il accorde
la liberté de navigation sur le Mississippi.

Ces accords ouvrirent ainsi la route de l'Ouest et contribuèrent
à relier l'Ouest et le Sud mais ils accusèrent en même temps les clivages entre le Nord et le Sud. Toutes ces turbulences n'étaient pas
de nature à préserver le climat de sérénité voulu par Washington qui
résuma sa politique dans son adresse au peuple américain en septembre 1796. Ce discours, véritable testament politique, définit en
fait toute la politique extérieure des États-Unis pour plus d'un siècle
en recommandant de se tenir à l'écart des querelles européennes, de
se garder d'établir des traités permanents avec des puissances étrangères et de ne contracter que des « alliances temporaires dans des
circonstances tout à fait exceptionnelles » : « L'Europe a des intérêts

qui ne nous concernent aucunement ou qui ne nous touchent que de très loin. »

Les relations avec la France se détériorent à nouveau après l'élection de 1796 quand Jefferson est vice-président. Le président Adams envoie une délégation à Paris pour négocier un nouveau traité d'amitié et de commerce mais le ministre français des Relations extérieures, Talleyrand, fait traîner la négociation car il veut un pot de vin de 250 000 dollars et il charge trois représentants désignés par les initiales X, Y et Z, de l'obtenir pour lui. L'affaire XYZ, révélée au public en 1798, crée un véritable tollé aux États-Unis. Les sentiments anti-français sont à leur comble et justifient la crainte des étrangers symbolisée par la loi de 1798 sur les étrangers et la sédition. On parle même de guerre mais, sur ce sujet, les fédéralistes sont divisés. Les amis d'Hamilton sont en faveur du déclenchement des hostilités tandis que le groupe en faveur d'Adams qui privilégie la négociation l'emporte. Un accord est ainsi signé avec la France en 1800 (le traité de Morfontaine) qui met un terme au traité de 1778 mais écarte le risque de guerre.

L'acquisition de la Louisiane

La deuxième question de politique extérieure dont les retentissements furent considérables sur l'expansion territoriale fut l'achat de la Louisiane décidé par Jefferson. En 1803, Bonaparte décide de vendre la Louisiane que l'Espagne lui a rétrocédée en 1800 afin de remplir les caisses de son trésor mais aussi pour soustraire cette région à la convoitise éventuelle des Anglais. Pour une somme modique de 15 millions de dollars, Jefferson satisfait son rêve d'une grande nation continentale en acceptant cette tractation qui a pour effet de doubler le territoire de l'Union. L'acquisition de la Louisiane, cette immense portion de territoire s'étendant sur 220 millions d'hectares entre le Mississippi et les Rocheuses et comprenant le très attractif port de la Nouvelle-Orléans, conforte sérieusement le traité de Pinckney pour assurer le contrôle de la navigation sur le Mississippi et éloigne le danger que représente la présence française. Heureuse conquête qui prend les allures d'une simple négociation commerciale ! Mais Jefferson dut faire une entorse à ses principes et se référer à une interprétation large de la Constitution pour justifier sa décision d'achat sans accord préalable du Congrès.

La guerre de 1812

Si les rapports ont été harmonieux avec la France pendant la première décennie du XIXe siècle, Jefferson laisse, en mars 1809, une succession difficile à Madison en ce qui concerne les relations avec l'Angleterre. On sait le peu de succès qu'avaient rencontré les mesures successives d'embargo relevant d'une guerre commerciale qui lésaient en fin de compte les intérêts américains. On peut donc aisément considérer la protection des droits maritimes des neutres comme l'une des causes de la guerre de 1812. Madison assouplit pourtant les décisions de son prédécesseur puisque, aux termes du *Macon's Bill n° 2* de mai 1810, les États-Unis décident de reprendre les relations commerciales avec la France et l'Angleterre, tout en s'engageant à boycotter les importations britanniques si la France renonçait au blocus. Suite à un geste de soutien de Napoléon, en mars 1811, l'Angleterre ne peut plus exporter vers les États-Unis mais la situation manque de clarté.

Les causes profondes de mécontentement n'ont pas disparu. Tout d'abord, les colons du Nord-Ouest ont à subir les attaques répétées de la Confédération des tribus indiennes du chef shawnee Tecumseh et de son frère le « prophète », sans doute fomentées par des agents britanniques installés au Canada. D'autre part, les Britanniques continuent de se livrer au recrutement forcé de citoyens américains embarqués dans leur marine au rythme moyen de 2 000 par an. Une illustration dramatique de cette pratique de l'enrôlement forcé, puisqu'elle fit trois morts du côté américain, nous est fournie par l'incident qui opposa, en juin 1807, dans les eaux territoriales américaines le navire de guerre anglais *Leopard* à la frégate américaine *Chesapeake*. On doit sans doute aussi prendre en compte l'ambition démesurée d'un lobby avide de terres, celui des « faucons de guerre », qui poussa certains hommes de l'Ouest comme Henry Clay du Kentucky ou John C. Calhoun de Caroline du Sud à rêver d'une expansion territoriale qui leur permettrait d'annexer le Canada et la Floride. Issus de régions qui devaient leur réussite économique récente à l'exportation de produits agricoles, ces hommes représentaient une nouvelle génération de républicains animés d'un nationalisme conquérant et désireux de ranimer l'ardeur un peu flanchante de Madison et des amis de la génération révolutionnaire. Enfin, une partie de l'opinion ressentait vivement l'arrogance de la Grande-Bretagne qui se comportait comme si l'indépendance des colonies américaines n'avait jamais été réellement acceptée. C'est la raison pour laquelle on a donné le nom de deuxième guerre d'Indépendance au conflit armé avec l'Angleterre dans lequel les États-Unis décidèrent de s'engager pour en finir avec toutes ces frustrations. Mais, par ailleurs, la guerre peut paraître inutile et dérisoire quand on rappelle que, deux jours avant sa déclaration, l'Angleterre avait décidé de mettre un terme à toutes les restrictions touchant le commerce des neutres.

Les opérations militaires mirent très vite en évidence les faiblesses de l'armée américaine malgré les quelques rares succès qu'elle put remporter contre l'ennemi. Ses moyens avaient été coupés de façon drastique par Jefferson et cette armée dont les soldats étaient mal entraînés, indisciplinés ou corrompus était dirigée de surcroît par un incapable, le général Henry Dearborn. La conquête du Mexique n'eut pas lieu pas plus que celle du Canada ; l'invasion du Québec se limita à la bataille de Lundy's Lane près de Niagara en juillet 1814 qui fut si indécise que Américains et Canadiens purent revendiquer la victoire. Les Américains remportèrent la bataille de Plattsburg sur le Lac Champlain mais c'est surtout la marine dirigée par Edward Preble qui s'illustra. Trop occupés à combattre Napoléon jusqu'en 1814, les Anglais, de leur côté, eurent leurs succès et leurs revers ; ils attaquèrent Baltimore puis incendièrent la nouvelle capitale Washington en septembre 1814 avant d'être repoussés à la Nouvelle-Orléans grâce à l'action héroïque du général Andrew Jackson et de son armée de coureurs de bois en janvier 1815, alors que la fin de la guerre avait été officiellement consacrée par le traité de Gand le 24 décembre 1814.

Souhaité dans l'Ouest et dans le Sud, le conflit de 1812 ne fit pas l'unanimité car il fut très impopulaire en Nouvelle-Angleterre, dans le New Jersey et dans le New York. Il apparut comme la décision d'un président virginien aux fédéralistes anglophiles du Nord-Est. Les républicains sudistes avaient toujours été suspects de sympathie vis-à-vis de la France et les milieux marchands du Nord-Est, qui avaient toujours vécu du commerce avec la Grande-Bretagne et qui en avaient assez d'une Union dominée par les Sudistes qui monopolisaient la présidence et renforçaient leur pouvoir, allèrent jusqu'à parler de sécession dans une Union dont l'unité apparaissait de plus en plus fragile. La convention qui réunit les membres du Parti fédéraliste en décembre 1814 à Hartford fit éclater leurs divisions qui sonnèrent le glas du parti et firent avorter le projet de sécession.

La guerre de 1812 inutile et mal conduite se solde en définitive par une sorte de match nul où chacun des belligérants n'obtient rien et campe sur ses positions. Le traité de Gand ne mentionne aucun des points litigieux, ni les droits des neutres ni la presse. Mais sans doute y a-t-il plus qu'un simple *statu quo ante bellum*. Au terme de cette deuxième guerre d'Indépendance, les Anglais comprirent que les Américains méritaient le respect et les Américains sentirent qu'ils n'étaient plus anglais mais américains. Le sentiment d'unité nationale et le patriotisme l'avaient donc emporté (c'est de cette guerre que date l'hymne américain) et les Américains prirent conscience de la force que leur procurait leur développement économique, commercial et démographique. En 1815, plus qu'en 1783, les États-Unis entamèrent la période décisive de leur accession au rang de grande puissance.

L'acquisition de la Floride (1819) et la doctrine de Monroe (1823)

Les États-Unis avaient profité d'une révolte en 1810 pour coloniser la partie de la Floride occidentale qui va à l'est jusqu'à la rivière Pearl. Même s'il y eut aussi annexion, en 1813, de la petite bande de territoire s'étendant entre Mobile Bay et la rivière Perdido, la « conquête » de la Floride que devait permettre la guerre avec l'Angleterre n'eut pas lieu. Mais, jusqu'en 1819, les États-Unis s'efforcèrent de convaincre l'Espagne de leur céder avec la Floride la portion de littoral entre l'Atlantique et le cours inférieur du Mississippi qui les séparait du golfe du Mexique. Cette région présentait un grand intérêt en raison de l'existence de rivières permettant les échanges commerciaux pour les habitants de Géorgie, d'Alabama et du Mississippi et elle offrait une façade maritime. Le territoire convoité accueillait aussi les esclaves fugitifs et les Américains étaient toujours en butte à l'hostilité des Indiens, sans doute encouragée par les Espagnols eux-mêmes qui ne respectaient pas le traité de Pinckney. Sous prétexte de pacifier la frontière, Andrew Jackson pénétra en Floride en 1817 et s'empara d'une partie de la Floride orientale. Cette occupation n'avait pas été autorisée mais le secrétaire d'État John Quincy Adams ferma les yeux et défendit les agissements de Jackson devant le Congrès. Toujours est-il que, sous la présidence de Monroe, l'Espagne céda à ce mélange de persuasion et de menace et laissa la Floride pour la somme de 5 millions de dollars, aux termes d'un accord signé en 1819 (le traité d'Adams-Onis ne fut ratifié seulement qu'en 1821). Grâce à ce traité dit transcontinental, les États-Unis s'assuraient désormais le contrôle de tout le territoire s'étendant jusqu'aux Rocheuses et avaient une ouverture sur le Pacifique (cf. carte 1).

Parallèlement, alors que l'Espagne est secouée par une crise politique intérieure et doit faire face à une révolte de ses colonies en Amérique du Sud, la France permet de rétablir l'autorité de Ferdinand VII sur le trône espagnol. Des rumeurs circulent alors aux États-Unis qui font craindre une intervention de la Sainte Alliance pour maintenir sa domination sur son empire colonial américain. D'autre part, la Russie qui possédait l'Alaska étendait son influence jusqu'au 51ᵉ degré de latitude interdisant la navigation et la pêche jusqu'à l'Oregon. L'ensemble de ces éléments permet de comprendre dans quel contexte la politique étrangère menée par John Quincy Adams est non seulement soutenue par son président mais solennellement exposée devant le Congrès le 2 décembre 1823. Monroe réaffirme le principe de neutralité hérité de Washington et exprime sa doctrine continentale selon laquelle le continent américain n'est plus ouvert aux convoitises coloniales des puissances européennes. La « doctrine de Monroe » pourrait être résumée par la formule : « L'Amérique aux Américains. » Par ailleurs, il se déclare solidaire des colonies américaines en révolte contre l'Espagne, reconnaît les gouvernements insurgés au Venezuela, en Argentine, au Chili et au Mexique et, de façon générale, il met en garde les puissances européennes de ne pas céder à la tentation de se réinstaller près des États-Unis. Cet avertissement solennel est assorti d'un engagement de la part des États-Unis de ne plus se mêler des affaires intérieures de l'Europe.

Il faut voir dans cette déclaration unilatérale l'expression d'un nationalisme américain confiant et sûr de lui qui reconnaît l'existence de sphères d'influence et, partant, par le biais du panaméricanisme, fonde la domination des États-Unis sur les deux Amériques et, plus particulièrement, sur l'Amérique latine. Apparemment sans effet immédiat, hormis le retrait de la Russie de la côte du Pacifique jusqu'à la limite actuelle de l'Alaska, cette déclaration précisant la nature des relations entre le Nouveau Monde et l'Ancien Monde établit clairement les prétentions d'hégémonie des États-Unis dans l'hémisphère occidental et constituera le texte de référence définissant la ligne de conduite suivie par la politique étrangère américaine au XXᵉ siècle. Mais la neutralité peut aussi être de l'isolationnisme.

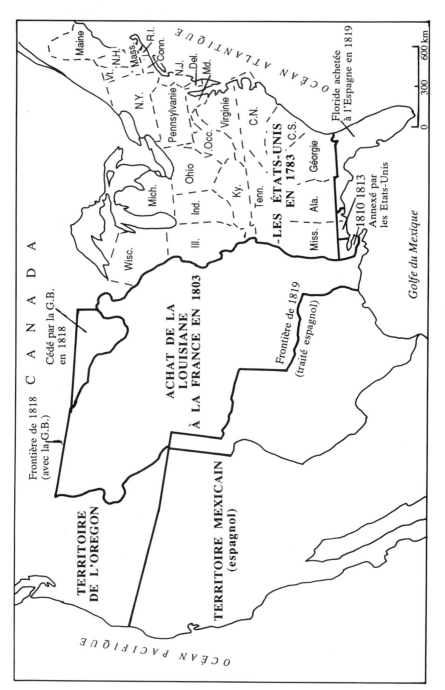

Carte 1. — La formation territoriale des États-Unis jusqu'en 1819

L'expansion territoriale et la progression vers l'Ouest

L'acquisition de la Louisiane avait ouvert la voie de l'Ouest mais, en même temps, elle s'ajoute au territoire mal délimité des colonies originelles. Elle initie tout un mouvement d'expansion territoriale qui va caractériser la première moitié du XIXᵉ siècle.

Délimitations territoriales et découverte du « Grand Désert »

Déjà, bien avant la rédaction et l'adoption de la Constitution, le Congrès confédéral avait eu à faire face à la question des délimitations territoriales liée à la distribution des terres. Avant 1776, certaines colonies avaient eu la prétention de s'étendre à l'ouest des Appalaches mais ce droit était devenu caduc avec la Proclamation royale de 1763. Entre 1763 et 1783, date à laquelle la Virginie renonce à ses terres au nord-ouest de l'Ohio, s'écoule une période de vingt ans caractérisée par un certain flou juridique entre les volontés des États et celles de l'État confédéral. En mars 1784, il est possible de constituer un domaine national avec les territoires cédés par la Virginie auxquels on ajoute les cessions du Massachusetts et du Connecticut ainsi que des terres arrachées aux Indiens.

Les années 1780 ont bien été dominées par la réflexion sur le statut juridique et administratif de l'expansion. Afin d'organiser le territoire du Nord-Ouest situé entre l'Ohio, le Mississippi et les Grands Lacs, le Congrès joue son rôle en adoptant plusieurs ordonnances à l'élaboration desquelles Jefferson participe d'autant plus activement que l'expansion entre dans la logique de la philosophie agrarienne et de la vision de la démocratie fondée sur la petite propriété terrienne.

Les problèmes à résoudre sont de plusieurs ordres : il s'agit tout d'abord de préciser les conditions d'acquisition, de définir ensuite le régime des terres et de se prononcer enfin sur le statut des nouveaux territoires. L'ordonnance de Jefferson du 23 avril 1784 sur le gouvernement des territoires de l'Ouest constitue la base du texte qui sera adopté en 1787. Celle du 20 mai 1785 concerne la vente des territoires de l'Ouest *(Land Ordinance)*, divise les territoires en *townships* de 6 miles de côté, des unités elles-mêmes partagées en 36 sections de 640 acres et prévoit la vente de lots à un dollar minimum l'acre.

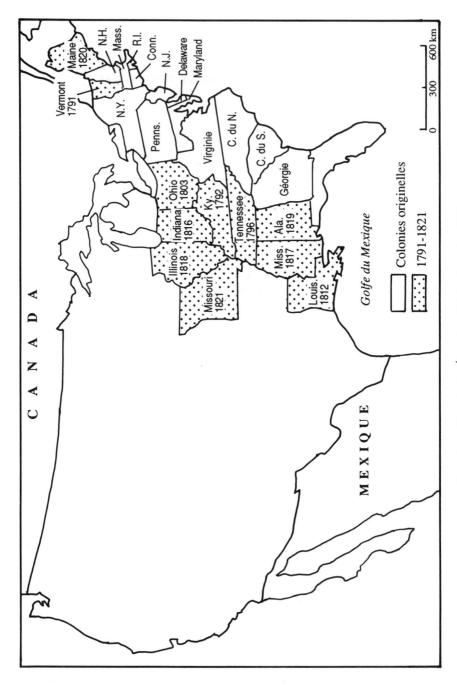

Carte 2. — L'entrée des États dans l'Union jusqu'en 1821

CANADA

MEXIQUE

Golfe du Mexique

□ Colonies originelles

▓ 1791-1821

Vermont 1791
Maine 1820
N.H.
Mass.
R.I.
Conn.
N.Y.
N.J.
Delaware
Maryland
Penns.
Virginie
C. du N.
C. du S.
Géorgie
Ohio 1803
Indiana 1816
Illinois 1818
Ky. 1792
Tennessee 1796
Ala. 1819
Miss. 1817
Louis. 1812
Missouri 1821

0   300   600 km

Reprenant le système pratiqué dans le Nord, l'arpentage précède la vente. Ainsi la distribution des terres prend un caractère légal mais, en étant payante, elle limite le nombre des acquéreurs. Enfin, le 13 juillet 1787, le Congrès adopte l'Ordonnance du Nord-Ouest. Une fois délimité, un territoire est géré par un gouverneur nommé par le Congrès, un secrétaire et trois juges. Il est prévu que lorsqu'un nouveau territoire atteint 5 000 habitants, il peut avoir une législature et envoyer des observateurs au Congrès. Lorsqu'il compte 60 000 habitants, il peut demander à être admis comme État. L'idée fondamentale présidant à cette organisation est double : elle implique d'une part l'égalité entre les nouveaux et les anciens États et elle repose d'autre part sur le volontarisme puisqu'il faut demander son admission dans l'Union avant de bénéficier des mêmes avantages et des mêmes droits que les autres. L'expansion ne veut pas dire anarchie et elle est inséparable de la démocratie. Ce texte fondamental qui régit la procédure d'admission des nouveaux États est encore valable aujourd'hui puisque l'entrée du 50ᵉ État date de 1959 ; il est surtout rigoureusement contemporain de la rédaction de la Constitution et il contribue doublement à la fondation de la nation américaine.

Sanctionnant le principe de l'accroissement spontané et révélant le peuplement rapide de l'Ouest, onze États sont ainsi admis dans l'Union entre 1791 et 1821 : le Vermont en mars 1791, le Kentucky (qui se sépare de la Virginie) en juin 1792, le Tennessee en juin 1796, l'Ohio en mars 1803, la Louisiane en avril 1812, l'Indiana en décembre 1816, le Mississippi en décembre 1817, l'Illinois en décembre 1818, l'Alabama en décembre 1819, le Maine en 1820 et le Missouri en 1821 (cf. carte 2). Mais, de façon très spécifique aux États-Unis, la colonisation y précède la découverte. Le pays prospère, en effet, avant même d'être véritablement exploré. Les régions mal connues de l'Ouest constituent avant tout pour les dirigeants politiques une marchandise à découper avant d'être mise en vente. Au flou juridique qui va s'estomper correspond un « flou de l'espace », selon l'expression de Boorstin, qui va perdurer.

La gestion des nouveaux territoires propose des solutions souvent éloignées de la réalité pratique du terrain. On sait déjà que la grandeur des parcelles n'était pas toujours suffisante pour faire vivre une famille et que le découpage géométrique demeurait artificiel mais il est fondamental de prendre conscience que, tandis que les gouvernants légifèrent sur l'inconnu, l'exploration n'en est qu'à ses tous débuts. Le mythe l'emporte encore sur la réalité et stimule l'ardeur et le dynamisme des individus.

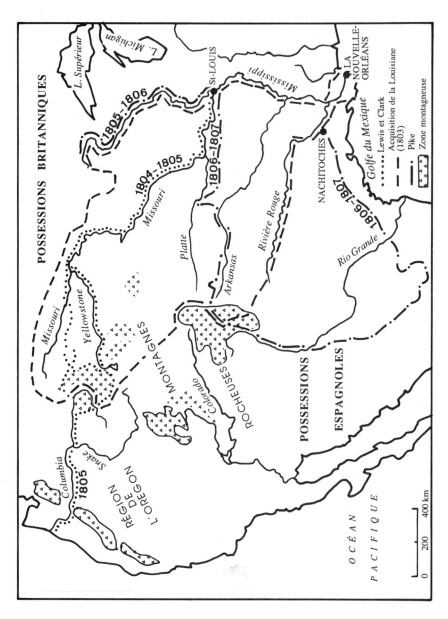

Carte 3. — Les explorations dans l'Ouest au début du XIXᵉ siècle

Jefferson, lui-même, cédait à un optimisme étayé par les mythes qui prévalaient à l'époque. L'idée notamment d'un « fleuve d'ouest », de cette voie maritime traversant le continent et dont la légende date de Verrazano est toujours vivace et la mission d'exploration que Jefferson confie à Meriwether Lewis et à William Clark de 1804 à 1806 est bien de « découvrir une voie de communication directe, de la mer à la mer, empruntant le lit du Missouri et peut-être celui de l'Oregon ». La mission de reconnaissance devait aller de la vallée de l'Ohio jusqu'au Pacifique et ces explorateurs remontèrent le Missouri, franchirent les Rocheuses, descendirent la Columbia jusqu'à son embouchure ou tout près et regagnèrent le Missouri avant de se retrouver à St Louis mais sans avoir pu inventorier le fleuve mythique. Ils n'en demeurent pas moins les inventeurs de la Piste de l'Oregon (*Oregon trail)*, la grande route transcontinentale des pionniers.

La cartographie, à cette époque-là, demeurait encore fort imprécise et les cartes de Zebulon Pike (le découvreur des sources du Mississippi), de Lewis et de Clark qui se contentaient de reproduire celle d'Alexander von Humboldt (qui, lui-même, avait dessiné les contours de régions qu'il n'avait pas vues) prolongeaient les erreurs sur la localisation tout en alimentant l'imagination collective des Américains. Cette véritable ignorance de l'espace américain va être renforcée par l'affirmation rendue célèbre par l'imprudence de Stephen H. Long, du service topographique des États-Unis, qui, en 1819-1920, après avoir remonté la Platte (à l'endroit où elle se jette dans le Missouri) jusqu'aux Rocheuses puis traversé l'Oklahoma et fait route vers Fort Smith dans l'Arkansas, déclara que ce territoire était impropre à la culture et donc imcompatible avec une colonisation qui dépendrait des ressources de l'agriculture. La carte qu'il publia de la région en 1823 portait la mention de « Grand Désert américain » accréditant ainsi un mythe qui demeura vivace pendant encore au moins trois décennies (cf. carte 3).

L'erreur était de taille puisque ce même territoire était bel et bien occupé et, en tout cas, fort connu des trappeurs qui n'avaient pas besoin de cartes pour se repérer. Les marchands de fourrures, en particulier, commanditaient des expéditions qui ont donné lieu à des découvertes souvent maintenues jalousement secrètes d'autant que les rivalités entre les colonies ne stimulaient pas la circulation de l'information. Le « col sud » dans le Wyoming fut ainsi découvert en 1812 par Robert Stuart qui agissait pour le compte de John Jacob

Astor. Déjà, en avril 1811, la Compagnie américaine des Fourrures d'Astor avait fondé Astoria, le premier comptoir américain sur la côte Pacifique, en Oregon, qui inspira un livre de Washington Irving. De même, la découverte du lac Salé, à l'instigation de William Ashley (le commandant de la milice de Saint-Louis qui avait fondé en 1822 la Compagnie des Fourrures des Montagnes Rocheuses), est probablement due à Jim Bridger en 1825, à moins qu'elle ne soit le fait du trappeur Étienne Prévost dès 1824 ou bien de Peter Skene Ogden en 1828. Ashley avait recruté des volontaires pour explorer les sources du Missouri et il engagea, entre autres, le trappeur Kit Carson ou bien encore Jedediah Smith qui inscrivirent leurs noms dans l'histoire légendaire de l'exploration de l'Ouest.

L'évolution du peuplement

Le traité de 1783 avait fixé la limite occidentale des États-Unis au Mississippi. Au-delà, le territoire appartenait à l'Espagne et vers le nord se situait le Canada mais, dans tous les cas, le tracé de la frontière était plus qu'imprécis. L'expansion ne s'arrête pas en 1829 puisqu'il s'agit d'un mouvement continu qui dure jusqu'à la fin du XIXe siècle mais c'est pendant la période de 1809 à 1829 qu'elle est la plus forte.

Vers la fin des années 1820, l'espace compris entre les Appalaches, les Grands Lacs et le Mississippi a été entièrement colonisé par de nouveaux États : le Vermont, l'Ohio, l'Indiana et l'Illinois dans le Nord, le Kentucky et le Tennessee dans le Sud. Une attention spéciale est accordée au Sud-Est dont les Espagnols sont chassés et le principal accroissement est dû à l'acquisition de la Louisiane qui ouvre les portes de l'Ouest. Les voies de pénétration commencent à être bien explorées mais le continent n'est pas vide, comme on l'a trop souvent dit. Le peuplement précède même souvent l'annexion et il cesse d'être l'affaire exclusive du Nord devenu le Nord-Est et du Sud. L'Ouest apporte désormais une troisième dimension essentielle qui n'a rien de folklorique ou d'exotique. La population des nouveaux territoires va en effet devenir partie intégrante des États-Unis et contribuer à son expansion démographique.

Même si on peut avoir l'impression d'une dispersion en raison de l'agrandissement du domaine national, le phénomène de croissance démographique est impressionnant. L'accroissement de population est très rapide puisque les États-Unis passent de près de 4 millions d'habitants en 1790 à un peu plus de 7,2 millions en 1810 et à près de 13 millions en 1830. Pratiquement la population double tous les vingt ans. Les États-Unis constituent un cas unique en connaissant au XIXᵉ siècle l'expansion blanche la plus importante du globe. Pour des raisons qui n'ont pas été établies avec certitude, il y a eu un ralentissement de l'accroissement naturel qui est dû davantage à l'effritement du taux de natalité qu'au déclin du taux de mortalité. Mais les États-Unis commencent également à devenir tributaires de l'apport de l'immigration (représentant un quart de l'accroissement de population) qui entame une progression qui va devenir massive un peu plus tard. Le nombre des Européens à entrer aux États-Unis est de 50 000 entre 1790 et 1800, de 70 000 entre 1800 et 1810, de 114 000 de 1810 à 1820 et de 151 800 de 1820 à 1830.

Le deuxième phénomène intéressant à observer est celui de la répartition de cette population. Il n'y a pas dispersion mais déplacement et concentration dans certaines zones. La mobilité de la population provoque des distributions nouvelles. Les immigrants tout d'abord qui ne sont pas ceux qui peuplent l'Ouest choisissent les villes de préférence et participent au mouvement d'urbanisation qui démarre. En 1780, les États-Unis ne comptent que 5 villes de plus de 8 000 habitants ; ils en ont 11 en 1810 avant d'atteindre le chiffre de 44 en 1840. Ensuite c'est un transfert de population des zones traditionnelles et anciennes vers les nouveaux territoires qui fournit l'essentiel du capital démographique. Ce déplacement vers l'Ouest est spectaculaire : la population de l'Ouest qui, au début du siècle, est de 700 000 passe à 1 million en 1810, à plus de 2 millions en 1820 et à près de 3 millions en 1830. De 1810 à 1830, 2 millions d'Américains vont d'est en ouest. En 1810, 14 % des Américains vivent à l'ouest des Appalaches, en 1820 ils sont 23 % et, en 1840, ils représentent 6,5 millions soit 38,7 % de la population totale. Le centre de gravité s'est déplacé dans la partie orientale de l'Ohio alors qu'en 1790 il se situait dans les environs de Baltimore ou de New York.

La maîtrise des distances

La pénétration de l'Ouest n'était guère facile et les moyens de transport et de communication fort précaires. Au début du XIXᵉ siècle ce sont encore les voies d'eau qui constituent le moyen d'accès le plus commode. La disposition des fleuves côtiers permet la pénétration à l'intérieur mais la difficulté demeure de franchir la barrière des Appalaches. Cet obstacle est surmonté par la construction de canaux. La voie d'accès idéale est la rivière Hudson avec son prolongement vers le lac Erié par la dépression de la Mohawk. Un projet de construction de canal reliant Albany à Buffalo (580 km), envisagé dès 1798, n'est mis à exécution qu'un peu plus tard mais incontestablement la construction du canal Erié de 1817 à 1825, à l'initiative du gouverneur de New York Dewitt Clinton, marque le début de l'ère des canaux. Ainsi les ports atlantiques qui cherchaient à attirer le trafic de l'Ouest se trouvèrent reliés aux Grands Lacs et le canal de l'Erié en particulier favorisa la fortune de New York.

Le transport par eau des grosses marchandises demeure privilégié grâce aussi à l'invention du bateau à vapeur par Robert Fulton en 1807. La première exploitation commerciale commence sur l'Hudson avec son *Clermont* qui relie New York et Albany. En 1811, l'*Orleans* descend l'Ohio, la principale voie de pénétration avec son système d'affluents, mais ne peut le remonter en raison de la force du courant. La difficulté technique est surmontée en 1815 et toute la première moitié du siècle sera dominée par la navigation sur le Mississippi qui assure la prospérité de la Nouvelle-Orléans. C'est le triomphe du célèbre bateau à fond plat pour éviter l'enlisement dans les bancs de sable, avec sa haute cheminée et sa roue à aubes, immortalisé par Mark Twain dans *Huckleberry Finn*.

Mais les premières décennies du XIXᵉ siècle consacrent aussi le développement des voies terrestres. Des sociétés investissent et trouvent leur financement dans les péages *(turnpike)*. La première du genre, établie en Pennsylvanie, construit la première de ces routes à péage entre Lancaster et Philadelphie en 1794. Cette mode qui a démarré dans le Nord-Est se répand ensuite dans l'Ouest. Tout un programme de construction de routes et de ponts proposé en 1807 et retardé à cause de la guerre de 1812 est mis en place à partir de 1815. L'une des grandes réalisations est la construction, à partir de Cumberland dans le Maryland, de la route nationale *(National Road)* qui relie Wheeling en Virginie dès 1818 et qui se prolongera jusqu'à Columbus dans l'Ohio en 1833.

Quant au chemin de fer qui va affirmer sa suprématie au milieu du siècle, il faut attendre 1830 pour que soit inaugurée la première voie au départ de Baltimore, vers l'ouest, en direction de l'Ohio. On imagine clairement qu'en diminuant les coûts d'acheminement et en réduisant la lenteur des déplacements, cette révolution des transports a naturellement contribué au développement économique et aux échanges commerciaux.

L'éviction des Indiens

Inventions technologiques et progrès économiques ne constituent qu'un aspect des choses car les déplacements de population suscités par l'attrait de l'Ouest ont eu d'autres conséquences. Les pionniers ont en effet rencontré des populations déjà implantées et, en général, mal préparées à résister au choc provoqué par l'arrivée de ces apports démographiques nouveaux.

Attirés par le goût de la solitude et de l'aventure, les pionniers se livrent au défrichement des terres nouvelles et vierges *(wild)* mais en réalité ils ne sont pas seuls, car ils ont bien été devancés par les Indiens. En dehors de rares trappeurs et coureurs de bois dont le mode de vie s'apparente à celui des Autochtones nomades ou semi-nomades, la majorité des nouveaux arrivants sont plutôt sédentaires, même s'il se peut qu'après un certain temps ils se déplacent en s'enfonçant plus à l'intérieur. Leur mentalité et leurs intérêts divergent au point de faire très vite de l'Indien un obstacle à leur progression.

Malgré quelques rares expériences heureuses de collaboration, on peut dire que la cohabitation a été difficile avec les « premiers occupants du sol » depuis les débuts de la vie coloniale et on sait l'enjeu que ces derniers ont représenté pendant la guerre d'Indépendance. Mais leur sort fut considérablement aggravé avec la naissance de la nouvelle nation dont ils étaient exclus. La Constitution les traite comme des « nations étrangères » et c'est le secrétaire à la Guerre qui gère les relations avec les tribus de « sauvages » considérés comme hostiles et potentiellement dangereux. Les Indiens du Nord-Ouest constituent un des problèmes les plus irritants sous la présidence de Washington finalement dominée par la pacification des tribus belliqueuses installées au nord-ouest de l'Ohio. Après la Révolution et avec la reprise de la marche vers l'ouest, les pionniers en quête de terres se livrent à des expéditions punitives contre les Indiens. Désormais l'histoire de la conquête de l'espace par les Blancs signifie l'histoire de la défaite pour les Autochtones. La trame des événements est tissée d'interventions militaires ponctuelles généralement catastrophiques pour les tribus, malgré quelques raids de représailles meurtriers qui leur donnent l'illusion de résister. L'ère Washington est ainsi marquée par la victoire du général Wayne sur des tribus indiennes défaites sur la rivière Miami le 20 août 1794. A la veille de la guerre de 1812, c'est aussi la victoire du gouverneur de l'Indiana William Henry Harrison sur le mouvement organisé de résistance représenté par la Confédération de Tecumseh en novembre 1811 à Tippecanoe qui retient l'attention.

Mais c'est sans doute le gouvernement de Jefferson qui opère un tournant réel dans l'attitude des Américains vis-à-vis des Autochtones. L'achat de la Louisiane en 1803 a ouvert un véritable débat puisque la Constitution n'a pas envisagé que les États-Unis puissent ainsi prendre possession de territoires étrangers et encore moins *a fortiori* d'incorporer en leur sein des « nations étrangères ». Outre le risque de dilution que cette acquisition territoriale peut présenter pour l'homogénéité de la nation en construction, l'élargissement de la nation s'expose aux dangers du colonialisme. Agrandir le territoire au-delà du Mississippi marque un premier pas qui risque de conduire inéluctablement à la conquête du continent tout entier.

Mais le problème est bien d'acquérir légalement le territoire. Le concept de propriété hérité des Européens est si profondément ancré dans les mentalités qu'il faut acheter la terre. Les ordonnances *(Land Acts)* successives des années 1780 ont établi les règles de la conquête territoriale mais, depuis le célèbre traité de Fort Stanwix où les Iroquois de l'Ohio reconnaissent la souveraineté américaine le 27 octobre 1784, la série de traités visant la cession des terres indiennes aux États-Unis demeurent fort vagues. Les titres de propriété sont concédés dans des tractations un peu confuses et la frontière est parfois étroite entre acquisition, annexion, occupation, cession et spoliation. L'occupation du sol américain se fait parfois dans une certaine confusion de la morale et du droit.

Sous la présidence de Jefferson et de ses successeurs (Madison notamment), la question indienne se résume à une fausse alternative. Le seul choix offert est entre l'assimilation et l'éviction. La première solution, celle de la cession des terres par les Indiens, implique que ces derniers se « civilisent » en se fondant parmi les Américains. La seconde signifie que si les Indiens veulent conserver leur identité, il ne leur reste plus qu'à se déplacer eux-mêmes plus avant, à évacuer les terres convoitées par les pionniers et à se réfugier au-delà du Mississippi dans ce *no man's land* que constitue le « Grand Désert » américain.

Madison incite fortement les Indiens à l'américanisation dans son discours de 1812 et il invite « ses enfants rouges » à ressembler aux Blancs. Après la guerre de 1812, les cessions se multiplient au terme d'une impressionnante succession de traités : les Indiens de l'Ohio cèdent 4 millions d'acres en 1817, les Chickasaw renoncent à leurs territoires situés entre les fleuves Mississippi et Tennessee en 1818, les Creek abandonnent leurs terres en Géorgie de 1825 à 1827 et les Chippewas, Ottawas et Potawatomis laissent leurs territoires dans le Michigan en 1829.

Le désert mythique était pourtant fertile et peuplé et l'on songe même à en faire une « réserve » indienne. En 1823, alors qu'une expédition militaire (équipée par les marchands de fourrures de Saint-Louis avec l'appui du fédéral) en impose aux Arikaras du Missouri, le ministre de la Guerre Calhoun propose à Monroe de placer les quelque 14 000 Indiens du « vieux Nord-Ouest » (c'est-à-dire la région autour des Grands Lacs et entre l'Ohio et le Mississippi) dans le nord du Désert et les quelque 79 000 Indiens des tribus du Sud dans la partie sud du Désert. Son projet d'une *Délimitation définitive d'un territoire indien* devint force de loi en 1825.

C'est finalement le refoulement des Indiens plus vers l'Ouest qui est la formule retenue et gérée par le Bureau des Affaires indiennes créé en 1824 au ministère de la Guerre. On peut noter ici pour une fois la remarquable convergence de vues et d'attitudes entre les États et l'État fédéral au niveau de leur politique indienne. En 1829, on peut dire que les Indiens ont tous été repoussés ou transférés de l'autre côté du Mississippi. La partition est donc scellée entre les Blancs et les Autochtones.

La question de l'esclavage

Le développement de l'Ouest a un double effet sur le sort de certaines composantes essentielles de la population américaine. Si l'entreprise de construction nationale éprouve une gêne vis-à-vis du sort des Autochtones dont elle a tôt fait d'entériner le statut d'exclus, elle s'interroge aussi sur celui des esclaves noirs et essaie de dépasser ses contradictions en trouvant une solution bâtarde qui, provisoirement, ne remet pas radicalement en cause le maintien d'un certain statu quo dans les relations entre le Nord et le Sud.

Paradoxalement c'est le dynamisme même des États-Unis, sous l'effet conjugué de l'extension du domaine national et de la croissance économique, qui place la question de l'esclavage au cœur de la vie politique. L'expansion territoriale pose inévitablement le problème de l'intégration et de l'organisation sociale. Même si le mode d'admission des nouveaux États a été réglé sur des critères d'ordre essentiellement quantitatifs et garantit une intégration démocratique dans l'Union, il bute sur une difficulté de taille qui est de trancher la question de l'esclavage. Si, vis-à-vis des Indiens, chaque État pratique plus ou moins la même politique avec l'accord et le soutien de Washington, il n'en va pas de même sur la conduite à adopter face à la main-d'œuvre noire servile.

L'Ouest, sur cette question, joue un rôle de catalyseur. La situation d'équilibre était déjà fort précaire entre le Nord et le Sud mais l'opposition des fédéralistes du Nord ne manque pas de rappeler à la dynastie virginienne au pouvoir qu'elle trouve le poids du Sud excessif. Le compromis relatif au mode de représentation des esclaves trouvé par les Pères fondateurs n'est déjà pas totalement satisfaisant mais l'addition de nouveaux territoires risque d'accentuer plus encore le déséquilibre potentiel entre le Nord et le Sud établi par la clause des trois cinquièmes. Il est donc essentiel de savoir dans quel sens les nouveaux États vont se déterminer et le début du XIXe siècle est, à cet égard, décisif.

Certes, les États-Unis ne sont pas responsables de l'origine de l'esclavage qui est un héritage britannique de la période coloniale mais ils décident cependant de le maintenir. Bien que l'abolition soit sérieusement envisagée en 1787, les Fondateurs respectent l'esclavage en tant que forme de propriété car le droit de propriété est sacré. Leur gêne se traduit sans doute par le recours à la formule de l'« institution particulière », un euphémisme pudique pour parler d'une réalité que l'on voudrait supprimer mais qui se maintient dans les faits.

Légal dans l'ensemble de l'Union, l'esclavage est toutefois progressivement aboli dans les États du Nord/Nord-Est et du Centre déjà dès les années 1780 qui avaient donné le ton. C'est le cas en Pennsylvanie en 1780, dans le Connecticut et le Rhode Island en 1784, dans le New York en 1785 et dans le New Jersey en 1786. Les autres suivent au cours du premier tiers du XIXe siècle.

De surcroît, l'Ordonnance de 1787 constitue la première décision nationale statuant sur les régions de l'intérieur, sur le commencement de cette frontière qui va se déplacer. Elle interdit l'esclavage dans les territoires situés entre l'Ohio et le Mississippi et l'Ohio, en 1803, est le premier État pris sur le territoire du Nord-Ouest où l'esclavage est interdit.

Le Sud, en revanche, maintient la pratique de l'esclavage. On devrait plus justement parler de la région au sud de la ligne Mason-Dixon, c'est-à-dire de la limite au sud de la Pennsylvanie ou bien encore de la bordure nord du Maryland et du Delaware. La division s'établit ainsi entre États dits esclavagistes et États dits libres.

Vers la fin du XVIIIe siècle, beaucoup de propriétaires d'esclaves dans le Sud avaient émancipé leurs esclaves et dénoncé l'esclavage comme inacceptable car incompatible avec les idéaux de la Révolution. Jefferson et d'autres esprits libéraux comptaient sur le jeu des forces économiques et sur les effets du temps pour se débarrasser de « l'institution particulière ». Les Constituants avaient aussi misé sur son extinction progressive et c'est tout le sens de leur décision d'abolir la traite mais à l'échéance de vingt ans.

Or, malgré l'entrée en vigueur de cette décision en 1807 (en fait, une forme limitée de traite clandestine demeure), l'esclavage, loin de disparaître, se développe de façon inattendue. La raison du changement est essentiellement la révolution économique. Le bastion de l'esclavage qui semblait confiné jusqu'à la fin du XVIIIe siècle au Vieux Sud, aux régions de la Chesapeake, des plantations de tabac de la Virginie et du Maryland, va s'étendre. Pourtant la crise économique qui touche ces régions après la Révolution stimule le développement des idées antiesclavagistes et semble donner raison aux espoirs de Jefferson mais l'économie des plantations est toujours florissante en Caroline du Sud et le développement industriel de la culture du coton (stimulé par l'invention par Eli Whitney de la machine à égrener *(cotton gin)* en 1793) va entraîner l'essor spectaculaire de l'esclavage. La Caroline du Sud est d'ailleurs le seul État à être engagé dans la traite avant son abolition en 1807 par le Congrès.

Le coton connaît un tel « boom » qu'il domine très vite l'économie du Sud. Sa culture progresse en plusieurs étapes : elle atteint d'abord, au début du siècle, le Tennessee et progresse vers le Mississippi puis gagne la Géorgie, l'Alabama et le Mississippi avant son implantation triomphale, au milieu du siècle, dans le Nouveau Sud, à l'ouest du Mississippi, en Louisiane, dans l'Arkansas et au Texas. Le coton est roi et rien ne semble pouvoir s'opposer à cette nouvelle puissance économique du Sud qui s'enorgueillit de représenter plus de la moitié des exportations de l'Union dès les années 1820. L'esclavage qui lui est subordonné se développe pendant les années de reprise économique dès la fin de la guerre de 1812, et ce, d'autant plus qu'on était persuadé que seuls des travailleurs noirs étaient en mesure de pouvoir récolter le coton par chaleur humide. L'importance grandissante de cette monoculture prit une telle ampleur qu'elle transforma les conditions mêmes de l'esclavage en le faisant passer d'un contexte familial et paternaliste à un contexte industriel et inhumain. Elle servit en tout cas à justifier un système économique puisque la survie de la plan-tation reposait sur la main-d'œuvre servile, un ordre social ainsi que le maintien de la spécificité du Sud et donc de sa liberté. La liberté des Blancs du Sud reposait désormais sur l'esclavage des Noirs.

La prospérité économique est venue renforcer l'institution sociale tout comme plus tard le désaccord économique entre le Nord et le Sud deviendra un désaccord social. Mais sans vouloir diminuer l'importance de cette pratique de l'esclavage, il convient de rappeler qu'en fait une famille blanche sur quatre dans le Sud possède des esclaves (soit moins de 5 % de la population blanche des États escla-vagistes ou 385 000 sur un total de 8 millions de personnes) et que 12 % des propriétaires « seulement » en ont plus de vingt. Dans un système économique dont les Sudistes prétendent que la rentabilité repose sur le maintien des esclaves, la seule façon de prospérer consiste à en acquérir de plus en plus malgré l'augmentation du prix d'achat. La hausse de la valeur marchande a par ailleurs pour effet de favoriser l' « élevage » des esclaves qui s'avère plus lucratif que la culture du coton dans les vieux États où les sols sont épuisés. Un grand débat s'est engagé sur la rentabilité réelle de l'esclavage mais on peut penser qu'il n'aurait pas survécu s'il n'avait pas été rentable et on peut objectivement constater que le nombre des esclaves a plus que doublé dans le premier tiers du siècle. Ils sont 893 000 en 1800, 1 191 000 en 1810, 1 538 000 en 1820 et 2 009 000 en 1830. Ces chiffres ne tiennent pas compte du nombre des Noirs libres qui sont 190 000 en 1810, 230 000 en 1820 et 318 000 en 1830. Au-delà de ces données, il importe de dire que la réalité économique prend vite une dimension sociale symbolique.

Quoi qu'il en soit, même si l'esclavage est maintenu dans le Sud par une minorité dominante, son existence n'est pas sans susciter quelques réactions. Le premier tiers du XIXe siècle reprend en l'amplifiant tout un débat idéologique sur la question qui avait déjà démarré à la fin du siècle précédent. La contradiction entre l'idéal proclamé et les pratiques sociales n'avait pas échappé à quelques esprits avancés, surtout dans le Nord. Dès la fin du XVIIIe siècle, des précurseurs font campagne en faveur de l'abolition. On les trouve surtout dans les cercles religieux et notamment dans les milieux quakers de Pennsylvanie. L'évolution intellectuelle de Benjamin Franklin est à cet égard révélatrice du changement de mentalités. L'homme des années 1730 n'est en rien comparable à celui des années 1780. Après avoir longtemps partagé le sentiment de ses contemporains que le Noir était par nature de race inférieure, Franklin, sous l'influence des milieux humanitaires et abolitionnistes de Londres (notamment la Société des Associés du Dr Bray fondée en 1757) et de quelques contacts personnels avec les écoles noires de Philadelphie dans les années 1760, revient aux États-Unis en 1785 après une longue absence, littéralement transformé. Élu président de la *Pennsylvania Abolition Society* en 1787, il participe activement jusqu'à sa mort en 1790 au mouvement abolitionniste naissant.

Sans doute, jusqu'en 1830, le courant antiesclavagiste est-il limité et sans grande efficacité. Il est essentiellement soutenu et animé par le Grand Réveil religieux qui contribue activement pendant les trois premières décennies du XIXe siècle à propager des idées en faveur de l'abolition. Les prises de position demeurent timides et modérées comme en atteste *The Genius of Universal Emancipation*, le journal lancé en 1821 dans l'Ohio par Benjamin Lundy qui prône une abolition modérée. Lundy est un tenant de ce que l'on a appelé l'abolition « de la branche d'olivier », recommandant la persuasion douce, suggérant l'émancipation progressive et offrant des compensations pour les propriétaires d'esclaves. Une société antiesclavagiste est également créée par le réformateur anglais Wilberforce qui compte des membres aussi célèbres que Zachary Macaulay. D'autres organisations conservatrices défendent l'idée d'envoyer les Noirs en Afrique à l'instar de la Société de Colonisation *(American Colonization Society)* qui acquiert des terres en Afrique et crée en 1821 l'État du Libéria pour y expédier les anciens esclaves ; mais l'entreprise avorte par manque de moyens financiers et cette solution suscite vite la méfiance de tous, aussi bien des défenseurs de l'esclavage que de ses détracteurs. Il faut attendre les années 1830 pour que tous ces mouvements s'organisent mais, à cette date, il existe au moins 50 sociétés qui luttent contre l'esclavage. Les précurseurs apparaissent donc bien dès le début du

XIXe siècle. On a souvent affirmé que ces derniers étaient surtout des Blancs mais il faut rappeler que les Noirs sont présents et même très tôt puisqu'ils sont actifs bien avant 1800 comme, par exemple, dans la *Free African Society of Philadelphia*.

Un autre type de réactions émane non plus des esprits éclairés mais de la « base ». Les premières résistances prennent la forme de soulèvements ou de révoltes sporadiques le plus souvent organisés et violents. Le complot de l'esclave Gabriel en 1800, en Virginie, en fournit une des meilleures illustrations. Se situant dans la mouvance du courant religieux qui prêche les idées d'égalitarisme démocratique et proche de son frère prédicateur, ce forgeron virginien du nom de Gabriel Prosser recrute dans les milieux des esclaves artisans et incite à la révolte contre les possédants. Il sera arrêté et pendu mais lorsqu'on découvre que son projet était de marcher sur la capitale de la Virginie pour l'incendier, la panique s'installe chez les propriétaires et une contradiction émerge insensiblement. Tout à la fois, l'esclave est perçu comme un objet de première nécessité à préserver à tout prix afin de maintenir un système économique mais il représente aussi un danger dont on veut se protéger, d'où l'idée de déporter les Noirs libres.

A cet égard, on notera que c'était aussi l'une des solutions préconisées par Jefferson. Il fit même une proposition qui est discutée à l'assemblée de Virginie et dont le texte est reproduit dans ses *Notes sur la Virginie* (1784). Très impressionné par la révolte d'esclaves qui s'était produite dans la colonie française de Saint-Domingue dans les années 1790, ce dernier était persuadé que les deux races ne pouvaient plus vivre ensemble longtemps en harmonie et il suggéra, en 1802, de « transplanter » les Noirs libres au Sierra Leone puisque la région servait déjà de lieu d'asile pour les Noirs émancipés dans les colonies britanniques.

La peur des insurrections et des révoltes indissociable de l'attachement à l'institution permet de « comprendre » comment on en vint à vouloir contrôler les Noirs en les enfermant dans des codes rigides. Par ailleurs, on saisit mieux pourquoi l'admission des nouveaux territoires était préoccupante : elle comportait le risque de prolifération d'une situation non seulement dangereuse mais qui pouvait rompre le rapport de forces délicat entre le Nord et le Sud.

Cette situation explique comment tous les États qui sont du territoire du Nord-Ouest sont rigoureusement admis par le Congrès dans une véritable alternance, tantôt un esclavagiste, tantôt un nonesclavagiste afin de maintenir un certain équilibre au Sénat. En 1818, après l'admission de l'Illinois, l'Union compte 10 États esclavagistes et 11 États libres. En 1819, après celle de l'Alabama, l'équilibre est atteint : 11 contre 11. Cette pratique se trouve renforcée de façon plus formelle par le compromis du Missouri en 1820 (cf. carte 4). La demande d'admission du Missouri, formulée dès 1819, pose problème. En effet, en demandant de constituer un État esclavagiste, cet État dont les habitants sont en grande partie des immigrés du Kentucky et du Tennessee risque de répandre l'esclavage vers le Nord. L'agitation est à son comble car de très fortes pressions sont exercées de la part des antiesclavagistes pour faire triompher leurs thèses. Le Congrès est de surcroît divisé car la Chambre a une majorité d'antiesclavagistes tandis que le Sénat est majoritairement esclavagiste. C'est alors qu'Henry Clay suggère la solution retenue. Afin de préserver le sacro-saint équilibre et éviter de trancher dans le vif, la prudence l'emporte une fois de plus et un compromis, en 1820, permet d'admettre le Missouri comme État à esclaves (l'admission effective intervient en mars 1821) et le Maine (détaché du Massachusetts) comme État sans esclaves mais il est surtout décidé de fixer une limite arbitraire entre les États libres et les autres. Tracée sur la carte à 36° 30′ de latitude, une véritable ligne de démarcation sépare la liberté et la servitude. Comme tous les compromis, celui du Missouri ne satisfait personne et Jefferson exprime son inquiétude car il entend « le tocsin annonçant l'incendie au milieu de la nuit qui sonne le glas de l'Union ». Les âpres discussions sur l'admission du Missouri en 1819-20 ont surtout accusé un clivage géographique qui va de plus en plus se substituer au précédent clivage politique. Mais le compromis du Missouri n'est qu'une solution provisoire qui ne durera que jusqu'en 1857 et encore.

Les quarante premières années de la nation américaine constituent une étape essentielle dans la construction nationale. Le développement économique, l'accroissement démographique, l'expansion territoriale génèrent une fierté et un optimisme qui constituent la base de la confiance en la viabilité d'un pays en pleine croissance. La guerre de 1812 fait mûrir la république et renouvelle le sentiment national né de la Révolution. Le personnage d'*Uncle Sam* apparaît en 1813, le chant patriotique du *Star Spangled Banner* (qui deviendra l'hymne national en 1931) est composé en 1814 et l'adoption définitive du drapeau des États-Unis (13 bandes et une étoile pour chaque

160

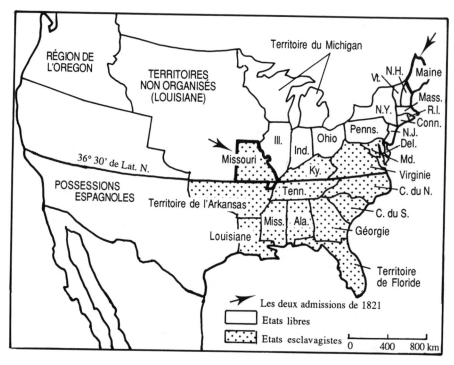

Carte 4. — Les États-Unis en 1821 après le compromis du Missouri

État) date de 1818 mais surtout cette époque permet une prise de conscience culturelle qui donne naissance à des productions littéraires, philosophiques ou artistiques propres.

Les premiers contours du style national commencent à se dessiner et transcendent clivages et partis. Malgré leurs sensibilités politiques différentes, les dirigeants appartiennent à une même élite qui partage le même désir d'étayer la grandeur nationale. Sans doute, en 1829, avec la fin de la présidence de John Quincy Adams, s'éteint la génération des Pères fondateurs. Un État national s'est mis en place et les États-Unis créent un ordre social et politique, résolvent leurs difficultés économiques, définissent leur place sur la scène internationale et commencent leur montée en puissance. L'Histoire se chargera de faire le reste en trouvant des héros pour édifier l'idée nationale. La mythologie nationale placera ainsi George Washington et Thomas Jefferson aux côtés de Daniel Boone et de Kit Carson.

Sous l'effet de l'expansion territoriale, l'Union qui avait jusque-là dû dépasser les intérêts souvent divergents du Nord et du Sud, invente un mode d'intégration démocratique de l'Ouest. Malgré les difficultés qu'elle soulève, la marche irrésistible vers l'Ouest contribuera à l'élaboration originale d'un esprit voire d'un « patriotisme » américain qui touche autant aux institutions qu'au sol. Le sentiment de la coupure avec l'Europe s'accentue et la *tabula rasa* de la frontière permet de nier les pesanteurs de la géographie et de l'histoire.

Tout semble devoir réussir dans un monde où tout est possible mais, paradoxalement, le succès est à la base des futurs conflits. La nation américaine qui s'est édifiée autour des « hommes blancs » ne parvient pas à intégrer les Indiens dont elle fait des exclus et les esclaves noirs dont elle fait des opprimés. En se renforçant, les tendances amorcées au cours de cette période charnière vont accentuer les risques de cassure d'une unité qui paraît déjà fragile.

4. L'Amérique *ante-bellum*.
Les changements démocratiques
et leurs limites (1829-1859)

Les césures dans la périodisation historique peuvent toujours paraître un peu artificielles. 1829 n'établit pas de coupure réelle puisqu'elle ouvre trois décennies qui poursuivent l'évolution engagée précédemment. La vie politique continue son avancée démocratique, l'expansion territoriale conduit à de nouvelles acquisitions, le développement économique est conforté, l'accroissement et la diversité démographiques s'accentuent, l'éviction des Indiens se confirme, la question de l'esclavage s'exaspère et la construction nationale est de plus en plus à l'ordre du jour. Tous ces éléments parlent donc en faveur de la continuité même si le désir de mettre en relief l'ère jacksonienne peut laisser croire qu'elle porte avec elle les signes d'un changement radical. Naturellement la tentation était grande de faire une place particulière à l'Amérique de Jackson puisque c'est celle qui inspire la vision que Tocqueville a finalement imposée de façon à la fois si profonde si durable. Certes, une nouvelle génération émerge sur la scène politique, de nouveaux groupes sociaux bénéficient de la mobilité socio-économique, une nouvelle société avec une culture propre se dégage. On conclura donc à la continuité dans le changement apparent plus qu'à la rupture.

L'accent est mis plus que jamais sur l'Ouest et sur la démocratie. L'Ouest cesse d'être confiné à l'arrière-plan d'événements militaires, diplomatiques, politiques, économiques qui, jusqu'en 1829, demeuraient surtout l'affaire du Nord et du Sud. La référence n'est plus désormais à l'Europe ou à l'Antiquité mais la démocratisation en marche s'accompagne d'un recentrage de la vie politique sur l'Ouest. Tant le Nord que le Sud doivent compter avec ce troisième pôle qui cesse d'être marginal. Outre le fait que l'Ouest est devenu un acteur à part entière dans le débat national, le rôle symbolique pris par la frontière s'avère essentiel dans la création d'une nouvelle société et dans l'élaboration de toute une mythologie essentielle pour l'imaginaire collectif. L'Ouest n'est pas pour autant exotique ; il est tout simplement central.

Avec l'arrivée d'un président qui cesse d'être un notable et qui représente cette nouvelle société en cours d'édification, on assiste à la naissance d'une Amérique qui devient américaine et qui se réfère à elle-même. Ce qui était en germe avant 1829 se confirme après 1829 mais les tendances amorcées s'accentuent au point de figer certaines situations et de mettre en relief les limites du succès.

La démocratisation de la vie politique

L'élection d'Andrew Jackson (1767-1845) à la présidence en 1828 marque un tournant dans l'histoire des États-Unis. Elle ouvre une période nouvelle et les effets de l'ère jacksonienne vont au-delà des deux mandats exercés de 1829 à 1837.

Le phénomène Jackson

En réalité, déjà en 1824, l'Ouest avait failli faire élire un des siens. La popularité de Jackson lui avait même permis de distancer ses quatre concurrents (John Quincy Adams, Clay, Calhoun et W. H. Crawford) aux élections générales mais, par faute de majorité absolue dans le collège des grands électeurs (Jackson obtient 99 voix, Adams 84, Crawford 41 et Clay 37 tandis que Calhoun devient vice-président avec 182 voix), la Chambre doit décider et son choix se porte sur Adams. On ne saura jamais dans quelles conditions exactes fut négocié cet accord dénoncé par les jacksoniens qui permit à Clay de se rallier à Adams et de devenir son secrétaire d'État. C'est en tout cas de cet accord que datent la recomposition du paysage politique et la réorganisation des partis. Héritier des anciens fédéralistes, Adams s'allie à Clay et à ses amis pour devenir des « républicains nationaux » qui vont donner naissance aux *whigs* tandis que Jackson organise le parti démocrate. L'ancien parti démocrate-républicain de Jefferson a donc éclaté en deux avec le groupe de Jackson et celui de

Clay. Le résultat de l'élection de 1824 fut d'empoisonner le climat et l'opposition des jacksoniens paralysa un peu les initiatives d'Adams pendant la quasi-totalité de son mandat. Dès octobre 1825, Jackson est désigné par le Tennessee comme candidat démocrate à la présidence et il quitte même le Sénat pour mieux se consacrer à la préparation de sa campagne.

La victoire écrasante lors de l'élection de 1828 constitue donc une revanche de Jackson sur Adams. Elle marque surtout la fin de la dynastie virginienne. Le règne des Virginiens mais aussi des Bostoniens est terminé. Jackson est bien le premier à ne pas représenter un des anciens États mais il introduit surtout un changement de style et d'esprit de par ses origines. L'homme n'est pas un patricien ni un humaniste subtil. Issu d'une famille irlandaise obscure de Caroline du Sud, il est tour à tour colon cultivateur, maître d'école, avocat, soldat, juge, politicien. Devenu soldat un peu par hasard, le héros de la Nouvelle-Orléans pendant la guerre contre les Anglais en 1815 s'est illustré dans une expédition contre les Creeks en 1813 et se couvre de gloire contre les Séminoles en Floride espagnole en 1818 pour finalement passer pour le plus grand général de tous les temps. A vrai dire, Andrew Jackson a exercé un peu tous les métiers et il est le prototype du *self-made man*, d'un homme du commun parvenu au sommet grâce à ses efforts et à ses mérites personnels.

Le débat historiographique n'est pas épuisé à son sujet. Les jugements sont très divisés et font de lui soit un démagogue rustaud soit un démocrate exprimant et respectant la volonté populaire. Selon le mot du juge Story qui décrivait la liesse d'une foule enthousiaste venue accueillir le nouveau président lors de sa première investiture, « le règne de la populace semblait être arrivé ». Certes, « Vieux noyer » *(Old Hickory)* n'était pas très raffiné. Mais pour d'autres, Jackson est le plus américain de tous les Américains ; il est le 4 juillet incarné. Frederick Jackson Turner, pour sa part, voit dans l'accession de Jackson au pouvoir le triomphe d'un mouvement régional plus que d'un mouvement de classe. Même si elle a bénéficié du soutien du Sud, de New York et de la Pennsylvanie (alors qu'Adams n'avait recueilli que l'appui de la Nouvelle-Angleterre), la victoire du président est, à ses yeux, celle d'un homme de l'Ouest. Parti très jeune dans le Tennessee, Jackson représente la frontière dès son entrée dans la politique en 1796 (il est le premier représentant du Tennessee au Congrès). Aussitôt après avoir été gouverneur de la Floride en 1821, il devient sénateur du Tennessee en 1823.

Jackson inaugure en tout cas une ère nouvelle dont les caractéristiques ont sans doute été un peu figées pour un temps par les observations de voyageurs étrangers dont le plus illustre est Tocqueville qui visite précisément l'Amérique en 1831. Son ouvrage, *De la démocratie en Amérique*, paru en 1835, propose une lecture de l'Amérique qui contribue à donner à la démocratie américaine les allures d'un mythe.

L'élargissement du suffrage

La vie politique, il est vrai, accentue fortement sa démocratisation. Le premier signe en est l'élargissement du suffrage et l'abandon du cens électoral puisque pendant longtemps la qualification pour être électeur repose sur la possession d'une propriété. Dans les années qui précèdent l'élection de 1828, 22 des 24 États ont révisé leur Constitution et dépossédé les oligarchies traditionnelles de leurs privilèges. Le Vermont est le premier État de l'Est à instaurer le suffrage universel masculin, imité ensuite par la plupart des nouveaux États créés à l'Ouest après 1815 puis enfin par les vieux États dans le Nord et dans le Sud (avec plus de difficulté). L'un des derniers à l'instaurer fut le New York en 1826. Bien sûr, n'est-ce pas encore le suffrage universel puisque les femmes et la quasi-totalité des Noirs, même libres, ne votent pas. En revanche, le concept d'homme blanc inclut les immigrants même lorsqu'ils ne sont pas encore naturalisés. Le résultat est de faire passer le nombre des électeurs pour les présidentielles de 356 000 en 1824 à 1 500 000 en 1836 et à 2 400 000 en 1840.

Le mode de désignation du candidat présidentiel change aussi puisque les grands électeurs ne sont plus désormais désignés par les législatures des États mais élus directement par les électeurs (partout, sauf en Caroline du Sud). En 1832, tous les partis désignèrent leur candidat pour la présidence au sein de conventions nationales et non plus dans le secret des *caucus* ou comités de partis. La présidence de Jackson marque le triomphe de cette ouverture qui transforme des institutions libérales en institutions démocratiques.

Le système des « dépouilles »

Une autre initiative qui rend Jackson impopulaire en Europe mais qui respecte le principe de la démocratie est de pratiquer le système des dépouilles *(spoils system)*. L'idée en revient au départ au sénateur Marcy de New York puis est introduite dans le New York par Martin Van Buren, sénateur, puis gouverneur de New York avant de devenir vice-président en 1833 et président en 1837. Les hautes responsabilités administratives jusque-là confiées aux membres d'une élite sociale sont ouvertes à tous les hommes de bon sens et, pourquoi pas, aux fidèles partisans du parti qui gagne les élections. Désormais ces tâches ne sont plus exercées par des quasi-permanents mais elles tournent. Le risque est de préférer la loyauté à la compétence mais le critère de l'affiliation partisane permet de respecter la volonté populaire qui s'est exprimée dans les urnes. Outre le fait de l'élargir, l'ensemble de ces mesures eut naturellement pour effet de stimuler davantage la participation effective de chaque citoyen à la vie politique.

La renaissance des partis et les effets du bipartisme

La réorganisation des partis intervient vers la fin des années 1820. Les Jeffersoniens se divisent, les plus progressistes comme Jackson, Calhoun, Van Buren rejoignant le nouveau parti démocrate, les plus conservateurs comme Henry Clay ou Daniel Webster (du Massachusetts) formant le parti national républicain devenu officiellement le parti des *whigs* à partir de 1834. Quelles que soient leurs sympathies, une nouvelle génération d'hommes politiques de premier plan ayant hérité des héros révolutionnaires, sans avoir eux-mêmes participé aux grands événements fondateurs, transforment les partis de clubs aristocratiques fermés en organisations populaires ouvertes.

Les *whigs* reprennent les idées d'Hamilton, défendent la propriété et soutiennent le « système américain » d'Henry Clay (financement fédéral des travaux publics, des routes et des canaux, élévation des barrières douanières, centralisation du système bancaire) ; ils recrutent en Nouvelle-Angleterre mais aussi dans l'Ouest chez les riches pionniers et, bien sûr, dans le Sud parmi les planteurs. Bien implantés dans les cercles évangéliques protestants, ils croient en la perfectibilité de l'homme et ont l'optimisme des réformateurs. Attachés aux valeurs collectives, ils croient au rôle de l'État dans le développement économique. Ils éprouvent surtout une aversion viscérale à l'encontre des masses qui ont surgi dans la vie politique avec la montée des jacksoniens.

Les démocrates sont très attachés à la liberté et à l'égalité (même s'ils acceptent l'esclavage), défendent la libre entreprise, veulent limiter au maximum l'intervention de l'État et soutiennent les droits des États. Le succès du nouveau parti démocrate réorganisé tient à l'élargissement de ses soutiens. Une grande partie de son électorat est naturellement constituée par les fermiers, les cultivateurs, les pionniers et les petits boutiquiers de l'Ouest mais il a réussi aussi à attirer le soutien des ouvriers des villes de l'Est. L'apparition de l'industrie manufacturière notamment dans le secteur des textiles fournit une base électorale supplémentaire à un parti qui entreprend de défendre les intérêts des petits. Les syndicats ou plutôt les associations de métier en formation et, en particulier, l'un de leurs dirigeants William Leggett, se rallient. Jackson instituera en 1836 une loi réduisant à dix heures la journée de travail (qui pouvait atteindre douze à quatorze heures) dans les chantiers de construction navale. Enfin une autre clientèle du parti démocrate est recrutée parmi les immigrants dont le nombre ne cesse de croître dans les grandes villes de l'Est. Van Buren a su s'appuyer à New York sur des partisans d'origine irlandaise qui contribuent activement à l'intégration des nouveaux arrivés avec le résultat que son fief devient une ville démocrate mais le phénomène est aussi vrai d'autres villes comme Philadelphie ou Pittsburgh. Van Buren s'appuie enfin aussi sur la clientèle des banquiers et des armateurs pour certains financements et le discours agrarien à la Jefferson n'empêche pas de contribuer au succès d'une nouvelle classe, celle des *« businessmen »*. On peut avoir des sympathies pour le peuple sans pour autant s'interdire de favoriser l'accession à la prospérité et de s'enrichir.

L'existence de deux grands partis dominants ne doit pas faire oublier pour autant celle de petites formations éphémères et sans grand poids réel sur la vie politique. Le parti ouvrier *(Workingmen's Party)* créé à Philadelphie en 1828 se bat pour l'enseignement gratuit pour tous et lutte contre l'emprisonnement pour dettes. Le parti antimaçonnique apparaît en 1830 à la suite de la disparition mystérieuse d'un certain William Morgan qui faisait une enquête sur la franc-maçonnerie. Ses principaux dirigeants furent Thurlow Weed, William H. Seward, Francis Granger et Albert Haller Tracy. Surtout dirigé contre Jackson qui était lui-même franc-maçon, le parti disparut en 1836. En créant une scission au sein des démocrates en 1840, le parti de la Liberté, créé à Albany par des abolitionnistes du Nord-Est et présidé par James G. Birney puis par John P. Hale veut, en désaccord avec Garrison, placer le combat abolitionniste sur le plan politique mais il ne parvient finalement qu'à faire chuter Clay en 1844. Ce parti qui a acquis le soutien d'abolitionnistes comme Salmon P. Chase n'a jamais réussi à obtenir plus de 3 % des suffrages mais il aura contribué à la défense de la cause abolitionniste sur la scène politique avant de se dissoudre en 1848 et de se fondre dans le *Free Soil Party*. On peut aussi rappeler l'existence (postérieure à l'ère Jackson) de groupes d'intérêts ou de sociétés secrètes institués en parti comme le *Native American Party* ou Parti Américain (aussi appelé *Know Nothing Party*) né en 1845 pour dénoncer le danger représenté par les immigrants et dont l'intolérance touchait plus spécifiquement les immigrants catholiques.

Comme on le voit, les deux grands partis ont des appuis relativement bien répartis en terme de représentation régionale ; ils ne reposent pas plus sur des clivages d'ordre social que d'ordre géographique mais ils sont avant tout des coalitions hétérogènes défendant des intérêts communs. Incontestablement l'apport essentiel de l'ère jacksonienne aura été de réactiver le jeu des partis et de mettre en place un bipartisme qui va permettre, au moins pour un temps, l'alternance des partis au pouvoir. De surcroît, l'organisation des partis contribue à renforcer la nationalisation de la vie politique.

La lutte contre la Banque des États-Unis

C'est également dans le sens de cette « poussée démocratique » qu'il faut interpréter la décision du nouveau président de supprimer la Banque des États-Unis, ce « monstre » qu'avait créé Hamilton en 1790. La charte de la deuxième Banque des États-Unis (fondée en 1817) venait à expiration en 1836 mais, dès 1832, Jackson opposa un veto brutal à un projet de loi visant à son renouvellement et en fit l'enjeu de sa campagne de 1832. L'affaire avait un relent politique car le directeur de la Banque, Nicholas Biddle, était activement soutenu par H. Clay et les *whigs*. La victoire des démocrates lui permit de retirer de la Banque les dépôts du gouvernement pour les confier à nouveau à des banques « choisies » *(pet banks)*. Cette décision permit la prolifération de banques locales qui multiplièrent les émissions, au point sans doute d'aggraver la crise économique de 1837 mais, en tout cas, elle eut pour effet de promouvoir la libre-entreprise. En tant que planteur et marchand de la frontière, Jackson exportait son coton via la Nouvelle-Orléans et importait des marchandises de Philadelphie. Éprouvant une méfiance instinctive vis-à-vis des banquiers, il avait donc pu lui-même les voir s'enrichir aux deux extrémités du trafic et partager les sentiments des milieux fermiers de l'Ouest mais aussi des nouveaux marchands (qui avaient besoin de monnaie et de prêts à faible taux) auprès desquels la Banque des États-Unis était fort impopulaire car elle représentait l'argent cher, les privilèges abusifs et le capitalisme de l'Est.

Les conséquences de cette décision furent sans doute l'émission excessive de papier-monnaie, la spéculation sur les terres et la montée de l'inflation. Jackson tenta de juguler la crise financière par la *Specie Circular* de 1836 qui exigeait désormais que les achats de terres gouvernementales soient réglées en argent ou en or. La mesure ne fit qu'accentuer la panique de 1837 mais c'est Van Buren qui hérite du problème. Certes, on ne retiendra pas de Jackson le souvenir d'un grand financier ; ses idées sont simples mais énergiques et, dans ce domaine, fidèle à Jefferson, il lutte contre la situation de monopole de la Banque et défend les intérêts et la liberté des États menacés par l'intervention d'une institution nationale.

La crise dite de la « nullification » : nationalisme et sectionalisme

Les conflits de pouvoir entre les États et l'État fédéral ont toujours été l'enjeu de la fondation même de la jeune nation. Avec son affermissement, l'unité se renforce mais les tendances à l'éclatement n'ont pas disparu. Si tout un ensemble de facteurs concourent à la construction nationale au début du XIXᵉ siècle, les particularismes locaux des régions appelées « *sections* » aux États-Unis (d'où le terme de sectionalisme) menacent une unité toujours fragile.

Le meilleur exemple de l'affrontement entre nationalisme et sectionalisme est fourni par la crise dite de l'annulation *(nullification)* en 1832-1833. Cette dernière représente la première menace sérieuse de rupture en provoquant une sorte de chantage à la sécession. Le point de départ de la crise, d'ordre économique, n'est qu'un prétexte pour déboucher sur une affaire politique et constitutionnelle. La législation douanière et l'augmentation des tarifs ont toujours alimenté les polémiques depuis les débuts de la république. Les décisions prises par l'administration Adams en 1828 étaient à ce point impopulaires que l'opposition les avait qualifiées de « tarif des abominations » et, après l'élection de 1828, les mécontents espéraient que le vice-président Calhoun arriverait à convaincre Jackson d'annuler les mesures protectionnistes. Mais sur ce point Jackson prit fermement le parti du nationalisme au détriment du sectionalisme. La réaction fut immédiate : dans un document intitulé *South Carolina Exposition of Protest* (publié dès 1828 de façon anonyme et en 1831 avec la signature de son auteur) qui reprend l'argumentation développée par Jefferson et par Madison dans les *Résolutions* de 1798 adoptées par la Virginie et le Kentucky, Calhoun formule la thèse de l'annulation selon laquelle un État peut, dans certaines circonstances, se dispenser d'appliquer une loi. Une nouvelle décision de 1832 réduisit quelques droits sur les importations mais maintint le principe de la protection et la Caroline du Sud que le royaume du coton avait destinée à prendre la relève de la Virginie pour être la voix du Sud, décida, en novembre 1832, de passer outre les lois douanières de 1828 qui venaient d'être renouvelées et justifia son attitude en disant que ces mesures portaient préjudice aux intérêts des États du Sud.

La position de Jackson (qui était originaire de la Caroline du Sud) fut on ne peut plus claire lorsqu'il invita le Congrès à lui donner les moyens de faire appliquer de force la loi sur les tarifs (le *Force Bill* de janvier 1833). Pour calmer les esprits et donner en partie satisfaction au Sud, les droits furent réduits (Clay, le spécialiste des compromis, joua à cet égard un rôle dans l'élaboration du *Compromise Tariff* de février 1833) mais pour maintenir sur ce qu'il considérait comme l'essentiel, il enjoignit la Caroline de renoncer à son annulation et menaça d'envoyer l'armée fédérale pour la dissuader de faire sécession. La première manche fut gagnée car Calhoun et Clay obtempérèrent (Calhoun dut démissionner de la vice-présidence). Il suffisait sans doute pour eux d'attendre la fin du mandat du président. En réalité, l'appel de la Caroline du Sud n'avait pas rallié l'adhésion du Sud. Il n'empêche que cette affaire créa un précédent en même temps qu'elle révéla le fossé qui était en train de se creuser entre le Nord et le Sud. C'est d'ailleurs la Caroline du Sud qui sera à l'origine de la Sécession en 1860.

Confronté au choix entre le nationalisme et le sectionalisme, Jackson a toujours opté en fin de compte pour le premier terme de l'alternative. Le président eut l'occasion de s'exprimer clairement sur le sujet. Au cours d'un débat mémorable au Sénat sur la question de l'union et de la liberté, Daniel Webster du Massachusetts s'était opposé fermement au sénateur Robert Haye de Caroline du Sud qui préférait la liberté à l'union en concluant son intervention sur la formule devenue célèbre : « la liberté et l'Union, maintenant et pour toujours, unes et indivisibles ». Au cours d'un banquet organisé en avril 1830 en l'honneur de Jefferson, Jackson put affirmer ses convictions avec fermeté en la présence de Calhoun, le leader de la Caroline du Sud, et porta un toast « à notre Union ; il faut qu'elle soit préservée ».

Ces belles formules n'empêchèrent pas quelques contradictions au niveau de quelques décisions. Si Jackson retint l'idée de financer le développement portuaire et fluvial avec des fonds fédéraux, il s'y opposa à propos de l'extension du réseau des routes et des canaux d'intérêt local et, en particulier, en usant de son droit de veto en 1830 pour la route de Maysville dans le Kentucky.

Pour tenter de conclure sur le « phénomène Jackson », on peut ne pas mettre en doute qu'ayant été élevé dans la misère, il ait conçu une réelle sympathie pour le peuple. Il fait surtout preuve de l'énergie et de la force de caractère d'un homme de l'Ouest qui place sa confiance dans l'individu honnête qui travaille. Bien que, tout enfant, il ait combattu dans les rangs des Insurgés pendant la guerre d'Indépendance et qu'il ait eu 20 ans en 1787, Jackson inaugure une nouvelle génération. La nouveauté n'est pas une rupture radicale avec le passé. Elle est continuité car la démocratisation avait commencé avant lui. Il paraît excessif de parler d'égalitarisme car les inégalités sociales commencent au contraire à s'accentuer. Jackson lui-même est un riche planteur du Tennessee. L'Ermitage est une plantation de coton exploitée par des esclaves et il peut, à l'occasion, ne pas être tendre avec ses débiteurs. Simplicité ou rusticité des manières, appels démagogiques ou aspirations démocratiques ? L'idéologie déforme souvent les jugements. L'époque veut sans doute que l'on puisse être un tissu de contradictions. L'ère jacksonienne marque indubitablement une accélération de la démocratisation mais la révolution jacksonienne n'est pas la révolution jeffersonienne. La société mise en place par Jackson est bien celle de la libre entreprise. Jackson a des idées simples mais il les applique avec ténacité. Entêté, parfois brutal mais franc, il est surtout très populaire. Il demeure une forte personnalité qui a renforcé les pouvoirs du président aux dépens du Congrès et des États non seulement par l'utilisation de son droit de veto mais aussi en rappelant que le président exprime la volonté de la nation et qu'il protège les citoyens de l'autorité excessive de l'État et des intérêts privés.

Les limites de l'alternance après Jackson

La vie politique est dominée théoriquement jusqu'en 1861 par l'alternance des démocrates et des *whigs*. En fait, il faudrait s'arrêter en 1848 si on considère que l'émergence du *Free Soil Party* regroupant, autour de Van Buren, des démocrates antiesclavagistes et des *whigs* consacre la division des démocrates, annonce l'apparition du futur parti républicain en 1854 et constitue une nouvelle alliance du Nord et de l'Ouest contre le Sud pour lutter contre l'extension de l'esclavage.

Mais, même jusqu'en 1848, il convient de ne pas trop exagérer les vertus de cette sacro-sainte alternance qui fonctionne plus au niveau des étiquettes politiques que des réalités. Le mandat de John Tyler (1841-1845) en offre un bon exemple. Démocrate très attaché aux droits des États mais brouillé avec Jackson à propos de la question de la nullification, le président Tyler est censé être *whig* mais il s'oppose pendant toute la durée de son mandat au projet des *whigs* de rétablir la Banque des États-Unis et certains des membres de son Cabinet vont jusqu'à démissionner. Puisque les partis ne reposent pas sur des programmes très rigoureux, il n'y a rien d'étonnant à ce que les alliances se fassent et se défassent au gré des circonstances. De surcroît, l'alternance n'a pas véritablement permis de faire émerger à la présidence les candidats les plus doués. Certains hommes de valeur ne réussirent pas à gagner les élections présidentielles comme Clay battu en 1844 par Polk contre toute attente. Il faut bien dire qu'après Jackson les présidents brillent par leur médiocrité et la vie politique est un peu terne. Un certain style des présidences du XIXe siècle est instauré, accompagné du folklore que l'on dit typiquement américain de ces campagnes électorales bon enfant où chants, slogans, défilés et chapeaux hauts en couleurs se substituent parfois aux idées.

Si, pour les quarante premières années de leur existence (1789-1829), les États-Unis ont eu 6 présidents, pour les trente années suivantes (1829-1859) ils n'en ont eu pas moins de 9. Aucun, sauf Jackson, n'exerce plus de deux mandats et certains ont des départs précipités. William Henry Harrison meurt d'une pneumonie un mois après son entrée en fonctions, début avril 1841, et Zachary Taylor succombe à une insolation au bout d'un an de présidence (1849-1850).

L'ère jacksonienne démocrate domine nettement cette période avec les deux mandats de Jackson suivis d'un mandat un peu déce-

vant, il est vrai, de Martin Van Buren (1837-1841). Les *whigs*
l'emportent ensuite en 1840 (W. H. Harrison, 1841, un général sans
expérience politique, le vainqueur de Tippecanoe en 1811 qui
s'illustre au cours d'une expédition contre les Indiens de Tecumseh
mais qui préfère sa cabane en bois de l'Indiana, auquel succède pour
la première fois un vice-président, John Tyler, de 1841 à 1845). Puis
les démocrates reviennent pour un mandat, celui de James Knox
Polk (1845-1849), le candidat surprise *(dark horse)* qui sera l'homme
de la « Destinée manifeste ». Ils cèdent la place aux *whigs* pour un
mandat (Zachary Taylor, véritable potiche, de 1849 à 1850, remplacé par Millard Fillmore, président sans autorité, de 1850 à 1853)
avant de revenir au pouvoir pour huit ans (mandats de Franklin
Pierce, terne et falot, de 1853 à 1857, et de James Buchanan, hésitant et indécis, de 1857 à 1861).

On remarquera aussi qu'en dehors de Jackson et de Polk qui
représentent le Tennessee, les présidents de cette période sont pratiquement tous issus du Nord ou du Sud. Le New York est bien
représenté par Van Buren puis par Fillmore mais l'avantage est plutôt au Sud avec le maintien de la Virginie (Harrison, Tyler et, dans
une certaine mesure seulement, Taylor qui est natif de Virginie mais
qui s'implante dans le Kentucky et le Mississippi) tandis que James
Buchanan, natif de Pennsylvanie, passe pour soutenir la cause du
lobby sudiste. Il faut attendre 1861 pour voir apparaître à la tête de
l'administration un nouveau parti (le parti républicain), un homme
de l'Ouest (Kentucky) et un homme nouveau (Abraham Lincoln).

La dernière vague d'acquisitions territoriales et la « destinée manifeste »

La volonté des 13 colonies originelles de renoncer à leurs prétentions territoriales au profit de l'Union et l'Ordonnance de 1787 ont
permis aux régions de l'Ouest d'accéder au rang de territoires autonomes puis au statut d'État, au même titre que les 13 États constitu-
tifs. C'est ce qui permet de les placer au cœur de la vie politique au
lieu de les marginaliser et qui leur donne une égalité de droits qui
favorise l'équilibre démocratique alors que ces régions auraient fort
bien pu continuer d'être placées dans une forme de dépendance

coloniale. Ce modèle d'intégration de l'Ouest constitue une des grandes originalités du système américain.

L'expansion territoriale engagée de 1803 à 1823 se poursuit activement dans les années 1840 (les *roaring forties*) et l'aire nationale des États-Unis a plus que triplé en cinquante ans (1803-1853) pour atteindre 7 800 000 = km² (cf. carte 1). Les États-Unis prennent pratiquement leur configuration actuelle puisque l'ensemble représente 48 États. Grâce à une série d'agrandissements successifs dont on se demande parfois où ils vont s'arrêter, les États-Unis mettent un terme définitif à la présence des puissances coloniales européennes ou de leurs héritiers. Après avoir éloigné les Français, c'est le tour des Espagnols et des Anglais.

L'annexion du Texas et la cession de l'Oregon

La première étape concerne le Texas, province de l'Empire espagnol puis du Mexique peu peuplée et un peu négligée. En réalité, au départ des Espagnols en 1821, l'homme d'affaires américain Stephen F. Austin avait obtenu l'autorisation d'installer des colons. C'est ainsi que près de 20 000 Américains s'implantèrent. Mais le refus de se convertir au catholicisme et le fait que certains planteurs avaient emmené leurs esclaves avec eux (environ 2 000) alors que la loi mexicaine l'interdisait furent à l'origine de violents différends entre ces colons et le gouvernement mexicain. Ce fut au point qu'une révolte en 1835 conduisit les Américains à déclarer leur indépendance. La situation dégénéra et, malgré leur défaite au fort Alamo à San Antonio, les troupes texanes de Sam Houston finirent par défaire l'armée mexicaine. Jackson reconnut l'indépendance de cette république qui s'était donné une constitution et un drapeau avec une seule étoile *(the Lone Star Republic)* mais le Sénat rejeta en 1837 l'admission du Texas comme État des États-Unis car il était esclavagiste et son refus persista jusqu'en 1845. Le Texas fut finalement admis comme État esclavagiste car il fut décidé de prolonger la limite établie à 36° 309 de latitude par le compromis du Missouri. L'élection du président expansionniste Polk en 1844 qui avait fait campagne en promettant de « réannexer le Texas et de réoccuper l'Oregon » avec le slogan percutant *« 54° 409 or fight »* y fut pour beaucoup. Mais il faut aussi prendre en considération la crainte des Américains de voir l'Angleterre exercer une influence dans cette région ainsi que le désir de soutenir les Texans dans un éventuel

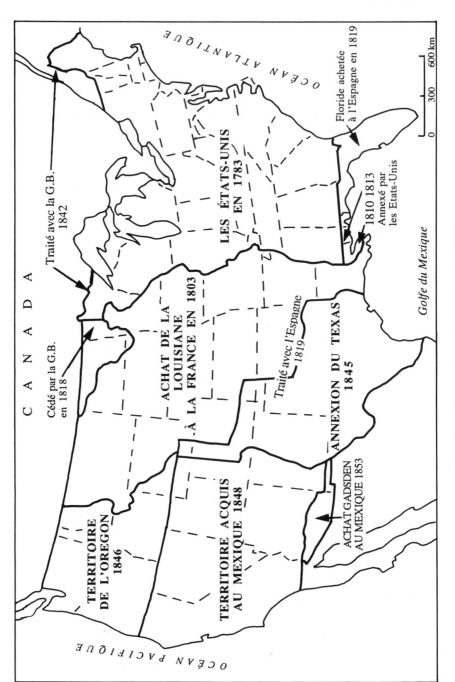

OCÉAN ATLANTIQUE

Floride achetée
à l'Espagne en 1819

LES ÉTATS-UNIS
EN 1783

1810 1813
Annexé par
les États-Unis

0   300   600 km

Golfe du Mexique

CANADA

Traité avec la G.B.
1842

Cédé par la G.B.
en 1818

ACHAT DE LA
LOUISIANE
À LA FRANCE EN 1803

Traité avec l'Espagne
1819

ANNEXION DU TEXAS
1845

TERRITOIRE
DE L'OREGON
1846

TERRITOIRE ACQUIS
AU MEXIQUE 1848

ACHAT GADSDEN
AU MEXIQUE 1853

OCÉAN PACIFIQUE

Carte 1. — L'expansion territoriale jusqu'en 1859

conflit armé avec le Mexique. Le Sud souhaitait aussi pouvoir étendre davantage la zone esclavagiste et le Nord-Est avait un intérêt à établir de nouvelles relations commerciales.

Une multiplicité de raisons justifiaient le désir de s'étendre plus avant dans l'Ouest. L'annexion du Texas par les États-Unis eut donc lieu en 1845 entraînant la rupture des relations diplomatiques avec le Mexique tandis que le nouveau président affirmait que les puissances internationales n'avaient rien à dire dans cette affaire.

On peut s'interroger sur la motivation de cette politique d'expansion qui devait prendre un tour systématique sous la présidence de Polk. Une telle attitude trouve son illustration voire sa justification dans la thèse de la « destinée manifeste » formulée en 1845 par un journaliste du nom de John L. O'Sullivan dans *The United States Magazine and Democratic Review* qui prétend que cette nouvelle conscience d'appartenir à une civilisation supérieure implique que la destinée inéluctable des États-Unis est de dominer le continent nord-américain. Il y a bien dans cet expansionnisme l'affirmation d'une supériorité plus que d'un besoin de terre. Mais, au milieu du XIXe siècle, la montée de ce sentiment de supériorité qu'avait engendré en un premier temps la fierté d'avoir mis en valeur des terres vierges et d'avoir implanté des institutions démocratiques se transforma insensiblement avec la caution de biologistes et d'anthropologues en racisme dit scientifique. Vers 1840 on ne semble plus croire que ce sont les institutions qui ont permis la supériorité des Anglo-Saxons mais on se réfère à l'idée d'une supériorité génétique qui, seule, a permis l'établissement d'institutions libres. Il paraît désormais naturel que les « races inférieures » soient amenées à disparaître. On retrouve d'ailleurs parallèlement ce type d'idéologie dans un tout autre contexte géographique. Dans le Nord-Est, cette thèse s'applique aux immigrants et accepte les Allemands et les Scandinaves comme faisant partie du groupe des Anglo-Saxons tandis que les Irlandais catholiques sont rejetés en tant que Celtes. Quant au Sud, il n'a pas attendu l'émergence des thèses racistes pour pratiquer l'esclavage.

La deuxième étape de l'expansion se résume à la cession de l'Oregon par l'Angleterre en 1846, et ce, après 25 années de contestations vives et de négociations difficiles. Depuis 1818, l'Angleterre et les États-Unis administraient la région sous la forme d'un condominium. La région de l'Oregon, dans le Nord-Ouest, était exploitée par la Compagnie de la Baie d'Hudson spécialisée dans le commerce des fourrures mais un fort mouvement d'émigration vers le Far West pousse les explorateurs et les aventuriers puis les marchands et les fermiers à s'installer plus à l'Ouest, entre 1830 et 1845. Cette grande migration (1841-1845) a donné à l'histoire américaine l'une de ses épopées les plus grandioses. Parti en éclaireur en 1841, John Bidwell entraîna un premier convoi de 80 personnes et amorça toute une dynamique qui culmine en 1843, le temps fort de cette aventure extraordinaire où hommes, femmes, enfants et bétail, venus le plus souvent des Grands Lacs ou de Nouvelle-Angleterre, entreprirent un long voyage semé de difficultés et d'embûches. On a toujours présent à l'esprit ces files de chariots tirés par des bœufs empruntant la Piste de l'Oregon devenue une véritable route fédérale de plus de 3 000 km (cf. carte 2). L'*Oregon Trail* partait du Missouri, traversait les Plaines jusqu'aux Rocheuses puis reliait la Snake, franchissait les Montagnes Bleues et descendait jusqu'à la Columbia avant d'atteindre la vallée de la Willamette. Au-delà du Grand Lac salé, elle se divisait en deux, une section conduisant en Californie, l'autre dans l'Oregon.

L'attrait de la vallée fertile de la Willamette est en tout cas si fort qu'il déséquilibre le rapport numérique de population à l'avantage des Américains et, vers 1845, l'Oregon devait compter 750 Anglais mais plus de 5 000 Américains. Hormis le fait que les Anglais représentent la démocratie tyrannique dont la Révolution américaine s'est débarrassée, très vite le sentiment se développe chez ces hommes de la frontière qu'il est de leur devoir de mettre l'Ouest en valeur et, par voie de conséquence, que ces régions doivent leur appartenir. Au terme d'une négociation que les États-Unis recherchaient car ils sentaient qu'une guerre avec le Mexique était imminente, la Grande-Bretagne accepta de céder, en 1846, la partie sud de l'Oregon, c'est-à-dire la région délimitée par le 49e parallèle qui forme aujourd'hui l'Oregon, l'État de Washington et l'Idaho. Ce traité est celui qui précise la frontière entre les États-Unis et le Canada de Lake of the Woods (dans le Minnesota) jusqu'au Pacifique et attribue à l'Angleterre l'île de Vancouver ainsi que la partie qui est l'actuelle Colombie-Britannique. Il complète le traité Webster-Ashburton signé pendant la présidence de Tyler en 1842 qui avait déjà établi la frontière entre le Canada et les États-Unis du Maine jusqu'à Lake of the Woods.

La signification de cette nouvelle acquisition est énorme puisque désormais les États-Unis vont « d'une mer à l'autre », grâce à cette fenêtre importante sur le Pacifique. La destinée manifeste continue de s'accomplir.

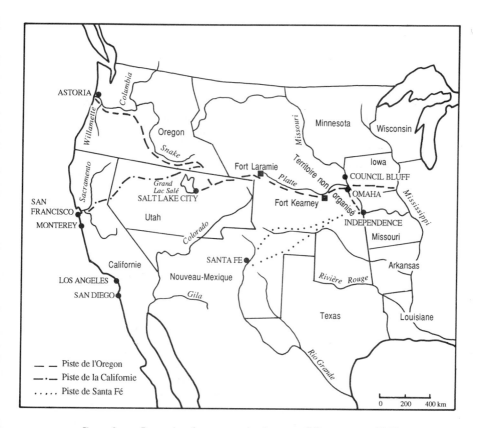

Carte 2. — Les voies de communication vers l'Ouest avant 1860

L'aventure des Mormons

Un chapitre de l'histoire du Far West doit être réservé aux Mormons. Cette nouvelle secte a été fondée par Joseph Smith, originaire de l'État de New York, qui reçoit, en 1820, la révélation de l'ange Moroni d'un texte contenant l'histoire sacrée des anciens habitants de l'Amérique du Nord (publié en 1830 sous le titre *Le Livre de Mormon*). La secte s'établit dans la région du Grand Lac salé pour fuir les persécutions dont ses membres sont victimes en raison de leur polygamie. En effet, l'Église des saints des derniers jours qui a commencé par établir son siège à Nauvoo dans l'Illinois en 1839 doit aller ailleurs et Brigham Young, qui succède à Smith en 1844, conduit les membres de la secte dans l'Utah, à Salt Lake City. Les Mormons contribuent ainsi activement à la mise en valeur et à la prospérité d'une partie du Far West qui n'était qu'un désert. L'Utah s'organise en territoire en 1850 mais doit attendre près de cinquante ans pour accéder au statut d'État (1896) tant que la question de la polygamie n'est pas réglée.

L'expansion par la conquête : la guerre avec le Mexique

L'Utah, le Rio Grande et la Californie appartenaient au Mexique mais les colons américains s'infiltraient par la piste de Santa Fé dans les vallées du Sacramento et du San Joaquin. Naturellement le Mexique n'avait pas reconnu le Texas en 1845 et par ailleurs les Texans étaient impatients de s'établir au nord-est du Rio Grande. La conquête de la Californie et de la région du Sud-Ouest aux dépens du Mexique parachève l'unité continentale des États-Unis. Il est toujours délicat de se prononcer sur les origines du conflit. Il est difficile d'en imputer la responsabilité à la slavocratie du Sud, aux convoitises de l'Ouest en matière de terres ou aux intérêts commerciaux du Nord-Est. Le Mexique dont l'autorité sur ces territoires était affaiblie par ses problèmes intérieurs dus à des changements constants de gouvernements, dénonça l'agression. Le président Polk qui, pour sa part, se déclara agressé, décida d'envoyer des troupes sur le territoire convoité et contesté le 13 mai 1846. La réplique fut immédiate mais les troupes mexicaines ne purent résister longtemps à l'armée américaine de Zachary Taylor et de Winfield Scott qui s'emparèrent du Nouveau-Mexique et de la Californie avant d'envahir le nord de l'actuel

Mexique et de prendre la capitale Mexico en 1847. La guerre américano-mexicaine dura deux ans (1846-1848) et au terme du traité de Guadalupe Hidalgo (2 février 1848) qui constitue une capitulation, le Mexique « vendit » pour la somme de 15 millions de dollars les territoires situés au nord du Rio Grande. Les États-Unis obtiennent la Californie et le Nouveau-Mexique, les actuels États de la Californie, du Nevada, de l'Utah, de l'Arizona et d'une partie du Nouveau-Mexique, du Wyoming et du Colorado. Un hasard heureux a voulu que la découverte de l'or ait lieu en Californie peu avant le 24 janvier 1848. La ruée vers l'or de 1849 attire les *« forty-niners »* et l'avenir est garanti pour cet État qui est admis dans l'Union en 1850. Cette année-là, il y a 92 597 Américains établis en Californie. Ils étaient à peine un millier en 1846.

Enfin, en 1853, le traité Gadsden permet l'annexion d'une petite bande allongée de désert au sud du Nouveau-Mexique et à l'ouest du Rio Grande. Cette dernière acquisition cédée par le Mexique améliore les communications entre le Texas et la Californie et donne aux États-Unis leurs frontières actuelles.

Signe de la faveur divine ou mouvement nécessaire de l'Histoire, la marche vers l'ouest détermine le sort de la nation américaine et la construction nationale, hésitante au début du siècle, s'affirme en un nationalisme conquérant en l'espace d'un demi-siècle. La mise en valeur et le développement de ces régions nouvelles sont assurés mais le problème qui va alors se poser est d'ordre politique puisque le statut de ces territoires soulève à nouveau la question de l'extension de l'esclavage.

Le peuplement et ses nouvelles caractéristiques

Toutes les transformations de la première moitié du XIXe siècle s'accompagnent de changements radicaux en ce qui a trait à la répartition géographique et à la composition ethnique de la population américaine.

L'Ouest et la frontière de peuplement

La frontière de peuplement qui marque la ligne de démarcation entre les territoires mis en valeur et l'espace vierge à conquérir est un front constamment mobile qui avance par bonds successifs. Elle s'accompagne de transferts de population et l'Ouest fonctionne comme le creuset d'une nouvelle société. Si l'Est demeure, malgré son indépendance, reliée à l'héritage européen et au passé, au-delà des Alleghanies s'ouvre un monde nouveau à découvrir et à construire. Cette *tabula rasa* permet de créer de toutes pièces un nouvel univers qui permet une nouvelle naissance et conduit à l'apparition d'un type d'homme nouveau. L'esprit de progrès et le dynamisme des pionniers génèrent un optimisme qui est à la base du sentiment national et la somme des aventures individuelles va contribuer à la construction nationale. Par sa dimension mythique, l'Ouest fournira aussi à l'histoire américaine les héros dont elle a besoin. Mais en même temps l'Ouest accentue la bipolarisation de la société américaine et cette perpétuelle menace accroît le risque de cassure. L'édification de l'Union ne vit que de son éternelle fragilité. Par ses contradictions, la création nationale porte en elle les germes de sa destruction.

La mobilité est tellement inscrite dans la signification de la frontière que l'on devrait plutôt parler de plusieurs frontières selon les périodes et les mouvements de population. Une première frontière, la plus ancienne, est celle des régions frontières de la côte atlantique. Le Maine attira ainsi, à la fin du XVIIIᵉ siècle, 40 000 colons de la Nouvelle-Angleterre, région plus anciennement colonisée. La deuxième frontière se situe dans la région des cours supérieurs des fleuves côtiers et sur le versant ouest des Appalaches. Vers 1800, la troisième frontière est constituée par les vallées du Mississippi et de l'Ohio. C'est la grande période du développement du Kentucky et du Tennessee. La dernière frontière sera naturellement le Far West, les régions du Nord-Ouest et du Sud-Ouest. Ces zones successivement mises en valeur ont entraîné les transferts successifs des établissements humains. Par définition, le *farmer* américain ne s'attache pas à son sol comme dans les sociétés rurales européennes enracinées sur la terre des ancêtres. Le goût de l'aventure, de l'indépendance et de la solitude inscrit le déplacement au cœur de la mentalité américaine et il est fréquent que le même pionnier au cours de sa vie se réinstalle plusieurs fois dans un nouvel endroit après avoir créé son environnement. Le même lieu peut ainsi avoir un volume de population constant en ayant des occupants qui changent.

Les colons, de surcroît, ne représentent pas un ensemble homogène. Chasseurs, trappeurs, coureurs de bois sont à l'avant-garde de l'émigration. Ils ouvrent la voie. Ce sont eux qui, par leur mode de vie, sont le plus proches des Indiens avec qui les relations sont pourtant souvent si difficiles. Ce type humain et la vie des bois sont bien décrits par Fenimore Cooper dans *The Prairie* (1827). Un autre type est celui des chasseurs et des fermiers. Il caractérise la deuxième vague qui est passée de la cabane à la maison en troncs d'arbres équarris et qui commence à vivre davantage des ressources de l'agriculture. Il ne se sédentarise pas totalement pour autant puisqu'il est capable de se déplacer pour aller plus loin au bout de quelque temps d'installation. Thomas Lincoln, le père d'Abraham, est le prototype de ce type d'homme de la frontière. Né en Virginie en 1778, il s'installe dans le Kentucky à l'âge de 6 ans, s'y marie et fonde une famille. En 1816, il décide d'aller dans l'Indiana. Il perd sa femme, se remarie et s'installe à nouveau dans l'Illinois en 1830 avant de se déplacer encore une fois en allant à une centaine de miles plus loin en 1831 avant de mourir en 1851. Le troisième groupe, le plus tardif et le plus nombreux, comprend toujours des fermiers mais aussi des boutiquiers, des artisans, des médecins, des hommes de loi, des prédicateurs qui permettent l'implantation permanente de toute une société structurée et caractérisée par ses qualités d'individualisme et de démocratie.

La migration forcée des Indiens

La poussée inexorable des Blancs vers l'Ouest eut pour principal effet de repousser plus loin encore les Indiens. La politique de déplacement forcé des Indiens engagée sous Monroe fut activement poursuivie par Jackson. L'homme avait personnellement participé sur le terrain à des interventions contre les Creeks dans le Sud ou contre les Séminoles de Floride et, devenu président, il mena une politique indienne avec une rare ténacité. L'adoption (à une faible majorité de 102 contre 97) de la loi sur la déportation des Indiens *(Indian Removal Act)* par le Congrès en 1830 permit d'expédier les tribus indiennes dans des zones « réservées » à l'ouest du Mississippi au terme d'un exode tragique qui prit le nom de « piste des larmes » *(Trail of Tears)*. Ainsi, à la force des baïonnettes des soldats américains, les Cherokees furent contraints d'abandonner leurs terres en 1838.

La situation se détériore donc, à partir de 1830, puisqu'au début du siècle on leur laissait au moins le choix de partir ou de se « civiliser ». Ainsi certaines tribus du Sud-Est comme les Cherokees avaient décidé de se civiliser. Ces derniers refusèrent de rejoindre la Confédération de Tecumseh et, pendant la guerre de 1812, ils aidèrent

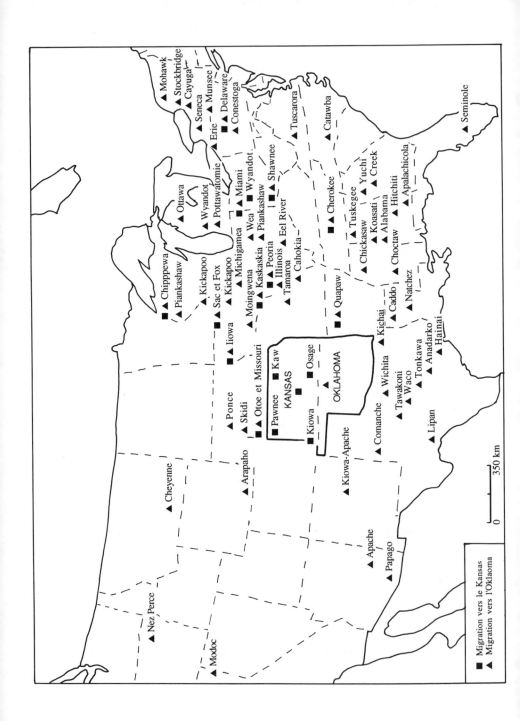

▲ Mohawk
▲ Stockbridge
▲ Cayuga
▲ Seneca
▲ Munsee
▲ Erie
▲ Delaware
■ Conestoga
▲ Tuscarora
▲ Catawba
▲ Seminole

▲ Chippewa
▲ Ottawa
▲ Piankashaw
▲ Wyandot
■ Pottawatomie
▲ Kickapoo
■ Sac et Fox
▲ Kickapoo
▲ Miami
▲ Wyandot
▲ Wea
▲ Shawnee
■ Piankashaw
▲ Eel River
▲ Cherokee
▲ Yuchi
▲ Creek
▲ Hitchiti
■ Tuskegee
▲ Apalachicola
■ Michigamea
▲ Moingwena
▲ Kaskaskia
■ Peoria
■ Illinois
▲ Tamaroa
▲ Cahokia
■ Chickasaw
▲ Koasati
▲ Alabama
▲ Choctaw
▲ Quapaw
■ Caddo
▲ Natchez
■ Kichai
▲ Ponce
▲ Skidi
■ Iiowa
■ Otoe et Missouri
■ Kaw
■ Osage
OKLAHOMA
▲ Wichita
▲ Tonkawa
▲ Anadarko
▲ Hainai
■ Pawnee
KANSAS
■ Kiowa
▲ Tawakoni
▲ Waco
▲ Arapaho
▲ Comanche
▲ Lipan
▲ Cheyenne
▲ Kiowa-Apache
▲ Nez Perce
▲ Apache
▲ Papago
▲ Modoc

350 km
0

■ Migration vers le Kansas
▲ Migration vers l'Oklaoma

même Jackson à se débarrasser des Creeks. Les Cherokees avaient réussi à s'organiser et à prospérer. Beaucoup s'étaient christianisés et la communauté avait un alphabet, ses écoles, ses journaux. Certains possédaient des plantations et des esclaves. Ils décidèrent d'établir leur capitale à New Echota dans l'actuelle Géorgie et ils rédigèrent, en 1827, sur le modèle de la Constitution américaine, une constitution qui fut adoptée en 1828. Ils s'étaient ainsi conformés aux mœurs des Blancs et leur république autonome semblait devoir les protéger mais, en 1829, la Géorgie abolit leur gouvernement et s'empara de leur territoire qu'elle vendit à des colons blancs par loterie. Le droit de témoigner devant les tribunaux leur fut également enlevé.

Les Cherokees fournissent un excellent exemple de ces nations amérindiennes installées à l'est du Mississippi qui tombèrent sous le coup de la législation fédérale de 1830. Jackson ne tolérait pas la présence de « nations étrangères » sur le territoire américain et ne tint aucun compte des décisions prises en 1831-1832 en faveur des Amérindiens par la Cour suprême de John Marshall, guidé en l'occurrence par un mélange de légalisme et de paternalisme bienveillant. L'arrêt *Cherokee Nation v. Georgia* avait fait de la nation cherokee une nation « domestique et dépendante » au lieu d'être considérée comme une nation « étrangère et indépendante ». La décision *Worcester v. Georgia* avait condamné la décision de la Géorgie puisque les Indiens dépendent du fédéral et reconnaissait des droits et une forme de gouvernement responsable pour la nation cherokee.

La période des années 1830 et 1840 vit donc le transfert à l'ouest du Mississippi de la plupart des Indiens qui s'installèrent dans les États actuels de l'Iowa, du Missouri, de l'Arkansas, du Nebraska et surtout du Kansas et de l'Oklahoma (cf. carte 3). La grande déportation ne toucha pas seulement les Cherokees mais aussi les Choctaws, les Chickasaws, les Creeks, les Séminoles (ces derniers semblèrent mieux résister au moins pendant un temps) et quelques autres. Malheureusement entre 4 000 et 8 000 Indiens moururent en route. Les épidémies se chargèrent d'en décimer d'autres. En 1837, par exemple, une épidémie de variole dans les Plaines alla jusqu'à faire disparaître 90 % de certaines nations. D'autres formes de destruction furent pratiquées par les Blancs qui se débarrassèrent de la plupart des Indiens en Californie entre 1850 et 1860. Même s'il devait être abandonné après la guerre civile, le projet de « Territoire indien », limité au Kansas et à l'Oklahoma, dont le statut d'autonomie ne réussit jamais à emporter l'adhésion au Congrès, avait singulière-

186

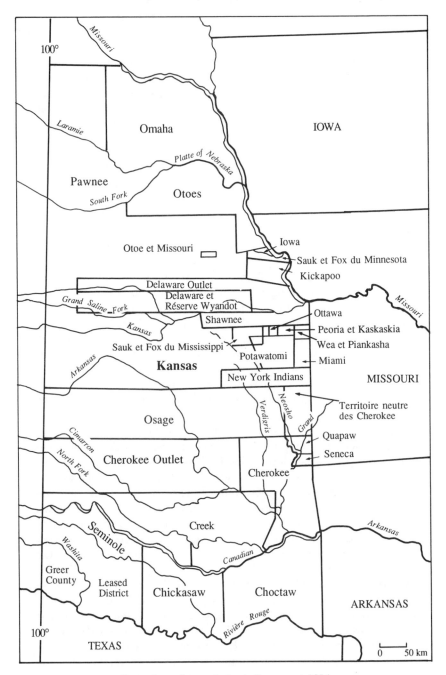

100°

Missouri

Omaha

IOWA

Laramie

Pawnee

Platte of Nebraska

Otoes

South Fork

Otoe et Missouri

Iowa

Sauk et Fox du Minnesota

Kickapoo

Delaware Outlet

Grand Saline Fork

Delaware et
Réserve Wyandot

Shawnee

Ottawa

Kansas

Peoria et Kaskaskia

Sauk et Fox du Mississippi

Wea et Piankasha

Potawatomi

Miami

Arkansas

Kansas

New York Indians

MISSOURI

Osage

Verdigris

Neosho

Grand

Territoire neutre
des Cherokee

Cimarron

Cherokee Outlet

Quapaw

North Fork

Seneca

Cherokee

Missouri

Creek

Arkansas

Seminole

Washita

Canadian

Greer
County

Leased
District

Chickasaw

Choctaw

ARKANSAS

100°

Rivière Rouge

TEXAS

0   50 km

Carte 4. — Le territoire indien avant 1854

ment réduit la présence amérindienne sur le continent (cf. carte 4). On évalue à environ 600 000 la population indienne en 1800, selon une estimation conservatrice du Bureau des Affaires indiennes. Jedediah Morse, dans son rapport sur les Affaires indiennes, l'estime, en 1822, à un peu plus de 471 000 sans tenir compte de la Californie. Le Bureau du recensement donne le chiffre de 400 000 pour l'ensemble de la population indienne en 1850. On saisit clairement les ravages opérés par la politique indienne au cours de la première moitié du siècle.

Le poids de l'immigration et le nativisme

Le peuplement des États-Unis résulte de deux mouvements superposés : les Américains installés dans l'Est qui quittent pour aller dans l'Ouest sont remplacés par des immigrants européens qui viennent à leur tour s'installer dans les villes du Nord-Est. Leur arrivée vient ainsi contribuer à varier les origines de la population américaine et à lui donner son nouveau visage.

Les arrivées sont en augmentation croissante. Les chiffres d'admission progressent de façon plus spectaculaire à partir de 1848, en même temps que les origines se diversifient puisqu'il y a désormais plus d'Allemands que de Britanniques et de Scandinaves. Le rythme annuel des entrées, qui est d'environ 60 000 à partir de 1832, dépasse régulièrement les 100 000 à partir de 1845 et progresse ensuite pour atteindre des chiffres de l'ordre de 400 000. L'année record est 1854 avec 427 833 admissions. Les chiffres retombent après pour se situer entre 150 000 et 200 000. Entre 1821 et 1860, les États-Unis accueillent plus de 5 millions d'immigrants dont près de 2 millions d'Irlandais et 1,5 million d'Allemands. La proportion des Européens est de l'ordre de 69 % dans les premières décennies et, à partir de 1835, constitue entre 90 et 97 % du total. Il est frappant de constater que les Britanniques ne représentent, selon les périodes, que 12 à 22 % de l'ensemble. En revanche, l'Irlande fournit un très gros contingent qui ne cesse de croître dans les années 1840. La crise de la pomme de terre *(potato famine)* de 1848 et la persécution religieuse expliquent cet exode de catholiques irlandais qui atteint un sommet en 1851 avec 221 253 arrivées. Représentant un tiers (parfois plus) du total des immigrants jusqu'en 1840, les Irlandais constituent jusqu'à la moitié des admis dans les années 1840. La révolution en Europe continentale explique l'arrivée massive des Allemands surtout dans les années 1850 (le sommet est atteint avec 215 009 Allemands admis en 1854). Les Allemands viennent en quelque sorte prendre le relais des Irlandais au milieu du siècle (cf. tableau 1).

Tableau 1 - L'immigration aux États-Unis
de 1821 à 1860 par pays

Total des immigrants admis par période de 5 ans	Total Europe	%	dont Total Grande-Bretagne	%	dont Total Irlande	%	dont Total Allemagne	%
1821 à 1825	40 503	27 878	68,82%	8 890	21,94%	12 926	31,91%	1 393	3,43%
1826 à 1830	102 936	70 939	68,91%	16 189	15,72%	37 798	36,71%	5 367	5,21%
1831 à 1835	252 494	175 840	69,64%	32 182	12,74%	72 257	28,61%	45 592	18,05%
1836 à 1840	346 631	319 848	92,27%	43 628	12,58%	135 124	38,98%	106 862	30,82%
1841 à 1845	430 336	409 220	95,09%	80 186	18,63%	187 095	43,47%	105 188	24,44%
1846 à 1850	1 282 915	1 188 281	92,62%	186 858	14,56%	593 624	46,27%	329 438	25,67%
1851 à 1855	1 748 424	1 686 016	96,47%	235 981	13,49%	694 683	39,73%	647 273	37,02%
1856 à 1860	849 790	765 819	90,11%	187 993	22,12%	219 436	25,82%	304 394	35,81%
Total	5 054 029	4 644 666		791 907		1 952 943		1 545 507	

Établi à partir des données de *Historical Statistics from Colonial times to 1970*
(C 89-101), p. 106.

Les conséquences furent importantes sur la population d'accueil et sur la nature de la société américaine. L'arrivée massive des immigrants irlandais (1 million en six ans, de 1848 à 1853) sur un marché du travail saturé et dans un contexte de crise économique caractérisée par la raréfaction des emplois et la baisse des salaires ne fut pas toujours bien acceptée par la classe moyenne et les milieux ouvriers américains. Les Irlandais étaient si pauvres qu'ils acceptaient de s'engager à des salaires extrêmement bas et tout un courant d'anti-catholicisme se développa. Les États-Unis ne comptaient en 1830 que 300 000 catholiques (3 % de la population) mais ils en avaient 3 millions en 1860 (10 %).

Les attitudes de rejet nativiste prirent même parfois des formes radicales. En 1834, des travailleurs protestants brûlèrent le couvent des Ursulines à Charleston, au nord-ouest de Boston. L'ostracisme qui s'exprimait par des violences urbaines, comme celle de Philadelphie en 1844 qui fit 20 morts, donna naissance à la *Native American Association*, un mouvement lancé à Washington, DC, en 1837, par des Blancs américains dont les ancêtres étaient arrivés aux États-Unis avant la Révolution américaine et qui se considèrent comme les vrais Américains. Ils luttent contre les catholiques en général et les Irlandais en particulier. De nombreuses sociétés secrètes œuvrent dans le même sens, comme l'Ordre suprême de la bannière étoilée *(The Supreme Order of the Star-Spangled Banner)* créé en 1850. Ces groupes se lancent dans la politique en fondant le Parti américain *(Native American Party)*. Ce parti est connu plus tard sous le nom de *Know Nothing Party* à partir de 1853 où le terme apparaît pour la première fois dans la *New York Tribune* puisque lorsqu'on les interrogeait, les membres de ce groupement prétendaient « ne rien savoir ». Il réussit à faire élire deux maires nativistes, un à New York en 1844 et un à Boston en 1845. La population de Boston est, à cette époque-là, composée de 35 % d'étrangers. En 1845, le Parti américain envoie 4 représentants au Congrès, 2 pour le New York et 2 pour la Pennsylvanie. La défaite des *whigs* en 1852 crée une grande déception dans ces milieux hostiles à l'immigration et le Parti américain rassemble les insatisfaits. Au milieu des années 1850, il connaît son heure de gloire, fait élire des gouverneurs, notamment dans le Delaware et le Massachusetts. En décembre 1855, le Congrès comprenait 5 sénateurs et 43 représentants affiliés au Parti américain. Mais la question de l'esclavage va venir troubler le débat politique et semer la division. Lors de sa convention à Philadelphie en février 1856, l'*American Party* désigne Fillmore à la présidence et, même si ce dernier ne se place qu'en troisième position, il a tout de même rallié 874 534 voix sur un peu plus des 4 millions de suffrages exprimés. Mais le parti n'a plus que 5 sénateurs et 14 représentants au Congrès et il a pratiquement disparu en 1860.

Malgré ces phénomènes de rejet, les Irlandais et les Allemands finiront par s'intégrer dans la société américaine mais le nativisme nous rappelle que le nationalisme américain et la démocratie jacksonienne ne sont pas exempts d'intolérance religieuse et raciale. D'une façon plus générale, les WASPs ont organisé l'espace de façon tellement organisée que chacun s'y voit attribuer une place. Ils imposent une répartition du territoire qui exclut les Indiens, les mormons, les immigrants. En imposant cette mobilité aux autres, l'Américain blanc peut préserver pour lui-même ce sens de la mobilité géographique.

Les caractéristiques du peuplement

Force est de constater que la société américaine s'est énormément diversifiée à la faveur des divers changements de la première moitié du XIXe siècle. Un des effets importants est que la population totale connaît une croissance tout à fait spectaculaire puisqu'elle double pratiquement tous les vingt ans (cf. tableau 2). L'accroissement décennal est le plus fort de toute l'histoire américaine entre 1790 et 1860 en variant entre 32,7 % et 36,4 %. Après un petit creux entre 1830 et 1840, il repart entre 1840 et 1860, pour diminuer après 1860 malgré l'apport migratoire. Au total, l'augmentation est de près de 22 millions pour la seule période de 1820 à 1860. Elle est toujours essentiellement due à la croissance naturelle malgré un léger effritement du taux de natalité mais la part de l'immigration compte cependant pour un quart. Les estimations relatives à la démographie se font plus précises au cours de cette même période puisque les recensements décennaux organisés depuis 1780 sont complétés à partir de 1820 par l'enregistrement annuel de l'immigration.

**Tableau 2 - Population des États-Unis :
accroissement de 1800 à 1860**

Année	Population en milliers	Accroissement décennal	Par période de 20 ans environ doublement de la population
1790	3 929	...	
1800	5 308	35,1%	...
1810	7 239	36,4%	...
1820	9 638	33,1%	81,6%
1830	12 866	33,5%	...
1840	17 069	32,7%	77,1%
1850	23 191	35,9%	...
1860	31 443	35,6%	84,2%

Non seulement l'égalité mais aussi l'homogénéité sont un mythe dans la nouvelle société américaine. Et le premier contraste est celui qui prévaut entre la vie urbaine et la vie rurale (cf. tableau 3). Sous l'effet conjoint de l'immigration et du développement industriel, la population urbanisée du Nord est plus dense et croît beaucoup plus vite que celle du Sud et même l'Ouest, en 1860, distance également le Sud en ce qui concerne son taux d'urbanisation (cf. tableau 4).

Si on considère enfin le développement des villes, les chiffres sont saisissants. En retenant pour critère qu'une ville est un établissement humain d'au moins 2 500 habitants, les États-Unis comptent 61 villes en 1820, 90 en 1830, 131 en 1840, 236 en 1850 et 392 en 1860. Le classement des cinq plus grosses villes est inchangé

Tableau 3 - La répartition de la population (urbaine/rurale)
par régions
aux États-Unis de 1800 à 1860

		1800	1820	1840	1860
NORD	Total	2 636 000	4 360 000	6 761 000	10 594 000
	Rural	2 391 000 (90,7 %)	3 880 000 (89 %)	5 508 000 (81,5 %)	6 807 000 (64,3 %)
	Urbain	245 000 (9,3 %)	480 000 (11%)	1 253 000 (18,5 %)	3 787 000 (35,7 %)
SUD	Total	2 622 000	4 420 000	6 951 000	11 134 000
	Rural	2 544 000 (97 %)	4 216 000 (95,4 %)	6 488 000 (93,3 %)	10 067 000 (90,4 %)
	Urbain	78 000 (3 %)	204 000 (4,6 %)	463 000 (6,7 %)	1 067 000 (9,6 %)
NORD-OUEST	Total	51 000	860 000	3 351 000	9 715 000
	Rural	51 000 (100 %)	850 000 (98,8 %)	3 222 000 (96,2 %)	8 353 000 (86 %)
	Urbain	0 (0 %)	10 000 (1,2 %)	129 000 (3,8 %)	1 362 000 (14 %)
TOTAL GENERAL		5 309 000	9 640 000	17 063 000	31 443 000
	Rural	4 986 000 (93,9 %)	8 946 000 (92,8 %)	15 218 000 (89,2 %)	25 227 000 (80,2 %)
	Urbain	323 000 (6,1 %)	694 000 (7,2 %)	1 845 000 (10,8 %)	6 216 000 (19,8 %)

(Source : *Historical Statistics from Colonial Times to 1970,* A 172-194 ; A 195-209.)

Tableau 4 - La répartition de la population urbaine
des États-Unis de 1800 à 1860

Région	1800	1820	1840	1860
NORD	76%	69,2%	67,9%	60,9%
SUD	24%	29,4%	25,1%	17,2%
NORD-OUEST	0%	1,4%	7%	21,9%
Total	100%	100%	100%	100%

entre 1820 et 1860 (cf. tableau 5) mais on prend conscience de l'explosion urbaine puisque les deux premières villes ont à peine plus de 100 000 habitants au début de la période pour atteindre le million ou le demi-million quarante ans plus tard. On aura remarqué qu'il n'y a qu'une ville du Sud dans ce classement et encore en cinquième position. Pour corriger les perspectives et rendre justice à des villes de création récente, notamment ailleurs que dans le Nord, citons l'ordre de quelques villes venant après les cinq grandes de tête : Cincinnati, Chicago, Buffalo, Newark, Louis-

**Tableau 5 - Les cinq premières villes des États-Unis
en 1820 et 1860**

Villes et leur population	1820	1860
1. New York	123 700	1 080 330
2. Philadelphie	112 800	565 529
3. Baltimore	62 700	212 418
4. Boston	43 300	177 840
5. Nouvelle-Orléans	27 200	168 675

(Sources : De Bow, *Statistical View* (1820) ; 8ᵉ Recensement (1860).)

ville, Albany, Washington, San Francisco (grâce à l'or de Californie), Providence et Saint-Louis. Même si la population rurale
l'emporte toujours, le taux d'urbanisation n'a pas cessé d'augmenter
(cf. tableau 6) et reflète la révolution industrielle en cours.

**Tableau 6 - Le taux d'urbanisation aux États-Unis
de 1820 à 1860**

Année	1820	1830	1840	1850	1860
VILLE	693 000	1 127 000	1 845 000	3 544 000	6 217 000
CAMPAGNE	8 945 000	11 739 000	15 224 000	19 648 000	25 656 000
TOTAL POPULATION	9 638 000	12 866 000	17 069 000	23 192 000	31 873 000
% POPULATION URBAINE	7,1%	8,8%	10,8%	15,3%	19,5%

Adapté à partir des données fournies dans *Historical Statistics from Colonial Times to 1970,*
A 57-72.

Un vent de réformes et le souffle de l'esprit nouveau

A partir de 1830, des mouvements de réforme secouent les États-
Unis dans tous les domaines. La conviction optimiste que les efforts
humains peuvent faire progresser la vie sur terre conduit au désir
d'améliorer le monde et toutes les formes d'organisation sociale.

Le deuxième « Grand Réveil »

La religion a présidé à la naissance de l'Amérique depuis l'arrivée des Puritains en Nouvelle-Angleterre et, malgré la séparation entre l'Église et l'État instaurée par le premier amendement, elle n'a cessé d'occuper une place essentielle dans la vie des individus. Sous l'influence de prédicateurs notamment méthodistes venus d'Angleterre qui insistaient sur la révélation individuelle et sur la lecture de la Bible, un premier Grand Réveil avait permis, dans les années 1740, de réactiver le sentiment religieux à partir du New York et de la Pennsylvanie.

Périodiquement l'histoire américaine est animée à nouveau par ces mouvements de réveil qui, rejetant l'idée calviniste de la prédestination selon laquelle le sort de l'Homme est scellé d'avance, préfèrent privilégier la relation personnelle avec Dieu et renforcer la tendance américaine à l'individualisme.

Outre qu'il a pu donner aux États-Unis le sentiment d'avoir une mission à accomplir, le deuxième Réveil qui secoue la société américaine dans les années 1820 et 1830 va être à l'origine de tout un courant de réformisme qui s'exprime avec force dans plusieurs domaines dans les années 1840 et 1850. Ce Réveil démarre en 1821 dans l'État de New York avec la conversion de Charles Grandison Finney (1792-1875) dont les prédications vont avoir un immense impact sur les femmes de la frontière et dans les centres urbains. Une autre personnalité très attachante est aussi le Dr Marcus Whitman (1802-1847), médecin et missionnaire presbytérien dans le Nord-Ouest de Drury. La création des Mormons s'inscrit dans ce vaste mouvement de renouveau religieux. Et de façon plus générale, les activités missionnaires fleurissent avec la colonisation du Far West. Depuis longtemps déjà les Églises s'activaient sur la frontière et cherchaient notamment à convertir les Indiens. On se souvient du rôle de Jedediah Morse (1761-1826), ce clergyman né dans le Connecticut qui avait fait œuvre de missionnaire et de géographe après sa nomination auprès des Indiens en 1820. On se rappelle que le Livre du Ciel avait été demandé par des tribus indiennes à William Clark, l'explorateur commandité par Jefferson. Très vite l'Ouest devient la terre des « *revivals* », le royaume des prédicateurs itinérants qui, Bible à la main, organisent des rassemblements en plein air *(camp meetings)* et veulent convertir les nouvelles populations avec une ferveur tout évangélique. Vers 1850, le Grand Réveil a littéralement conquis la vallée du Mississippi et si les méthodistes et les baptistes se sont particulièrement bien implantés dans l'Ouest, cette nouvelle région est le domaine d'élection de toutes les communautés, des mormons jusqu'aux adventistes. La prolifération des sectes religieuses est inscrite dans la formation d'une Amérique fondée sur les conflits et les divisions. Mais c'est cette intolérance même qui conduit à la diversité et à l'hétérodoxie. Le mouvement des adventistes apparaît en août 1832 et reprend les doctrines de William Miller (1782-1849), un fermier baptiste de la Nouvelle-Angleterre qui annonce le retour du Christ et le jugement dernier pour le 21 mars 1843. La fin du monde n'ayant pas été au rendez-vous, les adventistes disparurent plus ou moins. Une autre secte prospère, celle des shakers qui fut fondée par une Anglaise du nom d'Ann Lee (1736-1784). Après avoir été mariée et avoir eu quatre enfants qu'elle perdit tous, cette mystique qui attendait le retour du Christ sous la forme d'une femme, était convaincue que son malheur était le fait d'une condamnation divine et que son « péché » était dû à ses relations sexuelles. Elle décida donc d'établir des communautés choisissant le célibat en Nouvelle-Angleterre et dans l'État de New York.

Mais l'un des courants les plus importants fut assurément celui des unitariens de William Ellery Channing (1780-1842). La foi unitarienne est introduite à Boston en 1819 par ce pasteur qui met l'accent sur l'individu et le sens de la fraternité. Selon son enseignement, le salut est possible pour tous les hommes et la Cité divine n'est pas réservée aux seuls Saints puritains. On retrouve des accents semblables chez l'évangéliste Charles G. Finney qui affirme que le salut appartient à ceux qui ouvrent leur cœur et que la conversion n'est qu'une affaire de volonté humaine et de décision personnelle. Il est clair que tous ces pasteurs rejettent le Dieu de crainte et mettent l'accent sur l'amour de l'Humanité. Le renouveau du protestantisme évangélique rejoint les tendances de l'égalitarisme politique. Il n'est donc pas surprenant que ce courant religieux ait trouvé son application favorite dans tous les courants de réforme sociale. Il satisfait en outre l'éthique de l'individualisme qui se trouve exacerbé dans les contextes de crise et il offre une réponse séduisante à une demande de spiritualité dans un monde matérialiste. Il fournit enfin des perspectives morales et guide les conduites individuelles en résolvant le problème de tous ceux qui n'ont pas de croyances bien définies et qui sont traversés par le doute, le *torment of disbelief* dont parle Emerson.

Le courant unitarien va bien au-delà d'un mouvement religieux et on retrouve à côté de William Channing, George Ripley (1802-1880), Theodore Parker (1802-1880) qui sera exclu en 1841 de l'Église unitarienne de Boston à cause d'un sermon fracassant ou bien encore Ralph Waldo Emerson (1803-1882). Ce dernier saisit avec particulièrement d'acuité la malaise de son temps. La perte des valeurs communautaires de l'époque coloniale a développé des comportements individualistes. La société nouvelle qui s'édifie repose sur l'argent et de plus en plus sur le temps (il est significatif de noter que la fabrication des pendules connaît un essor particulier). Désormais le temps c'est de l'argent. Les transformations sociales et économiques ont engendré une panique et une confusion qui troublent les esprits. L'heure est aux interrogations, aux remises en question, aux contestations. La réponse va être dans le transcendantalisme.

Le mouvement transcendantaliste et les utopies

Cette philosophie venue d'Allemagne arrive, après un détour par l'Angleterre, aux États-Unis où elle se transforme. Elle n'a rien de systématique et repose sur l'expérience sacrée de chaque individu qui porte en lui une étincelle divine et entretient une relation mystique avec la Nature. L'idée de base est dictée par le refus des dogmes et des rites au profit des principes moraux. Le postulat de départ est que les hommes doivent admettre tout un système de vérités morales intuitives et subjectives qui « transcendent » toutes les réalités et toutes les preuves. L'ultime vérité est celle qui se trouve dans le cœur de l'homme. Cette philosophie fait confiance à l'homme dont l'origine est divine et rejette l'autorité d'où qu'elle vienne. Le but est bien de délivrer les hommes de toutes les formes de tutelle et le transcendantalisme étaye tout un réformisme visant à supprimer toutes les entraves. On comprend mieux comment cette philosophie s'attaque à délivrer l'esclave, le pauvre, l'ignorant ou le malade.

Emerson, qui a rencontré Carlyle en 1832 en Angleterre, reçoit l'influence de l'école venue de Kant et de l'idéalisme allemand et publie, en 1836, l'ouvrage *Nature* dans lequel il expose les objectifs du mouvement transcendantaliste. Le Club transcendantal formé d'écrivains comme Emerson et Hawthorne (1804-1864), de l'éducateur Bronson Alcott (1799-1888), de l'auteur Margaret Fuller (1810-1850), de George Ripley, Theodore Parker et William Channing, fonctionne à partir de 1836 sur la base d'un groupe informel avant de lancer, en 1840, une publication trimestrielle *(The Dial)* qui est l'organe du club et dont la rédaction est confiée à Margaret Fuller jusqu'en 1844.

Parallèlement un projet utopique prend corps sous la forme d'une ferme modèle, d'un « Institut d'agriculture et d'éducation », à West Roxbury dans le Massachusetts. En 1841 la *Brook Farm Association* est organisée par G. Ripley, W. Channing et des unitariens de Nouvelle-Angleterre. Même s'il y fait des visites à l'occasion, Emerson refuse de se joindre véritablement à cette coopérative qui vise à allier travail manuel et intellectuel. L'exploitation n'est pas rentable et doit être vendue six ans après sa création. L'échec de la communauté agricole n'en a pas moins permis pour autant l'échange des idées et contribué à la fondation de la tradition littéraire américaine.

Cette initiative n'est ni la première ni la seule mais participe à tout un mouvement de lancement d'expériences et de communautés inspirées des thèses du socialiste utopique Charles Fourier (1772-1837). Sur le plan décrit dans le *Traité de l'association domestique agricole* (1822) où son maître à penser français célèbre les vertus des travailleurs, Albert Brisbane (1809-1890) avait essayé de créer une sorte de phalanstère, une communauté utopique en 1834. Le produit du travail de chacun est partagé par tous et le principe de la propriété individuelle est aboli. Mais la première de ces initiatives revient au socialiste écossais Robert Owen. Cet industriel qui voulait débarrasser le capitalisme de l'égoïsme qu'il engendrait avait tenté de mettre en place un système coopératif. Il acheta 20 000 acres en 1825 pour établir une société utopique laïque et une usine de textile mais la communauté de New Harmony dans l'Indiana qui rassemblait entre 800 et 900 personnes disparut peu après le départ de son fondateur en 1827. Plus tard, George M. Pullman lança un atelier soi-disant idéal spécialisé dans la fabrication de wagons pour les trains mais ce fut très vite un échec en raison du désaccord entre Pullman et ses ouvriers.

La lutte contre les fléaux sociaux

Le rêve de vivre au sein de communautés idéales fait long feu mais cet optimisme vient de la croyance en le progrès et traduit la confiance dans les capacités de l'homme. L'idéalisme réformiste ne remet pas les institutions ou les structures sociales radicalement en cause mais il s'applique à libérer divers groupes de leurs chaînes. Un certain nombre de fléaux mobilisent les énergies. Certains s'attachèrent à venir en aide aux handicapés et fondèrent des écoles pour les aveugles et les sourds-muets ; d'autres luttèrent pour faire sortir les malades mentaux des prisons pour les recueillir dans des asiles spécialisés.

D'autres encore s'engagèrent dans la lutte contre l'alcoolisme et la tempérance constitue un mouvement de réforme très typique et qui est particulièrement actif dans les années 1840. Dès 1836, le Révérend Charles Giles affirme que 56 000 personnes meurent chaque année aux États-Unis des méfaits de la boisson et qu'il y a au moins 500 000 ivrognes dans le pays. La consommation annuelle moyenne d'alcool pur est estimée à 16 l par habitant à cette époque-là. Le bourbon a allègrement remplacé le rhum mais la dépendance vis-à-vis de l'alcool commence à être perçue comme une forme d'esclavage outre qu'elle est un vice. Divers groupes tels que pasteurs, employeurs, édiles municipaux, nativistes luttent pour des motivations différentes contre ce mal et concourent à combattre l'immoralité, la pauvreté, la déchéance mais aussi à limiter les désordres et à faciliter la réinsertion. Divers mouvements s'organisent à l'instar des *Sons of Temperance* fondé à New York en 1842. Célèbre est la croisade du Révérend Thomas P. Hunt (1794-1876) qui enrôle des enfants au sein des *Sunday schools* et les incite à la pratique de l'eau fraîche dans des *cold water societies*. Une bonne douzaine d'États (la quasi-totalité dans le Nord) vont même jusqu'à imposer la prohibition, suivant ainsi l'exemple du Maine qui décida d'être « sec » en 1846 et qui, d'ailleurs, le demeura jusqu'en 1933. Le Vermont, le Rhode Island et le Minnesota suivirent en 1852, puis ce fut le tour du Michigan en 1853, du Connecticut en 1854 et de huit autres États en 1855. La tempérance ne s'adresse naturellement qu'aux gens de condition modeste puisqu'il était interdit d'acheter de l'alcool mais en quantités de moins de 100 l.

On va jusqu'à s'intéresser à l'amélioration du sort des pauvres et aux conditions de travail des ouvriers (notamment des femmes et des enfants) dans les usines, victimes de la révolution industrielle. Les premières associations de gens de métier apparaissent dans les années 1830 ainsi que les premières revendications comme la journée de dix heures (obtenue en 1834), l'abolition de l'emprisonnement pour dettes (75 000 débiteurs sont en prison en 1829) ou l'instruction pour tous. Mais, à l'appel d'un « syndicat » de New

York, des délégués d'autres villes se réunirent en 1834 pour former le *National Trades Union* dirigé par Ely Moore (1798-1861). Ce dernier fut élu au Congrès mais le mouvement syndical ou plus exactement les formes d'action collective furent considérablement freinées dans leur essor par la crise économique de 1837. Très vite apparurent des clivages entre artisans et ouvriers ainsi qu'entre gens de métier et entrepreneurs.

Le mouvement des droits des femmes

Avant de s'organiser elles-mêmes, les femmes militent activement dans les divers mouvements de réforme et, en particulier, dans ceux qui travaillent à abolir l'esclavage. Comme les Noirs, « égales mais séparées », les femmes se sont vu attribuer par la société un rôle spécifique. Cantonnées à être des épouses et des mères, elles se trouvent dans un état de subordination et de passivité. Elles n'ont aucun droit politique et l'accès à l'école et aux professions libérales leur est interdit. Les femmes doivent donc compter sur leurs propres ressources lorsqu'elles s'engagent dans leur lutte pour l'égalité même si elles sont aidées par certains hommes au rang desquels on trouve William Lloyd Garrison, Theodore Parker, Wendell Phillips, Thomas Wentworth Higginson, William Henry Channing, Henry Ward Beecher et surtout Frederick Douglass (1817-1895). Ce dernier qui a été longtemps un esclave dans le Maryland sait ce qu'est l'oppression. Décidé à fuir sa condition, il s'échappe et finit par obtenir son émancipation en 1846. Dès lors, il lance un journal *The North Star*, à New York en décembre 1847, avec comme slogan *Right is of no sex*.

Avant de s'engager dans un mouvement féministe, les femmes participent à tous les militantismes réformistes dès les années 1820. Emma Willard exprime ses idées sur l'éducation des filles en saisissant la législature de l'État de New York dès 1819 et résume sa position en affirmant que les femmes « ont aussi droit à une existence autonome » et qu'elles ne sont pas « les satellites des hommes ». La même Emma Willard fonde en 1821 le *Troy Female Seminary*, la première institution pour l'éducation des filles à être officiellement reconnue. Le combat pour accéder aux professions libérales va dans le même sens. La première femme médecin, Harriot Kezia Hunt (1805-1875), commence à exercer en 1835 alors qu'on lui a refusé à deux reprises l'accès à la faculté de médecine de Harvard. Elizabeth

Blackwell sera la première à obtenir le diplôme de docteur en médecine en 1849 à Geneva College. Créé dans l'Ohio en 1837, le collège Oberlin (dont Charles G. Finney fut le président pendant un certain temps) ouvrit aussi la voie en acceptant des élèves du sexe féminin et la première fille admise dans l'école de théologie, Antoinette Brown, obtint son diplôme en 1850.

On retrouve également des femmes dans des projets d'utopies et Frances Wright qui émigre d'Écosse en 1824 fonde une communauté et se bat pour le contrôle des naissances et la liberté sexuelle. En disciple de Fourier, elle est persuadée que le progrès de la civilisation dépend du progrès des femmes.

Les activités des femmes se multiplient dans les années 1830 et se concentrent surtout sur la question de l'esclavage. Le *Liberator,* publié à Boston par W. L. Garrison, annonce le 14 juillet 1832 la formation de la première société abolitionniste féminine à Providence dans le Rhode Island. Une autre est lancée à Salem en 1833 et, l'année suivante, il y a au moins dix sociétés du même genre dans le Massachusetts dont une rassemble des femmes noires, sans compter deux autres dans le Maine, une dans le Connecticut, une dans le New Hampshire et sans parler naturellement de New York, de Boston et de Philadelphie. L'Ouest compte aussi des groupes abolitionnistes féminins mais le centre privilégié demeure le Massachusetts. L'activisme féminin prend toutes les formes : pétitions, conférences, levées de fonds. Les premières à faire des tournées de conférences publiques (en 1832-1833) sont Maria W. Stewart, une Noire de Boston qui associe dans ses revendications l'abolition de l'esclavage et l'égalité des femmes ainsi que les sœurs Grimké, Sarah (1792-1873) et Angelina (1805-1879), deux aristocrates du Sud issues d'une riche famille de planteurs de la Caroline du Sud. Sarah est plus douée pour écrire et Angelina préfère parler en public mais toutes deux veulent « faire se lever des milliers de femmes et les transformer de bébés en femmes ». On imagine le scandale que pouvaient provoquer ces prises de parole de la part de femmes de la bonne société tout comme certaines modes vestimentaires jugées inconvenantes, comme par exemple la mode du « bloomer » lancée plus tard, en 1850, par Elizabeth Smith Miller et popularisée par Amelia Bloomer qui en fit la tenue des activistes pendant cinq ou six ans.

Mais le mouvement féministe va véritablement s'affirmer dans les années 1840. Les luttes contre l'esclavage, pour la tempérance ou pour l'amélioration de la vie dans les prisons continuent, à l'instar du combat engagé par Dorothea Dix (1802-1887) qui adresse des représentations en 1843 sur l'état des prisons de Boston devant la législature du Massachusetts après avoir mené dès 1838 une campagne pour faire sortir les malades mentaux des prisons et les faire suivre dans des asiles spécialisés.

Désormais les femmes décident de s'atteler à leur sort. L'une des grandes intellectuelles, Margaret Fuller (1810-1850), publie son ouvrage *La Femme au XIXᵉ siècle (Woman in the Nineteenth Century)* en 1845, où elle dénonce la tendance qu'ont les hommes à se comporter avec les femmes comme avec des esclaves. Le tournant décisif est marqué par la réunion très conflictuelle de l'*American Anti-Slavery Society* qui divise le groupe des participants en deux à propos de la question des femmes, au point même de contester le leadership de Garrison qui défend leur cause. A l'occasion d'un congrès mondial de cette société à Londres, les femmes sont exclues et n'ont que le droit d'écouter les débats mais en étant isolées dans une partie de la salle entourée d'un rideau. Garrison choisit de rester du côté des femmes. C'est dans ces circonstances que Lucretia Coffin Mott (1793-1880), ministre du culte quaker, et Elizabeth Cady Stanton (1815-1902), considérées comme les fondatrices du mouvement pour les droits des femmes, décidèrent de réunir une autre convention afin que les femmes puissent aborder la question de leurs droits. Le rêve visionnaire se réalise les 19 et 20 juillet 1848 à Seneca Falls dans l'État de New York. La pionnière du mouvement car elle est un véritable « moteur » est bien Elizabeth Cady Stanton qui constate qu'« une femme n'est rien mais qu'une épouse est tout » et qui demeure convaincue que les préjugés contre la couleur ne sont pas plus forts que ceux qui ont trait au sexe féminin.

La convention de Seneca Falls qui rassemble des militantes du mouvement abolitionniste (comme Maria Weston Chapman, Susan B. Anthony, Abby Kelley ou Lucy Stone) fait date dans l'histoire des femmes puisqu'elle adopte à l'unanimité une *Déclaration des sentiments* suivie de résolutions qui est signée par 68 femmes et 32 hommes. Inspiré de la Déclaration d'indépendance, le texte commence solennellement par un préambule : « We hold these truths to be self-evident ; that all men and *women* are created equal. The history of mankind is the history of repeated injuries and usurpations on the part of man toward *woman*, having in the direct object the establishment of absolute tyranny over her. » La Déclaration des « Mères de la nation » recense ensuite 18 griefs mais réclame en priorité le droit de vote puis le droit à la liberté personnelle et religieuse, le droit de témoigner devant les tribunaux, l'égalité dans le mariage, le droit de posséder en propre des biens, le droit à l'éducation, l'égalité avec les hommes dans l'accès aux professions libérales et dans l'exercice de ces professions. Suivent enfin une série de résolutions. La portée de la Déclaration, la première du genre dans le monde mais bientôt suivie par d'autres dans d'autres pays, est immense même si la guerre civile va placer les revendications des femmes au second plan. Les femmes obtiendront quelques réformes de portée limitée au niveau des législatures des États mais ne réussiront pas à obtenir l'égalité complète car le XIXᵉ siècle demeure un monde d'hommes. Néanmoins la Déclaration de Seneca Falls est une base de départ fondamentale qui contient le programme indispensable à l'action future.

L'école et les journaux, deux fondements du régime démocratique

L'école et la presse sont les deux piliers de la démocratisation pendant l'ère jacksonienne. Les réformes du système éducatif sont le fait de Henry Barnard (1811-1900) et surtout de Horace Mann (1796-1859). Tous deux tentèrent de créer un système d'écoles publiques laïques et gratuites. En sa qualité de secrétaire du Conseil de l'Education du Massachusetts de 1837 à 1848, Horace Mann fit beaucoup dans son État pour définir des normes qui allaient ensuite être appliquées ailleurs. Il fixa l'année scolaire à un minimum de six mois d'école, créa en 1819 le premier collège de formation des maîtres d'école, modifia les programmes de façon à diminuer l'enseignement de la religion au profit de l'instruction civique et de cours sur l'histoire américaine. Animé des mêmes convictions généreuses que les réformateurs évangéliques, Mann pense que, grâce au processus éducatif, il sera possible de lutter contre le crime et la pauvreté. La scolarisation des enfants des classes sociales modestes permet d'inculquer le respect de l'ordre établi et une discipline qui sera utile dans le milieu du travail tandis que la scolarisation des enfants d'immigrants facilite leur intégration en leur enseignant les valeurs anglo-protestantes.

Mary Lyon et Catherine Beecher s'attaquent de leur côté au problème de l'éducation des filles et la première *high school* américaine pour filles démarre à Troy dans l'État de New York en 1821 à l'initiative d'Emma Willard. Le collège Oberlin dont la création date de 1837 est le premier établissement d'enseignement supérieur mixte et, la même année, est ouvert Mount Holyoke dans le Massachusetts, le premier collège universitaire réservé aux filles.

La lecture était encore considérée par certains comme une activité perverse mais tout un mouvement en faveur de bibliothèques gratuites se développa dans le New Hampshire puis dans les autres États du Nord tandis que les journaux se multiplièrent. A l'imitation de la presse à un sou *(penny press)* de Londres, Benjamin H. Day (1810-1889) lance à New York en 1833 le premier quotidien du genre, le *Sun*. Mais d'autres créations suivent : le *New York Morning Herald* fondé par James Gordon Bennettt en 1835, le *Philadelphia Public Ledger* et le *Boston Daily Times* en 1836, le *Baltimore Sun* en 1837, le *Chicago Daily Tribune* en 1847 (qui soutiendra Lincoln en 1856 et en 1860) ; en 1841, Horace Greeley fonde et dirige le *New York Tribune*, journal bon marché dans lequel il va défendre toutes les idées réformistes mais il faut aussi compter avec toute une série de magazines ou de revues dont la *North American Review*, l'*Atlantic Monthly* ou bien encore le premier magazine populaire, le *Godey's Lady's Book* qui voit le jour à Philadelphie en 1830.

La naissance d'une authentique culture américaine

L'ère des réformes inspirée par un humanitarisme religieux est avant tout le fait d'une élite dominée par des ministres du culte. Mais le cercle des intellectuels s'élargit vite et la communauté privilégiée de Brook Farm rassemble ce que l'Amérique compte de meilleur. Il est frappant de constater que le foyer le plus intense de la vie culturelle est dans le Nord-Est, à New York et, plus particulièrement, surtout à partir de 1835, en Pennsylvanie, à Philadelphie, ou dans le Massachusetts, à Boston. La société du Nord est plus active et plus ouverte que celle du Sud, plus agraire, qui se replie davantage sur elle-même et développe des réflexes plus provinciaux.

On assiste tout d'abord à l'émergence d'une vraie littérature nationale. Le cercle de Brook Farm rassemble les grandes figures du monde littéraire : Nathaniel Hawthorne, Ralph Waldo Emerson, Henry David Thoreau (1817-1862), l'auteur de *Walden* (1854) qui immortalise la vie dans les bois et les cabanes près de Walden Pound, James Fenimore Cooper, le romancier de la frontière, Herman Melville (1819-1891) dont le chef-d'œuvre *Moby Dick* évoque le combat du bien contre le mal, la lutte du capitaine Ahab contre Moby Dick, la baleine blanche, Margaret Fuller (auteur littéraire et rédacteur en chef de la publication du Club transcendantal).

Outre les volontés politiques de construction nationale surgissent des réflexes d'affirmation de l'identité américaine de la part d'auteurs dont certains sont engagés dans le soutien partisan. F. Cooper et W. Irving (1783-1859) sont par exemple des partisans inconditionnels de la démocratie jacksonienne, comme en témoignent leurs professions de foi exprimées au travers des évocations de la société de l'Est pour le premier et de celle du Far West pour le second. Sans parler de l'édification de l'histoire nationale par le grand historien jacksonien George Bancroft (1800-1891) dont le premier volume de son *Histoire des États-Unis* paraît en 1834. Dans le domaine de la langue, c'est aussi l'époque où Daniel Webster définit avec autorité une sorte de charte de la langue américaine et publie un *Dictionnaire* qui fait autorité. Enfin, on peut considérer que la publication, en 1837, par Emerson de son *American Scholar Address*, son discours devant la fraternité Phi Beta Kappa de Harvard, véritable plaidoyer pour les lettres et les arts américains, constitue une sorte de Déclaration d'indépendance pour la république des Lettres. C'est encore Emerson qui définit dans un essai d'anthologie (publié en 1841 dans le premier volume de ses *Essais* intitulé « La confiance en soi » *(Self-Reliance)*, le caractère de ce nouvel homme américain, du « Yankee » qui, au contact de l'Ouest, a exercé tous les métiers et subi autant de métamorphoses qui l'ont comme régénéré.

La réussite économique d'un monde en relations

La prise de conscience de son originalité et la fierté de sa réussite donnent confiance à la nouvelle Amérique qui s'édifie. Tout porte à l'optimisme et la démocratisation des institutions politiques, qui s'accompagne d'une explosion démographique, s'appuie sur une réussite économique sans précédent. Tout (ou presque tout) autorise à parler d'une époque de l'espoir.

La poursuite de l'expansion territoriale rend encore plus nécessaire le développement des communications. L'augmentation des distances et l'éloignement de la Californie risquent de mettre en péril l'unité du pays qui ne sera possible que s'il y a progrès techniques.

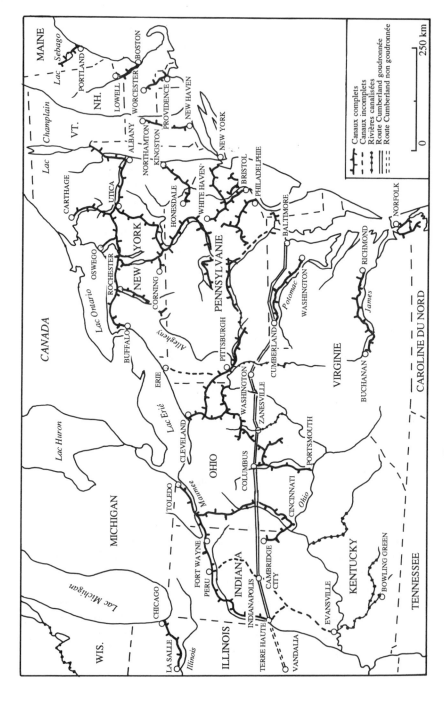

Carte 5. — Les canaux et la route Cumberland (1785-1850)

Légende :
- Canaux complets
- Canaux incomplets
- Rivières canalisées
- Route Cumberland goudronnée
- Route Cumberland non goudronnée

250 km

CANADA

MAINE
Lac Sebago
PORTLAND
BOSTON
WORCESTER
LOWELL
N.H.
VT.
Lac Champlain
PROVIDENCE
NEW HAVEN
ALBANY
NORTHAMTON
KINGSTON
NEW YORK
Lac Huron
CARTHAGE
UTICA
BRISTOL
WHITE HAVEN
HONESDALE
PHILADELPHIE
MICHIGAN
Lac Ontario
OSWEGO
ROCHESTER
NEW YORK
CORNING
PENNSYLVANIE
BALTIMORE
NORFOLK
Lac Michigan
BUFFALO
ERIE
Allegheny
PITTSBURGH
CUMBERLAND
RICHMOND
Lac Erié
CUMBERLAND
Potomac
WASHINGTON
VIRGINIE
James
BUCHANAN
CHICAGO
TOLEDO
CLEVELAND
WASHINGTON
ZANESVILLE
CAROLINE DU NORD
Maumee
OHIO
COLUMBUS
PORTSMOUTH
WIS.
LA SALLE
Illinois
FORT WAYNE
PERU
INDIANA
CAMBRIDGE CITY
CINCINNATI
Ohio
ILLINOIS
INDIANAPOLIS
TERRE HAUTE
VANDALIA
EVANSVILLE
KENTUCKY
BOWLING GREEN
TENNESSEE

Ainsi la révolution des transports engagée au début du siècle se confirme de façon éclatante entre 1830 et 1860.

Il y a toujours plusieurs voies de pénétration et de communication. L'artère principale vers l'ouest est la route du Cumberland démarrée dans le Maryland en 1811 et qui est prolongée jusque dans l'Illinois. Cette route à péage, macadamisée, large de 18 m et longue de presque 1 000 km préfigure les autoroutes modernes. Une autre voie de pénétration, en direction du Sud cette fois, est le cours de l'Ohio jusqu'à la Nouvelle-Orléans dont l'activité commerciale est intense. Mais en dehors des pistes liées à la conquête du Far West et des routes, les canaux continuent de se développer (cf. carte 5) tandis que le chemin de fer fait son apparition en 1830. La révolution du rail est si rapide qu'en l'espace de vingt ans le train est devenu le moyen de transport privilégié pour les marchandises pondéreuses. Il se substitue même au canal Erié pour les relations entre l'ancien Territoire du Nord-Ouest et l'Est. Et le réseau s'est tellement étendu qu'en 1854 la ville de Chicago, qui est devenue le plus gros marché de grain des États-Unis, est desservie quotidiennement par 74 trains (cf. carte 6).

Alors que l'économie est encore fortement agraire en 1820 l'idée est de valoriser les régions et de les relier par un réseau serré de moyens de communications (cf. tableau 7). Toutefois, dans ce

Tableau 7 - L'extension des canaux et du réseau ferré de 1830 à 1850 (en miles)

Année	Canaux	Réseau Ferré
1830	1 277	73
1840	3 326	2 818
1850	3 698	9 021

domaine encore, on doit constater la suprématie du Nord et, en particulier, de New York et de Philadelphie qui se livrent une concurrence acharnée. En 1830, l'État de New York a la première place pour le nombre de canaux (546 miles) tandis que la Pennsylvanie a le monopole du chemin de fer (avec 70 des 73 miles de voies). En 1840, la Pennsylvanie maintient son avantage avec 576 miles de voies ferrées mais se place aussi en tête avec 954 miles de canaux. En 1850, la Pennsylvanie se maintient en tête pour les canaux (954 miles) mais se voit détrônée par l'État de New York pour le rail avec 1 361 miles.

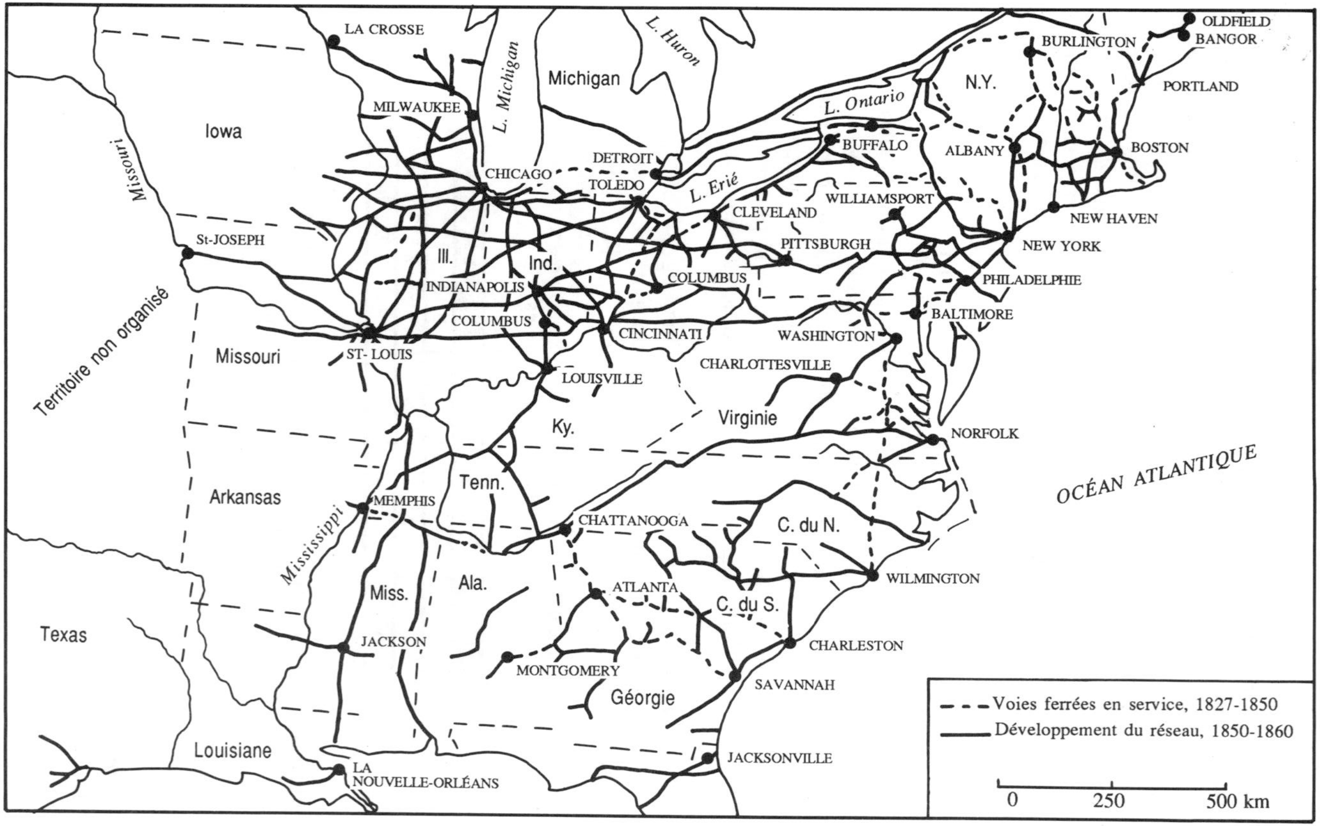

Carte 6. — Le réseau ferré en 1860

Légende :
- - - Voies ferrées en service, 1827-1850
—— Développement du réseau, 1850-1860

0   250   500 km

OCÉAN ATLANTIQUE

Le réseau ferré est dans l'ensemble assez serré mais il est plus important dans le Nord-Est et le long de l'Atlantique. Une difficulté plus majeure tient à la concurrence des compagnies privées qui fait que les écartements de voies ne sont pas les mêmes d'une région à l'autre. Il n'en demeure pas moins qu'il relègue insensiblement au deuxième plan la navigation fluviale puisqu'il diminue les temps d'acheminement et réduit les coûts. En 1815, il faut plus de cinquante jours pour acheminer des marchandises de Cincinnatti à New York alors qu'en 1850 il ne faut plus que de six à huit jours par rail. Le coût moyen du fret de 1 t de marchandises varie entre 30 et 70 cents par mile en 1815 pour s'établir, en 1850, autour de 2 à 9 cents selon le moyen de transport retenu.

Une autre invention moderne fut celle du télégraphe électrique découvert en 1835 par Samuel F. B. Morse (1791-1872) et qui permit, à partir de 1844, d'envoyer des nouvelles et de bouleverser les habitudes de travail dans le monde des affaires. Souvent installées en parallèle des voies ferrées, les lignes télégraphiques constituaient un réseau de 50 000 miles en 1860. Un message qui, au début du siècle, pouvait mettre six mois pour traverser le continent par chariot puis sept à dix jours par le service de courrier *Pony Express* parvenait à destination grâce au télégraphe en quelques secondes. Non seulement les États-Unis peuvent communiquer à l'intérieur du pays mais ils ont établi des relations plus faciles avec l'extérieur. La compagnie Cunard qui assure les passages transatlantiques à partir de 1848 en reliant New York et Liverpool en deux semaines avec ses *steamships* facilite les conditions de la traversée et diminue le coût du voyage, ouvrant ainsi la porte aux immigrants. Dès 1850, la concurrence joue et la *Collins Line* met quatre vapeurs en service pour assurer la traversée de l'Atlantique.

La modernisation des moyens de communication a considérablement stimulé l'essor économique du pays mais il apparaît que les grandes composantes de l'Union ont fondé leur développement sur des atouts différents. La compétition entre le Nord et le Sud à la fin du XVIIIe siècle a pris insensiblement la forme d'un véritable clivage en l'espace d'une cinquantaine d'années. Le Nord-Est s'est industrialisé tandis que le Sud est demeuré agricole mais surtout les deux économies sont devenues plus contradictoires que complémentaires. En outre, à partir de 1830, l'entente qui a permis à l'Union d'exister est remise en question car une nouvelle solidarité apparaît entre l'Est industriel et l'Ouest agricole.

Le Nord qui, dans le contexte de la guerre de 1812, avait vu ses activités commerciales hypothéquées doit se reconvertir dans les activités manufacturières. Il ne dépend plus désormais que du marché intérieur et s'appuie, au niveau de l'offre, sur les ressources locales tant dans le secteur des produits agricoles (coton, céréales, viande) que dans celui des minerais ou du charbon. Or l'accroissement démographique entraîne une augmentation de la demande de produits manufacturés et le Nord va bénéficier de cette conjoncture nouvelle. D'autre part, le Nord parvient à pallier le handicap d'une main-d'œuvre, le plus souvent rare et presque toujours non spécialisée, en bénéficiant des acquis d'inventions techniques les plus diverses : moissonneuse à blé de Cyrus McCormick (1831), herse à disques rotatifs de S. Page (1847), moissonneuse-lieuse de John Appleby (1858), machine à coudre d'Elias Howe (1846) perfectionnée par Isaac Singer (1851), machine à écrire, machine à couper la fourrure et bien d'autres. Mais l'invention décisive d'Eli Whitney qui avait déjà mis au point en 1793 l'égreneuse à coton est de concevoir un système d'assemblage à la chaîne de pièces interchangeables. La standardisation pratiquée par Samuel Colt dans la fabrication des armes se répand et touche bientôt toute une industrie mécanique en plein essor. L'industrie textile qui est l'un des points forts de l'économie du Nord bénéficie aussi de cette modernisation. Francis Cabot Lowell avait mis en place en 1813 à Waltham dans le Massachusetts puis dans la nouvelle ville de Lowell et dans quelques autres endroits des usines de textile qui fonctionnaient sur la base d'un paternalisme fort contraignant en faisant appel à une main-d'œuvre jeune et féminine qui travaillait soixante-douze heures par semaine pour un salaire de misère. Au milieu du XIXᵉ siècle le système Lowell pratiqué dans la « Manchester de l'Amérique » a été remplacé par l'utilisation d'une main-d'œuvre immigrante non qualifiée mais qui doit toujours travailler avec acharnement dans des ateliers très mécanisés pour produire en grandes quantités. Désormais le mode de production artisanal de type européen qui faisait défaut est remplacé par une production de masse très mécanisée pour satisfaire les demandes croissantes d'un vaste marché de consommateurs. Soutenue par un bon système bancaire et un réseau efficace de communication, la révolution industrielle est en marche.

En revanche, les intérêts du Sud paraissent tout à fait contraires car les grands choix économiques sont différents. On a sans doute forcé le tableau en réduisant le Sud à n'être qu'une région agricole. Les choses sont plus complexes. Le Sud a développé en réalité tout un système d'agriculture commerciale ou de commercialisation de ses produits agricoles. Mais l'extension du coton est telle qu'elle supplante presque tout et, si elle assure la fortune pendant quelques décennies, elle demeure fragile dans la mesure où la monoculture crée une situation de dépendance dont Jefferson avait déjà senti les dangers. La première forme de dépendance tient au fait que la production massive de coton est liée à la demande venue de l'extérieur. Les producteurs de coton vendent aux manufactures anglaises du Lancashire et, en retour, se fournissent en Angleterre. Ce système d'échanges repose de surcroît sur une dépendance financière puisque les planteurs sont contraints de vivre des acomptes que leur consentent les banques anglaises.

La situation économique du Sud dépend donc du volume de ses exportations et se détériore au gré de circonstances dont elle n'a pas la maîtrise. La décision d'embargo qui met un frein aux exportations dans le contexte de la guerre de 1812, a bien montré la fragilité du marché mais les activités redémarrent en 1814 et ne cessent de progresser jusqu'en 1860 (cf. tableau 8). Sans parler de la qualité excep-

**Tableau 8 - La production et l'exportation du coton
de 1790 à 1860**

Année	Production en balles (environ 225 kg)	Pourcentage des exportations (en valeur)
1790	4 000	
1800	73 200	
1810	177 000	22%
1820	334 000	48%
1830	732 000	56%
1840	1 347 000	55%
1850	2 136 000	53%
1860	3 841 000	57%

tionnelle de sa fibre, non seulement le coton représente la majorité du volume total des exportations américaines mais il place les États-Unis en tête des pays producteurs au niveau mondial.

L'autre limite du système est liée à la main-d'œuvre noire qui soulève le problème social de l'esclavage. La nature même de la culture du coton qui épuise les sols et qui contraint à rechercher sans cesse des terres nouvelles et l'exigence d'une production accrue pour maintenir les volumes d'exportations entraînent le Sud à répandre la pratique de l'esclavage au-delà d'une zone géographique limitée. De plus en plus cette question cesse d'être une affaire d'intérêt régional et va susciter un débat national conflictuel.

En fait, la seule domination du « roi coton » semble vouloir justifier cette pratique de l'esclavage mais il faut nuancer. La culture du tabac dans les plaines côtières de la Virginie et du Maryland, désignées sous le nom de *tidewater*, avait déjà bien conforté cette utilisation d'une main-d'œuvre noire servile et on fait parfois croire que la crise du tabac a conduit à la domination du coton, devenue seule responsable en raison de ses exigences particulières. En vérité, il y a des déplacements des cultures mais le tabac ne disparaît pas totalement pas plus que l'esclavage qui lui est attaché. Une nouvelle implantation du tabac après la crise post-révolutionnaire a lieu à la frontière de la Virginie et de la Caroline du Nord ainsi que dans le Kentucky, le Tennessee et le Missouri. Il faudra seulement attendre les années 1840 pour que les bénéfices deviennent substantiels. On doit aussi ajouter que la monoculture du coton n'exclut pas des productions plus limitées et plus circonscrites géographiquement comme celle du riz dans les zones côtières de la Caroline du Sud et de la Géorgie ou bien de la canne à sucre en Louisiane ou bien encore du chanvre *(hemp)* dans le Kentucky et le Missouri. Toutes ces activités n'étaient pratiquées qu'avec l'aide des Noirs.

L'abolitionnisme et l'anti-esclavagisme

Le mouvement abolitionniste est indissociable du Grand Réveil mais il semble justifié de lui réserver une place spéciale car il est le seul des courants réformistes à remettre véritablement en cause les structures sociales d'une partie du pays et il contribue à précipiter l'avènement de la guerre de Sécession.

Le mouvement abolitionniste dans le Nord

L'émergence et le succès d'un mouvement abolitionniste dans le Nord et le désir farouche du Sud de maintenir l'esclavage vont exciter les passions et conduire à un conflit sans précédent en l'espace d'une génération. L'abolitionnisme n'est pas entièrement nouveau car il y avait toujours eu des individus isolés voire des petits groupes comme les quakers pour dénoncer l'esclavage, aboli par la Pennsylvanie dès 1780. Mais le mouvement ne prend vraiment de l'ampleur dans le Nord qu'à partir des années 1830. Les abolitionnistes recrutent chez les romantiques et les sectes touchées par la renaissance religieuse et le transcendantalisme. Tous les mouvements de réforme sont d'ailleurs plus ou moins engagés dans une croisade contre l'esclavage considéré comme la plus intolérable de toutes les entraves. Le mouvement doit sans doute aussi son apparition et son organisation à l'influence de l'exemple anglais. Les anti-esclavagistes étaient très puissants en Angleterre et ce n'est qu'à partir de 1830 que les débats du Parlement britannique sur l'émancipation sont diffusés aux États-Unis.

En 1830, le mouvement élargit ses bases et reçoit le soutien d'une élite recrutée dans les professions libérales. Quelques hommes d'affaires tels que les frères Tappan, (Arthur et Lewis) apportent leur concours et organisent une société contre l'esclavage. L'année suivante, le jeune radical William Lloyd Garrison quitte le journal de Lundy pour fonder son hebdomadaire. Le *Libérateur (The Liberator)* est établi en 1831 dans la capitale intellectuelle que constitue Boston et le ton se durcit. Garrison adopte des positions plus extrêmes et se déclare partisan d'une « émancipation immédiate et sans compensation ». Le fait que la Grande-Bretagne se prononce en faveur de l'émancipation pour ses colonies en 1833 stimule sans doute la naissance aux États-Unis de diverses sociétés dont la plus célèbre est l'*American Anti-Slavery Society*, fondée à Philadelphie en décembre 1833. Garrison participe à sa création mais son influence n'est pas immédiatement perceptible. La forte personnalité du premier fondateur du mouvement abolitionniste ne fait pas l'unanimité. Le prédicateur Theodore Dwight Weld, un *revivalist*, croit par exemple à l'émancipation graduelle. Garrison est même pris violemment à partie par des Bostoniens en 1835. Il est vrai que son combat a davantage l'allure d'une croisade. La rigidité et l'intransigeance de sa rigueur morale lui font rejeter toutes les compromissions et son extrémisme est tel que le mouvement se fragmente. Des modérés acceptant d'entrer dans le combat politique décident de lancer le Parti de la Liberté en 1839. Le mouvement est en fait traversé d'au moins deux courants, celui qu'anime Garrison avec Wendell Phillips et Horace Greeley et celui des pasteurs comme William Channing ou Charles Finney qui justifient leurs thèses en se référant à la Bible.

Au niveau des prises de position sur la question la diversité est totale. Certains condamnent l'esclavage au nom des principes moraux mais considèrent que le Sud fait ce qu'il veut puisque ce droit est inscrit dans la Constitution. Certains industriels du Nord sont réservés puisqu'ils dépendent du coton du Sud pour leurs manufactures. Beaucoup espèrent secrètement que l'esclavage ne s'étendra pas et qu'il disparaîtra avec le temps. Jusqu'à ceux comme Abraham Lincoln qui pensaient que l'abolitionnisme risquait d'aggraver la situation. En 1836, en tout cas, le Congrès décide de ne plus admettre les pétitions des abolitionnistes en votant la règle du bâillon *(the gag rule)*.

La scission la plus sérieuse est bien celle de 1840 où partisans et adversaires de Garrison s'opposent à la Société américaine contre l'esclavage. Garrison s'est toujours méfié de la politique mais d'autres propagandistes dénoncent plus calmement les méfaits de l'esclavage et notamment la grande figure montante du mouvement Frederick Douglass, un Noir libre qui lance son journal, le *North Star* en décembre 1847. La stratégie de Douglass consiste à recourir au jeu politique. Élections et bulletins de vote valent mieux à ses yeux que persuasion et pression morale.

Le développement de la presse et de l'édition représente aussi une aide précieuse pour la défense de la cause. Le *New York Tribune* d'Horace Greeley (créé en 1841) est le porte-parole des nouvelles idées, qu'il s'agisse de la tempérance, des droits de la femme ou de l'abolitionnisme. Toute une série de publications dépassent le niveau du débat théorique pour s'intéresser à la description du phénomène en tant que réalité sociale. L'accent est mis sur l'inhumanité de l'institution, sur les ventes à l'encan, sur les séparations entre femmes et maris ou entre parents et enfants. Theodore Weld publie en 1839 *L'esclavage américain tel qu'il est (American Slavery As It Is)* qui relate en détail les conditions de vie des esclaves et notamment les châtiments que ces derniers subissent. En 1845, F. Douglass sort son autobiographie *Le Récit de la vie de F. Douglass (Narrative of the Life of Frederick Douglass)* mais le grand titre qui va connaître le plus grand succès est *La Case de l'oncle Tom* proposé en feuilleton puis rassemblé en livre en 1852. Son auteur, Harriet Beecher-Stowe, n'a jamais vécu dans le Sud et ne l'a même jamais visité (en dehors d'un séjour dans le Kentucky) mais elle a de bons sentiments et suscite le choc émotionnel salutaire auprès de ses lecteurs. Sa connaissance du monde servile n'est cependant pas tout à fait nulle car sa maison dans l'Ohio sert de refuge sur l'*underground railroad*, ce réseau qui permet aux esclaves de fuir leur condition. Ce chemin de fer souterrain permet l'évasion clandestine d'esclaves. Ces derniers voyagent la nuit et sont recueillis le jour dans des refuges ou « gares ». Une femme, Harriet Tubman (v. 1821-1913), s'est particulièrement illustrée dans le rôle de passeur en organisant 19 voyages aller-retour et en escortant ainsi près de 300 esclaves. Il est sans doute plus facile de s'échapper lorsqu'on se trouve dans un État touchant des États libres (des *border states*), comme par exemple le Maryland, le Kentucky et le Missouri qui ont peu d'esclaves et qui ne cultivent pas le coton. Les fugitifs se réfugient parfois au Mexique, dans le Nord mais surtout au Canada qui a aboli l'esclavage depuis 1833. Leur nombre a fait l'objet d'évaluations très différentes. Entre 1830 et 1860 il y en aurait eu 50 000. Pour les abolitionnistes, c'est peu, pour les planteurs du Sud, c'est trop.

Il est incontestable que le problème des esclaves fugitifs est celui qui a le plus déchaîné les passions. Se retranchant derrière la loi de 1793 *(Fugitive Slave Act),* les sudistes voulaient préserver leur droit de rattraper les fuyards au grand dam du Nord. Une victoire des abolitionnistes ou tout au moins une source de satisfaction fut la décision *Prigg v. Pennsylvania,* en 1842, de la Cour suprême admettant qu'un État n'est pas contraint de rattraper un esclave fugitif.

Le changement d'attitude du Sud et le débat conflictuel sur l'esclavage

Alors que les thèses abolitionnistes se développent plutôt dans les zones urbaines et dans les centres de la vie intellectuelle et spirituelle du Nord, les opinions se figent et se durcissent dans le Sud. Là aussi les années 1830 sont décisives.

La menace des insurrections était toujours plus ou moins présente dans les esprits depuis 1800 et le soulèvement de Gabriel Prosser mais la révolte servile organisée par Nat Turner dans le comté de Southampton en Virginie en août 1831 a un impact énorme sur l'opinion. Déjà, en 1822, Denmark Vesey, un Noir libre, avait tenté de brûler Charleston, la 6e ville du pays et de soulever des esclaves mais son plan échoua par suite d'une trahison et il fut pendu avec 35 autres Noirs. La révolte de 1831 prit un tour nettement plus sérieux ; 57 Blancs furent tués et 120 Noirs furent pendus ou exécutés de façon sommaire. Au lieu de faire pencher la décision dans le sens de l'émancipation, ces événements renforcèrent les planteurs dans leur conviction qu'il fallait se protéger contre le danger d'insurrection, de sabotage et de destruction. La Virginie devint une véritable garnison avec une force armée de plus de 100 000 personnes sur une population totale de 1 211 405 et le climat de peur conduisit, par l'institution des codes noirs, à prendre des mesures très strictes pour renforcer la surveillance des esclaves.

Ainsi, en 1850, les 7 millions de Blancs du Sud se sentent comme menacés par 3 millions d'esclaves. La peur collective conduit à cet enfermement du Sud qui va camper sur des positions qui se figent tout en essayant de trouver leur justification dans une argumentation aussi variée que peu convaincante. On connaît déjà l'argument économique qui fait de l'esclavage la clé de voûte indispensable de tout le système de la plantation. En réalité, contrairement aux idées reçues, tous les esclaves ne travaillent pas dans la culture du coton mais seulement deux tiers d'entre eux. Et encore tous ne sont pas aux champs car il y a toute une série de tâches à assurer (maintenance du matériel, entretien des écuries, petits travaux de culture et d'élevage, activités domestiques). L'ensemble de cette organisation du travail est contrôlé par un surveillant *(overseer)* blanc. La rentabilité de ce système a déjà été examinée et on s'est interrogé pour savoir si la main-d'œuvre salariée n'était pas plus rentable que la main-d'œuvre servile.

Le deuxième type d'argument est d'ordre religieux. On se réfère à la Bible pour rappeler l'infériorité des descendants de Cham. L'argument tourne vite à l'affirmation des différences raciales et à la supériorité de la race blanche. Les mêmes références servent aussi aux philanthropes humanitaires et aux abolitionnistes mais les Écritures ne sont pas interprétées dans le même sens. Au nom de l'enseignement biblique on se doit de dénoncer la cruauté de l'esclavage.

Un troisième type d'argument apparaît et marque une nouvelle étape dans la politisation et la généralisation du débat qui insensiblement va cesser d'être sectionnel. Une nouvelle génération d'hommes politiques émerge et Calhoun fait partie de ces voix montantes qui vont résumer les prises de position du Sud et incarner la thèse de la sécession (au moins jusqu'à sa mort en 1850). On assiste même dans la guerre des pamphlets à la publication de quelques textes qui font du bruit. Une collection d'essais rassemblés sous le titre *The Pro-Slavery Argument* sous la plume de William Harper (1790-1847), Thomas R. Dew (1802-1846) et James H. Hammond (1807-1864) paraît en 1852. Mais l'un des plus marquants est l'analyse de George

Fitzhugh, *Cannibals All ! or Slaves Without Masters* (1857) qui se livre à une critique féroce du capitalisme. Fitzhugh s'en prend directement au système du Nord qui exploite les ouvriers encore plus que ne le fait le système paternaliste du Sud. L'attaque permet ainsi de justifier l'esclavage présenté en fin de compte comme un système humanitaire, le seul susceptible de protéger les esclaves au lieu de les exploiter. Ironiquement les accents jeffersoniens de cette apologie de la civilisation agraire trouvent ici un écho particulier en étant repris au service d'une cause qui semble de plus en plus difficile à défendre. Comme l'écrit Commager, « l'esclavage, qui, à l'origine, avait été considéré comme un mal nécessaire, devint si nécessaire qu'il cessa d'être un mal ».

La politisation du problème :
le compromis de 1850 et l'accord du Kansas-Nebraska de 1854

Le clivage entre le Nord et le Sud s'accuse en se figeant autour d'une méfiance réciproque alimentée par des préjugés diamétralement opposés. Les gens du Nord interprètent l'expansion territoriale des États-Unis comme le fait d'une slavocratie triomphante qui vise à étendre encore davantage l'institution particulière tandis que les gens du Sud voient dans les limites imposées au progrès de l'esclavage le fait d'un complot de la part d'une région qui veut remettre en cause les droits de la propriété et réduire les États du Sud à un statut colonial.

Le débat prend une autre tonalité et, très vite, il apparaît que le compromis du Missouri de 1820 n'arrive pas à régler les problèmes que posent les nouvelles acquisitions territoriales des années 1840 dues à la cession mexicaine. Les États entrent par deux dans l'Union, un État libre, un État esclavagiste, mais que vont devenir les territoires nouvellement cédés par le Mexique et qui sont au sud de la fameuse ligne ? Lorsque la Californie demande à être admis comme État en 1849, l'Union comporte 15 États libres et 15 États esclavagistes. Si certains veulent interdire l'esclavage comme en Californie, le Sud peut-il imposer le contraire ? Le sort des esclaves fugitifs dont le Sud exige la restitution constitue un autre point de fixation qui porte le débat au niveau national.

D'ailleurs le paysage politique a changé radicalement en 1848 avec l'élection de deux *whigs* à la présidence (Zachary Taylor) et à la

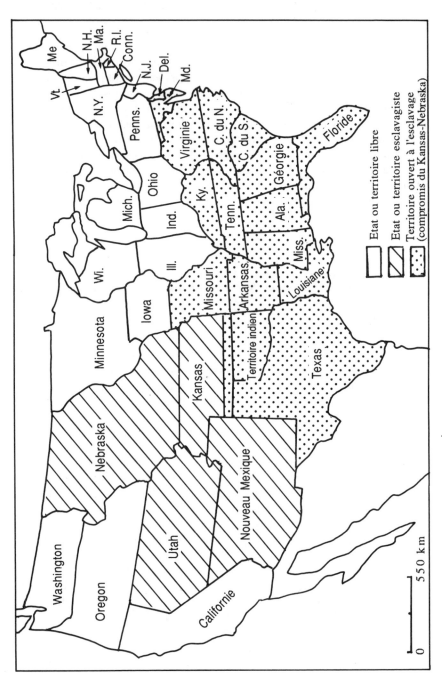

Me
N.H.
Ma.
R.I.
Conn.
Vt
N.Y.
N.J.
Del.
Md.
Penns.
Virginie
C. du N.
C. du S.
Géorgie
Floride
Ohio
Mich.
Ind.
Ky.
Tenn.
Ala.
Miss.
Wi.
Ill.
Missouri
Arkansas
Louisiane
Iowa
Minnesota
Kansas
Territoire indien
Texas
Nebraska
Nouveau Mexique
Washington
Oregon
Utah
Californie

État ou territoire libre

État ou territoire esclavagiste

Territoire ouvert à l'esclavage
(compromis du Kansas-Nebraska)

550 km

0

Carte 7. — Les États-Unis en 1854 (compromis du Kansas-Nebraska) vice-présidence (Millard Fillmore) grâce aux voix du *Free Soil* qui enlève des suffrages aux démocrates. Le parti du sol libre *(free soil)* était apparu en 1848 et s'était donné pour but la suppression de l'esclavage. Il avait présenté comme candidat à la présidence un ancien démocrate, l'ancien vice-président Van Buren. Ce parti éphémère peut être considéré comme l'ancêtre du parti républicain.

Entre les positions extrêmes défendues, d'un côté, par William H. Seward qui dénonce l'immoralité de l'esclavage et, de l'autre, par le propriétaire d'esclaves Jefferson Davis qui s'en prend aux abolitionnistes, on trouve quelques tenants d'une « voie moyenne ». Henry Clay, conciliateur-né, propose sur les suggestions de Stephen Douglas un nouveau compromis en quatre points qui fut adopté difficilement par le Sénat en 1850. Il consiste premièrement à admettre la Californie comme État libre. Deuxièmement le commerce des esclaves (mais pas l'esclavage) est supprimé dans le district fédéral de Columbia (la ville de Washington). Troisièmement le Nouveau-Mexique et l'Utah décideront librement d'admettre ou d'abolir l'esclavage. Ces propositions donnent satisfaction aux modérés du Nord. Le Sud, en contrepartie, obtient une loi sur les fugitifs *(Fugitive Slave Act of 1850)* aux termes de laquelle ces derniers sont rendus à leurs maîtres même si on les reprend dans un État libre. Ce compromis ne dura pas aussi longtemps que le précédent et tout allait être remis en cause en 1854.

Le dernier point du compromis de 1850 suscitait en effet le blocage de beaucoup de gens du Nord. Un nouvel accord dit du Kansas-Nebraska (cf. carte 7) fut alors proposé à l'initiative du sénateur Stephen Douglas, un homme de l'Illinois mais surtout le chef des démocrates très partagés sur cette question. La ligne du 36° 30' devint caduque et désormais chaque État, au nom du principe de la souveraineté populaire, déciderait la politique qu'il adopterait. Cette décision peut être considérée comme une victoire du Sud dans la mesure où elle annule la limite de 1820 et lui permet d'étendre l'esclavage dans de nouveaux territoires. Les deux premiers territoires qui ont à se prononcer sont le Kansas et le Nebraska, tous deux au nord de l'ancienne ligne. Ces États sont l'enjeu de formidables pressions de la part du Sud et du Nord pour essayer de forcer la décision dans le sens de leurs intérêts respectifs. Le débat prend ainsi les allures d'un conflit national qui déchire les consciences de tous.

Face au dilemme les partis politiques marquent une grande hésitation et se fragmentent. La multiplicité des avis au sein de chaque formation conduit à l'éclatement du bipartisme. Les démocrates se déchirent tandis que les *whigs*, attachés à l'expansion de l'esclavage à l'ouest du Missouri, disparaissent en 1852. Une nouvelle formation, qui défend la thèse opposée, se constitue alors en 1854. Il s'agit du parti républicain qui rassemble des partisans du *Free Soil*, les *whigs* du Nord (appelés *conscience whigs* par opposition à ceux du Sud, les *cotton whigs*), les fermiers du Middle West et, d'une façon générale, tous les abolitionnistes. Le nouveau parti ne s'engage pas à abolir l'esclavage mais il a seulement pour but de limiter l'esclavage en le restreignant à son domaine traditionnel. C'est le sens du discours prononcé en octobre 1854 par Abraham Lincoln, cet avocat de l'Illinois qui émerge sur le plan politique. Outre qu'il défend les intérêts du Nord, le parti républicain vise à maintenir l'Union et fait tout pour démonter le chantage à la sécession. Par réaction, les *cotton whigs* vont se réfugier dans le parti démocrate qui devient désormais le parti de la slavocratie.

Mais les esprits s'échauffent. Le sénateur républicain du Massachusetts Charles Sumner qui dénonce avec passion au Sénat en 1856 les conflits d'intérêts au Kansas (qualifié de sanglant/*bleeding Kansas*) est violemment frappé (au point de demeurer invalide pendant plusieurs années) par Preston Brooks, représentant de la Caroline du Sud, qui n'a pas supporté son discours « injurieux ». L'élection présidentielle de 1856 paraît calme à côté de ces agressions. Les républicains désignent alors comme candidat John Frémont, le célèbre explorateur du Far West, et ce dernier rallie la majorité des suffrages dans le Nord grâce à son slogan *Free men, Free soil, Frémont*. Il lui manque cependant le soutien de la Pennsylvanie et c'est finalement le candidat démocrate James Buchanan qui l'emporte. Cet homme du Nord réussit à obtenir le soutien du Sud en reprenant à son compte la thèse de la souveraineté populaire.

C'est dans ce contexte de clivage naissant entre le Nord et le Sud que la Cour suprême de Taney prononça une de ses plus fameuses décisions *(Dred Scott v. Sandford)* en 1857 à propos de Dred Scott, déclarant que le Congrès n'avait pas le droit d'interdire l'esclavage dans les territoires et refusant de considérer comme libre cet esclave malgré son séjour dans l'Illinois, un État non esclavagiste et dans le Wisconsin, un territoire non esclavagiste. N'étant pas un citoyen, un Noir (même libre) ne peut se réclamer d'aucun droit ; il ne peut donc pas intenter de procès. D'autre part, le compromis du Missouri viole le droit de propriété garanti par le 5e amendement à la Consti-

tution ; c'est la première fois que la Cour suprême déclare inconstitutionnelle une loi fédérale en affirmant qu'aucun citoyen américain
ne peut être privé de son bien sans procédure légale régulière *(due
process of law)*. L'esclave est considéré par le droit américain comme
un bien et non comme une personne. Plus grave encore, si un
esclave résidant au nord de la ligne située à 36° 30' de latitude ne
peut être affranchi, la Cour rend caduque le dernier rempart contre
l'esclavage que constituait le compromis du Missouri.

Le durcissement d'attitude du Sud renforcé de la sorte par cette
institution judiciaire qui semblait encourager l'esclavage ne fit que
donner plus de crédit aux thèses soutenues par les républicains.
L'« institution particulière » était sur le point de devenir une institution fédérale.

Mais malheureusement les violences n'étaient pas terminées
comme le démontre l'épisode dramatique de John Brown en 1859.
Cet abolitionniste exalté décida de faire un raid sur l'arsenal fédéral
de Harper's Ferry en Virginie avec l'intention de délivrer les esclaves. Le 2 décembre 1859, il fut exécuté par l'État de Virginie avec
l'accord du gouvernement national. Les sudistes saisirent ce prétexte
pour bloquer farouchement toute candidature à la présidence d'un
homme qui ne serait pas de leur côté sur la question de l'esclavage.
Le ton était donné à la campagne de 1860 qui allait voir triompher
Lincoln mais qui devait aussi conduire à la cassure la plus grave que
l'Union ait jamais connue.

5. De la « maison divisée »
à la reconstruction ratée (1860-1877)

Les enjeux de la « crise qui menace » (pour reprendre le titre de l'ouvrage *The Impending Crisis of the South* publié en 1857 par l'écrivain de la Caroline du Sud Hinton Rowan Helper et interdit dans le Sud pour avoir prédit que la société esclavagiste ne pourrait pas survivre) ne sont pas clairement perçus par la majorité des Américains, qu'ils soient du Nord ou du Sud. L' « institution particulière » qui règle les rapports entre Blancs et Noirs revêt un aspect essentiellement juridique mais ne résout pas les inégalités sociales et économiques entre les deux races. Ainsi le débat sur l'émancipation qui suscite tant d'espoir dans le Nord se trompe-t-il un peu d'objectif. La suppression de l'esclavage et la modification du statut des Noirs après la guerre de Sécession et l'adoption du treizième amendement vont montrer que les relations entre les deux races sont loin d'avoir trouvé leur solution.

La question de l'esclavage

Sans porter de jugement de valeur sur l'esclavage, il faut se borner à constater que la situation est concluante. Le nombre des esclaves par rapport aux Blancs montre que le problème s'est aggravé quantitativement tout en s'étendant géographiquement (cf. carte 7 du chap. 4 et tableau 1).

Le recensement de 1860 fait état de près de 4 millions d'esclaves noirs (3 953 742 exactement) pour une population totale de 31,5 millions mais 97 % d'entre eux (3 838 765) sont essentiellement

Tableau 1 - Le nombre des esclaves aux États-Unis
(1800-1860)

Année	Nombre d'esclaves (total des Etats-Unis)	% d'augmentation par rapport à 1800	Nombre d'esclaves (Sud)	% par rapport à l'ensemble du pays
1800	893 602		857 097	95,9%
1810	1 191 362	+ 33,3%	1 160 977	97,4%
1820	1 538 022	+ 72,1%	1 508 692	98,1%
1830	2 009 043	+ 124,8%	1 980 384	98,6%
1840	2 487 355	+ 178,3%	2 427 986	97,6%
1850	3 204 313	+ 258,6%	3 116 629	97,3%
1860	3 953 742	+ 342,4%	3 838 765	97,1%

Tableau 2 - La répartition des esclaves
selon les États esclavagistes en 1860

Etat	Nombre d'esclaves	Pourcentage d'esclaves	Population totale
Alabama	435 080	45,1%	964 000
Arkansas	111 115	25,5%	435 000
Caroline du Nord	331 059	33,3%	993 000
Caroline du Sud	402 406	57,2%	704 000
Delaware	1 798	1,6%	112 000
District de Columbia (Washington)	3 185	4,2%	75 000
Floride	61 745	44,1%	140 000
Géorgie	462 198	43,7%	1 057 000
Kentucky	225 483	19,5%	1 156 000
Louisiane	331 726	46,9%	708 000
Maryland	87 189	12,7%	687 000
Mississippi	436 631	55,2%	791 000
Missouri	114 931	9,7%	1 182 000
Tennessee	275 719	24,8%	1 110 000
Texas	182 566	30,2%	604 000
Virginie (dt. V. occidentale)	490 865 [0]	30,7% [-]	1 597 000 [dont 377 000]
	3 953 696		12 315 000
(Territoires et Kansas)	[46]		[107 000]
Total	3 953 742		12 422 000

(Source : *Historical Statistics of the United States, Colonial Times to 1970*, Washington DC, 1975. Series A 195-209, vol. 1, p. 24-35.)

concentrés dans 15 États esclavagistes où ils vivent aux côtés d'un peu plus de 8 millions de Blancs. Les concentrations sont toutefois inégales et le pourcentage est variable selon les États : très faible dans le Delaware (1,6 %) et moins de 10 % dans le Missouri ou moins de 13 % dans le Maryland. En revanche, le contraste est saisissant entre le *Deep South* et les *Border States*. En Caroline du Sud et dans le Mississippi il y a plus de Noirs que de Blancs (respectivement 57,2 % et 55,2 %) tandis que dans d'autres États (cf. tableau 2) ils sont presque aussi nombreux (47 % en Louisiane, 45 % en Alabama, 44 % en Floride et en Géorgie).

C'est aussi dans les États où il y a le plus grand nombre de Noirs par rapport à celui des Blancs que l'on retrouve les plus grands propriétaires d'esclaves (cf. tableau 3). En moyenne, un propriétaire pos-

Tableau 3 - Le nombre d'esclaves et de propriétaires d'esclaves en 1860

ETAT	<10	10-19	20-49	50-99	100-499	>500	Nombre propriétaires d'esclaves	Nombre esclaves
Alabama	21 793	5 906	4 344	1 341	346	0	33 730	435 080
Arkansas	8 341	1 777	1 018	279	65	1	11 481	111 115
Caroline du Nord	24 520	6 073	3 321	611	133	0	34 658	331 059
Caroline du Sud	16 199	5 210	3 646	1 197	441	8	26 701	402 406
Delaware	562	25	0	0	0	0	587	1 798
District de Columbia	1 194	27	7	1	0	0	1 229	3 185
Floride	3 368	976	603	158	47	0	5 152	61 745
Géorgie	27 191	7 530	5 049	1 102	211	1	41 084	462 198
Kentucky	31 819	5 271	1 485	63	7	0	38 645	225 483
Louisiane	14 886	3 222	2 349	1 029	543	4	22 033	331 726
Maryland	11 203	1 718	747	99	16	0	13 783	87 189
Mississippi	19 589	5 479	4 200	1 359	315	1	30 943	436 631
Missouri	21 380	2 400	502	34	4	0	24 320	114 931
Tennessee	28 389	5 523	2 550	335	47	0	36 844	275 719
Texas	16 292	3 423	1 827	282	54	0	21 878	182 566
Virginie	37 577	8 774	4 917	746	114	0	52 128	490 865
Territoires et Kansas	19	1	0	0	0	0	20	46
Total	284 322	63 335	36 565	8 636	2 343	15	395 216	3 953 742

(Source : *Agriculture of The United States in 1860, Returns of the Eighth Census*, Washington GPO, 1864, p. 223-246.)

sède 10 esclaves puisqu'il y en a près de 400 000 pour près de 4 millions d'esclaves. Moins de 1 % de propriétaires ont plus de 100 esclaves et 15 seulement en ont plus de 500.

A l'esclavage il faut ajouter l'apport de la traite illégale théoriquement abolie au 1er janvier 1808. Ainsi ce furent 250 000 esclaves qui, selon John Hope Franklin, furent importés avant la guerre civile.

Quant aux Noirs libres, la plupart des descendants d'esclaves émancipés à l'époque de la Révolution, ils sont dans les États les plus anciens (le seul Maryland en compte près de 84 000 et la Virginie en a pratiquement 60 000 en 1860). Ils représentent un peu moins de 11 % de la population noire totale des États-Unis (483 620 pour un total de 4 437 351 Noirs). Dans le seul Sud le pourcentage de Noirs libres est beaucoup plus faible : 6,2 % avec 259 419 pour un total de 4 213 115 Noirs (cf. tableau 4).

Tableau 4 - Le nombre de Noirs en 1860

Etat	Esclaves	Libres	Nombre total de Noirs
Alabama	435 080	2 920	438 000
Arkansas	111 115	......	111 115
Caroline du Nord	331 059	30 941	362 000
Caroline du Sud	402 406	9 594	412 000
Delaware	1 798	20 202	22 000
District de Columbia	3 185	7 815	11 000
Floride	61 745	1 255	63 000
Géorgie	462 198	3802	466 000
Kentucky	225 483	10 517	236 000
Louisiane	331 726	18 274	350 000
Maryland	87 189	83 811	171 000
Mississippi	436 631	369	437 000
Missouri	114 931	4 069	119 000
Tennessee	275 719	7 281	283 000
Texas	182 566	434	183 000
Virginie	490 865	58 135	549 000
Total	**3 953 696** [93,8%]	**259 419** [6,2 %]	**4 213 115**

(Source : US Bureau of the Census, *Historical Statistics of the United States, Colonial Times to 1970,* Washington DC, 1975, vol. 1, p. 24-35.)

L'élection de Lincoln

La succession de Buchanan, élu en 1856 avec l'appui du Sud, est capitale dans un tel contexte de crise et face à la menace de sécession qui s'accroît.

La campagne électorale

L'élection de novembre 1860 rompt un peu avec la tradition puisqu'il y a quatre candidats au lieu de deux. En réalité, la question de l'esclavage a mis un terme au bipartisme qui veut que l'élection présidentielle mette deux partis en compétition. La nouveauté est la division politique entre les deux sections qui s'ajoute au système des partis. La scène politique s'est comme fragmentée.

Le Sud voit ainsi s'affronter John C. Breckinridge, démocrate dissident du Kentucky, en faveur de l'esclavage dans les territoires, soutenu par les sudistes purs et durs et John Bell du Tennessee qui, à la tête d'une « Union constitutionnelle », a l'appui d'une coalition d'anciens *whigs*, de quelques membres du Parti *Know Nothing* et d'électeurs dits « américains » hostiles à tout programme mais partisans du maintien de l'Union.

Le Nord met aux prises le démocrate officiel Stephen Douglas, défenseur du principe de la non-intervention du Congrès dans les affaires des territoires et de la « souveraineté populaire » et le républicain Abraham Lincoln.

Les démocrates du Nord et du Sud sont divisés sur la protection de l'esclavage et la scission du parti porte en germe sa défaite. Les républicains ont écarté la candidature de l'abolitionniste William H. Seward et choisi Lincoln qui s'est fait connaître en 1858 dans son combat contre le sénateur Douglas mais, surtout, le Parti républicain est le seul à avoir un programme. L'esclavage y tient une part importante mais pas exclusive. Le parti se déclare contre l'extension de l'esclavage dans les territoires et espère le voir disparaître à terme si on arrive à le contenir dans les limites des États où il est installé. Mais la stratégie qui prévaut est celle de la modération et va au-delà de la polarisation excessive sur la lutte anti-esclavagiste en ce sens que le parti cherche à attirer l'électorat en proposant d'autres mesures : facilités plus grandes pour acheter le sol de l'Ouest et gratuité du *homestead* (concession statutaire de 65 ha de terre), élévation des tarifs douaniers, amélioration des voies de communication plus efficaces et reliées au Nord.

Mais, malgré ce souci de diversification et son ambition d'être un parti national, le Parti républicain passe pour représenter les intérêts d'une seule section, celle du Nord, car il n'a pas fait campagne dans le Sud.

Lincoln n'est finalement élu qu'avec un peu moins de 40 % des

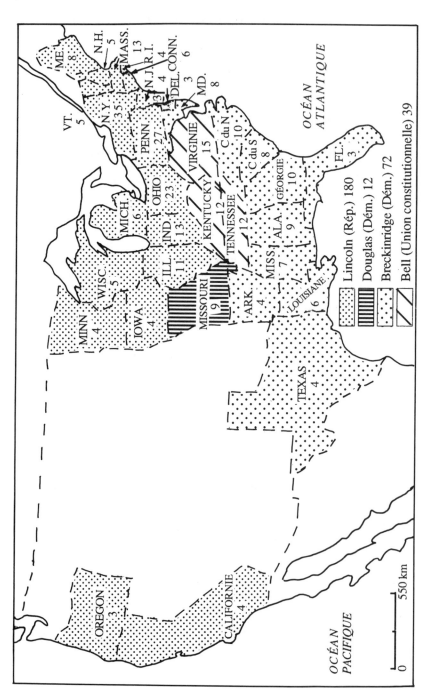

Carte 1. — La répartition des voix des grands électeurs aux présidentielles de 1860

Lincoln (Rép.) 180

Douglas (Dém.) 12

Breckinridge (Dém.) 72

Bell (Union constitutionnelle) 39

OCÉAN ATLANTIQUE

OCÉAN PACIFIQUE

ME. 8
N.H. 5
MASS. 13
N.J. 4
R.I. 4
CONN. 6
VT. 5
N.Y. 35
DEL. 3
MD. 8
PENN 27
VIRGINIE 15
C du N 10
C du S 8
OHIO 23
KENTUCKY 12
TENNESSEE 12
GÉORGIE 10
FL. 3
MICH. 6
IND. 13
ALA. 9
MISS. 7
ILL. 11
WISC. 5
MISSOURI 9
ARK. 4
LOUISIANE 6
MINN 4
IOWA 4
TEXAS 4
OREGON 3
CALIFORNIE 4

550 km
0

voix tandis que Douglas obtient un peu plus de 20 % des suffrages mais le système électoral fait que Lincoln remporte 180 voix de grands électeurs (sur les 303 au total) soit 28 de plus que la majorité absolue contre 12 pour Douglas qui reçoit le soutien du Missouri et d'une partie du New Jersey (cf. tableau 5 et carte 1). Malgré tout, l'élection de Lincoln demeure dans les esprits la victoire du section-nalisme et de l'abolitionnisme. Lincoln gagne dans le Nord, le Nord-Est et les deux États du Pacifique (Californie et Oregon) et Breckin-bridge dans le Sud profond où il récolte 72 mandats. Douglas trouve

Tableau 5 - Les élections présidentielles de 1860

Candidats	%	Suffrages populaires	%	Voix grands électeurs
Lincoln	39,9	1 866 452	39,8	180
Douglas	29,4	1 376 957	20,9	12
Breckinridge	18,1	849 781	14,3	72
Bell	12,6	588 879	12,3	39
Listes de fusion anti-Lincoln			12,7	......
Total	100	4 682 069	100	303

ses voix dans le Nord mais dans un seul État esclavagiste (le Mis-souri) tandis que Bell a le soutien des États tampons. Ces deux der-niers candidats ont réussi à rassembler plus de suffrages que l'un quelconque des deux autres candidats sectionnels, ce qui semble indiquer qu'une majorité de l'électorat était satisfaite par l'Union. Il n'empêche que les États-Unis se trouvent face au danger signalé par George Washington d'une nation divisée et de partis organisés sur des bases géographiques.

Le parcours de Lincoln

Né en 1809 dans le Kentucky d'une famille de pionniers, Abraham Lincoln a suivi la migration de ses parents installés dans l'Indiana puis dans l'Illinois et il apparaît comme un homme de l'Ouest. Grand, maigre mais robuste, simple et maladroit, peu soucieux d'élégance et insensible au decorum, ce représentant de la frontière est l'archétype du *self-made man*. Bûcheron, il occupe divers emplois avant de s'installer en 1837 comme avocat à Springfield. Il siège à l'assemblée législative de l'Illinois de 1834 à 1842 puis à la Chambre des représentants de 1846 à 1848 mais n'est pas réélu pour un deuxième mandat en raison de son hostilité à la guerre du Mexique et de ses prises de position qui déplaisent aux sudistes et aux abolitionnistes.

La philosophie politique de Lincoln et plus particulièrement ses convictions sur la question de l'esclavage demeurent complexes de par leurs nuances souvent prises pour de l'ambiguïté. Lincoln s'inspire de Jackson qu'il admire mais il est *whig* par aversion pour les démocrates partisans de l'esclavage. Il n'aime pas l'esclavage ou plus exactement craint surtout son extension et il rejoint le Parti républicain dès sa création en 1856. Dans un de ses célèbres discours prononcé le 16 octobre 1854, il a l'occasion de défendre la thèse du *free soil* qui consiste à ne pas remettre en cause l'esclavage là où il existe : « Même si tous les pouvoirs de la terre m'étaient donnés, je ne saurais que faire de cette institution qui est établie dans plusieurs États de l'Union. » Il remet en cause le principe de la souveraineté populaire car, selon lui, l'instauration de l'esclavage dans l'Ouest concerne le pays tout entier : « Pourquoi trente et un citoyens du Nebraska auraient-ils davantage le droit moral d'interdire au trente-deuxième d'avoir des esclaves, que la population de trente et un États de l'Union d'interdire l'institution de l'esclavage dans le trente-deuxième État ? » Il se fait surtout un nom en 1858 quand il est opposé à Douglas dans l'Illinois pour les sénatoriales. Lincoln est un abolitionniste mais modéré car son objectif suprême est de sauver l'Union et non de sauver ou de détruire l'esclavage. Il osera quelques pas timides vers l'émancipation mais sans remettre en cause la sacro-sainte Union. Comme beaucoup de ses contemporains, il n'est pas un véritable ami des Noirs et il croit à la supériorité de la race blanche. Comme il le rappelle dans ses débats avec Douglas : « Je n'ai jamais été en faveur de l'égalité politique et sociale de la race noire et de la race blanche. Dans la mesure où les deux races ne peuvent vivre ainsi, il doit y avoir, tant qu'ils resteront ensemble, une position inférieure et une position supérieure. Je désire, tout autant qu'un autre, que la race blanche occupe la position supérieure. » La thèse est claire mais c'est tout de même moins effrayant que le discours radical d'hommes comme W. Seward. Les positions personnelles successives de Lincoln sont difficiles à déchiffrer dans

un contexte de passions déchaînées et de haines sectaires. Les discours publics doivent être analysés avec prudence. La modération de
ses déclarations frise souvent l'ambiguïté mais elle présente pour
avantage d'éviter tout fanatisme. A l'approche de l'élection de 1860,
l'accent est mis à l'évidence sur une autre priorité. Le discours
de 1858 sur la maison divisée contre elle même qui ne peut rester
debout *(House Divided Speech)* implique nettement que le gouvernement ne peut pas durer éternellement en étant moitié libre et moitié
esclavagiste.

Le climat général s'échauffe. Sans l'approuver pour autant, le
Nord commence à faire de John Brown un véritable martyr tandis
que le Sud se considère en état de légitime défense. Un groupe de
plus en plus nombreux d'extrémistes du Sud fait de plus en plus
d'activisme au sein des deux chambres du Congrès, qu'il s'agisse de
Jefferson Davis du Mississippi, de William L. Yancey de l'Alabama,
de Robert Toombs de la Géorgie, de Judah P. Benjamin de Louisiane ou d'Albert G. Brown du Mississippi. Les positions se figent et
les passions se déchaînent. Le Sud veut que la traite soit rétablie et
que l'esclavage soit légal dans tous les États. Et pourtant aucune
menace ne pèse vraiment sur le Sud bien représenté au Congrès et à
la Cour suprême d'autant que Lincoln s'est engagé à ne pas
remettre en cause l'esclavage en question là où il est implanté. Rien
n'indique par ailleurs que la majorité de l'opinion, même dans le
Sud, soit favorable à la sécession mais la volonté des minorités agis-
santes fait son œuvre. Avant même que Lincoln ne soit inauguré, la
Caroline du Sud sort de l'Union dès le 20 décembre 1860, bientôt
suivie par d'autres. La naissance des États confédérés implique que
le pacte fédéral est rompu et la sécession va conduire à la guerre.

La sécession

L'élection de Lincoln eut l'effet d'un détonateur qui met le feu
aux poudres, même si la sécession n'est pas encore la guerre. La
Caroline du Sud eut à nouveau l'initiative et une convention populaire unanime déclara le 20 décembre que l'Union était dissoute. La
justification d'une telle décision était double. La rupture se réfère au
principe de la souveraineté des États libres de résilier le contrat
d'union si certaines parties signataires ne respectent pas les « obligations mutuelles » et doit s'interpréter comme une réaction contre le

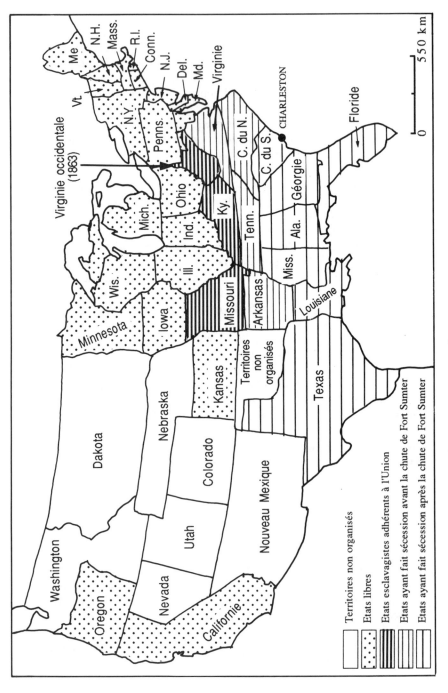

Carte 2. — Les États de l'Union et les États de la Confédération (1860-1865)

Légende :

- Territoires non organisés
- États libres
- États esclavagistes adhérents à l'Union
- États ayant fait sécession avant la chute de Fort Sumter
- États ayant fait sécession après la chute de Fort Sumter

550 km

Virginie occidentale (1863)

CHARLESTON

Me, N.H., Mass., R.I., Conn., N.J., Del., Md., Virginie, Vt, N.Y., Penns., C. du N., C. du S., Géorgie, Floride, Ohio, Ind., Ky., Tenn., Ala., Miss., Arkansas, Louisiane, Mich., Ill., Missouri, Wis., Iowa, Minnesota, Kansas, Territoires non organisés, Texas, Nebraska, Dakota, Colorado, Nouveau Mexique, Washington, Oregon, Nevada, Utah, Californie nouveau président élu accusé d'être hostile à l'esclavage. Le premier argument n'est pas sans rappeler la controverse sur la nullification à propos du tarif douanier du temps d'Andrew Jackson. Le second relève davantage du procès d'intention puisque Lincoln ne peut être encore jugé sur ses actes.

Le texte adopté le 20 décembre (la *South Carolina Ordinance of Secession*) annule l'Ordonnance de 1787 ratifiant la Constitution et, le 24 décembre, un nouveau document (une *Déclaration des causes de la sécession*) dresse l'inventaire des griefs de l'État. L'impact est immédiat sur les États esclavagistes du Sud profond puisque six autres États font sécession en janvier-février 1861 : le Mississippi le 9 janvier, la Floride le 10, l'Alabama le 11, la Géorgie le 19, la Louisiane le 26 et le Texas le 1er février. Les décisions sont prises par des conventions mais sans véritable consultation de l'ensemble des citoyens. Enfin, réunis en convention à Montgomery dans l'Alabama le 4 février, les 7 États forment les États confédérés d'Amérique, une Confédération dont le président, élu pour six ans et non rééligible, est Jefferson Davis, sénateur du Mississippi (secrétaire à la Guerre de 1853 à 1857) et le vice-président Alexander H. Stephens de Géorgie. Ils se donnent une capitale Montgomery (puis Richmond à partir de mai 1861 pour conforter l'adhésion plus tardive des 4 États qui choisissent le camp de la sécession en avril 1861) et une Constitution, promulguée le 11 mars, inspirée de la Constitution de 1787, maintenant l'esclavage et la clause des trois cinquièmes mais insistant davantage sur les droits des États et faisant l'économie de la Cour suprême.

Les autres États du Sud décident d'attendre un peu avant de rejoindre la Confédération, ce qu'ils font après la reddition de Fort Sumter ; c'est en tout cas vrai pour la Virginie le 17 avril, l'Arkansas le 6 mai, puis le Tennessee quelques jours après et la Caroline du Nord le 20 mai. Après de longues hésitations, 4 États esclavagistes seulement, les États frontières *(border states)*, demeurent fidèles à Washington : le Maryland, le Kentucky, le Missouri et le Delaware sans compter l'ouest de la Virginie qui formera en 1863 l'État de Virginie occidentale (cf. carte 2). Enfin, bien que non sécessionnistes, le Kentucky et le Missouri fourniront des soldats à la Confédération. Les Amérindiens du Territoire indien, dont certains ont des esclaves, seront également ouvertement favorables à la cause sudiste.

Face à ces événements, James Buchanan se déclare impuissant et l'Union est comme mise devant le fait accompli puisque Lincoln n'est inauguré que le 4 mars 1861. Dès sa prise de fonctions, ce dernier rappelle avec diplomatie que son but essentiel demeure de sauvegarder l'Union et non de sauvegarder ou de détruire l'esclavage. Loin de lui l'intention de revenir « directement ou indirectement » sur l'institution de l'esclavage là où il existe. Le discours inaugural du nouveau président rappelle aussi avec fermeté et détermination que « l'Union préexiste à la Constitution » et que, de ce fait, « aucun État n'est fondé légalement à quitter l'Union ». Le pacte fédéral ne peut être unilatéralement rompu. Toute scission est donc nulle et non avenue et « tout acte de violence contre l'autorité des États-Unis est de nature "insurrectionnelle ou révolutionnaire" ». « L'idée de la scission constitue l'essence même de l'anarchie. La loi d'une minorité érigée de façon permanente est totalement inadmissible. »

Le but déclaré de l'Union est bien de se défendre et de se maintenir constitutionnellement et le président s'engage enfin « à employer tout le pouvoir qui lui est confié à tenir, occuper et protéger les propriétés et places appartenant au gouvernement ». Les places sont en l'occurrence les forts qui protègent l'accès aux estuaires de la côte atlantique, Fort Pensacola en Floride et Fort Sumter dans le port de Charleston en Caroline du Sud. Il n'est pas question de les faire occuper par les troupes fédérales afin d'éviter toute provocation mais la décision est finalement prise par Lincoln (et annoncée aux Confédérés) de ravitailler en vivres le seul fort Sumter. Avant même la mise à exécution, le Sud bombarde le fort dont la reddition est acquise au bout de deux jours, le 13 avril 1861. La guerre civile a commencé.

On pourra toujours disserter longuement pour savoir qui a commencé les hostilités. Il est vrai que le premier coup de feu est tiré par les Confédérés mais est-ce là la première agression ? Comme le déclara le vice-président Stephens en 1868, « celui qui déclenche une guerre n'est pas celui qui a recours à la force le premier mais plutôt celui qui rend nécessaire l'usage de la force ». Selon les camps, les mêmes événements donnent lieu à des thèses radicalement opposées et fondées sur une interprétation différente du texte constitutionnel fondateur. Pour les fédéraux, la sécession des « rebelles » n'est pas un droit reconnu par la Constitution de 1787 et procède d'une décision unilatérale et révolutionnaire. Pour les sudistes, le retrait de l'Union se justifie pleinement par le droit à la rébellion et rappelle l'attitude des colons en 1776 vis-à-vis de l'Empire britannique. En effet, craignant la menace que les

Yankees représentent pour l'esclavage, pourtant garanti par la Constitution, les sudistes considèrent comme légitime de résister à l'oppression.

La guerre de Sécession (1861-1865)

Ce que nous appelons communément en France la guerre de Sécession porte le nom plus exact de « guerre civile » pour les Américains en raison de l'affrontement sanglant entre le Nord et le Sud. Bien sûr, les États du Sud ont quitté l'Union volontairement en invoquant le droit à la sécession et, se référant à l'esprit de 1776, ils n'en demeurent pas moins persuadés qu'ils sont plus américains que les nordistes. Il n'empêche que les Américains se sont bel et bien divisés pour se battre les uns contre les autres et il y a bien guerre civile, ne serait-ce qu'en raison de son caractère exceptionnellement meurtrier puisqu'elle fait plus de victimes que toutes les autres guerres réunies qui l'ont suivie. Il faut déplorer 620 000 morts (360 000 du côté de l'Union et 260 000 du côté des Confédérés) sans compter les blessés (275 000 pour les Bleus et 190 000 pour les Gris), les destructions et les ravages opérés (par Sherman en Géorgie, par exemple) ou bien encore les villes incendiées (Columbia, Richmond, Atlanta).

Même si le Nord finit par gagner la guerre et imposer ses vues, la fracture entre les deux sections laisse une marque indélébile sur les mentalités dont on sent encore les effets aujourd'hui. Cette guerre tient enfin une place centrale dans l'histoire des États-Unis par la coupure qu'elle opère entre deux tranches presque égales. Il s'est écoulé pratiquement le même nombre d'années entre la nomination de Washington comme commandant en chef de l'armée américaine et l'attaque de Fort Sumter qu'entre la capitulation du général Lee et la présidence du général Eisenhower.

Même si le drame s'estompe et si la réalité historique s'éloigne, la légende a transformé les événements au point de continuer d'exercer une fascination toute particulière sur les esprits. La guerre civile tient pour les Américains une place supérieure aux temps forts de l'Indépendance et joue le même rôle pour le sentiment national américain que la Révolution de 1789 pour les Français. Ne serait-ce qu'au niveau des idées et de la lecture des faits, on est bien loin du consensus et la guerre civile suscite encore des interprétations conflictuelles.

Les « sections » en présence

Lorsque s'engagent les hostilités, non seulement les forces en présence semblent inégales mais elles le sont vraiment. Au moment du recensement de 1860, 11 États seulement sont sécessionnistes face à 23 États (bientôt 25 avec l'admission du Kansas le 29 janvier 1861 et la constitution de la Virginie occidentale en 1863) qui demeurent fidèles à l'Union.

Le rapport de population est également favorable au Nord qui compte avec l'Ouest et les États esclavagistes « fidèles » un peu plus de 22 millions de personnes contre un peu moins de 9 millions pour le Sud et encore sans tenir compte du risque de fragmentation que constitue la présence de 3 millions et demi d'esclaves noirs.

Le déséquilibre est encore plus flagrant au plan économique. Le Nord est fortement industrialisé avec 80 % des usines et la plus grande partie du charbon et de l'acier, est doté de ports actifs et bénéficie d'une incontestable supériorité navale, dispose d'un bon réseau ferré (35 400 km contre 14 500 pour le Sud) et d'un système bancaire sophistiqué. Le Sud, essentiellement agricole et sans technologie, est géographiquement vulnérable en étant susceptible d'être envahi.

Malgré cela, le conflit va durer quatre années. L'exceptionnelle longueur des hostilités ne s'explique que par d'autres avantages du côté du Sud qui retardent l'issue fatale. Le facteur psychologique tout d'abord ne doit pas être négligé. Le Sud a eu l'initiative et il est animé d'une conviction forte qui décuple ses énergies. Au niveau politique les élites dirigeantes sont beaucoup plus soudées que dans le Nord où prévalent les divisions. Le président Lincoln suit une voie moyenne, modérée, et se trouve pris entre les feux des divers courants, tant chez les démocrates que chez les républicains. Au plan militaire enfin, le Sud est mieux préparé pour la résistance car il n'a pas à conquérir le Nord et doit se contenter de tenir. Les structures mêmes de la société rurale et aristocratique facilitent en outre l'organisation des forces combattantes. Alors que l'armée régulière de l'Union ne dépasse guère 17 000 hommes au tout début de 1861, les effectifs vont être considérables. En mars, les soldats commencent par être recrutés parmi des volontaires : 100 000 dans le Sud qui doivent servir pour un an et 75 000 dans le Nord mobilisés pour trois mois. A l'été de 1861, les effectifs doivent être renforcés : 400 000 nouveaux volontaires sont engagés pour trois ans dans le Sud et un million dans le Nord. Puis la conscription s'avère nécessaire mais, une fois encore, l'entreprise est plus délicate dans le Nord. Décrétée en 1863 (un an plus tard que dans le Sud), elle instaure un service de trois ans pour les hommes de 20 à 45 ans mais beaucoup d'appelés, tirés au sort, se font remplacer ou bien se font exempter moyennant le versement d'une somme de 300 dollars. Le Sud a une plus grande capacité à mobiliser et a rendu obligatoire, plus tôt, une conscription qui mobilise les hommes de 18 à 35 ans puis à 45 ans et 50 ans. Dans le Sud les soldats sont mieux entraînés et davantage préparés à l'art de la guerre et l'armée sudiste bénéficie de l'expertise d'excellents officiers tels qu'Albert Sidney Johnston, Joseph E. Johnston, Thomas J. (« Stonewall ») Jackson, Pierre Beauregard et, surtout, le plus brillant stratège de la guerre, le remarquable Robert E. Lee de Virginie, formé à West Point et qui a décliné l'offre de Lincoln pour servir les Confédérés. Lee s'est illustré dans la guerre contre le Mexique avant de prendre le commandement en chef de l'armée de Virginie du Nord en 1862 puisqu'il ne sera général en chef de toutes les armées confédérées qu'en février 1865. Le Nord devra attendre la fin de la guerre (1864) pour découvrir les chefs qui lui donnèrent la victoire William T. Sherman et surtout Ulysses S. Grant.

Le débat historiographique sur les causes de la guerre

Sur les véritables causes de la guerre, les historiens diffèrent.

La thèse développée au tournant de ce siècle par James F. Rhodes et qui va s'imposer pendant les deux premières décennies du XXe siècle voit dans l'esclavage l'unique cause de la guerre civile. Elle retrouve un regain de faveur après la Deuxième Guerre mondiale dans le contexte de la lutte pour les droits civiques auprès d'historiens comme A. Nevins. Même s'il dégage diverses causes secondaires d'ordre politique, constitutionnel et économique, Nevins affirme que l'esclavage est bien la cause principale des événements. Plus récemment encore (en 1976), David Potter va dans le même sens.

Un deuxième courant idéologique est incarné par Charles et Mary Beard qui, à la veille de la grande crise de 1929, insistent davantage sur le conflit économique, la guerre de Sécession n'étant que la forme la plus achevée d'un combat à mort entre deux formes rivales du capitalisme. Les Beard voient dans la guerre civile une deuxième Révolution américaine caractérisée par la volonté de

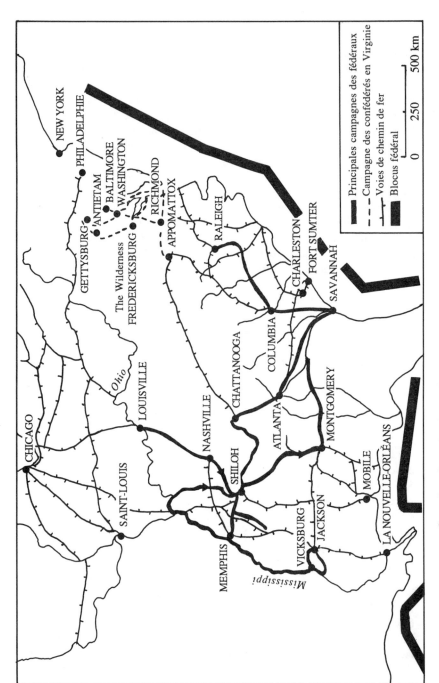

Carte 3. — Les opérations militaires de la guerre civile (1861-1865)

NEW YORK
PHILADELPHIE
GETTYSBURG
ANTIETAM
BALTIMORE
WASHINGTON
RICHMOND
APPOMATTOX
The Wilderness
FREDERICKSBURG
RALEIGH
CHARLESTON
FORT SUMTER
SAVANNAH
COLUMBIA
CHATTANOOGA
ATLANTA
MONTGOMERY
NASHVILLE
SHILOH
MOBILE
LA NOUVELLE-ORLÉANS
VICKSBURG
JACKSON
MEMPHIS
Mississippi
LOUISVILLE
Ohio
SAINT-LOUIS
CHICAGO

Principales campagnes des fédéraux
Campagne des confédérés en Virginie
Voies de chemin de fer
Blocus fédéral

0   250   500 km

l'industrie du Nord de dominer l'agriculture du Sud. Même si Charles Beard renonça à sa propre thèse quelque temps après l'avoir formulée, cette interprétation retrouve des défenseurs dans les années 1960, notamment William A. Williams et Barrington Moore.

Une troisième école défend l'idée de l'affrontement inéluctable de deux sections rivales. Les deux sociétés du Nord et du Sud constituent deux civilisations radicalement distinctes mais inévitablement conduites au conflit. Le concept de déterminisme et de fatalité est lui même attaqué par A. Craven ou K. Stampp qui estiment que la guerre civile aurait pu être évitée et qui imputent la seule responsabilité des événements tragiques au fanatisme et à l'incapacité des chefs politiques.

Comme on le voit, la guerre civile a suscité une véritable guerre des interprétations idéologiques qui ne semble pas avoir pris fin.

Le déroulement des opérations militaires (12 avril 1861 - 9 avril 1865)

La guerre qui dure près de quatre années jour pour jour de l'assaut de Fort Sumter jusqu'à la capitulation d'Appomattox, se déroule sur plusieurs fronts et connaît plusieurs phases.

La première phase qui dure jusqu'au début de 1863 est celle de l'indécision et du piétinement. L'année 1863 constitue la période décisive et, à partir de 1864, démarre la dernière phase au cours de laquelle le Nord confirme son avantage couronné par l'acte final du printemps de 1865.

Le Sud, qui a eu l'initiative des opérations, conserve au début l'indéniable avantage de pouvoir rester sur la défensive. Contraint d'attaquer, le Nord doit non seulement envahir mais occuper le Sud. Il y a bien deux théâtres d'opérations divisés naturellement par les Appalaches et les premières batailles vont se dérouler sur le front de l'est (cf. carte 3).

L'Est mobilise la plus grande attention et présente un enjeu stratégique incontestable puisque les deux capitales sont distantes de 100 miles l'une de l'autre. Il n'est donc pas indifférent que Joseph E. Johnston puis Robert E. Lee repoussent les diverses attaques de l'Union sur Richmond. L'essentiel des opérations se situent en Virginie avec quelques batailles dans le Maryland et en Pennsylvanie. Le premier combat se déroule au nord de la Virginie, à Bull Run, le

21 juillet 1861. Les forces sont presque égales de part et d'autre (environ 30 000 hommes) mais l'attaque du général Irvin McDowell repoussée par « Stonewall » Jackson donne la première victoire au Sud. L'année 1862 est dominée par de nouvelles défaites du Nord face aux ripostes magistrales de Lee, notamment au cours de la *Peninsula Campaign* en mai-juin puis à Bull's Bluff sur le Potomac puis à nouveau à Bull Run contre l'armée de John Pope (29-30 août). La partie est plus difficile à Sharpburg sur l'Antietam, dans l'ouest du Maryland, au nord-ouest de Washington, en septembre, contre les troupes du général George B. McClellan qui commande les armées du Nord de novembre 1861 à novembre 1862 mais qui n'a pas su exploiter son succès. Ce dernier affrontement, d'une rare violence, est d'une importance cruciale. En une seule journée, chacun des belligérants doit déplorer 12 000 pertes et les 70 000 nordistes de McClellan contraignent les 40 000 confédérés de Lee à se replier en Virginie. A nouveau sur son terrain, Lee s'avère invincible. Il repousse les assauts du général Ambrose E. Burnside à Fredericksburg en décembre 1862 puis, en mai 1863, avec l'aide de Stonewall Jackson (qui trouve la mort par accident à cette occasion), celles des armées de l'Union conduites par Joseph E. Hooker *(Fighting Joe)* à Chancellorsville. Lee tente alors en juin une invasion du Nord, en Pennsylvanie, pour menacer Washington et forcer l'adversaire à cesser les combats. L'expertise et l'audace de Lee ne suffiront pas toutefois, face aux troupes des fédéraux de George C. Meade plus nombreuses et mieux équipées, et la bataille de Gettysburg, au tout début juillet 1863, constitue le premier tournant décisif de la guerre. Au bout de trois jours de rudes combats, Lee fait une fausse manœuvre fatale et la charge tragique de ses hommes en gris qui essuient le feu nourri des « tuniques bleues » l'oblige à se replier après le 3 juillet. Les confédérés ont perdu 28 000 hommes et les nordistes presque autant mais ce premier revers sévère marque un coup d'arrêt pour le Sud et entraîne des défections nombreuses. A la fin de 1863, un tiers des soldats ont déserté et le découragement qui s'installe se trouve accru par le nombre important d'exemptions dont bénéficient les propriétaires de plus de vingt esclaves, ce qui laisse vite à penser que le conflit est bien la guerre des riches mais surtout le combat des pauvres. De surcroît, ce sentiment est renforcé du fait que la cause confédérée est un peu abandonnée par les riches planteurs dont les intérêts financiers commencent à être durement touchés.

Alors que la situation paraît plus que compromise sur le front de l'est, les choses vont encore plus mal pour le Sud sur le front de l'ouest. Dès le début, l'objectif du Nord avait été de diviser l'ennemi du Sud selon l'axe du Mississippi. Il est atteint à l'été de 1863. Dès 1862, le général Ulysses S. Grant, originaire de l'Illinois, avait commencé à s'imposer à partir de Cairo dans l'Illinois par la prise, en février, des forts Henry et Donelson qui commandaient l'accès de deux affluents de l'Ohio, le Cumberland et le Tennessee. Il pénètre ainsi jusqu'à la frontière sud du Tennessee, dans la région qui sépare les Appalaches du Mississippi, et remporte ensuite, les 6 et 7 avril, une bataille difficile et meurtrière près de Shiloh qui cause 11 000 pertes pour les confédérés et 13 000 pour l'Union. Les confédérés se replient alors dans le Mississippi et l'objectif de Grant est d'avoir la maîtrise du Mississippi où, enfin, le siège de Vicksburg en juillet 1863 permet au bout de six semaines de couper la Confédération en deux. La progression des armées nordistes est désormais inéluctable, et ce, malgré les efforts désespérés du Sud qui mobilise en 1864 les hommes de 17 à 50 ans et qui va jusqu'à faire appel aux esclaves. Malgré une carrière militaire plutôt médiocre et une réputation d'ivrogne, Grant se révèle être l'homme de la situation pour les fédéraux et Lincoln lui confie à compter de mars 1864 le commandement des forces de l'Union. L'année 1864 s'avère décisive. La prise de Chattanooga, nœud ferroviaire vital dans le Tennessee, en novembre 1863, a également ouvert la voie à William T. Sherman qui brûle tout sur son passage au cours de sa campagne de Géorgie. C'est alors la mise à sac et l'incendie d'Atlanta le 2 septembre 1864 (la scène a été immortalisée par *Autant en emporte le vent*) puis la prise de Savannah le 22 décembre 1864. L'histoire a retenu les ravages atroces opérés par Sherman, qualifié de « brute » par les sudistes, dans une « guerre totale » impliquant les civils autant que les militaires.

Le troisième front est celui de la mer. La flotte de l'Union réorganisée par Gideon Welles, est assurée de sa suprématie et la prise de La Nouvelle-Orléans, en avril 1862, bloque l'accès à la vallée du Mississippi et asphyxie la Confédération. Une partie de la flotte confédérée est également détruite à Memphis dans le Tennessee. Mais surtout le blocus des 5 700 km de côtes du Sud décrété par Lincoln dès avril 1861, lent à se mettre en place avec efficacité, crée rapidement des problèmes sérieux d'approvisionnements, notamment en munitions et en produits médicaux ainsi qu'en vêtements et en vivres, et, malgré l'action des « forceurs de blocus », la Confédération est vite à bout de ressources, si l'on en juge ne serait-ce que par les files d'attente *(bread lines)* qui s'allongent dès 1863. Le Nord achète et construit à tour de bras une marine, commandée par l'amiral David G. Farragut, qui ne compte pas moins de 700 bâtiments en 1865.

L'année 1865 voit l'étau se resserrer autour des confédérés. Au terme d'une guerre d'usure contre Lee et à la tête de 100 000 hommes, Grant a engagé, en novembre 1864, l'une des dernières batailles meurtrières, celle de la *Wilderness*, dans cette région sauvage, vers le nord-ouest, près de la côte, des grands estuaires du Potomac qui protègent Washington, et de la James et de l'York qui découragent l'accès vers Richmond. Au début de 1865, Sherman remonte vers le nord après avoir traversé et dévasté la Caroline du Sud (le port de Charleston est occupé le 18 février) et la Caroline du Nord. L'acte final a lieu au printemps de 1865. Au tout début avril, Grant s'empare alors de Petersburg, au sud de la capitale sudiste, qui était assiégée depuis neuf mois. Le 2 avril, la chute de Richmond sonne le glas de la Confédération et Lee capitule à Appomattox le 9 avril même si quelques escarmouches se prolongent jusqu'en mai. Le président Jefferson Davis est fait prisonnier en Géorgie le 10 mai et les dernières troupes cessent de combattre quelques jours après. Il ne reste plus qu'à croire les paroles prononcées par Lincoln, le 13 novembre 1863, lors de l'inauguration solennelle du cimetière de Gettysburg, dans un célèbre discours qui formule la résolution « de ne pas laisser ces morts être morts en vain et de faire que cette nation, sous le regard de Dieu, naisse à nouveau dans la liberté ».

L'archétype de la guerre moderne

La guerre de Sécession est moderne par sa couverture médiatique puisque les reportages photographiques de Mathew Brady permettent de suivre quotidiennement les événements dans les moindres détails mais elle l'est aussi à la fois par son armement et par la stratégie mise en œuvre. Tout d'abord, les chefs militaires ont pu bénéficier des nouvelles inventions techniques. Le chemin de fer est un atout décisif pour le Nord dont les troupes sont acheminées par train au lieu de se déplacer à cheval. Le télégraphe mis au service de l'armée permet à Grant de diriger les opérations de ses quartiers généraux avec plus de facilité à la fin du conflit.

Sans doute les inventions d'Eli Whitney, de Samuel Colt, de Winchester avaient-elles stimulé le goût pour les armes. Mais l'armement s'est également modernisé. Le fusil à canon rayé (l'*Enfield* anglais ou le *Springfield* américain) remplace le fusil lisse artisanal et l'introduction du fusil à répétition utilisant la balle conique donne une telle puissance et une telle précision aux tirs que la stratégie doit se modifier. Il n'est plus nécessaire d'attaquer de façon traditionnelle, c'est-à-dire frontale, ni d'utiliser la baïonnette ou le sabre. L'utilisation de la mitrailleuse a aussi pour effet de développer la guerre de tranchées et de positions.

Dans le domaine de la marine, les innovations bénéficient de l'impact de la révolution industrielle. On abandonne la voile pour passer à la propulsion à vapeur. Mines et sous-marins sont expérimentés pour la première fois. On fait appel à des navires en fer plutôt qu'en bois ; les célèbres *ironclads*, tout caparaçonnés de métal, font fureur comme en témoigne le fameux affrontement en mars 1862 entre les navires cuirassés, le *Monitor* nordiste contre le *Virginia* ex *Merrimac* sudiste.

La stratégie, enfin, est moderne. Inspiré des techniques introduites par Napoléon, l'art de la guerre enseigné à l'école militaire de West Point, est commun au Nord et au Sud. La grande idée est de pratiquer l'offensive à tout prix, de rassembler le maximum d'hommes et de concentrer l'effort sur un point décisif, de procéder à une guerre de mouvement avec débordement par les ailes pour tenter de surprendre l'ennemi et de remporter une victoire définitive.

L'enthousiasme patriotique n'aura pas fait défaut, en particulier au Sud, mais le bilan n'en est pas pour autant moins catastrophique. Le tribut payé s'avère extrêmement lourd. La guerre n'a pas manqué d'effectifs en mobilisant 1,5 million de soldats du côté de l'Union contre 1,1 million pour la Confédération. Un combattant sur cinq a été tué. Les pertes ont été causées autant si ce n'est plus par les maladies (typhoïde, malaria, tuberculose, dysenterie) que par le feu du canon. Les conditions d'hygiène sont déplorables et les services de santé encore mal organisés. La Croix-Rouge n'est pas encore née puisqu'il faut attendre 1864 pour qu'elle soit fondée par Henri Dunant. En termes d'efforts financiers, le coût des opérations est impressionnant puisque les gouvernements ont dépensé plus de 8 milliards de dollars. Les pertes humaines et matérielles sont énormes et la guerre civile sanglante se solde par un bilan tragique. A la défaite le Sud va bientôt devoir ajouter les affres de l'occupation militaire pendant plusieurs années mais surtout le poids de l'humiliation morale.

Les causes politiques de la défaite du Sud

Les historiens se sont sans doute davantage penchés sur la défaite du Sud que sur la victoire du Nord. On a bien compris que l'un des seuls handicaps de l'Union était l'absence de détermination mais la ténacité, le courage et les qualités guerrières ne suffisent pas. La guerre militaire a aussi des implications d'ordre économique et politique.

Les mérites respectifs des chefs militaires ont été évalués mais ils ne sauraient occulter la valeur des hommes politiques qui ont contrôlé la prise de décision tout au cours d'une période de quatre ans qui correspond au mandat d'une présidence. En plus de sa supériorité matérielle, financière et économique, le Nord a eu la chance de bénéficier de la sage et ferme autorité de Lincoln. On peut toujours étudier longuement les nuances subtiles de ses prises de position et il peut aussi sembler ironique qu'un homme aussi profondément pacifique ait pu devenir le chef d'une guerre sans merci. Il n'empêche que l'inconnu qui n'émerge au plan de la politique nationale qu'en 1858, et dont on s'interroge encore sur les intentions véritables en 1860, s'impose progressivement. Face aux tensions qui se font jour entre les divers extrémismes, la modération et l'équilibre passent rapidement pour des vertus rares. La force essentielle du Nord est due au triomphe des traditions politiques et à l'autorité d'un homme écouté. Tout en respectant le rôle du Congrès qui légifère comme il se doit et tout en permettant, d'une façon plus générale, le fonctionnement normal des institutions, le président affirme son autorité et fait admettre ses décisions.

Face à la hauteur de vues incontestable de Lincoln, la faiblesse politique de Jefferson Davis apparaît de façon éclatante. Le président de la Confédération manque d'envergure et de charisme et n'arrive pas à transcender les divisions de son Cabinet. Pour ne citer qu'un autre exemple, J. Davis change six fois de secrétaire à la Guerre tandis que Lincoln a gardé le même, Edwin M. Stanton. La faille du nouveau système politique que s'est donné la Confédération est de manquer d'un pôle fort de décision, la dilution de l'autorité centrale étant le résultat direct de l'affirmation des volontés fortes de chaque État. Le président est constamment entravé dans son action par les interventions des gouverneurs Joseph E. Brown, de Géorgie, et Zebulon Vance, de la Caroline du Nord, qui sont obsessionnels sur la question des droits des États. Certains, comme la Géorgie, la Caroline du Nord et la Virginie, n'ont en effet accepté de rejoindre la Confédération qu'à la condition de conserver leur autonomie et il n'y a rien de surprenant à ce qu'ils contestent sans cesse les décisions présidentielles tout en manquant de souplesse vis-à-vis des obligations collectives.

Enfin, la stratégie du président Davis s'avère mauvaise en matière de relations internationales et de reconnaissance par les puissances étrangères. Ce dernier aurait fort bien pu financer l'effort de guerre en favorisant l'accroissement de ses exportations de coton puisque le Sud en a le quasi-monopole en fournissant à l'Europe 80 % de ses besoins ; mais il préfère le choix de l'embargo en pensant que sa décision va conduire les filatures anglaises à fermer et que la crise ainsi créée incitera le gouvernement britannique à soutenir ouvertement le parti de la Confédération. Le Sud est vraiment persuadé que le coton est encore roi et « qu'on n'ose pas faire la guerre au coton ». Le calcul est déjoué par d'autres paramètres. D'une part, le commerce international du coton est financé en grande partie par les hommes d'affaires du Nord sans compter que le blocus des nordistes se révèle fatal pour le Sud. Malgré l'action des forceurs de blocus qui n'ont pu transporter que des quantités limitées, le blocus a été tout à fait effectif et la prise de La Nouvelle-Orléans a vite privé les confédérés de leur principal port d'exportation. En outre, les sudistes ont surestimé la valeur de leur arme et le chantage est inopérant. Les Anglais, tout d'abord, avaient plus d'un an de stock de coton devant eux et ils varient leurs sources d'approvisionnement en se tournant vers les Indes ou l'Égypte. Ils ont aussi besoin autant, sinon davantage, du blé du Nord-Ouest et ne sont donc pas prêts à s'aliéner l'Union. Par ailleurs, la classe d'affaires est partagée entre des sentiments contradictoires, entre la peur de manquer de coton mais aussi la satisfaction de voir disparaître la concurrence. De surcroît, l'opinion publique est extrêmement diverse. Sans doute, l'aristocratie anglaise est-elle favorable aux Confédérés mais le reste de la population est plus en faveur de l'Union. Même si certaines manufactures sont contraintes à la fermeture dans le Lancashire ou le Yorkshire, les ouvriers anglais éprouvent plus de sympathie pour le Nord, plus démocratique, que pour le Sud qui demeure associé dans leur esprit à l'esclavage. Enfin, il faut compter avec l'activité remarquable des représentants de Lincoln à Londres (coordonnée par le secrétaire d'État William Seward) qui déploient des trésors d'énergie pour rallier leurs partenaires à leur cause.

Au-delà des réactions de la Grande-Bretagne, il faut aussi tenir compte de celles de la France. Même si, d'une façon générale, la condamnation morale de l'esclavage n'aide pas la cause sudiste, dans le contexte historique de l'Italie et de l'Allemagne qui édifient leur unité nationale, les puissances européennes peuvent assez aisément concevoir une certaine sympathie pour cette nouvelle « nationalité » qui émerge en Amérique. La France impériale, pour sa part, a un penchant naturel pour les confédérés mais ne veut pas intervenir sans l'appui des Britanniques d'où, en fin de compte, son soutien à l'attitude de neutralité officiellement déclarée le 13 mai 1861 par la Grande-Bretagne.

Depuis la déclaration de Monroe, les États-Unis avaient clairement indiqué à l'Europe que l'Amérique du Nord était un domaine interdit aux ambitions européennes mais la guerre de Sécession, en coupant en deux la grande république américaine, parut changer la situation et Napoléon III crut habile d'en profiter. L'intervention française au Mexique, rendue possible par la faillite du gouvernement mexicain de Juaréz qui a suspendu le paiement des intérêts dus aux créanciers étrangers, visait à rétablir l'équilibre du Nouveau Monde menacé par la puissance croissante des États-Unis. L'ambition napoléonienne de fonder au Mexique un Empire latin catholique pour faire contrepoids à la grande république anglo-saxonne protestante et pour limiter les empiétements des États-Unis échoue. Ce rêve impérial sur fond de spéculations foncières avorte mais il s'accommodait fort bien de la sécession américaine.

L'ensemble de ces facteurs permettent de comprendre comment, en étant reconnue comme *belligérante* mais non comme *souveraine*, la Confédération se trouve, en fin de compte, isolée au plan international.

Les conséquences sociales et économiques de la guerre

La victoire du Nord est due en grande partie à sa supériorité économique et matérielle mais elle a pour effet d'accroître encore davantage sa puissance économique et, partant, d'accentuer le déséquilibre entre les deux sections rivales. La première conséquence de la guerre de Sécession est de consacrer l'échec d'une civilisation agrarienne et de stimuler, au terme d'une véritable révolution économique, l'expansion du Nord. Le Sud a été victime de son industrialisation trop réduite, d'un système bancaire fragile et d'une agriculture reposant exclusivement sur les ressources d'une monoculture. La production de coton s'effondre en passant de 4 millions de balles en 1860 à moins de 400 000 en 1865 et l'abolition de l'esclavage va profondément bouleverser le mode d'organisation des plantations.

Déjà, pendant les trois dernières années de la guerre, le Nord est en mesure de fabriquer tout son matériel tandis que le Sud dépend de l'étranger pour ses munitions. Le développement des manufactures permet au Nord de fabriquer 90 % des produits manufacturés contre 10 % dans le Sud. Ateliers de réparations et chantiers navals travaillent activement. Les innovations techniques se multiplient : lampe à kérosène, moissonneuse et autres machines agricoles *McCormick* ou *Wood*, machines à coudre de Howe et McKay pour fabriquer les chaussures des soldats et machines-outils diverses sans compter les inventions de toutes sortes dans le domaine de l'agro-alimentaire : lait condensé ou bien abattage mécanisé et conserves de viande, notamment à Chicago qui devient la ville des abattoirs avec l'installation des maisons *Armour* et *Swift* en 1865.

Par ailleurs, l'expansion démographique se poursuit au profit du Nord et de l'Ouest. Plus de 800 000 nouveaux immigrants arrivent pendant la guerre et 300 000 personnes se sont déplacées dans les Grandes Plaines (Californie et Rocheuses). L'exploitation des mines d'or et d'argent bat son plein dans le Colorado qui est devenu territoire en 1861 (ainsi que le Nevada et les Dakotas). Le Kansas devient État en 1861 tout comme le Nevada en 1864.

Ce développement de l'économie dans le Nord et dans l'Ouest est conforté par l'adoption d'une série de mesures par le Congrès. La première, en mai 1862, est la loi sur les terres cultivables *(Homestead Act)*. Des parcelles de 160 acres (64 ha) de terre prises sur le domaine public arpenté sont données gratuitement aux citoyens américains de plus de 21 ans ou aux immigrants sur le point de le devenir qui s'engagent à les mettre en valeur pendant cinq ans, moyennant le versement d'un droit allant de 24 à 36 $. Beaucoup de familles vont ainsi profiter de cette offre mais seulement un sixième des terres cédées par le gouvernement est distribué à de véritables fermiers. Le reste fera l'objet de spéculations de toutes sortes et, en particulier, de vastes lopins, concédés de façon frauduleuse, seront utilisés pour la construction du chemin de fer. Aux termes du *Morrill Act* de 1862, des terres fédérales sont également réservées aux États pour qu'ils puissent implanter des collèges d'agriculture et de mécanique. La mesure permettra la création de 69 établissements de ce type. Les intérêts de l'Ouest ont donc été pris en compte, comme l'avait aussi montré déjà la création d'un ministère de l'Agriculture en 1861.

Le deuxième type de mesure est lié au chemin de fer. Le 1er juillet 1862, le *Pacific Railroad Act* décide de construire un chemin de fer transcontinental pour relier la vallée du Mississippi à la Californie, de Omaha dans le Nebraska jusqu'à Sacramento en Californie. Importantes allocations de terres (10 miles carrés de chaque côté de la voie pour chaque mile construit) et généreuses subventions sont accordées à deux compagnies privées (l'*Union Pacific* et le *Central Pacific*) en échange de la construction et de l'exploitation de la nouvelle ligne qui sera finalement achevée en mai 1869.

Une troisième mesure touche le secteur bancaire. Le *National Bank Act* de février 1863 (complété par des dispositions complémentaires adoptées en 1864) met en place un système bancaire national. Il est clair que l'effort de guerre n'a pas pu être entièrement assuré par le système de taxation. Un impôt sur le revenu est instauré en 1861 mais, même augmenté, l'impôt fédéral n'est pas suffisant. L'attention des législateurs se porte alors sur la réorganisation du système bancaire (accompagnée d'une élévation du tarif douanier qui double presque pendant le temps de la guerre) afin de pouvoir constituer une réserve, d'où l'initiative de confier cette mission à des banques nationales spéciales sans pour autant créer une banque centrale. La dette nationale est passée de 65 millions à 2 milliards et demi de dollars qui sont souscrits sous la forme de bons du Trésor. Ces bons peuvent être achetés avec du papier-monnaie inconvertible, les fameux *greenbacks,* très vite dépréciés par rapport à leur valeur d'émission d'origine. L'intérêt sur les bons est garanti par le gouvernement et payé en or. Cet ensemble de mesures sont certainement encore les plus efficaces même si elles sont de nature inflationniste et augmentent le coût de la guerre. La valeur des *greenbacks* dépend naturellement selon la fortune des armées et donne lieu à toutes les formes de spéculation dont les profits peuvent atteindre jusqu'à 40 %. Ainsi toute une classe de financiers s'enrichit dans le Nord grâce à la guerre à l'instar de l'un des principaux vendeurs de bons, Jay Cooke de l'Ohio qui acquit le titre de « financier de la guerre civile ».

La situation financière du Sud est désastreuse en comparaison puisque la rentrée d'impôts y est difficile et que les investissements sont plus ou moins perdus. La Confédération a peu de crédit et encore moins de liquidités. Elle a imprimé du papier-monnaie pour un milliard de dollars sans le garantir, ce qui veut dire qu'il est sans valeur à la fin de la guerre. La dépréciation du papier-monnaie fait monter les prix de façon astronomique et en ruine plus d'un. En janvier 1864, le dollar confédéré s'est tellement déprécié qu'il ne vaut plus que 5 cents. Le Sud est bien ravagé et détruit.

L'abolition de l'esclavage et le problème noir

Le plus grand résultat de la guerre de Sécession fut l'abolition de l'esclavage mais le problème noir ne fut pas réglé pour autant. Jusqu'en 1862, le but de la guerre, pour Lincoln, est avant tout de préserver l'Union. Il est persuadé que la réconciliation générale le dispensera de l'émancipation mais, dès le début de son mandat, le président est tiraillé entre les tendances extrémistes des principaux partis, voire pressé par certains de ses ministres. D'une part, les républicains radicaux et abolitionnistes tels que Thaddeus Stevens, de Pennsylvanie, Ben Wade, de l'Ohio, ou bien Charles Sumner, du Massachusetts, pour qui la guerre n'est qu'une croisade anti-esclavagiste, reprochent à Lincoln d'être mou et hésitant. D'autre part, les démocrates opposés à la guerre, en rupture de ban avec leur parti, les fameux *copperheads* (des serpents venimeux, des vipères cuivrées précisément), avec à leur tête Clement L. Vallandigham, ancien représentant de l'Ohio, poussent activement à la négociation avec le Sud. Lincoln se refuse à abolir l'esclavage et à céder à ces pressions, moins au nom des principes que par souci de ne pas s'aliéner les quatre États frontières à esclaves qui avaient conservé leur fidélité à l'Union. Il eût été très dangereux de voir ces États passer de l'autre côté et soutenir les rebelles. L'extinction de l'esclavage ne pourra être envisagée que lorsque l'avenir de l'Union aura été sauvegardé. On comprend mieux dans ce contexte l'attitude de réprobation de Lincoln à l'encontre du général John C. Fremont, un républicain radical, qui décide, en août 1861, de libérer tous les esclaves dans les terres conquises par ses soldats dans le Missouri et, par ailleurs, son attitude de tolérance sur la non-application de la loi relative aux esclaves fugitifs. En mai 1861, Lincoln avait bien su, en effet, fermer les yeux sur le fait que le général Butler n'avait pas rendu à leurs maîtres des esclaves virginiens, enrôlés par les confédérés mais qui s'étaient réfugiés auprès de lui.

Mais la situation évolue fin 1861 - début 1862. Des milliers d'esclaves fugitifs qui veulent s'engager dans les troupes fédérales accroissent la pression tandis que le projet de Lincoln de proposer

une émancipation graduelle des esclaves avec compensation financière est rejeté au printemps 1862 par les propriétaires d'esclaves des
États frontières. Le plan prévoyait de laisser trente-sept ans aux États
pour mettre un terme définitif à l'esclavage. Peu à peu, sous la pression des radicaux, le Congrès adopte des textes interdisant le renvoi
des fugitifs à leurs maîtres. Le *Second Confiscation Act* de 1862 affran-
chit « pour toujours » les esclaves rebelles fugitifs ou capturés. En
avril 1862, le Congrès abolit aussi l'esclavage dans le district de
Columbia, au risque de voir la capitale envahie de Noirs. Par ailleurs, les victoires des confédérés justifient que l'on s'attaque au problème de l'esclavage, d'où le pas franchi par Lincoln qui finit par se
rallier au point de vue des radicaux et qui se décide à affranchir les
esclaves noirs des États rebelles.

C'est le sens de sa Proclamation d'émancipation. Rédigée dans le
secret en juillet 1862 pour ne pas donner l'impression d'avoir été
dictée par les revers militaires de l'Union, la proclamation est officiellement publiée en septembre 1862 après le combat d'Antietam
avec une prise d'effet fixée au 1er janvier 1863. Si cette mesure permet à Lincoln de gagner l'adhésion de l'opinion britannique, elle ne
satisfait que partiellement les abolitionnistes et les esclavagistes. Bien
sûr, la décision est d'importance par sa valeur symbolique et elle
réjouit les intéressés qui chantent « la douce terre de liberté », outre
qu'elle vaut à Lincoln le qualificatif de « Grand Émancipateur ». Un
peu plus de 200 000 Noirs (180 000 dans l'armée et 30 000 dans la
marine) vont pouvoir désormais servir aux côtés des fédéraux jusqu'à
la fin de la guerre.

Sans avoir disparu, le système de l'esclavage est bien démantelé,
même dans le Sud où les relations entre maîtres et esclaves ont
considérablement évolué. L'absence des premiers, le manque de
nourritures qui contraint les seconds à chercher un emploi à la ville,
l'enrôlement des esclaves envisagé par les confédérés au risque de
remettre en cause le principe même de la sécession bouleversent les
comportements et les mentalités. Mais neuf Noirs sur dix vivent toujours dans les États sécessionnistes et l'émancipation ne concerne
encore ni les États frontières, ni les États du Sud non encore occupés
par les troupes de l'Union. On peut dire, dans la réalité des faits,
que sont émancipés les esclaves que l'on ne peut atteindre et que
sont maintenus dans la servitude ceux qui peuvent être libérés, pour
reprendre les mots de Seward. De surcroît, l'émancipation demeure
précaire car tout peut être remis en cause en cas d'une victoire
démocrate aux élections de 1864.

Lincoln élabore son plan pour reconstruire le pays et en appelle à la fin de la haine dans son discours de Gettysburg de novembre 1863 et dans sa Proclamation d'amnistie de décembre 1863. Les républicains et le petit groupe de démocrates bellicistes *(war democrats)*, ceux qui sont en faveur d'une politique « nationale », fusionnent pour former le *Union party*. Ils désignent Lincoln comme candidat à la présidence et Andrew Johnson, démocrate du Tennessee, pour le poste de vice-président. De leur côté, les démocrates soutiennent le général George B. McClellan mais ils seront les grands perdants en étant désormais assimilés à la cause sudiste. Jusqu'en 1912, tous les présidents seront des républicains à l'exception de Cleveland.

En tout cas, même s'il n'est pas sûr de gagner les élections, Lincoln est réélu sans trop de problèmes car la majorité de l'électorat a reconnu et respecté en lui l'homme de la réconciliation nationale, calme, modéré et habile. La réélection de Lincoln pour un second mandat permet surtout de dissiper la crainte de voir l'émancipation remise en question et il faut attendre l'adoption par le Congrès du 13ᵉ amendement à la Constitution fédérale, en 1865, pour que l'esclavage soit définitivement aboli sur l'ensemble du territoire des États-Unis (l'amendement est proposé le 1ᵉʳ février et définitivement approuvé le 18 décembre). « Ni esclavage ni servitude involontaire, si ce n'est en punition d'un crime dont le coupable aura été dûment convaincu, n'existeront aux États-Unis ni dans aucun des lieux soumis à leur juridiction. » Le président a dû peser de tout son poids pour obtenir un vote des deux tiers mais ce 13ᵉ amendement constitue une bonne façon de conclure la guerre et, le 4 avril 1865, les Noirs ne s'y trompent pas qui font une véritable ovation à Lincoln dans les rues de Richmond, tout juste libérée par le général Grant. Mais, le 14 avril 1865, un Vendredi saint, tel un autre Christ crucifié, Lincoln est assassiné en pleine gloire au théâtre Ford de Washington par John Wilkes Booth, un sudiste demi-fou, un jeune acteur raté, qui s'enfuit aux cris de *Sic semper tyrannis* ! avant d'être abattu à son tour, quelques jours après.

En dehors de la Confédération, la nouvelle du drame est accueillie avec effroi. Mais, très vite, les États-Unis comprennent que le coup est terrible pour les vainqueurs autant que pour les vaincus et l'histoire retiendra de Lincoln l'image d'un des plus grands présidents, comme en atteste la présence de son profil sur la sculpture du mont Rushmore, dans le Dakota du Sud, aux côtés de G. Washington, de Th. Jefferson et de Th. Roosevelt.

Intolérances réciproques, facteurs de division et cohésion nationale

Le sentiment d'unité nationale est battu en brèche non seulement par le conflit entre le Nord et le Sud mais aussi par les divisions qui font rage dans les États frontières où, malgré leur fidélité officielle à l'Union, les convictions anti-unionistes sont assez largement répandues et dans le Nord non esclavagiste traversé par des courants hostiles à la guerre.

On a déjà évoqué l'opposition des *copperheads* ou *peace democrats* mais Lincoln dut négocier des manifestations violentes de rejet vis-à-vis de la conscription, fort mal ressentie car perçue comme étrangère à la tradition américaine du service volontaire. La loi sur la conscription imposée dans le Nord en 1863, qui en ajoutait au sentiment des inégalités du service militaire, déclencha des réactions négatives de la part du prolétariat urbain et des masses d'immigrants. Des émeutes se déclenchèrent dans un certain nombre de villes dont la plus violente et la plus sanglante, qui fit plus de 1 000 morts et blessés, se produisit à New York. Pendant trois jours, du 13 au 16 juillet 1863, des travailleurs irlandais s'attaquèrent à des bâtiments fédéraux et s'en prirent ouvertement à des Noirs avant d'être mis au pas par les troupes fédérales. L'émeute contre la conscription avait rapidement dégénéré en émeute raciale.

Les réticences n'étaient pas moins fortes à l'intérieur de l'armée fédérale car les Blancs mobilisés n'avaient pas très envie de risquer leur vie dans une guerre qui leur semblait engagée pour défendre la cause des Noirs. Il fallait enfin compter avec l'agitation entretenue par les abolitionnistes radicaux engagés dans une croisade anti-esclavagiste et assoiffés de représailles à l'encontre des sudistes, jusqu'au sein même du Congrès, dans le cadre d'un comité mixte parlementaire, le *Committee on the Conduct of the War*.

Heureusement toutes ces sources de division n'ont empêché ni l'adoption des mesures déjà décrites dans le domaine économique et financier ni la réalisation d'objectifs communs permettant de maintenir les institutions fédérales. L'ensemble de ces mesures qui a permis de satisfaire les intérêts des fermiers et des milieux d'affaires de l'Ouest et du Nord va, en outre, consolider la base électorale d'un Parti républicain qui a su se donner des assises solides au niveau de son programme.

Lincoln, par ailleurs, élargit assez considérablement les pouvoirs du président au nom de la sécurité nationale et va même jusqu'à faire arrêter les agitateurs et toutes les personnes considérées comme déloyales et dangereuses. Le 2 juillet 1861, il suspend le privilège d'*habeas corpus* dans des cas jugés exceptionnels. Il n'hésite pas non plus à censurer quelques journaux dissidents et à faire emprisonner sans jugement les déserteurs.

Les prémices de la reconstruction (1863-1865)

L'attitude à adopter à l'égard du Sud au lendemain de sa capitulation fit l'objet d'un vif débat entre Lincoln et les radicaux. Le président voulait que les États rebelles réintègrent l'Union comme des membres à part entière le plus facilement et le plus rapidement possible. Dès décembre 1863, alors que les troupes des fédérés occupaient l'Arkansas, Lincoln avait proposé un plan modéré de « reconstruction » politique facilitant le retour au bercail. Son plan à 10 %, qui accordait l'amnistie et rendait les biens confisqués aux confédérés en échange d'un simple serment de loyauté, indiquait que dès que 10 % des électeurs d'un État (sur la base des listes des élections présidentielles de 1860) auraient accepté cette proposition, l'État en question serait habilité à se donner une nouvelle constitution et à rentrer dans le giron de l'Union.

Ce plan se heurta aux fortes réticences des radicaux qui craignaient que cette offre ne concerne que la vieille oligarchie et qu'en fin de compte la reconstruction ne permette pas d'améliorer sensiblement le sort des Noirs affranchis. Leur idée fut alors d'exclure les chefs de la rébellion de la direction des affaires politiques et de donner le droit de vote aux Noirs. C'est dans ce sens qu'allait le texte de loi, proposé par Benjamin F. Wade, sénateur de l'Ohio, et de Henry Winter Davis, représentant du Maryland, que le Congrès approuva, en fin de session, en juillet 1864. Le *Wade-Davis Bill* exigeait en outre que le pourcentage de 10 % fixé par Lincoln fût porté à 50 % avant d'autoriser la réintégration d'un État et qu'un gouverneur militaire procède au contrôle des opérations. Mais Lincoln, qui était opposé à ce texte, refusa de le signer ayant recours à la procédure du *pocket veto* et le projet de loi n'aboutit pas.

En réaction au veto présidentiel, le Congrès, qui était dominé par les radicaux, utilisa alors son pouvoir de contrôle au niveau de l'admission des nouveaux membres et refusa ainsi la réintégration des premiers représentants des États du Sud qui ne pouvaient se prévaloir que de la règle des 10 %. Trois États (le Tennessee, l'Arkansas et la Louisiane) avaient bien accepté les conditions fixées par Lincoln mais le Congrès refusa leurs délégués.

Toutes ces discussions tendues n'empêchèrent pas Lincoln d'être réélu en novembre 1864, même si ce fut avec une faible majorité de voix.

En mars 1865, le Congrès alla plus avant en créant un Bureau des affranchis *(Freedmen's Bureau)* afin d'aider les esclaves libérés à se réinsérer et à faire respecter leurs droits. Parallèlement, le discours du président pour sa deuxième entrée en fonction, le 4 mars, affirma résolument la volonté de réconciliation : « Efforçons-nous de panser les blessures de la nation et de construire une paix juste et durable. »

Mais l'assassinat de Lincoln vint mettre un terme brutal aux discussions et aux tensions entre l'exécutif et le législatif. Très vite celui que la presse avait tenté de discréditer au tout début de sa carrière en décrivant un « gorille » aux manières gauches et à l'intelligence limitée s'était révélé un très grand président, un « grand manitou » *(the tycoon)* pour reprendre l'expression de son secrétaire privé. Le « vieil Abe » avait réussi à s'imposer progressivement par un mélange subtil de tact et de force, d'intégrité et de fermeté. Le plus important est sans doute que son autorité, parfois jugée comme excessive mais justifiée par des circonstances extraordinaires, n'ait pas entravé la marche vers l'émancipation ni le progrès vers la démocratie.

La Reconstruction (1865-1877)

L'assassinat de Lincoln peut inspirer des désirs de vengeance tout comme il peut susciter des réflexes de récupération financière de la part d'hommes d'affaires soucieux de leurs intérêts personnels ou politique de la part des républicains désireux de s'accrocher au pouvoir. Il interrompt en tout cas l'œuvre entreprise et il va imcomber à son successeur, Andrew Johnson (1808-1875) qui prête serment et devient président le 15 avril 1865, de faire face à la remise en ordre du pays et à sa reconstruction.

Par reconstruction, on peut entendre plusieurs réalités. Il peut s'agir de la volonté de pardon du Nord qui permet au Sud de réinté-

grer l'Union, il peut aussi s'agir de la volonté pure et dure du Nord
d'imposer par la force la participation des Noirs à la vie politique, il
peut enfin s'agir du désir du Sud de retrouver des pouvoirs réguliers
et de reconstituer des gouvernements reconnus. A nouveau, la définition que l'on donne du concept dépend des interprétations que
l'on donne de la situation et elle n'a pas manqué d'alimenter le
débat historiographique. La période de la reconstruction est bien
l'une des plus controversées de l'histoire américaine.

La reconstruction politique

La première difficulté consiste à définir les modalités de la
reconstruction politique. Lincoln ayant considéré que la sécession
n'était pas constitutionnelle, les États du Sud faisaient toujours partie
de l'Union et, selon lui, il appartenait à l'exécutif et plus particulièrement au président de mettre rapidement en place un processus de
reconstruction généreux. Les républicains radicaux du Congrès, en
revanche, s'étaient montrés plus durs et voulaient faire payer le prix
de la guerre aux sudistes. La reconstruction politique est désormais
confrontée à une alternative douloureuse qui pose, d'une part, le
problème de la conduite à adopter et qui soulève, d'autre part, la
question de savoir qui, du président ou du Congrès, doit avoir
l'initiative. Le choix doit être opéré entre une stratégie de conciliation et de clémence et une stratégie d'occupation et de rigueur. La
première a la faveur du président tandis que la seconde est défendue
par l'aile radicale des républicains du Congrès.

La reconstruction modérée (1865-1866)

Bien intentionné, le président Johnson va poursuivre dans le sens
initié par son prédécesseur. Cet ancien démocrate avait été placé sur
le « ticket » présidentiel en raison de sa fidélité à l'Union mais il est
devenu président en quelque sorte par accident. Tailleur modeste et
presque illettré puisqu'il n'apprend à lire qu'à l'âge adulte, Johnson
a été formé à la même école politique que Lincoln, celle du Tennessee. Il est issu de la même tradition de l'Ouest, celle de la *log-
cabin*. Son intégrité n'est pas à mettre en doute mais il est totalement
dépourvu de tact et de diplomatie.

Le nouveau président proclame d'emblée, en mai 1865, un plan
d'amnistie pour les rebelles qui le demandent et un programme de

« restauration » qui favorise l'institution de gouvernements provisoi-res dans les États du Sud en s'appuyant sur les Petits Blancs et en refusant le suffrage aux Noirs, au grand dam du Sénat qui ne cesse de dénoncer les empiétements de pouvoir de l'exécutif. Un nouvel ordre se met en place mais la tentation est grande pour les anciens confédérés d'adopter de nouveaux Codes noirs réglementant la conduite des Noirs affranchis. Certains de ces Codes noirs peuvent être très durs comme en Alabama, en Caroline du Sud, en Floride ou dans le Mississippi et édictent des règles très strictes relativement à leur résidence et à leurs conditions de travail. Des Noirs sont mas-sacrés au printemps 1866 lors des émeutes raciales de La Nouvelle-Orléans et de Memphis. Ces violences incitèrent le Congrès, au printemps 1866, à reconduire jusqu'en 1872 le Bureau des affranchis *(Freedmen's Bureau Bill)* et à adopter une Loi des droits civiques *(Civil Rights Act)* visant à empêcher toute législation discriminatoire. Le Congrès refusa en outre d'admettre en son sein d'anciens responsa-bles politiques sudistes et notamment le vice-président et quatre généraux de la Confédération. Johnson s'empressa de répliquer en opposant son veto à ces deux lois sous prétexte qu'elles n'étaient pas constitutionnelles, comme en avait décidé la Cour suprême. Il rejeta aussi pour les mêmes raisons le contenu du 14e amendement qui exprimait les idées des sénateurs extrémistes. Thaddeus Stevens (à la Chambre des représentants) et Charles Sumner (au Sénat), entre autres, avaient conçu leur propre plan, lorsque la Confédération s'était mise en place, sous la forme d'un amendement constitutionnel qui faisait explicitement des anciens esclaves de véritables citoyens. En stipulant, dans sa section 1, qu' « aucun État n'a le droit de por-ter atteinte aux privilèges ou aux immunités des citoyens des États-Unis, de priver une personne de sa vie, de sa liberté ou de ses biens sans procédure légale régulière ni de refuser à quiconque qui relève de sa juridiction l'égale protection des lois », cet amendement avait pour but de contrecarrer les effets des « codes noirs » adoptés par les assemblées législatives « reconstruites » du Sud pour limiter les droits des esclaves libérés. Le 14e amendement abolissait aussi, dans sa sec-tion 2, la clause des trois cinquièmes, ce qui plaçait Blancs et Noirs à égalité au niveau de la représentation au Congrès. Il prévoyait que si les citoyens noirs étaient privés de leur droit de vote, l'État serait privé de représentation.

Andrew Johnson s'aliéna même les républicains modérés en refu-sant tout compromis avec le Congrès et le 14e amendement fut rejeté par les assemblées législatives du Sud. Mais les élections législatives de 1866, qui virent les républicains remporter une large majorité au Congrès (les deux tiers des sièges dans les deux Chambres), désavouèrent le président et enhardirent les « radicaux ». La reconstruction politique avait piétiné jusque-là mais l'année 1867 allait marquer un changement de cap et, désormais, les membres du Congrès allaient faire de la reconstruction leur cheval de bataille.

La reconstruction radicale (1867-1869)

Après la période de modération où l'initiative a été assurée par l'exécutif, commence la phase radicale de la reconstruction imposée par le Congrès. Le conflit ouvert s'aggrave entre Andrew Johnson et les républicains radicaux qui n'avaient jamais cessé de lui reprocher sa faiblesse coupable à l'égard du Sud et qui craignaient le retour au Congrès des démocrates du Sud et, plus particulièrement, de l'aristocratie esclavagiste.

La Chambre des représentants voulut même faire son procès. Même si la véritable raison était que les radicaux trouvaient que le président entravait les progrès de la reconstruction, ils durent trouver un prétexte et ils le trouvèrent. Le Congrès venait de voter, en mars 1867, une loi sur la nomination des fonctionnaires civils (le *Tenure of Office Act*) qui interdisait que les membres du gouvernement nommés avec l'accord du Sénat ne soient renvoyés par le président sans l'assentiment du Sénat. Cette loi était sans doute inconstitutionnelle et elle mettait en tout cas un terme à une pratique qui avait prévalu depuis George Washington. Or, Johnson décida de révoquer le secrétaire à la Guerre, Edwin Stanton, qui avait été nommé par Lincoln et qui était acquis aux radicaux. Le prétexte était tout trouvé et la Chambre des représentants procéda à la mise en accusation pour « haute trahison ».

La procédure de la destitution *(impeachment)* prévue par la Constitution en vue de relever un fonctionnaire public (au sens large, y compris un président) de ses fonctions, requiert la majorité simple des représentants. Le 22 février 1868, les représentants acceptèrent la procédure engagée par 148 voix contre 47. Puis ce fut le procès devant le Sénat qui s'engagea le 30 mars pour prendre fin le 16 mai avec un vote de 35 sénateurs qui jugèrent Johnson coupable et demandèrent la démission du président. Mais le vote contraire de 19 autres sénateurs (12 démocrates et 7 républicains) fit qu'il manqua une seule voix pour obtenir la majorité des deux tiers requise pour mener l'*impeachment* à son terme. Il s'en fallut de très peu.

Acquitté mais privé de tout pouvoir, le président termina donc son mandat, d'autant que la Constitution n'avait rien prévu pour remplacer l'absence de vice-président et qu'il eût fallu faire appel à Wade, le président très radical du Sénat, qui effrayait un peu les conservateurs. Naturellement, Johnson ne fut pas réélu en novembre 1868 et les républicains firent élire leur candidat, le général Grant, le vainqueur du Sud mais le talent de l'homme politique ne s'avéra pas à la hauteur du stratège militaire. Toute une série de scandales financiers auxquels furent mêlés des membres de son entourage et notamment de son Cabinet déconsidérèrent un peu plus la réputation d'un homme déjà reconnu pour son impéritie patente.

Après la période de l'exécutif fort qui avait caractérisé l'ère Lincoln, la succession de deux présidents sans véritable envergure permit aux extrémistes du Congrès d'imposer leur point de vue mais la reconstruction ne put se faire dans le climat de sérénité voulu par manque d'équilibre et d'arbitrage entre l'exécutif et le législatif ou bien encore entre les partis politiques rivaux. Après la guerre qui avait vu le triomphe des intolérances réciproques, la reconstruction devait s'opérer dans un climat de méfiance et de haine.

Pour résumer, la reconstruction radicale prend trois aspects, un aspect militaire, un aspect constitutionnel et un aspect purement politique.

Trois lois de reconstruction *(Reconstruction Acts)*, adoptées entre mars et juillet 1867, divisèrent le Sud en 5 districts militaires dirigés chacun par un général et dans lesquels fut appliquée la loi martiale ; mais la présence de troupes, même peu nombreuses, dont la fonction était de veiller aux conditions de rétablissement de gouvernements stables incluant les Noirs, fut très impopulaire et ressentie comme une véritable occupation. Le droit de vote fut enlevé aux Blancs ayant participé à la rébellion. Enfin, la réadmission des États était conditionnée à la ratification par ces États du 14e amendement et du 15e amendement, sinon leurs représentants ne pouvaient pas siéger au Congrès.

Un autre volet était de nature constitutionnelle. Dès décembre 1865, 27 États avaient ratifié le 13e amendement supprimant l'esclavage aux États-Unis mais il s'agissait d'inscrire dans la Constitution des garanties pour préserver les droits civiques et politiques des Noirs. Malgré le veto présidentiel (février et avril 1866), le *Freed-*

men's Bureau Bill et le *Civil Rights Bill* avaient été définitivement adoptés. Il est désormais acquis que les anciens esclaves doivent être protégés par le gouvernement fédéral même s'il semble exclu qu'ils puissent posséder des terres. Ce concept nouveau de protection fédérale implique un changement radical dans la nature des relations entre le gouvernement fédéral et les États. Condition *sine qua non* de la réintégration dans l'Union, le 14e amendement soumis au Congrès en avril 1866 avait clairement indiqué dans sa section 1 que les individus étaient protégés par l'Union de l'oppression par les États. Il fut ratifié en juillet 1868.

En matière de droit de vote des Noirs qui est toujours du ressort des États, le 14e amendement (sect. 2) va être complété et renforcé par l'adoption, en février 1869, et la ratification, en mars 1870, d'un nouvel amendement, le 15e, qui interdit à un État toute discrimination en matière de vote et stipule (sect. 1) que « le droit de vote des citoyens des États-Unis ne sera dénié ou limité par les États-Unis, ou par quelque État que ce soit, pour des raisons de race, de couleur ou de condition antérieure de servitude ». Il conviendra enfin (sect. 2) que le Congrès donne effet à ces dispositions « par une législation appropriée ».

L'une des « vertus » de l'occupation fut de permettre aux Noirs de voter et d'être élus dans les nouvelles institutions. On les a volontiers dits corrompus et incapables mais ceci est tout à fait exagéré. Sur les quelques milliers d'anciens esclaves ayant occupé des fonctions électives, 600 furent élus aux assemblées d'États. 18 occupèrent des postes importants de responsabilité (secrétaire d'État, ministres) et 16 siégèrent au Congrès à Washington, 14 à la Chambre des représentants et 2 au Sénat (Hiram Revels, élu en 1870 et Blanche K. Bruce qui fut sénateur du Mississippi en 1874). C'est la première fois que les Noirs participent à la vie politique mais ils n'occupent que 15 % à 20 % des fonctions électives, sauf en Caroline du Sud où ils sont majoritaires, ce qui reflète le rapport quantitatif entre Blancs et Noirs. De toute façon, l'émergence politique des Noirs ne va être que transitoire et la reconnaissance de l'égalité ne sera pas complète. Mais les États du Sud, dotés de gouvernements radicaux, purent ainsi réintégrer l'Union. Après le Tennessee qui fut le premier à le faire, très peu de temps après la guerre, en juillet 1866, ce fut le tour de sept autres États (l'Arkansas, l'Alabama, la Floride, la Géorgie, la Louisiane, la Caroline du Nord et la Caroline du Sud) à la fin de 1868, puis enfin des trois derniers (le Mississippi, le Texas et la Virginie) en 1870.

Mais l'une des conséquences qui va laisser des traces durables est l'émergence d'un clivage politique due à l'identification progressive du Sud aux démocrates, moins par sympathie profonde que par rancune à l'encontre des républicains. En effet, l'un des axes de la reconstruction radicale passe par le maintien du Parti républicain au pouvoir, et ce, par tous les moyens. Son désir est de consolider son assise nationale en tentant de s'implanter dans le Sud. Il n'était pas possible de tenir indéfiniment à l'écart des affaires les responsables politiques confédérés et les représentants des États du Sud. Le Parti républicain tenta alors de s'appuyer sur les pauvres et Petits Blancs, cette classe intermédiaire qui s'était toujours opposée à l'oligarchie des planteurs, et il espérait accroître sa base électorale en accordant le droit de vote à des Noirs dont il croyait pouvoir s'assurer la fidélité. A long terme, l'entreprise fut un échec car, en voulant récupérer ainsi les Noirs, le parti s'identifia à la défense de l'égalité raciale qui était inacceptable pour la majorité des habitants du Sud. Et ce, d'autant plus que la création de régions militaires avait déjà contribué fortement à aliéner l'opinion. Le résultat fut que jusqu'en 1928 pas un seul des anciens États confédérés ne vota pour un républicain aux élections présidentielles.

L'épilogue de la « restauration » : violence et reprise du pouvoir par les Blancs conservateurs dans le nouveau Sud (1870-1877)

La reconstruction radicale s'achève en 1870 avec la ratification du 15e amendement. Le président Grant est réélu en 1872, plus facilement qu'en 1868, malgré les dénonciations de la corruption et l'hostilité croissante des républicains libéraux et modérés qui veulent atténuer les effets de la reconstruction. Pour eux, la reconstruction, dont ils donnent une image abominable, est une ingérence inadmissible dans les affaires des États. Le groupe des libéraux compte parmi ses chefs Carl Schurz, un militaire allemand de haut rang qui avait combattu pendant la guerre de Sécession, Gideon Welles, l'ancien secrétaire à la Marine, Charles Francis Adams, le fils et le petit-fils des deux présidents des États-Unis. Leur candidat malheureux, Horace Greeley, le rédacteur en chef du *New York Tribune*, avait pourtant été soutenu aussi par les démocrates.

Le second mandat de Ulysses Grant (1872-1876) va marquer la fin de la reconstruction. Le climat est dominé par la généralisation de la corruption et la multiplication des scandales financiers. Déjà, sous le premier mandat du président Grant, William Marcy Tweed et des comparses avaient défrayé la chronique en détournant 75 millions de dollars des caisses de la Ville de New York. Jay Gould et James Fisk avaient essayé d'accaparer le marché de l'or en faisant circuler des fausses rumeurs sur la politique du gouvernement vis-à-vis de l'or. Ces faux bruits causèrent la ruine de beaucoup de porteurs, un vendredi noir *(Black Friday)* de septembre 1869. La révélation, en septembre 1872, du scandale du Crédit Mobilier (une compagnie de construction de chemin de fer) lié au détournement de fonds par le président de la compagnie *Union Pacific* et qui éclabousse des membres du Congrès et le vice-président des États-Unis, Schuyler Colfax (il est remplacé par Henry Wilson en 1873), n'est que le début d'une longue série. Les membres du Congrès se votent une augmentation de salaire de 50 % avec effet rétroactif mais ils doivent y renoncer devant le tollé provoqué dans l'opinion. Un autre scandale éclate en plein jour, en mai 1875, qui touche une « bande du whisky » de 238 distilleurs *(Whisky Ring)* ayant détourné le produit des taxes fédérales sur l'alcool et mouille l'entourage même du président et, notamment, O. E. Babcock, son secrétaire particulier. Sans parler du secrétaire à la Guerre, William W. Belknap, convaincu de corruption, qui doit être destitué en mars 1876.

Les élections législatives de 1874 marquent le début de la fin pour les républicains puisque les démocrates retrouvent la majorité à la Chambre des représentants. Leur candidat à la présidence est Samuel J. Tilden, gouverneur de New York tandis que les républicains désignent une personnalité terne et sans envergure, Rutherford B. Hayes (1822-1893), gouverneur de l'Ohio. L'élection présidentielle de 1876 est pleine de suspens et de confusion. Aucun des deux candidats n'obtient la majorité des voix au sein du collège des grands électeurs. Tilden a pourtant obtenu 51 % des suffrages populaires mais il lui manque une seule voix pour avoir la majorité du collège électoral et devenir président. L'ambiguïté vient alors du fait que l'attribution de 19 mandats de grands électeurs (en Floride, en Louisiane et en Caroline du Sud) fait l'objet d'une contestation. Il faut alors faire appel à une commission du Congrès pour vérifier les accusations de fraude. Composée de 15 membres dont 8 républicains, la commisssion électorale prononce un vote de 8 voix contre 7 en faveur du républicain Hayes dans la totalité des 19 cas et, ainsi, Hayes devient président avec 185 voix contre 184 à Tilden !

Inauguré en mars 1877, Hayes annonce qu'il laissera le Sud régler ses propres affaires et il ordonne, dès avril, le retrait des dernières troupes fédérales qui marque la fin officielle de la reconstruction. L'occupation militaire n'a pas été aussi massive que l'on pense puisque la démobilisation des derniers soldats en Caroline du Sud et en Louisiane ne touche que 20 000 hommes. On a longtemps cru que cette décision était due à un pacte secret lié à une élection acquise de justesse mais rien n'est en mesure de le prouver vraiment. L'Union est désormais reformée, le Sud est censé être reconstruit et les Blancs ont repris le pouvoir. Les républicains ont renoncé à défendre les affranchis.

Au début de la reconstruction radicale, la vie politique dans le Sud s'était réorganisée. Les nouveaux gouvernements étaient élus par divers types d'électeurs, une coalition hétérogène de Noirs affranchis, de Blancs acceptant les nouvelles règles du jeu politique et de Blancs venus du Nord pour des raisons souvent obscures relevant de la politique ou des affaires, les fameux *carpetbaggers*, qui n'avaient pour seul bagage qu'un sac de voyage en tapisserie *(carpetbag)*. L'amalgame est vite fait entre les nordistes sincèrement soucieux d'aider les Noirs et de les instruire et les aventuriers de tout poil avides de profit. On a beaucoup dénigré l'imcompétence, le gaspillage et la corruption de ces gouvernements mais ces critiques peuvent tout aussi bien s'adresser aux milieux politiques du Nord. C'est un peu l'époque qui voulait cela. Les transformations sociales et économiques provoquées par le contexte de la guerre avaient fait naître et proliférer toute une classe d'individus peu intéressants, médiocres et sans scrupules mais dont on a sans doute exagéré les faiblesses ou les vices. Dans cette période de transition et de remise en ordre, la société a été profondément bouleversée mais le Sud a reconquis progressivement une partie de ses droits politiques et de son autonomie.

En effet, l'évolution politique du nouveau Sud dans les années 1870 modifie considérablement les intentions de départ. La plupart des gouvernements « radicaux », élus à contrecœur, avaient pris des engagements théoriques sous la pression de *Yankees* détestés et de Noirs méprisés. Dans 7 États, 4 gouverneurs, 10 des 14 sénateurs et 20 des 35 représentants sont des *carpetbaggers*. A la guerre civile succèdent les flambées de violence de la fin des années 60 et du début des années 70. Les émeutes raciales de La Nouvelle-Orléans en 1866 font 48 morts chez les Noirs. Toutes les actions d'intimidation sont bonnes pour effrayer les Noirs et les priver de leurs nouveaux droits politiques. Les Blancs conservateurs et racistes se regroupent dans des sociétés secrètes telles que les Chevaliers du Camélia blanc, les Chevaliers de La Croix noire, les Fils du Sud, la Société de la Rose blanche, la Fraternité blanche ou l'empire invisible du Ku Klux Klan, fondé à Pulaski, dans le Tennessee, dès décembre 1865. Le Klan est dirigé par le Grand Sorcier, le général Nathan Bedford Forrest de l'armée confédérée, secondé par ses Dragons, Titans, Géants et Cyclopes. A cheval, vêtus de longues robes blanches et coiffés de cagoules, les membres du KKK se réunissaient dans des cérémonies nocturnes clandestines et n'hésitaient pas à brûler églises et écoles noires et à pendre ou à lyncher leurs adversaires. Le Klan fut aboli par le Congrès (*Force Acts* de 1870 et 1871) et il disparut provisoirement en 1871 mais rien ne put véritablement empêcher la poursuite des représailles qui allaient bien au-delà d'une seule « chasse aux nègres ». Le pouvoir fédéral montre sa force et tente d'arrêter et de juger quelques membres du Klan mais la plupart se cachent ou s'enfuient et l'opinion du Nord ne se mobilise pas vraiment. Menaces morales, châtiments corporels et agressions physiques sont exercés non seulement à l'encontre des Noirs mais aussi des Blancs du Nord infiltrés et considérés comme des intrus *(carpetbaggers)* ainsi que des Blancs du Sud opposés à la sécession et considérés comme des traîtres ou des collaborateurs *(scalawags)*. La loi d'amnistie, votée par le Congrès en mai 1872, relève de leur incapacité la plupart des Blancs et crée les conditions nécessaires à l'apaisement mais permet surtout aux Blancs conservateurs de reprendre progressivement leurs droits et au Parti démocrate de reconquérir le pouvoir dans le Sud. Le règne de la peur, la loi du silence et l'indécision des autorités facilitent la « restauration » des « Bourbons » qui conduit à un quasi-retour au *statu quo ante bellum*.

La multiplication des exactions terroristes incita enfin le Congrès à adopter une ambitieuse loi sur les droits civiques *(Civil Rights Act)* en 1875. Ce dernier acte de la reconstruction visait à garantir à tous l'égalité des droits dans les transports et dans les lieux publics sans distinction de race. Ce rempart légal était censé empêcher l'exploitation des Noirs mais les tribunaux contournèrent la loi assez aisément avant même que la Cour suprême ne la déclare inconstitutionnelle en 1883. Aux termes des *Civil Rights Cases* de 1883, la Cour offre une interprétation très particulière du 14e amendement selon laquelle la discrimination raciale était interdite aux États mais non aux personnes et aux organisations privées. Il suffira d'attendre 1896

(Plessy contre Ferguson) pour qu'elle reconnaisse officiellement la discrimination et qu'elle la légalise dans les lieux publics. En tout cas, une subtile ségrégation sociale fut progressivement réinstaurée. Les États du Sud surent inventer toute une série de règles techniques limitant le suffrage noir, comme le test mesurant le niveau d'instruction *(literacy test)*, la taxe à payer pour pouvoir voter *(poll tax)* ou la clause du grand-père *(grandfather clause)* qui stipulait qu'il fallait pouvoir se prévaloir d'un grand-père ayant déjà voté avant 1867.

En tout cas, des gouvernements conservateurs ou modérés s'étaient installés, dès 1869 ou 1870, dans le Tennessee, en Virginie et en Caroline du Nord. Les radicaux qui contrôlaient les États de la Géorgie, du Texas et du Mississippi sont remplacés par des conservateurs, respectivement en 1871, 1874 et 1876. On constate la même évolution dans l'Arkansas et l'Alabama en 1874. On peut dire qu'à cette date ou, au plus tard, en 1876, tous les États du Sud sont redevenus maîtres de leur destin, à l'exception de la Louisiane, de la Floride et de la Caroline du Sud pour lesquels il faut attendre 1877. Mais, au terme de cette contre-révolution, le nouveau Sud ressemble fort à l'ancien Sud. Il a retrouvé la « suprématie blanche » d'avant la guerre de Sécession. Les nouveaux gouvernements dirigés par les planteurs d'avant la guerre sont « blancs comme lys » *(lily-white)* et, dès le retrait des troupes fédérales en 1877, ces derniers s'empresseront de réduire encore davantage la participation politique des Noirs. Le moins que l'on puisse dire est que la reconstruction n'a pas vraiment réussi.

La reconstruction sociale et économique

Si la reconstruction radicale avait été soucieuse d'accorder un statut et des droits politiques aux Noirs, elle n'était pas révolutionnaire et elle avait négligé de régler les problèmes socio-économiques. Le rôle du Bureau des affranchis, créé en 1865, était bien la défense des droits des Noirs affranchis mais, malgré son véritable nom de Bureau des réfugiés, libérés et terres abandonnées, il limita son aide économique à la fourniture d'habillement, de nourritures et de soins médicaux élémentaires. Le Bureau répondit aussi à une demande urgente d'instruction en construisant des écoles avec l'aide des églises et d'associations philanthropiques. Il contribua enfin à la création d'universités réservées aux Noirs, comme l'Université d'Atlanta (1865), Howard à Washington (1867), Fisk et Hampton.

Il avait bien été envisagé pendant un temps « d'organiser toutes les terres abandonnées dans le Sud » et d'accorder des titres de propriété aux 4 millions de Noirs émancipés en leur donnant à chacun « 40 acres et un mulet » mais rien ne se produisit. Ces réformes entraînaient un coût essentiellement supporté par les Blancs et, très vite, le Bureau (qui cessa de fonctionner en 1872) fut l'objet de critiques farouches car les sudistes craignaient que l'émancipation des Noirs ne fût trop rapide.

La reconstruction économique n'a donc pas promu l'égalité. Si l'on peut imposer des réformes politiques, il est sans doute plus difficile de changer les mentalités d'un groupe social qui, même bouleversé, conserve des restes d'organisation et de hiérarchie avec tous les préjugés qui s'y rattachent. L'économie traditionnelle du Sud avait été démantelée et l'aristocratie des grands planteurs avait subi de très lourdes pertes outre que sa main-d'œuvre servile avait disparu ou s'était dispersée. La ruine de l'agriculture eut deux conséquences dans le Sud. Elle provoqua, d'une part, une révolution foncière et un morcellement des grandes exploitations qui permit à toute une classe de petits propriétaires indépendants d'agrandir leurs domaines et à des milliers de pauvres ou Petits Blancs d'accéder à la propriété. Elle entraîna, d'autre part, la réorganisation du travail puisque le système de l'esclavage était aboli. Les anciens esclaves qui erraient en quête d'emploi, ne partirent pas tous vers le Nord ou vers les rares villes industrielles du Sud. Un grand nombre d'entre eux demeurèrent attachés à la terre et acceptèrent de continuer à travailler pour leurs anciens maîtres comme métayers. A ce titre, ils recevaient un tiers de la récolte en échange de leur travail. Cette nouvelle organisation donna une certaine indépendance aux Noirs qui cessèrent d'être groupés dans les quartiers d'esclaves et accédèrent à des cabanes individuelles mais la seule ombre au tableau est que ces métayers (qui n'étaient pas exclusivement des Noirs) durent s'endetter pour pouvoir s'équiper et se procurer les fournitures dont ils avaient besoin. En engageant leurs récoltes sur pied, ils finirent par perdre de leur intérêt pour le produit de leur travail qui était constamment hypothéqué. Le système de métayage conduisit ainsi à une autre forme de dépendance de toute une classe de fermiers qui se trouvait liée aux planteurs ou aux marchands créanciers. On a souvent dit que l'endettement était une autre forme d'esclavage *(peonage)*.

La reconstruction du Sud, c'est aussi une reconstruction matérielle. Sur ce point, les interprétations divergent encore. D'aucuns ont
abondamment souligné l'enrichissement abusif de certains affairistes
et le gaspillage généralisé, souvent doublé d'incompétence. Bien sûr,
les *carpetbaggers* en ont bien profité et se sont enrichis dans des entreprises plus ou moins honnêtes. La dette publique s'accroît dans les différents États et, par suite du démantèlement, pendant la guerre, du chemin de fer, du système bancaire et des industries, l'essentiel des
charges repose sur l'agriculture. L'économie a été détruite par
l'effondrement de la monnaie, comme en attestent le débat qui eut
lieu en 1869 pendant le mandat de Grant, à propos des billets verts
(greenbacks), et la « panique » financière de septembre 1873, suite à la
faillite de la firme de courtage *Jay Cooke and Company*.

Mais il faut tout de même reconnaître que le Sud est progressivement rebâti. La situation commence à s'améliorer pendant la reconstruction radicale pour se redresser encore plus nettement avec le
retour des démocrates dans les années 1880. Les villes détruites sont
reconstruites, les voies ferrées sont rétablies, de même que les ponts et
les routes. Les manufactures, notamment dans les secteurs très actifs
de l'acier, du bois et du tabac, se remettent en route. La production
de tabac passe, de 1866 à 1886, de 197 à 215 millions de kilogram-
mes. Les filatures de coton redémarrent et l'industrie textile se développe. La production de coton passe de 5 300 000 balles en 1860 à
5 700 000 balles en 1880. L'urbanisation demeure encore timide. A la
fin du siècle, seule La Nouvelle-Orléans atteint 100 000 habitants et,
malgré ses efforts d'industrialisation, le Sud demeure toujours essentiellement rural.

En 1869, bien longtemps après la fin de la guerre civile, la Cour
suprême déclara, dans un de ses arrêts de la période de la reconstruction les plus connus, *Texas v. White*, que « la sécession était
impossible » ! Mais la sécession avait bien eu lieu et elle avait
entraîné une guerre sanglante dont les effets sur l'Union sont encore
vivement ressentis dans chaque section.

La reconstruction qui suivit avait plusieurs objectifs : certains se
réalisèrent comme la liquidation de la Confédération et la réintégration des États du Sud « rebelles » dans l'Union, même si la réunification fut difficile et si le sentiment de la spécificité du Sud va perdurer. Mais tout ceci se fit au prix d'une crise qui fut autant politique
et socio-économique que morale. On trouvait naturel, à cette
époque-là, que l'affaiblissement des valeurs morales fût attribué à la

période trouble de l'après-guerre. Certes, la corruption et l'incompétence triomphèrent mais elles n'empêchèrent pas certaines réformes.

La réorganisation a eu naturellement d'immenses limites. Tout d'abord, la reconstruction politique a, en grande partie, manqué son but. Il est tout de même ironique que l'esclavage ait été aboli par les nordistes qui croyaient en l'infériorité naturelle de la race noire. La grande illusion a surtout consisté en cette restauration des Blancs du Sud qui ont très vite repris la situation en main et retrouvé leurs privilèges, et ce, face à un abandon extraordinaire de la part des Blancs du Nord. Mais les grands perdants furent les Noirs. La reconstruction a suscité des espoirs chez les Noirs mais elle les a abandonnés en route. L'esclavage avait été aboli mais l'intégration raciale avait échoué. La discrimination était apparue et le problème noir avait été créé.

La reconstruction sociale et économique, enfin, n'a pas réussi à supprimer la prédominance rurale du Sud mais, surtout, elle n'a pas aboli les différences. L'essor du capitalisme industriel s'est bien opéré au détriment du monde rural et l'émission des billets verts *(greenbacks)* a provoqué une grave crise économique et monétaire qui, dès 1873, génère l'inquiétude profonde des hommes d'affaires et le mécontentement violent des ouvriers.

La vision traditionnelle de la reconstruction qui a longtemps prévalu (école historiographique de William A. Dunning) consiste à dire que cette « période tragique », en faisant triompher la terreur et la corruption, a engendré la révolte du nouveau Sud et permis le retour des « rédempteurs » *(« redeemers »)*. Les gouvernements des États du Sud auraient été dominés par des Noirs ignorants, des *carpetbaggers* intéressés et des *scalawags* méprisables. Il semble difficile d'accréditer totalement la thèse de la vilenie et de la férocité des vainqueurs imposant leur vision au Sud par la force pour punir les vaincus. Une autre vision des événements, néo-radicale celle-là (celle de John Hope Franklin et de Kenneth Stampp), insiste davantage sur l'effort de justice et de progrès entrepris, sur les éléments positifs de réformisme (élargissement du suffrage des Blancs et des Noirs, aide aux pauvres, début de l'éducation populaire gratuite), même si ces derniers ont en partie avorté. La reconstruction n'a pas totalement répondu à ses promesses. Elle marque l'impuissance des lois face aux pesanteurs sociologiques des mentalités.

6. D'une guerre à l'autre : la montée en puissance (1865-1916)

Outre les souvenirs que la guerre civile laissa dans la conscience nationale et la maturité qu'elle donna à la nation américaine en apparence unifiée, la seconde moitié du XIXe siècle parut, aux dires de certains, dominée par la course à l'argent et par une certaine vulgarité morale.

Le caractère indestructible de l'Union a été préservé mais les bouleversements et les déchirures laissent des traces. Le problème de l'hégémonie dans l'Union qui se posait depuis la fondation même de la nation américaine se trouve réglé puisque la direction passe au nord.

De la fin de la guerre civile (1865) jusqu'au début de la première guerre mondiale (1917 pour les États-Unis), on assiste à la montée en puissance de l'Amérique qui édifie les bases de sa future domination mondiale. A la période des élans idéalistes liés à la construction nationale succède un demi-siècle de développement matériel. C'est alors que se forgent les stéréotypes nationaux les plus vivaces décrivant une Amérique opulente et de plus en plus sûre d'elle-même. Après la phase du repli sur soi et de l'isolationnisme, voici venue celle de l'ouverture sur la scène internationale. Bientôt l'ancienne colonie devenue jeune nation va dominer le monde.

L'âge doré (1865-1896)

La victoire des nordistes est avant tout économique et elle conduit à un décollage spectaculaire des activités industrielles, commerciales et bancaires. Pendant trente années que l'on pourrait appeler les Trente Glorieuses, le triomphe des grandes affaires *(big business)* est parfois si insolent qu'il suscite envie et critiques. Enrichissement et corruption ont souvent partie liée et, décrivant l'Amérique de l'après-guerre, Mark Twain publie, en 1873, un roman célèbre, *The Gilded Age,* qui laissera son titre à l'histoire. L' « âge doré » n'est pas ou n'est plus l'âge d'or. Ce n'est plus le temps des grandes espérances, l'époque de la découverte et des utopies religieuses, de l'aventure et de la frontière, de l'invention de la république et de la création nationale. L'idéalisme généreux a cédé la place à l'administration des choses matérielles. L'accumulation des richesses devient l'évangile d'une nouvelle religion qui révèle le primat de l'économique sur le spirituel et le politique.

Une vie politique terne sur fond de corruption et de crise monétaire

La vie politique est devenue si triste et si plate qu'elle incite à être réduite à une brève présentation chronologique. Une succession de présidents falots qui n'exercent qu'un seul mandat, le triomphe de rivalités sordides et d'ambitions mesquines ne permettent pas à la vie politique d'élaborer de projets collectifs grandioses. Une conception libérale du rôle de l'État et la philosophie dominante de la sélection naturelle favorisent l'initiative individuelle, encouragent la concurrence et la lutte pour la vie et légitiment un darwinisme social qui finit par faire croire que ce sont les meilleurs qui réussissent.

Cette philosophie générale domine sur un fond de crises successives qu'aucun gouvernement n'arrive à enrayer et les électeurs se contentent de voter, quand ils sont mécontents, pour le parti qui n'est pas au pouvoir. La génération de l'après-guerre est, en réalité, secouée par une récession entre 1873 et 1896 caractérisée par un cycle de trois dépressions économiques, celle de 1873-1877, celle de 1883-1885 et celle de 1893-1896. La première est la plus dure mais la chute des prix agricoles qui est particulièrement sensible, notamment dès 1869, n'a aucune incidence réelle sur l'action politique. Le discours des hommes au pouvoir ou en vue a peu de prise sur la réalité et masque les agissements d'hommes d'affaires plus ou moins honnêtes qui tirent les ficelles dans les coulisses.

Les débats sont dépourvus de contenu idéologique et privilégient la défense des intérêts en portant essentiellement sur la question des tarifs douaniers ou sur la monnaie. La théorie qui prévaut alors, celle du *laissez-faire*, est que le gouvernement n'a pas à intervenir dans la sphère des affaires dont les problèmes doivent être réglés à terme par les lois naturelles de l'économie politique. Les deux principaux objectifs que s'assigne le pouvoir politique demeurent de prélever le plus équitablement possible assez d'argent pour satisfaire ses besoins et de garantir une monnaie saine. Éventuellement il est envisagé de soutenir les produits nationaux sur le marché international mais, sur ce point, le consensus n'est pas total.

On comprend que le gouvernement ait eu, pendant la guerre, à s'engager dans une politique d'imposition tous azimuts. Des taxes furent ainsi prélevées sur toutes sortes de produits allant du charbon et de l'acier jusqu'aux tables de billard et, surtout, un système d'imposition sur le revenu avait été mis en place pour la première fois. Pour compenser il avait fallu augmenter les tarifs protectionnistes d'avant-guerre, émettre pour 450 millions de dollars de billets verts non garantis sur l'or et consentir d'immenses prêts.

La première tâche de l'après-guerre est donc de supprimer l'impôt sur le revenu et certaines taxes sur des produits domestiques. Ce but est atteint dès 1872. Mais il faut surtout s'attaquer aux tarifs prohibitifs qui favorisent une minorité d'affairistes au détriment des consommateurs. Or, tous les projets de lois visant à réduire les tarifs se heurtent chaque fois à l'hostilité de groupes d'intérêts conflictuels représentés au sein des deux Chambres. Après un premier échec en 1867, le Congrès réussit à réduire légèrement les tarifs en 1870 puis, à nouveau, en 1872 en diminuant les droits de 10 % mais seulement sur des articles non produits aux États-Unis tels que le café, le thé ou le sucre. Une autre suggestion est faite dans le sens de l'abaissement par Grover Cleveland dans son message annuel au Congrès *(Cleveland Tariff Message)*, en 1887, qui conduit à l'adoption du *Mills Bill* l'année suivante.

D'une façon générale, l'après-guerre est marquée par la domination du Congrès sur le président et surtout par celle du Sénat, ce « club de milliardaires » qui comprend les défenseurs des intérêts financiers et économiques tels que Nelson W. Aldrich du Rhode Island ou Mark Hanna de l'Ohio. En réalité, les deux Chambres sont le plus souvent paralysées par les rivalités de personnes et un tel état de fait empêche de mener une politique nationale, paralyse les initiatives législatives audacieuses et favorise la multiplication de clientèles régionales et locales organisées autour de personnalités qui distribuent avantages et faveurs.

Même si les républicains se maintiennent particulièrement bien au pouvoir, les démocrates font presque jeu égal. Aux présidentielles, l'écart en termes de voix entre les candidats des deux grandes formations est le plus souvent inférieur à 1 %. Et, au Congrès, de 1875 à 1895, les républicains l'emportent 7 fois sur 10 au Sénat tandis que les démocrates obtiennent la majorité à la Chambre des représentants 8 fois sur 10. Mais surtout la fragmentation des groupes d'intérêt oblige chaque parti à élargir sa base électorale naturelle et à rechercher des soutiens divers. Les républicains trouvent leurs électeurs aussi bien auprès des Noirs qui votent encore et des vétérans de l'Union que chez les défenseurs des tarifs protectionnistes et de l'étalon-or (quoique, dans l'Ouest, il y ait eu des républicains inflationnistes). Il leur arrive même de pouvoir compter à certaines périodes sur les fermiers du *Mid-West* ou sur les Protestants des classes moyennes. De parti régional, le Parti républicain se transforme en Parti national. Il cesse d'être avant tout le Parti des pionniers de l'Ouest hostiles à l'extension de l'esclavage pour être dominé par les milieux d'affaires. Les démocrates, quant à eux, s'identifient de plus en plus avec le *Solid South* et obtiennent les faveurs des immigrants (en particulier, les catholiques irlandais) dans les villes de la côte, des fermiers de l'Ouest et de la main-d'œuvre ouvrière, surtout en période de crise. Le Parti démocrate devient progressivement celui du mécontentement social, de la défense des tarifs bas et de l'argent bon marché.

Mais cette vision binaire de la vie politique doit être nuancée car chaque parti est lui même divisé par toutes sortes de factions plus ou moins modérées ou extrémistes. Les républicains sont déchirés entre trois tendances : d'une part, les *stalwarts* conduits au Sénat par Roscoe Conkling de New York qui croient aux chemises sanglantes et qui auraient voulu que Grant exerçât un troisième mandat, à l'autre extrême, les libéraux ou indépendants, les *mugwumps* de Carl Schurz et, au milieu, les *half-breeds* dirigés par le « chevalier à plumes », le sénateur James G. Blaine. Chez les démocrates, on retrouve de la même façon des ultra-conservateurs, les *Bourbons*, des extrémistes soutenant la « machine » de William Tweed (le groupe de Tammany Hall à New York) et des réformistes.

En fin de compte, la fragilité du soutien électoral conduit les candidats à la présidence à demeurer suffisamment vagues et flous sur leur programme pour espérer pouvoir être élus, d'autant que l'absence de transparence des « machines » des partis nuit au jeu de la consultation démocratique. L'argent intervient de façon décisive dans la politique. Les élections coûtent cher, tout comme les « conventions » des partis qui prennent leur allure de spectacles populaires et de rassemblements folkloriques. C'est à cette époque que les partis adoptent des symboles animaliers, l'âne pour les démocrates à partir de 1870 et l'éléphant pour les républicains à compter de 1874, le caricaturiste Thomas Nash du *Harper's Magazine* suggérant que l'animal politique était bien proche de l'animal.

Jusqu'aux années 1890, la vie politique est dominée par les défenseurs des milieux d'affaires et se soucie peu des groupes défavorisés. Tous les présidents qui se succèdent de 1876 à 1912, tous les républicains aussi bien que le démocrate Cleveland, vont adopter une politique de *laissez-faire* dans le domaine économique et financier.

Le général Grant, élu en 1868, n'a pas la hauteur de vues ni l'autorité de George Washington. Manœuvré par les radicaux du Congrès, sensible à la flatterie et victime d'un entourage compromis par les « affaires », il entraîne les républicains au bord de la faillite. Dès 1874, les démocrates reviennent en force à la Chambre des représentants et, aux présidentielles de 1876, les républicains ne réussissent à se maintenir que dans trois États du Sud, la Floride, la Caroline du Sud et la Louisiane. On se souvient dans quelles conditions le gouverneur de l'Ohio, Rutherford Birchard Hayes (1822-1893) réussit d'extrême justesse à l'emporter. Le compromis obscur de 1877 met en évidence les contorsions et les bassesses auxquelles se prêtent également les deux principales formations politiques. Malgré ses efforts, Hayes ne parvient pas à réformer la bureaucratie fédérale. Conservateur sur le plan financier, il lutte contre l'inflation et redonne une certaine confiance dans le papier-monnaie. Désigné en 1880 par les républicains au 36ᵉ tour de scrutin pour être leur candidat à la présidence, James Abram Garfield (1831-1881), de l'Ohio, ne doit finalement son élection qu'à ses amitiés politiques, au « système des dépouilles » *(spoils system),* alors que les *stalwarts* soutiennent U. Grant et les *half-breeds* James Blaine. Très vite, il est victime des rivalités qui déchirent les factions de son propre parti et il éprouve des difficultés particulières avec les *stalwarts* pour avoir favorisé les *half-breeds* dans ses nominations. Assassiné, le 2 juillet 1881, par Charles Ginteau, un *stalwart* précisément, il ne succombe à sa blessure qu'en septembre et cède la place à Chester A. Arthur (1829-1886) qui est sur le ticket présidentiel pour représenter les *stalwarts*. Contre toute attente, le nouveau président s'acquitte fort honorablement de sa tâche. Arthur se bat activement contre la corruption et soutient la première véritable loi sur la fonction publique (le *Pendleton Act*) qui est votée en janvier 1883. Cette réforme majeure qui réglemente les conditions de recrutement dans la fonction publique permet d'introduire la sélection au mérite. Même si elle ne concerne au début qu'une partie des postes pourvus, elle contribue à mettre un terme aux magouilles et aux combines partisanes. En 1884, tandis que les *half-breeds* désignent Blaine pour la présidence, la scission des républicains est consommée : les libéraux rejoignent les démocrates qui soutiennent Grover Cleveland (1837-1908), le gouverneur de New York dont la réputation d'indépendance et d'honnêteté est un gage de succès. Élu avec 29 000 voix de plus seulement que son adversaire, il vient mettre un terme au long règne de vingt-quatre années des républicains puisque la dernière présidence démocrate remonte à Buchanan (1857-1861). Cleveland limite considérablement le nombre de pensions accordées aux anciens combattants de la guerre civile et, sous la pression de ses amis démocrates, entreprend, au grand dam des milieux d'affaires, de réduire les tarifs. Il introduit, en 1887, un projet de loi allant dans ce sens qui obtient l'accord de la Chambre des représentants mais qui est finalement rejeté par le Sénat.

La question des tarifs fait l'objet de débats si vifs qu'elle constitue l'enjeu de la campagne électorale de 1888 pour les présidentielles. Cleveland obtient la majorité des suffrages populaires mais doit céder la présidence à son rival républicain de l'Indiana, Benjamin Harrison (1833-1901), qui remporte davantage de voix au sein du collège électoral (233 contre 168). Harrison, dont le grand-père a déjà exercé la fonction suprême, gère en suivant la ligne politique des *stalwarts*. Il est favorable aux anciens combattants et défend les intérêts des milieux d'affaires. Il est partisan de tarifs élevés, confortés par l'adoption, en octobre 1890, du *McKinley Tariff* qui est ultra-protectionniste (l'augmentation moyenne est de plus de 48 %) mais, par ailleurs, il s'attache à protéger les produits agricoles et manufacturés et, la même année, en juillet, il soutient également l'argent. La loi Sherman sur l'achat d'argent *(Sherman Silver Purchase Act)* renforce les obligations de Washington à l'égard du bi-métallisme. Harrison soutient aussi une législation contre les monopoles, la loi Sherman antitrust *(Sherman Anti-Trust Act)* rendant illégale la concentration des entreprises. Elle interdit les monopoles et diverses restrictions au commerce telles que les obligations de s'approvisionner chez un certain fournisseur *(tying deals)*.

Assez curieusement la loi Sherman interdisant les « coalitions » ne fait pas la différence entre les concentrations (coalitions économiques) et les syndicats (coalitions sociales) et on sent bien que l'opinion de l'époque est finalement hostile aux régulations et qu'elle désapprouve plus les associations ouvrières que les associations patronales et industrielles. La loi Sherman sur les achats d'argent par le gouvernement fédéral qui remplace la loi de 1878 (le *Bland-Allison Silver Purchase Act* qui limitait les achats d'argent) fait long feu puisque Cleveland la fait annuler en 1893 devant la diminution des réserves d'or et l'ampleur de la crise financière. De même, la loi Sherman antitrust sera de courte durée car la Cour suprême, acquise au *laissez-faire*, en limite la portée. Dans la décision *The United States v. E. C. Knight Company* de 1893-1895, un *attorney general*, Richard Olney, déclare que la loi est mauvaise et ne concerne pas les industries de transformation qui ne sont pas du « commerce ». Seul le commerce est contrôlé par le Congrès.

Toujours en 1890, les républicains sont battus au Congrès. Désormais le Congrès est dominé par les démocrates et plus particulièrement par les membres d'un tiers parti, le parti populiste *(People's Party)* soucieux de réformes radicales. Les milieux agraires mécontents du Sud et de l'Ouest s'étaient déjà regroupés dans des organisations désignées sous le nom de *Granges* dans les années 1870. Le Parti populiste est alors créé en 1892 par des fermiers et des travailleurs lassés des manœuvres politiciennes des deux grands partis. Son programme, défini par Ignatius Donnelly et adopté lors de la convention d'Omaha en juillet 1892, est audacieux : il préconise le vote à bulletin secret, l'élection des sénateurs au suffrage universel, un impôt progressif sur le revenu, la nationalisation des moyens de transport, une monnaie nationale unique, une politique de prêts aux fermiers, la journée de travail de huit heures et une meilleure régulation de l'immigration. Le candidat populiste à la présidentielle de 1892, un certain Weaver de l'Iowa, un ancien combattant de la guerre de Sécession, ne parvient pas à l'emporter mais il rassemble sur son nom plus de 1 million de suffrages, un peu plus de 8 % du total, et réussit à imposer largement ses idées.

En novembre 1892, Harrison ne réussit pas non plus à être réélu. Il est vrai qu'il a perdu des voix en réprimant durement (7 morts) une grève à Homestead, en Pennsylvanie, dans les aciéries Carnegie et en brisant le syndicat de l'acier qui ne réapparaîtra pas avant les années 1930. C'est donc le démocrate Cleveland qui sort victorieux de cette élection à trois et il est le seul à avoir exercé deux mandats de façon non consécutive.

Mais la politique ne va pas tarder à changer. La dure crise de 1893-1894, qui voit 4 millions de personnes au chômage, contribue à secouer les esprits. Le renouveau s'annonce pour 1896. Le contexte est prêt pour accueillir favorablement tous les mouvements de mécontentement et de réforme.

Les républicains désignent, pour les présidentielles de 1896, William McKinley (1843-1901) qui est un protectionniste et un monométalliste. La campagne du parti de l'éléphant est dirigée par un millionnaire de l'Ohio, Mark Hanna, qui reprend les idées de Hamilton et croit que le gouvernement doit aider le monde des affaires. L'impuissance des républicains a aussi conduit les démocrates à se réorganiser profondément. Déçus par Cleveland qui avait durement réprimé la grève des ouvriers de Pullman en 1894 en faisant donner les troupes fédérales, les démocrates hésitent avant de désigner leur candidat à la convention de leur parti en 1896 et le parti de l'âne est partagé sur le problème de la monnaie. Les intérêts des démocrates du Sud s'éloignent de ceux de l'Ouest, laissés à l'écart de l'industrialisation. Les représentants de l'Ouest réclament de plus en plus la frappe libre de l'argent. Opposés au maintien de l'étalon-or, les argentistes *(silverites)* défendent l'idée d'une monnaie d'argent abondante permettant aux petites gens et, notamment, aux fermiers touchés par la crise, de rembourser leurs dettes. La cause des populistes n'arrive pas à s'imposer car Benjamin « Pitchwork » Tillman manque de persuasion et le choix des démocrates finit par se porter sur un homme de l'Ouest, un jeune avocat du Nebraska, William Jennings Bryan (1860-1925). Partisan de l'argent bon marché et de la frappe libre de l'argent et donc du bimétallisme, il emporte l'adhésion des démocrates et des populistes, grâce à des dons oratoires qu'illustre son célèbre discours de la croix d'or du 8 juillet 1896, où il répond aux partisans de l'étalon-or qu'ils « n'enfonceront pas sur le front du travailleur cette couronne d'épines et qu'ils ne crucifieront pas l'humanité sur une croix d'or » *(business shall not crucify mankind upon a cross of gold)*. Au terme d'une lutte acharnée, l'élection de 1896 donne finalement la victoire à McKinley avec 7 millions de voix contre 6,5 millions à Bryan mais surtout avec 271 grands électeurs contre 176. On peut dire toutefois que l'émergence de William Bryan à la convention de Chicago en juillet 1896 annonce une ère nouvelle pour la démocratie américaine.

La présidence républicaine de McKinley(1897-1901) correspond au retour à la prospérité et à la fin de l'argent. La découverte d'or dans le Yukon et en Afrique du Sud permet d'adopter la conversion à l'étalon-or par la loi de 1900 *(The Gold Standard Act)*. Pendant le dernier quart du XIXe siècle, la question de l'or et de l'argent a passionné les débats d'autant que produisant plus d'argent que d'or, les États-Unis avaient du mal à maintenir la parité fixe du 16 contre 1. Les hésitations dans la politique à suivre ne font que révéler les intérêts contradictoires des producteurs d'argent de l'Ouest qui voulaient monnayer le métal extrait et ceux des financiers et du gouvernement fédéral.

La croissance : le triomphe du capitalisme et la naissance du rêve américain

Les républicains « agitent la chemise sanglante » pour évoquer leur rôle pendant la guerre mais ils sont surtout attachés à soutenir les affairistes et les capitalistes qui monopolisent le devant de la scène et investissent dans le développement économique qui fait des États-Unis le plus grand pays industriel du monde.

Une nouvelle économie : la révolution industrielle

La révolution industrielle n'est évidemment pas propre aux États-Unis puisqu'elle a commencé par toucher la Grande-Bretagne en 1780 et qu'elle affecte l'Allemagne à peu près en même temps. Ce qui porte le plus à controverse est plutôt sa signification par rapport à la guerre de Sécession. Charles et Mary Beard ont affirmé dans leur ouvrage de 1927 que la guerre civile avait constitué une « deuxième révolution américaine » en étant la cause de la révolution industrielle. Ils reprennent ici la version proposée, dès 1907, par Upton Sinclair qui voyait dans l'affrontement de deux systèmes socio-économiques radicalement opposés (une aristocratie agricole conservatrice et une démocratie commerciale progressiste) la cause du conflit politique entre les deux sections. Les Beard ont fait école (Louis Hacker, par exemple, en 1940) mais d'autres plus récemment (Thomas Cochran, en 1961) ont tenté de montrer qu'au contraire la guerre avait retardé la révolution industrielle. Les deux thèses paraissent excessives. L'interprétation nouvelle affirme que la guerre et la reconstruction sont des luttes plus politiques qu'économiques et relativise l'importance économique de cette « charnière » de 1860-1865.

Elle consiste à montrer que la révolution industrielle a démarré avant la guerre de Sécession, vers 1840, qu'elle a été un peu freinée, dans certains secteurs seulement, par la guerre civile et que l'essor de l'industrie reprend très activement ensuite. Même si la thèse de W. W. Rostow est contestée, elle décrit assez bien l'évolution économique des États-Unis. Selon lui, le premier démarrage se situe entre 1843 et 1860 mais le véritable décollage *(take-off)* s'opère dans les années 1868-1893 si l'on entend par là le plein rendement de l'industrie lourde et la « maturité technologique » est atteinte en 1900. D'autres auteurs situent le décollage au cours de la décennie 1880 et, plus particulièrement, dans la période 1884-1890, si on se réfère au capitalisme monopoliste ou oligopoliste qui repose sur des firmes géantes.

Tout ce que l'on peut dire est qu'en 1860 l'Amérique est toujours essentiellement rurale et que la période d'industrialisation massive est postérieure à 1870. L'expansion rapide du secteur industriel entraîne l'augmentation du PNB. Avec une moyenne annuelle supérieure à 4 %, la croissance est spectaculaire et le produit national brut mesurant l'ensemble des produits finals passe (en dollars constants à pouvoir d'achat de 1929) de 9,1 milliards en 1870 à 59,7 milliards en 1916. Il est vrai que le produit national brut réel par habitant ne connaît pas la même progression avec un accroissement de seulement 2 % par an mais il triple ou presque en cinquante ans (cf. tableau 1). Le PNB réel par tête (en dollars constants valeur 1 860) passe de 147 pour la période 1869-1878 à 268 pour la période 1899-1908.

Dans cette production, la part de l'industrie est prépondérante. Dès 1889, l'industrie remplace l'agriculture comme secteur dominant de l'économie. En 1900, elle représente plus de la moitié contre moins d'un tiers pour l'agriculture. En s'inversant ainsi, les proportions consacrent la fin de l'Amérique agricole (cf. tableau 2). Le rêve jeffersonien d'une nation de petits cultivateurs indépendants et d'une démocratie agraire s'estompe. L'empire urbain et industriel de McKinley remplace désormais la république rurale de Lincoln.

Dans le secteur industriel, dès 1890, la production des États-Unis égale celle de l'Angleterre, de l'Allemagne et de la France réunies. En passant de 5 369 millions de dollars à 9 372 millions de dollars de 1880 à 1890, la valeur ajoutée de la production a doublé en une décennie. L'indice de la production industrielle établi par Edwin Frickey et fixé à 100 pour 1899 traduit une progression spectacu-

Tableau 1 - L'évolution du Produit national brut de 1869 à 1916
(en prix courants)

277

Années	Total (milliards de dollars)	par tête (dollars)
1916	48,3	473
1915	40,0	398
1914	38,6*	389
1913	39,6	407
1912	39,4	413
1911	35,8	382
1910	35,3	382
1909	33,4	369
1908	27,7*	312
1907	30,4	349
1906	28,7	336
1905	25,1	299
1904	22,9	279
1903	22,9	284
1902	21,6	273
1901	20,7	267
1900	18,7	246
1899	17,4	233
1898	15,4	210
1897	14,6	202
1896	13,3*	188
1895	13,9*	200
1894	12,6*	185
1893	13,8*	206
1892	14,3	218
1891	13,5	210
1890	13,1	208
1889	12,5	202
1879-1888 [1]	11,2	205
1869-1878 [1]	7,4	170

([1]) Moyenne de la décennie.
* On voit que la progression n'est pas uniforme et rencontre des obstacles en 1893-1896, en 1908 et en 1914.

Tableau 2 - La valeur ajoutée de la production par secteurs en pourcentage de 1839 à 1899
(en prix constants 1879)

Année	Agriculture	Mines	Industrie	Construction
1839	72%	1%	17%	10%
1849	60%	1%	30%	10%
1859	56%	1%	32%	11%
1869	53%	2%	33%	12%
1879	49%	3%	37%	11%
1889	37%	4%	48%	11%
1899	33%	5%	53%	9%

(Source : *Historical Statistics of the United States.*)

laire. Parti de 16 en 1860, il dépasse 200 à la veille de la première guerre mondiale et se voit multiplié par treize en cinquante ans. Il double dans les quinze premières années du XXᵉ siècle (cf. tableau 3).

Tableau 3 - Indice de la production industrielle de 1860 à 1915
(100 en 1899)

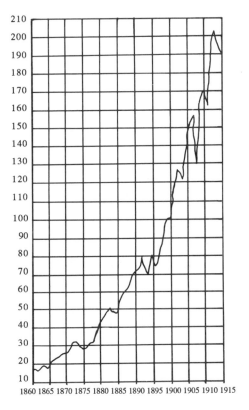

(Source : *Historical Statistics of the United States ;*
Colonial Times to 1957, p. 409.)

L'essor industriel qui fait de l'Amérique une puissance moderne dès la fin du XIXᵉ siècle a plusieurs causes : l'exploitation des ressources naturelles abondantes dont certaines ne sont découvertes qu'après 1850, le développement d'un marché des capitaux grâce à un secteur bancaire fort, la productivité rendue possible par les inventions technologiques, la production sur une grande échelle grâce à la mécanisation et à une véritable révolution du travail, la transformation des matières premières en produits manufacturés facilitée par un système de transports efficace, un marché intérieur en pleine expansion et une main-d'œuvre abondante.

Le premier atout indiscutable est la mise en valeur des matières premières et l'exploitation des métaux précieux. La production de charbon est importante en Pennsylvanie, en Virginie occidentale, dans l'Illinois, le Colorado, le Texas. On extrait 500 millions de tonnes de charbon par an en 1910 et cela ne correspond qu'à 1 % des réserves. D'une façon générale, l'abondance est telle qu'elle donne l'impression que les ressources sont quasi inépuisables et qu'elles suffiront pour plusieurs siècles.

Les gisements de fer au nord du Michigan et autour du lac Supérieur (plus particulièrement au nord-ouest de Duluth où le plus riche gisement du monde fut découvert en 1890 par les cinq frères Merritt) sont particulièrement précieux car les filons sont très purs et ils affleurent en surface. Mais le minerai de fer n'est pas abondant qu'au Nord ; on en trouve dans le Sud (la *Tennessee Coal and Iron Company*) ou dans l'Ouest (la *Colorado Fuel and Iron Company*). On exploite aussi l'argent du Colorado, du Nevada et du Montana ou le cuivre du Michigan puis, à partir de 1882, du Montana et de l'Arizona.

A partir de la guerre de Sécession la transformation de ces minerais favorise le secteur industriel. Fonderies et aciéries sont florissantes dans la région de Pittsburgh, sur la rive occidentale du lac Michigan et dans la zone à cheval sur la frontière du Michigan et du Wisconsin. L'extraction du fer datait de l'époque coloniale mais forges et hauts fourneaux se développent à partir du XIXᵉ siècle car les transports par eau du minerai font tomber les coûts de production. Si le transport par rail est 17 fois moins onéreux que par route, le transport par voies navigables est 8 fois moins cher que le transport ferroviaire. Le volume de la production d'acier des États-Unis dépasse celui de l'Angleterre dès 1890 et, en 1900, il représente celui de l'Angleterre et de l'Allemagne réunis.

Une autre source importante d'énergie est constituée par les gisements de pétrole de l'Ohio et de la Pennsylvanie, sans parler des nappes abondantes du Texas, de l'Oklahoma, du Kansas et de la Californie.

En outre, la découverte et l'exploitation de ces ressources sont parfois récentes. On doit par exemple au colonel Drake la découverte du pétrole dans l'ouest de la Pennsylvanie en 1859. Cinq ans plus tard la production est de 2 millions de barils et la ruée sur le pétrole rappelle la ruée vers l'or qui avait fait la fortune de la Californie dix ans plus tôt. En 1900, les États-Unis sont les premiers producteurs et les premiers consommateurs de pétrole du monde.

Les inventions technologiques ont naturellement une part déterminante dans l'accroissement de la productivité. Ces inventions ont commencé à apparaître dès les années 1830 mais elles révolutionnent le monde du travail pendant la seconde moitié du XIXe siècle qui apparaît littéralement comme l'ère des brevets. L'invention d'un forgeron du Kentucky, William Kelley, qui consiste à insuffler de l'air à travers le fer en fusion pour le transformer en acier, fut exploitée à grande échelle par l'ingénieur anglais Henry Bessemer dont le procédé fit la fortune de Carnegie. A la fin des années 1870, l'électricité est devenue à la fois source de lumière mais aussi d'énergie. Il suffit de citer la lampe à arc de Charles Brush (1878) ou la lampe à incandescence de Thomas Edison (1879). Le même Edison, qui avait inventé le phonographe en 1877 et qui découvre l'appareil de projection cinématographique en 1889, contribue au développement de l'éclairage électrique en distribuant la lumière dans un quartier de Manhattan dès 1881. La popularité d'Edison ne fait que renforcer la croyance en cette « créativité » ou ingéniosité américaine qui va prendre la dimension d'un mythe. Le danger qui consiste à exagérer la réussite de quelques grandes figures romantiques, immortalisées sous les traits de l'inventeur individuel génial, conduit à oublier l'immense cohorte de scientifiques, d'ingénieurs et de techniciens formés dans les universités et les collèges qui a anonymement mais largement participé à cette profonde révolution technologique.

L'utilisation de la force hydraulique et la découverte de la dynamo en 1893 permettent de remplacer la vapeur par l'électricité dans les grands barrages. D'autres inventions stimulent le développement des communications. Une ligne télégraphique existe déjà entre Washington et Baltimore et la *Western Union Company* a été créée en 1856 pour exploiter le télégraphe de Samuel Morse de même qu'un premier essai de pose d'un câble transatlantique a eu lieu dans les années 1850 mais c'est en 1866 que la *Great Eastern* déroule le premier câble télégraphique entre Terre-Neuve et l'Irlande. En 1876, un immigrant écossais Alexander Graham Bell expose son appareil téléphonique qui va rapidement se répandre dans les milieux commerciaux. Le domaine des transports progresse en efficacité, en rentabilité et en confort grâce à toutes sortes d'améliorations techniques : signalisation automatique (1865), rails d'acier, freins à air comprimé Westinghouse

(1868), wagons frigorifiques Davis (1868), wagons-lits Pullman. On doit aussi ajouter l'invention de l'automobile dans les années 1890 grâce à Henry Ford dont le premier moteur à explosion en 1893 suivi du moteur à 2 cylindres en 1896 met l'automobile à la portée d'un plus grand nombre.

Le monde de l'agriculture bénéficie aussi des innovations. Le fil de fer barbelé inventé, en 1874, par Joseph Glidden, un fermier de l'Illinois, pour contenir ses troupeaux et protéger ses cultures va bouleverser les conditions matérielles de la vie quotidienne et donner son nouveau visage au paysage de l'Ouest. On ne saurait manquer de rappeler le caractère performant des nouvelles machines agricoles qui permettent des cultures extensives : semoirs automatiques, charrues à socs multiples, faucheuses mécaniques de l'Ohio, lieuses avec ficelle ou fil de fer, moissonneuses McCormick de Chicago. La production agricole, elle aussi, connaît une progression annuelle de l'ordre de 4 % entre 1865 et 1916. Le nombre des exploitations agricoles triple au cours de la même période et passe de 2 millions à 6,4 millions. Les surfaces cultivées font plus que doubler (de 163 millions d'hectares à 351 millions) grâce à la mise en valeur de l'Ouest. La culture extensive se généralise dans les grosses exploitations *(bonanza farms)* au risque d'épuiser les sols. Le nombre des agriculteurs double presque en passant de 6,2 à 11,3 millions tandis que le produit brut agricole par tête (en dollars 1910-1914) évolue à la hausse (332 dollars en 1860, 362 en 1870, 439 en 1880, 456 en 1890, 526 en 1900). Les États-Unis occupent enfin la première place pour bon nombre de produits agricoles. Le Sud, par exemple, a quasiment le monopole du coton *(cotton belt)*, au Texas surtout, et la production est multipliée par 2,5 pendant la seconde moitié du XIXᵉ siècle. Les États-Unis fournissent 86,1 % de la production mondiale de coton en 1899-1900. Le *Middle West* devient le cœur agricole de l'Amérique moderne avec toute une série de ceintures *(belts)* spécialisées : l'élevage bovin autour des Grands Lacs, puis immédiatement au sud, la ceinture du blé *(wheat belt)*, de l'Ohio au Texas et aux Dakotas, plus au sud, du Missouri aux Rocheuses, la ceiture du maïs *(corn belt)* ainsi que l'élevage bovin et porcin et, en Californie, les vergers d'agrumes, les vignobles et les cultures maraîchères (cf. carte 1).

Le développement des machines outils favorise la diversification et la production en série et bénéficie à toutes sortes d'industries, mécaniques, chimiques mais aussi textiles ou alimentaires. On ne mentionnera dans ce dernier secteur que les abattoirs de Chicago,

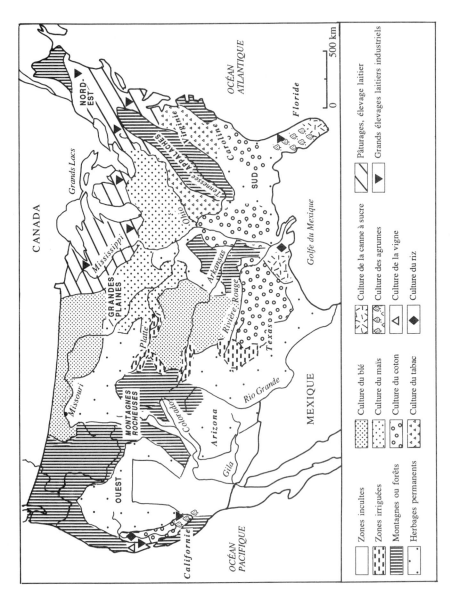

Carte 1. — Les régions agricoles des États-Unis

les brasseries de Milwaukee et de Saint-Louis ou les minoteries de Saint-Paul et de Minneapolis qui durent leur essor à l'ingéniosité de la technique. L'invention de la machine à écrire Remington ou de la linotype a des retentissements sur la presse et l'édition bien au-delà de leur seule utilisation dans le milieu des affaires. Les relations commerciales sont stimulées par ces inventions mais la vie quotidienne s'en trouve aussi grandement facilitée et la vie culturelle enrichie.

Le rôle des transports pour stimuler la croissance industrielle, relier les zones de production et mettre en relations les consommateurs n'est plus à démontrer. Sans doute, le chemin de fer demeure-t-il dans tous les esprits le symbole de cette ère industrielle mais il n'est pas, comme on l'a trop souvent cru, le moteur principal du développement. Il demeure incontestable que le réseau ferré se densifie sur l'ensemble du territoire de façon spectaculaire (la densité qui est de 1,9 pour 100 km^2 en 1880 est de 5,2 en 1914). Jusqu'en 1865, il se limite pratiquement à l'Est et ne va guère au-delà du Missouri, à l'exception de quelques très rares lignes sur la côte Pacifique. De 49 000 km de voies à la veille de la guerre de Sécession, le réseau passe à 150 000 km en 1880, à 250 000 km en 1888 pour atteindre 360 000 km en 1906. A cette date, les États-Unis peuvent s'enorgueillir d'avoir le plus grand système ferroviaire du monde qui représente alors un tiers de la totalité des lignes existantes. Il permet aussi de transporter un milliard de tonnes de marchandises par an.

L'extension du chemin de fer a surtout pour avantage de profiter au *Middle West* et à l'Ouest et de donner une dimension continentale à l'économie nationale. La grande nouveauté est bien la construction de transcontinentaux qui relient les Rocheuses et l'ouest à l'est de l'Union. L'idée en était déjà venue dès 1849 à un homme d'affaires de Nouvelle-Angleterre, Asa Whitney, mais le projet devait surmonter les difficultés d'ordre technique, économique et politique avant de pouvoir aboutir. Les opérations démarrent en 1862 grâce à l'adoption d'une loi *(Pacific Railroad Act)* autorisant la construction d'un transcontinental entre Sacramento en Californie et Omaha dans l'Iowa. Deux compagnies sont créées à cet effet, l'*Union Pacific* qui travaille à partir de la vallée du Missouri et le *Central Pacific* qui part de Californie. La liaison entre l'Atlantique et le Pacifique est complétée à Promontory Point dans l'Utah, le 10 mai 1869, grâce à ce premier transcontinental d'une longueur de près de 3 000 km. D'autres transcontinentaux vont suivre. Un deuxième, le *Southern Pacific* permet, en 1882, de rejoindre Los Angeles à partir de La

Nouvelle-Orléans par Fort Yuma et El Paso. Un troisième, le *Northern Pacific*, en 1883, relie le lac Supérieur (Saint-Paul) à Portland dans l'Oregon. Un quatrième, le *Sante Fe*, en 1884, va de Kansas City à Los Angeles puis à San Francisco tandis qu'un cinquième, le *Great Northern*, en 1893, unit Duluth à Seattle en longeant la frontière canadienne (cf. carte 2).

On sait les conditions d'insécurité et d'exploitation des *coolies* chinois ou bien encore des immigrants irlandais ou franco-canadiens ayant participé aux travaux de construction de ces lignes qui ont permis la mise en valeur des Grandes Plaines et de l'Ouest. L'aventure héroïque, immortalisée grâce aux *westerns* qui ont illustré la *railroad mania*, ne doit pas faire oublier que l'extension du réseau a un côté anarchique et sauvage. Rien n'est possible sans les chartes que les compagnies obtiennent non pas du gouvernement fédéral qui n'a pas encore de pouvoirs dans ce domaine, mais des législations locales des États. Et c'est bien parce que les initiatives sont locales que certaines lignes, par exemple, font double emploi ou que les écartements sont très variés. De surcroît, on se soucie davantage de faire des profits que de construire un réseau rationnel. Certains équipements entraînent de très gros investissements et la concurrence féroce contraint certaines compagnies à se livrer à une véritable surenchère à la baisse. Ensuite, dès que l'une d'entre elles contrôle les opérations, elle réaugmente ses tarifs et c'est le consommateur qui subit les effets de ces fluctuations de prix. Mais, plus encore, c'est l'actionnaire qui pâtit de la situation en finançant souvent à fonds perdus puisque, soit sa compagnie fait faillite, soit, dans le meilleur des cas, sa compagnie est absorbée par une plus grosse. Il y a dans cet investissement capitaliste privé une part de don, le plus souvent involontaire. En tout cas, le triomphe matériel de quelques-uns ne doit pas occulter les pertes de beaucoup d'autres. Les capitaux proviennent surtout de l'épargne privée américaine mais ils dépendent, au moins pour un bon quart voire pour un tiers, d'investissements étrangers et notamment en provenance de l'Angleterre.

Un effort pour réglementer les tarifs et imposer une certaine uniformité fut tenté par le gouvernement fédéral qui adopta la loi sur le commerce entre les États *(Interstate Commerce Act)* en 1887 instituant une Commission fédérale de contrôle mais ce fut sans effet car la Cour suprême déclara que la Constitution ne donnait aucun droit au gouvernement pour intervenir en quelque manière que ce soit dans la politique des prix et des coûts du transport. Il faut atten-

285

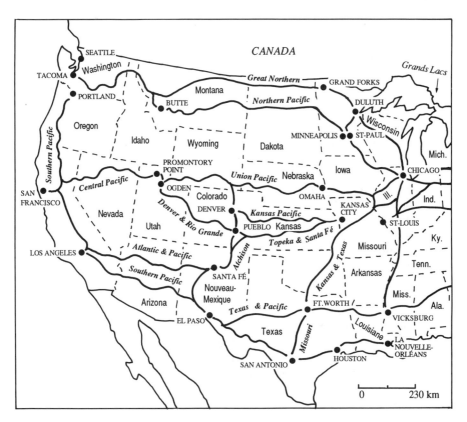

Carte 2. — Les chemins de fer transcontinentaux à la fin du XIXᵉ siècle

dre 1903 pour que Theodore Roosevelt fasse reconnaître la constitutionnalité de cette loi. L'*Elkins Act* de 1903 et le *Hepburn Act* de 1906 limitent efficacement les pratiques nocives des compagnies ferroviaires mais il était plus facile de réglementer les chemins de fer que les trusts.

Une nouvelle société dominée par l'évangile de la richesse : trusts et monopoles

A la fin de la guerre de Sécession, les richesses sont essentiellement concentrées dans les régions industrielles. Les trois seuls États de New York, de Pennsylvanie et du Massachusetts payent 60 % de l'impôt sur le revenu en 1864. Mais, ensuite, le nombre des entreprises et des établissements industriels augmente (de 80 % de 1860 à 1870 et de près de 40 % de 1880 à 1890) tout en se décentralisant. Le Sud est bénéficiaire, l'Ouest, plus encore, qui se dote d'une économie diversifiée. Les profits sont réinvestis et la croisssance démographique crée un vaste marché intérieur. La force de ce marché est plus importante que le commerce extérieur, même s'il progresse aussi.

Mais l'originalité de la formule américaine réside dans son organisation. Très tôt est posé le problème de la concentration industrielle sous la forme de trusts. Ils sont la conséquence de la concurrence. En effet, le dernier tiers du XIXe siècle est caractérisé par une baisse constante des prix, une phase B. La seule réponse est d'organiser la concurrence en créant des entreprises géantes. Ainsi, en 1900, 2 % des établissements industriels fournissent la moitié des produits manufacturés. On peut dire que les dépressions ont favorisé la concentration des entreprises.

Les *pools* constituent la première forme de la concentration. Il s'agissait pour les concurrents de conclure des ententes pour maintenir les prix et se partager le marché mais les crises mettent en péril ces accords et conduisent à toutes les surenchères à la baisse. Ces variations sont désastreuses tant pour les patrons que pour les ouvriers mis à pied. C'est alors que naît l'idée des *trusts*. Le premier est inventé en 1882 par John D. Rockefeller (1839-1937). Ce New-yorkais installé à Cleveland (Ohio) se reconvertit très jeune et délaisse les produits agricoles pour devenir raffineur dès que le pétrole est découvert en Pennsylvanie en 1859. Il conclut une entente avec les chemins de fer et obtient des réductions importantes sur le transport des barils. Sa firme prospère, la *Standard Oil of Ohio*, dotée d'un capital d'un million de dollars en 1870, doit traverser la crise de 1873. Il supprime alors ses concurrents directs en les rachetant à un bon prix et diversifie ses implantations puis, pour ne plus être dépendant des chemins de fer, construit ses propres *pipe-lines*. En 1879, il a réussi à contrôler 95 % des raffineries. C'est alors qu'en 1882 il fait remettre les actions des 77 compagnies pétrolières associées à la sienne, la *Standard Alliance*, aux mains de neuf *trustees* (des « personnes de confiance ») qui vont gérer l'intérêt du groupe.

Le *trust*, qui est la conséquence de la concurrence, ne l'élimine pas puisqu'il ne constitue pas un monopole mais une très grosse entreprise qui laisse la possibilité à d'autres, aussi grosses, d'exister ou de se constituer parallèlement à elle. Le propriétaire conserve la propriété qu'il confie *(trust)* à un administrateur qui rend des comptes et reçoit en contrepartie des actions du trust. L'indépendance respective de chaque société initiale a seulement disparu et toute l'industrie du pétrole est ainsi administrée par le *Standard Oil Trust*. Ainsi le trust raffine 90 % du pétrole des États-Unis. Déclaré illégal en 1892 par la Cour suprême de l'Ohio, le *trust* s'installe ensuite dans le New Jersey dont la législation est plus souple et devient, en 1899, un *holding* qui prend le nom de *Standard Oil of New Jersey* jusqu'à la date de sa dissolution en 1911. L'unité d'action a disparu en apparence mais la communauté d'intérêts a été préservée.

Rockefeller fit école. Le désir de contrôler un marché en expansion, en limitant les fluctuations de prix et en s'assurant le profit maximum, fut partagé par d'autres. Dans le domaine de la sidérurgie, l'exemple fut imité par Andrew Carnegie (1835-1919), le « roi de l'acier ». Il existe deux formes de concentration, la verticale qui exerce un monopole sur l'ensemble des opérations, de la matière première au produit fini, et l'horizontale qui n'exerce son monopole que sur un stade de la transformation. L'entreprise de Carnegie est un trust vertical puisqu'elle contrôle mines de charbon et de fer, hauts fourneaux et laminoirs mais dispose aussi d'une flotte de cargos, d'un port et de voies ferrées. Puis, lorsqu'il se retire, le vieux Carnegie décide de vendre et de se regrouper dans une nouvelle organisation. C'est la naissance, en 1901, de la *United States Steel Corporation*, la première firme au monde à disposer d'un capital supérieur à un milliard de dollars. Y sont mêlés John D. Rockefeller et la banque new-yorkaise J.-P. Morgan.

Le mouvement des fusions est freiné par la conjoncture défavorable mais il reprend de plus belle à partir de 1896, et ce, malgré les tentatives de contrôle telle la loi Sherman antitrust de 1890. Plus de 2 500 entreprises disparaissent ainsi par fusion au tournant du siècle. Theodore Roosevelt s'attaque à quelques trusts en 1903 et crée au ministère du Commerce un Bureau des corporations pour surveiller les fusions de près. Il y aura 19 poursuites qui conduiront notamment à la dissolution en 1911 de la *Standard Oil of New Jersey* et de l'*American Tobacco Company*. Mais, dans l'ensemble, on peut dire que toutes ces actions furent pratiquement sans effet.

Après leur interdiction (théorique), les *trusts* sont, en réalité, devenus des *holdings*, véritables sociétés financières regroupant d'autres sociétés industrielles ou commerciales. J.-P. Morgan administre ainsi 65 % de la production de fer et d'acier. Ce que l'on a souvent appelé le « trust de l'acier » a commencé par être un holding comprenant une société produisant le tiers des rails, la *Federal Steel Company*, le groupe financier de la banque Morgan qui reprenait la *National Steel*, productrice de billettes, et la *National Tube*, productrice de tuyaux de fonte, ainsi que le groupe Moore qui regroupait des compagnies produisant 90 % du fer blanc et 85 % des fils de fer. C'est ce groupe qui rentre ensuite dans la société de Carnegie mais, dans ces opérations de « consolidation » *(holding)*, ceux qui ont un rôle essentiel sont bien les financiers ou *promoters*. Le banquier Morgan est célèbre pour l'acier mais on peut aussi citer le juge Moore pour le fer blanc ou le courtier Dill pour le cuivre.

Dans ces opérations financières, les actions de préférence sont données aux anciens sociétaires qui sont protégés et ceux qui courent les risques sont les nouveaux actionnaires qui souscrivent aux actions émises lors de la fusion. Il va sans dire que ces concentrations ont eu pour premier effet de faire disparaître les entreprises peu spécialisées ou mal gérées ainsi que les petits artisans. L'accroissement de la taille des entreprises s'accompagne d'une augmentation de la production et de la diminution de la main-d'œuvre salariée. L'idée de base est de mieux utiliser les moyens, d'abaisser les coûts de la production, de produire davantage et de préserver ses profits. Le capitalisme sauvage aurait-il succédé à la concurrence ?

Les plus grosses fortunes s'établissent dans les mines (les Guggenheim font fortune dans le cuivre, par exemple), le secteur du bois (Weyerhauser), le pétrole (John D. Rockefeller), la sidérurgie (Andrew Carnegie et Abram S. Hewitt), les conserves de viande (Philip Armour et Gustavus Swift), le sucre (Havemeyer et E. C. Knight), le tabac (Washington Duke) et, naturellement, le chemin de fer (C. Vanderbilt, Leland Stanford, Edward Harriman, James J. Hill ou George Pullman). Le revenu annuel de Carnegie, en fin de carrière, dépasse 12 millions et demi de dollars et le roi de l'acier laisse 1 000 millions de dollars à sa mort en 1919. Rockefeller réussit à amasser 1 500 millions de dollars tandis que Thomas Woodrow Wilson, le célèbre professeur de sciences politiques de Princeton, a un salaire annuel de 3 000 $ en 1897.

Ces réussites font rêver et elles ont fait rêver mais il s'agit de fortunes individuelles. On parle, en fait, plus des noms des individus que des sociétés et la période qui s'écoule de 1890 jusqu'en 1914 est bien « l'ère des Titans ». La réussite de quelques-uns revêt un caractère exceptionnel et prend vite l'allure d'un mythe, celui du *self-made man* parti de rien mais qui arrive au comble de la fortune à condition de travailler dur et de savoir tirer parti des opportunités.

La biographie de Carnegie, ce pauvre immigrant écossais arrivé très jeune aux États-Unis en 1848, revue et corrigée par Dos Passos dans son « prince de la paix » du *42ᵉ Parallèle*, nous fournit une excellente illustration de ce succès. Mais ces titans du capitalisme américain n'ont pas tous été des barons pillards *(robber barons)*. Dans cette nouvelle société est né un homme nouveau, mélange d'entrepreneur, d'inventeur et de philanthrope. Beaucoup ont sans doute manqué de scrupules et certains d'honnêteté. Jay Gould ne laisse pas un excellent souvenir. Beaucoup se comportent en nouveaux riches et étalent leur richesse en donnant des réceptions fastueuses et en paradant dans leurs luxueuses demeures de la 5ᵉ Avenue à New York édifiées par l'architecte Richard Morris Hunt ou de la Michigan Avenue à Chicago. Mais certains ont été plus honnêtes. Nous dirons plutôt que certains comme Carnegie, Ford ou Rockefeller se sentent investis d'une mission. Ils ont des principes et se veulent exemplaires. Comme le rappelle Carnegie de façon paternaliste dans l'*Évangile de la richesse*, l'homme riche a des devoirs : « L'homme riche devient ainsi l'homme de confiance, l'agent de ses frères pauvres, mettant à leur service sa grande sagesse, expérience et capacité à administrer et faisant pour eux mieux qu'ils ne feraient ou pourraient faire pour eux-mêmes. »

Même si on peut parfois s'interroger sur la sincérité de leurs mobiles, ces capitaines d'industrie s'investissent dans des actions de charité et s'adonnent au mécénat. Le financement philantropique de nombre d'institutions universitaires date de cette époque. John Rockefeller aide financièrement à la création de l'Université de Chicago, Duke University doit son existence au soutien du roi du tabac et on pourrait évoquer les noms de Vanderbilt, de Stanford, de Cornell, de Tulane ou de Johns Hopkins. Carnegie dote églises, musées, bibliothèques publiques et les fonds de ses fondations (*Carnegie Endowment for International Peace* ou *Carnegie Foundation for Advancement of Teaching*) permettent de défendre la cause de la paix, de faire progresser la recherche médicale ou de combattre l'illettrisme. Henry Ford est moins généreux mais il mène une vie très puritaine, austère et simple. Rockefeller, dont on sait les convictions baptistes, déclare dans la bonne tradition protestante : « Dieu m'a donné mon argent. » Serait-ce cette formule qui a incité Weber à défendre, dans son livre le plus connu et le moins bon, *L'Éthique protestante et l'esprit du capitalisme* (1904), sa thèse douteuse du lien de causalité entre protestantisme et capitalisme. Certes, les élites ont été indispensables à l'édification du capitalisme mais le fait d'être protestant n'est pas, à l'évidence, la seule cause nécessaire, même si le facteur religieux a joué son rôle.

Certains *self-made men* ont connu une extraordinaire mobilité sociale ascendante mais, en dehors de ces exceptions qui ont permis de créer la légende, la plupart des patrons et des capitaines d'industrie (un demi-million en 1870) sont issus des bonnes familles de la côte est et ils ont bénéficié des avantages de la « reproduction sociale ». On estime que 125 000 Américains possèdent la moitié de la richesse nationale en 1890 et que le pays qui compte 63 millions d'habitants, a 4 000 millionnaires. Dans la société de l'Amérique moderne, les nouveaux riches ont remplacé les grands planteurs et les marchands du début du siècle.

La philosophie dominante est bien exprimée par certains de ces patrons d'industrie qui sont écrivains à leurs heures. Rockefeller a écrit ses mémoires *(Random Reminiscences)* publiées à New York en 1909. Carnegie, qui fréquente les auteurs Matthew Arnold et Mark Twain, a aussi des dons et il résume à merveille la philosophie de l'époque du capitalisme industriel. Son premier livre, *La Démocratie triomphante (Triumphant Democracy)*, publié en 1886, chante les louanges du progrès américain tandis que son second ouvrage, *L'Évangile de la richesse (The Gospel of Wealth)* qui sort en 1890, est un succès de librairie (300 000 exemplaires). Son œuvre reflète l'esprit de l'époque, influencée par la philosophie du « darwinisme social » exprimée par Herbert Spencer et son disciple américain, William Graham Sumner de l'Université Yale. Reprenant les recherches de Darwin sur le monde animal, le philosophe anglais considère que la vie est un combat. La sélection naturelle s'applique au monde socio-économique qui voit triompher les forts et disparaître les faibles, la récompense des meilleurs se traduisant par la richesse. Le libéralisme économique, la loi de l'offre et de la demande constituent la seule règle d'un monde sur lequel les pouvoirs publics ont peu de prise et où la protection des droits n'est pas la première priorité.

Le capitalisme sauvage et l'esprit de libre entreprise génèrent toutefois fierté et optimisme. On n'en prendra pour preuve que l'énorme popularité de Horatio Alger, ce prolifique pasteur de New York qui conforte le mythe du succès en vantant les miracles de l'ascension sociale. Lorsqu'il meurt, en 1899, il a publié 119 livres, des *best-sellers*, aux titres évocateurs : *La Gloire et la fortune (Fame and Fortune), Un simple petit Irlandais (Only an Irish Boy)* ou bien *Le Petit télégraphiste (The Telegraph Boy)*. Tous ces ouvrages véhiculent le même message édifiant à savoir que la vertu et le travail conduisent « des haillons à la richesse » *(from rags to riches)* et confèrent le bonheur.

La croissance démographique : l'immigration et le développement urbain

L'essor démographique constitue un élément clé de l'industrialisation américaine. L'augmentation de la population est considérable qui passe de 31,5 millions en 1860 à 50 millions en 1880 puis à 76 millions en 1900 et à 106 millions en 1920. Avec une progression de 2 % par an, la population a plus que triplé entre 1860 et 1920.

Le facteur essentiel de cette progression demeure l'accroissement naturel dont le taux n'est pas négligeable malgré ses fluctuations diverses et son ralentissement général. En effet, le taux de natalité demeure assez élevé malgré sa baisse (de 44,3 ‰ en 1860, il n'est plus que de 31,6 ‰ en 1900) tandis que le taux de mortalité régresse relativement moins en passant de 21,4 ‰ à 18,8 ‰. Le taux d'accroissement naturel chute donc de 22,9 ‰ à 12,8 ‰ de 1860 à 1900 pour remonter, de 1900 à 1915, jusqu'à 16,3 ‰.

C'est aussi à l'immigration que la croissance démographique est due, même si on a souvent tendance à en surestimer l'impact. De 1860 à 1900, les États-Unis accueillent 14 millions de personnes et, de 1900 à 1916 seulement, ils en admettront encore 14 millions de plus, soit, au total, près de 28 millions de nouveaux arrivés qui sont absorbés en un peu plus de cinquante ans dans le tissu social américain (cf. tableau 4). Les chiffres n'ont rien à voir avec la période antérieure à la guerre de Sécession même si le chiffre de 427 833 admissions avait été considéré, en 1854, comme un sommet tout à fait exceptionnel. Au cours de la seconde moitié du XIXe siècle, l'afflux d'immigrants s'intensifie et il est quasi constant après 1865 même s'il connaît des fluctuations avec les crises. On relèvera quelques pointes en 1873 (459 803), 1882 (788 992), 1892 (579 663) et le record absolu en 1907 (1 285 349) presque égalé

Tableau 4 - L'immigration aux États-Unis de 1861 à 1920 par régions

Années	Nombre total d'admis	dont Europe Nord-Ouest	dont Europe Centrale Orientale	dont Europe Méditerranéenne (Italie + Europe du Sud)	Total Europe	Autres régions
1861-1870	2 314 824	2 031 662 87,8%	12 468 0,5%	21 140 0,9%	2 065 270 89,2%	249 554 10,8%
1871-1880	2 812 191	2 070 373 73,6%	125 571 4,5%	76 318 2,7%	2 272 262 80,8%	539 929 19,2%
1881-1890	5 246 613	3 778 633 72,0%	626 717 11,9%	331 696 6,3%	4 737 046 90,3%	509 567 9,7%
1891-1900	3 687 564	1 643 492 44,6%	1 211 253 32,8%	704 233 19,1%	3 558 978 96,5%	128 586 3,5%
1901-1910	8 795 386	1 910 035 21,7%	3 914 836 44,5%	2 311 145 26,3%	8 136 016 92,5%	659 370 7,5%
1911-1920	5 735 721	997 438 17,4%	1 918 947 33,4%	1 460 179 25,5%	4 376 564 76, 3 %	1 359 157 23,7%
	28 592 299					

(D'après les données de *Historical Statistics from Colonial Times to 1970*, Series C 89-119 *Immigrants by Country : 1820 to 1970*, p. 105-106.)

en 1914 (1 218 480). L'ouverture d'Ellis Island, centre d'accueil des immigrants dans le port de New York, en 1892, consacre le phénomène de ces arrivées en masse. Plus de 2,3 millions entrent dans la décennie 1860, plus de 2,8 millions dans la décennie 1870 et le record est battu avec la grande période 1881-1890 qui voit entrer 5 247 000 immigrants avec un maximum sur le quinquennat 1881-1885. La crise explique la relative baisse de la dernière décennie du siècle (3,7 millions). L'immigration reprend avec vigueur en 1900 pour atteindre un sommet record de 1906 à 1910 avec près de 5 millions de personnes. La décennie 1906-1915 en admet pas loin de 9,5 millions.

Fuyant surtout la misère et non plus l'oppression religieuse comme les tout premiers immigrants, ces nouveaux venus, attirés par le « nouvel Eldorado », vont changer le visage de l'Amérique. L'élément de nouveauté tient moins à la variété qu'à la différence d'évolution dans l'origine nationale de ces immigrants. La « vieille » immigration va être progressivement remplacée par une « nouvelle » vague. Les Européens dominent toujours nettement (plus de 90 %) mais jusqu'en 1880 la grande majorité (80 %) est originaire des pays du nord de l'Europe (Britanniques, Irlandais, Scandinaves, Allemands) et les pays slaves et latins ne fournissent que 19 %. Après 1890, l'arrivée massive de Polonais, de Russes, de Juifs d'Europe centrale, de Tchèques, de Yougoslaves et, surtout, d'Austro-Hongrois ainsi que d'Italiens inverse pratiquement la proportion. Les « Nordiques » ne représentent plus que 23 %, tandis que les « Slaves » et les « Latins » atteignent plus de 76 %. Il s'agit d'une immigration sous contrat, essentiellement catholique, jeune, peu spécialisée, souvent analphabète, qui va fournir une main-d'œuvre ouvrière bon marché et grossir le marché intérieur mais qui pose le problème de son assimilation. Ces immigrants sont mal intégrés voire exclus, incapables qu'ils sont de parler l'anglais et de pratiquer la religion protestante. On imagine aisément que le choc culturel provoqué par la transplantation d'une main-d'œuvre rurale dans un environnement urbain constitue un obstacle sérieux à l'américanisation. Le creuset *(melting pot)* américain, dont l'auteur juif Israël Zangwill donne pourtant une image idéale en 1908, semble moins bien fonctionner. Dès la fin du XIXᵉ siècle, toute une législation restrictive se met en place. En 1882, le Congrès adopte une loi excluant les Chinois *(Chinese Exclusion Act)* et bannissant les condamnés de droit commun, les indigents et les fous avant de s'en prendre aux anarchistes et autres personnes « indésirables ». Les Japonais tombent à leur tour sous le coup de l'exclusion en 1907 et tout le tournant du siècle débat de l'opportunité d'instaurer un *literacy test* pour freiner l'arrivée des étrangers. C'est chose faite en 1916 malgré le veto du président Woodrow Wilson. L'idée qui commence à prévaloir est de limiter l'immigration sauvage et incontrôlée qu'avaient encouragée les grands capitaines d'industrie. Cette cause qui rallie les suffrages des milieux syndiqués prend des accents ambigus chez les *Wasps* conservateurs et alimente la montée d'un courant nativiste qu'annonce la publication, en 1916, par Madison Grant du *Déclin de la grande race (The Great Passing of the Great Race)*. Mais, même si certaines réactions d'américanisme et de xénophobie contre cet afflux « torrentiel » d'éléments étrangers commencent à se faire jour, pour l'instant les effets de l'immigration sont bénéfiques.

L'autre conséquence de cette nouvelle civilisation industrielle fut l'urbanisation. Alors que seulement 20 % vivent dans des villes

en 1860, puis 40 % en 1900, la prédominance de la population
rurale (cf. tableau 5) est presque terminée et il faut attendre 1920
pour que la population urbaine l'emporte (52 %). A la fin du XIXᵉ
siècle, près de la moitié des Américains vit dans des villes, c'est-à-
dire des agglomérations de 2 500 habitants et plus. Le grand *boom* a
lieu dans les années 1880 où la population de plus de 100 villes
double. En 1890, 448 villes dépassent 8 000 habitants dont 26 en

**Tableau 5 - La croissance de la population urbaine aux États-Unis
de 1790 à 1920
(en milliers et en pourcentage)**

Année	Population totale [P]	Population Urbaine [U]	U/P %	Variation U/P
1790	3 929	202	5,1	
1800	5 308	323	6,1	1,0
1810	7 240	525	7,3	1,2
1820	9 638	694	7,2	-0,1
1830	12 866	1 127	8,8	1,6
1840	17 063	1 845	10,8	2,0
1850	23 192	3 544	15,3	4,5
1860	31 443	6 217	19,8	4,5
1870	39 818	9 902	25,7	5,9
1880	50 156	14 130	28,2	2,5
1890	62 948	22 106	35,1	6,9
1900	75 995	30 160	39,7	4,6
1910	91 972	41 999	45,7	6,0
1920	105 711	54 158	51,2	5,5

(Source : *Historical Statistics of The United States,* 1975, vol. 1, p. 12.)

ont plus de 100 000. S'il n'y a qu'une ville d'un million d'habitants
en 1860 (et encore pour cela faut-il considérer le grand New York
qui englobe Brooklyn), il y en a 3 en 1900 : New York, Philadelphie
et Chicago. L'expansion des deux dernières est prodigieuse, surtout
celle de Chicago qui a tout de la ville-champignon. Ce sont bien sûr
les immigrants qui constituent une grande partie de ces populations
urbaines, 25 % à Baltimore, 29 % à Philadelphie, 36 % à Boston,
38 % à La Nouvelle-Orléans, 39 % à Brooklyn, 46 % à Cincinnati,
48 % à New York, 50 % à Chicago voire 60 % à Saint Louis. Au
début du XXᵉ siècle, la population américaine compte au total plus

de 15 % de personnes nées à l'étranger mais inégalement réparties selon les régions.

En moyenne, la population urbaine croît de 3,5 % par an, entre 1870 et 1910, mais la progression paraît encore plus impressionnante lorsqu'on considère les villes de 100 000 habitants et plus (cf. tableau 6). A peine une dizaine en 1860, elles sont 68 en 1920.

Tableau 6 - Les principales grandes villes des États-Unis
(1860-1920)
(en milliers) (rang entre parenthèses)

	1860	1880	1900	1920
New York	(1) 1080	(1) 1 912	(1) 3 437*	(1) 5 600
dont Brooklyn	[266]			
Philadelphie	(2) 565	(2) 847	(3) 1 204	(3) 1 824
Baltimore	(3) 212			
Boston	(4) 178	(4) 363	(5) 561	(6) 748
La Nouvelle-Orléans	(5) 169	216	287	(11) 387
Saint-Louis	(6) 161	(5) 350	(4) 575	(5) 773
Cincinnati	(7) 160			
Chicago	(8) 109	(3) 503	(2)**2 185	(2) 2 700
Washington	(9) 100			(10) 435
Pittsburgh	(10) 95		344	
Detroit	46	116	286	(4) 994
Los Angeles	4	11	102	(7) 577
San Francisco	57	234	343	(8) 507
Milwaukee				(9) 457
Minneapolis				(12) 380
Kansas City				(13) 324

* Avec l'annexion de Brooklyn.
** N° 5 mondiale.

Alors qu'elles représentaient, à elles seules, un peu plus de 10 % de la population totale en 1860 ; elles en rassemblent plus du quart dès 1910.

Il convient enfin de prendre en compte, dans cet essor urbain, l'apport de l'exode rural de tous les fermiers ruinés, de tous les ratés et de tous les mécontents pour qui la ville est une soupape de sûreté. Sans doute, la mobilité sociale s'avère plus aisée dans les villes que dans les zones rurales de l'Ouest, malgré le mythe de l'abondance lié à la Frontière.

Les villes américaines prennent désormais leur aspect moderne. La suprématie de New York est assurée au détriment de ses rivales du

Nord-Est, Boston qui cesse d'être l' « Athènes du Nord », Philadelphie qui est détrônée dans son rôle de place financière de même que Baltimore comme centre commercial. Même si l'urbanisation n'atteint pas vraiment le Sud, elle ne concerne pas exclusivement les États de la côte atlantique mais touche aussi le pourtour des Grands Lacs et la côte pacifique et, plus particulièrement, la Californie. Beaucoup de villes de 2 500 à 5 000 habitants deviennent en quarante ou cinquante ans des métropoles de plus de 300 000 personnes. Malgré une meilleure répartition des grandes villes, elle demeure encore inégale et la petite ville décrite par Sinclair Lewis dans *Main Street* en 1920 n'a pas disparu partout physiquement, même si l'idéalisation des vertus rurales appartient désormais au passé.

La vision de la ville devient vite ambivalente : objet d'attraction et lieu de focalisation de tous les espoirs et de toutes les ambitions, elle est aussi objet de répulsion et lieu des frustrations et des déceptions. La structuration géométrique et l'organisation artificielle s'accompagnent des signes de la modernisation : métro aérien à New York (1867), tramways à câble à San Francisco (dès 1873), rues éclairées, ascenseur, téléphone, gratte-ciel à charpente métallique. Par ailleurs, le manque de planification entraîne un développement anarchique causé par l'absorption de tant de monde. Les belles façades et les grands immeubles ne masquent pas les taudis et les gangs, comme en attestent les témoignages du journaliste immigrant Jacob Riis qui décrit les victimes du progrès économique à New York dans *How the Other Half Lives* (1890) ou de Jane Addams qui évoque les centres d'action sociale des quartiers pauvres de Chicago dans *Twenty Years at Hull House* (1910).

La poussée vers l'Ouest et la fin de la frontière

L'expansion économique profite à l'Ouest où le peuplement se poursuit dans les plaines, à l'ouest du Missouri. Le centre de gravité de la population, situé à Baltimore en 1790, s'est déplacé pour se situer, en 1900, jusqu'à 40 km à l'est d'Indianapolis. Une nouvelle génération de pionniers venus de la vallée du Mississippi contribue à la mise en valeur du Centre Nord-Ouest (Minnesota, Kansas, Nebraska, Iowa, Missouri, les Dakotas) dont la population quintuple entre 1860 et 1900. Pendant la même période, celle de la région pacifique (Californie, Oregon, Washington) sextuple.

Le chemin de fer et les transcontinentaux en particulier ont grandement aidé cette mise en valeur d'autant que les terres bon marché se font plus rares. En 1860, l'activité est intense en Californie et dans la vallée de la Willamette dans l'Oregon de même que dans la partie est du Kansas et du Nebraska mais, entre les deux, s'étend près de la moitié de la surface des États-Unis en grande partie déserte. La première liaison transcontinentale établie en 1869 facilite l'occupation de territoires encore vides et opère l'unité du continent. Avec la mise en valeur de la grande plaine il n'y a plus de « désert » et l'obstacle des Rocheuses a été franchi.

En réalité, on peut établir une typologie des frontières car il n'y a pas qu'une seule frontière mais plusieurs frontières successives. Tout au départ, la frontière des mineurs *(mining frontier)* est stimulée par la découverte de gisements métalliques et l'extraction des métaux précieux (or, argent et cuivre). La découverte de l'or commence en Californie en 1849 mais la grande période de cette frontière est celle de 1859-1865 et la fièvre qu'elle suscite permet le démarrage économique. Les regards dilatés se fixent sur les pépites du Nevada (ruée de 1859 puis surtout de 1873 à Comstock Lode), du Montana (ruée à Alder Gulch et Last Chance en 1865), du Colorado (ruée de 1859 vers la région de Pike's Peak), du Dakota (ruée des Black Hills en 1876) ou bien encore du Wyoming, de l'Idaho et de l'Arizona. Cette agitation passagère des villes minières aux allures de villes fantômes *(ghost towns)* où la vie est rude, contribue à créer la légende, celle des aventuriers aux mœurs brutales qui se défoulent le soir en jouant ou en s'enivrant avec des prostituées dans les *saloons*.

Mais il y a aussi la frontière des éleveurs de bétail *(cattle frontier)*, qu'il s'agisse des moutons, des bœufs à longues cornes *(longhorn)* du Texas ou des taureaux du Wyoming et du Montana. Les films ont immortalisé la vie solitaire et les longues chevauchées des *cow-boys* remontant jusqu'aux grandes plaines avec leurs troupeaux mais le pâturage libre *(open range ranch)* va progressivement disparaître. L'évolution est provoquée par le chemin de fer mais aussi par le fil de fer barbelé qui permet de clôturer les exploitations et, enfin, par la pratique de l'irrigation et de la « culture sèche » *(dry farming)* qui règlent le problème de l'eau.

La frontière change et celle des éleveurs de bétail est peu à peu remplacée par celle des cultivateurs *(farming frontier)* ; de la même manière, la frontière minière cède la place à l'exploitation du charbon et du pétrole et à la mise en valeur agricole. Le règne des mineurs et des éleveurs a fait son temps. Le pionnier s'installe de façon permanente et la vie s'organise.

En 1890, le Bureau du recensement proclame la fin de la frontière puisque cette dernière ne constitue plus une « zone distincte », un moment d'autant plus historique que les Américains s'étaient habitués à cette ligne mobile qui marque la limite du peuplement, véritable symbole des possibilités qui s'offrent aux êtres entreprenants. L'organisation politique et administrative vient compléter cette trans-formation de l'Ouest. Entre 1863 et 1890, 9 nouveaux États ont été admis, portant leur nombre à 44 : le Nevada (1864), le Nebraska (1867), le Colorado (1876), le Dakota du Nord, le Dakota du Sud, le Montana, le Washington (1889), l'Idaho et le Wyoming (1890). Il n'en manquait plus que quatre. Plus tard, ce sera le tour de l'Utah, peuplé de mormons et dont la polygamie incompatible avec la législation fédérale retarde l'entrée en 1896, de l'Oklahoma, « réservé » aux Indiens, en 1907, et enfin de l'Arizona et du Nouveau-Mexique en 1912. L'occupation administrative du territoire du territoire conti-nental des États-Unis est désormais achevée et conclut le processus amorcé par l'Ordonnance du Nord-Ouest de 1787.

Cette « dernière » région frontière se dota d'institutions politi-ques démocratiques. C'est dans ces communautés que le droit de vote fut accordé aux femmes (pour la première fois, en 1869, au Wyoming, puis en 1870 dans l'Utah). Certaines constitutions don-naient aux citoyens la possibilité de présenter une proposition de loi ou instituaient le référendum mais cet esprit démocratique caracté-rise plus encore les rapports sociaux où distinctions de classe ou de race n'ont pas cours.

La fin de la frontière entraîne peut-être la fin du rêve mais elle ne signifie pas pour autant que l'esprit de la frontière soit mort. Il y a eu simplement mutation. L'esprit d'aventure est devenu l'esprit d'entreprise. Il s'est en quelque sorte transféré dans le goût pour les inventions et s'est appliqué à l'industrie mais c'est toujours le même optimisme qui semble caractériser la mentalité américaine. C'est alors qu'en 1893 Frederick Jackson Turner (1861-1932) fait de la frontière une véritable thèse en suggérant une interprétation nou-velle de l'histoire américaine, dans une communication sur « la signification de la frontière » présentée à un congrès international d'historiens à Chicago qui secoue les fondements de l'historiographie américaine. Après un mémoire de maîtrise sur le commerce des fourrures dans le Wisconsin, le professeur d'histoire économique et sociale à l'Université du Wisconsin à Madison affine sa théorie dans divers articles et livres avant d'occuper une chaire à Harvard de 1909 à 1924. Il s'inscrit en faux contre l'histoire traditionnaliste qui soutenait la théorie « teutonique » des « germes » *(seed theory)* selon laquelle les institutions américaines sont l'aboutissement d'une longue maturation de semences anglo-saxonnes et germaniques. La nouvelle thèse « écologique », qui deviendra officielle entre 1910 et la Grande Dépression, revendique que c'est l'environnement qui a, en grande partie, forgé le caractère américain et modelé les institutions des États-Unis. Selon les propres termes de Turner, « la démocratie américaine n'a pas été transportée à bord du *Sarah Constant* jusqu'en Virginie ni sur le *Mayflower* jusqu'à Plymouth. Elle est née dans la forêt américaine et elle s'est affermie chaque fois qu'elle rencontrait une nouvelle frontière ». L'histoire des États-Unis a surtout été celle de la colonisation du *Great West.* Par son pouvoir émancipateur, la frontière, cette ligne mouvante qui sépare la barbarie de la civilisation, a eu surtout pour vertu d'engendrer une société fluide où les distinctions sociales étaient affaiblies et où les liens avec le passé étaient dilués. Le monde de la frontière a donc créé les conditions idéales pour que s'épanouissent l'individualisme, l'esprit démocratique et le nationalisme. Toujours selon Turner, « la frontière est le facteur d'américanisation le plus rapide et le plus efficace. Elle s'empare du colon, cet homme aux vêtements et aux modes de pensée européens, le dépouille de ses vêtements et de son passé civilisés pour le placer pratiquement dans les mêmes conditions de vie que l'Indien ; elle le discipline et le transforme au cours du long combat qu'il engage pour établir une société dans la nature sauvage *(wilderness)* et, au terme de ce processus, le colon n'est plus un Européen mais il est devenu un homme nouveau ». Influencé par la thèse de William Graham Sumner à Yale, Turner pense que « la démocratie doit beaucoup à la frontière qui a rendu les hommes audacieux, indépendants, énergiques et entreprenants ». A l'instar des penseurs post-darwiniens, il croit aussi que la société évolue comme le font les organismes biologiques. Les comportements humains ne sont pas régis par des lois immuables et le destin humain traverse des phases qui, elles-mêmes, correspondent à des stades économiques successifs. L'Ouest enfin a servi de soupape de sûreté aux mécontents des villes.

Le climat intellectuel de l'époque se prête à une interprétation nationaliste du destin américain mais la thèse turnérienne fera l'objet de controverses aussi multiples que vigoureuses à partir de la crise de 1929. On peut sans doute reprocher à son auteur le flou de certains concepts, la confusion entre la frontière comme espace et comme processus de migration, un agrarianisme qui a sous-estimé les aspects industriels et urbains de la société américaine, la faiblesse économique de la thèse idéaliste de la soupape de sûreté, de l'Ouest comme exutoire aux tensions de l'Est, pour rendre compte des crises majeures de l'emploi et de la monnaie. On ne saurait enfin confondre l'existence des immenses opportunités offertes par les terres vacantes et l'origine de la démocratie en établissant un lien de causalité entre les deux. Il n'empêche que la révolution turnérienne a placé l'Ouest et la frontière au cœur de l'expérience américaine et du mythe national.

La littérature contribua aussi à l'entreprise de popularisation, que l'on songe au monde de la frontière décrit par Mark Twain (1835-1910) dans *La vie sur le Mississippi (Life on the Mississippi)* en 1883 ou dans *Les aventures d'Huckleberry Finn (Adventures of Huckleberry Finn)* en 1884, à la figure folklorique du *cowboy* fixée par Owen Wister (1860-1938) dans *The Virginian* (1902), à l'épopée de la conquête de l'Ouest célébrée par Bret Harte (1836-1902) dans son évocation de la vie des prospecteurs d'or dans *Luck la Chance du camp rugissant (The Luck of Roaring Camp)* en 1868 ou à la couleur locale des petites communautés perdues de l'Indiana rendue par Edward Eggleston (1837-1902) dans *Le Maître d'école (The Hoosier Schoolmaster)* en 1871. Le film renforcera enfin la légende grâce au *western* avec son mélange de défi et de violence, inséparables de la liberté et de l'individualisme. L'interprétation de Turner intervient au moment où l'insatisfaction des fermiers de l'Ouest inquiète et elle va renforcer le mythe d'un Ouest préindustriel alors précisément qu'il disparaît avec le XXe siècle.

L'avers de la médaille : l'âge du toc

Tout ce qui brille n'est pas or. Derrière les dorures la réalité est plus sordide. La richesse des uns s'est faite sur l'exploitation ou l'exclusion des autres. La transformation de l'économie a eu pour effet de provoquer des bouleversements sociaux profonds. En dehors de l'édification de fortunes colossales par quelques hommes d'affaires richissimes, on assiste à l'émergence d'une classe intermédiaire de commerçants, de cadres, d'employés. Mais cette mobilité sociale ascendante s'accompagne d'effets descendants. Le monde rural encore puissant mais en crise se voit déstabilisé.

Les fermiers et le radicalisme agraire

Globalement le bilan paraît positif et on peut affirmer que le niveau de vie s'améliore. Le produit national brut réel en dollars constants valeur 1929 progresse en moyenne d'un peu plus de 4 % par an. Sans doute le PNB réel par habitant n'est-il que de 2 %. Malgré les irrégularités de la progression du taux de croissance annuel dues aux crises, le revenu par tête triple ou presque en cinquante ans. L'augmentation la plus sensible s'est faite dans les années 1874-1883 où elle est de 45,6 % pour se consolider ensuite à 31,5 % de 1879 à 1888.

Mais néanmoins la période 1865-1896 est marquée par la baisse constante des prix qui entrave la croissance et qui provoque surtout la baisse des revenus des fermiers et donc leur mécontentement.

L'augmentation du nombre des exploitations rurales qui passe de 2 à 6 millions entre 1860 et 1890, l'expansion rapide des terres cultivées notamment dans l'Ouest (elles doublent entre 1870 et 1890 et elles triplent entre 1870 et 1920) mais surtout la mécanisation des techniques aratoires permettant la culture extensive ont conduit à une surproduction inquiétante. La production des céréales double entre 1870 et 1890 et triple entre 1870 et 1920 (on passe en un demi-siècle de 254 millions à 843 millions de boisseaux de blé (un boisseau de blé = 27,22 kg), de 1,12 milliard à 3,07 milliards de boisseaux de maïs (un boisseau de maïs = 25,40 kg) et de 4,35 millions de balles (226,5 kg) de coton à 13,43 millions. Les fermiers doivent écouler leurs produits et s'engager dans une politique d'investissements coûteux rendus nécessaires par la modernisation de leur équipement mais qui ne peut être soutenue que par des prix élevés. A cette situation générale s'ajoute la variable régionale. Les fermiers de l'Est subissent la concurrence des agriculteurs de l'Ouest qui, eux, souffrent de leur éloignement et, par voie de conséquence, de leur plus grande dépendance vis-à-vis du transport ferroviaire.

Si la paysannerie européenne est plus conservatrice que les populations urbaines, le monde rural américain se singularise par son radicalisme. La contestation agite les campagnes. Fortement endettés, les fermiers se plaignent du niveau élevé du prix des fournitures américaines et ils voudraient avoir accès au marché mondial déjà encombré par de sérieux compétiteurs (Russie, Canada, Inde, Australie). Ils souffrent des abus des compagnies ferroviaires qui fixent des tarifs exorbitants et des banquiers qui maintiennent un intérêt trop élevé (le loyer de l'argent peut évoluer entre 8 % et 20 %) et ils réclament l'intervention du gouvernement fédéral pour augmenter la masse monétaire. Partisans du bimétallisme, ils veulent la frappe de l'argent qu'ils souhaitent abondant et bon marché afin de régler le problème de leur endettement. Leur seule consolation a été de pouvoir rembourser leur dettes en papier-monnaie déprécié par rapport au numéraire mais la décision du fédéral, en 1879, de retirer les *greenbacks* de la circulation redonne au dollar sa valeur de monnaie métallique et détruit les espoirs des fermiers qui ont acquis une mentalité inflationniste.

Le problème du *farmer* américain est de ne pas simplement produire pour lui-même et sa famille mais de devoir vendre. Sous l'effet d'une véritable révolution agricole, le *farmer* n'est pas un simple paysan mais tout à la fois un cultivateur, un agronome et un homme d'affaires. Or la chute des prix des produits agricoles et des céréales, en particulier, est spectaculaire. Elle est, en gros, de 50 % entre 1875 et 1895. Le boisseau de blé qui vaut 1 $ et 5 cents en 1870 tombe à 70 cents en 1889 et dégringole jusqu'à 50 cents en 1895. Aux mêmes dates, le boisseau de maïs passe respectivement de 52 cents à 27,5 cents puis à 21,4 cents. Quant à la livre de coton qui est à 12 cents en 1870, elle n'est plus qu'à 7,5 cents en 1895. Il faut attendre 1896 pour que la hausse des prix générée par la reprise soulage le monde rural durement frappé par la baisse de ses revenus pendant un quart de siècle.

Face à la situation, les fermiers essaient de s'organiser. Dès la fin des années 1860, ils dénoncent les monopoles des chemins de fer et des mouvements tels que celui de la *Grange* créée en 1867 que l'on appelle aussi les « Protecteurs de l'économie rurale » *(Patrons of Husbandry)*, se mobilisent pour défendre la vie rurale, tout comme les *greenbackers* (le *Greenback party* créé en 1874 réclame le maintien d'une monnaie dévaluée et obtient plus d'un million de voix aux législatives de 1878). La *Grange,* qui compte jusqu'à près d'un million de membres en 1875, réussit à influencer certains États du *Middle West* qui adoptent des lois (les *Granger laws*) limitant les tarifs des compagnies. Dès 1869 aussi, les Chevaliers du travail *(Knights of Labor)* tentent secrètement de mettre sur pied des coopératives afin de gérer en commun le matériel agricole et de commercialiser directement leurs produits sans intermédiaires. La crise est accentuée du fait qu'il est difficile d'écouler les excédents de produits agricoles accumulés pendant la guerre.

Tous ces mouvements perdent de leur vigueur avec la crise

de 1873 mais les réactions de mécontentement qui, au début, se sont exprimées au travers de *lobbies* se politisent en 1890. Les groupes ou *Alliances* de fermiers constitués vers la fin des années 1880 prennent le relais en exprimant leurs frustrations mais ils ont du mal à s'unifier et à surmonter les divisions entre ceux du Sud et ceux du Nord-Ouest. Sans diminuer le bien-fondé des revendications, il convient de nuancer car la crise touche le monde agricole de façon inégale. La taille des exploitations n'est pas comparable, l'endettement n'est pas uniforme et ne touche qu'un tiers des exploitations. Le Nord-Ouest est plus durement frappé par la conjoncture qu'aggravent des conditions climatiques rudes (violentes tornades ou périodes consécutives de sécheresse qui affectent notamment le Texas à partir de 1887) ou diverses calamités (charançon du coton ou invasions de sauterelles). Outre le réseau du Nord-Ouest *(North West Alliance)* et celui du Sud *(Southern Alliance)*, il y a aussi un réseau rassemblant les fermiers noirs *(Colored Farmers' National Alliance)*. Ces *Alliances* comprennent au total entre 4 et 5 millions de membres.

Suite à la récession de 1884-1885, tous les mouvements protestataires finissent par se regrouper au sein du Parti populiste qui présente un candidat aux présidentielles de 1892 avant de se rallier au Parti démocrate emmené avec panache par Bryan en 1896. L'avocat a d'indéniables qualités oratoires et le génie de formules qui font choc telles que « l'or est la monnaie du riche et l'argent l'ami du pauvre ». Ce presbytérien fervent, qui écoute la voix du peuple comme si elle était la voix de Dieu, sait flatter le monde rural de l'Ouest et exprimer le rêve agraire : « Les grandes villes dépendent de nos vastes plaines fertiles. Que les villes soient brûlées et que nos fermes subsistent et, comme par magie, vos villes sortiront de terre à nouveau ; mais que nos fermes soient détruites et l'herbe poussera dans les rues de toutes les villes de ce pays. » L'échec de ces aventures politiques et l'amélioration de la situation économique en 1896 marquent la fin provisoire d'une contestation rurale qui demeurera toujours plus ou moins présente dans la vie politique américaine. Certains fermiers ont fait faillite mais la reprise assure le maintien du secteur agricole. La situation est plus dramatique pour d'autres groupes comme les Amérindiens qui ont disparu. Le radicalisme agraire et le populisme défendent le progrès et la liberté mais semblent déjà nostalgiques d'une civilisation rurale menacée. Bryan assure en tout cas la permanence de l'esprit incarné par Jefferson et par Jackson et le radicalisme agraire conduira à une série de réformes.

Le mouvement ouvrier

A la ruine des fermiers s'ajoutent les grèves des ouvriers et le chômage. Le monde du travail subit, lui aussi, des transformations profondes par suite d'un système de production standardisée et d'organisation scientifique du travail plus que par l'application d'inventions techniques. L'orientation de l'industrie vers une production de masse a pour corollaire la standardisation des types qui permet de réduire les coûts de fabrication. Le secteur automobile de Ford innove en appliquant le principe de rationalisation du travail resté fameux sous le nom de taylorisme, du nom de son inventeur Frederick Taylor (1856-1915), l'auteur des *Principes de l'organisation scientifique*, qui vise à atteindre le rendement maximum avec le minimum de peine. Tous les mouvements et gestes des ouvriers sont scientifiquement calculés, évalués, chronométrés et ils déterminent une norme sur la base de laquelle on fixe le salaire. L'aménagement des temps de travail est mis en place avec l'organisation de pauses intercalaires de dix minutes toutes les deux heures, la suppression du repas de midi qui alourdit, un système de *utility men* (1 ouvrier sur 13) qui remplacent ceux qui vont se reposer. Toutes les études sur la fatigue n'ont pas un but humanitaire mais permettent d'établir une référence qui élimine la notion de rythme individuel et la systématisation des chaînes de montage exclut un rythme lent et garantit une production constante à débit continu et régulier. Un autre effet de la mécanisation est d'abaisser le niveau de qualification des ouvriers et de diminuer leur créativité. Upton Sinclair dans *La Jungle (The Jungle)* a bien évoqué, en 1906, ces conditions de travail répétitives, abrutissantes et déshumanisantes et l'exploitation des ouvriers par les rois de la viande à Chicago. Au lieu que la machine s'adapte à l'homme, c'est l'homme qui doit s'adapter à la machine.

L'ambiguïté du nouveau système industriel tient à ce qu'il se met en place alors que la hausse des salaires est globalement supérieure à celle des prix. Les statistiques indiquent que le sort des ouvriers s'améliore puisque l'index du coût de la vie, sur la base 100 en 1865, tombe à 75 en 1885 puis même à 73 en 1895 avant de remonter continûment jusqu'à 100 en 1913. Tandis que les prix de détail évoluent de 141 en 1870 à 110 en 1880 et à 98 en 1890, les salaires, aux mêmes dates, sont respectivement de 167, 143 et 168. Cette évolution appelle un commentaire. Au début, les salaires sont élevés en raison même de la rareté de la main-d'œuvre. La cherté de la main-d'œuvre pousse à la remplacer par la machine. La mécanisation permet alors de baisser les salaires d'autant plus que l'arrivée massive d'immigrants analphabètes et non qualifiés conduit à accentuer cette tendance. Mais, à partir de 1880, les salaires augmentent à nouveau, sous l'effet conjugué du progrès économique et de l'agitation ouvrière.

On a pu dire que la dépression économique de 1873 à 1895 aurait plutôt favorisé les ouvriers mais les chiffres sont parfois trompeurs car ils ne font pas apparaître les disparités multiples. Ils ne tiennent pas compte tout d'abord des chômeurs dont le nombre augmente pendant la dépression ni des écarts sensibles de salaires selon les régions. L'ouvrier de l'Est gagne 15 à 30 % de plus que celui du Sud et celui de l'Ouest au moins 40 % de plus que celui de l'Est. Ensuite, à travail égal, les hommes reçoivent 75 % de plus que les femmes et trois fois plus que les enfants, sans compter les écarts importants qui s'établissent entre ouvriers qualifiés et manœuvres. Enfin, les Américains blancs sont mieux rémunérés que les immigrants, *a fortiori* s'ils sont de couleur.

Parler d'une classe ouvrière est encore une fiction tant le milieu du travail est hétérogène mais, comparativement à la situation de son homologue européen, celle de l'ouvrier américain est meilleure puisqu'il « bénéficie » d'un niveau de vie (l'*American standard of life*) très supérieur. Ceci explique que, malgré sa prévention vis-à-vis des monopoles et du capitalisme sauvage, il soit plus enclin à en accepter les avantages matériels immédiats. L'Amérique n'est pas consensuelle mais la situation de paternalisme et de relatif confort atténue sans aucun doute la vigueur de la revendication. De là découlent les deux caractéristiques apparemment contradictoires des troubles sociaux en milieu ouvrier : d'une part, la violence de certaines réactions de mécontentement et, d'autre part, l'apparition tardive d'un syndicalisme modéré.

On ne saurait hâtivement conclure que la paix sociale existe. Lorsque les patrons licencient sans prévenir, baissent les salaires arbitrairement ou s'opposent aux organisations de travailleurs en créant eux-mêmes leurs propres comités d'entreprises, les conflits peuvent être brutaux. Le gouvernement, de surcroît, a eu fort peu d'initiatives au cours de la seconde moitié du XIXᵉ siècle pour améliorer le sort des travailleurs, hormis l'institution en 1868 de la journée de huit heures mais qui ne concerne en fait que les entreprises publiques. On ajoutera aussi l'arbitrage de Theodore Roosevelt qui permet de mettre fin à la grève de l'anthracite en 1902 en accordant une augmentation de 10 % aux mineurs. Il est vrai que tous les problèmes relatifs à la politique salariale et à la législation du travail relèvent de la compétence des États jusqu'à l'époque du *New Deal*.

Les conditions de travail sont loin d'être idéales. Vers 1900, on travaille en moyenne soixante heures par semaine (le plus souvent sept jours sur sept) pour un salaire annuel moyen, dans les usines, de 500 $, ce qui est peu quand on considère que six livres de bifteck coûtent 1 $. Les ouvriers n'ont droit à aucune aide en cas de chômage, à aucune pension de retraite ni à aucune allocation-maladie. Il y aurait beaucoup à dire en matière de pénibilité et de sécurité (maladies professionnelles et accidents du travail), sans compter le bruit et la chaleur qui sont à la limite du supportable. L'exploitation des hommes et des femmes voire des enfants est pratiquée dans les *sweat shops*. Les logements minables, les *tenements* de New York, sont le lot d'au moins un million de personnes. Il faut être résistant pour survivre dans ces conditions. Mais une étude de la main-d'œuvre au début du XXe siècle révèle, en 1907, que la majorité (plus des deux tiers) des ouvriers est composée d'immigrants en provenance de l'Europe du Sud et de l'Est. Ces derniers fournissent une main-d'œuvre bon marché qui se contente de conditions de vie et de travail précaires et qui, par là même, freinent l'activisme syndical. Quoi qu'il en soit, le fait est que l'immense majorité des travailleurs demeure inorganisée.

Toutefois, on relève des tentatives pour réagir. Les premières organisations syndicales étaient apparues dès 1850 comme l'Union nationale des typographes *(National Typographical Union)* qui fonctionne comme un syndicat de métier ou, en 1866, l'Union nationale du travail *(National Labor Union)* dont le secrétaire Ira Stewart mène la première bataille pour la journée de huit heures mais l'équilibre est difficile à trouver entre l'acceptation du système et l'activisme politique. Ces premiers mouvements sont idéalistes et réformistes et ils disparaissent après la crise de 1873. L'Ordre des Chevaliers du travail *(Noble Order of the Knights of Labor)*, fondé secrètement en 1869 par Uriah Stephens, un ancien pasteur baptiste devenu ouvrier tailleur, s'avère plus efficace.

Refusant l'organisation en métiers, ce premier syndicat véritablement national, marqué par ses origines religieuses, est dirigé à partir de 1878 par le mécanicien Terence V. Powderly et sort de la clandestinité. Il compte alors moins de 40 000 membres. Son programme est ambitieux : la journée de huit heures, l'abolition du travail des enfants, la nationalisation du chemin de fer, un impôt sur le revenu, l'instruction des travailleurs pour lutter contre « le démon de la richesse ». Sa mission l'est encore plus qui consiste à vouloir organiser, éduquer et assimiler une masse bien hétéroclite. Son but est en effet de rassembler tous les travailleurs, y compris les Noirs et les femmes. Ses statuts indiquent clairement que le syndicat est ouvert à « toutes personnes de bonne volonté, à l'exception de celles exerçant une profession déshonorante telle que banquier, cabaretier, prostituée ou avocat ». Il parvient à rallier 700 000 à 750 000 membres en 1886. Mais, même si leur action de nature coopérative vise à éviter les grèves en leur substituant l'arbitrage obligatoire, il n'empêche que, dans l'esprit du public, les Chevaliers du travail sont associés aux violences anarchistes de 1886. La grève de Chicago, le 1ᵉʳ mai 1886, a pour but d'obtenir la journée de huit heures mais l'explosion d'une bombe meurtrière à Haymarket Square, le 4 mai, déclenche un affrontement brutal avec la police qui se solde par sept morts et une soixantaine de blessés. L'exécution de quatre anarchistes en 1887 après un procès hâtif suscite l'émoi à l'extérieur des États-Unis (c'est depuis cette date que le 1ᵉʳ mai deviendra la fête du Travail) mais le syndicat ne survit pas à ces événements.

A côté de ce syndicalisme global naît un trade-unionisme étroit à l'anglaise. Le relais de cette organisation est en quelque sorte assuré, à partir de 1886, par l'AFL *(American Federation of Labor)*, la Fédération américaine du travail de Samuel Gompers qui élargit la Fédération des syndicats de métiers et des ouvriers qualifiés (la FOTLU, *Federation of Organized Traders and Labor Unions*), créée en 1881, mais respecte l'autonomie de chaque syndicat. Mais cette fédération, véritable union de syndicats de métiers qui ressemble aux organisations anglaises, recrute exclusivement parmi les ouvriers qualifiés organisés par métiers. Sa représentativité demeure limitée puisqu'elle ne compte, en 1900, que 550 000 travailleurs, c'est-à-dire moins de 3 % de la masse ouvrière. Les syndicats, il est vrai, ont du mal à prospérer dans les contextes de crise économique. La prospérité revenue en 1896 lui permet de gonfler ses effectifs et, en 1914, elle compte plus de deux millions d'adhérents et 114 syndicats affiliés. Son attitude modérée lui permet de survivre. Gompers n'est ni un idéologue ni un politique qui remet le système en question. Il adopte une position de réformisme pragmatique traditionnel en ayant recours à la grève, en créant des sociétés de secours mutuels financées par de fortes cotisations et en soutenant des revendications immédiates liées à l'amélioration des conditions de travail. L'organisation est fortement centralisée et tous les pouvoirs sont plus ou moins aux mains d'un président, en fait élu à vie. Pendant quarante ans, jusqu'à sa mort en 1924, Gompers impose sa conception aristocratique ou élitiste puisque l'AFL n'intègre ni les femmes, ni les Noirs, ni les manœuvres, ni les immigrés récents. Il regroupe une classe ouvrière supérieure d'ouvriers américains blancs bien payés et bien protégés tandis que les autres, qui mènent une existence sordide et qui ne peuvent compter que sur leurs propres forces, font figure de parias.

Par son mélange de conservatisme et de militantisme puisqu'elle mène une lutte de classes contre les patrons mais sans le désir de changer le système social, l'AFL n'a rien à voir avec des organisations plus extrémistes du style des *Molly Maguires* ou, plus tard, des Travailleurs industriels du monde, des IWW *(Industrial Workers of the World)*. Ces deux organisations défendent très activement les intérêts des plus défavorisés et sont menacées de suppression de la part du gouvernement. Organisation secrète d'origine irlandaise qui opère, dès 1875, en Pennsylvanie dans le secteur des mines de charbon, les *Molly Maguires* a recours aux méthodes terroristes avant d'être dissoute. Dix d'entre eux, accusés de meurtre, seront pendus en 1877. Une autre tentative est celle que conduit un adepte des idées de Karl Marx et de Ferdinand Lassalle, un certain Johann Most. Chassé d'Allemagne et d'Angleterre en 1882, il essaie sans succès d'implanter le socialisme aux États-Unis et de donner une allure révolutionnaire à l'aile gauche ouvrière. Enfin, le mouvement des IWW, couramment appelé les *Wobblies,* fondé en 1905, se dégage des influences étrangères et connaît un succès éphémère (100 000 adhérents en 1912). Limité aux industries textiles de l'Est et au secteur minier de l'Ouest, il rassemble principalement des travailleurs non qualifiés de l'industrie, des ouvriers migrateurs individualistes et révoltés, employés dans le Nord-Ouest comme bûcherons, des vagabonds *(hoboes)* incapables de garder un travail longtemps mais aussi des immigrants, des socialistes et des radicaux partisans de l'action directe et de l'autogestion. Le mouvement disparaît en 1918 en raison de son attitude résolument pacifiste mais surtout de ses dissensions internes et de l'emprisonnement d'une centaine de ses responsables sous l'inculpation de sédition. Toutes ces tentatives avortées consacrent l'échec de l'anarcho-syndicalisme aux États-Unis.

La fin du XIXe siècle et, plus particulièrement, la seconde présidence de Cleveland (1892-1896) est dominée par une série de grèves nombreuses (pas moins de 37 000 de 1881 à 1905), souvent dures et longues et par quelques manifestations incontrôlées d'une rare violence, en raison même de la modestie du mouvement syndical et de la permanence d'un individualisme profond. Les grèves peuvent durer des mois. Les deux seules grèves de l'Union des typographes, par exemple, ont duré huit mois mais ont abouti, la première à la journée de huit heures et la seconde à la semaine de quarante heures. Une autre forme de lutte est le boycottage qui consiste à restreindre le marché du patron, soit au niveau de l'achat des matières premières dont il a besoin, soit dans la vente de ses produits.

Quelques grèves sanglantes marquent l'histoire du mouvement ouvrier américain : celles de 1892 et de 1894. La première a pour cadre en 1892 les aciéries Carnegie à Homestead, en Pennsylvanie, et elle est brisée par la force (par les fameux Pinkertons, des détecteurs privés) au début de 1893. La crise financière éclate alors suite au tarif McKinley et à la politique d'Harrison. Faillites, chute de la production industrielle, baisse des prix agricoles conduisent à un chômage sans précédent : un million de chômeurs en août et trois millions en décembre. C'est dans ce contexte que les ouvriers de Pullman se mettent en grève à Chicago en 1894. Malgré la construction d'une « ville-modèle » pour ses employés (qui apporte plus de confort mais qui contraint à consommer les produits fournis par la compagnie), Pullman décide de réduire les salaires de 25 % sans diminuer les loyers. A la grève des ouvriers le patron répond par un lock-out. La réaction est immédiate et la grève reçoit le soutien d'Eugene V. Debs, président du syndicat des cheminots (l'*American Railway Union*). Le boycott des wagons Pullman paralyse une grande partie des transports dans le Nord et l'Est et donne une ampleur nationale au mouvement. La réponse de Pullman est brutale. Avec l'accord de Cleveland, l'entreprise procède à des licenciements et fait appel aux troupes fédérales, sous prétexte que le service fédéral postal est bloqué. Debs est arrêté. Il dirigera plus tard le Parti socialiste, fondé en 1901. On connaît la suite. L'agitation populiste et ouvrière de 1892 à 1896 trouve une expression politique au niveau national. Mais la défaite de Bryan en 1896 marque la défaite politique du mécontentement car il n'y a pas d'unité véritable entre le monde rural et le monde ouvrier. L'échec du populisme conduira cependant au mouvement progressiste.

La tragédie indienne

Si l'histoire a beaucoup insisté sur l'accueil des flots d'immigrants, elle s'est longtemps montrée plus discrète sur le sort réservé aux minorités qui avaient pourtant participé à la naissance de l'Amérique. Les Amérindiens ont déjà eu à pâtir de l'expansion territoriale avant la guerre civile et deux nouveaux éléments viennent contribuer à leur perte. La construction du chemin de fer dans l'Ouest qui passe par là où l'Amérindien chassait et le peuplement des plaines sont à l'origine des dernières guerres d'extermination menées contre les Autochtones.

Déjà déportés du temps de Monroe et de Jackson à l'ouest du Mississippi, dans les terres situées entre le Texas et le Kansas, les 240 000 Amérindiens qui ont réussi à survivre chassent le bison dans les plaines dont ils tirent le pemmican, la peau de leurs tipis et de leurs *leggings* ; ou bien ils se livrent à des activités d'élevage et d'agriculture rudimentaires mais ils n'ont pour seul ennemi que les Indiens des tribus rivales ou les coyottes.

La construction du chemin de fer se fait sous le contrôle de l'armée qui protège les opérations contre les incursions indiennes et la nourriture des poseurs de rails est fournie par des entrepreneurs du style de William Cody dont on connaît les agissements. Les troupes formées pendant la guerre de Sécession ont ainsi une nouvelle mission. L'armée fédérale, qui représente 25 000 hommes répartis dans une centaine de forts, se considère comme le défenseur des intérêts des Blancs. Sa réputation de férocité a été stigmatisée par la célèbre phrase que l'on attribue au général Philip Sheridan, commandant du district du Missouri : « Le seul bon Indien est un Indien mort » mais qu'il n'aurait jamais prononcée. La formule exacte serait plutôt : « Plus nous en tuons cette année et moins nous devrons en tuer l'année prochaine » mais la nuance subtile ne change guère la réalité du résultat même s'il n'a pas été délibérément prémédité. Au pied des Big Horn Mountains à la limite du Wyoming et du Montana, à l'emplacement des ballasts du *Northern Pacific*, les carabines Springfield des Jambes jaunes *(yellowlegs)* de l'US *Cavalry* déciment les guerriers sioux du chef Red Cloud. On peut aussi évoquer le massacre de Chivington (500 morts) ou l'holocauste cheyenne de Sand Creek dans le Colorado en 1864 et la boucherie de Washita en 1868 où le colonel George A. Custer se taille une solide réputation. La « pacification » des plaines se fait ainsi à raison d'un million de dollars par Indien tué.

La ruée vers l'or dans le Montana depuis 1866 entraîne les mineurs à passer sur les terres des Sioux et l'armée établit des forts pour permettre leur passage mais, en avril 1868, au traité de Fort Laramie, l'armée abandonne trois forts et s'engage à nourrir les Indiens s'ils restent dans leurs réserves.

En mars 1871, au terme de la Loi sur les Affaires indiennes *(Indian Appropriation Act)*, le Congrès renonce à la politique des traités et considère désormais les Indiens comme « des nations domestiques dépendantes ». La nouvelle politique déclenche une série de révoltes indiennes. Par ailleurs, les Blancs se livrent à une guerre d'extermination systématique du bison, sous prétexte qu'il représente un danger pour le chemin de fer. C'est bien sûr une bonne façon aussi de réduire les Indiens à la soumission. Ainsi, le troupeau qui est d'environ 15 millions de têtes à la fin de la guerre civile est progressivement mais sûrement décimé à raison de 2 millions de bêtes par an. Le résultat est que le bison a disparu avant 1880. Le record est détenu par le célèbre William F. Cody dit Buffalo Bill qui en tua 4 200 en un an et demi pour le compte de la *Kansas Pacific Railway.*

Les guerres indiennes sont marquées par la bataille mémorable qui se déroule le 25 juin 1876 près du ravin de Little Big Horn au sud du Montana au cours de laquelle Sitting Bull, chef de la tribu des Sioux Unkpapas, et Crazy Horse, chef des Sioux Oglalas, défont les troupes du général Custer avec l'énergie du désespoir. Les 225 hommes et Custer lui-même sont tués. Mais, l'année suivante, la résistance indienne cède avec le meurtre de Crazy Horse et la fuite au Canada (où il se réfugie jusqu'en 1881) de Sitting Bull qui doit s'avouer vaincu. L'année 1877 est aussi marquée par l'échec des Nez-Percés dans l'Idaho et le Montana et la reddition de leur chef Joseph. C'en est pratiquement fini des tribus des plaines du Nord. Désormais les Indiens vont être pourchassés et parqués dans les réserves. La solution forte l'a donc emporté sur la formule humanitaire.

Heureusement la pression des réformistes de l'*Indian Rights Association* dont le porte-parole, Helen Hunt Jackson, publie deux ouvrages, *A Century of Dishonor* (1881) et *Ramona* (1884), qui alertent et émeuvent l'opinion, réussit à convaincre le président Arthur de trouver un compromis. Ainsi, en 1887, le *General Allotment Act,* aussi appelé *Dawes Act* du nom de son promoteur, prévoit une distribution de terres après le partage des réserves, ce qui avait été refusé aux Noirs en 1865. La loi accorde à chaque chef 64 hectares de terre et la citoyenneté américaine s'il renonce à son allégeance tribale. L'intention est peut être bonne mais malheureusement il faut compter avec les réticences de l'armée et avec la médiocrité des agents du Bureau des Affaires indiennes chargés de l'application. En réalité, cette distribution de terres sous forme de propriétés individuelles brise les structures tribales et le lotissement va affaiblir les Indiens face aux spéculateurs fonciers qui rachètent les terres dont les Indiens ne voient pas l'intérêt. La culture indienne est démantelée avec l'interdiction, en 1890, de certaines pratiques comme la *ghost dance*. La loi Dawes marque le début d'une nouvelle phase dans la politique amérindienne du gouvernement fédéral, celle de l'assimilation plutôt que celle de l'enfermement dans les réserves. Le résultat tragique est que les rares survivants indiens vont devenir des sous-développés car l'Indien n'est pas un pionnier, il n'est pas attaché à la propriété individuelle et il a été privé de ses terrains de chasse.

La nouvelle politique fédérale va avoir les mêmes effets que le peuplement. Les pionniers avides de terres exercent depuis 1885 une très forte pression sur le président Cleveland pour s'installer sur les terres réservées aux Indiens dans les vallées de l'Arkansas, de la Red, de la Washita. Les titres de propriété sont rachetés aux Indiens et, en 1889, le Territoire indien de l'Oklahoma est ouvert aux colons.

La fin des années 1880 marque les derniers soubresauts de la révolte indienne ; 1886 est marquée par la reddition du chef Geronimo après quatre ans de guerilla dans le Nouveau Mexique et la fin des Apaches. Le meurtre de Sitting Bull en décembre 1890 et le massacre de Wounded Knee dans les Black Hills (les Paha Sapa ou terres sacrées des Sioux) du Dakota du Sud, le 29 décembre, sonnent le glas de la résistance amérindienne. La dernière révolte est réprimée durement par les soldats du 7e de cavalerie, l'ancien régiment de Custer, qui prennent leur revanche. Wounded Knee voit la reddition finale des Sioux de Big Foot après que plus de 200 d'entre eux eurent été massacrés. Désormais l'obstacle indien a cessé d'exister mais, avec sa disparition, c'est toute une partie de l'aventure de la frontière et de l'âme de l'Ouest qui s'éteint.

La question noire

A la fin de la guerre civile, la condition des Noirs a changé mais leur place dans la société américaine n'a pas été véritablement réglée. Le grand bouleversement c'est que la slavocratie passe pour être de la tyrannie et que le gouvernement fédéral va incarner les libertés et la démocratie.

En interdisant l'esclavage (13ᵉ amendement de 1865), les Républicains radicaux avaient accru la portée de l'émancipation décrétée en 1863. Thaddeus Stevens, l'abolitionniste le plus radical, avait préconisé le suffrage noir qui est accordé par le 15ᵉ amendement de 1870, conforté par la loi sur les droits civiques de la même année. Ainsi la période de reconstruction (1865-1877) est marquée par une forte participation électorale des Noirs. Près de 700 000 d'entre eux sont inscrits sur les listes et beaucoup occupent des fonctions parfois importantes. Enfin, la loi de 1875 *(Civil Rights Act)* protège les Noirs dans l'exercice de leurs droits civiques, leur accorde théoriquement le privilège de la citoyenneté américaine et interdit la discrimination dans les lieux publics. Ce « dernier testament de Charles Sumner au peuple américain » (le sénateur Stevens du Massachusetts est le grand défenseur des droits des Noirs), une mesure très avancée de la reconstruction, semblait constituer un rempart contre les attaques portant atteinte à la dignité des Noirs.

Mais, malheureusement, les acquis introduits par trois amendements constitutionnels et sept lois sur les droits civiques entre 1865 et 1877 s'avèrent fragiles. Dès le retrait des troupes fédérées en 1877, la suprématie raciale sudiste *(white supremacy)* reprend le dessus, le Parti démocrate se reconstitue et une ségrégation implacable s'établit dans le Sud dominé par les préjugés racistes. Tout est fait pour marginaliser les Noirs. L'adoption, vers la fin des années 1870 et tout au long des années 1880, de mesures d'exclusion, les *Jim Crow Laws* (du nom devenu injurieux d'un chant populaire qui se moquait des Noirs) empêche les Noirs d'épouser des conjoints d'une autre couleur et de fréquenter les mêmes lieux publics que les Blancs. La ségrégation touche ainsi les transports en commun (trains et bus), les écoles, les églises, les hôpitaux, les cimetières, les théâtres, les restaurants.

Pis encore, toutes les mesures adoptées par le Congrès vont être invalidées par des décisions successives de la Cour suprême. La première contre-attaque de la Cour suprême intervient en quelque sorte en 1873 avec les *Slaughter-House Cases* confirmant la décision de la Louisiane d'accorder un monopole de vingt-cinq ans à une compagnie pour gérer les abattoirs dans la région de La Nouvelle-Orléans, même si les bouchers exclus qui font appel se réfèrent aux 13ᵉ et 14ᵉ amendements. Rien dans cette affaire ne concerne directement les problèmes de race mais l'ambiguïté de la décision tient au fait qu'après avoir rappelé son intérêt pour les Noirs en parlant du « ferme établissement de la liberté de la race noire », elle s'attache à distinguer entre les droits peu nombreux et limités des citoyens des États-Unis et ceux, essentiels et fondamentaux, des citoyens des États. Cette distinction ne va pas tarder à prendre un sens dans la question noire.

La Cour suprême limite les cas dans lesquels la protection du gouvernement fédéral peut s'exercer (*United States v. Cruikshank*, 1876) et se livre en effet à des interprétations restrictives des textes quand elle déclare, par exemple, que la citoyenneté des Noirs est seulement fédérale, laissant toute latitude aux États pour restreindre les droits des Noirs. La Cour se prononce ensuite, en 1879, sur la composition des jurys et annule une décision de la Virginie occidentale. Les Noirs n'ont aucun droit pour exiger d'être jugés par des jurys mixtes au plan racial et l'arrêt *Strauder v. West Virginia* affiche de surcroît son paternalisme en traitant les Noirs « d'enfants qui ont besoin de protection ».

Ainsi, avec la complicité de la Cour suprême, toutes les mesures qui avaient donné le droit de vote aux Noirs sont en quelque sorte annulées par des restrictions telles que conditions de résidence, taxe électorale, clause du grand-père et, de fait, les Noirs sont insensiblement mais sûrement écartés des urnes « par le fusil, la corde et le bûcher ». La Cour suprême donne à cet état de fait une sanction légale retentissante, en 1883, en déclarant contraire à la Constitution la loi de 1875 *(Civil Rights Cases)*. Le gouvernement fédéral ne peut, selon le 14ᵉ amendement, qu'intervenir au niveau des États et non à celui des individus pour tout ce qui a trait à la ségrégation raciale. Le premier effet de cette décision est d'écarter les Noirs de la vie politique. En quinze ans les électeurs noirs de Louisiane passent de 130 000 à 3 000. Les Noirs ne vont donc pas profiter de l'extension réelle du suffrage et, pourtant, le bulletin secret et l'urne commencent à se généraliser, même pour des groupes traditionnellement privés de droits politiques. Les étrangers peuvent désormais voter avant leur naturalisation et les femmes ont accès aux urnes dans certaines conditions, dans le Wyoming, à partir de 1876, même si elles n'obtiennent pas véritablement le suffrage féminin malgré le combat mené dans ce sens par Susan B. Anthony et Elizabeth Stanton.

L'autre effet de la décision prise par la Cour suprême en 1883 est de légitimer la violence physique qui s'accroît et, tout particulièrement, en période électorale. L'élection de 1878 fait entre 30 et

40 morts et celle de 1884 au moins 16. La pratique du lynchage (au moins 80 tous les ans entre 1880 et 1910 et jusqu'à 3 par semaine dans les années 1890, pour ne s'en tenir qu'aux chiffres officiels) est devenue courante ; de surcroît, elle est parfaitement justifiée dans l'opinion sous prétexte que les Noirs représentent une menace objective pour la propriété et pour la sécurité. Le sentiment se généralise chez les Blancs du Sud que les Noirs peuvent commettre leurs crimes en toute impunité et que le seul recours est donc celui de la justice sommaire.

Les lois de 1870 et de 1871 qui avaient aboli le Ku Klux Klan avaient remis en cause toutes les violences publiques mais elles ne purent empêcher tous les règlements de compte à caractère privé. C'est d'ailleurs cette distinction entre la sphère du public et celle du privé qui fournit la base de l'argumentation de la Cour suprême en 1883. La discrimination dans les lieux publics étant une affaire privée, elle n'a rien à voir avec le 14e amendement. Seule la voix discordante du juge Harlan s'époumone en vain pour maintenir que les transports en commun sont bien des lieux publics.

Le triomphe de la suprématie et la pratique de la violence spontanée conduisent enfin à l'instauration officielle de la ségrégation. En 1896, la Cour suprême rend un très célèbre arrêt *(Plessy v. Ferguson)* interdisant au gouvernement fédéral toute restriction au droit de propriété (« si une race est inférieure à l'autre socialement, la Constitution ne peut les placer sur le même plan ») et autorisant la ségrégation des chemins de fer en Louisiane établie au terme du *Louisiana Car Act* de 1890. C'est en 1896 qu'est élaborée la fameuse doctrine de « l'égalité des races dans la séparation » *(separate but equal)* qui va régir pour plus de cinquante ans les relations entre Noirs et Blancs. La décision prise à une majorité de 7 voix contre 1 (celle du juge Harlan arguant que « la Constitution ne distingue pas entre les couleurs ») déboute le plaignant, l'octoron Plessy (blanc à 7/8 et noir à 1/8) qui avait eu la prétention de voyager dans un wagon « blanc » et installe la barrière des races *(color line)*. A la ségrégation *de facto* du Nord vient s'ajouter la ségrégation *de jure* du Sud.

En dehors de l'hypocrisie d'une décision qui prétend impliquer finalement que la Cour est soucieuse de défendre les droits des Noirs autant que ceux des Blancs (on a même pu soutenir que les Blancs pouvaient être victimes de ségrégation en n'ayant pas accès aux compartiments réservés aux Noirs !), il convient de relever que le concept d'égalité va demeurer théorique et illusoire. C'est la pauvreté qui prévaut chez les Noirs et la plus grande cause de leur échec est de nature économique. Déjà le projet de redistribution des terres conçu par Charles Sumner n'avait pas vu le jour. Plus de 90 % de la population noire est agricole et connaît une situation précaire. La plupart d'entre eux sont des métayers *(sharecroppers)* qui sont victimes du peonage. Même si une ville comme Chicago accueille 15 000 Noirs en 1890 et en compte 50 000 en 1915, la grande migration vers le nord ne démarre qu'avec la Première Guerre mondiale. Le nombre de ceux qui quittèrent le Sud est assez limité, malgré l'exode de Louisianais *(Exodusters)* vers le Kansas organisé en 1879 par Henry Adams et Benjamin « Pap » Singleton. Il y a bien eu aussi quelques projets « émigrationnistes ». En 1891, l'évêque Henry M. Turner se rend en Afrique et reçoit un peu plus tard Edward W. Blyden, venu du Liberia pour encourager le rapatriement des Noirs, mais l'entreprise paraît bien lointaine à la plupart des presque 9 millions de Noirs dans le contexte de ségrégation de la fin du siècle.

Le seul avenir semble devoir être le travail manuel et l'accès à une certaine instruction spécialisée. C'est dans cette direction que tend l'œuvre entreprise par un ancien esclave de Virginie, Booker T. Washington (1856-1915) qui crée, en 1881, l'Institut de Tuskegee dans l'Alabama, une sorte d'école normale et technique, un centre de formation professionnelle financé grâce à des philanthropes blancs du Nord, dont la vocation est d'enseigner une spécialisation aux ouvriers et un savoir-faire aux artisans. L'accès à l'éducation demeure limité pour les Noirs, même si des collèges ont été ouverts au lendemain de la guerre – Shaw, Fisk, Talladoga, Morehouse. L'enseignement des lettres est interdit et la seule voie qui semble possible est de revendiquer des droits dans le domaine conjoint de l'instruction et de l'emploi. C'est le sens du grand discours de Washington à la Foire internationale d'Atlanta en 1895 où il propose un « compromis ». A défaut d'égalité civique et sociale, on peut au moins espérer des améliorations économiques, grâce à l'accès à l'éducation qui est la clé de l'intégration. Washington crée la Ligue nationale d'encouragement des hommes d'affaires noirs *(National Negro Business League)* en 1900. Il est lui-même un *self-made man*, croit à la réussite individuelle et sa célébrité lui vaut d'être reçu à la Maison-Blanche par le président Theodore Roosevelt. Il publie en 1901 son autobiographie, *Up From Slavery,* où il chante les vertus de la patience avec optimisme.

Une telle attitude gradualiste parut trop modérée et « oncletomiste » aux partisans des revendications militantes qui trouvèrent leur porte-parole en William Edward Burgadt Du Bois (1868-1963). Du Bois a étudié à Fisk et il est le premier Noir à obtenir un doctorat à Harvard (1895) avant de diriger le département d'histoire de l'Université d'Atlanta. Il élabore surtout un programme d'action plus radical qui prend le nom de « Mouvement du Niagara ». Adoptée au Congrès de Harper's Ferry, la résolution de 1906 (l'année où une émeute raciale à Atlanta fait 21 morts dont 18 Noirs) réclame la liberté d'accès aux écoles, le suffrage complet pour tous et l'égalité complète pour la race noire. Ce mouvement s'allie à une association de Blancs libéraux contre le lynchage pour former, en 1909, l'Association pour le progrès des gens de couleur, la NAACP *(National Association for the Advancement of Colored People)*, présidée par Moorfield Storey qui vise à combattre la discrimination raciale. Du Bois est responsable de son journal, *The Crisis*. Le principe de cette association dont les principaux responsables (Oswald Villard, Lillian Wald, Jane Addams, Clarence Darrow) sont des Blancs était de se battre sur le terrain des Blancs, c'est-à-dire sur le plan juridique et d'engager des actions grâce à des avocats acquis à la cause des Noirs et plaidant bénévolement pour assurer « la victoire de la justice ».

On peut dire que, dans l'ensemble, le progressisme a un peu laissé les Noirs de côté en ayant tendance à les considérer comme inférieurs et difficiles à assimiler mais la période de la grande noirceur s'achève sur le début de ce qu'il faut considérer comme un premier succès : la décision de 1915 de la Cour suprême qui condamne la clause du grand-père dans le Maryland et l'Oklahoma. Un autre élément d'espoir est la création de la Ligue urbaine *(National Urban League)* en 1910 qui donne un sens à la coopération entre militants noirs et libéraux blancs et facilite le dialogue entre les races.

L'ère des réformes : le progressisme (1896-1916)

La montée en puissance de l'Amérique industrielle et urbaine a provoqué des bouleversements sociaux profonds et l'établissement du capitalisme ne s'est pas fait sans heurts. Après l'émergence de mouvements de contestation de 1870 à 1896, une frénésie de réformes s'empare de l'Amérique de 1897 jusqu'en 1916.

Une littérature de contestation

Dès la fin du XIXe siècle toute une littérature de contestation procède à une critique parfois radicale du système. Henry George fait figure de précurseur dans sa dénonciation violente du monopole dans *Progress and Poverty / Progrès et pauvreté* paru en 1879. Le danger de la société capitaliste dominée par la philosophie du laissez-faire est d'accroître le fossé entre les riches et les pauvres.

On retrouve une attaque moins radicale mais tout de même sévère des trusts et des hommes d'affaires dans des articles d'Henry Demarest Lloyd publiés à partir de 1881 dans l'*Atlantic Monthly* et repris dans un ouvrage de 1894, *Wealth against Commonwealth / La Fortune contre la communauté*. Le sociologue Lester Frank Ward s'insurge, dans *Dynamic Sociology* (1883), contre le darwinisme social de Spencer tout comme l'économiste Richard T. Ely qui critique le laissez-faire capitaliste et préconise un rôle accru de l'État pour promouvoir le progrès social ou bien encore comme Edward Bellamy qui connaît un immense succès avec la publication, en 1888, de son ouvrage de sociologie-fiction *Looking Backward/Cent ans après* dont il vend 350 000 exemplaires de 1888 à 1890. En adoptant le point de vue d'un observateur de l'an 2000, ce dernier écrivain propose une dénonciation des injustices de la société de son temps.

A côté de cette contestation nouvelle mais qui ne débouche sur aucune proposition concrète ni même sur aucun engagement politique cohérent de type socialiste, l'ère du progrès économique et de la prospérité revenue (1896-1916) voit ainsi apparaître la « réaction » du réalisme. Ce courant littéraire nouveau est un mouvement d'autocritique sur l'activité sociale et politique de la nation. Le regard est sans complaisance. On peut évoquer la vision que donne William Dean Howells (1837-1920) des nouveaux riches dans *The Rise of Silas Lapham* (1885). Il y critique les injustices et les oppressions d'une société affairiste et corrompue où la fortune matérialiste par l'argent remplace la réussite idéaliste par le travail et l'audace.

Dans la tradition du populisme, Hamlin Garland (1860-1940) se fait l'écho du mécontentement agraire et décrit les conditions de vie dans les régions marginales des plaines. Son grand manifeste réaliste, *The Crumbling Idols / L'écroulement des idoles* (1894), proclame avec violence la supériorité du paysan vigoureux de l'Ouest qu'il oppose de façon un peu simpliste aux milieux de l'Est dégénéré. Stephen Crane

(1871-1900) retranscrit sans fioritures la réalité nue de la pauvreté urbaine. *Maggie, A Girl of the Streets* / *Maggie, une fille des rues* (1893) retrace la vie sordide et tragique d'une fille de prolétaires de New York évoluant entre le trottoir et le bouge.

Tout un courant romanesque enfin se fait plus naturaliste et plus engagé, celui d'un groupe d'écrivains et de journalistes qualifiés par Roosevelt au Gridiron Club de *muckrakers* (fouille-merde). Leur impact populaire permet de sensibiliser l'opinion aux dangers de la société nouvelle qui mettent en péril la démocratie et participe large-ment à tout un élan de réformisme. La constatation des véritables réalités est indissociable d'un optimisme révolutionnaire qui pense pouvoir transformer la société et éliminer les causes du mal. Frank Norris (1870-1902), en faisant allusion à la Californie, montre que l'or n'est plus source de rêve et d'idéal mais facteur de corruption. Le fils des pionniers (*McTeague, Les Rapaces,* 1899) a installé un cabi-net dentaire à San Francisco avant de fuir dans le désert de l'Ouest, dans la vallée de la Mort. Le roman est prétexte à dénoncer le désir bestial de l'homme, cet « animal aux babines retroussées, aux crocs luisants, hideux, monstrueux, irrésistible ». Norris décrit aussi la souffrance paysanne sous l'emprise tentaculaire de la spéculation et du commerce dans *The Octopus* / *La Pieuvre* (1901), le premier volet d'une trilogie inachevée consacrée à l'épopée du blé. Son évocation du chemin de fer rapace, symbolique du nouvel empire montant où la vie est primitive et brutale, l'engage dans la voie du socialisme mais la complaisance « populiste » à décrire la force physique et la bestialité a toute l'ambiguïté de la « réaction » réaliste qui, trente ans plus tard, va prendre la forme du nazisme.

Le tout début du XXᵉ siècle marque le point culminant de la dénonciation sociale des *muckrakers,* qu'ils soient romanciers ou bien journalistes. Outre Norris, il convient de rappeler la contribution de Theodore Dreiser (1871-1945) dans ses romans sociaux, *Le Titan* et *Le Financier* (1912-1914), ou celle de Jack London (1876-1916) dans *Croc-Blanc* (1906), véritable apologie du sur-chien aux accents nietz-chéens, ou dans *L'appel du désert* (1903) et *Le loup des mers* (1904) où la défense de la vie primitive et le culte de la force brutale offrent une évasion salutaire d'une société dominée par l'argent. Mais c'est sans doute la publication de *The Jungle* / *La Jungle* en 1906 qui marque le véritable sommet. L'optimisme révolutionnaire d'Upton Sinclair (1878-1968) lui fait espérer l'âge d'or grâce à l'avènement du socia-lisme et son ouvrage qui dénonce le système d'exploitation d'immigrants lithuaniens par les rois de la viande de Chicago incite le président Roosevelt à mettre en place une commission d'enquête et à adopter des réformes pour limiter les abus les plus criants.

Mais il faut aussi tenir compte du combat des journalistes qui allie le ferment subversif, la rigueur puritaine et la foi en l'action des individus. Il suffit de songer aux attaques engagées dans la presse contre la corruption, les intérêts privés et les abus de toutes sortes. Ida Tarbell révèle les méthodes de la *Standard Oil,* Ray Stannard Baker évoque la condition des Noirs, Lincoln Steffens dénonce la corruption des municipalités dans le *McClure's Magazine* mais on peut aussi rappeler les articles de Thomas W. Lawton dans *Everybody's,* ceux de Samuel Hopkins Adams dans *Collier's* ou de David Graham Phillipps dans le *Cosmopolitan.*

Le courant réformiste du progressisme et l' « évangile social »

Le mouvement progressiste, qui se situe dans le droit fil du populisme, reprend à son compte une partie de ses revendications en même temps qu'il est à la fois plus large et plus divers. Le progressisme, c'est l'aspiration profonde au progrès par le biais de réformes.

Le soutien sociologique dont il bénéficie est plus large puisqu'il ne repose plus exclusivement sur les milieux ruraux mais s'appuie sur les nouvelles classes moyennes urbaines (intellectuels, professeurs, journalistes, hommes d'Église, avocats, banquiers, dirigeants de petites et moyennes entreprises) qui demeurent persuadées que la démocratie peut être restaurée grâce à toute une série de réformes. Uni dans sa condamnation des maux de la nouvelle société industrielle et urbaine, le progressisme est divers dès qu'il s'agit de définir les stratégies pour parvenir au retour des libertés politiques et économiques.

Mais la cause est défendue par un public plus large que les seuls membres du Parti progressiste créé en 1912 pour l'élection présidentielle. Par-delà les tendances partisanes, tout un vaste courant d'opinion se mobilise avec un certain optimisme pour promouvoir une plus grande justice sociale.

La protection des ouvriers devient un objectif majeur et notamment l'amélioration des conditions de travail des femmes et des enfants, l'augmentation des salaires surtout féminins, l'attention portée à une plus grande sécurité du travail. Le bilan est plutôt positif si on considère qu'en 1914 le travail des enfants est interdit dans la quasi-totalité des États, que la journée de travail des femmes est limitée à huit heures, que le concept d'inspection du travail se met en place. Mais le mouvement est essentiellement modéré et vise à créer et à maintenir un ordre social et politique cohérent et efficace.

L'avènement de l'ère industrielle et la nécessité d'accueillir des masses nombreuses d'immigrants ont conduit au développement anarchique des villes et à la prolifération des taudis. Des appartements minuscules sans eau courante ni hygiène sont construits sans plan d'urbanisme par des promoteurs avides. La misère, le chômage et l'insalubrité frappent certains quartiers, aux mains de gangs de malfaiteurs ou de bandes de délinquants (les *Whyos* de Mulberry Bend à New York ou les *Lake Shore Push* de Cleveland) qui se livrent à des violences sauvages. La pauvreté et le chômage avaient été longtemps mis sur le compte de la paresse et de l'oisiveté par les tenants de l'éthique puritaine du travail et du darwinisme social mais la condamnation de ces fléaux s'atténue devant l'extension des zones sinistrées et la détérioration des conditions de vie. Les témoignages qu'en donnent les enquêtes sur le terrain et les reportages de Jacob Riis (*How the Other Half Lives/ Comment vit l'autre moitié*, 1890) sensibilisent l'opinion à l'urgence des mesures à prendre.

Le développement d'une presse à sensation, la « presse jaune » *(yellow press)* avec l'utilisation de gros titres, de la couleur, de photographies suggestives et de reportages percutants, sous l'impulsion de Joseph Pulitzer (parti de Saint-Louis pour créer à New York en 1878 le *New York World*) ou de William Randolph Hearst dans son *San Francisco Examiner*, satisfait le goût d'un public toujours plus vaste de lecteurs avides de scandales. Cette presse et, plus particulièrement, les magazines comme *Harper's, Scribner's Monthly* ou *The Nation*, a aussi pour effet d'éveiller davantage d'Américains à la conscience des maux de la société urbaine contemporaine.

Des réseaux de citoyens, des associations de bienfaisance, des groupes charitables se constituent pour lutter contre la misère des taudis où s'entassent nouveaux-venus étrangers, chômeurs sans ressources, accidentés du travail sans allocations, vieillards sans pensions ou enfants abandonnés. Les femmes de la classe moyenne participent à la régénération morale et sociale des villes américaines. Elles prennent une part active dans le traitement des cas sociaux dans les quartiers sensibles des grandes villes comme New York, Chicago ou San Francisco et on doit rappeler à cet égard l'énorme travail accompli par Jane Addams et Florence Kelley dans les bas quartiers de Chicago. C'est cette dernière qui fut parmi les toutes premières à décrire dès 1895 les scandales de l'exploitation dans les *sweat shops* de Chicago. Des maisons d'accueil et de rééducation ou de reclassement *(settlements)* sont mises en place sur le modèle de Toynbee Hall à Londres par des assistantes sociales énergiques et courageuses. Les plus célèbres de ces institutions sont Hull House créée en 1889 à Chicago par Jane Addams (qui obtiendra le prix Nobel de la paix en 1931 pour son travail social) et l'établissement de Henry Street à New York implanté grâce à l'énergie de Lillian Wald.

Des sociétés de tempérance, souvent liées aux églises évangéliques et surtout aux cercles méthodistes, luttèrent contre le « démon de l'alcoolisme » considéré comme l'une des causes principales de la pauvreté et des violences urbaines. La consommation d'alcool avait repris pendant la guerre de Sécession à un degré tel qu'un Parti politique se constitua, en 1869, le *National Prohibition Party*, pour tenter d'enrayer ce fléau. Frances Willard s'est illustrée en prêchant la tempérance dans les débits de boissons le cantique à la main. Elle fut, avec Carrie Nation, la principale dirigeante des multiples organisations prohibitionnistes telles que la *Women's Christian Temperance Union*, fondée en 1874 et alliée à l'*Anti-Saloon League* à partir de 1893 (1 million d'adhérents). Le résultat fut que plusieurs États adoptèrent une législation en faveur de la prohibition et qu'en 1914 deux Américains sur trois vivaient sous le régime sec. La ratification par le Congrès, en 1919, du 18ᵉ amendement interdisant la vente et la consommation d'alcool allait inaugurer les années 20 en faisant de la prohibition une politique nationale pendant quatorze ans (l'amendement fut aboli en 1933). La guerre mondiale fut un allié objectif de ces réformateurs, défenseurs d'une juste cause, car il valait sans doute mieux garder le grain pour nourrir les populations plutôt que pour étancher leur soif.

Même si elle appparaît plus ancrée dans le siècle que pendant la période précédente (1830-1860) où elle était essentiellement religieuse, l'action humanitaire de citoyens réformistes est tout de même étayée par les Églises qui pratiquent un évangile social *(Social Gospel)* pour enrayer les méfaits de l'évangile de la richesse. Ce mouvement de l'évangile social est dirigé dans les années 1880 par le prédicateur baptiste Walter Rauschenbusch à New York et le pasteur unitarien Washington Gladden à Columbus dans l'Ohio, qui prêchent en faveur des pauvres et incitent à redécouvrir le sermon sur la montagne. L'armée du Salut, importée d'Angleterre à la fin des années 1870 et créée aux États-Unis en 1880, compte en 1900 des troupes nombreuses (3 000 officiers et 20 000 soldats) qui se mobilisent dans le combat social. Épris de justice sociale, le judaïsme va aussi dans le même sens avec enthousiasme. L'Église catholique romaine n'est pas en reste comme l'atteste, en 1891, l'encyclique *Rerum Novarum* de Léon XIII visant à rétablir davantage d'égalité entre les riches et les pauvres. Mais le progressisme prend des formes si engagées aux États-Unis que le Vatican, inquiet, condamne l' « américanisme » en 1899.

La transformation de la société et des conditions de travail a un impact sur le rythme de vie et la période est marquée par le développement des loisirs, en particulier le cinéma (les premières salles, les *Nickelodeons,* apparaissent en 1905), et l'amour du sport (basketball inventé en 1891, baseball avec le début des compétitions annuelles des *World Series* en 1905 puis football ou bien encore bicyclette ou croquet). Tout un courant urbanistique se mobilise aussi pour améliorer le décor urbain et le cadre de vie. L'architecte Frederick Olmstead veut réintégrer la nature en ville et c'est lui qui, dès 1869, façonne Central Park au cœur de New York. Le mouvement *City Beautiful* va ensuite contribuer au renouveau de l'urbanisme à partir de l'exposition universelle de Chicago de 1893. Les maisons en bois qui favorisent les incendies (dont celui de Chicago qui détruit la ville aux trois quarts en 1871 ou celui de San Francisco en 1906) cèdent la place aux bâtiments de pierre. L'utilisation de structures en acier permet la construction d'immeubles de plus en plus hauts. On doit le premier gratte-ciel sur ossature métallique à William Le Baron Jenney en 1885 avant que la théorie de ce type d'édifice, qui donne son allure moderne aux grandes métropoles américaines, ne soit formulée un peu plus tard par un autre architecte de Chicago, Louis Sullivan. Malgré les problèmes de gestion qu'il pose, le développement des transports urbains va toutefois contribuer à faciliter la vie dans les villes : le tramway électrique est mis au point vers 1880, le métro s'implante à New York en 1904, l'automobile se répand (Henry Ford, qui a lancé son célèbre modèle T en 1909, en produit 250 000 par an en 1914).

Le réformisme politique sous Th. Roosevelt (1901-1909) et W. Wilson (1913-1916)

Le courant réformiste ne comporte pas que des accents exclusivement sociaux. Il prend aussi la forme d'un mouvement politique qui vise à éliminer la corruption et à promouvoir plus d'égalité et de justice mais aussi plus de liberté, de démocratie et de participation dans l'organisation de la cité. Le désir est patent de redonner la parole aux citoyens. Les électeurs retrouvent une certaine initiative et contrôlent mieux leurs représentants. Diverses actions permettent de freiner la corruption et la mainmise sur les postes clés de la politique par les milieux d'affaires tels que le contrôle et la limitation des dépenses des campagnes électorales, l'élection par le peuple des sénateurs des États, le droit d'initiative et de référendum ou encore le suffrage des femmes.

Sur ce dernier point, les avancées sont nettes. Accordé pour la première fois dans le Wyoming en 1869, le vote des femmes nécessite, pour être acquis, le combat incessant de quelques femmes comme Susan B. Anthony et Elizabeth Cady Stanton, l'un des ténors de la convention de Seneca Falls, notamment au sein d'organisations. Les associations rivales, la *National Women's Suffrage Association* fondée en 1869 et l'*American Woman Suffrage Association* créée en 1870, finissent par se regrouper en 1890 pour former la *National American Woman Suffrage Association* dont l'action va être décisive. Quatre États de l'Ouest et des Grandes plaines (le Wyoming, le Colorado, l'Utah et l'Idaho) adoptent le suffrage féminin et, en 1914, on arrive au chiffre de 9 puisque le Washington, la Californie, l'Oregon, l'Arizona et le Kansas suivent. Cette conquête se confirme vraiment avec l'adoption par le Congrès de l'amendement XIX (étudié en 1919 et ratifié en août 1920).

Sans doute le fait que des femmes de la classe moyenne dirigent le « mouvement de la femme » explique que l'objectif majeur soit le droit de vote. Mais il y a bien d'autres préoccupations dans les milieux ouvriers. Vers la fin du XIXe siècle le combat pour l'émancipation de la femme reléguée aux tâches domestiques est engagé par quelques pionnières comme Charlotte Perkins Gilman (*Women and Economics*, 1898). Un mouvement plus radical pour la défense des droits de la femme au travail, la *National Women Trade Union League*, se constitue à Boston en 1903 mais, à la veille de la guerre, les femmes ne représentent encore que 20 % de la population active et une femme sur cinq seulement travaille en dehors de chez elle.

Le progressisme s'exerce sur l'action politique tant au niveau local que fédéral mais le premier niveau d'intervention est incontestablement municipal. Les réseaux d'influence contrôlés par les machines locales des partis sont caractérisés par la corruption et le conservatisme. Les « bosses », souvent irlandais, véritables interfaces entre entrepreneurs et élus locaux, sont à la tête d'un réseau de complices et de fidèles aisément acquis grâce à la distribution de faveurs et de diverses formes d'assistance sociale. Toute une entreprise de restructuration et de rénovation s'engage alors et les progressistes mettent en place de nouvelles méthodes de gestion. Leur action va de la simple dénonciation jusqu'à l'engagement dans le combat politique. Certains se portent candidats aux élections et, une fois élus, exercent d'incessantes pressions sur les municipalités pour obtenir des réformes et se débarrasser des « bosses ». On citera quelques noms fameux : Tom Johnson, le maire de Cleveland (Ohio) qui applique les idées d'Henry George et met fin de 1901 à 1909 au monopole de Mark Hanna, Samuel Jones dit « Règle d'or » à Toledo (Ohio) qui municipalise tous les services publics sans parler d'Émile Seidel à Milwaukee ou de Fremont Older à San Francisco.

Le deuxième cadre naturel d'intervention est l'État. Les États sont bien le lieu privilégié des réformes puisque toutes les questions sociales relèvent de leur compétence. Ils serviront d'ailleurs de laboratoire d'expérimentation jusqu'au *New Deal* qui transférera cette responsabilité au gouvernement fédéral. De plus en plus, en effet, naît l'idée que les fléaux de la société doivent trouver une solution au niveau national mais, en attendant, dans la première décennie du XXe siècle, les réformateurs font leurs premières armes dans les États avant d'envisager une carrière nationale. On les retrouve ainsi à des postes de gouverneurs : Robert M. La Follette dans le Wisconsin en 1900, Theodore Roosevelt et Charles Evans Hughes dans le New York en 1898 et 1908, W. Wilson dans le New Jersey en 1910, Hiram Johnson en Californie ou Charles A. Culberson au Texas. La carrière de Robert M. La Follette, « Bob le combatif », illustre bien ce phénomène puisqu'il réussit, dans les années 1880, à se faire élire au Congrès dans le Wisconsin contrôlé par les affairistes. Il lutta contre les réseaux et les magouilles et défendit le principe des élections primaires directes. Il exerça quatre mandats successifs avant d'être élu gouverneur en 1900. Il prouva surtout que la « pensée du Wisconsin » ne reposait pas seulement sur des déclarations verbales mais sur un programme concret de gestion claire et efficace qu'il réussit à instaurer dans un État qui fit vite figure de modèle.

Le réformisme politique permet plus de transparence dans la gestion et renforce les formes de démocratie directe. Dès 1902 dans le Mississippi et dès 1903 dans le Wisconsin, la mise en place d'élections primaires permet aux membres du parti de choisir leur candidat pour l'élection et ainsi, à la veille de la première guerre mondiale, plus des deux tiers des États ont généralisé cette pratique. Dès 1903, le Wisconsin, ce « laboratoire de la démocratie », est le premier à instaurer des élections primaires présidentielles et, la même année, le rappel des élus qui ne respectent pas le mandat de leurs électeurs est utilisé à Los Angeles pour la première fois. En 1913 est également adopté le 17e amendement qui instaure l'élection des sénateurs fédéraux au suffrage universel direct et non plus par les assemblées législatives des États. Les idées nouvelles permettent de susciter un nouvel élan d'enthousiasme à la base et stimulent la participation effective des citoyens qui s'attachent à défendre des causes nobles.

Les effets du progressisme se font enfin sentir au niveau fédéral à partir de 1901. La disparition brutale du président McKinley, tué par un anarchiste en septembre 1901, moins d'un mois après son élection, permet à Theodore Roosevelt (1858-1919) d'accéder à la fonction suprême de façon inattendue car il avait été nommé vice-président par une machine locale qui voulait se débarrasser de lui en raison de ses idées réformistes et croyait l'avoir placé sur une voie de garage.

Issu d'une famille patricienne de l'État de New York d'origine hollandaise et de religion calviniste, diplômé de Harvard, Theodore Roosevelt a exercé en fait toutes les fonctions possibles qui le préparent à assurer la présidence. Il est successivement sénateur républicain dans le New York en 1882, chef de la Commisssion du service civil (chargée de mettre en place une fonction publique compétente) de 1889 à 1895, puis chef de la police de New York, sous-secrétaire à la Marine en 1896. Il commande le régiment des *rough riders* (rudes cavaliers) pendant la guerre hispano-américaine, est élu gouverneur du New York en 1898 et vice-président en 1900. Roosevelt est le plus jeune président de l'histoire américaine (il a 42 ans). Respectueux, au début, de la vieille garde d'un Congrès conservateur et tout-puissant, Roosevelt affirme progressivement l'autorité du président, renforce les pouvoirs de l'exécutif et réusssit à se mettre en valeur par sa puissance de conviction et la force de son verbe. Foncièrement démocrate, il procède à toute une série de réformes qui vont freiner les principes libéraux outre qu'il gagne l'estime et le respect de ses concitoyens qui le réélisent triomphalement contre le démocrate conservateur Alton B. Parker en 1904. Désormais il a les coudées plus franches et son programme du *Square Deal* (la donne loyale), fondé sur l'honnêteté et la correction, vise à changer les règles du jeu pour « apporter une plus grande égalité de chances et de récompenses ». Il adopte des mesures attendues et populaires, s'engage dans la lutte contre les trusts ou tout au moins leur réglementation, veille à appliquer la loi Sherman et procède à des poursuites par le biais du *Bureau of Corporations* du ministère du Commerce, s'attaque aux tarifs exorbitants des compagnies de chemin de fer (loi Elkins de 1903 et surtout loi Hepburn de 1906), réglemente les conserves alimentaires de Chicago suite aux évocations d'Upton Sinclair et, de façon plus générale, adopte, en 1906, une législation alimentaire unique garantissant le contrôle de la viande (le *Meat Inspection Act*) et de toutes les denrées alimentaires et de tous les produits pharmaceutiques (le *Pure Food and Drug Act*). Il s'attache aussi à la conservation des ressources naturelles et à la protection de la nature en créant de nouveaux parcs nationaux (les premiers, ceux de Yellowstone créé en 1872 et de Yosemite créé en 1890, sont suivis de Crater Lake dans l'Oregon en 1902, Wind Cave dans le Dakota du Sud et Mesa Verde dans le Colorado en 1906), en pratiquant systématiquement l'irrigation (le *Newlands Reclamation Act* de 1902) et l'assainissement des marais et en veillant au remplacement des forêts (la conservation des forêts est confiée à Gifford Pinchot). Enfin il met un terme par la négociation et l'arbitrage à la longue grève des charbonnages de Pennsylvanie de 1902 en ne soutenant pas, pour la première fois, le parti des hommes d'affaires. L'autorité et la hauteur de vues n'excluent pas la popularité et Roosevelt grandit l'exécutif. Sans doute peut-on dire que le réformisme de Roosevelt n'a pas toujours pris les devants et ne s'est exercé que lorsque l'opinion lui était majoritairement acquise. Son action est plus timide dès qu'il s'agit d'alléger le tarif douanier, de combattre les puissances d'argent ou bien de promouvoir des réformes fondamentales comme la suppression du travail des enfants ou de régler le problème noir. Mais Roosevelt aura néanmoins défendu les thèses progressistes et soutenu l'idée que l'intervention de l'État peut être déterminante pour résoudre les problèmes sociaux et économiques. Malgré ses limites, le progressisme de Roosevelt permet aux États-Unis d'éviter une révolution ou, du moins, une autre crise profonde. Conservateur éclairé, il s'est engagé dans tous les combats avec honnêteté et passion et il a su gagner la confiance du peuple.

Son successeur, toujours républicain, a été secrétaire à la Guerre de 1904 à 1908. William Howard Taft (1857-1930) poursuit, à partir de 1909, l'œuvre de Roosevelt mais il n'a ni son envergure ni surtout son sens politique. Il commet quelques erreurs tactiques qui, sans remettre en péril l'héritage comme on l'a souvent dit, vont en tout cas lui aliéner l'opinion. Il se montre plus réactionnaire en acceptant un tarif douanier protectionniste (le *Payne-Aldrich Tariff* de 1909) et il renvoie Pinchot de la direction du service des forêts. Mais les progressistes s'organisent autour de « Fighting Bob » La Follette, George Norris et Hiram Johnson et quittent le Parti républicain devenu trop conservateur. Taft fait ainsi perdre aux républicains divisés le contrôle du Congrès en 1910 mais la Ligue nationale progressiste et républicaine est fondée à l'initiative de La Follette en 1911 pour promouvoir la réforme politique et réaliser un gouvernement populaire. Roosevelt croit alors pouvoir revenir aux affaires mais les républicains lui ayant préféré Taft à la convention de 1912, il décide de préserver l' « élan » réformateur et accepte d'être le candidat de la Ligue. Mais le progressisme n'est pas l'apanage exclusif d'un parti et l'élection de 1912 le prouve en envoyant un démocrate à la Maison-Blanche.

Le progressisme, malgré quelques tendances plus radicales, apparaît comme essentiellement modéré. Le Parti socialiste a bien présenté son candidat mais Eugene V. Debs rallie près d'un million de suffrages mais cela ne représente que 6 % du vote populaire. Il y a, bien sûr, quelques intellectuels plus extrémistes mais marginalisés qui croient à l'avenir socialiste comme Randolph Bourne, Upton Sinclair et Jack London. De même qu'à l'extrême gauche on retrouve les IWW, les *Wobblies* anarchisants dirigés par William D. Haywood. Mais tant Debs que Taft sont marginaux et l'élection présidentielle de 1912 oppose en fin de compte le programme du « nouveau nationalisme » *(new nationalism)* que Roosevelt avait formulé dès août 1910 et celui de la « nouvelle liberté » *(new freedom)* défendu par W. Wilson. Le nouveau nationalisme consiste à promouvoir le *big business* à condition qu'il soit contrôlé par le gouvernement national. Au contraire, la nouvelle liberté implique la destruction du *big business* pour permettre la libre entreprise. Wilson se méfie du pouvoir excessif du gouvernement fédéral et il défend les droits des États. C'est la division des républicains qui assure la victoire des démocrates. Wilson est en tête avec 42 % des suffrages populaires mais il doit surtout son succès à la majorité massive obtenue auprès du collège électoral (435 mandats contre 88 pour Roosevelt et 8 pour Taft).

L'homme est neuf. Gouverneur du New Jersey, natif de Virginie, Woodrow Wilson (1856-1924) est le seul démocrate d'une longue période de domination républicaine. C'est un intellectuel de haut calibre. Spécialiste de science politique, il a été formé dans les universités les plus prestigieuses, Johns Hopkins ou surtout Princeton où il a exercé comme professeur dès 1890 et dont il est devenu président en 1902. Fils d'un pasteur presbytérien, il a le sens de ce qui est juste et il croit au gouvernement pour le peuple et par le peuple. Il entreprend une véritable croisade. Son premier discours inaugural rappelle « le coût des vies étouffées, des énergies épuisées et brisées ». « Le mal est venu avec le bien », le progrès social n'a pas suivi le progrès économique et matériel et Wilson va modifier le jeu de la vie politique. Même si on peut lui reprocher d'avoir cédé à la tentation de récompenser ses amis démocrates (W. J. Bryan, trois fois candidat malheureux à la présidence depuis 1896, devient secrétaire d'État), on peut dire que, dans le droit fil de Jefferson et de Jackson, il va accentuer la poussée démocratique poursuivie plus tard par F. D. Roosevelt. Wilson symbolise la mentalité américaine. Il tient un discours réformiste mais modéré qui plaît aux classes moyennes. Son programme est inspiré par un avocat israélite, Louis Brandeis, et le président s'entoure d'un groupe de conseillers comme le « colonel » Edward House ou William McAdoo.

Une fois élu, Wilson se rend compte que le « nouveau nationalisme » est plus réaliste que la « nouvelle liberté » et certaines mesures sont dans la continuité de la présidence précédente. Sous son premier mandat, l'intervention de l'État s'accompagne d'une extension des pouvoirs du fédéral. L'adoption, en 1913, du 16ᵉ amendement instaure un impôt sur le revenu qui augmente le financement du gouvernement de Washington. Il fallait bien compenser les pertes qu'avait entraînées l'abaissement du tarif douanier. Six mois après son entrée en fonctions, il procède à la première véritable réduction des tarifs douaniers, jamais vue depuis plus de cinquante ans. Un système fédéral de réserve mis en place par le *Federal Reserve Act* de 1913 va aussi contrôler la politique monétaire et mettre un terme à une période de soixante-dix-sept ans pendant laquelle les États-Unis n'avaient plus eu de Banque centrale, en fait depuis 1836, date à laquelle Jackson avait supprimé la deuxième Banque des États-

Unis. La mesure a été rendue nécessaire par la crise financière de 1907. Cette réforme radicale du système bancaire et monétaire donne au gouvernement le contrôle du crédit afin que les banques soient les instruments et non plus les maîtres de l'activité économique. Wilson étend le contrôle des monopoles et la réglementation des *trusts* grâce au *Federal Trade Commission Act* et au *Clayton Anti-Trust Act* de 1914. Sur le plan des droits politiques, le 17ᵉ amendement (1913) décrète que les sénateurs cesseront d'être désignés par les législatures des États pour être élus au suffrage universel. Mais l'homme va changer après sa réélection en 1916 et évoluer à gauche. Le second Wilson ne ressemble pas au premier. L'accent sera davantage mis sur la politique extérieure. Wilson reste au pouvoir jusqu'en mars 1921 mais le mouvement de réformes s'essouffle avec l'entrée en guerre des États-Unis en 1917.

Certes, le mouvement progressiste n'a pas tout résolu. Guidé par les nouvelles classes moyennes, il a amélioré la situation sociale sans la transformer radicalement. Tandis que les ultra-conservateurs déplorent la fin de la libre entreprise, les socialistes marquent leur impatience devant des progrès trop timides. Le progressisme fuit tout extrémisme et tout intellectualisme et préfère suivre une voie modérée et pragmatique. Il ne s'est pas attaqué aux racines profondes des inégalités et certains de ses acquis vont être remis en cause mais il n'aura cependant pas été vain puisqu'il a ouvert la voie au changement et au progrès.

La seconde moitié du XIXᵉ siècle est donc caractérisée par la montée en puissance des États-Unis, une montée en puissance en territoire, en population et en richesse. Bien sûr, la concentration industrielle et financière représente la forme la plus achevée du capitalisme que d'aucuns ont qualifié de sauvage. Le capitalisme recèle surtout une contradiction fondamentale entre le libéralisme économique (au nom duquel n'importe quel individu peut fonder une entreprise et réussir) et, par ailleurs, le dirigisme économique des trusts et de l'appareil financier qui monopolisent tout un secteur de l'économie et de la politique. L'autre contradiction déchirante de l'époque est d'accroître la production et le profit tout en sauvegardant un marché intérieur et en maintenant le pouvoir d'achat.

La période est incontestablement dominée par la réussite de la technologie et de l'économie que marquent de façon éclatante les expositions universelles de Philadelphie en 1876 et de Chicago en 1893. Le leadership économique des États-Unis consacre sa montée en puissance et accrédite le mythe de la réussite mais il a relégué au second plan le rôle de l'État et du politique.

Le développement a naturellement ses excès et ses limites. S'il a permis l'édification de fortunes colossales, il a aussi créé des poches de misère et marginalisé une partie du corps social. L'agriculture la plus moderne et la plus performante est dans une situation d'endettement telle que les fermiers se sentent à l'écart de la prospérité générale mais le monde rural ne disparaît pas totalement. D'autres composantes sont plus touchées encore comme le monde ouvrier qui a du mal à s'organiser, les Noirs qui sont de plus en plus discriminés et les Indiens qui ont été pratiquement décimés. Les protestations des exclus du progrès commencent à provoquer des remous sociaux qui annoncent l'ère des réformes et des contestations. En outre, la puissance conduit parfois à l'arrogance, comme le révèle la montée de l'impérialisme.

7. L'ère des crises et l'affirmation d'une puissance internationale (1896-1945)

A défaut de changer radicalement les structures de la société américaine, l'ère du progressisme et des réformes a eu pour principal effet de générer la fierté de la réussite. La conquête de cette assurance va ainsi permettre l'émergence d'un nationalisme qui manifeste sa force à l'étranger. Après avoir été essentiellement centrée sur les problèmes intérieurs, l'Amérique s'ouvre désormais au monde et affirme sa vocation internationale.

Insensiblement le progressisme a pour corollaire l'impérialisme, d'autant que la prospérité retrouvée des années 1901-1914 redonne confiance à un pays en quête d'ordre et de stabilité. Jusqu'à l'entrée en guerre des États-Unis en 1945, le pays va devoir affronter une série de crises plus ou moins bien surmontées et une alternance de cycles dans les domaines de l'économie et de la politique extérieure, dominés tantôt par l'optimisme et l'insouciance, tantôt par la remise en question inquiète du mode de fonctionnement du système américain.

L'impérialisme américain (1898-1917) et la fin de l'innocence (1917-1920)

Depuis la victoire de Lincoln en 1860, les républicains dominent la scène politique jusqu'à l'arrivée au pouvoir de F. D. Roosevelt en 1932. Tous les présidents sont républicains à l'exception de Cleveland (1885-1889 et 1893-1897) et de Wilson (1913-1921). Formé autour de la cause anti-esclavagiste, le Parti républicain est une formation *yankee* par excellence qui va consolider la définition des valeurs américaines et confirmer sa vocation de bâtisseur de la nation.

Il n'est donc guère surprenant de voir qu'à la fin du XIXe siècle les républicains s'engagent à défendre la cause impérialiste. McKinley (1897-1901) et Theodore Roosevelt (1901-1909) passent pour être les promoteurs de la politique impérialiste dite du gros bâton *(big stick)* de 1896 à 1908. Mais si ces deux présidents attachent leurs noms à l'impérialisme américain, il est clair que l'affirmation de la puissance américaine ne date pas des toutes dernières années du XIXe siècle ou des toutes premières années du XXe siècle. Une plus longue filiation permet de remonter à l'esprit de conquête et à l'expansion territoriale du milieu du siècle, sous-tendus par la croyance en la destinée manifeste. Le concept formulé par John O'Sullivan est d'ailleurs repris par le journaliste John Fiske dans *Manifest Destiny* en 1885. Sans doute le sentiment de la mission providentielle va-t-il se transformer au fil des décennies. Mais il y a bien continuité idéologique depuis les années 1840.

Les premiers signes de la puissance américaine dès les années 1860

Même si la puissante armée américaine se démobilise à la fin de la guerre de Sécession comme après la guerre d'Indépendance, tout permet de croire à nouveau à l'unité nationale et d'échafauder des rêves d'empire. William H. Seward illustre bien ce courant d'opinion. L'éternel secrétaire d'État sous Lincoln et Johnson (de 1861 à 1869) rêve d'édifier un empire qui irait du Canada jusqu'à Panama. Sans concrétiser entièrement son projet, il procède toutefois à deux acquisitions territoriales qui vont dans ce sens. En 1866-1867, il a déjà contraint Napoléon III, par la présence nombreuse de soldats américains, de retirer ses troupes du Mexique et il se situe dans la tradition des années 1840 en réactivant ainsi les principes contenus dans la doctrine de Monroe.

L'achat de l'Alaska à la Russie en mars 1867 pour la somme de 7 200 000 $, critiqué par l'opinion publique, difficilement accepté par le Sénat et considéré à l'époque comme une « folie », constituera une acquisition visionnaire au plan stratégique. On remarquera au passage que c'est cette même année, le 1ᵉʳ juillet exactement, que fut établie, devant la menace potentielle de la puissance américaine, la Confédération canadienne par l'union de quatre provinces, l'Ontario, le Québec, le Nouveau-Brunswick et la Nouvelle-Écosse. Le *dominion* du Canada en voie de constitution considéra alors cette acquisition américaine de l'Alaska comme une offense et une limitation à son propre projet d'établissement national. Mais il va plus loin en sortant du cadre strictement continental. Les îles Midway dans le Pacifique sont occupées puis annexées par les États-Unis en août 1867 et vont constituer une base navale essentielle pour promouvoir les intérêts économiques américains en Asie (cf. carte 1).

Un peu plus tard, l'intérêt des États-Unis se porte sur la zone des Caraïbes et de l'Amérique centrale, d'une part, et du Pacifique, d'autre part. Dans les années 1880, le secrétaire d'État James G. Blaine (1881, 1889-1892) cherche en vain à s'implanter dans les Caraïbes, engage des négociations difficiles avec l'Angleterre pour construire un canal à travers l'isthme de Panama et rêve d'une union panaméricaine dirigée par les États-Unis qui n'aboutit pas. La prise de contrôle de la base de Pago Pago dans les îles Samoa en 1878 empêche définitivement les Allemands de s'y implanter au terme d'un accord de protectorat tripartite (États-Unis, Allemagne, Grande-Bretagne) signé en 1889. Les États-Unis s'intéressent enfin très sérieusement aux îles Hawaï au plan commercial depuis le début du XIXᵉ siècle. Un premier traité de commerce signé en 1875 stipulant que Hawaï, véritable « frontière » du Pacifique et étape naturelle sur la route de la Chine, faisait partie du « système américain » et ne pouvait être annexée par aucune autre puissance est renouvelé en 1887 par un accord permettant aux États-Unis d'établir une base navale à Pearl Harbor.

De l'expansionnisme à la naissance de l'impérialisme (1891-1901)

Le milieu des années 1890 est marqué par une violente révolte provoquée en partie par les droits protecteurs que les États-Unis ont imposés sur le sucre cubain mais l'insurrection de février 1895 à Cuba de la population traduit aussi son hostilité au colonialisme du gouvernement espagnol. La révolte est vite matée par le général Valeriano Weyler qui dirige les opérations du côté espagnol. Une campagne de dénigrement est même engagée par les Espagnols

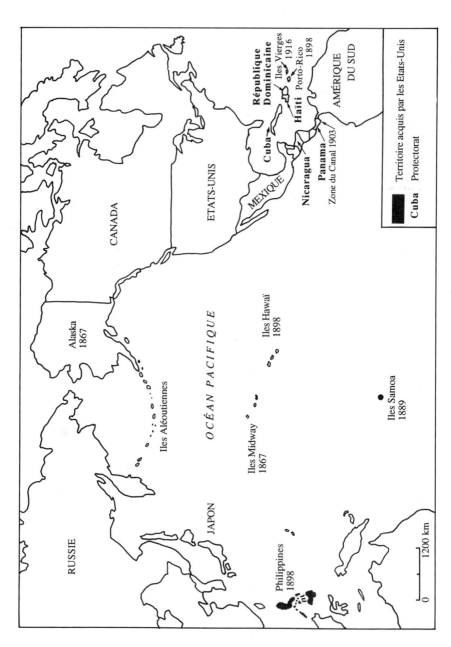

Carte 1. — L'expansion coloniale des États-Unis jusqu'en 1917

RUSSIE

JAPON

OCÉAN PACIFIQUE

Iles Aléoutiennes

Alaska
1867

CANADA

ETATS-UNIS

MEXIQUE

Iles Midway
1867

Iles Hawaï
1898

Iles Samoa
1889

Philippines
1898

0   1200 km

République
Dominicaine

Iles Vierges
1916

Haïti   Porto-Rico
1898

Cuba

Nicaragua

Panama
Zone du Canal 1903

AMÉRIQUE
DU SUD

Territoire acquis par les Etats-Unis

Cuba   Protectorat

contre le président McKinley. Mais la destruction du cuirassé américain, le *Maine*, opérée dans des conditions mystérieuses dans le port
de La Havane en février 1898 et qui fait 260 morts, est considérée
comme annonçant un véritable tournant dans la politique extérieure
des États-Unis. La presse à sensation de Pulitzer et de Hearst
exploite à l'envi les atrocités commises par les Espagnols et mobilise
l'opinion en faveur de l'intervention.

Bien sûr, 1898 est une date clé dans la mesure où les États-Unis
s'engagent dans l'aventure coloniale et dans une relation « privilégiée » avec la Caraïbe et l'Amérique centrale. Mais on ne saurait
exagérer l'importance de cette césure qui n'est pas une véritable rupture ni un changement radical de cap. La puissance industrielle est
établie et les intérêts économiques sont définis clairement avant
1898. D'autre part, l'opinion publique ne change pas fondamentalement d'avis après 1898 pour soutenir unanimement l'impérialisme.
Une fois passée la poussée d'affirmation nationale avec le débat
qu'elle entraîne, l'Amérique va se recentrer à nouveau sur ses problèmes intérieurs. L'année 1898 ne demeure importante que dans la
mesure où les États-Unis commencent à manifester leur intérêt pour
des affaires qui leur sont étrangères, soit en Europe, soit en Afrique
du Nord, soit en Extrême-Orient.

La décision de McKinley en avril 1898 de procéder à une intervention armée *(forcible intervention)* est dictée par le désir de défendre
une cause noble en soutenant le combat des anti-colonialistes. Elle
marque aussi le début de la guerre hispano-américaine, cette
« splendide petite guerre » pour reprendre l'expression de John Hay,
secrétaire d'État d'octobre 1898 à juillet 1905. Et après un peu plus
de trois mois de combats visant à protéger les citoyens américains
installés à Cuba (où les *Rough Riders* du « colonel » Roosevelt donnent un assaut décisif à San Juan), l'île « libérée » obtient son indépendance avant de passer sous la protection des États-Unis *(amendement Platt)* en 1901. C'est cette mesure qui donne aux États-Unis le
droit d'intervenir pour maintenir l'ordre et l'indépendance à Cuba
et ce droit fut, on le sait, mis en pratique en 1906 et à plusieurs
reprises par la suite. Bien que plus nombreux, les Espagnols ne se
révèlent pas très dangereux et ils sont également défaits par le commodore Dewey qui s'empare de Manille en mai 1898.

La défaite de l'Espagne a un énorme retentissement symbolique
puisqu'elle marque la fin de son épopée coloniale et conduit à la
perte des derniers vestiges de son empire. Toujours aux termes du
traité de Paris du 10 décembre 1898, l'Espagne cède Porto Rico,

l'île de Guam, dans l'archipel des Mariannes, et les Philippines contre paiement de 20 millions de dollars par les États-Unis. Toujours dans l'euphorie du traité de Paris, les États-Unis ont fini, après de nombreuses hésitations essentiellement dues aux réticences personnelles de Cleveland, par annexer l'archipel de Hawaï en juillet 1898. L'annexion de Hawaï complète bien l'empire américain dans le Pacifique mais la surprise vient plutôt de la décision d'occuper les Philippines, légalisée en décembre 1898 et officialisée en avril 1899 par le gouvernement américain. Cette intervention de type colonial est d'ailleurs saluée par Rudyard Kipling dans son célèbre poème invitant les États-Unis à assumer le « fardeau de l'homme blanc ». Désormais la charge est transférée de l'Angleterre, fatiguée par son empire, vers le nouvel empire en formation de sa « sœur » américaine, en même temps que s'établit une solidarité voire une complicité entre ces deux pays de langue anglaise.

La dernière décennie du XIXᵉ siècle (1891-1901) est ainsi dominée par la naissance d'une politique étrangère impérialiste et par la prise de conscience de ses effets. Les revendications populistes et le courant de mécontentement social ont été repris dans les réformes des progressistes, appliquées aussi bien par un républicain que par un démocrate. Mais ces interventions à l'extérieur du territoire national mettent un terme à l'isolationnisme prôné par Washington et appliqué par Monroe et semblent constituer une solution aux problèmes intérieurs. Ont-elles été exclusivement dictées par des impératifs d'ordre économique comme on l'a volontiers affirmé ? Sans doute la « fermeture » de la frontière annoncée par le recensement de 1890 qui conduit à l'affirmation des États-Unis sur la scène internationale, n'est-elle pas étrangère à la crainte de l'insuffisance du marché intérieur. L'ouverture sur l'extérieur peut en effet découler du désir de trouver ailleurs ce que l'on a plus chez soi et notamment des terres disponibles, des marchés inexploités et des aventures nouvelles. En réalité, cette crainte n'est pas fondée car le marché intérieur est loin d'être saturé. A la différence de l'Angleterre ou de l'Allemagne, le problème des exportations ne se pose pas avant la crise de 1929. Les exportations n'ont jamais dépassé 3 ou 4 % du produit brut national et l'impérialisme colonialiste apparaît finalement plus tard que dans d'autres pays. La véritable cause de l'impérialisme américain est donc plus nationaliste qu'affairiste.

La défense des valeurs américaines soutenue par les milieux blanc anglo-saxons et protestants *(wasps)* se traduit par un rejet de ce qui est étranger et va expliquer la montée des pulsions xénophobes. Elle est alimentée par la confiance optimiste en l'avenir d'une nation puissante qui a réussi et elle trouve sa justification morale dans la responsabilité de porter aux autres l'esprit de liberté et de démocratie. Les défenseurs de la colonisation invoquent le « devoir de civilisation ». Cette attitude inaugure toute une série d'interventions militaires où les États-Unis ont conscience de défendre une « juste cause » et de se livrer à de véritables « croisades ».

L'impérialisme naissant relève moins d'un projet économique que de facteurs idéologiques mêlant diverses composantes. On y retrouve les thèses racistes dérivées de la pensée de Darwin proclamant la supériorité de la « race anglo-saxonne », le courant messianiste chrétien représenté par J. H. Barrows ou par le missionnaire congrégationnaliste Josiah Strong qui exalte le peuple américain dans son ouvrage *Our Country / Notre pays* en 1885 et les visées stratégiques formulées par Alfred T. Mahan dans sa thèse de la supériorité navale. Le capitaine (puis amiral) Mahan, qui enseigne à l'Académie navale de Newport (Rhode Island), a publié son traité sur *L'influence de la puissance maritime sur l'histoire* en 1890 et 1892 dans lequel il insiste sur l'importance stratégique des bases navales. Toutes ces idées sont relayées dans les cercles dirigeants. Le sénateur Henry Cabot Lodge du Massachusetts affirme que les États-Unis sont à compter désormais au rang des « grandes nations qui sont en train d'absorber tous les territoires incultes du globe ». Mais la prise de conscience de l'impérialisme ne fait pas encore l'unanimité. Il faut compter avec une opposition hétérogène comprenant la plupart des démocrates du Nord et quelques républicains réformistes de l'Est, la Ligue anti-impérialiste fondée à Boston en 1898 ainsi que des individus aussi divers que Bryan, Cleveland, Andrew Carnegie, Samuel Gompers, Mark Twain et William James.

Les rapports coloniaux ont été pour ainsi dire moralisés, comme en atteste la politique américaine en Asie. Alors que les puissances européennes rivales (l'Allemagne, l'Angleterre, l'Autriche et la France sans compter le Japon et la Russie) se livrent à un véritable dépècement de la Chine, « l'homme malade de l'Asie », en la partageant en « zones d'influence », c'est le sens que prend la politique de la « porte ouverte » (définissant la liberté de commerce pour tous, c'est-à-dire le droit pour ses ressortissants de voyager et de commercer sans discrimination à l'intérieur des zones d'influence), proclamée en septembre 1899 par le secrétaire d'État John Hay et réaffirmée un an plus tard (juillet 1900) après la révolte des Boxers contre les étrangers, les Européens aussi bien que les Japonais et les Américains. L'opposition des États-Unis au démembrement de la Chine (vaincue par les Japonais en 1894-1895) et la politique de la porte ouverte doivent être comprises moins comme un acte d'amitié que comme le désir de préserver un marché pour les produits américains.

La politique étrangère mondiale de Roosevelt (1901-1909)

Expansionniste convaincu, le président Roosevelt conduit, à compter de 1901, une politique étrangère « musclée » et se montre partisan du rôle actif des États-Unis sur la scène internationale. Il croit à la puissance navale, il rêve d'une Amérique prospère et puissante et il multiplie systématiquement les initiatives et les interventions au nom de la liberté et de la démocratie.

La politique de présence efficace concerne en premier lieu le continent américain et, en particulier, l'Amérique centrale. Déjà le président Hayes avait déclaré en 1880 que tout canal creusé à travers l'isthme de Panama serait sous contrôle des États-Unis. La nécessité d'un canal pour accélérer le passage de la flotte américaine d'un océan à l'autre sans avoir à contourner le cap Horn s'impose depuis longtemps mais le projet traîne car il y a deux tracés possibles, l'un par la Colombie, l'autre par le Nicaragua. Toujours est-il que la mainmise de fait sur Panama se confirme sous Roosevelt. En 1901, le traité Hay-Pauncefote met fin au précédent accord Clayton-Bulwer de 1850 qui prévoyait le partage avec la Grande-Bretagne du contrôle du futur canal. Ainsi le canal de Panama, dont la construction est engagée par les États-Unis en 1906 et achevée en 1914, sera ouvert à tous mais sous contrôle des seuls États-Unis.

Très vite, Roosevelt propose une nouvelle interprétation de la politique extérieure des États-Unis qui consiste à maintenir l'ordre et à intervenir « en parlant doucement mais en brandissant un gros bâton ». Il formule en décembre 1904 la doctrine de l'arbitrage dans son *Corollaire* à la doctrine de Monroe. « Des transgressions du droit chroniques *(chronic wrongdoing)* ou une impuissance flagrante résultant d'un relâchement général des liens d'une nation civilisée » peuvent rendre nécessaire l'intervention d'un pays civilisé comme les États-Unis qui doivent « exercer, contre leur volonté, les pouvoirs d'une force de police internationale ». Ainsi se met en place ce rôle de « gendarme du monde » que les États-Unis vont assurer désormais un peu partout. Il y a déjà eu le précédent de 1895 où les États-Unis s'interposent entre l'Angleterre et le Venezuela à propos de leur différend sur la délimitation de la frontière de la Guyane. Des interventions ont lieu en Amérique centrale et en Amérique latine : à Saint-Domingue (1905 et 1916), à Cuba (1906), au Nicaragua (1912), au Mexique (1914), en Haïti (1915). Des réunions panaméricaines (à Washington en 1889, Mexico en 1901, Rio en 1907 et Buenos Aires en 1910) permettent de coordonner l'action des États-Unis en Amérique latine tout en affirmant leur *leadership*.

Mais la nouveauté est que l'expansion de la puissance américaine cesse d'être continentale pour devenir mondiale. Roosevelt offre volontiers sa médiation et notamment, en 1905, à la conférence de Portsmouth (New Hampshire) entre la Russie et le Japon qui sont en guerre depuis un an à propos de la Corée et de la Mandchourie. Son initiative lui vaudra de recevoir le prix Nobel de la paix l'année suivante. Les craintes américaines vis-à-vis des ambitions russes en Chine poussent les États-Unis à soutenir le Japon pour maintenir l'équilibre en Asie. Mais les négociations demeurent problématiques avec le Japon dont la puissance montante menace les intérêts américains. Le président américain a même éprouvé le besoin de montrer sa force en ordonnant à sa flotte (alors la deuxième du monde après celle de la Grande-Bretagne) de faire un tour du monde ostentatoire en 1906. Les deux pays se mettent finalement d'accord en 1907 pour limiter l'immigration japonaise aux termes d'un *gentleman's agreement* et signent, en 1908, l'accord Root-Takahira selon lequel les États-Unis et le Japon s'engagent à respecter « l'intégrité de la Chine » et le statu quo dans le Pacifique, c'est-à-dire les intérêts américains aux Philippines en échange de la domination japonaise en Mandchourie.

Roosevelt intervient pour la première fois dans les affaires européennes en se faisant représenter à la Conférence d'Algésiras pour régler le différend franco-allemand sur le Maroc en 1906 ainsi qu'à la Conférence de la Paix à La Haye en 1907 en tant que médiateur entre la Russie et le Japon.

On doit noter enfin que la prise d'influence dans les pays de l'Amérique du Sud et du Centre révèle une tendance colonialiste plus économique que politique. Les États-Unis se livrent à des investissements importants (multipliés par 5 entre 1897 et 1914) mais font preuve d'un certain libéralisme en respectant les souverainetés ou en accordant assez vite l'indépendance politique. Porto Rico bénéficie, dès 1900, du *home rule (Foraker Act)*, tout en demeurant rattaché aux États-Unis et ses habitants jouissent de la citoyenneté américaine à partir de 1917 *(Jones Act)*. La création de la République de Panama en 1903 est tout à fait « spontanée » dans le contexte de la création du canal et des relations tendues avec la Colombie. Les Philippines connaissent une insurrection dirigée par Emilio Aguinaldo à partir de mars 1899 qui conduit à une guerre de deux ans mais au terme de laquelle elles obtiennent un statut d'*unincorporated territory* avant d'être dotées d'un *self-government* partiel avec assemblée élue en 1907. Le retrait de Washington n'intervient qu'en 1914 et l'indépendance ne sera accordée qu'en 1934 *(Tydings-McDuffie Act)* et définitivement acquise qu'en 1945.

La « diplomatie du dollar » de Taft (1909-1913) et la politique de neutralité de Wilson (1913-1917)

Les successeurs de Theodore Roosevelt reprennent sa politique malgré de légers infléchissements. Taft substitue à la « politique de la canonnière » une diplomatie du dollar, à l'exception de quelques rares occasions où il se livre à des opérations de police dans les Caraïbes. Il s'agit d'un impérialisme économique essentiellement axé autour des prêts et des investissements à l'étranger. L'élargissement des sphères d'influence des États-Unis à l'extérieur ne rallie pas tous les suffrages d'une opinion publique toujours attachée au principe de la neutralité et quand la guerre éclate en Europe les Américains sont unanimes dans leur désir de rester en dehors du conflit.

La prudence, le moralisme et le pacifisme de Wilson expliquent l'attitude du début qui relève d'un impérialisme « missionnaire » ou humanitaire. L'idéalisme internationaliste du nouveau président se traduit par la nomination exceptionnelle du pacifiste Bryan au poste de secrétaire d'État. Au nom d'une « plus stricte morale internationale » et soucieux d'établir l' « équilibre des puissances » et de préserver l'harmonie du monde, Wilson place ses espoirs sur la « Ligue des Nations » pour garantir l'arbitrage international et l'expansion commerciale. Il est parfois difficile d'accorder ses intérêts avec ses principes, comme le montrent les valses hésitations de sa politique mexicaine à partir de 1913, notamment dans son soutien à la révolution et dans son désir d'associer l'Argentine, le Brésil et le Chili dans le règlement du litige. Mais, comme Roosevelt en fin de compte, Wilson pense que capitalisme et démocratie vont de pair et il n'exclut pas à l'occasion le recours à la force pour maintenir la sécurité des Américains dans certains pays d'Amérique centrale et des Antilles. Il suffit de rappeler les interventions militaires au Nicaragua en 1912, à Haïti en 1915 ou dans la République dominicaine à partir de 1916. Les États-Unis veulent bien libérer les peuples de la tutelle coloniale mais ils acceptent moins bien que ces peuples n'acceptent pas leur domination. Cette douloureuse prise de conscience conduit à la « fin de l'innocence », pour reprendre le titre du roman populaire d'Edith Wharton paru en 1920.

Plus encore, la violation par l'Allemagne de la sacro-sainte liberté des mers et du droit des neutres va décider le président à engager les États-Unis dans la Première Guerre mondiale même si la déclaration de guerre à l'Allemagne, déclarée par le Congrès le 4 avril 1917, est en fait dictée par le désir de préserver la paix.

De la neutralité à l'engagement : la Première Guerre mondiale ou la croisade pour la démocratie : le second mandat de Wilson (1917-1921)

La Grande Guerre qui éclate en Europe en août 1914 plonge les États-Unis dans l'embarras et leur sens du *fair play* s'accommode mal du « viol » de la Belgique. La proclamation officielle de neutralité de Wilson correspond aux sentiments quasi unanimes de l'opinion mais il faut compter avec les attitudes subjectives dictées par les réactions instinctives de certaines composantes de la population américaine. Il est impossible d'oublier l'opposition des immigrants d'origine allemande bien intégrés et actifs qui constituent une partie non négligeable du vieux fonds de population et qui trouvent le gouvernement trop favorable à la cause des Alliés, même si un soutien ouvert ne s'exerce pas pour autant en faveur des empires centraux, de l'Autriche-Hongrie de François-Joseph ou de l'Allemagne agressive de Guillaume II. D'autre part, on peut dire que si, malgré les réticences vis-à-vis des Anglais depuis la guerre d'Indépendance, les *Yankees* ont eu tendance à se rapprocher de l'ancienne métropole en raison de leur culture commune, par ailleurs, le lobby irlandais, très fort au sein de l'épiscopat américain, s'agite par peur viscérale de l'Angleterre et manifeste sa sympathie pour l'Allemagne.

Mais ce qui prime à nouveau c'est bien le désir de préserver le commerce maritime. La neutralité est bien difficile à maintenir car elle est plutôt bienveillante en faveur du Royaume-Uni. Sans doute les agissements répétés de l'Allemagne vont-ils inciter les États-Unis à se mobiliser. La guerre sous-marine à outrance *(U-boats)* en réponse à la politique britannique de blocus a un effet négatif sur l'opinion publique qui s'indigne véritablement lorsque la marine allemande va jusqu'à couler, le 7 mai 1915, le *Lusitania*, un paquebot anglais, faisant près de 1 200 victimes dont 128 Américains. L'incident provoque la démission du secrétaire d'État Bryan et accroît la tension entre les États-Unis et l'Allemagne.

Un autre problème tient aux emprunts alliés dont le volume et la réussite contribuent à soutenir les Alliés et vont donc à l'encontre de la neutralité américaine. Entre 1914 et 1917, les Alliés ont emprunté 2,3 milliards de dollars aux banques américaines contre moins de 30 millions pour l'Allemagne qui souffre du blocus décrété par la Grande-Bretagne. On pourrait aussi ajouter l'aide des munition-naires qui fut loin d'être négligeable. Il est en tout cas certain que les États-Unis profitent de la guerre pour s'enrichir et que leur neutra-lité sert la cause de l'Entente.

Réélu en novembre 1916 avec le slogan « il nous a tenus hors de la guerre », Wilson va pourtant engager les États-Unis dans le conflit européen au nom d'un combat pour la démocratie et pas seulement pour des raisons économiques. L'élection est acquise de justesse puisqu'il obtient 9,1 millions de voix et 277 mandats contre 8,5 millions et 254 à son adversaire républicain Charles Evans Hughes. La victoire est due à l'appui décisif de la Californie et le soutien dont il bénéficie est davantage apporté à sa législation progressiste (notamment la journée de travail de huit heures accordée aux ouvriers de l'acier en décembre 1915 et instituée dans les chemins de fer en septembre 1916) qu'à son programme pacifiste.

A la fin de 1916, l'ultime tentative entreprise par Wilson pour trouver une solution pacifique susceptible d'accommoder les belligé-rants avorte. La révélation d'une machination allemande (télé-gramme Zimmermann) ayant pour but de dresser les États-Unis contre le Mexique et le Japon indigne même les plus pacifistes. Mais l'intensification par l'Allemagne, en février 1917, de la guerre sous-marine qui touche sans avertissement les navires de commerce, neutres ou ennemis dans la zone proche des Iles britanniques, est officiellement condamnée le 2 avril par le président américain qui demande au Congrès d'approuver la déclaration de guerre à l'Allemagne. Wilson est moins soucieux de donner satisfaction aux industriels dont beaucoup sont pacifistes (Carnegie, Ford, Durant, le président de General Motors) que de défendre les droits des neutres et d'établir la démocratie. Les États-Unis ne sont pas alliés mais associés aux puissances de l'Entente.

A partir de l'entrée en guerre, le 6 avril, les États-Unis s'organisent et consentent de gros efforts en terme de participation. Au début, les forces sont peu nombreuses, mal préparées et il y a très peu d'engagements volontaires. La phase timide de préparation *(preparedness)* de 1916 doit être intensifiée et toute unecampagne d'information est entreprise pour stimuler l'esprit de guerre. On se méfie des traîtres et des espions. Certains opposants sont réduits au silence comme Eugene Debs qui est mis en prison.

L'instauration de la conscription *(Selective Service Act)* en mai 1917 fait passer les forces armées de 200 000 hommes à 4,5 millions. L'année 1917 est particulièrement mauvaise pour les Alliés puisqu'elle est marquée par l'offensive allemande en Russie, le renversement du tsar et la révolution bolchevik d'octobre, l'échec de la France dans sa tentative pour repousser les Allemands, les lourdes pertes britanniques, l'abandon à l'Allemagne par les Italiens du Nord de leur pays.

La participation à l'effort de guerre est indéniable de la part des Américains, qu'il s'agisse de la production agricole (réglementée par Herbert Hoover) et industrielle qui implique pleinement la population civile ou, bien sûr, de l'aide militaire en terme d'hommes et de munitions. Le rôle joué par le milliardaire Bernard M. Baruch dans la fourniture de matériel par le Bureau des Industries de guerre *(War Industries Board)* est indéniable même si l'essentiel du matériel est fourni par les Alliés. L'énorme mobilisation économique se caractérise par l'organisation plus que par la nationalisation. Les pertes humaines du côté américain sont évaluées à 53 000 morts sur un total de 10 millions et la participation en termes de soldats représente, en 1913, 1 pour 516 Américains contre 1 pour 53 Français mais les interventions tardives en France des 2 millions d'hommes (les *doughboys* ou les *sammies*) du Corps expéditionnaire américain (l'*American Expeditionary Force / AEF*), l'unité indépendante du général John J. Pershing sous les ordres du maréchal Foch, s'avèrent décisives en 1918, notamment sur la Marne, sur la Somme et surtout entre la Meuse et l'Argonne.

Wilson procède à une nouvelle initiative diplomatique le 8 janvier 1918. Wilson hisse la bannière morale de l'Amérique. Dans le discours qu'il prononce sur l'état de l'Union, il définit ses *Quatorze points* qui vont constituer les bases mêmes des discussions en vue de l'établissement de la paix. Certains sont relatifs aux revendications territoriales, à la liberté de navigation, à l'abaissement des barrières douanières. Mais ses propositions les plus idéalistes consistent à réduire les armements, à conclure des accords négociés au grand jour, à rejeter la diplomatie secrète, à respecter le droit des peuples à disposer d'eux-mêmes et à créer une Société des Nations dont le mandat serait de résoudre tous les conflits à venir de façon pacifique. Pris de court et impressionnés par le *leadership* de Wilson, les Alliés ont un peu l'impression d'être dépossédés de leur victoire mais ils acceptent la discussion de ces points qui, amendés, conduisent à la signature de l'Accord de paix le 4 novembre et à l'armistice le 11 novembre 1918. Wilson est bien le porte-parole des vainqueurs et il a proposé une « paix sans victoire » qu'il obtient en gros. Les puissances vaincues ne perdent pas la face mais les Alliés font des réserves, notamment en ce qui concerne la délimitation des zones de libre navigation et le droit des vainqueurs à des réparations substantielles.

La décision de Wilson d'assister en personne à la Conférence de la paix de Versailles en décembre 1918 et de mars à juin 1919 sans se faire accompagner d'une délégation sénatoriale va être la source de difficultés ultérieures puisque c'est au Congrès qu'il appartient de ratifier les traités. Il ne s'est entouré d'aucun républicain, ce qui est aussi fort gênant dans la mesure où le Parti démocrate a perdu la majorité au Congrès aux élections de novembre 1918. Le prestige dont Wilson va jouir à l'étranger aux côtés de Clemenceau pour la France, d'Orlando pour l'Italie et de Lloyd George pour l'Angleterre ne lui vaudra aucune considération chez lui et cette attitude qui consiste à faire cavalier seul va affaiblir sa position aux États-Unis. Le résultat ne se fait pas attendre puisque le républicain Henry Cabot Lodge qui préside le Sénat pousse la haute assemblée, en novembre 1919 et à nouveau en mars 1920, à ne pas ratifier le traité de Versailles et à refuser la participation des États-Unis à la Ligue des Nations pour marquer leur volonté de limiter l'autorité jugée excessive de l'exécutif et pour ne pas aliéner leur liberté d'action. De nombreux Américains considèrent en effet que le fait de devenir membre de la Ligue reviendrait à conclure une alliance permanente et à trop s'engager dans les affaires européennes, ce qui va à l'encontre de l'esprit de la doctrine de Monroe. De toute façon la campagne d'information engagée par Wilson pour convaincre ses concitoyens a été interrompue par une attaque de paralysie qui le frappe en septembre 1919. Il y a plusieurs Wilson : le chef vigoureux de 1913, le prophète inspiré de 1917 et l'homme vieilli et entêté de 1919. En tout cas, les Américains sont écœurés devant l'esprit de revanche des Européens, devant les mesquineries et la mauvaise foi de leurs négociations et devant l'avidité cynique de débiteurs qui cherchent à ne pas rembourser les emprunts américains consentis depuis 1915 et à faire supporter aux riches États-Unis les frais de l'après-guerre. A nouveau, l'isolationnisme et la défense des valeurs américaines triomphent.

La politique extérieure qui a toujours consisté à préserver l'Amérique des influences étrangères change donc radicalement en l'espace de quelques années puisque la tendance, en cette fin de XIXᵉ siècle, est de projeter l'expérience nationale sur le monde entier. Avant 1898, il n'est question que d'expansion territoriale et économique au sein du contexte continental et de protection contre les périls étrangers. La sécurité de l'Amérique semble être garantie par l'isolationnisme mais on ne saurait confondre isolationnisme et fermeture. Il y a bien des relations commerciales, en Asie notamment. On sait que le Japon s'est ouvert aux exportations depuis la mission du commodore Perry dès 1853-1854. Après 1898, les États-Unis s'engagent dans l'aventure coloniale un peu par accident, guidés par la conscience encore diffuse d'un destin à accomplir correspondant au poids de leur économie. C'est bien à la conquête commerciale et pacifique des marchés que se livrent les États-Unis mais l'ouverture sur la scène mondiale prend un tour nettement plus interventionniste avec l'entrée en guerre aux côtés des Alliés en 1917, une ouverture qui ne durera pas longtemps puisqu'elle conduit à nouveau au repli isolationniste traditionnel dès la fin de l'année 1918. Il n'y a pas là, toutefois, retour exact à la case départ car, en l'espace d'un demi-siècle, la petite république rurale de Lincoln est devenue un empire industriel et urbain. Son impérialisme est économique quand on songe à la puissance américaine dans les Caraïbes et dans le Pacifique mais il peut prendre à l'occasion une dimension idéologique et politique qui deviendra par la suite de plus en plus incontournable, d'aucuns diront menaçante.

L'ère nouvelle et le « retour à la normale » des années vingt (1921-1929)

La déchéance physique de Wilson à la fin de 1919 s'ajoute à son isolement et plonge le président dans l'amertume et la désillusion. Très vite les événements se précipitent et l'Amérique se replie sur ses problèmes intérieurs.

L'*immédiat après-guerre (1919-1920)*

La fin du second mandat de Wilson est au plan intérieur marquée par l'adoption des dernières mesures qui correspondent aux revendications progressistes d'avant 1914. Sans procéder à une véritable nationalisation des chemins de fer, une loi adoptée en 1920 (le *Esch-Cummins Act*) donne à la Commission du commerce entre les États (l'*Interstate Commerce Commission*) davantage de pouvoir en matière de contrôle sur les tarifs et sur le financement des compagnies. Le 18ᵉ amendement (1919) introduit la prohibition en interdisant les boissons alcooliques. Un autre amendement, le 19ᵉ, ratifié en août 1920, donne le droit de vote aux femmes. Des restrictions de tous ordres se mettent en place, relatives à l'entrée des immigrants avec l'adoption d'un test d'alphabétisation *(literacy test)* malgré le veto de Wilson en 1917, puis à l'entrée des anarchistes en 1918. En 1920, tous les anarchistes et les personnes considérées comme subversives sont passibles d'expulsion.

Au plan social et économique, la démobilisation massive pose des problèmes de réintégration et génère une légère dépression au début de 1919 avant que l'expansion économique artificielle ne crée une crise sociale profonde. Il est toujours difficile de passer du dirigisme d'une économie de guerre à la liberté économique d'une économie de paix. En se désengageant de toute une série de contrats, le gouvernement provoque une vague de licenciements massifs. Les années 1919-1920 sont dominées par une augmentation du coût de la vie et par un ensemble de revendications sociales qui s'expriment par des grèves à répétition (2 665 pour la seule année 1919 qui mobilisent 4 millions de salariés). Parmi les plus importantes il y a la grève générale de Seattle, celles des ouvriers de l'acier, de la police de Boston, des mineurs. Les tensions interraciales (révolte de 1917 à Saint-Louis Est ou

« été rouge » de Chicago en 1919) se développent suite à la migration massive des Noirs qui ont quitté le Sud pendant la guerre, attirés par le plein emploi dans les villes industrielles du Nord-Est et du *Middle West*. Entre 1916 et 1918, ce sont près de 500 000 Noirs qui se sont ainsi déplacés. Les Blancs redoutent la concurrence de cette nouvelle main-d'œuvre à bon marché qui s'est substituée aux immigrants. Ils craignent aussi que le fait d'avoir participé à la guerre ne donne aux Noirs l'idée de revendiquer davantage de droits. Les violences se multiplient. Le KKK reprend du service et compte à nouveau 100 000 membres en 1919 répartis entre 27 États. Les lynchages sont pratiqués de façon inquiétante : 64 en 1918, 83 en 1919, 61 en 1920.

Le retour aux années de paix marque un nouveau départ. C'est bien 1919 qui est « l'an premier du siècle », comme l'exprime le traducteur français de John Dos Passos. L'atmosphère a bien changé depuis les élections de novembre 1918. Le retour au conformisme et aux valeurs traditionnelles est ardemment souhaité par les classes moyennes qui considèrent que l' « américanisme » est dangereusement menacé par le péril bolchevik et le communisme.

L'opinion est d'ailleurs prête à soutenir le ministre de la Justice *(attorney general)* A. Mitchell Palmer qui procède, le 7 novembre 1919 et le 2 janvier 1920, à une série d'arrestations. Cette « Terreur blanche » *(Palmer raids)* touche 4 000 personnes dans 33 grandes villes. La plupart sont relâchées mais plus de 500 sont expulsées dont la célèbre anarchiste Emma Goldman. Le pays est alors traversé par une peur rouge *(red scare)* et c'est le début d'une véritable chasse aux sorcières. Le climat est pour le moins trouble : paquets piégés, attentats à la bombe, menaces de mort se multiplient. Les Rouges deviennent les nouveaux ennemis qui ont remplacé ceux de la guerre. Les Rouges, ce sont aussi bien les Noirs, les Juifs, les catholiques, les étrangers, les Allemands sans doute, les Russes à coup sûr et, d'une façon générale, tous ceux qui ont des idées socialistes et communistes. On arrête l'ami d'Eugene Debs, Victor Berger, le socialiste du Milwaukee. On juge les membres anarcho-syndicalistes de l'IWW, on expulse des communistes. La différence est bien ténue entre socialistes, communistes, anarchistes et étrangers, tous considérés comme subversifs et dangereux.

On comprend que dans ce climat de psychose collective l'opinion ait éprouvé le désir de « retourner à la normale » *(back to normalcy)* et se soit réfugiée derrière la conviction retrouvée de la supériorité nationale.

L'élection présidentielle de 1920 et le retour des républicains

Aux yeux de Wilson la consultation électorale de 1920 doit être un vaste référendum populaire sur sa politique étrangère. En réalité, la défaite des démocrates n'est pas une sanction de l'ouverture sur le monde extérieur en tant que telle ni même un rejet de Wilson en tant qu'homme mais il consacre davantage l'échec de l'idéal wilsonien considéré comme utopique et flou et le désir de se consacrer à nouveau à des préoccupations immédiates touchant à la vie quotidienne. Au plan matériel, les classes moyennes s'intéressent au coût de la vie tandis qu'au plan idéologique, elles prennent peur vis-à-vis des idées nouvelles et subversives.

Le candidat démocrate James M. Cox, gouverneur de l'Ohio, est battu aux élections de 1920 malgré le soutien du président sortant et l'appui de Franklin D. Roosevelt qui a été secrétaire adjoint à la Marine sous Wilson et qui ambitionne la vice-présidence. Le sénateur républicain Warren G. Harding de l'Ohio est élu président et Calvin Coolidge, gouverneur du Massachusetts, est vice-président. Bien qu'en prison, le socialiste Eugene Debs emporte près d'1 million de voix. Le triomphe de Harding, élu avec 61 % des suffrages populaires (un peu plus de 16 millions de voix contre un peu plus de 9 millions pour son adversaire), est un raz de marée qu'aucun président n'a connu depuis Monroe. Harding est brillamment élu mais il n'a pas suscité l'enthousiasme puisqu'il a été choisi par son parti « parce qu'on n'avait rien contre lui et que les délégués voulaient rentrer chez eux ».

Une vie politique terne (1921-1929)

Le retour des républicains conservateurs va inaugurer à nouveau un long règne dominé par la poursuite du bonheur et la quête de la prospérité. Le poids des électeurs du *Middle West* indique clairement le désir de rompre avec la vieille Europe et un repli sur les valeurs de l'Amérique qui conduit notamment à l'adoption de toute une série de lois restrictives en matière d'immigration. Cette aspiration profonde à un « retour à la normale » donne sa saveur particulière aux années 20.

Le discours nationaliste de Harding en janvier 1921 a bien donné le ton en affirmant qu'il faut « sauvegarder l'Amérique d'abord, penser à l'Amérique d'abord, exalter l'Amérique d'abord ».

Le point d'accord des républicains va s'établir sur le rejet de l'autre, sur l'exclusion de tout ce qui est *un-American* ou qui n'est pas américain à 100 %. Harding ne brille pas par l'éclat d'une personnalité hors du commun mais c'est un homme ordinaire, un Américain moyen, qui est plus fidèle à ses amis qu'à ses principes. Il s'entoure d'ailleurs de complices aux mœurs politiques douteuses (le gang de l'Ohio) et le climat de corruption qui s'installe n'est pas sans rappeler les grands jours de la présidence de Grant. L'affaire la plus retentissante est celle qui éclate au grand jour en octobre 1923 et qui compromet le ministre de l'Intérieur Albert B. Fall et le magnat du pétrole Harry Sinclair dans le scandale du *Teapot Dome*. Heureusement Harding a choisi quelques personnalités remarquables comme Ch. E. Hughes, secrétaire d'État, Andrew Mellon au Trésor, Henry C. Wallace à l'Agriculture et surtout Herbert Hoover, secrétaire au Commerce. Harding meurt en août 1923 et le vice-président Coolidge lui succède. *Silent Cal* se taille très vite une réputation d'inactif qui bloque les décisions et ce puritain frugal et taciturne est en contraste avec l'époque qui est tapageuse.

Les élections de 1924 ne motivent guère l'électorat qui s'abstient à hauteur de 40 %. Les républicains choisissent le ticket Coolidge-Dawes tandis que les démocrates, divisés entre les fondamentalistes du Sud et les internationalistes du Nord, entre les citadins anti-probibitionnistes et les fermiers démoralisés, finissent par choisir un avocat de New York au 103ᵉ tour de scrutin, un certain John W. Davis auquel est associé Charles Bryan, le frère de William Jennings pour la vice-présidence. Le plus intéressant est sans doute l'existence d'un troisième parti, le Parti progressiste dirigé par le sénateur du Wisconsin, R. M. La Follette, qui regroupe les mécontents. Ce parti propose un vaste plan de réformes (abaissement des tarifs douaniers, aide à l'agriculture, améliorations sociales) et il réunit ceux qui réagissent contre la bonne conscience ambiante. La Follette rassemble tout de même près de 5 millions de voix et montre que le progressisme demeure fort aux États-Unis même s'il ne réussit pas à chasser les républicains. Coolidge est réélu sans problème avec près de 16 millions de suffrages contre un peu plus de 8 pour son adversaire Davis et 382 voix de grands électeurs contre 136 à Davis et 13 à La Follette.

Comme son prédécesseur, Coolidge redonne à l'économie le primat sur la politique. Il ne résout pas le problème des fermiers et défend surtout le monde des affaires. Il est persuadé que « l'affaire de l'Amérique c'est de faire des affaires » *(the business of America is business)*. Il fait des économies et réduit la dette nationale. Mais les républicains perdent des sièges aux élections de 1926.

En 1928, les républicains choisissent Herbert Hoover et les démocrates désignent Alfred E. Smith. L'enjeu de cette élection présidentielle peu agréable est la prohibition. Il n'y a pas de raison sérieuse pour ne pas reconduire les républicains qui bénéficient des effets de la prospérité. Les milieux agricoles sont très déçus par la politique républicaine et l'Amérique profonde demeure très protestante et rechigne à soutenir l'Irlandais Smith qui est catholique. L'élection de 1928 est un triomphe pour Hoover qui obtient 444 voix de grands électeurs contre 27 pour Al Smith. Ancien secrétaire au Commerce de Coolidge, le « Grand Ingénieur » poursuit l'œuvre d' « assainissement » et s'abstient de prendre des mesures sociales. Les monopoles sont renforcés, les syndicats sont démantelés, les conditions de travail se dégradent. Au nom de la prospérité, Hoover déclare que la pauvreté est vaincue alors que 60 % des Américains ont un revenu inférieur à \$2 000, le minimum indispensable. Hostile à la planification, Hoover défend la libre concurrence et l' « individualisme farouche » et il croit aux bienfaits du « système américain ». Il n'éprouve « aucune crainte pour l'avenir qui resplendit d'espoir ». Six mois après son accession au pouvoir, c'est le début de la Grande Crise symbolisé par l'effondrement de la Bourse de New York.

Le repli et la fermeture

On a beaucoup exagéré le repli sur l'Amérique de l'administration républicaine. Certes l'internationalisme wilsonien n'a plus véritablement cours mais, malgré cela, les États-Unis continuent de participer aux activités du monde entier à l'exception de l'URSS. Les présidents cessent d'avoir le premier rôle au profit des secrétaires d'État, Charles Evans Hughes (1921-1925) et Frank Billings Kellogg (1925-1929). Les États-Unis demeurent des observateurs actifs à la SDN. Ils participent avec succès à la conférence de Washington de novembre 1921 à février 1922 pour promouvoir le désarmement naval qui établit des quotas entre les forces navales des grandes puissances (États-Unis, Grande-Bretagne, Japon, France, Italie), fixe la parité avec la Grande-Bretagne, garantit l'intégrité de la Chine et limite les ambitions du Japon. Les experts américains Dawes et

Young proposent leur arbitrage en 1924 et 1929 pour régler le conflit relatif au paiement des réparations allemandes. Les États-Unis font tout enfin pour mettre la guerre « hors la loi » en proposant avec la France, en août 1928, le pacte Briand-Kellogg. Ce pacte de Paris de renonciation à la guerre, signé par 15 pays, vaut à Kellogg de recevoir le prix Nobel de la paix en 1929. Les années 20 sont plutôt dominées par un nationalisme plein d'assurance et convaincu de la supériorité des États-Unis. L'isolationnisme sera certainement plus fort dans les années 30.

C'est dans le domaine économique que la fermeture est la plus sensible. Harding met en place une politique d'encouragement au *laissez-faire* et de retour au protectionnisme douanier. Les compagnies de chemin de fer sont à nouveau contrôlées par le secteur privé (loi de février 1920), tout comme la flotte marchande qui est cédée à des compagnies privées. Une série de mesures sont adoptées, l'*Emergency Tariff* (1921) puis le *Fordney-McCumber Tariff* (1922) qui empêchent l'Europe de vendre ses produits à l'Amérique. Le *Smoot-Hawley Tariff* (1930) fixe le tarif le plus élevé de toute l'histoire de l'Amérique et ferme le marché au risque de paralyser le commerce international américain. On comprend aisément la crainte de la concurrence étrangère mais l'autarcie a ses dangers. L'isolationnisme économique a des conséquences graves, notamment dans le secteur financier. Comment les prêts importants qui ont été consentis pendant la guerre et pendant les années 20 pourront-ils être remboursés par les débiteurs européens si ces derniers n'ont pas accès au marché américain pour écouler leurs produits ? Un cercle vicieux s'installe puisque, pour rembourser dans ces conditions, il faut emprunter davantage. La philosophie du libéralisme s'épanouit à nouveau. Il s'agit bien de diminuer l'impulsion gouvernementale dans les affaires, de limiter la réglementation par l'État, de développer l'influence des affaires dans le gouvernement et de restaurer l'individualisme.

Plus grave encore est sans doute la fermeture aux idées nouvelles. Au nom d'une tradition politique et morale de conformisme et de conservatisme étroit, l'Amérique rejette l'hétérodoxie et se barricade dans le rejet de tout ce qui est étranger.

Le ton est donné par l'adoption de l'*Espionnage Act* (1917) et du *Sedition Act* de 1918 et la formule de Hoover, « le loup est à notre porte ». D'abord bien accueillie, la révolution russe fait vite peur. Les Américains se réjouissent du renversement du tsar en mars 1917 mais redoutent l'influence de l'idéologie communiste après la révolution d'Octobre. Le spectre du bolchevisme va très vite hanter les consciences, et ce, d'autant plus qu'éclatent les mouvements révolutionnaires en Allemagne et en Hongrie. Les *Palmer Raids* (1919-1920) annoncent ainsi soixante-dix ans d'anticommunisme. La peur du Rouge s'alimente au spectacle des grèves de 1919 et toutes les actions syndicales sont immédiatement interprétées comme des actions révolutionnaires dangereuses. Le Rouge, c'est aussi bien le communiste, le socialiste, l'anarchiste ou le syndicaliste révolutionnaire.

Deux organisations se font le relais des idées marxistes qui, à Moscou, incitent à la révolution internationale, le Parti travailliste communiste *(Communist Labor Party)* co-fondé par John Reed et le Parti communiste *(Communist Party)*, composé en majeure partie d'étrangers. L'agitation sociale est rapidement attribuée à une conspiration fomentée à l'étranger. Pourtant ces organisations ne constituent pas objectivement un réel danger puisqu'elles ne regroupent qu'entre 50 000 et 70 000 membres mais elles suscitent l'émoi. Jusqu'à l'*American Legion* qui se mobilise pour combattre la subversion.

La situation de révolution latente justifie le climat de terreur et d'intolérance dont l'affaire Sacco-Vanzetti offre une bonne illustration. Deux anarchistes italiens (émigrés depuis 1908), Nicola Sacco et Bartolomeo Vanzetti, sont arrêtés en mai 1920 pour vol et pour meurtre mais il est bien difficile d'apporter la preuve de leur culpabilité dans l'assassinat du caissier et du gardien d'une fabrique de chaussures de Braintree, près de Boston. Toujours est-il qu'ils sont condamnés à mort en 1921 malgré leurs protestations d'innocence, avant d'être exécutés sur la chaise électrique en août 1927 puis innocentés un demi-siècle plus tard. L'affaire Sacco-Vanzetti prend les allures d'un immense procès politique et les deux hommes, qui bénéficient d'un large soutien dans le monde entier, deviennent les martyrs de l'anarchisme et les victimes de l'intolérance.

L'assimilation est vite faite entre les « subversifs » et les étrangers. La résurgence du KKK témoigne de la renaissance de la xénophobie. La secte secrète est reconstituée à Atlanta en novembre 1915, l'année où sort le film de David W. Griffith, *The Birth of a Nation (Naissance d'une nation)* qui exalte un Sud mythique au lendemain de la guerre de Sécession et dresse un portrait complaisant du KKK pendant la Reconstruction. Le fondateur de l'Invisible Empire, le « colonel » William Joseph Simmons, est un prédicateur de l'Église épiscopale méthodiste du Sud. Comme les fondamentalistes, il préconise l'enseignement de la Bible et son interprétation littérale et réclame le renforcement de la prohibition. Cette société patriotique rassemble jusqu'à 4 à 5 millions de membres en 1924-1925 avant de décliner au milieu de la décennie. La marche sur Washington de 40 000 membres en 1925 constitue une des dernières manifestations de son existence. La défense étroite d'un protestantisme rigoureux ressortit à un combat contre le catholicisme et l'exaltation des valeurs chrétiennes conduit à condamner les Juifs, soit parce qu'ils sont d'affreux capitalistes (au nom de la conspiration de la finance juive), soit parce qu'ils sont de dangereux socialistes révolutionnaires. Fidèle à ses origines, le Klan se bat pour la suprématie blanche et, à ce titre, dénonce le péril jaune et le péril noir. De façon plus large, le KKK incarne le nationalisme américain et son rejet des races, des croyances et des idéaux sociaux étrangers.

Si l'anticommunisme est hystérique, le nationalisme est xénophobe et les lois sur les étrangers se multiplient. Le nativisme mêlant des sentiments de nationalisme, de chauvinisme et de racisme qui s'épanouit dans les années 20 était déjà apparu vers la fin du XIXᵉ siècle. Des associations composées de patriciens de Nouvelle-Angleterre comme l'*Immigration Restriction League* se mobilisent pour ne pas admettre certaines catégories d'immigrants considérés comme indésirables mais sans effet réel sur la politique officielle.

Plus de 18 millions d'immigrants sont entrés aux États-Unis entre 1891 et 1920 mais la Première Guerre mondiale et les années 20 marquent un coup d'arrêt. Le volume global des admissions est en baisse sensible avec un total d'à peine plus de 4 millions pour la période 1921-1930 contre près de 6 millions pour la décennie précédente.

Les années 20 sont surtout marquées par une légère reprise de l'immigration en provenance de l'Europe du Nord-Ouest (28,27 %) mais surtout par le contrôle de celle de l'Europe orientale et méditerranéenne qui ne compte plus que pour 18,49 %. Le pas qui sépare la limitation de l'interdiction est franchi avec les lois sur les quotas de 1921 et de 1924. Ces lois restrictives s'inscrivent dans le droit fil de la loi de 1882 *(Chinese Exclusion Act)* qui avait mis un terme à l'immigration chinoise, du *gentleman's agreement* de 1907 qui avait proscrit l'immigration japonaise et de l'adoption du test d'alphabétisation de février 1917 et, d'une façon plus générale, des thèses défendues avec vigueur par les restrictionnistes d'avant 1914.

La première loi restrictive, le *Johnson Quota Act* (loi des quotas), adoptée facilement le 19 mai 1921 avec l'approbation de Harding, décide de n'admettre, pour chaque nationalité, que 3 % du nombre des immigrants nés dans leur pays d'origine et dénombrés dans le recensement de 1910 comme résidents aux États-Unis (soit environ 315 000 immigrants au lieu de 800 000).

La deuxième, la loi Johnson-Reid ou *National Quotas Act* adoptée par le Congrès en 1924, renforce les réductions précédentes en rabaissant le pourcentage de 3 % à 2 % mais surtout en prenant pour référence non plus le recensement de 1910 mais celui de 1890, toutes mesures techniques qui eurent naturellement pour effet de limiter strictement les Méditerranéens et les Slaves puisque ces derniers n'avaient pas encore déferlé en 1890. Le texte de 1924 prévoyait un contingentement des admissions au nombre de 150 000 mais il fallut attendre 1929 pour qu'il soit effectivement appliqué. On notera que ces mesures n'ont pas touché l'immigration en provenance de l'Amérique du Nord (Canada et Mexique) et de l'Amérique du Sud.

Le critère de sélection, c'est-à-dire d'élimination, est désormais d'ordre plus qualitatif que quantitatif et il est devenu celui des origines nationales (il demeurera en vigueur jusqu'en 1965). L'un des effets pervers de ces mesures est d'avoir favorisé la venue dans les villes des Noirs et des Latinos dont l'intégration va devenir plus que problématique alors que le but avoué de ces lois était de préserver l'homogénéité de la population américaine. A la politique d'ouverture des deux dernières décennies du XIXe siècle symbolisée par la statue de la Liberté (inaugurée en octobre 1886) et par le centre d'Ellis Island succède une politique de fermeture. Il est ironique de constater que les États-Unis mettent un terme à leur politique d'accueil en pleine ère de prospérité.

Après avoir symbolisé l'espoir, l'immigrant est devenu tout à coup un bouc émissaire, la source de tous les dangers et de tous les maux. La résurgence du nativisme repose, de façon plus profonde, sur une idéologie culturelle raciste inscrite au cœur de l'inconscient collectif. Le rejet de l'immigrant comme fléau ou comme fardeau social n'est en rien différent de celui qui s'exerce à l'encontre des catholiques, des radicaux, des Juifs ou des Noirs. On assiste à la généralisation du concept de race appliqué aux nationalités. C'est une alliance de *Yankees*, de sudistes, de syndicalistes, de capitaines d'industrie, d'intellectuels progressistes et de xénophobes professionnels qui finit par considérer que le retour à la normale consiste à refluer tout ce qui n'est pas américain. Il y a perte de confiance dans les vertus du creuset, si l'on en croit l'ouvrage de Henry Pratt Fairchild, *The Melting Pot Mistake*, paru en 1926.

Un dernier exemple d'exclusion et de sectarisme est bien celui de la condamnation des idées nouvelles illustrée par le « procès du singe » de 1925, cet épisode retentissant de la bataille du fondamentalisme et de la lutte engagée contre le darwinisme. Le procès opposa à Dayton, dans le Tennessee, un enseignant du nom de John T. Scopes partisan des thèses évolutionnistes et son avocat Clarence Darrow aux tenants sectaires d'une forme curieuse de protestantisme à la lettre (l'avocat général William Jennings Bryan qui n'est autre que le grand orateur populiste, trois fois candidat du Parti démocrate à la présidence) qui sévissait dans la ceinture biblique *(Bible Belt)* du Sud mais aussi un peu partout ailleurs et qui condamnait la société moderne. Scopes avait enseigné à ses élèves, contrairement à la loi de son État, que l'homme descend du singe, soutenant la thèse scientifique de l'évolution des espèces contre celle de la création du monde.

La prospérité et l'optimisme de « l'Ère nouvelle »

La prospérité retrouvée après la crise de 1920-1921 ne peut que porter à l'optimisme même si cette dernière s'avère illusoire *a posteriori*. Il y a indéniablement des signes objectifs d'enrichissement national. Le pouvoir d'achat s'accroît et le niveau de vie américain est très au-dessus de celui des autres pays. Il y a amélioration des salaires et augmentation de la consommation avec tout le développement d'activités qu'il induit dans le domaine du crédit et de la publicité. Des progrès sont sensibles au niveau des innovations techniques, des méthodes de travail et de la production industrielle. Si certains secteurs stagnent ou souffrent comme les constructions navales, les charbonnages ou les textiles, la sidérurgie et l'industrie pétrolière sont privilégiées. Les secteurs en expansion, dont la prospérité générale dépend en grande partie, sont le matériel électrique et les appareils ménagers, le bâtiment et, plus encore, l'automobile.

Sur la base 100 en 1900, la productivité, c'est-à-dire le nombre d'heures de travail par unité de production, passe de 74 en 1919 à 55 en 1922 et à 42 en 1929. Par ailleurs, l'indice de production industrielle est en hausse très sensible puisqu'il passe de 58 en 1921 à 110 en 1929 (sur la base 100 pour la période des années 30). L'Ere nouvelle est l'ère de la production de masse, ce qui fait croire que la pauvreté a disparu. On est également entré dans la phase de consommation de masse décrite par Rostow. L'esprit de l'époque consiste à produire, à faire de l'argent et à le dépenser. Certes, le revenu national progresse (de 33 milliards de dollars en 1914, il est de 45 en 1916, 61 en 1918 puis de 59,4 en 1921 et de 87,2 en 1929) tout comme le revenu par tête qui passe de 522 $ à 716 de 1921 à 1929.

Mais il convient de moduler ce tableau idyllique car la consommation touche surtout les biens de consommation durables et d'équipement (appareils ménagers comme machines à laver, aspirateurs ou frigidaires, postes de radio, automobiles). Le développement spectaculaire de la productivité est illustré par l'industrie de l'automobile qui passe de 4 000 véhicules en 1900 à 1,5 million en 1921 et à plus de 4,7 millions en 1929. La fabrication en série du modèle T (jusqu'en 1927) permet aussi de vendre moins cher (850 $ en 1908 mais seulement 310 en 1926). Depuis la sortie de ce modèle T en 1908, les usines Ford fabriquent une nouvelle voiture toutes les dix secondes pour construire leur millionième automobile en 1915 et leur dix millionième en 1924. La voiture se démocratise (1 Américain sur 6 est motorisé contre 1 Français sur 44 et 1 Allemand sur 196) ; 3,5 millions d'automobiles sont en circulation en 1916, 9 millions en 1920 et 27 millions en 1930.

Le risque de saturation à court terme est évident mais, plus grave, la prospérité est fragile car liée à une politique de crédit. Plus de la moitié voire les trois quarts de ces biens de consommation sont achetés à crédit. Le pouvoir d'achat est ainsi gonflé dans l'immédiat grâce à la politique de crédit à court terme qui s'est généralisée. Par ailleurs la hausse des revenus n'est pas générale et certains groupes sont à l'écart de la prospérité. L'écart se creuse entre les riches et les pauvres. Tandis que le nombre de millionnaires triple entre 1914 et 1926 (en passant de 4 500 à 11 000), 71 % des familles a un revenu annuel inférieur à 2 500 $ et 21 % gagnent moins de 1 000 $. Les différences de salaires s'accusent aussi selon les régions et les secteurs d'activités. Quand les profits des sociétés industrielles augmentent de 62 % entre 1923 et 1929, les salaires des ouvriers ne progressent que de 26 % et le chômage, malgré sa baisse, demeure un fléau. Près de 5 millions d'Américains (4 754 000) sont touchés en 1921, 2,5 millions en 1924 et encore 1,5 million en 1928 malgré un creux très temporaire d'un demi-million en 1926.

Les bénéfices de la prospérité ne sont pas également partagés par tous et les grands exclus sont les ouvriers mais aussi les fermiers. L'un des secteurs importants qui ne profite pas de l'euphorie générale est celui de l'agriculture, touchée par les crises conjoncturelles comme la récession de 1920-1921 mais aussi par des crises structurelles profondes. Le monde rural est chroniquement frappé par la surproduction et l'endettement. Les prix agricoles s'effondrent régulièrement à partir de 1921. Tous ces maux sont accrus par la reprise économique en Europe qui diminue la demande de produits alimentaires et le désengagement financier de l'État. Le gouvernement décide, par exemple, en mai 1920, d'abolir ses aides au cours du blé. Le mouvement général va dans le sens de la spécialisation des cultures, de la concentration et de la mécanisation, tandis que métayage, hypothèques et faillites se multiplient. L'un des effets est qu'il y a sous-consommation des campagnes qui ne participent pas au grand mouvement de consommation de masse. Le mécontentement agraire touche plus particulièrement le *Middle West* et s'organise autour du bloc agrarien *(Farm Bloc)*. Ce lobby puissant au Congrès préconise l'augmentation des tarifs douaniers, une solution peu judicieuse pour une agriculture essentiellement exportatrice, avant d'obtenir le développement du crédit. Les administrations républicaines successives n'ont, elles, eu guère plus d'idées pour sauver le secteur de l'agriculture. Elles instituent une politique de prêts hypothécaires aux fermiers (*Federal Farm Loan Act* de 1916). A deux reprises, en 1927 et en 1928, Coolidge s'oppose à la loi McNary Haugen qui voulait aider les fermiers par l'achat des surplus agricoles, sous prétexte que cela revenait à subventionner un service public non rentable. La mesure ne deviendra effective qu'en 1929 sous Hoover avec la création d'un *Federal Farm Board (Agricultural Marketing Act)*.

Le bilan démographique paraît satisfaisant puisque la population augmente de 16,2 % au cours des années 1920 en passant de 106 à 123 millions d'habitants. L'accroissement s'explique par l'apport de l'immigration qui n'a pas encore diminué de façon sensible en raison de la lente application des lois des quotas mais surtout par un écart net entre les taux de natalité et de mortalité même si le premier (27,7 ‰ en 1920 et 18,9 ‰ en 1930) baisse plus vite que le second (13 ‰ en 1920 et 11 ‰ en 1930). Au total, c'est mieux que pendant la décennie précédente mais la progression est toutefois nettement moins rapide qu'au cours du dernier tiers du XIXᵉ siècle. Par ailleurs, la tendance à l'urbanisation se confirme puisque la population urbaine passe de 51 % en 1920 à 56 % en 1930.

Mais c'est dans le domaine financier que le bilan est le plus sombre. Le retour au protectionnisme et aux tarifs douaniers élevés n'empêche pas la balance commerciale de demeurer excédentaire de 1920 à 1930. Le commerce extérieur augmente de 16 % pour les importations et de 26 % pour les exportations mais il eût été préférable de renoncer aux mesures protectionnistes pour faciliter les exportations. La formule choisie consiste à accorder des prêts aux pays acheteurs. Ce sont donc les banques qui financent les exportations américaines. La situation s'explique par les besoins de l'Europe ruinée et de l'Amérique latine en voie de développement mais l'hypertrophie du crédit est inquiétante. Par ailleurs la concentration dans le commerce et dans l'industrie alliée à la diminution de la concurrence s'avère efficace mais favorise malheureusement la spéculation. Cette vieille habitude nationale s'empare à nouveau de l'Amérique et touche le secteur de l'immobilier, comme le prouve le *boom* en Floride en 1925.

L'inflation enfin est mal contrôlée par le département du Trésor et le Système Fédéral de Réserve. L'augmentation de la circulation fiduciaire est compensée par un accroissement du stock d'or (les États-Unis possèdent 45 % du stock d'or du monde en 1919 et 60 % en 1929) et par l'augmentation du produit national. La décennie est marquée par une hausse des prix, des impôts et de la dette publique (de 1 milliard de dollars à la veille de la guerre, elle est de 25 milliards en 1920). Bien des signes de la puissance des États-Unis qui repose sur leur participation militaire et sur leur aide financière ne sont pas clairement perçus par l'Américain moyen dont les préoccupations sont plus immédiates.

L'évolution des mœurs pendant les années folles

Malgré les inégalités qui subsistent, les Américains partagent la conviction qu'il leur est possible d'accéder à l'aisance matérielle. Dans un contexte d'enrichissement national, la productivité industrielle et la commercialisation autorisent les consommateurs à prétendre bénéficier légitimement d'un plus grand confort. Ainsi toute la classe moyenne a progressivement accès aux bienfaits de la révolution technologique qui améliore la vie matérielle de tous les jours.

La transformation de l'économie américaine opère un énorme

retentissement sur la vie sociale, non seulement sur le niveau mais aussi sur le genre de vie. L'attrait pour les innovations techniques, la prospérité des affaires et les besoins accrus des consommateurs trouvent leur illustration dans une véritable ardeur pour la construction. Les gratte-ciel de l'architecture nouvelle se veulent de plus en plus hauts et reflètent l'audace du temps. Hautement symbolique est l'inauguration, en 1931, de l'*Empire State Building* qui demeura le plus haut bâtiment du monde jusqu'au début des années 70. L'urbanisation continue mais tout de même avec des modulations. Les villes moyennes progressent tandis que les banlieues apparaissent dans les grandes villes. La vie en ville se standardise de plus en plus au point d'en devenir monotone. C'est la généralisation de *Main Street* telle que l'a décrite Sinclair Lewis. On assiste au triomphe de la station-service et du garage, de la salle de cinéma et du stade qui incarnent les trois piliers de la nouvelle civilisation du loisir.

La généralisation de l'électricité permet le développement des médias. La radio favorise le goût pour le divertissement tout en remplissant sa fonction éducative. Comme le cinéma, elle devient une nouvelle industrie et adapte ses programmes aux goûts populaires puisque pendant les années 20 pratiquement toutes les familles se sont dotées d'un poste (il y en a 13 millions en service en 1930) et peuvent écouter les nouvelles, de la musique ou des pièces de théâtre spécialement adaptées. La radio contribue aussi à populariser le sport. Le reportage du premier match de base-ball a lieu en 1922. Mais elle devient aussi un support pour la vie politique. Le premier discours présidentiel est également retransmis en 1923 et les résultats de l'élection présidentielle sont diffusés pour la première fois sur la station KDKA en novembre 1920. A partir de 1925, les stations sont regroupées en de puissants réseaux tels que NBC *(National Broadcasting Corporation)* en 1926 et CBS *(Columbia Broadcast System)* en 1927.

Les années 20 marquent le triomphe du cinéma muet. La UA *(United Artists Corporation)* de Mary Pickford, Douglas Fairbanks Charlie Chaplin et D. W. Griffith lance les grandes vedettes telles que Rudolph Valentino et Greta Garbo. Le *star system* est créé et Hollywood devient la Mecque du cinéma. Chaplin s'illustre dans le muet grâce à ses dons pour la mimique et à sa gestuelle expressive (*La Ruée vers l'or*, 1925 ou *Les Lumières de la ville*, 1931). Mais le cinéma connaît également un essor spectaculaire, surtout à partir de 1927 avec le lancement par *Warner Brothers* du premier film parlant *(talking motion picture)*, le *Chanteur de jazz (The Jazz Singer)* d'Al Jolson et, dès 1930, 80 % des Américains y compris les enfants fréquentent les salles de cinéma, au nombre de 23 000, une fois par semaine.

Grâce à l'électricité, les tâches domestiques se trouvent allégées. La maison américaine bénéficie de tous les équipements modernes et de tous les appareils qui facilitent la vie de tous les jours, aspirateurs, réfrigérateurs, machines à laver le linge, fers à repasser, cuisinières électriques.

La rébellion contre les conventions sociales du siècle précédent et la libération des mœurs caractérisent les années 20. La femme s'émancipe en s'affranchissant des contraintes juridiques et sociales, comme en témoigne la mode des cheveux courts et des jupes ne dépassant pas le genou. Elle s'adonne aux soins du visage et du corps (sourcils épilés, rouge à lèvres, fards), fume avec un fume-cigarette et boit des cocktails. C'est l'âge des vamps, des *female vampires* introduits dans les films et surtout des *flappers*, ces garçonnes ou jeunes femmes affranchies qui défrayent la chronique en dansant le charleston. Les femmes restent de moins en moins confinées à la maison et exercent le plus souvent une activité professionnelle. On ne saurait toutefois exagérer l'ampleur de ce mouvement d'émancipation de la femme car cette pseudo-révolution ne touche finalement qu'une minorité vivant en milieu urbain et disposant de revenus suffisants. L'image de la femme s'est modifiée mais la réalité de sa condition s'est un peu améliorée sans profondément changer. Même si la proportion des femmes au travail a légèrement progressé (21,9 % de la population active en 1930 contre 19,8 % en 1910 et 20,1 % en 1920), la plupart d'entre elles songent à se marier et à vivre à la maison. Lorsqu'elles travaillent, elles occupent surtout des emplois subalternes et leurs salaires demeurent très inférieurs à ceux des hommes. La révolution des mœurs fait l'objet de la couverture médiatique des comédies de Mack Sennett ou de la presse du cœur de McFadden mais elle n'est pas véritablement entrée dans les mœurs. Les femmes sont encore tenues à l'écart des situations en vue et l'idée qui prévaut est que l'émancipation féminine n'est pas politique mais juridique. C'est le sens d'un amendement sur l'égalité des droits *(Equal Rights Amendment)* dont une première mouture est soumise au Congrès en 1923 sous la pression d'Alice Paul mais il faudra attendre 1972 pour qu'il soit adopté par le Congrès (bien que non ratifié par un nombre suffisant d'États ensuite).

La société trépidante et tapageuse des années 20 rugissantes *(roaring twenties)* est à la fois conservatrice et éprise de nouveauté. L'Amérique puritaine attachée au travail et à l'épargne voit fleurir un esprit étroit qui condamne en les mettant sur le même plan l'alcool, le cinéma, les mœurs dissolues et le communisme, sous prétexte de représenter tout ce qui n'est pas américain. Cette Amérique au moralisme figé est confrontée à une Amérique qui consomme et qui s'amuse. Autre forme d'intolérance liée à l'héritage puritain, la prohibition, instaurée par le 18ᵉ amendement en 1919 et abolie en 1933 avec le 21ᵉ amendement, est imposée au nom d'un excès de vertu. En la partageant entre « secs » et « mouillés » (le Sud essentiellement rural est prohibitionniste ou *dry* et le Nord et l'Est urbains sont anti-prohibitionnistes ou *wet*), cette mesure divise la nation au lieu de l'unir puisqu'elle n'interdit pas de boire de l'alcool mais seulement de le fabriquer et de le vendre. Faut-il encore définir ce que l'on entend par boissons alcooliques. C'est ce que firent la loi Volstead *(Volstead Act)* d'octobre 1919 et le *Campbell Willis Act* de novembre 1921 en déclarant que les boissons alcooliques contenaient plus d'un demi-degré d'alcool et en interdisant par là même le cidre et la bière. Mais la plus grande difficulté consiste non pas à déclarer la prohibition mais à la faire appliquer. La contrebande se développe aussitôt et la police s'avère impuissante pour traquer la fraude. D'autant que se multiplient les *speakeasies*, des *saloons* nouveaux, plus discrets et réservés à une clientèle plus aisée, où l'on boit et où l'on fume allègrement tout en discutant des idées de Freud sur la sexualité. Les *bootleggers* se livrent à un marché noir lucratif qui permet de répondre largement à la demande qui n'a pas disparu et leurs activités illégales sont vite liées au « syndicat du crime », malgré les votes souvent acquis sous la pression de l'*Anti-Saloon League*. Les « incorruptibles » du FBI ont bien du mal à lutter contre la contrebande organisée par des gangs dominés par les nouveaux immigrants, surtout italiens, dont Al Capone, à Chicago, demeure la figure emblématique. Alliée au gangstérisme et à la violence, la prohibition semble avoir renforcé l'immoralité au lieu de la combattre. Le massacre de la Saint-Valentin, le 14 février 1929, dans lequel Al Capone (*Scarface* dans le film produit par Howard Hawks en 1932) est impliqué voit 6 gangsters assassinés par un gang rival.

Les années 20, les *tawdry twenties*, sont aussi l'âge du jazz et de la danse. Harlem connaît une grande vogue grâce à la renaissance de la culture afro-américaine avec des auteurs comme Langston

Hughes (qui publie son recueil de poèmes, *The Weary Blues*, en 1926) et Claude McKay ou des musiciens comme Louis Armstrong qui entre dans l'orchestre de jazz de « King » Oliver à Chicago en 1922. On danse au rythme du jazz, du ragtime, du blues et du swing avec Benny Goodman ou Duke Ellington.

On dit l'époque dissolue tant il est vrai que le cinéma vulgarise l'érotisme et que la voiture multiplie les occasions de rencontre. La liberté sexuelle fait d'incontestables progrès mais on ne doit tout de même pas généraliser hâtivement en extrapolant ce qui se passe dans les villes car les valeurs puritaines profondes demeurent fidèlement respectées dans les milieux ruraux. Les années 20 demeurent surtout l'âge de la frivolité et de l'insouciance même si les cercles intellectuels de la génération perdue sont traversés par les doutes.

De la Grande Dépression à la Seconde Guerre mondiale (1929-1941)

Les décennies se suivent et ne se ressemblent pas. Aux années 20 vont succéder les années 30 dominées par les interrogations et les incertitudes. Mais c'est finalement dans les grandes crises que l'Amérique se montre forte.

La crise de 1929

Lorsqu'il est élu à la présidence en novembre 1928 et qu'il entre à la Maison-Blanche en mars 1929, Herbert C. Hoover (1874-1964), ce quaker de l'Iowa, est pleinement confiant que « l'avenir resplendit d'espoir » et que « la prospérité est au coin de la rue ».

Le pays n'avait jamais sans doute semblé plus prospère et tant la production industrielle que la consommation de masse faisaient croire à la venue de temps encore meilleurs. Même si agriculteurs et ouvriers non qualifiés ne partageaient pas encore les fruits de l'Ère nouvelle, tout laissait espérer que les promesses de la richesse étaient pour plus tard.

En réalité, rien ne semblait annoncer que les deux principes de la politique républicaine de Hoover (le libéralisme dans le domaine économique et l'isolationnisme en matière de relations extérieures) allaient être battus en brèche par les événements de 1929. La

Grande Dépression *(the Great Slump)* aura tôt fait de ruiner la prospérité fragile et la montée des régimes totalitaires en Europe va menacer la sécurité des États-Unis. Ces deux événements vont infléchir radicalement la politique américaine. Les États-Unis vont, d'une part, s'écarter du libéralisme pour se lancer dans l'expérience du *New Deal* et, d'autre part, vont mettre un terme à la neutralité pour s'engager dans un conflit mondial, encore plus totalement qu'en 1917. De cette double crise l'exécutif fédéral sortira renforcé et la personnalité du démocrate F. D. Roosevelt émergera comme dominante.

L'année 1929 marque la fin de la prospérité et de l'euphorie. L'optimisme règne en maître dans une Amérique triomphante jusqu'au krach boursier sans précédent de Wall Street qui entraîne brutalement les États-Unis puis le monde occidental dans la Grande Dépression jusqu'en 1932, plongeant l'Amérique dans un profond contexte de crise et de repli jusqu'en 1938.

Jusqu'au début du mois d'octobre, la Bourse de New York a poursuivi sa prodigieuse ascension et un certain nombre d'Américains (1 million et demi) sont saisis par une frénésie d'investissements et une fièvre spéculative. Le climat est à l'enrichissement rapide et l'argent facile met la Bourse à la mode. Banques et entreprises investissent massivement jusqu'au 24 octobre, ce « jeudi noir » où des millions de titres (près de 13 millions) mis en vente ne trouvent pas d'acquéreurs. A nouveau, le 29 octobre, le « mardi noir » *(Black Tuesday)*, 16 millions de titres sont jetés sur le marché. C'est le jour le plus catastrophique de toute l'histoire de la Bourse. Pendant la décade noire l'accumulation de titres est telle que les cours s'effondrent. L'indice des actions passe de 469 à 220 jusqu'à la mi-novembre. La chute atteint 30 % à 40 %, parfois plus, au cours du dernier trimestre de l'année 1929. Les pertes totales de l'année sont estimées à 30 milliards de dollars. A l'été de 1932, elles se chiffrent à 75 milliards.

Le marché américain des valeurs a pour principale caractéristique de ne pas connaître les opérations à terme. Les achats et les ventes se font au comptant mais, le plus souvent, les agents de change, *(brokers)* acceptent d'intervenir pour le compte d'un client s'il règle au comptant 10 % seulement de la valeur achetée et dépose des titres pour le montant restant. Les avances de 90 % de la valeur des titres ainsi consenties au spéculateur conduisent les courtiers à emprunter eux-mêmes aux banques mais les avances aux *brokers* n'étant pas contrôlées, on imagine aisément les risques encourus dans cette activité spéculative. La baisse brutale qui caractérise donc le krach s'explique par le simple fait que les agents de change prenant soudain conscience que leurs clients n'offrent plus de garantie suffisante, exigent de l'argent frais et ne reçoivent en réponse que des ordres de vente qui, lancés en même temps sur le marché, transforment la baisse en effondrement.

Même si les cours retrouvent à peu près, en novembre 1929, leur niveau du début de l'année, la crise financière a des effets désastreux, ruinant les courtiers et acculant les banquiers à la faillite (près de 700 en 1929 et plus de 4 300 de 1929 à 1931). Des millions d'épargnants perdent en un jour toutes leurs économies, des millions de travailleurs se retrouvent sans ressources, des centaines de milliers de familles sont à la rue. Il n'est pas question, bien sûr, de minimiser l'impact du crédit dans l'économie américaine. Le crédit est tellement inscrit au cœur de la consommation et de la production qu'il a littéralement fragilisé l'économie. La prospérité s'avère illusoire et le ralentissement brutal de l'activité génère le chômage et, par voie de conséquence, paralyse la production industrielle qui tombe de moitié en trois ans. Les épargnants sont ruinés, les maisons de commerce et les usines ferment leurs portes, les banques se sabordent.

La politique de Hoover (1929-1933)

La réponse de Hoover à la dépression s'avère inefficace, ce qui ne veut pas dire, comme on l'a trop souvent dit injustement, que le président a été totalement inactif. Sa formation d'ingénieur à l'Université Stanford aurait dû le prédisposer à comprendre le monde moderne. Il a organisé pendant la Première Guerre mondiale les secours alimentaires aux pays d'Europe (il a présidé la commission de secours à la Belgique) avec une maîtrise digne d'éloges. Sa réputation s'était confortée sous Harding et Coolidge au secrétariat au Commerce de 1921 à 1929 mais il s'est laissé surprendre par une crise dont il a sous-estimé l'importance. Persuadé que l'Amérique était près d'une victoire définitive sur la pauvreté, Hoover n'interprète pas la dépression comme une crise de structure profonde et durable de l'économie américaine et il cherche à rassurer ses concitoyens en leur disant qu'il s'agit d'une maladie venue d'Europe. A ses yeux, la solution doit venir des autorités locales et des gouvernements des États car il ne veut pas accroître les pouvoirs du gouvernement fédéral et n'accorde aucun crédit à l'intervention économique par respect pour les libertés individuelles. Il adhère à la vision classique de ses prédécesseurs selon laquelle la prospérité du monde des affaires dépend de la prospérité nationale. Convaincu que la crise relève de facteurs essentiellement psychologiques, il croit à l'action automatique des forces du marché et, partisan de l'équilibre budgétaire, il ne veut pas de réforme de structure.

Très vite la crise financière devient une crise économique et Hoover prend quelques initiatives. Dès le début de 1930, il demande au Congrès de financer un programme de travaux publics. Partisan inconditionnel du protectionnisme, Hoover fait adopter le tarif douanier Hawley-Smoot en juin 1930 qui met en péril le commerce international. En octobre, il met en place un Comité d'urgence pour l'Emploi *(Emergency Committee for Employment)*. Les mesures s'avèrent insuffisantes pour résoudre une crise économique qui s'installe et dure et n'enrayent pas un chômage qui devient endémique. Le nombre des travailleurs sans emploi ne cesse d'augmenter, en passant de 4 millions en 1930 à 8 millions en 1931 et à plus de 12 millions en 1932, soit un travailleur sur quatre. La récession touche plus particulièrement les ouvriers non qualifiés, les femmes et les Noirs dans les villes. La misère s'installe au coin de la rue. Les nécessiteux incapables de payer le moindre loyer et sans logement s'entassent sur des terrains vagues dans les fameux Hoovervilles, des baraquements de fortune en tôle ondulée et en carton. Le malaise du monde rural s'aggrave malgré la création du *Federal Farm Board* en juin 1929. Le prix des produits agricoles est au plus bas et la baisse du revenu agricole tombe de 5 milliards de dollars en 1929 à 1,5 milliard en 1932. La surproduction, la mévente et l'endettement conduisent les fermiers à l'exode vers l'Ouest qu'a si bien illustré plus tard Steinbeck dans les *Raisins de la colère (Grapes of Wrath)*.

Alors que la banqueroute est générale à la fin de 1931, le président se décide à signer la loi créant une Société financière de reconstruction *(Reconstruction Finance Corporation)*, organisme fédéral administrant un programme de prêts (d'un montant de 2,5 milliards de dollars) aux chemins de fer, aux entreprises et aux institutions financières, qu'il s'agisse de banques, de sociétés de crédit ou de compagnies d'assurances. En février 1932, la loi Glass-Steagall vise à donner des facilités de crédit au Système fédéral de réserve et une partie de la réserve d'or du gouvernement est mise en circulation pour assouplir et conforter le crédit des entreprises. Enfin, en mai-juin, le président doit répondre aux revendications d'un millier de vétérans venus réclamer à Washington le paiement d'une indemnité. Alors qu'elle avait été promise, cette prime de démobilisation de la *Bonus Army* n'est pas votée par le Sénat et Hoover effrite encore plus son crédit auprès de l'opinion publique lorsqu'il décide de faire appel à la police puis à l'armée pour disperser les quelque 17 000 mécontents et que cette opération brutale fait 4 morts (28 juillet).

L'une des dernières mesures prises par Hoover consiste à augmenter les fonds accordés à la *Reconstruction Finance Corporation* et à faire adopter une loi sur les prêts immobiliers pour stimuler la construction *(Federal Home Loan Bank Act)*.

Naturellement il paraît plus important de s'interroger sur les raisons de cette crise plutôt que de constater l'échec de la politique de Hoover. Plusieurs explications peuvent être fournies. D'aucuns ont voulu voir dans la Grande Dépression une phase normale du cycle économique quand le gouvernement ne limite pas les excès de l'entreprise privée. La baisse succède à une période de hausse et elle est d'autant plus brutale que la spéculation avait été plus forte. Mais il semble que la vraie raison soit d'une autre nature. La panique financière de Wall Street n'est pas la cause de la crise ; elle n'en est que l'effet ou, au plus, le catalyseur. Trois facteurs explicatifs peuvent être avancés. Tout d'abord, la capacité à produire s'est avérée plus importante que la capacité à acheter. En effet, une minorité seulement de la population bénéficiant d'une part trop importante du revenu national était en mesure de participer au système dont sont exclus les ouvriers, les agriculteurs et les classes moyennes. La mauvaise répartition des richesses fait que tout le système économique repose sur un pouvoir d'achat insuffisant. Ensuite, la politique adoptée en matière de tarifs douaniers et vis-à-vis des dettes de guerre a réduit les exportations américaines sur les marchés étrangers de 5 340 millions de dollars à 1 610 millions en 1932. Enfin, l'expansion disproportionnée du crédit liée aux ventes à tempérament et à la spéculation est malsaine. La contraction soudaine du crédit arrête les ventes à crédit et entraîne par là même une baisse moyenne de 45 % de la production industrielle entre 1929 et 1932. La grande erreur des États-Unis a été de ne pas abaisser les barrières douanières et de ne pas élaborer une politique de capital et d'investissements à long terme. La préoccupation nationale a trop été le marché intérieur. Incontestablement les États-Unis se sont enrichis au cours et au lendemain de la Première Guerre mondiale mais la prospérité présente des lacunes graves. Elle repose trop exclusivement sur les grandes industries de transformation (industries minières, électriques et mécaniques notamment sous l'effet du développement prodigieux du secteur automobile). Le déséquilibre est tel que trois secteurs clés (les chemins de fer, le charbonnage et le textile), placés dans une situation de surcapacité et de libre concurrence, sont dans le marasme.

La principale caractéristique de la Grande Crise est non seulement qu'elle est profonde mais qu'elle dure. Les États-Unis avaient déjà eu à traverser de brèves crises financières, en 1904, 1907 ou 1921, ou des récessions de trois, quatre ou cinq ans, en 1837, 1873 ou 1893 mais c'est la première fois qu'une dépression, qui est plus la conséquence de l'abondance que de la pénurie, dure près de dix ans. En s'installant ainsi, la crise financière, devenue économique, a provoqué une crise morale aussi profonde que le traumatisme de la Guerre civile.

Les conséquences politiques sont immédiates. Le mécontentement se traduit par la sanction des électeurs qui veulent un changement de responsables. Déjà, aux législatives de 1930, les républicains perdent 8 sièges au Sénat et ne conservent la majorité que d'une voix tandis qu'ils perdent le contrôle à la Chambre des représentants (214 sièges contre 220 au lieu de 267 contre 167). Pendant vingt ans les États-Unis vont traverser la crise de confiance la plus grave de leur histoire et l'échec des républicains explique le long règne des démocrates qui vont être aux commandes de 1933 à 1953. L'optimisme impuissant de Hoover conduit le président sortant à une défaite retentissante en novembre 1932. Incapable de comprendre la crise, Hoover s'entête à proposer la solution de « l'individualisme farouche » *(rugged individualism)*, développée dans son livre *American Individualism*. Les démocrates, quant à eux, ont choisi pour l'élection présidentielle le gouverneur de l'État de New York qui a su se rendre populaire en raison de ses initiatives en matière économique et sociale. Il avait notamment créé en 1931 l'Administration temporaire de secours *(Temporary Emergency Relief Administration)*, une agence pour aider les villes à enrayer le chômage. Et ainsi Franklin Delano Roosevelt (1882-1945) se fait élire dans 42 États sur 48. Seuls six États très républicains lui font défaut : le Maine, le Vermont, le New Hampshire, le Connecticut, le Delaware et la Pennsylvanie. Il obtient plus de 7 millions de voix de majorité (22,8 millions contre près de 15,8 millions à Hoover), sur la promesse d'une « nouvelle donne », d'un *New Deal* qui doit mettre un terme à l'individualisme progressiste et sortir le pays de l'ornière. Le candidat socialiste, Norman Thomas, rassemble à peine 900 000 suffrages et le communiste William Foster seulement 100 000. Roosevelt a reçu un mandat on ne peut plus clair.

Franklin D. Roosevelt et le New Deal (1933-1941)

Le succès des démocrates est total puisqu'ils remportent 60 sièges sur 96 au Sénat et 310 sur 432 à la Chambre. Mais le génie politique de Roosevelt est de maintenir les démocrates vingt ans à la Maison-Blanche.

Bien au-delà des six années du seul *New Deal* (1933-1939), la période de 1933 à 1945 est dominée par la personnalité d'un homme qui va diriger les affaires pendant plus de trois mandats successifs. Cette longévité politique exceptionnelle permet de parler à juste titre de l'ère Roosevelt. Le seul à ne pas respecter la règle édictée par Washington et à assurer plus de deux mandats, F. D. Roosevelt sera réélu en 1936, en 1940 et en 1944. La mort, le 12 avril 1945, l'empêchera d'accomplir un quatrième mandat.

Cousin de l'ancien président Theodore Roosevelt, élève de Harvard et de Columbia, sous-secrétaire à la Marine pendant la Première Guerre mondiale sous Woodrow Wilson, gouverneur de l'État de New York de 1928 à 1932, F. D. Roosevelt sort de l'ordinaire. Il inaugure une nouvelle ère politique au niveau de son style, de son langage et de son action. Plein d'énergie et de force de caractère et, malgré l'attaque de poliomyélite dont il est victime en 1921 et qui le paralyse en partie, le président réussit à guérir l'Amérique et à la mobiliser. Il a des dons incontestables pour la communication. Il a du flair et un sens politique évident. Il est photogénique, sa voix est convaincante et il sait utiliser son charme pour séduire. Ce président « communicationnel » utilise les médias à son profit et il inaugure une pratique de la transparence au cours d'entretiens radiodiffusés, les fameuses causeries au coin du feu *(fireside chats)*. Il est également bien épaulé par son épouse Eleanor qui est la première à jouer véritablement le rôle de *First Lady* et qui lui apporte l'atout précieux de ses convictions humanitaires et sociales.

Il peut paraître paradoxal que ce patricien de l'Est puisse

concevoir quelque intérêt pour le peuple. F. D. R. est issu du milieu WASP le plus pur. Les Roosevelt, d'origine hollandaise, se sont établis dans la vallée de l'Hudson au XVIIᵉ siècle et la branche maternelle des Delano descend d'un huguenot, Philippe de La Noye, débarqué à Plymouth en 1621. Comme tous les aristocrates (on se souvient de la dynastie virginienne), il a le sens des responsabilités vis-à-vis du peuple. Assez ironiquement cet homme nouveau reprend l'héritage des fondateurs de la nation américaine et s'inscrit profondément dans la plus pure tradition idéologique américaine. La nouvelle philosophie de gouvernement proposée par Roosevelt est une synthèse des éléments américains des années 1790. Elle reprend l'idée hamiltonienne d'une intervention du gouvernement mais non plus dirigée pour soutenir les intérêts de la classe d'affaires mais pour aider les travailleurs et les classes moyennes. On retrouve aussi dans le discours rooseveltien des éléments jeffersoniens, en particulier un accent fort mis sur la justice et sur l'égalité et une « meilleure donne pour tous ». On retrouve enfin la reprise du discours wilsonien, plus récent. Le *New Deal* se veut un écho renouvelé de la *New Freedom* et une croisade contre la pauvreté. Roosevelt se préoccupe véritablement de l'homme oublié *(the forgotten man)*. Il fait des promesses, notamment à l'intention des défavorisés, et il souhaite que l'abondance soit mieux répartie. Il croit au progrès et a foi dans le peuple à l'instar du démocrate Bryan. Il est le nouveau « Moïse » qui veut sauver son peuple dans la détresse.

Le plus étonnant est que le discours de Roosevelt réussira à calmer le mécontentement social et que l'expérience du *New Deal* parviendra à sortir les États-Unis de la crise alors que le programme économique est flou.

L'élection de 1932 n'a pas d'effet réel sur une dépression qui s'aggrave pendant l'hiver 1932-1933. Le discours inaugural ne contient aucune mesure concrète précise et évoque de grands principes généraux. La crise doit être traitée « comme une urgence en cas de guerre ». Il importe de remettre les Américains au travail et de créer un choc psychologique. « La seule chose à redouter, c'est la peur elle même, la peur inutile, irréfléchie et injustifiée. »

Le *New Deal* demeure une expérience unique dans l'histoire américaine qui a pu donner lieu à des évaluations contradictoires. Les partisans y ont vu la restauration des règles du jeu démocratique tandis que ses détracteurs ont dénoncé la révolution qu'il a introduit. En tout cas, le traitement de choc qu'il opère permet à l'Amérique de se remettre progressivement sur pied mais il faut dix ans jusqu'à l'entrée en guerre en 1941.

Le *New Deal* se caractérise par une philosophie démocratique, des méthodes progressistes mais, en fin de compte, par une politique conservatrice, déjà inaugurée par Theodore Roosevelt. Il a pu être interprété comme l'application des idées keynesiennes mais les thèses de l'économiste britannique ne paraissent qu'en 1936 avec la publication de sa *Théorie générale*, même si elles sont dans l'air pendant les années 30. D'autres ont voulu à tout prix dégager les étapes d'un programme soigneusement élaboré : un *New Deal* économique (1933-1934), un *New Deal* social (1935-1936) et un *New Deal* conjoncturel (1937-1938). La division est claire et commode pour analyser l'évolution de l'expérience conduite par Roosevelt mais elle ne saurait masquer le fait que le président s'adapte à la conjoncture dont il suit les développements. Le président n'est pas un doctrinaire et le *New Deal* doit plutôt être interprété comme une réponse pragmatique à des problèmes concrets. Il n'y a pas *une* politique unique mais une série de mesures empiriques.

Quoi qu'il en soit, le style de travail est nouveau. A la différence de Hoover qui travaillait seul, Roosevelt fait appel à des membres de son Cabinet appartenant à tous les bords. Parmi les ministres les plus écoutés, citons les démocrates Cordell Hull, sénateur du Tennessee, en charge des affaires extérieures, William H. Woodin, homme d'affaires new-yorkais, au Trésor, mais vite remplacé en 1934 par Henry Morgenthau Jr., ou bien les républicains progressistes Henry Wallace, du Middle West, à l'Agriculture, Harold L. Ickes, de Chicago, à l'Intérieur, sans oublier Frances Perkins au Travail, la première femme-ministre de l'histoire américaine. Il s'entoure aussi d'une équipe de conseillers, d'un *brain trust* composé d'intellectuels éminents et, notamment, le groupe de l'Université Columbia, Raymond Moley, Rexford G. Tugwell et Adolf A. Berle. La tradition avait été inaugurée par Wilson avec le « colonel » House mais Roosevelt étoffe ainsi de façon permanente le gouvernement fédéral.

Les « cent jours » (9 mars - 16 juin 1933)

Il faut attendre le 4 mars 1933 pour que le nouveau président soit officiellement investi de son pouvoir. C'est le 6 février de la même année seulement qu'a été ratifié le 20ᵉ amendement fixant au

20 janvier le point de départ des nouveaux mandats. Le Congrès se réunit à partir du 9 mars pour une session de « cent jours ».

La rapidité des décisions est un ressort essentiel de leur efficacité psychologique. Roosevelt déborde d'activité et multiplie les initiatives. Il adresse pas moins de 15 messages au Congrès, fait adopter 15 lois, prend des mesures d'urgence qui amorcent une réorganisation des structures bancaires, agricoles et industrielles. L'abolition de la prohibition est quasiment immédiate après son élection, suite à l'adoption par le Congrès, en février, du 21ᵉ amendement (ratifié par le 36ᵉ État le 5 décembre). Suivent tout un ensemble de mesures de « redressement économique, de secours et de réforme » (*Relief, Recovery, Reform*, selon les trois termes du slogan démocrate). La cohérence d'ensemble n'est pas totale. Il est vrai que les objectifs à atteindre sont plus faciles à définir que les méthodes à employer. On saisit par exemple des contradictions, au niveau des mesures financières, entre certaines décisions de type inflationniste comme la création, le 12 mai, de la Direction fédérale des secours d'urgence (*Federal Emergency Relief Administration*) confiée à Harry Hopkins et d'autres de type déflationniste comme la réduction des salaires et traitements fédéraux de 15 % (l'*Economy Bill* du 20 mars). La plupart des mesures sont surtout nationalistes, au sens où le fédéral reprend le contrôle de l'agriculture, de l'industrie, de l'aide aux chômeurs. La première difficulté est désormais d'appliquer les lois adoptées. Ce sera la tâche du premier *New Deal*.

Le premier *New Deal* (été 1933 - printemps 1934)

Les premières mesures concernent la réorganisation du secteur financier. Après avoir fermé un grand nombre de banques dans 21 États (moratoire bancaire), Roosevelt fait rouvrir les plus saines (*Emergency Banking Relief Act* du 9 mars) mais sous le contrôle fédéral du *Federal Reserve Board*. Dès le 16 juin, le *Glass Steagall Banking Act* limite les crédits consentis par les banques sous l'autorité des banques fédérales de réserves, distingue banques de dépôt et banques d'affaires et introduit une assurance d'État des dépôts privés en banque, garantie par la *Federal Bank Deposit Insurance Corporation*. En dépit des pouvoirs de contrôle et de moralisation assumés par des organismes publics et par la Banque fédérale, l'œuvre monétaire et bancaire a surtout été accomplie au bénéfice d'établissements privés. Le système capitaliste sort donc renforcé de la crise.

Au plan de la monnaie, une série de mesures en 1933, l'embargo sur l'or (10 mars), l'abandon de l'étalon-or (19 avril), la revalorisation de l'argent (21 décembre) conduisent insensiblement et un peu malgré l'avis du président (plutôt partisan de l'orthodoxie monétaire et de la réduction des dépenses publiques), à une dévaluation de 40 % du dollar (30 janvier 1934), seule susceptible d'aider la reprise économique (la valeur de l'once d'or est fixée à 35 $) grâce à une légère inflation dirigée soulageant les débiteurs et augmentant les prix de gros. Le succès des mesures monétaires et bancaires est indiscutable, ne serait-ce que parce que la confiance dans le système a été rétablie.

Tout un train de réformes ont trait également à l'agriculture. L'adoption de l'AAA *(Agricultural Adjustment Act)*, le 12 mai 1933, créant l'*Agricultural Adjustment Administration*, tente de faire remonter les prix agricoles en limitant volontairement les cultures et en accordant aux agriculteurs impliqués des indemnités financées par des taxes levées sur les utilisateurs de produits agricoles. Cette mesure est renforcée par des réductions obligatoires des cultures en 1934 *(Bankhead Act)* qui ne tiennent compte ni de la rentabilité ni de la fertilité des sols. Il faut bien reconnaître que les mesures du *New Deal* ont ironiquement peu de rapport avec les grandes sécheresses de 1933, 1934 et 1936 emportant les sols en poussière, qui ont fort opportunément contribué à réduire l'offre agricole structurellement excédentaire. Et, dans l'ensemble, on a beaucoup critiqué ces mesures malthusiennes de planification qui ont surtout servi en fin de compte les intérêts des propriétaires puisque la diminution des surfaces cultivées a favorisé la concentration des exploitations et l'accroissement de la productivité.

La réorganisation industrielle enfin est mise en place le 16 juin 1933 par le NIRA *(National Industrial Recovery Act)*, un des pivots du *New Deal* première formule, qui crée des codes de loyale concurrence pour soutenir les prix. Il faut restreindre l'offre et résorber les excédents. La demande est stimulée par des avances de crédit et des grands travaux sont entrepris par une agence gouvernementale, la PWA *(Public Works Administration)* dont la direction est confiée au secrétaire de l'Intérieur Harold Ickes (1874-1952). Un plan de grands travaux publics principalement axé sur la vallée du Tennessee, la TVA *(Tennessee Valley Authority)*, est mis en œuvre, le 18 mai, pour relancer l'activité d'une région déshéritée, en produisant une électricité bon marché, en créant un système navigable et en régénérant les sols agricoles. Et, en l'espace de vingt ans, une vingtaine de barrages seront ainsi construits.

Le but du NIRA est aussi d'assurer la liberté syndicale. Sa section 7(a) stipule que les employés doivent avoir le droit de s'organiser et de négocier des conventions collectives et qu'ils ne sont pas contraints d'être membres des syndicats-maison *(company unions)*. Une agence fédérale spéciale dite *National Industrial Recovery Administration*, confiée au général Hugh Johnson, est mise en place pour faire définir par des négociations entre patrons et travailleurs des centaines de codes, tous fondés sur le droit syndical dans les entreprises, la réduction des horaires et un salaire minimum. Si les mesures de l'AAA ou de la TVA posent le problème du dirigisme ou de la planification, toujours difficile à imposer dans un pays démocratique doté d'une économie libérale, la philosophie du NIRA fait davantage appel à l'esprit de collaboration entre les industriels et le gouvernement. Fondé sur le principe de l'autogestion par branche et sur la foi dans une certaine autodiscipline, le système mis en place est un compromis entre les intérêts des travailleurs et ceux des patrons qui a pu décourager l'esprit d'entreprise. La planification par secteur sans vue d'ensemble n'a certes pas constitué un grand succès économique mais elle aura favorisé la syndicalisation et permis des réformes sociales.

La lutte contre le chômage est engagée car il a atteint en 1933 son point maximum. Plus de 12 millions d'Américains sont sans emploi soit un quart de la population active (cf. tableau 1). Un vaste programme de financement pour construire des logements, des bâtiments publics, des routes et entretenir des parcs nationaux permet d'offrir du travail aux jeunes autant qu'aux Noirs. Un Corps civil pour la protection de l'environnement *(Civilian Conservation Corps)*, créé le 31 mars 1933, occupe 250 000 hommes à des opérations de reboisement et de lutte contre l'érosion des sols. Si les mesures économiques du *New Deal* avaient été pleinement efficaces et avaient réussi à relancer l'économie, l'administration Roosevelt se serait dispensée de prendre des mesures pour venir en aide aux chômeurs. Il est significatif de constater que le Congrès adopte en même temps, le 12 mai 1933, l'AAA et une loi créant la FERA *(Federal Emergency Relief Administration)* dirigée par Harry Hopkins. La FERA demeure trop timide et se voit relayée, en février 1934, par la CWA *(Civil Works Administration)*. Ces agences permettent d'employer ainsi 4 millions de chômeurs.

Malheureusement l'un des effets du NIRA a été de provoquer une hausse des prix supérieure à celle des salaires et donc de créer le mécontentement de divers groupes (consommateurs, petits entrepre-

Tableau 1 - Le chômage aux États-Unis de 1920 à 1941
(en % population active) (en milliers)

Année	Population totale	Population active	Chômeurs		%	
1920	105 711			1 670	5,2	
1921				4 754	8,7 à 11,7	
1922					6,7 à 6,9	
1923					2,4 à 4,8	
1924				2 440	4,9 à 5,8	
1925					3,2 à 4,9	
1926					1,8 à 4,0	
1927					3,3 à 4,6	
1928				2 080	4,2 à 5,0	
1929		47 603	1 499		3,1	à 4,6
1930	122 775	48 420	4 248	4 340	6,6	à 8,9
1931		49 010	7 911		16,1	à 16,3
1932		49 576	11 901	12 060	24,0	22,9 à 24,1
1933		50 151	12 634		25,2	20,9 à 25,2
1934		50 774	10 968	11 340	21,6	16,2 à 22
1935		51 394	10 208		19,9	14,4 à 20,3
1936		51 972	8 595	9 030	16,5	10 à 17
1937		52 527	7 273		13,6	9,2 à 14,3
1938		53 130	9 910	10 390	16,7	12,5 à 19,1
1939		53 726	8 842		16,5	11,3 à 17,2
1940	131 669	53 944	7 476	8 120	13,9	9,5 à 14,6
1941				5 000	6 à 9,9	

Les statistiques varient d'une source à l'autre et sont inexactes.
Le nombre de chômeurs apparaît pour la première fois dans le recensement d'avril 1930.
Non seulement la définition du chômeur varie mais la mesure elle-même laisse à désirer.

neurs, membres du Congrès hostiles aux trusts) qui s'allient pour remettre en question le programme, par le biais d'une décision de la Cour suprême, en mai 1935. Il y a bien eu échec du NIRA avant sa dissolution. Toutefois, on ne saurait passer sous silence le rôle essentiel de cette juridiction qui constitue un troisième pouvoir fort. Les tensions sont vives entre le président et le Congrès d'une part et la Cour suprême, d'autre part, qui s'affirme à la hauteur des deux autres pouvoirs. La Cour suprême joue un rôle de blocage et déclare la loi du NIRA inconstitutionnelle en mai 1935 (décision *Schechter Poultry Corporation v. US*), sous le prétexte d'une appropriation injustifiée de pouvoir de la part du Congrès dans un domaine réservé aux États et d'une délégation excessive de pouvoirs de type législatif à l'Exécutif. A partir de 1937, la Cour suprême adoptera une attitude moins négative et évoluera, sans crise constitutionnelle majeure, dans un sens qui garantira sa crédibilité dans des institutions modernisées.

La situation générale s'est objectivement améliorée dans les villes et les campagnes, le nombre des chômeurs a baissé de 2 millions en 1935 par rapport à 1932, les prix industriels et agricoles se sont relevés. Mais les mesures « nationalistes » déclenchent dans le monde des réactions d'hostilité aux États-Unis et, surtout, lorsque le sentiment d'urgence s'affaiblit, le plus problématique est l'apparition de conflits d'intérêts entre des groupes divers qui sape l'unité nationale à laquelle Roosevelt s'était dit très attaché.

Le deuxième *New Deal* (1935-1938)

Le premier *New Deal* demeure conservateur puisqu'il a fait preuve de prudence monétaire et même d'économies budgétaires et que les grands schémas agricoles et industriels reposaient en grande partie sur un autofinancement. Alors que la situation s'améliore, les réactions des Américains se montrent plus dures. La déception grandit dans les masses et les grèves sont plus violentes (à Minneapolis ou à San Francisco). Le terrorisme apparaît dans le Sud entre propriétaires et métayers et, pourtant, le pays soutient Roosevelt. Les *midterm elections* qui, en général, permettent de cristalliser l'opposition au pouvoir, ont été un succès pour les démocrates à l'automne 1934. Toutefois, l'élargissement de la majorité présente aussi un risque, celui d'un dérapage à gauche et d'une surenchère démagogique. La force de Roosevelt repose plus sur son charme personnel que sur l'unité de son parti et le danger objectif pour le président est la concurrence de quelques personnalités populistes voire révolutionnaires. Le sénateur de Louisiane Huey Long, qui est la voix du *Solid South*, prône une confiscation des biens des riches et un communisme à la Babœuf avec sa Société pour le partage de nos richesses *(Share our Wealth)*, créée en 1933. Le Père Coughlin, prêtre catholique du Michigan très écouté des classes moyennes, développe des thèses antisémites et nativistes, pourfend les banquiers et les riches et réclame une socialisation du crédit et des principales industries. Le troisième jusqu'auboutiste célèbre est le Dr Francis Townsend, médecin de Californie, qui veut accorder une pension de 200 $ par mois à toutes les personnes âgées de plus de 60 ans. Le risque de scission au sein du Parti démocrate majoritaire peut faire le jeu de l'opposition républicaine et l'année 1935 a été considérée comme un tournant dans le *New Deal* (notamment par Frank Freidel).
L'existence de ces démagogues qui se disputent la faveur des

électeurs et concurrencent Roosevelt pousse dans le sens de l'accélération des réformes mais ces dernières sont surtout dues à l'évolution du *Brain Trust*. Dominé dans la première période par les « planificateurs » qui avaient hérité du Nouveau Nationalisme, le groupe des conseillers est désormais contrôlé par des adeptes de la Nouvelle Liberté et des partisans de la concurrence rassemblés autour de Louis Brandeis et de ses acolytes, Tom Corcoran et Marriner Eccles. A ces juristes s'adjoignent des conjoncturistes *(spenders)* qui veulent injecter un pouvoir d'achat supplémentaire pour relancer l'économie. La nouvelle équipe élabore des projets moins ambitieux mais mieux préparés.

L'invalidation du NIRA par la Cour suprême revient à remettre en cause la liberté syndicale et il est impératif de la restaurer afin de maintenir la paix sociale. La loi Wagner *(National Labor Relations Act)* du 5 juillet 1935 constitue le grand tournant de l'histoire du syndicalisme américain. Elle reconnaît le droit syndical et le droit des associations ouvrières de négocier des contrats collectifs. Elle met fin au travail des enfants de moins de seize ans. Cette loi consacre également le schisme de fait du syndicalisme qui éclatera en septembre 1936. L'AFL, constituée sur la base du métier et déjà accusée de timidité, est remise violemment en cause par le président du syndicat des mineurs, John Lewis, qui est partisan de grèves avec occupation d'usines, d'un syndicalisme plus agressif, ouvert à tous, organisé par grands secteurs industriels et non limité à des secteurs d'entreprise. Ce désaccord conduira à la naissance du Comité d'organisation industrielle ou CIO *(Committee* ultérieurement *Congress for Industrial Organization)* qui va progressivement supplanter l'AFL auprès des travailleurs. En 1940, l'AFL compte 4,5 millions d'adhérents et le CIO, 5 millions.

Toute une législation humanitaire est mise en place qui constitue le fondement d'un premier État-providence. Le 14 août 1935 est adopté le *Social Security Act* qui jette les bases d'un système de sécurité sociale protégeant une partie des Américains contre les risques de la vieillesse et du chômage. Les revenus élevés font l'objet d'une pression fiscale accrue (*Wealth Tax Act* ou *Revenue Act* de 1935). De même, l'impôt sur les grosses successions s'alourdit (*Revenue Act* de 1936). Le temps est venu d'une nouvelle politique économique qui se soucie d'économies budgétaires, qui s'attaque aux grands monopoles et qui réglemente les salaires de l'entreprise.

Ainsi, les réformes économiques et surtout sociales de 1935 calment l'opposition démagogique qui perd d'ailleurs son chef, Huey

Long, assassiné en septembre. Mais c'est alors au tour des « ultras » *(economic royalists)*, les conservateurs du Parti républicain, d'organiser la rébellion. En l'accusant d'être un révolutionnaire, ils empêchent Roosevelt d'être véritablement le chef de la nation tout entière. Roosevelt doit d'ailleurs s'appuyer davantage sur les radicaux et il apparaît désormais comme le chef d'un parti. Il cesse d'être au service de tous sans discrimination pour incarner les aspirations des masses et des moins favorisés.

Le bilan, en 1936, est assez satisfaisant. Il n'y a plus que 8,6 millions de chômeurs, assurés d'être secourus, au lieu de plus de 12 en 1932. En 4 ans, le revenu national est passé de 41,7 à 64 millions de dollars. Les salaires ont été relevés et le pouvoir d'achat de masse s'est accru.

Face à la situation économique et sociale, les données de la vie politique n'ont guère d'incidence réelle sur la survie du président qui va être réélu en 1936. L'élection présidentielle de 1936 consacre le triomphe de Roosevelt, élu avec une majorité sans précédent dans l'histoire américaine. Il bénéficie du soutien d'une coalition d'intérêts divers : les travailleurs, la plupart des agriculteurs, les immigrants, les Noirs, le Sud. Il remporte tous les États sauf le Vermont et le Maine, rassemble plus de 27,7 millions de suffrages contre un peu moins de 16,7 millions à son opposant Alfred Landon, gouverneur du Kansas, et obtient 531 mandats de grands électeurs contre 8. Par ailleurs, le leader agraire William Lemke du Dakota du Nord, qui a regroupé tous les opposants démagogues au sein du *Union Party*, rassemble à peine 900 000 suffrages. Les candidats communiste et socialiste sont encore plus marginalisés qu'en 1932. Fort de cette confiance accrue, le gouvernement Roosevelt peut ensuite aller au-delà des mesures d'urgence et se lancer dans toute une série de réformes plus profondes. Ces dernières sont non seulement annoncées dans le discours d'inauguration (20 janvier 1937) mais aussi attendues par la population.

Le *New Deal* en crise (1937-1938)

En fait, Roosevelt surprend par la relative timidité de ses initiatives qui se limitent, en février 1937, à une tentative de réforme de la Cour suprême où 6 des 9 juges (dont 4 conservateurs) ont plus de 70 ans. Le président souhaite mettre à la retraite les juges âgés pour « infuser un sang nouveau » et nommer des nouveaux juges comme suppléants de ceux qui auraient atteint la limite des 70 ans.

Mais bien que la Cour suprême ait bloqué l'action du président par son conservatisme et ait invalidé le NIRA en mai 1935 (décision *Schechter Poultry Corporation v. US*) puis l'AAA en janvier 1936 (décision *United States v. Butler*), elle jouit d'un immense prestige et bénéficie d'un profond respect, quasi sacré, de la part des Américains. Dans cette affaire qui est finalement interprétée comme une tentative maladroite de changer la majorité politique de la Cour *(court-packing)*, le Congrès se range du côté des juges pour rejeter la proposition. Le président de la Cour suprême, Charles Evans Hughes, reçoit même le chaleureux soutien de Louis Brandeis qui est un progressiste patent. C'est là le premier échec politique sérieux de Roosevelt. Mais quasi miraculeusement, un peu avant l'annonce du départ en retraite de l'un d'entre eux (Van Devanter), la Cour suprême prononce un arrêt célèbre, le 29 mars *(West Coast Hotel Co. v. Parrish)*, qui lui fait désormais changer de cap à 180° et soutenir le *New Deal*. Cette décision est la première à accepter la constitutionnalité d'une loi étatique de protection sociale. La Cour a senti le vent du boulet et a su, avec un grand sens politique, modifier radicalement son attitude *(a switch in time saves nine)*. De 1937 à 1941, le président aura, par le hasard des décès, la possibilité de pourvoir 8 sièges vacants et de nommer des partisans des réformes. Ainsi s'achève ce que l'on a appelé la « révolution constitutionnelle » du *New Deal*.

Au plan économique, les années 1936-1937 ont connu une accélération du progrès au point que l'on a pu parler de « boom » (Charles Kindleberger), d'où l'effet de douche froide produit par la récession de 1937-1938. L'Amérique connaît à nouveau une crise boursière avec un nouveau krach à Wall Street le 26 mars 1938, une chute de la production industrielle, une baisse des prix de l'ordre de 8 %, voire de 24 % pour les produits agricoles, une remontée du chômage à hauteur de plus de 9 millions au début de 1938. Les causes de cette nouvelle crise sont essentiellement la spéculation boursière due à un trop grand optimisme, le stockage excessif de certaines industries dans l'espoir d'une relance de la consommation qui ne vient pas et la baisse des investissements privés.

Les dernières réformes sont aussi adoptées plus difficilement en raison du changement net du Congrès qui retrouve son indépendance par crainte du renforcement de l'exécutif et de la dérive « dictatoriale » du président. A la mi-février 1938, un nouvel AAA réduit les emblavures, après accord de 75 % des producteurs concernés, avec indemnisations et garanties de prix, fixe des quotas de commercialisation pour éviter la chute des prix et organise des structures de stockage pour résorber les surplus.

Un groupe influent de keynésiens avaient adressé un mémorandum à Roosevelt en octobre 1937 pour lui recommander de pratiquer une relance économique au prix d'un déficit budgétaire (théorie du *déficit spending*) et au risque d'une inflation plus soutenue. Le président, réticent, se laisse convaincre et ce mémo est ainsi à l'origine du nouveau programme mis au point le 14 avril 1938 qui consent des crédits et des prêts à des agences fédérales ou à des États (pour un montant de 3 milliards de dollars) ainsi qu'aux agriculteurs (à hauteur de 500 millions de dollars).

Le 25 juin de la même année, la Loi sur les conditions de travail *(Fair Labor Standards Act)* conforte les acquis sociaux de la loi Wagner en fixant un plancher pour les salaires (taux horaire de 40 cents) et un plafond pour les durées de travail (quarante heures par semaine).

L'esprit a cependant changé car la nécessité des réformes se fait moins urgente et le soutien inconditionnel à Roosevelt s'affaiblit. Le climat politique change. A droite, la coalition des conservateurs de tous bords, amorcée en 1936, se renforce et, à gauche, R. M. La Follette Jr. ressuscite le Parti progressiste en 1938. Roosevelt n'a plus comme soutien qu'un Parti démocrate désuni qui, tout en conservant la majorité au Congrès, recule aux élections de 1938. On peut considérer que le *New Deal* proprement dit est terminé.

Le *New Deal* et la guerre avant Pearl Harbor (1939-1941)

La situation se redresse à nouveau en 1938-39 mais la guérison est incertaine. De 1939 à 1941, il n'y a plus de nouvelle donne mais un processus de « digestion ». La vigilance accrue du président en matière de défense et l'annonce dans son discours sur l'État de l'Union en janvier 1938 d'un programme militaire et naval conduit à une période de réarmement qui remet tout le monde au travail. Est-ce le *New Deal* qui a conduit à cette politique ? On sera tenté de conclure que c'est plutôt le réarmement qui donne un réel coup de fouet à l'économie en attendant que la reprise ne se confirme à partir de Pearl Harbor en 1941. Il y a encore plus de 7 millions de chômeurs en 1940 et la situation ne s'améliore vraiment qu'à partir de 1941.

Il faut juger le *New Deal* de façon globale. La législation adoptée n'a pas mis un terme à la Dépression mais elle a réussi à redonner confiance aux Américains et on peut parler d'un succès relatif des mesures économiques. En gros, l'économie retrouve son niveau de 1929. Malgré la crise, la croissance a progressé entre 1929 et 1940. Au cours de cette même période, le PNB a augmenté légèrement de même que le revenu disponible par tête. Si l'on tient compte du nombre important de chômeurs, la productivité a progressé dans un secteur industriel transformé mais toujours dominé par l'automobile ainsi que dans un secteur agricole marqué par la concentration de l'exploitation foncière. Les prix agricoles ont monté et le revenu des agriculteurs a plus que doublé entre 1932 et 1939. La crise, en fin de compte, a favorisé le développement des oligopoles et la concentration économique. Les plus faibles ont été éliminés et les structures capitalistes de l'économie américaine ont retrouvé la force nécessaire pour de nouveaux bonds en avant. Les réformes acquises avec le soutien de deux partis ont permis de restructurer le système bancaire et d'adopter des mesures de progrès dans le domaine de la protection sociale et dans le monde du travail sans bouleverser le système capitaliste et démocratique américain.

Les bénéficiaires du *New Deal* ont été les *farmers* à condition d'être propriétaires, les ouvriers qui ont reçu des droits nouveaux et les intellectuels dont l'influence a été grande auprès du pouvoir. Les victimes qui sombrent dans la pauvreté sont les ouvriers sous-qualifiés, les tenanciers agricoles, les sudistes mais aussi les Indiens et les Noirs. La ségrégation perdure malgré l'ordre exécutif *(Executive Order)* n° 8802 du 25 juin 1941 mettant en place un comité chargé de limiter la discrimination dans les industries de guerre et les emplois fédéraux *(the Fair Employment Practices Committee)*, adopté devant la menace d'une marche sur Washington organisée par A. Philip Randolph, président de la Fraternité des porteurs de wagons-lits *(Brotherhood of Sleeping Car Porters Union)*. Quant aux Indiens, leur situation n'est guère brillante. Leur nombre s'est stabilisé au cours des années 30 autour de 333 000 répartis dans quelques États : l'Arizona, l'Oklahoma, le Nouveau-Mexique, la Californie, la Caroline du Nord, le Dakota du Sud. Le rapport fédéral de 1928 faisant état de leur sous-alimentation, de leur exploitation et des menaces exercées sur leurs terres conduit toutefois l'administration Roosevelt à mettre un terme à la politique d'assimilation menée depuis 1890 et à protéger leur spécificité et à préserver leur identité. L'*Indian Reorganization Act* ou Loi Wheeler-Howard de 1934 interdit la division des terres tribales, stipule le droit au *self-government* et donne un statut d'autonomie fondé éventuellement sur le droit coutumier indien. Cette politique de l'émancipation ne durera malheureusement pas longtemps et sera remise en cause en 1949. Mais trois quarts des Indiens acceptent en tout cas ce « *New Deal* indien » (l'œuvre du commissaire aux Affaires indiennes John Collier) qui visait à les émanciper.

Il est toujours possible de critiquer l'expérience de la nouvelle donne que d'aucuns ont considérée comme une aventure révolutionnaire mais cette expérience aura en tout cas sorti l'Amérique de la Grande Dépression économique et morale dans laquelle elle s'était enlisée, en s'inscrivant résolument dans la tradition de l'optimisme américain qui refuse la fatalité des crises.

Vers une nouvelle conception des relations extérieures (1933-1945)

Après l'engagement dans la Grande Guerre, les États-Unis s'étaient repliés sur une attitude isolationniste qui a caractérisé les années 20. Cette vieille tradition américaine se perpétue au début des années 30. Les effets de la Grande Dépression se font sentir en Europe et dans le monde puisqu'elle désorganise le système monétaire international. L'Allemagne est frustrée par les conditions du traité de Versailles et se trouve dans l'incapacité de payer les annuités du plan Young. La seule réponse de Hoover consiste à proposer alors en juin 1931 un moratoire sur les paiements intergouvernementaux. L'annulation des réparations allemandes entraîne la demande de révision des dettes. Ces dernières sont annulées en juillet 1932 à la Conférence de Lausanne. En Extrême-Orient, le Japon sort de la crise par une expansion armée. Il croit devoir jouer un rôle dans le Pacifique mais ses ambitions ont été limitées par l'Europe et la politique de la porte ouverte en Chine. Le Japon annexe alors la province chinoise de Mandchourie en octobre 1931, violant ainsi le pacte Briand-Kellogg, et crée l'État fantoche du Man-chu-kuo.

Isolationnisme et nationalisme (1931-1933)

Contrairement à Hoover, Roosevelt avait bien diagnostiqué que la crise n'était pas due à l'Europe mais qu'elle provenait des structures mêmes de l'économie américaine. L'urgence de la situation et cette vision des événements expliquent sans doute que le premier gouvernement Roosevelt ait plus centré son attention sur les problèmes intérieurs que sur les relations extérieures.

Les États-Unis continuent d'adopter une politique d'isolement en privant la Société des Nations d'un appui moral et matériel, en poursuivant une politique douanière protectionniste et en adoptant une attitude de retrait en Extrême-Orient qui encourage l'agression des Japonais.

Les États-Unis se tiennent à l'écart du reste du monde dans un contexte de montée des périls en Europe. Aux yeux des *New Dealers*, le salut de l'Amérique viendra de l'Amérique et cette attitude encourage des prises de position nationalistes. A la conférence du Désarmement en mai 1933, l'Amérique ne s'engage qu'à procéder à des consultations au cas où la paix serait troublée et refuse de prêter assistance à l'État qui serait victime d'une agression. La même attitude est adoptée à la conférence économique de Londres (juin-juillet) où Roosevelt refuse de discuter la question des dettes ainsi que celle des tarifs douaniers et s'oppose à la stabilisation du dollar.

La fin de l'année 1933 amorce toutefois un léger revirement puisqu'elle est marquée par la reconnaissance diplomatique officielle du gouvernement soviétique (16 novembre), qui s'avère sans effet économique, ainsi que par la signature d'une déclaration condamnant les interventions dans les affaires des pays voisins, à la conférence panaméricaine de Montevideo (décembre).

Isolationnisme et politique de bon voisinage (1934)

L'isolationnisme est indissociable du pacifisme, sans doute parce que l'Amérique croit à la démocratie mais l'année 1934 voit surtout la publication des conclusions d'une enquête menée par le sénateur Gerald Nye du Dakota du Nord sur la participation des États-Unis à la guerre de 1917, indiquant que cette dernière n'a été motivée que par les intérêts de marchands de canons avides de profits.

La première initiative nouvelle du président Roosevelt est d'établir de bonnes relations avec l'Amérique Latine en initiant une politique de « bon voisinage » *(good-neighbor policy)* Roosevelt rompt ainsi avec la politique du *big stick* pratiquée par Theodore Roosevelt et inaugure un nouveau style de relations avec les républiques américaines, notamment en Amérique Latine. Le panaméricanisme commence à devenir une réalité et, en 1934, une série de lois accordent l'indépendance à d'anciennes possessions, aux Philippines (loi Tydings-McDuffie du 24 mars) puis à Cuba (29 mai). L'abolition de l'amendement Platt qui limitait la souveraineté de Cuba et la signature d'une loi de réciprocité commerciale (*Reciprocal Trade Agreement Act* du 12 juin) autorisant le président à négocier des accords commerciaux sans l'accord du Sénat règlent les tensions avec Cuba, en même temps qu'elles stabilisent le marché du sucre. Les troupes américaines se retirent de Haïti et du Nicaragua et les relations s'améliorent avec le Panama.

Observation vigilante et neutralité (1935-1937)

Les ouvertures sont négociées par le secrétaire d'État Cordell Hull (1871-1955) à qui Roosevelt a confié la responsabilité des affaires étrangères de 1933 à 1944. Dès la Première Guerre mondiale, Hull est hostile aux attitudes de repli de son pays mais ses convictions ne modifient pas sensiblement les réactions isolationnistes bien ancrées chez les membres du Congrès qui traduisent fidèlement les sentiments profonds des Américains. Le rapport Nye n'incite pas à l'intervention et les Américains sont irrités par tous les débats relatifs aux remboursements des dettes par les pays européens. Les rancœurs sont fortes de part et d'autre de l'Atlantique. Une loi de 1934, *le Johnson Act*, interdit d'ailleurs de consentir des prêts aux débiteurs défaillants. Par ailleurs, les États-Unis sont attentifs à la montée des périls en Europe, à la progression de l'hitlérisme dès le début de 1933, à l'invasion de l'Autriche et aux poussées fascistes qui s'accentuent.

C'est dans ce contexte que débutent la guerre d'Éthiopie (déclarée par l'Italie de Mussolini le 5 octobre 1935) puis, en 1936, la guerre civile en Espagne. Les États-Unis réagissent à ces événements en adoptant deux lois de neutralité. La première, adoptée le 31 août 1935, interdit toute expédition de munitions à une nation en guerre et la deuxième, adoptée le 29 février 1936, vient prolonger la première jusqu'en mai 1937. Le 7 août 1936, une déclaration officielle signifiant que les États-Unis n'interviendront pas dans la guerre d'Espagne est suivie, le 6 janvier 1937, de la résolution du Congrès d'interdire l'envoi d'armes aux adversaires.

L'Amérique n'a guère plus de réactions face aux événements

conflictuels d'Extrême-Orient et, en particulier, vis-à-vis de l'attitude du Japon qui, après avoir mené une politique expansionniste en Chine en 1935, quitte la SDN en 1936.

Le tournant de 1937

La même attitude de neutralité est poursuivie en 1937 avec l'adoption d'une troisième loi, le 1er mai, qui confirme les deux premières. Toutefois, on peut déceler un élément de changement dans l'introduction d'un amendement qui autorise la vente d'armes aux belligérants à condition que ces derniers payent comptant et se chargent du transport (clause *cash and carry*). Le grand tournant est le discours prononcé à Chicago par le président Roosevelt en octobre 1937, dit « discours de la quarantaine ». La guerre y est comparée à une épidémie qui peut être dangereuse même pour ceux qui sont éloignés du théâtre des hostilités. On y relève aussi la condamnation indignée des dictatures d'Adolf Hitler, de Benito Mussolini, de l'empereur Hirohito et des chefs militaires japonais. La deuxième présidence de Roosevelt est davantage axée sur les relations extérieures. Les questions intérieures passent au second plan et la politique étrangère américaine devient plus dynamique. Les agissements de l'Allemagne (occupation de la Rhénanie en 1936, alliance avec le Japon et l'Italie la même année, annexion de l'Autriche en 1938) et le débarquement des Japonais en Chine (guerre sino-japonaise de 1937) confirment Roosevelt dans les nouvelles convictions qu'il va progressivement faire partager à ses concitoyens. Le discours sur l'état de l'Union de janvier 1938 prône la vigilance dans le domaine de la défense et annonce tout un programme militaire. Alors que le ciel s'assombrit en Europe, l'année 1938 va être consacrée à préparer le redressement de la flotte *(Vinson Naval Act)*. Elle annonce le réarmement de l'Amérique.

De la neutralité à la belligérance (1939-1941)

L'année 1939, la dernière année « normale », marque une cassure importante. Les préoccupations extérieures deviennent essentielles. 14 % du budget de 1939 (9 milliards de dollars) sont consacrés à la défense. Face à la crise en Tchécoslovaquie générée par la question des Sudètes, la politique d'apaisement consacrée par les accords de Munich (29 septembre 1937) représente une capitulation face à

Hitler mais la majorité des Américains approuvent ce pacte. Quelques mois plus tard, l'Allemagne signe un pacte de non-agression avec l'URSS (23 août 1939), envahit la Pologne (1ᵉʳ septembre 1939) et la France et la Grande-Bretagne déclarent alors la guerre à l'Allemagne le 3 septembre.

Roosevelt et son secrétaire d'État Hull ne voient pas comment ils vont pouvoir laisser leur pays en dehors du conflit, et ce, malgré les déclarations renouvelées de neutralité. La « drôle de guerre » renforce pendant l'hiver les convictions du camp isolationniste en Amérique mais l'escalade continue en Europe, en avril-mai 1940, avec l'invasion du Danemark, de la Norvège, de la Hollande, de la Belgique et enfin de la France. Tandis que l'opinion publique américaine est toujours partagée, la « neutralité » est devenue dans le discours officiel de la « non-belligérance ». Les États-Unis s'engagent dans le début de leur aide économique et militaire aux Anglais mais la capitulation de la France le 22 juin 1940 (gouvernement de Vichy) décide Roosevelt à prendre la tête de la lutte contre les pays totalitaires et à défendre la cause de la démocratie menacée. Roosevelt nomme Henry Stimson (1867-1950) secrétaire à la Guerre. Cet homme qui a déjà occupé ce poste sous Taft en 1911 puis qui a été le secrétaire d'État de Hoover en 1929, a toujours marqué sa crainte vis-à-vis de la montée du fascisme et c'est lui qui va coordonner les efforts de guerre. Le 16 septembre 1940, le Congrès adopte le *Selective Training and Service Act* établissant le service militaire sélectif et vote des crédits de 4 milliards de crédits pour la défense navale. Le neutralisme perd du terrain bien que l'isolationnisme organise une résistance active autour de comités tels que *America First*, créé en septembre 1940, qui a la caution de personnalités célèbres comme l'aviateur Charles Lindbergh.

La bataille électorale des présidentielles de 1940 est dominée par les problèmes de la guerre. Le républicain Wendell Willkie (un ancien démocrate hostile au *New Deal*) améliore le score de ses deux prédécesseurs. Il remporte 22,3 millions de suffrages et 10 États ainsi que 82 grands électeurs mais Roosevelt obtient 449 mandats du collège électoral et conserve le soutien de plus de 27,2 millions d'Américains qui approuvent finalement l'engagement international. Le discours sur l'état de l'Union de janvier 1941 définit les quatre libertés essentielles : liberté d'expression, liberté de culte, liberté par l'absence de peur et liberté par l'absence de besoin. Dès le début de 1941, le programme d'aide à l'Angleterre est intensifié et, en mars, le Congrès adopte la Loi prêt-bail *(Lend-Lease Act)* autorisant le président à décider d'accroître massivement l'aide militaire aux Alliés (elle est d'un montant de 7 milliards de dollars de mars à octobre et de 6 milliards pour le seul mois d'octobre). L'Amérique est désormais devenue l'arsenal des démocraties.

Le 14 août, Roosevelt et Winston Churchill, le premier ministre britannique, opèrent un grand coup médiatique avec la Charte de l'Atlantique dans laquelle ils déclarent qu'ils veilleront au maintien d'un monde non totalitaire, réaffirment leur attachement au respect des libertés et au droit des peuples à choisir leur gouvernement. On retrouve sous une autre forme l'essentiel des 14 points déjà formulés par Wilson. Cette déclaration, qui vise à fonder la paix future, est soutenue par l'URSS puis par 24 autres nations unies contre l'Axe. Enfin le *Selective Service Act* est renouvelé d'un an par le Congrès à une voix de majorité.

De la guerre à la paix américaine (1941-1945)

L'attaque-surprise de la base américaine de Pearl Harbor dans les îles Hawaï par les Japonais le 7 décembre 1941 met le feu aux poudres. D'autant que le Japon conquiert ensuite le Sud-Est asiatique et menace l'Inde. Roosevelt est conscient de l'illusion que représente l'isolement du reste de l'humanité et affirme que l'Amérique « va gagner cette guerre et la paix qui suivra ». Le lendemain, le 8 décembre, l'Amérique déclare la guerre au Japon et, trois jours plus tard, le 11, les puissances de l'Axe sont en guerre avec les États-Unis. Le 20, la loi sur la conscription *(Draft Act)* incorpore les hommes entre 20 et 44 ans sans exception.

Le deuxième conflit mondial a été en partie provoqué par la crise. Roosevelt et l'Amérique, frappés d'impuissance en 1932 alors que seuls les régimes totalitaires semblent efficaces, ne veulent pas pour autant renoncer au régime démocratique. Ils le prouvent par leur engagement près de dix ans plus tard au nom d'un idéalisme généreux. L'entrée en guerre des États-Unis va permettre à la coalition d'être victorieuse en Europe et dans le Pacifique. Désormais les États-Unis ont affirmé leur hégémonie mondiale.

Il n'est pas utile de revenir en détails sur le déroulement des phases militaires du conflit. Les opérations sont dirigées par un Comité des chefs d'état-major *(Chiefs of Staff)* dominé par les Américains, le grand coordinateur étant le général George Marshall. Il suffira de rappeler qu'après les défaites américaines sur le front Pacifique (décembre 1941 - juin 1942), l'offensive américaine est déclenchée sur le front de l'Atlantique et dans le Pacifique (août 1942 - mai 1943). La phase finale (1944-1945) sur les deux fronts conduit à la victoire, symbolisée par le débarquement anglo-canado-américain en Normandie le 6 juin 1944, et à la capitulation allemande le 8 mai 1945 ainsi qu'à la reconquête du Pacifique conduisant à la capitulation japonaise le 2 septembre 1945.

L'armée américaine est caractérisée par sa faiblesse numérique mais l'effort de guerre est colossal pendant six ans. C'est tout le pays qui se mobilise pour fournir 88 000 chars, 300 000 avions et les fameux *liberty ships*, 684 navires de guerre et 229 sous-marins. Les trois cinquièmes de la production américaine sont livrés aux Alliés sans compter l'armement, les munitions et les vivres. Même si elle a été lente à démarrer et si elle a manqué de plan d'ensemble, la mobilisation industrielle permet un miracle économique qui résorbe le chômage et améliore le niveau de vie. Les gagnants de la guerre sont nombreux, qu'il s'agisse des ouvriers, des techniciens, des ingénieurs et surtout des fermiers, tous ceux qui avaient les revenus les plus bas. Le conflit permet la montée des classes moyennes. Les femmes, aussi, qui occupent les emplois des maris partis sur le front, peuvent avoir accès au marché du travail et c'est ce qui permet de comprendre que les mouvements de revendication des femmes pour l'égalité des sexes vont prendre une grande importance après 1945.

La guerre a malheureusement des conséquences plus négatives sur d'autres groupes d'exclus. Les Américains d'origine japonaise, au nombre de 110 000 dans les États de Californie, d'Oregon et de Washington, deviennent la cible de l'animosité et, sur la recommandation pressante de Stimson, un ordre exécutif du 19 février 1942 les interne dans des camps de concentration et les spolie de leurs biens. Leur réhabilitation tardive ne les a pas véritablement dédommagés sur le plan matériel. Par ailleurs, les mouvements migratoires internes en raison de l'attrait exercé par les grandes villes industrielles ont provoqué le manque de logements et des affrontements ethniques violents. Les émeutes, en juin 1943, de Detroit entre Blancs et Noirs et de Los Angeles entre Mexicains-Américains et marins américains annoncent les luttes raciales de l'après-guerre.

Au plan de la vie politique intérieure, la guerre a aussi un impact qui est d'être favorable aux hommes en place. Aux élections de 1942, les démocrates se maintiennent au pouvoir même s'ils sont moins largement majoritaires et, aux présidentielles de 1944, Roosevelt est réélu une quatrième fois. Il obtient 25,6 millions de voix et 432 mandats contre 22 millions de suffrages et 99 mandats à son adversaire républicain Thomas Dewey de New York, tandis que le socialiste Norman Thomas, qui est à nouveau candidat, ne recueille que 80 000 voix.

De 1941 à 1945, les décisions stratégiques sont prises dans des conférences interalliées qui réunissent au début Américains et Britanniques, à Washington (janvier 1942) où la déclaration des Nations Unies est signée par 26 nations, à Moscou (été 1942), à Casablanca (janvier 1943) où est prise la décision de poursuivre la guerre jusqu'à la reddition sans condition des adversaires, à Washington (quelques mois plus tard), à Québec (août 1943), à Moscou (octobre 1943), au Caire (novembre 1943) ; ces réunions sont ensuite élargies aux Soviétiques à partir de la Conférence de Téhéran (28 novembre - 1er décembre 1943). C'est à Téhéran que Churchill, Roosevelt et Staline décident le jour J du débarquement en Europe et où il est question de créer une organisation internationale pour maintenir la paix. La plus contestée fut sans doute celle de Yalta (4-11 février 1945) où la France de De Gaulle n'a pas été conviée. Le monde n'y a pas été partagé entre Américains et Soviétiques, comme on l'a souvent dit, mais il est évident que Roosevelt, malade, a mal défendu les intérêts américano-britanniques et a trop fait confiance à Staline. Churchill a sans doute, lui aussi, abandonné l'Europe orientale aux ambitions staliniennes. La réalité est que si la supériorité des Américains s'exerce sur l'Europe de l'Ouest, il faut aussi reconnaître celle des Soviétiques en Europe de l'Est. Deux mois plus tard, Roosevelt meurt subitement (12 avril) et est remplacé par Harry S. Truman. La dernière est la Conférence de Potsdam (17 juillet -2 août 1945). Truman et Clement Attlee (qui a succédé à Churchill) traitent des problèmes allemands et polonais, exigent la reddition du Japon (sous peine de destruction totale) et entérinent la création de l'ONU (Organisation des Nations Unies) ébauchée à la conférence de Moscou (octobre 1943) et préparée à Dumbarton Oaks en septembre-octobre 1944. La conférence constitutive se réunira à San Francisco en avril-juin 1945 et la charte de l'ONU, votée le 26 juin, sera ratifiée par 51 nations. Le siège de l'organisation va également s'établir à New York en 1946, consacrant ainsi le déplacement du poids politique vers l'Amérique.

L'Allemagne a capitulé mais le Japon résiste. Que faire ? recourir à l'arme atomique, mise au point par une équipe de physiciens américains comme Ernest Lawrence (prix Nobel 1939) dirigée par

Robert Oppenheimer, avec l'aide de savants européens réfugiés comme Fermi, Szilard ou Bohr, produits de la « migration intellectuelle » *(brain drain)* ? Truman veut « arrêter la guerre et sauver des centaines de milliers de vies humaines » qui auraient été perdues si une invasion de l'archipel avait été nécessaire. Les estimations des pertes américaines de l'opération *Downfall* varient entre 50 000 et 500 000. Conseillé par Henry Stimson, le nouveau président prend la décision de lâcher la première bombe A, *Little Boy*, le 6 août 1945, sur Hiroshima (170 000 victimes). Le Japon cesse les hostilités et Hirohito se résigne à « accepter l'inacceptable » le 14 août, après la seconde explosion de Nagasaki du 9 août (70 000 victimes). L' « éclair terrifiant » fut « comme dix mille soleils », relatent les *hibakusha*, les irradiés qui ont survécu. Les États-Unis sont victorieux dans le Pacifique mais cette paix américaine a été imposée par la bombe atomique. Une nouvelle ère a commencé.

L'arme nucléaire a achevé le Japon mais c'est aussi une façon de signifier à Staline que les États-Unis sont stratégiquement supérieurs à l'Union soviétique. Les historiens révisionnistes affirment que cette « punition inutilement cruelle » visait à contrer l'influence de l'URSS. Quoi qu'il en soit, la décision de Truman marque le début de la guerre froide.

La prééminence des États-Unis en Europe et en Extrême-Orient découle de leur force militaire renforcée par le monopole de l'arme atomique. Les États-Unis sont maîtres de la guerre comme de la paix. Ils dominent désormais les Nations Unies et imposent leurs concepts dans le domaine financier et monétaire à la conférence de Bretton Woods, près de New York, en juillet 1944. Le dollar est reconnu monnaie des échanges internationaux, la décision est prise de créer un Fonds monétaire international (FMI) installé à New York et qui aura la haute main sur les questions financières et, enfin, on met en place une Banque internationale pour la reconstruction et le développement (BIRD).

La période 1939-1945 consacre le déclin de l'Europe. Le monde actuel est mis en place au lendemain de 1945 et a installé la suprématie de deux super-puissances, les États-Unis et l'URSS.

La première moitié du XXe siècle aura été décisive pour les États-Unis qui passent de l'adolescence à la maturité. Le progressisme de la fin du siècle précédent trouve son pendant dans l'impérialisme du siècle naissant et la période de l'entre-deux-guerres est dominée par deux décennies fort contrastées.

L'immédiat après-guerre a conduit à la *Prosperity* des années 20 incarnée par George Babbitt, le héros du roman écrit en 1922 par Sinclair Lewis qui est le premier Américain à recevoir le prix Nobel de littérature (1930). Le portrait de cet Américain moyen, devenu homme d'affaires-roi, a figé pour toujours l'image de la course à la richesse mais l'Ère nouvelle demeure avant tout une décennie de conformisme, d'intolérance et d'illusion.

Le « retour à la normale », c'est-à-dire à l'avant-guerre, s'est avéré impossible mais la formule était, de toute façon, vague et ambiguë. Personne n'avait vraiment voulu limiter la puissance de l'Amérique qui n'était d'ailleurs pas directement perceptible par l'Américain moyen. La participation au premier conflit mondial avait fait coïncider les intérêts nationaux et l'idéal wilsonien. Les contradictions avaient été aplanies pendant la Grande Guerre, notamment entre l'impérialisme et le pacifisme et la prospérité retrouvée avait gommé les différences entre les intérêts particuliers et l'intérêt général. On avait réconcilié la Nouvelle liberté et le Nouveau nationalisme.

Mais il était illusoire de vouloir se tourner vers le passé alors que les acquis des États-Unis les orientaient résolument vers l'avenir. La crise de 1929 conduit alors au *New Deal* qui demeure l'exemple parfait d'une crise surmontée, même si les solutions de Roosevelt n'ont pas toujours réussi à l'enrayer. L'émergence du *Welfare State* et de l'intervention de l'État, le maintien d'un capitalisme renouvelé, le développement de la bureaucratie, l'augmentation des pouvoirs de l'administration fédérale aux dépens des États, l'accroissement et la personnalisation de la fonction présidentielle (on passe du *small government* au *big government*) modifient profondément la société américaine qui s'apprête désormais, au lendemain de la Seconde Guerre mondiale, à régler l'ordre international et à se propulser vers le *leadership* mondial.

8. L'apothéose du « siècle américain »
(1945-1969)

La disparition brutale, le 12 avril 1945, de F. D. Roosevelt au terme de la plus longue présidence de l'histoire américaine aurait pu paralyser les États-Unis mais le vice-président qui lui succède, un colistier considéré comme falot, le sénateur du Missouri Harry S. Truman (1884-1972), va s'avérer un excellent président. Roosevelt qui se savait malade n'avait pas préparé sa succession et, à la surprise générale, la transition Truman qui aurait pu être fatale constitue une période-charnière essentielle dans l'affirmation de l'Amérique.

Peu après le premier essai atomique à Alamogordo (Nouveau-Mexique) le 16 juillet et face à la résistance japonaise, Truman prend des décisions aussi capitales que celle d'employer la bombe atomique (et ce, à deux reprises le 6 août puis le 9 août) qui conduit à la reddition du Japon le 14 août. Mais par-delà la controverse qu'il a suscitée, le recours à l'arme atomique doit être interprété plus comme le premier acte de la guerre diplomatique avec l'URSS que comme le dernier acte de la Seconde Guerre mondiale. Travailleur acharné, Truman va manifester une ardeur et une combativité extraordinaires. Après avoir entrepris un peu tous les métiers, le petit boutiquier qui a fait faillite se lance dans la vie politique dans le camp démocrate grâce à la « machine » du *boss* du Kansas Tom Pendergast et se révèle vite un excellent chef du parti démocrate et un tacticien avisé, à la fois intègre et efficace. Il prend les bonnes mesures qui permettent aux États-Unis de gagner la paix après avoir gagné la guerre et être sortis de la crise.

A partir de 1945, les États-Unis prospères, unis et respectés, prennent le relais de la Grande-Bretagne et occupent le premier rang mondial dans tous les domaines non seulement militaire mais aussi économique et politique. Selon la formule du patron de presse Henry Luce publiée en 1941 dans un célèbre éditorial de *Life*, le XXᵉ siècle est bien américain.

Le *leadership* d'une nation confiante (1945-1963)

L'immédiat après-guerre sous Truman (1945-1947)

L'une des premières urgences consiste à démobiliser. Dès le 22 juin 1944, la loi sur la réadaptation des recrues *(Servicemen's Readjustment Act)* connue sous le nom de *G.I. Bill of Rights* permet de rapatrier les troupes et, en moins d'un an, plus de 9 millions de soldats ont retrouvé leurs foyers et le chemin de leur réinsertion dans la vie civile. Les 12 millions d'Américains sous les drapeaux ne sont plus que 3 entre 1945 et 1946 et 1,5 million en 1947. C'est cette même loi qui permet aux anciens combattants d'entreprendre des études supérieures et d'obtenir des prêts à taux bonifiés (près de 6 millions) ou des emprunts garantis pour l'acquisition de logements (près de 5 millions). En 1947, 1 million d'anciens combattants (sur un total de 2,5 millions d'étudiants) sont inscrits à l'université.

Cette démobilisation rapide eut des effets multiples sur la politique intérieure. Le premier impact est d'ordre économique puisqu'elle provoque une montée du chômage dès 1946 mais l'adoption par le Congrès de mesures comme l'*Employment Act* du 20 février 1946 essaie d'y parer. Cette loi qui indique que l'État doit « assurer l'emploi, la production et le maximum de pouvoir d'achat » demeurera lettre morte mais elle établit tout de même le très utile Conseil des Experts économiques *(Council of Economic Advisers)* qui guide le président sur les questions économiques et publie chaque année son précieux rapport *(Economic Report to the President)*.

Tout semblait indiquer que l'histoire se répétait un quart de siècle après la fin de la Première Guerre. Tout comme Wilson, Truman doit gouverner avec un Congrès républicain. Soucieux d'en finir avec la guerre et de reprendre le cours normal des choses, les électeurs américains accordent massivement leurs suffrages aux républicains qui remportent les élections législatives de novembre 1946 avec leur slogan « N'en avez-vous pas assez ? ». Ces derniers détiennent la majorité dans les deux Chambres (51 sièges contre 45 au Sénat et 246 sièges contre 188 à la Chambre des représentants).

Les revendications des travailleurs se laissent libre cours et l'année 1946 est également dominée par une série exceptionnelle de grèves représentant 107 millions de journées et touchant près de 5 millions d'ouvriers. Dès janvier, ce sont les employés du téléphone de la compagnie *Western Electric* qui débrayent pendant trois mois ou bien encore les électriciens spécialisés dans la radio ou encore les ouvriers métallurgistes sans parler des mineurs en avril-mai ou des cheminots fin mai. La réaction ne se fait pas attendre de la part de la nouvelle majorité conservatrice. Une législation limitant le pouvoir syndical et revenant sur les acquis de la loi Wagner est adoptée en 1947 malgré le veto du président. Le *Labor Management Relations Act* du 23 juin, plus connu sous l'appellation de loi Taft-Harley (du nom de ses promoteurs, Robert Taft, sénateur républicain de l'Ohio et Fred Hartley, représentant républicain du New Jersey), rend illégale la pratique du *closed shop*, c'est-à-dire du monopole syndical de l'embauche et limite le droit de grève. Le préavis de grève de soixante jours devient obligatoire et certaines pratiques habituelles sont interdites comme les grèves de sympathie ou les boycottages secondaires. Tous les responsables doivent enfin attester par serment qu'ils ne sont pas communistes ni même sympathisants et qu'ils ne sont pas favorables à la violence.

Héritier de Roosevelt, Truman compte bien poursuivre la politique du *New Deal*. Le programme dit du *Fair Deal* qu'il propose, en septembre 1945, au Congrès vise à assurer le plein emploi, à augmenter le salaire minimum, à soutenir les prix agricoles, à renforcer le système de sécurité sociale et à améliorer l'habitat en faisant disparaître les taudis. La reconversion vers une économie de paix s'impose. Heureusement la forte demande de biens de consommation comme réfrigérateurs, voitures ou maisons stimule l'économie et permet de fournir de nombreux emplois mais elle soulève une autre difficulté majeure qui est la lutte contre l'inflation. Malgré ses tentatives pour faire adopter une loi visant à rationner les produits rares et fixant un plafond aux prix et aux salaires, Truman doit par ailleurs apaiser les milieux d'affaires conservateurs en mettant fin aux réglementations des prix, notamment de la viande et de la plupart des produits de première nécessité. Il doit aussi affronter le mécontentement des agriculteurs car les prix agricoles baissent alors que les salaires continuent à monter. Il est également en butte à la résistance des Blancs du Sud hostiles à l'abrogation du *poll tax*, cet impôt de capitation qui donne le droit de vote, et à toute poursuite visant à remettre en cause le lynchage et la discrimination raciale dans l'emploi. Pour faire accepter sa politique étrangère, le président est bien contraint de mettre certaines réformes intérieures en sourdine. Mais il fallait de la ténacité pour préserver la plupart des acquis du *New Deal* malgré l'opposition des républicains conservateurs et des démocrates réactionnaires du Sud.

La « présidence impériale »

En réalité, après 1945, la présidence américaine demeure tout aussi importante pour le citoyen américain, que ce soit sous l'administration Truman (1945-1953) ou sous celle de son successeur Dwight Eisenhower (1953-1961). L'affirmation du pouvoir du président avait commencé avec l'expansionnisme de Polk pour se poursuivre au début du XXᵉ siècle avec l'accession des États-Unis au rang de grande puissance. Roosevelt réussit à traverser deux des plus grandes crises de son histoire, la grande dépression des années 30 et la Deuxième Guerre mondiale. C'est sous son administration que fut créé le Bureau de la Maison-Blanche *(White House Staff)* en 1939 et que plusieurs agences gouvernementales connurent une véritable expansion. De plus en plus, la présidence est considérée comme l'institution qui devait donner à la nation orientations et leadership. Désormais, le Congrès reste second et son pouvoir se limite à s'opposer.

Bien qu'il n'ait pas la même stature que Roosevelt, Truman réussit à étendre les pouvoirs et le prestige de la présidence en raison de l'importance prise après 1945 par la politique étrangère ainsi que par l'accroissement de la bureaucratie américaine due à la diversité des programmes mis en place par le gouvernement fédéral. Le passage de la guerre à la paix justifie sans doute un interventionnisme qui place le président dans une situation de domination, même s'il doit affronter une opposition parfois dure de la part du Congrès. La présidence Truman a bien marqué ce que Arthur Schlesinger a qualifié de « présidence impériale ». C'est en effet sous Truman que l'exécutif se dote d'instruments hégémoniques. Désormais, le président peut gouverner seul en s'entourant d'aide et en se dotant d'un ensemble bureaucratique qui double littéralement le gouvernement.

La création d'agences et d'offices destinés à superviser la gestion traduit une véritable révolution gouvernementale qui s'avère d'autant plus forte que s'affirme la permanence de ces agences et de leurs fonctions. L'*Executive Office of the President* (EOP), créé en 1939, compte des milliers de personnes peu après la fin de la guerre. Certains organes sont renforcés comme le *Bureau of the Budget* tandis que d'autres sont mis en place. La création, en 1946, du Bureau des conseillers économiques *(Council of Economic Advisers)* marque bien la volonté du gouvernement national de ne pas se contenter de réagir mais au contraire de prendre des initiatives. Après que Bernard Baruch, délégué à la commission de l'énergie atomique aux Nations Unies, ait proposé le contrôle international de l'énergie atomique et ait essuyé le veto de l'URSS, la loi McMahon du 1er août 1946 installe la Commission de l'énergie atomique *(Atomic Energy Commission)* dont la direction est confiée à Dean Acheson avec le mandat de placer le contrôle de l'énergie nucléaire sous l'autorité de cinq civils. Plus tard seront mis en place la *National Science Foundation* (1950) ou le *Department of Health, Education and Welfare Administration* (1953).

Les prérogatives de l'exécutif s'exercent aussi sur le plan extérieur avec la création du Conseil national de sécurité *(National Security Council, NSC)* au terme de la loi sur la sécurité nationale *(National Security Act)* du 26 juillet 1947. Ainsi furent regroupées l'ensemble des forces armées en un seul département de la Défense placé sous l'autorité de James Forrestal. La création du *Central Intelligence Group*, le 20 janvier 1946, annonce celle de l'Agence centrale de renseignements *(Central Intelligence Agency, CIA)* en 1947.

La réélection de Truman en 1948 et l'avortement du Fair Deal

Les combats engagés par le président contre sa majorité républicaine conservatrice lui valurent en fin de compte le soutien des progressistes et des syndicats ouvriers. Truman bâtit son image de protecteur des « petits », de l'Américain modeste, du « gouverné qui gouverne ». Les démocrates n'étaient pas donnés gagnants car la candidature de division de Henry A. Wallace pour le parti progressiste devait leur enlever des voix. Une autre dissidence, celle des

démocrates du Sud, les *Dixiecrats* avec le gouverneur de la Caroline
du Sud Strom Thurmond à leur tête, regroupait les milieux hostiles
à la politique de Truman en faveur des droits civiques des Noirs.
Dans le camp adverse, le sénateur Robert A. Taft, fils de l'ancien
président, hésita à se présenter et les républicains choisirent à nouveau pour candidat le gouverneur de l'État du New York, Thomas
E. Dewey. La campagne courageuse et solitaire de Truman s'avéra
payante pour le président sortant. A la surprise générale, Truman
obtint plus de 24 millions de voix contre un peu moins de 22 millions pour Dewey et 303 mandats du collège électoral contre 189 à
son adversaire républicain et 39 à Thurmond. Cette victoire fut
confirmée par les élections au Congrès qui redonnèrent la majorité
aux démocrates (54 contre 42 au Sénat et 263 contre 171 à la
Chambre). Truman prouva qu'il était possible de récupérer largement les voix que ses positions sur les droits civiques lui avaient fait
perdre chez les Sudistes avec celles qu'elles lui avaient valu chez les
Noirs du Nord industriel.

Ce succès ne saurait faire oublier que la partie continua d'être
difficile entre le président et son opposition (la même coalition des
républicains conservateurs et des démocrates du Sud) et le Congrès
soumit aux États un amendement à la Constitution interdisant à un
président de briguer plus de deux mandats. Même si elle ne devait
pas s'appliquer immédiatement au président en fonctions, on peut
voir dans cette proposition un désaveu de Roosevelt et un vote de
méfiance à l'encontre de Truman pour le dissuader d'obtenir un
troisième mandat. Le 22e amendement devait être ratifié par les
États en février 1951. Il prévoit également que quiconque aura rempli la fonction de président pendant plus de deux ans d'un mandat
pour lequel quelque autre personne était nommée président, ne
pourra être élu à la présidence plus d'une fois.

Dès 1949, Truman reprit activement son programme de réformes connues sous le nom de *Fair Deal,* qu'il s'agisse de
l'augmentation des prestations de sécurité sociale ou du relèvement
du salaire minimum, mais il ne réussit pas à mettre en place un système d'assurance-maladie nationale pas plus qu'il ne put faire abroger la loi Taft-Hartley ou ne parvint à renforcer la politique de soutien aux prix agricoles. La conjoncture n'est guère propice, il est
vrai. Le ralentissement de l'activité, qui s'accentue sérieusement, crée
une récession et une montée du chômage (7 % de la population
active) et les réformes disparaissent vite des priorités de l'agenda
avec le conflit de Corée qui éclate à partir de juin 1950.

Les dangers de la paix
et les questions internationales (1947-1953)

La nécessité de passer de la guerre à la paix se fait sentir tant à l'intérieur qu'à l'extérieur. La précipitation de l'après-guerre crée un vide au centre de l'Europe qui place l'URSS, un autre État totalitaire, en position de force. L'Armée rouge et les partis communistes vont d'ailleurs s'empresser d'occuper le terrain. Face à cette situation nouvelle, les États-Unis ne se désengagent pas tout à fait, loin de là, et ne commettent pas l'erreur de Wilson vis-à-vis de la Société des Nations puisqu'ils décident avec l'approbation du Sénat de s'engager dans l'Organisation des Nations Unies. Ce nouvel organisme de coopération internationale, qui rassemble 48 nations, aura son siège permanent à New York à partir d'octobre 1949. La Conférence de San Francisco du 25 avril 1945 avait discuté le projet d'organisation déjà élaboré à Dumbarton Oaks à la fin de l'été 1944 et avait fondé l'Organisation. La charte est signée le 26 juin et elle est ratifiée par le Sénat américain, le 28 juillet 1945, par 89 voix contre 2. Désormais un Conseil de sécurité a la charge de maintenir la paix dans le monde, une Assemblée offre un forum de discussion et une Cour internationale de Justice est chargée d'arbitrer les différends. Le Conseil comprend 5 membres permanents avec droit de veto – l'Amérique, la Grande-Bretagne, l'Union soviétique, la France et la Chine – et 6 autres membres élus pour deux ans par l'Assemblée. La première réunion de l'Assemblée générale eut lieu à Londres en janvier 1946 et la délégation américaine fut conduite par le secrétaire d'État James F. Byrnes.

L'entente entre les États-Unis, la Grande-Bretagne et l'URSS pendant la guerre contre un ennemi commun relevait d'un mariage de convenances mais l'unité des Alliés est fragile. La Conférence de Potsdam en juillet 1945, après la capitulation de l'Allemagne, permet encore d'adresser un ultimatum au Japon, de démilitariser l'Allemagne, de mettre en place un commandement quadripartite pour gouverner Berlin et de juger les criminels de guerre nazis (le procès de Nuremberg, du 20 novembre 1945 au 1er octobre 1946, condamne 19 chefs nazis) mais l'accord s'arrête là.

Le maintien de la paix semble par ailleurs de plus en plus difficile et les multiples conférences qui se tinrent à la fin de 1945 et au début de 1946 mirent en évidence les ambitions agressives du régime de Staline. L'URSS augmente ses forces militaires placées sous le commandement du général Boulganine et établit sa domination politique sur des États satellites (Pologne, Hongrie, Bulgarie, Roumanie, Finlande) sous la direction de gouvernements communistes. Avec la mise en place de ces régimes « amis », l'idée de Staline est de constituer un glacis de protection contre toute possibilité d'agression. Son ambition n'est pas de conquérir le monde mais d'établir une sphère d'influence soviétique. Bien sûr, il sera toujours difficile de dire si cette politique était défensive ou offensive. On peut décrire la situation différemment en affirmant que la perception que les États-Unis développent de la menace représentée par l'URSS altère considérablement leur vision des relations avec le reste du monde. Dans le contexte nouveau d'un monde qui se réorganise, la stratégie du repliement est écartée par les États-Unis. Dès le 10 juin 1940, Roosevelt s'était refusé à l'idée illusoire d'une Amérique isolée et au cauchemar d'un peuple sans liberté. L'année 1941 a mis fin à l'isolationnisme prôné par le groupe du sénateur Vandenberg et le mouvement « l'Amérique d'abord ».

L'Europe, en tout cas, se trouve divisée en deux et, pour reprendre la formule de Winston Churchill dans son discours prononcé en mars 1946 à Fulton dans le Missouri, un « rideau de fer » s'est abattu sur l'Europe et qui sépare l'Est et l'Ouest. La constitution de deux blocs et l'affrontement entre l'Est et l'Ouest ouvrent la période de la guerre froide. L'Amérique décide alors d'adopter une politique de fermeté et de raidissement vis-à-vis de la Russie.

La modification du système européen fait de cette nouvelle attitude américaine une nécessité plus qu'un choix. Les États-Unis ne peuvent plus compter sur la Grande-Bretagne pour empêcher une nation hostile de gagner une position hégémonique en Europe. Le nouveau rôle des États-Unis dans le monde fut alors déterminé par le Message que le président Truman adressa au Congrès le 12 mars 1947. Ce dernier a cessé de croire aux vertus de la négociation et à l'efficacité de l'ONU.

Depuis le début du XIXe siècle la Grande-Bretagne avait réussi à empêcher la Russie de s'emparer du contrôle du détroit des Dardanelles – un contrôle considéré comme indispensable à l'équilibre des forces en Europe. Or, le 22 février 1947 le gouvernement à Londres avait demandé au gouvernement Truman d'en assumer désormais la responsabilité. C'est donc au moment où se produisit l'effondrement de la Grèce déchirée par la guerre civile qui permettrait à Moscou d'ouvrir une porte sur le Moyen-Orient que fut exprimé formellement le besoin d'endiguer une éventuelle expansion soviétique en

Méditerranée. Le sous-secrétaire d'État Dean Acheson exprime alors des vues apocalyptiques sur l'expansion soviétique et la nécessité du soutien américain à la Grèce apparaît comme relevant de raisons de sécurité nationale. Pour ce faire, Truman demande, le 12 mars, au Congrès une allocation de 400 millions de dollars pour aider la Grèce et la Turquie dans leur effort de reconstruction et de résistance. On saisit la portée pratique limitée de la démarche mais, au-delà de ces décisions, se dessine l'esquisse d'une doctrine plus ambitieuse. Dans ces pays se livre un combat idéologique entre deux systèmes, l'un totalitaire et l'autre démocratique. Il s'agit d'aider les peuples libres à maintenir leurs institutions et leur intégrité nationale contre les agressions des régimes totalitaires.

La logique d'une telle doctrine avait été fournie quelques mois plus tôt par George Kennan, un diplomate en poste à l'ambassade américaine à Moscou et qui connaissait bien la Russie. Ces thèses confidentielles préparées pour le compte du secrétaire à la défense James Forrestal furent rendues publiques dans un article anonyme (signé X) publié par la revue *Foreign Affairs* en juillet 1947. La stratégie dite de l' « endiguement » *(containment)* consistait à mettre en place des « contrepoids » pour équilibrer l'expansionnisme d'un régime soviétique qui portait les germes de son propre pourrissement.

Mais Truman n'est pas véritablement disposé à appliquer sa doctrine et vise surtout à satisfaire les exigences de sa majorité républicaine au Congrès. Sa présentation du danger communiste a pour seul but de convaincre ceux qui étaient restés sensibles aux tentations isolationnistes.

Le plan Marshall (1947)

Toujours par crainte de l'impérialisme soviétique, Truman proclame, dès le 12 mars 1947, la nécessité d'apporter une aide économique et militaire aux pays menacés par le communisme. La guerre désormais doit être engagée contre la misère et la faim et les États-Unis vont s'engager résolument dans la reconstruction de l'Europe. C'est George C. Marshall, le responsable principal de la victoire alliée en tant que chef d'état-major des États-Unis de 1939 à 1945 devenu secrétaire d'État en janvier 1947 après avoir été ambassadeur spécial en Chine, qui annonça le programme de reconstruction européenne *(European Recovery Program)* dans un discours à l'Université

Harvard le 5 juin 1947. Le plan d'aide comprenait un apport de capitaux mais aussi de matières premières et de machines et l'envoi de conseillers techniques et d'experts dans le domaine technologique.

Le plan d'aide américain est le pendant économique de l'engagement politique défini par la doctrine Truman. Il ne relève pas du mécénat car il est indispensable pour la prospérité de l'économie américaine de sauver l'Europe de l'effondrement et le succès de l'entreprise dépend aussi de la volonté des Européens de s'organiser et de s'entraider. La réponse de l'Europe à l'appel de Marshall est donc déterminante. Le programme commun de reconstruction fit l'objet de discussions à la conférence internationale de Paris organisée du 12 juillet au 22 septembre 1947 à l'initiative de la France et de la Grande-Bretagne. Quant à la Russie, elle refusa la proposition et interdit à ses satellites de l'accepter car elle voyait dans ce plan le signe évident de l'impérialisme économique américain. 16 pays acceptèrent le plan qui impliquait 22 milliards de dollars pendant quatre ans fournis en partie par la BIRD (Banque internationale pour la reconstruction et le développement) mais, pour l'essentiel, par les États-Unis, malgré les réticences du Congrès, en décembre 1947, de voter des crédits aussi importants. Finalement l'Administration de coopération économique dirigée par le républicain Paul G. Hoffman remplit son contrat en fournissant près de 13 milliards de dollars en quatre ans. A défaut d'avoir construit son unité, l'Europe s'était redressée.

La création de l'OTAN (1949)

Ce n'est qu'un peu plus tard que l'action américaine prendra son caractère global suite à certains événements tels que le « Coup de Prague » de février 1948 qui voit le rideau de fer s'abattre tranquillement sur la Tchécoslovaquie, le blocus de Berlin par les forces soviétiques du 24 juin 1948 au 12 mai 1949 qui n'engendre pas un réel conflit armé grâce à la stratégie américaine du pont aérien et conduit en septembre-octobre à la partition de l'Allemagne désormais divisée en deux États indépendants, l'explosion de la première bombe atomique soviétique en septembre 1949 qui entraîne les États-Unis dans une sorte d'escalade conduisant à l'explosion de la première bombe à hydrogène en novembre 1952 ou enfin la victoire des communistes de Mao Tsê-tung le 1er octobre 1949 dans la République populaire de Chine que les États-Unis refusent de reconnaître et la fin du régime de Tchang Kaï-chek qui se réfugie à Formose le 8 décembre 1949.

Dès la fin de la guerre, les États-Unis rompant avec leurs traditions ont éprouvé le besoin d'avoir des alliés. En septembre 1947, aux termes du pacte de Rio, les États-Unis s'engagent à défendre l'ensemble de l'hémisphère américain. Bien avant la victoire de Mao et l'échec de la Conférence des Quatre Grands de Paris en mai 1949, l'idée d'une alliance défensive avait été évoquée. Le 4 avril 1949, les États-Unis, la Grande-Bretagne, le Canada, la France et huit autres pays signèrent le pacte créant l'Organisation du traité de l'Atlantique Nord (OTAN) qui stipulait que « toute attaque armée contre l'une d'elles sera considérée comme une attaque contre toutes les puissances signataires » et fera l'objet d'une réponse concertée. La Grèce et la Turquie rejoindront l'OTAN en 1952 et l'URSS répondra à cette initiative en signant le pacte de Varsovie en 1955.

L'OTAN instituait une organisation militaire commune et des états-majors communs outre qu'elle impliquait pour les États-Unis l'abandon d'une partie de leur souveraineté et la reconnaissance que leur frontière se situait désormais au-delà des mers aux limites séparant les nations libres de celles qui étaient dominées par l'URSS. L'idée même de l'OTAN était extrêmement populaire auprès de l'opinion publique américaine et le Sénat ratifia son existence par 80 voix contre 13. Même si certains exprimaient leurs craintes à l'égard de cette militarisation et trouvaient que les crédits militaires étaient trop importants, un programme d'assistance militaire d'un montant de 1 450 millions de dollars fut adopté et le premier envoi d'armes américaines intervint en avril 1950 tandis que des plans de réarmement se mettaient en place en Europe, notamment en France et en Grande-Bretagne. Un document préparé en secret par Paul Nitze en 1949 préconisait le réarmement rapide des États-Unis. Quant au général Eisenhower qui avait accepté le commandement des opérations terrestres de l'OTAN en décembre 1950, il incita activement au réarmement les pays membres de l'Organisation y compris l'Allemagne de l'Ouest. Après avoir signé le traité de l'Atlantique Nord qui les liait à la défense d'une grande partie de l'Europe centrale et méridionale, les États-Unis s'engagèrent par l'ANZUS en 1952 avec l'Australie et la Nouvelle-Zélande avant de signer, en 1954, le traité de l'Asie du Sud-Est (OTASE).

En matière de service militaire, la philosophie évolue aussi considérablement en peu de temps puisque le Congrès adopte une nouvelle loi le 24 mai 1948 *(Selective Service Act)* qui impose aux hommes de 18 à 25 ans de s'inscrire sur des listes d'incorporation. Le nombre des incorporés est alors fixé à un peu plus de 2 millions (837 000 pour l'armée de terre, 667 000 pour la marine et 502 000 pour l'aviation). En mars 1951, le secrétaire à la Défense George Marshall annonce que les forces armées américaines totalisent un peu plus de 3 millions d'hommes, soit deux fois plus qu'au début de la guerre de Corée. En juin 1951, la loi sur l'incorporation est prolongée jusqu'au 1er juillet 1955 en portant l'âge d'incorporation à 18 ans et demi et en élevant à deux ans la durée du service militaire rendu obligatoire pour tous. Le 16 juillet 1952, la loi sur la réadaptation des recrues de la guerre de Corée *(Korean G.I. Bill of Rights)* indique qu'à partir du 27 juillet 1950 les soldats américains bénéficieraient avec effet rétroactif des mêmes avantages que ceux de la Seconde Guerre mondiale.

La guerre de Corée (1950-1953) et le début de la guerre froide

Les positions américaines avaient également été renforcées dans le Pacifique. L'indépendance est accordée aux Philippines dès le 4 juillet 1946. A partir de la fin août 1945, le Japon, désarmé, est occupé mais traité avec modération et contrôlé par le commandant suprême des forces alliées, le général Douglas Mac Arthur. Un programme de stabilisation économique comparable au plan Marshall y est lancé en 1949 pour empêcher le Japon de devenir la proie du communisme et en faire un des bastions de la liberté dans le Pacifique. Il faudra attendre 1951 pour que les États-Unis signent un traité de défense avec le Japon précisant les conditions de maintien des troupes américaines, mettant fin à l'occupation et installant une monarchie démocratique.

Jusqu'en 1950, les États-Unis accordent peu d'importance à la Corée. Il suffit de croire les déclarations mêmes du secrétaire d'État Dean Acheson qui avait laissé entendre, en janvier 1950, que la Corée du Sud ne faisait pas partie du périmètre de défense américain. Ce petit pays avait été divisé à Yalta, en août 1945, par les Alliés en deux zones de chaque côté du 38e parallèle ; l'une, celle du Nord, avait été placée sous influence russe, l'autre, celle du Sud, avait été placée sous influence américaine. La grande surprise fut l'invasion, le 25 juin 1950, de l'armée nord-coréenne, militairement soutenue par l'URSS, qui franchit le 38ᵉ parallèle et se trouva aux portes de Séoul. Alors que Mao régnait en Chine, les communistes croyaient sans doute pouvoir dominer l'Asie. Les événements inattendus de Corée constituèrent alors la menace objective d'une troisième guerre mondiale. Le seul élément qui a changé en 1950 par rapport à la Deuxième Guerre mondiale, c'est l'adversaire : au lieu de l'Allemagne et du Japon totalitaires, c'est le communisme soviétique et chinois. La guerre de Corée allait fournir le catalyseur idéal pour justifier l'adoption effective de la doctrine Truman outre qu'elle allait permettre de conforter la prospérité des États-Unis dont l'économie demeurait fragile.

Après l'agression nord-coréenne, un corollaire fut ajouté à la doctrine Truman qui avait désormais une cible précise. La politique étrangère de l'administration Truman devenait ce qu'elle n'avait pas voulu être et la guerre froide commençait véritablement avec ses caractéristiques essentielles, c'est-à-dire l'obsession de l'idéologie aux dépens des États, une disponibilité pour l'intervention et un refus de la négociation. Sans même consulter le Congrès, le président Truman décida l'envoi de troupes en Corée le 26 juin. On notera au passage que c'est la première fois dans l'histoire américaine et non la dernière qu'un président agit de la sorte vis-à-vis du Congrès. En raison de son absence, l'URSS (qui contestait que ce ne soit pas la Chine populaire mais Formose qui occupe le siège de la Chine à l'ONU), ne put donc opposer son veto et la réponse fut immédiate de la part du Conseil de sécurité qui, le 27 juin, invita les pays membres à repousser l'agression communiste « afin d'assurer la paix et la sécurité dans la région ». Cette décision valut à cette institution une crédibilité plus grande que la SDN et c'est une véritable armée internationale cautionnée par les Nations Unies qui fut ainsi placée sous le commandement du général MacArthur le 8 juillet. A l'automne, les troupes de l'ONU réussissaient à repousser l'offensive nord-coréenne, franchissaient le 38ᵉ parallèle et s'emparaient de Pyongyang, capitale de la Corée du Nord. MacArthur ne prenait pas réellement au sérieux le danger que constituait alors la menace des Chinois de prêter leur concours aux Nord-Coréens. Lorsque la Chine communiste se mit à attaquer sérieusement en octobre 1950, le conflit prit d'autres proportions. Truman envisagea d'utiliser la bombe mais y renonça finalement et les combats difficiles et sanglants incitèrent le président à calmer le jeu pour ne pas détourner les efforts américains de la scène européenne. MacArthur était persuadé que l'escalade garantirait le succès et il eut du mal à accepter la déclaration de Truman qui affirma, le 15 décembre 1950, qu'il recherchait la paix et non la guerre. L'obstination et la fougue du militaire marquèrent au printemps 1951 un contraste gênant avec la prudence et la modération du politique et Truman dut relever son général le 11 avril 1951 et le remplacer par Matthew B. Ridgway. Triomphal fut le retour aux États-Unis du général Mac Arthur qui s'opposa alors à Eisenhower au sein du parti républicain en défendant des thèses isolationnistes aux côtés de Herbert Hoover. Mais rien n'ébranla les convictions de Truman qui continua de croire à la priorité de l'Europe. L'histoire allait donner raison à Truman et à Eisenhower. Quant aux négociations de paix en Corée, elles traînèrent en longueur en raison de la lassitude des belligérants jusqu'à ce que la mort de Staline et le changement politique américain accélèrent la signature de l'armistice le 27 juillet 1953. A défaut d'avoir été une victoire militaire totale des forces de l'ONU, la guerre de Corée avait au moins eu le mérite de montrer la capacité de résistance de l'Occident et l'union du monde libre. Sans minimiser l'importance de l'affrontement, la Guerre froide reposait surtout en fin de compte sur les illusions qui se formaient de part et d'autre sur la puissance de l'adversaire.

La chasse aux sorcières

Un vent d'américanisme à tout crin avait déjà soufflé sur l'Amérique au sortir de la Première Guerre mondiale dominée par la peur des rouges. Comme si les mêmes causes produisaient les mêmes effets, on retrouve le même climat de suspicion pendant les années Truman à l'encontre de toutes les activités susceptibles d'être anti-américaines. La Guerre froide inspire une crainte instinctive et irrationnelle et une méfiance maladive se polarise sur la menace que représente le péril communiste. L'antisoviétisme se transforme en anticommunisme et, assez ironiquement, ce qui a constitué au plan extérieur un ciment pour l'unité nationale va devenir au plan intérieur un ferment de division. La fiction obsessionnelle dépasse la réalité objective car les forces du parti communiste américain ne dépassent guère 75 000 membres. Autant l'anticommunisme a unifié la politique étrangère des États-Unis, autant elle a divisé, à l'intérieur, la cohérence nationale.

Le président Truman se trouve pris entre deux feux contradictoires, celui des républicains qui tout en lui reprochant sa mollesse vis-à-vis des communistes ne sont pas prêts pour autant à lui voter les crédits nécessaires pour contenir la menace soviétique et celui des divers libéraux qui craignent la militarisation croissante des États-Unis et une partialité excessive à l'encontre de l'URSS.

Au risque d'enfreindre les libertés fondamentales et de porter atteinte aux droits civiques, tout un dispositif de surveillance et d'enquête se met en place (par le décret présidentiel n° 9835 du 22 mars 1947) qui vérifie la loyauté des citoyens suspects, qu'il s'agisse des hauts fonctionnaires, des journalistes, des intellectuels ou des artistes. Dès sa création en 1938, l'HUAC *(House Un-American Activities Committee)* enquête sur l'influence du communisme dans divers milieux et précise ses recherches notamment dans les cercles cinématographiques d'Hollywood en octobre 1947. Il y avait bien eu des communistes à Hollywood mais rien ne peut vraiment prouver qu'ils ont influencé les films qui y furent produits. Le départ retentissant pour la RDA de Bertold Brecht qui nie son appartenance au PC est suivi de la condamnation et de l'emprisonnement des « dix réfractaires de Hollywood ». Truman crée une commission chargée de veiller au « loyalisme » des fonctionnaires publics à l'automne 1946 qui met en place un « programme de vérification de la loyauté » le 22 mars 1947. Toute personne accusée d'activités subversives peut bénéficier de l'aide d'un avocat et faire appel en cas de condamnation mais il n'empêche que tout employé du gouvernement ou tout candidat potentiel à un poste officiel fait l'objet d'enquêtes dont les résultats sont conservés dans ses dossiers. Le président s'indigne de ces pratiques qui ne respectent pas les traditions américaines de justice mais il déclenche un processus difficile à contrôler car la situation ne va pas en s'améliorant. Le président joue à l'apprenti-sorcier. Un certain nombre de fonctionnaires fédéraux, civils et militaires, démissionnent ou sont mis à pied sans autre forme de procès. Il est toujours difficile d'évaluer sans les exagérer le nombre des « victimes ». Toutefois, on peut l'estimer à 2 700 (dont 1 200 sous Truman) pour les seuls fonctionnaires civils de 1947 à 1956, sans compter quelque 1 500 militaires.

Un comité de la Chambre des représentants, le Comité des activités anti-américaines, présidé par J. Parnell Thomas, député du New Jersey, prétend, en 1947, avoir découvert des organisations telles que la Jeunesse américaine pour la démocratie *(American Youth for Democracy)* qui couvrent les activités d'agents communistes. D'une façon générale, la peur du communisme grandit. En juillet 1948,

12 dirigeants du Parti communiste (dont le président William Foster et le secrétaire général Eugene Dennis) sont inculpés pour avoir recommandé le renversement du gouvernement. Leur procès, qui traîne pendant l'année 1949, conduit, en octobre, à leur condamnation à cinq ans de prison. En août 1948, l'ex-agent soviétique Whittaker Chambers dénonce les agissements d'un certain Alger Hiss, ancien fonctionnaire du département d'État qui avait ensuite pris la tête de la Fondation Carnegie pour la paix internationale et qui niait avoir remis, dans les années 30, des documents secrets du département d'État à l'URSS. Il est intéressant de noter au passage le rôle joué par Nixon dès 1948 au sein de l'HUAC et la détermination dont il fait preuve dans la dénonciation des activités communistes et, en particulier, son acharnement dans l'affaire Hiss. Le plus grand tort de ce dernier était sans doute d'avoir été un libéral favorable au *New Deal*. Après deux procès contradictoires, Alger Hiss fut condamné à cinq ans de prison en janvier 1950. Issu d'une grande famille de Boston et diplômé de Johns Hopkins et de Harvard, Hiss faisait partie de l'*establishment* et les soupçons qui pesèrent sur une personnalité aussi en vue jetèrent le trouble dans les esprits.

L'année suivante est marquée par le procès retentissant de Julius et Ethel Rosenberg accusés d'avoir livré, à la fin de la Guerre, des secrets sur la bombe atomique à des agents russes. Bien que proclamant leur innocence, ils furent condamnés à mort le 5 avril 1951 et électrocutés le 19 juin 1953 et ce, malgré une campagne de protestations mondiale.

Le maccarthysme, du nom du sénateur républicain du Wisconsin Joseph R. McCarthy (1908-1957), fait rage au début des années 50. McCarthy entreprend une véritable chasse aux sorcières dont il n'est pas le seul responsable car il se contente d'exploiter un filon et de jouer sur la peur de ses concitoyens. Le 9 février 1950, il accuse le département d'État d'Acheson d'employer des communistes et fait état d'une liste de 205 personnes dont il ne révèle pas les noms. Protégé contre les poursuites en diffamation en raison de son statut de sénateur, l'homme était coutumier des faux témoignages et des coups bas mais on ne put jamais prouver l'existence de communistes infiltrés au département d'État. Cette croisade contre le communisme est même validée en quelque sorte par la Cour suprême qui déclare en mars 1952 que toute personne accusée de subversion ne pourra pas enseigner dans les établissements publics. De fait, on peut chiffrer à 600 le nombre des enseignants qui furent licenciés en plus des 150 professeurs du supérieurs qui furent démis.

Les accusations excessives portées par McCarthy contre l'armée et les auditions télévisées des témoins au Sénat en mai-juin 1954 révèlent au grand public la violence, la démagogie et le fanatisme de l'homme et ce n'est qu'en décembre 1954, suite aux enquêtes d'une commission spéciale présidée par Arthur V. Watkins, de l'Utah, que le Sénat finit par voter à une majorité des trois quarts une motion de blâme contre McCarthy. Ce dernier disparaît alors du devant de la scène et sombre dans l'alcoolisme avant de mourir en 1957. Même si 1954 marque la fin du maccarthysme, la société américaine continuera longtemps d'en subir les séquelles.

A ce stade, on peut dire que Truman s'est toujours prononcé clairement contre le maccarthysme mais, malgré son veto, le Congrès adopte la loi McCarran *(McCarran Internal Security Act)* en septembre 1950. Cette loi exige le recensement de tous les membres des organisations communistes et subversives, interdit leur embauche dans tous les secteurs liés à la défense nationale et prévoit leur arrestation en temps de guerre. Elle vise aussi à empêcher l'entrée de toute une série d'immigrants indésirables tels qu'intellectuels subversifs, membres d'organisations fascistes, extrémistes en tout genre. Cette législation donne une idée du climat qui prévaut dans une société dominée par une peur obsessionnelle de la subversion qui n'est pas sans rappeler l'atmosphère des raids Palmer après la Première Guerre mondiale. De la même façon et toujours malgré le veto du président Truman, le Congrès adopta une nouvelle loi en juin 1952, la loi McCarran-Walter qui révise à nouveau le statut de l'immigration et exclut tous les candidats « totalitaires » en introduisant un système de quotas qui détermine un nombre d'immigrants par nation.

L'élection présidentielle de 1952 et la victoire d'Eisenhower, l'homme tranquille

La guerre de Corée a relancé l'économie américaine mais son coût énorme en pertes humaines (54 000 morts et le double de blessés) provoque une impasse politique dont les démocrates font les frais aux élections présidentielles de 1952. Truman, qui pouvait théoriquement se représenter puisque le 22e amendement ne s'applique pas à lui, est au plus bas dans les sondages de popularité

(23 % fin 1952) et renonce à défendre les chances du Parti démocrate. Les républicains sont loin d'être unis, empêtrés qu'ils sont dans leurs divisions entre la vieille garde dirigée par le sénateur de l'Ohio Robert Taft et soutenue par Hoover et, d'autre part, MacArthur et l'aile progressiste proche du *New Deal* et favorable à une politique internationale. Devant la crainte de voir triompher les républicains moyens de *Main Street*, les éléments les plus traditionalistes du GOP, ils furent mis d'accord par un homme nouveau, populaire et non lié aux querelles partisanes, Eisenhower. Auréolé du prestige d'un général vainqueur, Eisenhower, alors commandant suprême de l'OTAN en Europe, l' « homme tranquille » (pour reprendre le titre du célèbre film de John Ford sorti en 1952), promet d'aller lui-même en Corée pour juger sur place d'une situation qui s'enlise, d'extirper les rouges *(reds)* et les roses *(pinkos)* des postes de responsabilité et de remplacer l'endiguement des Soviétiques par leur refoulement *(rollback)*.

Pendant la campagne, les attaques des républicains sont très dures à l'encontre des démocrates accusés de corruption et de faiblesse à l'égard du communisme. Ils dénoncent les maux qui affligent les États-Unis : *Korea, Kommunism, Korruption*, une nouvelle sorte de Ku Klux Klan. Les démocrates, quant à eux, critiquent les républicains pour leurs positions isolationnistes et réactionnaires. Accusé lui aussi de corruption, le sénateur de Californie Richard Nixon réussit à maintenir sa place sur le ticket républicain grâce à une bonne utilisation de la publicité et de la télévision. La campagne de 1952 est d'ailleurs la première où la télévision prend une telle importance.

Le résultat des présidentielles de novembre 1952 ne constitue pas une vraie surprise. Dwight D. Eisenhower (1890-1969) remporte une large victoire avec 34 millions de voix (55 % des suffrages) contre un peu plus de 27 millions de voix (45 % des suffrages) pour son adversaire Adlai E. Stevenson (1900-1965). L'écart au niveau des voix du collège électoral est encore plus important (442 contre 89). Le gouverneur de l'Illinois Stevenson, qui est le petit-fils du vice-président de Grover Cleveland, est un avocat et un intellectuel brillant, presque trop (il passe pour être une tête d'œuf / *egghead*), et a fait une très bonne campagne mais son adversaire est redoutable car il est le symbole de l'unité nationale. Son rôle de commandant des forces alliées en Afrique du Nord puis de responsable en chef du débarquement a fait de lui l'incarnation de l'Amérique en lutte contre les nazis pour la liberté et la démocratie. Le succès d'Eisenhower est celui d'un homme charismatique, affable et rassurant. C'est le triomphe d'une personnalité auréolée de gloire plutôt que celui d'un parti. La majorité républicaine est d'ailleurs plutôt étroite au Congrès (221 contre 211 à la Chambre et 48 contre 47 au Sénat). Les démocrates ont été usés par le pouvoir et l'électorat exprime son désir de changement d'autant que les jeunes électeurs qui n'ont pas connu la dépression sont moins motivés pour voter démocrate. L'élection de 1952 marque en tout cas le retour des républicains après vingt ans.

La politique étrangère d'Eisenhower (1953-1961)

Né dans le Texas, élevé dans le Kansas, issu d'une famille pauvre et pieuse, Eisenhower est formé à Westpoint après des études qui n'ont rien d'exceptionnel. Comme l'indique le slogan publicitaire *I like Ike,* Eisenhower incarne une politique *new look* et le nouveau président forme un gouvernement modéré, conservateur et prudent composé d'industriels, de financiers et d'hommes d'affaires. Choisi par *Wall Street,* il est soutenu par les milieux d'affaires et la grande finance de New York. La composition du cabinet reflète la confiance du président dans le secteur privé. Il confie le département du Trésor à George Humphrey, un industriel de Cleveland. Pour la politique étrangère, il s'appuie totalement sur son secrétaire d'État, John Foster Dulles, qui a été le représentant des États-Unis à l'Assemblée de l'ONU. Soucieux de marquer la différence de politique avec l'administration démocrate, il muscle le discours en voulant aller au-delà de l'endiguement. Le destin a voulu, comme le rappelle le président dans son discours inaugural, que l'Amérique ait « la responsabilité de la conduite du monde libre ». Il ne s'agit plus de contenir le communisme mais de le refouler et de le dissuader par la menace de « représailles massives » *(massive retaliation).* On parle toujours d'être au bord du déclenchement *(brinkmanship)* d'une guerre nucléaire mais les actes ne suivront pas la rhétorique. La dissuasion nucléaire joue néanmoins un rôle essentiel d'autant que les États-Unis disposent de la bombe thermonucléaire depuis 1952.

La mort de Staline (5 mars 1953) et l'évolution de la politique de l'URSS placée sous le signe de la coexistence pacifique avec Nikita Khrouchtchev amènent un climat de détente et de négociation.

Eisenhower peut conclure d'autant plus facilement la guerre de Corée (27 juillet 1953) qu'il n'a pas été responsable de son déclenchement. Il signe l'armistice d'une « paix sans victoire » mais il avait été élu pour sortir les Américains du conflit. Le discours est menaçant et belliqueux mais, en pratique, l'attitude est prudente et conciliante. Eisenhower fait véritablement œuvre de diplomate.

L'année 1954 n'est pas pour autant celle des avancées spectaculaires et du dégel et l'explosion expérimentale de la première bombe hydrogène soviétique ne contribue pas au réchauffement des relations.

La conférence réunie à Genève en juillet 1954 pour examiner la situation de la Corée et de l'Indochine n'arrive pas à trouver de solutions satisfaisantes. Il s'avère impossible de régler le sort de la Corée en unifiant le pays ou en organisant des élections libres et démocratiques. Quant à l'Indochine, elle est coupée en deux. La partie nord où les communistes ont sévèrement défait les troupes françaises, est laissée aux Viêt-minh tandis que la partie sud est provisoirement organisée en État indépendant (République du Viêtnam). L'expérience française qui se solde par la défaite de Diên Biên Phu en mai 1954 ne semble pas vraiment servir de leçon aux États-Unis qui, après avoir refusé un engagement militaire massif, envisagent une intervention limitée, participent seulement à la partition de l'Indochine le long du 17e parallèle et s'engagent aux côtés du régime du Sud anticommuniste mais non démocratique de Ngo Dinh Diem. Assez ironiquement, les États-Unis vont prendre le relais de la France au Viêt-nam et s'y enliser. La fin de la guerre de Corée et le refus de signer les accords de Genève impliquent en fait le début de l'engrenage vietnamien. En septembre 1954, suite à l'initiative de Foster Dulles, les États-Unis participent activement à la création de l'OTASE (Organisation du traité de l'Asie du Sud-Est) ou SEATO *(South-East Asia Treaty Organization),* une alliance stratégique qui est le pendant asiatique de l'OTAN mais qui va se révéler moins efficace.

Par ailleurs, les États-Unis tentent de mettre en place une Communauté européenne de Défense (CED) mais en vain en raison du refus de la France, en août 1954, de ratifier un traité qui aurait permis l'intégration des forces militaires de la France, de l'Allemagne de l'Ouest, de l'Italie, des Pays-Bas, du Luxembourg et de la Belgique. L'initiative est reprise par Anthony Eden, le ministre britannique des Affaires étrangères, qui par le biais de l'UEO (Union de l'Europe occidentale) conduit la Grande-Bretagne à maintenir des troupes sur le continent et permet la poursuite du réarmement de l'Allemagne de l'Ouest.

En mai 1955, à la Conférence des Quatre Grands à Vienne, Moscou et Washington arrivent à se mettre d'accord pour signer le traité qui instaure l'indépendance de l'Autriche. La Conférence de Genève en juillet 1955 met en présence les représentants des États-Unis, de la France et de l'Angleterre avec les nouveaux leaders de l'URSS, notamment le président du Conseil Boulganine et le chef du Parti communiste Nikita Khrouchtchev. L' « esprit de Genève » est presque idyllique. Le climat y est plus détendu et on peut aborder des négociations sur la limitation (ou la non-prolifération) des armes et sur la réunification de l'Allemagne. Le principe proposé par Eisenhower d'inspecter les armements « à ciel ouvert » par des reconnaissances photographiques aériennes y est même accepté mais la conférence se solde par peu de résultats concrets, les grandes déclarations n'étant pas suivies d'effet.

La ligne politique définie par Foster Dulles offre une vision contrastée du monde qui demeure un peu trop binaire et sans nuances. L'idée de base est de dire que « si vous n'êtes pas avec nous, vous êtes contre nous » mais ce postulat de départ fait peu de cas du fait qu'anti-communiste ne veut pas nécessairement dire démocratique. Par ailleurs, Eisenhower poursuit l'idée qu'avait lancée son prédécesseur en 1949 d'un programme d'aide internationale (le célèbre *Point Four*) avec soutien économique et militaire en direction de pays en voie de développement ou ayant acquis récemment leur indépendance et dont on souhaitait acquérir par là même l'appui fidèle. La limite d'une telle politique d'investissement dont le rapport n'était pas garanti fut le coût énorme, outre le danger d'accroître le renfort militaire au détriment de l'aide économique.

Le discours sur le durcissement *(brinkmanship)* allait montrer de surcroît ses limites avec les événements de Hongrie, comme si tout ce qui se passait derrière le rideau de fer échappait aux États-Unis. En effet, l'écrasement brutal par les chars soviétiques du soulèvement d'octobre-novembre 1956 qui visait à renverser le régime communiste ne conduisit pas à l'envoi de troupes américaines pour soutenir la révolte hongroise. En revanche, le même discours engendra assez ironiquement un rapprochement inattendu entre les deux Grands dans l'affaire de Suez en contraignant Israël, la France et la Grande-Bretagne à se retirer du canal de Suez qu'ils avaient occupé. Les Nations Unies avaient reconnu en 1948 un État d'Israël sur un territoire revendiqué tant par les Juifs que par les Arabes et la guerre qui s'en était suivie avait consacré la victoire d'Israël. La scène égyptienne est essentiellement marquée par la prise de pouvoir du colonel Gamal Abdel Nasser, un dictateur nationaliste qui s'empare du canal de Suez qu'il nationalise. Les États-Unis qui s'étaient engagés en décembre 1955 à aider l'Égypte à construire un grand barrage sur le Nil, à Assouan, afin de permettre son développement hydro-électrique, interrompirent les travaux, en juillet 1956, lorsque Nasser se déclara neutre dans la guerre froide et s'empara du canal possédé par les Anglais. La crainte de ne plus pouvoir s'approvisionner en pétrole dans le Moyen-Orient décida l'armée israélienne à envahir le territoire égyptien puis la France et la Grande-Bretagne à adresser un ultimatum, suivi immédiatement d'une action militaire. Les États-Unis se froissèrent de cette intervention anglo-française décidée sans qu'ils en soient prévenus et les Soviétiques qui venaient de réprimer le soulèvement hongrois tirèrent argument des événements au Proche-Orient pour dénoncer l'agression des « impérialistes » occidentaux. Le 31 octobre, le Conseil de sécurité des Nations Unies vota le cessez-le-feu avec l'appui des États-Unis et de l'URSS mais avec le veto de la France et de la Grande-Bretagne. En novembre, l'Assemblée générale des Nations Unies exigea le retrait de la France et de la Grande-Bretagne du territoire égyptien. La gestion du canal fut alors confiée à l'Égypte et la détente revint fin 1956.

Après le déséquilibre des forces dans la crise de Suez, le président américain formula ce que l'on a coutume d'appeler la « doctrine Eisenhower » le 5 janvier 1957. Poussé par « la recherche de la paix et non de la violence », le président demanda avec succès au Congrès de l'autoriser à envoyer des troupes américaines pour aider tout pays qui solliciterait son soutien en cas d'agression par un pays communiste. Ainsi fut satisfaite, en mai 1958, la demande du Liban dont l'indépendance put être garantie mais cette ligne politique américaine provoqua un coup d'État en Irak qui renversa la famille royale et consacra l'émergence politique de Saddam Hussein. On sait par ailleurs que les États-Unis avaient contribué à installer le shah d'Iran au pouvoir. On peut conclure que le mélange de peur du communisme, d'une part, et d'intérêts pétroliers, d'autre part, constitue l'annonce des implications futures des États-Unis dans la guerre Iran-Irak des années 1980 et dans la crise du golfe Persique de 1990.

Par ailleurs, la fin de l'année 1957 suscita un choc aux États-

Unis avec le lancement, le 4 octobre, du premier Spoutnik (satellite) russe. L'événement est un peu inattendu malgré l'activité de services américains de renseignement et d'espionnage et consacre l'avancement de la technologie soviétique. La surprise est d'autant plus grande que les Américains avaient sous-estimé leurs rivaux dans la course à l'armement et dans la conquête de l'espace et qu'ils considéraient volontiers les Soviétiques comme des paysans un peu attardés. Outre l'amertume qu'ils éprouvèrent de ne pas être les premiers (les Américains ne lanceront leurs premiers satellites *Explorer* puis *Discoverer* qu'à partir du 31 janvier 1958), les États-Unis traversèrent une crise de confiance dans leur capacité à former des ingénieurs de haut niveau et remirent en question tout leur système d'éducation. Le sursaut se traduit par l'adoption par le Congrès du *National Defense Education Act* qui débloque une aide de 887 millions de dollars pour aider les meilleurs étudiants de l'enseignement supérieur et par la création de la NASA *(National Aeronautics and Space Administration)* en 1958 pour favoriser l'exploration spatiale.

Quelques offensives de paix de la part de l'URSS dont on peut toujours se demander dans quelle mesure elles sont sincères et la mort de Foster Dulles, champion de la résistance ferme au communisme, incitent à penser que le climat pourrait être à la détente et qu'un certain dégel s'annonce, en 1959, dans ce climat de guerre froide (Khrouchtchev visite les États-Unis en septembre) mais cet espoir est vite déçu. Deux semaines après que l'URSS ait abattu un avion U2 américain en espionnage, la perspective de tenir un sommet à Paris en mai 1960 est repoussée *sine die* car Nikita Khrouchtchev annule sa participation devant le refus des États-Unis de lui présenter des excuses pour avoir effectué des missions de reconnaissance au-dessus du territoire soviétique. La détente n'est de toute façon pas le seul fait de la disparition d'hommes tels que Staline ou Foster Dulles. Elle résulte plutôt du rapport des forces nucléaires qui vient de se modifier. Les Américains ont pris conscience que leur territoire n'était plus à l'abri d'une bombe atomique lancée par une fusée soviétique et ils se sentent d'autant plus vulnérables qu'ils se savent distancés dans la conquête de l'espace et dans la course à la lune (Yuri Gagarine est le premier homme envoyé dans l'espace en avril 1961 et sera suivi de près par Sheppard en mai de la même année).

En fin de compte, la politique étrangère d'Ike ne diffère de celle de Truman que par sa rhétorique. On peut dire que sa chance fut d'avoir maintenu son pays à l'abri de la guerre pendant huit ans. C'est ce souvenir que l'histoire veut retenir des deux mandats d'Eisenhower.

La situation intérieure (1953-1960)

Lorsque les républicains reviennent au pouvoir, vingt ans après Hoover, le pays est en pleine croissance industrielle et offre une image de prospérité et de stabilité que viennent confirmer la fin de la guerre de Corée et la disparition du maccarthysme. En écho aux années 20, les années 50 vont prendre valeur de symbole et signifier une sorte d'âge d'or, un Eden qui renforce l'attractivité mythique des États-Unis. L'*American way of life* conforte le rêve américain.

En réalité, entre 1953 et 1960, les Américains vivent une parenthèse heureuse, enfin libérés de leurs anxiétés et pas encore assaillis par les doutes ou la contestation. D'une façon générale, les électeurs font confiance à leurs partis politiques et sont fiers d'une démocratie qui fonctionne bien. C'est dans ce contexte serein sinon euphorique que les électeurs ont largement porté Ike à la présidence. Revenus au pouvoir dès le début de 1953, les républicains vont dominer la vie politique des années 50. Le charisme d'Eisenhower est tel qu'il le place parmi les trois ou quatre présidents les plus populaires de toute l'histoire américaine, aux côtés des deux Roosevelt et de Reagan. Sa cote de popularité est en effet aussi haute à la fin de ses deux mandats que lorsqu'il est entré à la Maison-Blanche.

Autant Eisenhower s'est appuyé sur Foster Dulles jusqu'en 1959 pour sa politique étrangère, autant il peut compter, pour les affaires courantes, sur son secrétaire général à la Maison-Blanche et son grand conseiller, Sherman Adams, du New Hampshire, au moins jusqu'en 1958, date à laquelle ce dernier est contraint de démissionner pour avoir été impliqué dans une affaire de pots de vin. Une autre personnalité influente est le secrétaire à la Défense Charles Wilson, ancien président de *General Motors*.

La volonté du président, l'homme tranquille qui joue au centre et se place en position d'arbitre, est de suivre la ligne d'un « conservatisme progressiste ou dynamique » ou bien encore d'une « progressisme modéré ». C'est sur ce programme qu'il assure sa réélection en novembre 1956. Malgré la crise cardiaque qui l'a frappé le 24 septembre 1955, Ike se rétablit et doit vaincre les résistances et surmonter ses propres réticences pour faire route avec Nixon qui s'impose sur son ticket. La campagne électorale se déroule sur fond de crise dans le Moyen-Orient et de répression en Hongrie. La situation internationale est telle qu'elle n'incite pas les électeurs à sortir une équipe qui gagne. Une nouvelle fois, la personnalité du président joue à plein et Eisenhower remporte une victoire écrasante avec 35,6 millions de voix (57 % des suffrages) contre 26 millions (il conquiert aussi la majorité dans 41 États et obtient 457 des 531 grands électeurs) pour le même adversaire qui lui a déjà été opposé par les démocrates en 1952, Adlai Stevenson. A nouveau, le succès aux présidentielles consacre la victoire d'un homme.

Le second mandat d'Eisenhower débute le 20 janvier 1957 et confirme les décisions prises pendant le premier mandat. Certes, en 1956, les démocrates conservent la majorité au Congrès (acquise dès 1954) avec une avance confortable à la Chambre (233 contre 200) et avec une marge plus étroite au Sénat (49 contre 47). Les élections législatives de mi-parcours en novembre 1958 amplifient la victoire démocrate (283 à la Chambre contre 153 et 64 contre 32 au Sénat) mais les positions modérées défendues tant par le président que par les chefs de l'opposition permettent de dégager un consensus efficace. Plus que les majorités ce qui compte, c'est l'état d'esprit des responsables politiques et leur volonté de coopérer. Eisenhower suit une ligne centriste qui fait de lui le champion de la modération et du juste milieu. Il lui est plus aisé de collaborer avec les démocrates qu'avec certains républicains ultra-conservateurs comme William Knowland. Les chefs de la majorité démocrate du Congrès, Lyndon Johnson pour le Sénat et Samuel Rayburn pour la Chambre, sont deux Texans modérés particulièrement courtois. Eisenhower fait tout pour rapprocher les « nouveaux républicains » et les démocrates sudistes afin de constituer un gouvernement au centre. De façon plus générale, une fois dissipées les passions déchaînées par le maccarthysme et hormis la survivance de positions extrémistes mais minoritaires (on peut penser à l'activisme conservateur de la *National Review* lancée en 1955 par William Buckley, Jr.), la fin des idéologies conduit à une atténuation des oppositions politiques. Tant dans le domaine de l'économie et de la société que dans celui de la vie intellectuelle, les affrontements perdent de leur vigueur au point que l'historien Richard Hofstadter, un moment tenté par le communisme à la fin des années 1930, peut proposer dix ans plus tard le concept d'une expérience nationale fondée sur un consensus qui présuppose que la conscience de classe est passée au second plan. Le concept de « centre vital » également avancé par un autre historien Arthur

Schlesinger, Jr., fait mieux comprendre le climat intellectuel de l'époque qui permet à Ike de poursuivre en politique la voie du juste milieu.

Si la popularité du président a toujours fait l'unanimité, son bilan politique a été plus contrasté. Mais l'image de l'homme un peu distancié voire paresseux qui préfère les terrains de golf à sa table de travail dans le Bureau ovale est en passe d'être corrigée et cède la place à une évaluation plus élogieuse. Dans un contexte général de fin des idéologies, Eisenhower est du genre à prendre son temps et à ne pas brusquer les gens ni à à forcer le cours naturel des choses. On a souvent dit qu'il avait du mal à trancher mais son souci est de rechercher le consensus. Eisenhower frappe par son côté non partisan. Il est le premier président depuis John Quincy Adams à se situer ainsi au-dessus de la mêlée. Le chef politique n'est ni hésitant ni timoré mais sa conduite est dictée par la prudence, le flair politique, le sens du compromis et la lucidité. Il a le souci de prendre un profil bas en mettant en avant ses collaborateurs qui lui servent d'écran protecteur mais c'est bien lui qui est personnellement à l'origine de la plupart des décisions.

A partir de 1953, la politique américaine prend des allures parfois réactionnaires. Les crédits de fonctionnement de la *Tennessee Valley Authority* sont réduits et Eisenhower, qui renonce au socialisme rampant *(creeping socialism)*, met fin, dès 1953, au principe de la réserve nationale établi par Roosevelt et par Truman. Son désir est de réduire le pouvoir du gouvernement fédéral et de redonner le contrôle des ressources naturelles aux gouvernements des États côtiers (Texas, Louisiane, Californie). On aura compris qu'il est plus facile pour des particuliers de se procurer ces ressources auprès des gouvernements des États. Une loi est votée qui procède au transfert de droits de propriété sur les ressources pétrolières. Ainsi est clairement établi le primat des intérêts privés sur l'activité publique. C'est sur ce point précis que l'on peut incontestablement déceler un changement radical de politique du président avec celle de ses prédécesseurs. Pour le reste, en revanche, on constate une assez remarquable continuité.

Sur la question du loyalisme des membres de l'administration, Eisenhower, comme Truman, pense que c'est au Congrès à prendre des mesures. Alors que les sentiments anti-communistes sont à leur comble dans l'opinion publique, l'*International Security Act* de 1950, voté pour protéger l'État contre des fonctionnaires publics qui failliraient à leur devoir, est renforcé à l'été 1954 par la loi anticommu-

niste *(Communist Control Act)* qui limite les activités du Parti communiste au point de le confiner à la paralysie. Déjà réduits à 20 000 en
1956, les communistes ne sont plus que 5 000 en 1960. Les mesures
prises contre les risques de déloyalisme sont également renforcées et
le concept même de déloyalisme est élargi à tout ce qui touche à la
sécurité. La notion conduit à la confusion et aux abus puisqu'elle
permet d'inclure des accusations pour alcoolisme ou immoralité. Par
le décret n° 10450 du 27 avril 1953, Eisenhower modifie le « programme de loyauté » et il appartient désormais aux fonctionnaires
suspectés de prouver qu'ils ne mettent pas la sécurité en danger.
Mais la mesure de 1954 est annulée en 1957 par la Cour suprême
qui, dans l'arrêt *Yates v. US*, met un terme à la chasse aux sorcières
en distinguant entre le fait de proférer une « doctrine abstraite » de
la révolution et l'appel à une « action spécifique » pour renverser les
institutions.

Par ailleurs, on a souvent reproché à Eisenhower son indulgence
coupable voire sa mollesse à l'égard de McCarthy. Il n'a rien fait en
tout cas pour le réduire au silence. Plusieurs raisons semblent avoir
motivé sa conduite. Outre le fait qu'il ne voulait pas accroître la
publicité faite autour de cet homme dont la crédibilité était renforcée par les médias, on ne peut s'empêcher de penser que, dans le
fond, le président partageait les mêmes convictions sur la nécessité
de lutter contre le péril communiste même à l'intérieur du pays. Il
semble aussi qu'il ait eu une sorte d'accord tacite entre les deux
hommes pour tolérer les agissements de McCarthy à condition que
le Parti républicain soit épargné.

Dans le domaine financier, le discours sur la rigueur est de mise.
L'intervention gouvernementale a pour objectif essentiel de créer la
stabilité économique dont les hommes d'affaires seront les premiers à
profiter. Les Américains ne peuvent pas espérer une réduction des
impôts ou du budget car le président souhaite s'attaquer plutôt à
réduire la dette et il ne manque pas de rappeler qu'il faut se préparer à faire des sacrifices et à traverser des moments difficiles. Même
si les budgets équilibrés sont fort rares dans l'histoire américaine, la
réduction du déficit du budget devient une priorité pour diminuer le
risque d'instabilité monétaire. Le déficit budgétaire qui est, par
exemple, d'un peu moins de 3 milliards en 1957-1958 atteint
12,5 milliards en 1958-1959, le chiffre le plus élevé pour un temps
de paix). A ce titre, on doit souligner que la stratégie de dissuasion
nucléaire permet de réduire l'établissement militaire et donc de
diminuer les dépenses de la Marine et de l'Armée. Enfin, la réforme

du système fiscal fédéral en 1954 a pour but de stimuler l'économie par le système des déductions d'impôts. Mais la plupart des mesures comme la réduction des taxes sur la consommation de luxe ou l'accélération des conditions d'amortissement pour les sociétés n'avantagent en fait que les plus favorisés.

Mais Eisenhower est prêt à simplifier le système douanier et à baisser les tarifs douaniers afin de développer le commerce. Il apparaît comme un adepte de la libre entreprise, soucieux de respecter l'initiative individuelle et les lois économiques naturelles. Si l'administration doit être libérale au niveau de ses relations avec les individus, notamment en allégeant la bureaucratie, il importe qu'elle soit conservatrice quand il s'agit de l'économie et du portefeuille des contribuables. Mais la nouvelle forme que prend la solidarité entre le gouvernement et les intérêts privés peut avoir des retombées positives pour les salariés. Le secteur militaro-industriel offre une bonne illustration de cette complicité profitable entre le *bug business*, le *big government* et le *big labor*.

Un grand nombre de mesures s'inscrivent dans le droit fil de celles qui ont été prises pendant le *New Deal* ou le *Fair Deal*. L'expérience du *New Deal* et l'épreuve de la guerre ont permis de comprendre que l'économie capitaliste ne pouvait pas se réguler automatiquement et qu'il était donc nécessaire de mettre sur pied un système de contrôle le moins contraignant possible. Le système mixte d'un keynésianisme tempéré reçoit finalement l'adhésion des milieux d'affaires. Dans le domaine social, l'administration Eisenhower réussit à élargir le système de protection sociale mis en place par le *Social Security Act* de 1935 à 7 millions d'Américains de plus. Deux lois adoptées en 1954 et 1956 permettent d'augmenter le nombre des bénéficiaires surtout parmi les exploitants agricoles propriétaires. Dès le 1er avril 1953 avait été créé le département à la Santé, à l'Éducation et aux Affaires sociales *(Department of Health, Education and Welfare, HEW)* déjà proposé par Truman. Eisenhower avait placé à la tête de ce département Ovetta Culp Hobby, la deuxième femme à devenir ministre après Frances Perkins. De nouvelles lois *(Housing Acts)* permirent aussi de débloquer des allocations pour financer des dizaines de milliers de logements sociaux (35 000 le 2 août 1954, 45 000 le 2 août 1955, 70 000 le 1er août 1956). La loi du 12 juillet 1957 met l'accent plus particulièrement sur les logements pour personnes âgées et celle du 1er avril 1958 rappelle l'urgence du programme de logements.

En revanche, sur le front des syndicats, le Congrès ne veut pas modifier la loi Taft-Hartley mais Eisenhower ne fait rien pour passer en force. Ce n'est pas son style. Mais l'administration républicaine ne remet pas fondamentalement en cause la puissance syndicale qui connaît des évolutions pendant les années 50. Le CIO, qui compte 6 millions d'adhérents en 1947, traverse des années difficiles et subit le contre-coup du maccarthysme car bien des fédérations sont contrôlées par les communistes. En réaction à la loi Taft-Hartley (la crainte est forte de voir l'administration Eisenhower voter un texte encore plus restrictif) et à la faveur d'un renouvellement de chefs, l'AFL et le CIO fusionnent le 5 décembre 1955 et la nouvelle organisation place à sa tête l'ancien président de l'AFL, George Meany.

Malgré la loi Taft-Hartley dont les clauses les plus strictes ne sont pas toujours appliquées, les syndicats puissants se manifestent pour préserver leurs avantages sociaux plus que pour obtenir des augmentations de salaire horaire. Il est vrai que la loi du 12 août 1955 a permis l'augmentation du salaire horaire minimum, désormais fixé à un dollar, avec effet au 1er mars 1956. Les syndicats organisent des grèves à l'occasion du renouvellement des conventions collectives, c'est-à-dire tous les trois ans mais les mouvements se font toutefois plus nombreux à partir de 1956. C'est le 20 mars 1956 que prend fin une grève de 156 jours, la plus longue en vingt ans à la *Westinghouse Electric Corporation*. La grève des ouvriers de la métallurgie, la plus longue dans ce secteur, qui débute le 15 juillet 1959, ne prend fin que le 4 janvier 1960 bien après que le président ait invoqué la loi Taft-Hartley et que l'injonction de reprendre le travail ait été soutenue par la Cour suprême.

Mais d'autres turbulences plus sérieuses affectent le monde syndical, relatives à la gestion financière et aux abus auxquels se livrent certains dirigeants. L'AFL-CIO expulse bien les Camionneurs *(Teamsters)* en décembre 1957. Mais, en 1958, une enquête sénatoriale est conduite par McClellan sur la grève des ouvriers de l'automobile qui a touché la *Kohler Company* de Racine dans le Wisconsin et sur les agissements de James Hoffa, dirigeant du puissant syndicat des camionneurs. Les conclusions de l'enquête conduisent le Congrès à adopter en 1959 la loi Hoffa *(Hoffa Act ou Labor Management Reporting and Disclosure Act)* pour éviter la dilapidation des fonds syndicaux et rendre l'organisation syndicale plus démocratique mais la corruption et le gangstérisme demeurent difficiles à éradiquer. L'impact des syndicats tend aussi à s'effriter pour d'autres raisons. La première est le déplacement des activités économiques vers le sud et l'ouest dont la tradition antisyndicale attire les grandes sociétés. La seconde, plus profonde, est la composition de la population active de plus en plus dominée par le secteur tertiaire. *McDonald's* tend à devenir un plus gros employeur que l'US Steel. Une des grandes nouveautés de cette société post-industrielle en émergence qui a un double impact – socio-économique mais aussi syndical – est que pour la première fois, en 1956, les « cols blancs » sont plus nombreux que les travailleurs manuels (cols bleus) tandis que le secteur agricole, dominé par la concentration et l'accroissement de la productivité, ne représente plus que 8,5 % de la population active en 1960 (contre 17,5 % en 1945 et 30,2 % en 1920). La montée des classes moyennes a transformé la société américaine et, sans gommer les clivages sociaux, a démenti les prédictions marxistes d'une lutte des classes.

L'administration Eisenhower intervient aussi dans le secteur de l'agriculture. L'effort pour stocker les excédents et soutenir les prix agricoles avait déjà été entrepris grâce au *Commodity Credit Corporation Act* (CCC) du 30 juin 1948. L'idée de la loi sur l'agriculture *(Agricultural Act)* d'août 1954 est de remettre en cause le principe des subventions rigides en introduisant un soutien plus souple des prix agricoles oscillant entre 75 % et 90 % de la parité, et ce, afin d'éviter les surplus et de décourager des réflexes de paresse et une absence de professionnalisme ou d'esprit d'entreprise. Eisenhower apporta à cet égard un soutien sans faille à Ezra Taft Benson, son secrétaire à l'Agriculture mais il dut réduire la fourchette de 82,5 % à 90 % pour les produits de base (coton, blé, riz, maïs, tabac) sous la pression du lobby constitué par le *Farm Bloc* au Congrès. Une « banque du sol » visant à aider les cultivateurs qui laissent les terres en jachère fut également mise en place, au terme d'une loi sur l'agriculture adoptée le 28 mai 1956, afin de réduire les surplus et de maintenir les prix. L'efficacité économique de la mesure fut sans doute limitée mais le président réussit, grâce à son pragmatisme, à conserver globalement le soutien des agriculteurs. Il va sans dire que le problème du mécontentement dans le monde rural – surtout chez les petits propriétaires qui sont les plus touchés – ne fut pas totalement résolu. Des tentatives furent enfin engagées pour distribuer les surplus dans les écoles *(School Milk Programs et Food Surplus Programs)* ou aux pays européens en voie de reconstruction avant de les envoyer un peu plus tard aux pays en voie de développement.

Le dernier volet intéressant et novateur de la politique d'Eisenhower fut d'avoir engagé une série de grands travaux sur crédits publics qui ont eu pour effet de créer des emplois et de moderniser le système de transport du pays. En mai 1954, la décision est prise de réaliser avec le Canada la construction de la voie navigable reliant le Saint-Laurent aux Grands Lacs *(St Lawrence Seaway)*. La mise en valeur du Saint-Laurent permet aux gros navires d'avoir accès aux Grands Lacs et le grand canal est ouvert à la navigation en avril 1959. Un grand programme de construction (le plus grand conçu dans toute l'histoire) permet enfin la mise en chantier de 65 000 km d'autoroutes avec un financement fédéral à hauteur de 90 %. Le *Federal Highway Act* du 22 février 1955 permet ainsi d'absorber le volume accru de la circulation et donne un essor nouveau à l'industrie automobile.

La prospérité et la stabilité des années 50

Les années 50 sont essentiellement caractérisées par cette image de paix, de prospérité et de stabilité. Le dynamisme économique tient pour une large part à l'existence d'un grand marché intérieur, celui qu'offrent les *baby-boomers*, et la forte croissance entre 1945 et 1960 est le fait de dépenses militaires qui ont stimulé l'économie.

La croissance démographique se poursuit à un rythme soutenu de 1,8 % par an pendant l'essentiel de la présidence Eisenhower avec un point culminant en 1957. La croissance est de 18,6 % de 1950 à 1960 contre 14,5 % dans les années 40 et 7,2 % dans les années 30. La population totale, elle, passe de 140 millions en 1945 à près de 180 millions en 1960. Le facteur de l'immigration nette a peu d'incidence en demeurant globalement constant par rapport à la population totale tandis que les admissions d'immigrants sont limitées à 250 000 par an, malgré des aménagements à la loi des quotas. En revanche, l'élément déterminant (à hauteur de 90 %) est le taux de croissance naturelle. La mortalité est faible malgré la guerre. Le taux de mortalité, toujours inférieur à 10 ‰ depuis 1948, aurait plutôt tendance à baisser (9,6 ‰) sous l'effet des progrès de la médecine (nouveaux vaccins, diffusion des antibiotiques, perfectionnement des techniques opératoires) et de l'amélioration de l'alimentation, même si le système national de santé n'est pas comparable à ce qui prévaut dans la majeure partie des pays européens et en dépit du coût élevé des soins. Le facteur essentiel de la croissance demeure le taux de natalité. Tombé jusqu'à 6,5 ‰ en 1933, il se situe à 18 ‰ dans les années 1930. La progression de l'après-guerre est impressionnante : 25,8 ‰ en 1947 et régulièrement au-dessus de 25 ‰ de 1951 à 1957. On se marie davantage et plus tôt aussi et le taux de fertilité est fort (il connaît un sommet de 3,77 en 1957). Les quinze années de l'après-guerre se caractérisent par un *baby-boom* dont personne n'avait prédit qu'il serait durable et dont on peut penser que la croissance constitue à la fois la cause et la conséquence. Mais l'expansion des familles, toujours difficile à expliquer rationnellement, est aussi liée au changement des mentalités et à la redéfinition du cadre et des conditions de vie. La construction de nouveaux logements repart, à l'initiative du fédéral, au rythme de plus d'un million par an pendant les années 50. En 1960, la moitié des habitations sont des constructions postérieures à 1945. Liée au développement des transports et aux facilités de crédit, l'expansion spatiale des banlieues pavillonnaires (surtout réservées à la classe moyenne blanche) encourage la fondation de familles nombreuses d'autant que sont exaltées les valeurs familiales et les vertus de la bonne mère *(mom)*. Le *baby-boom* donne naissance à la génération du Dʳ Benjamin Spock dont l'ouvrage *Baby and Child Care* (1946) a marginalisé le père et placé l'enfant au centre de la vie de la mère.

Alors qu'il y a 9,5 millions de chômeurs en 1939, la grande inquiétude avec l'économie de paix et la démobilisation est d'avoir à intégrer sur le marché 10 millions de soldats sans compter les femmes et les enfants qui travaillaient pour l'armée. Mais les craintes ne sont pas justifiées car les perspectives d'emploi s'avèrent bonnes. La croissance économique s'explique par toute une série de facteurs et, tout d'abord, une grande capacité à créer des emplois. Le taux de croissance de la population active civile est de l'ordre de 1,55 % par an. Même si le chômage est orienté à la hausse pendant les années 50 (il passe de 2 à 2,5 % à 5 à 6 % du début à la fin de la décennie), l'Amérique réussit cependant à fournir du travail à la majeure partie des *baby-boomers*. Une des caractéristiques de l'emploi est aussi le nombre croissant de femmes qui travaillent à l'extérieur. De 16 millions en 1946, elles passent à 26 millions en 1960. En terme de pourcentage, cela veut dire une progression de 20 % à près de 35 %.

L'après-guerre est également caractérisé par une hausse de la productivité qui double de 1947 à 1966 tandis que l'indice de production industrielle passe de 75 en 1950 à 157 en 1967. Le PNB américain augmente en moyenne de 3 % par an en termes réels, une hausse inférieure à celle du Japon, de la RFA, de la France et de l'Italie mais, compte tenu de l'avance des États-Unis, les Américains demeurent de loin les plus riches. En 1955, avec 6 % de ses habitants, les Américains produisent plus de la moitié des biens du monde entier. De 1946 à 1960, le PNB passe de 211 à 500 milliards de dollars (en dollars courants). La hausse est tout aussi spectaculaire si on se réfère aux dollars constants.

Les années 50 ne connaissent donc pas de crise majeure et la ligne générale de l'évolution va dans le sens de la croissance même si l'économie américaine connaît une alternance d'accélérations et de ralentissements. Sans que cela entrave la progression globale, l'Amérique traverse en effet quelques moments de récession, de novembre 1948 à octobre 1949, de juillet 1953 à mai 1954, d'août 1957 à avril 1958 et d'avril 1960 à février 1961.

L'économie est marquée par l'accélération des inventions, la généralisation des innovations matérielles et le développement des progrès techniques. Mais il convient de noter enfin l'accélération des concentrations. Il ne s'agit plus de trusts et de concentration horizontale ou verticale mais on voit apparaître des conglomérats qui rassemblent des secteurs très différents et des multinationales avec des filiales à l'étranger. La logique des fusions s'incarne dans la loi du petit nombre, de l'oligopole. Par exemple, dans le secteur très concurrentiel de l'automobile, les petits disparaissent au profit des grands, *General Motors, Ford, Chrysler* et, dans une moindre mesure, *American Motors*. Les groupes qui détenaient 89 % de la production en 1939 en contrôlent 95,9 % en 1960. Le renforcement de cette concentration économique et le poids du *big business* n'empêchent pas toutefois la survie des petites et moyennes entreprises même si ces dernières n'exercent qu'un rôle subordonné. Dans le nouvel État industriel décrit par Galbraith en 1962, on voit disparaître les gestions individuelles des entreprises au profit des directions collectives utilisant la multiplicité des compétences pour lutter au mieux contre la concurrence et les *tycoons* sont remplacés par les technostructures. La logique du nouvel État industriel qui apparaît est duelle puisque fondée sur la coexistence d'un grand nombre de petites firmes répondant toujours aux règles du marché et d'un petit nombre de grands oligopoles caractérisés par un système planificateur. Par ailleurs, l'intense activité des grandes sociétés trouve des compensations dans l'intervention de l'État et dans le pouvoir des syndicats, au nom d'un keynésianisme finalement bien accepté.

La société d'abondance et l'ère de l'opulence

L'écart est faible entre l'image de la prospérité et la réalité de l'abondance. L'ouvrage de John Kenneth Galbraith, *La Société d'abondance (The Affluent Society)*, publié en 1958, a popularisé l'expression en mettant en relief l'importance de la consommation. Les dépenses relèvent en fait surtout du domaine privé plus que public. On peut même parler d'une sur-consommation individuelle et d'une sous-consommation du secteur public. Les commandes publiques diminuent mais la décennie est dominée par la recherche du bonheur matériel individuel.

L'expansion du crédit et de la publicité conditionne pour une large part cette augmentation de la consommation. Quand les revenus augmentent, que le crédit est plus accessible et que la publicité vante le produit et tente l'acheteur, le réflexe se développe naturellement de s'engager dans des emprunts dont les remboursements sont garantis par la certitude d'une progression des salaires. La hausse des crédits à la consommation atteint 800 % entre 45 et 52. L'automobile, qui demeure le symbole du statut social, est un bon indice d'une mobilité spatiale qui recoupe la mobilité sociale. Dans les années 50, ce sont 7 millions de nouvelles voitures qui sont vendues par an. 60 % des ménages possèdent leur logement, les trois quarts ont une voiture et 90 % ont un poste de télévision. Encore rare en 1945, la télévision devient le médium privilégié de la nouvelle culture de masse en pleine expansion. En 52, les deux tiers des familles ont un poste de télévision et, dix ans plus tard, c'est le cas de quasiment tous les foyers.

La décennie voit se généraliser les galeries marchandes, les cartes de crédit, cette société que certains ont critiquée comme étant un cauchemar à air conditionné tandis que d'autres y voient l'expression du rêve américain tant envié. En tout cas, l'*American way of life*, sur fond de société en passe de devenir post-industrielle, fait fureur. Admiré ou critiqué, le modèle américain devient la référence.

L'impression que la prospérité est générale correspond à une forme de réalité incontestable mais l'abondance demeure inégalement partagée et laisse de côté un certain nombre d'exclus : les Amérindiens dont les réserves sont menacées de fermeture, les habitants des centres-villes délaissés sous l'effet du mouvement suburbain, les Noirs toujours marginalisés malgré leur ancienneté, les Mexicains, des nouveaux-venus mal intégrés, les petits fermiers touchés par la misère rurale. Les efforts de redistribution des revenus consentis pendant la guerre stagnent par la suite. Le fossé se creuse entre les riches et les pauvres et on s'intéresse moins aux causes sociales. Comme dans les années 20, il y a un écart de revenu important à la fin des années 50. Les 5 % les plus riches ont à eux seuls plus de revenus que les 40 % les plus pauvres. Près d'un quart de la population se situe encore en dessous de la *poverty line*, cette limite supérieure de la pauvreté qui correspond à un revenu annuel de 3 000 $ pour une famille de quatre personnes. Il y a bien une culture de la pauvreté qui passe un peu inaperçue dans un climat de célébration complaisante de la richesse et de capitalisme triomphant. Mais la grande majorité, celle des classes moyennes, jouit d'un niveau de vie tout à fait acceptable et pratiquement tous rêvent du statut social, même s'ils ne l'atteignent toujours pas.

Une dernière critique s'adresse à cette société d'abondance qui engendre le conformisme. Elle est formulée en 1952 par David Riesman dans *La Foule solitaire (The Lonely Crowd)* ou par W. H. Whyte Jr. dans *The Organization Man* (1956). Le nouveau mode de vie qui se généralise marque le triomphe de l'uniformité. L'idéal est celui de la famille unie, de la mère procréatrice attentionnée et tyrannique *(mom),* de la maison en banlieue, d'un confort matériel conditionné par les gadgets et les appareils électriques ménagers. Il accompagne la montée des classes moyennes davantage préoccupées par la recherche matérialiste du confort et de la sécurité que par la remise en question spirituelle ou métaphysique. L'Américain moyen fréquente une communauté religieuse plus pour marquer son adaptation à la société que pour affirmer sa foi et il se soucie avant tout de l'image qu'il veut donner de lui-même. Sloan Wilson dans l'*Homme au complet gris (The Man in the Gray Flannel Suit)* a bien montré en 1955 que ce prototype des classes moyennes est le symbole du succès. Le bureaucrate remplace le *tycoon* et le pionnier. La *Beat generation*, cette génération de « rebelles sans cause » pour reprendre le titre du film dont James Dean fut la vedette, amorce cette critique du conformisme qui se poursuivra par une profonde remise en cause des valeurs et de la culture politique au cours des années 60. Dans *On the Road* (1957), Jack Kerouac inscrit la mobilité dérangeante de la quête dans un monde établi de stabilité et fait entreprendre à son héros un parcours à rebours puisqu'après avoir atteint l'ouest, il revient vers l'est et meurt à New York, la ville infernale dominée par le rythme frénétique d'affairistes uniquement motivés par le goût du lucre et l'appât du gain. Déjà en 1951, Salinger dans *L'attrape-cœurs (Catcher in the Rye)* avait dépeint, sous les traits de Holden Caulfield, l'archétype de l'adolescent riche et aliéné. Tout n'est cependant pas négatif dans la montée en puissance des classes moyennes suburbaines si l'on considère qu'elle s'accompagne d'une meilleure sécurité de l'emploi, d'un plus grand niveau de protection sociale et d'une meilleure instruction (l'analphabétisme connaît son niveau le plus bas avec 3,2 % seulement). Les Américains se préoccupent davantage de la famille, de l'école et de leur niveau de vie que de débats politiques. La vie en banlieue, c'est un nouveau style de vie communautaire dicté par l'entraide, celle des *car pools* (ramassages scolaires organisés par les familles) ou du *baby-sitting*, et par la fréquentation de ses voisins dans les clubs, les associations ou les organismes civiques.

Même s'il y a des ombres au tableau pour ne citer que l'intolérance et la pauvreté, les États-Unis traversent un âge d'or. Ils contrôlent les institutions internationales, assurent un leadership militaire et financier mais aussi culturel. La décennie est marquée par le triomphe de la nouvelle culture populaire symbolisée par le cinéma, la télévision et le *rock'n roll*. Leur responsabilité s'est accrue ; ils dominent le monde libre et ils croient à leur destin. Le triomphe du capitalisme et de la démocratie est à son apogée.

La question noire : le dilemme américain

Malgré leur affranchissement théorique à la fin de la guerre de Sécession, les Noirs sont demeurés dans un état d'infériorité juridique et social. Les mesures prises pendant le *New Deal* sont bien timides et la participation des Noirs à la Seconde Guerre mondiale active le sentiment d'être des citoyens à part active et légitime des aspirations à l'égalité, vite frustrées après 1945.

Le conflit mondial opère néanmoins un changement de mentalité. Au début de la guerre, les Noirs représentent 10 % de la population totale dont plus des trois quarts vivent dans le Sud ségrégés dans les lieux publics et exclus des urnes. La migration du Sud vers le nord et l'ouest brise un peu la rigidité des barrières raciales d'autant plus que les associations comme la *National Association for the Advancement of Colored People* (NAACP) fondée en 1909, la *National Urban League* créée en 1910, le *Congress of Racial Equality* (CORE) fondé en 1942 par James Farmer, la *Southern Christian Leadership*

Conference (SCLC) animée depuis 1957 par le pasteur baptiste Martin Luther King, commencent à s'organiser et luttent pour l'égalité juridique.

Mettant un terme à la doctrine « séparés mais égaux » établie par *Plessis vs. Ferguson* en 1896, la décison Brown de la Cour suprême, dès le 17 mai 1954, invite les autorités scolaires à mettre un terme à la ségrégation. Le texte parle de déségrégation pour éviter le terme encore choquant d'intégration mais la décision unanime Brown contre Topeka *(Brown v. Board of Education of Topeka)* sur l'intégration scolaire demeure l'une des plus exceptionnelles de l'histoire des États-Unis. Elle marque la fissure d'un système de pratiques discriminatoires et elle consacre une égalité de droit entre les Noirs et les Blancs même si elle tarde à se traduire dans les faits. Il y a toujours un écart entre la déségrégation *de jure* et la déségrégation *de facto*. La Cour confirme sa décision d'application un an plus tard dans *Brown v. Board of Education* dit *Brown II* (1955) et veille à respecter les conditions locales en recommandant la déségrégation « avec toute la célérité voulue » *(with all deliberate speed)*, ce qui veut dire en fait avec toute la lenteur voulue. La résistance du Sud persiste et la réticence du président Eisenhower vis-à-vis des avancées de la Cour suprême permet de maintenir la ségrégation raciale et les inégalités.

Trois ans après la décision Brown, les Noirs n'ont toujours pas accès aux écoles publiques. Moins de 1 % des enfants noirs sont éduqués dans des écoles intégrées. La décision du gouverneur Orval Faubus de l'Arkansas de fermer l'école de Little Rock qui devait accueillir 9 enfants noirs encourage les ségrégationnistes à provoquer des troubles graves et la pression est telle qu'Ike finit par décider à l'automne 1957 une intervention de l'armée fédérale pour calmer ces désordres et obliger les Sudistes à pratiquer l'intégration scolaire. On conviendra que les résultats obtenus ne sont pas véritablement à la hauteur des moyens utilisés. Les leaders de la cause noire prennent en tout cas conscience de la lenteur de l'approche judiciaire mais c'est la stratégie retenue, au moins au début. En fait, depuis le début des années 50, les Noirs intensifient leur lutte pour les droits civiques et la justice sociale. Au milieu de la décennie ils recourent à l'action directe et à la désobéissance civile. Suite à l'emprisonnement de Rosa Parks qui avait refusé de céder sa place à un passager blanc dans un autobus à Montgomery dans l'Alabama, le boycottage des autobus, entamé en décembre 1955 par le pasteur Martin Luther King Jr., partisan de la non-violence, et qui se poursuit en 1956, vise à combattre la législation d'un État qui avait validé la ségrégation des voyageurs noirs et blancs dans les transports publics. La Cour suprême déclare inconstitutionnelle cette ségrégation dans les bus dès 1956.

Le 29 août 1957, le Congrès adopte une loi qui protège le droit de vote des Noirs, et ce, malgré le blocage du processus législatif par la minorité sudiste, qualifié du terme pittoresque de « flibuste » *(fili-bustering)*. C'est la première loi sur les droits civiques *(Civil Rights Act)* depuis la Reconstruction et l'administration Grant. Théoriquement garanti par le 15e amendement, ce droit de vote était pratiquement refusé aux Noirs dans certains États. La loi de 1957 crée une Commission des droits civiques (ayant le pouvoir de sommer des témoins à comparaître au cours d'enquêtes sur les entraves au droit de vote) et une Division des droits civiques au département de la Justice.

L'élection de 1960 : la fin de l'époque Eisenhower et l'espoir de la « nouvelle frontière »

Les élections de 1960 marquent un tournant. Le candidat démocrate John Fitzgerald Kennedy, jeune sénateur élu dans le Massachusetts en 1952, joue la carte de l'ouverture et du progrès, face à des républicains rétrogrades et singulièrement frileux devant la montée des périls, la récession économique et la revendication des Noirs. Les républicains, de surcroît, sont divisés entre une aile droite rassemblée autour du sénateur de l'Arizona Barry Goldwater et une aile gauche dirigée par Nelson Rockefeller. Entre les deux, le vice-président sortant Richard Nixon met en avant son expérience aux côtés d'Eisenhower pour se présenter comme le candidat du juste milieu. Malgré son catholicisme et son inexpérience, Kennedy (1917-1963) l'emporte de justesse avec 119 057 voix d'avance sur près de 69 millions de suffrages, grâce au système du suffrage indirect à deux degrés qui semble devenu archaïque. C'est le scrutin le plus serré depuis 1888.

La pensée politique de Kennedy manque de fermeté ou de densité. Avant son élection à la Maison-Blanche, il s'est opposé à la loi Taft-Hartley, a soutenu la doctrine Truman et le plan Marshall. Mais il a dénoncé aussi les traîtres et a flirté, comme le reste de sa famille, avec le maccarthysme. A la veille des présidentielles, son évolution vers des positions libérales s'amorce. Mais l'essentiel de son

discours repose sur le concept vague de changement et de mouvement. Le candidat promet d'explorer « une nouvelle frontière »,
« une frontière de possibilités inconnues, de périls inconnus, une
frontière d'espoirs et de menaces irréalisés ». Le succès de 1960 est
dû au fait qu'il récupère le vote des démocrates qui s'était porté sur
Eisenhower. Il est élu par une coalition de démocrates du Sud, racistes et conservateurs, Noirs, démocrates des villes du Nord, catholiques. La diversité de ces soutiens s'avérera très vite un handicap
pour l'application de son programme.

Le ticket John F. Kennedy - Lyndon B. Johnson (chef de la
majorité démocrate au Sénat) est une alliance subtile entre le Nord
et le Sud, l'ouverture et le statu quo. L'équipe Richard Nixon -
Henry Cabot Lodge est une association de l'Ouest et de l'Est, d'un
parvenu arriviste et d'un aristocrate racé. La victoire de Kennedy est
en partie due au charisme du candidat qui incarne la jeunesse et le
renouveau. Son épouse Jackie est pleine de charme. Le programme
électoral manque de substance mais la formule nouvelle des débats
télévisés donne l'avantage à ce démocrate de 42 ans qui inaugure
l'ère de la politique-spectacle. Sans qu'elle soit nécessairement déterminante, l'utilisation des mass media induit une évolution des qualités requises des candidats qui doivent chercher à plaire et non à
convaincre. L'image prime sur le fond. Kennedy séduit par son
dynamisme et ses dons relationnels. Héros de la Seconde Guerre
mondiale (il s'est illustré en 1943 dans les îles Salomon où sa vedette
a été torpillée par les Japonais), fils d'un millionnaire qui a soutenu
Roosevelt et qui a été ambassadeur en Grande-Bretagne pendant la
Guerre, issu d'une famille irlando-américaine de Boston, Kennedy
est le premier président catholique des États-Unis. Il est le plus jeune
président jamais élu. Mais surtout il est né au XXe siècle et appartient
à une génération qui n'a pas connu l'Amérique d'avant le *New Deal*.

La politique extérieure de l'administration Kennedy (1961-1963)

On a sans doute beaucoup exagéré le contraste entre la « morne
plaine » de la présidence Eisenhower et la « marche en avant » charismatique de Kennedy. Avec un peu de recul, l'histoire est en train
de rééevaluer Ike et remet en question les fondements mêmes de la
parenthèse kennedyenne. Le mythe Kennedy est d'autant plus fort
que le mandat est tragiquement interrompu par l'assassinat de Dal-

las le 22 novembre 1963. Malgré ou à cause du rapport de la Commission Warren (septembre 1964), la lumière n'a pas été totalement faite sur ce meurtre dont l'auteur présumé serait un certain Lee Oswald, lui même assassiné mystérieusement deux jours plus tard par un individu douteux du nom de Jack Ruby. Peut-on parler d'un complot du KGB, de la CIA, du FBI, de la Mafia, des anticastristes, des procastristes, des Sudistes extrémistes ? On aurait tort de considérer 1960 comme une césure forte car si cette année marque le retour des démocrates, elle inscrit le président dans l'héritage des années 50 avant d'inaugurer les turbulences de société qui vont secouer l'Amérique à partir de 1964.

L'intelligence de Kennedy est de savoir s'entourer. Le Cabinet rassemble des collaborateurs de talent : Robert McNamara, l'ancien président de la *Ford*, au secrétariat à la Défense, Dean Rusk, un universitaire de haut vol, au secrétariat d'État, Douglas Dillon, un grand banquier, au Trésor et son frère cadet, Robert Kennedy, qui a été un précieux soutien pendant la campagne, au poste d'*attorney general*. Il rassemble autour de lui des intellectuels éminents sortis d'Harvard ou du *Massachusetts Institute of Technology* (MIT) comme le doyen de Harvard MacGeorge Bundy, l'économiste Walt Rostow ou l'historien Arthur M. Schlesinger. Il se donne des allures de mécène cultivé, amoureux des arts et des belles lettres. On le compare même au roi Arthur, entouré de ses chevaliers et gouvernant le royaume idéal de *Camelot* (le château qui donne son nom à une comédie musicale très populaire à Broadway en 1960).

Avec les démocrates, l'Amérique cherche à retrouver son prestige. En politique étrangère, Kennedy croit à la mission des États-Unis et pense que la victoire sur le communisme se gagnera dans le Tiers Monde. La création d'un Corps de la paix *(Peace Corps)* en mars 1961 permet aux jeunes Américains volontaires de servir comme coopérants. La mise en place, en mai 1961, d'une « Alliance pour le Progrès » en Amérique latine et d'un programme alimentaire doit permettre le décollage économique et la liberté politique, comme le formulera plus officiellement la charte de Punta del Este (17 août 1961). L'aide économique et militaire dans les pays en voie de développement sera répartie grâce à l'établissement, le 4 septembre 1961, d'une Agence pour le développement international (AID). L'adoption de la Loi sur l'expansion du commerce *(Trade Expansion Act)* en octobre 1962 permet enfin de réduire les droits de douane, conformément au projet qui avait été élaboré dès 1947 par le GATT *(General Agreement on Tariffs and Trade)*, et relance le commerce international.

La tentation de la puissance illimitée se traduit par l'intensification de la guerre froide (au moins jusqu'à 1962) et la course effrénée aux armements pour garantir la supériorité stratégique américaine. La nouvelle stratégie de la « réponse » ou de la « riposte graduée » *(flexible response)* définie par McNamara conduit à l'accroissement de la tension entre les deux Grands. Khrouchtchev édifie le mur de Berlin en août 1961 et essaye une superbombe atomique. Il installe à Cuba, en août 1962, des sites de missiles susceptibles de menacer les villes américaines, peut-être pour faire pièce au risque d'invasion américaine, à la suite du débarquement dans la baie des Cochons, en avril 1961, de contrerévolutionnaires cubains armés et transportés par la CIA. L'installation du régime promarxiste de Fidel Castro depuis 1959 suscitait en effet de sérieuses inquiétudes sur la sécurité des États-Unis. L'avancée américaine s'est soldée par un échec mais la décision soviétique est téméraire. Le risque de guerre généralisé est à son comble en octobre 1962 jusqu'à ce que finalement le blocus naval partiel de l'île conduise Khrouchtchev à retirer ses missiles. Cet incident qui marque l'apogée de la guerre froide fait prendre conscience du risque de destruction mutuelle et conduit à la détente à partir de 1963. Un véritable « équilibre de la terreur » rapproche les deux Grands qui signent un accord sur le « téléphone rouge », un téléscripteur établissant des relations directes entre la Maison-Blanche et le Kremlin. La supériorité américaine dans le domaine des armements est nette mais désormais les deux puissances rivales mettent un frein à la course aux armements. C'est le sens du discours prononcé par Kennedy à Berlin-Ouest, le 26 juin 1963, devant le « mur » *(Ich bin ein Berliner)* et du traité du 5 août 1963 signé par les États-Unis, l'URSS, la Grande-Bretagne et d'autres pays sauf la Chine et la France, interdisant les essais nucléaires non souterrains (déjà arrêtés en 1958 mais repris à l'automne de 1961).

Kennedy avait aussi conçu un « grand dessein », celui d'une Europe unie, associée sur un pied d'égalité aux États-Unis mais son rêve avorte en raison des fortes réticences de la France gaulliste qui s'oppose à l'entrée de la Grande-Bretagne dans la communauté économique au début de 1963 et qui se dote par ailleurs d'une force de frappe dissuasive.

La baisse de la tension en Europe a sans doute pour effet de conduire l'Amérique à porter ses efforts sur l'Asie et à s'engager au

Viêt-nam. Kennedy avait le ferme espoir de ne pas s'y enliser mais il laissera un héritage difficile à gérer. Au nom de la théorie des dominos qui fait croire que si le Viêt-nam du Sud bascule dans le camp communiste, tous les autres pays d'Extrême-Orient succomberont tour à tour au même péril, Kennedy décide d'envoyer des « conseillers ». Au nombre de 685 au printemps de 1961, les *advisers* seront 4 000 en 1962 et 12 000 à la fin de 1963 et, très vite, la présence militaire s'accroît puisque les quelque 5 500 soldats américains en juin 1962 sont devenus près de 17 000 en octobre 1963. Suite aux immolations par le feu de bonzes boudhistes retransmises à la télévision et devant l'incapacité du gouvernement sud-vietnamien à contrecarrer l'influence du Nord communiste, les Américains facilitent le coup d'État qui, le 1er novembre 1963, renverse le régime corrompu et impopulaire de Diem (assassiné peu après) et met en place une junte militaire conservatrice. Les États-Unis sont désormais engagés dans le bourbier asiatique. Même si le conflit vietnamien est officiellement une guerre contre le communisme, ce que les États-Unis redoutent en fait c'est la constitution d'un vaste empire chinois.

Le lien évident entre les crises des pays d'Amérique latine et le conflit du Viêt-nam (Castro se rapproche d'ailleurs d'Hanoï et prend ses distances vis-à-vis de Moscou) révèle le début de la crise de la politique extérieure américaine. Les tentatives « idéalistes et généreuses » des États-Unis motivées par un idéal démocratique « de droit divin » justifient le *leadership* mondial mais les écarts sont colossaux entre le niveau de vie de l'Amérique et celui des autres pays d'Afrique, de l'Asie et de l'Amérique latine. Et, très vite, le coût énorme de la guerre du Viêt-nam va conduire les États-Unis à moins s'engager dans l'effort d'assistance extérieure. Face à un anti-américanisme qui monte, l'urgence d'un *New Deal* international semble poindre.

La lutte contre la pauvreté et le combat pour les droits civiques

L'intérêt de J. F. K. pour la politique extérieure est tel que les problèmes intérieurs sont un peu relégués à l'arrière-plan. Sur le front domestique, les deux guerres à mener sont la lutte contre la pauvreté et le combat pour les droits civiques. Quatre ans après l'ouvrage de Galbraith qui n'avait pas réussi à mobiliser l'attention sur les inégalités socio-économiques, celui de Michael Harrington, *l'Autre Amérique (The Other America)*, révèle, en 1962, cette face cachée d'un pays apparemment riche qui est miné par ses pauvres, ses chômeurs, ses malades physiques et mentaux, ses vieillards, ses Noirs. 20 % des Américains se situent en dessous du seuil de pauvreté. Les trois quarts des pauvres sont des Blancs. Pis encore, l'autre quart est composé de Noirs, ce qui est énorme car ces derniers ne sont que 10 % de la population totale.

La plupart des réformes sociales proposées par l'administration sont rejetées par le Congrès (où les démocrates ont une faible majorité mais où domine surtout une coalition conservatrice) à l'exception de l'octroi de quelques prêts à taux avantageux pour la construction de logements (loi du 30 juin 1961) ou du relèvement du salaire horaire minimal (mai 1961) ou des allocations de chômage. Mais le lobby corporatiste des médecins rejette par exemple l'idée d'une aide médicale gratuite pour les personnes âgées de plus de 65 ans sous prétexte qu'elle conduirait à une « socialisation » de la médecine. De même tout effort supplémentaire dans le secteur de l'éducation est également écarté par crainte de favoriser excessivement soit les écoles privées soit les Noirs. Malgré ces tentatives avortées, la situation économique est bonne. Même si le taux de chômage ne réussit pas à descendre en dessous de 5 %, le PNB augmente de 4 % par an entre 1960 et 1964 et le taux d'inflation annuel est maintenu entre 1 et 2 %.

En ce qui concerne les droits civiques, les années Kennedy s'inscrivent dans la continuité par rapport à la décennie précédente sauf que les *sit-ins*, ces occupations sur le tas inaugurées en février 1960 à Greensboro (Caroline du Sud) et qui marquent le début d'une nouvelle décennie, cessent d'être silencieuses et pacifiques. Les Marcheurs de la Liberté *(freedom riders)*, partisans non violents de la déségrégation dans les transports publics, sont victimes de toutes sortes d'exactions et de brutalités dans le Sud. Leur première victoire est la décision, le 22 septembre 1961, de la Commission du commerce inter-États qu'il n'y aurait plus désormais de distinction entre Blancs et Noirs au niveau des places assises dans tous les autobus inter-États.

Mais, par ailleurs, plusieurs Noirs se voient refuser l'accès des universités, à Athens en Géorgie en 1961, à Oxford dans le Mississippi en 1962, à l'Université d'Alabama en 1963. Dans l'Alabama, le gouverneur George Wallace prend le relais de Faubus dans l'Arkansas en 1957. Il faut que le secrétaire à la Justice envoie les troupes fédérales à Oxford en septembre 1962 pour que l'étudiant noir James Meredith puisse pénétrer sur le campus. Le violent affrontement avec les « résistants » sudistes qui fait 2 morts et 375 blessés n'aura servi à rien puisque, malgré son admission, Meredith, découragé, renoncera à ses droits. Ce n'est qu'au début de 1963 que le premier Noir peut s'inscrire au *Clemson College* en Caroline du Sud sans incident.

L'année 1963 sera décisive. Le meurtre d'un leader noir de la NAACP, Medgars Evers, à Jackson dans le Mississippi, en juin 1963, est suivi, en septembre, de l'assassinat dans un lieu de culte de 4 jeunes filles noires dans l'Alabama et de quelques autres violences dans le Sud. La tournure prise par les événements incite Kennedy à soumettre un projet de loi sur les droits civiques pour garantir le respect de l'égalité raciale dans l'embauche, dans le logement, dans les transports, dans l'inscription sur les listes électorales. Organisations noires, églises et syndicats se mobilisent pour soutenir le projet en décidant une marche pacifique qui rassemble 200 000 personnes à Washington le 28 août 1963. C'est dans ces circonstances que Martin Luther King prononce son célèbre discours : « J'ai un rêve, un rêve profondément enraciné dans le rêve américain. Je rêve qu'un jour cette nation réalisera vraiment son article de foi : "nous tenons ces vérités pour évidentes que tous les hommes sont créés égaux". Je rêve qu'un jour, même l'État du Mississippi sera transformé en une oasis de liberté et de justice. »

Kennedy fit un geste symbolique en nommant quelques Noirs à de hautes fonctions, qu'il s'agisse de George L. P. Weaver, ministre adjoint au Travail, ou de Thurgood Marshall, juge à la cour d'appel du Second District. Mais le président fut assassiné avant que le Congrès ne se soit vraiment décidé à discuter du projet de loi. La voie avait été tracée mais sans résultats concrets, peut-être par manque de sens tactique.

Des folles espérances aux illusions perdues (1963-1969)

La « *Grande Société* » de Lyndon Johnson (1963-1969)

Lorsque Kennedy avait obtenu l'investiture du Parti démocrate en 1960, il avait fait appel à Lyndon Johnson, sénateur du Texas et chef de la majorité démocrate au Sénat, l'un de ses rivaux dans la course présidentielle, pour faire partie de son ticket. La disparition brutale de J. F. K. le 22 novembre 1963 conduit le vice-président à prêter aussitôt serment et à présider aux décisions de l'Amérique.

Lyndon Baines Johnson (1908-1973) est le type même du *self-made man*, provincial et simple, dans la tradition de Lincoln. Il a l'accent lent du Sud qui n'a rien de commun avec celui des élites de Harvard vis-à-vis desquelles il affiche un complexe d'infériorité certain. Il préfère la vie de plein air dans son ranch au luxe raffiné des WASP. Il est très différent de son prédécesseur par son style, sa formation et son tempérament. Plus intéressé par les problèmes intérieurs que par les affaires internationales, L. B. J. va néanmoins poursuivre la croisade pour l'égalité et la justice sociale. La tragédie de Dallas ne modifie en rien la continuité politique et elle a même pour effet de provoquer une véritable prise de conscience face à l'urgence de certaines actions. Johnson s'attache donc à utiliser sa longue expérience de la vie politique (élu représentant en 1937, il est ensuite sénateur depuis 1948 sans interruption) pour faire entrer tout le programme législatif de Kennedy dans la réalité et inscrire dans les faits une partie de ses projets nobles et idéalistes.

C'est sur la base d'un programme social avancé et dans un esprit d'ouverture et de libéralisme qui rappelle l'esprit rooseveltien que L. B. J. fait campagne aux présidentielles de novembre 1964. Il a le souci de représenter le peuple dans sa totalité et ses tendances populistes ont été renforcées par son expérience du *New Deal*. Sa victoire est triomphale puisqu'il obtient un peu plus de 43 millions de voix contre un peu plus de 27 millions pour son adversaire républicain, le très conservateur sénateur de l'Arizona, Barry Goldwater, et 486 mandats de grands électeurs contre 52. Le total du collège électoral est bien de 538 depuis l'adoption, en 1960, du 23e amendement qui attribue 3 grands électeurs au district de Columbia ; 61 % des suffrages populaires, c'est la plus forte majorité jamais enregistrée.

Le nouveau président est conciliant et habile et son ascendant politique lui permet de faire adopter par l'opinion et surtout par le Congrès une grande partie des réformes annoncées dans le discours qu'il prononce le 22 mai 1964 à l'Université du Michigan. Cette volonté de changement et de progrès est dictée par le désir de bâtir une « Grande Société », de faire de l'émancipation une réalité et de promouvoir une « justice qui ne doit pas être influencée par la couleur de la peau ». Il est nécessaire de briser le cercle vicieux de la culture de la pauvreté si bien analysée dans les travaux de

Michael Harrington mais aussi d'Oscar Lewis ou de Daniel P. Moynihan.

Les méthodes de travail changent et l'équipe au pouvoir se renouvelle. Les seuls survivants de l'administration Kennedy sont Robert McNamara et Dean Rusk qui conservent les mêmes postes. Entouré d'avocats d'affaires et d'amis personnels comme George Meany, le président de l'AFL/CIO, Johnson est un gros travailleur qui aime le terrain ; il met en route son programme de réformes avec une énergie débordante et un pragmatisme à toute épreuve. Souvent injustement maltraité par la presse, il se méfie des intellectuels. En revanche, il manie à merveille les membres du Congrès dont il connaît bien le fonctionnement, tout en leur donnant l'impression de participer.

La première loi importante, véritable « défi à tous les Américains », est celle sur les droits civiques de juillet 1964 *(Civil Rights Act)* interdisant toute discrimination raciale dans les lieux et services publics mais aussi toute limitation du droit de vote par un recours pervers à des prescriptions techniques ou à une interprétation erronée des 14ᵉ et 15ᵉ amendements. Peu de Noirs sont inscrits sur les listes électorales. On en compte entre 30 et 40 % dans la plupart des États du Sud mais moins de 14 % en Alabama et 6 % dans le Mississippi. Ainsi le *Civil Rights Act* de 64 complète bien les quelques garanties déjà accordées par l'arrêt de la Cour suprême de 1954 et l'amendement constitutionnel de 1962-1964. Le Congrès avait en effet voté l'abolition de la *poll tax* (le droit à acquitter pour pouvoir voter) pour les élections fédérales et le 24ᵉ amendement entre en vigueur en 1964.

L'égalité raciale est le premier volet de la Grande Société mais la protection juridique ne suffit pas. Il faut aussi abolir la ségrégation économique et sociale qui implique une lutte sans merci contre les ghettos et les taudis. Une autre partie essentielle de la Grande Société est également la guerre contre la pauvreté. Elle est engagée, dès le début de 1964, avec un crédit d'un milliard de dollars. En août 1964 sont ensuite adoptés un plan de réduction des impôts stimulant la relance économique et l'*Economic Opportunity Act* qui permet la distribution de diverses sortes d'aides pour enrayer la pauvreté. Est aussi mis en place l'*Office of Economic Opportunity*, dirigé par le beau-frère de Kennedy, Sargent Shriver, qui offre divers services sociaux et développe l'apprentissage des jeunes. D'autres programmes sont lancés comme le très efficace projet *Headstart* qui favorise l'accès des enfants de milieux modestes à l'enseignement préélémentaire jusqu'au cours préparatoire *(first grade)* ou bien encore le VISTA *(Volunteers for Service to America)* inspiré du Corps pour la paix mais à usage interne pour remplir des missions humanitaires dans le pays. Toutes ces initiatives qui interviennent avant l'élection de 1964 ne s'arrêtent pas là.

Les bases d'un important système national de santé sont mises en place avec deux volets, le *Medicare,* en juillet 1965, qui assure la quasi-gratuité des soins pour les personnes âgées de plus de 65 ans et le *Medicaid* qui vise à aider les États à couvrir les risques de maladie et les soins médicaux des indigents.

En août 1965, le Congrès fait une nouvelle avancée en adoptant une loi sur le droit de vote *(Voting Rights Act)* qui facilite l'accès des Noirs aux urnes. Dans le même sens, la reconnaissance de la participation à la vie politique est confortée par la nomination, en janvier 1966, de Robert C. Weaver, le premier Noir à siéger dans le Cabinet et celle, en juin 1967, de Thurgood Marshall, l'ancien directeur de la NAACP, qui est le premier juge noir à la Cour suprême.

Une nouvelle loi sur l'immigration (3 octobre 1965) vient mettre un terme au système des quotas selon les nationalités établi après la Première Guerre mondiale. Le volume des admissions est désormais fixé à 120 000 pour l'hémisphère occidental et à 170 000 pour le reste du monde à condition que le contingent de chaque pays ne dépasse pas 20 000 personnes.

Dans le domaine de l'éducation, on note l'adoption de lois sur l'enseignement primaire et secondaire avec la première inscription d'une aide directe de 1,3 milliard de dollars ainsi que d'une loi sur l'enseignement supérieur qui attribue pour la première fois une aide fédérale à des institutions traditionnellement gérées par les instances locales. En 1966, le Congrès décide ainsi de débloquer 10 milliards de dollars en trois ans. Dans le domaine de la culture, la mise en place d'une Fondation nationale pour les arts et les humanités *(National Foundation for the Arts and the Humanities),* afin d'aider les artistes, écrivains et musiciens fait suite à l'établissement de la *National Science Foundation.*

L'aide au logement est facilitée par l'*Omnibus Housing Bill* et la reconnaissance de l'importance des villes est sanctionnée par la création d'un nouveau ministère, le département du Logement et du développement urbain ou HUD *(Housing and Urban Affairs Department)* en septembre 1965. Le souci est nettement affiché de ne plus faire des villes des zones de répulsion, sales et surpeuplées. Des plans de réhabilitation, financièrement soutenus à hauteur de 80 % par le fédéral, touchent une soixantaine de centres villes. Un secrétariat aux Transports est également institué en avril 1967 pour améliorer la circulation urbaine.

L'activité législative intense comprend aussi des mesures sur l'environnement, les premières lois sur la qualité de l'air et de l'eau ou sur la sauvegarde des sites dans les campagnes qui attestent une prise de conscience claire des préoccupations environnementales (*Water and Air Quality Acts* de novembre 1967) sous la pression des écologistes et des associations de consommateurs inspirés de Ralph Nader.

Cet impressionnant train de mesures est le plus important depuis les Cent jours de Roosevelt en 1933. Le budget consacré à ces dépenses sociales est énorme. Il est passé de 8 milliards de dollars constants (valeur de 1980) en 1950 à 40 milliards en 1960 pour atteindre 109 milliards en 1970, soit près du tiers du budget global. Chaque Américain peut surtout bénéficier de plusieurs programmes : tickets d'alimentation *(food stamps)*, aide au logement, aide à l'emploi, allocation-chômage, aide aux familles qui ont des enfants à charge (AFDC). L'idée généreuse de cette véritable « industrie du *welfare* » est de tendre des filets de sécurité *(safety nets)* pour éviter les chutes dans la misère.

Mais cet effort exceptionnel n'a été possible que parce que la conjoncture économique continue d'être bonne. Le PNB est en hausse. Le taux de chômage a été réduit à 4,5 %. Le pourcentage de personnes en dessous du seuil de pauvreté est en baisse régulière et passe de 22 % en 1962 à moins de 12 % en 1972. Cela représente 28,5 millions d'Américains en 1966 et 25,4 millions sur 203 millions en 1970. Mais on peut naturellement s'interroger sur le coût de cette guerre contre la pauvreté et sur son efficacité. Le débat reste ouvert. Certains prétendent que c'est la santé de l'économie qui a fait le plus pour la pauvreté tandis que d'autres affirment que ces aides fédérales maintiennent ceux qui les reçoivent dans un regrettable état de dépendance et qu'il vaudrait mieux donner davantage d'autorité aux pouvoirs locaux, mieux à même de connaître des situations individuelles. Le nombre des assistés a indéniablement augmenté : 7,1 millions en 1960, 7,8 millions en 1965 et 11,1 millions en 1969. Le concept même de pauvreté donne lieu à des débats contradictoires passionnés. Pour les uns, le pauvre c'est la femme noire au chômage qui vit dans un taudis dans le ghetto de Harlem, entourée d'enfants illégitimes guettés par la drogue et la délinquance. A côté du Tiers Monde, l'Amérique paraît riche et beaucoup de pauvres ont une partie du confort américain : poste de télévision, machine à laver, automobile. Mais, pour les autres, la pauvreté est relative. De nombreuses familles connaissent des privations alimentaires réelles sans parler des difficultés éprouvées pour assumer la lourde charge des dépenses de santé. Le fossé demeure entre les groupes sociaux et les 20 % les plus pauvres ne reçoivent que 4,6 % du revenu national dans les années 60. En tout cas, le climat de l'époque est tout en faveur du *Welfare*, et ce, malgré les ambiguïtés qu'il peut présenter.

Mais la guerre du Viêt-nam freine vite les efforts consentis à l'intérieur. Le dilemme est bien de savoir si on doit donner la prime « au beurre ou aux canons ». L'accent sera toujours placé sur les problèmes intérieurs mais c'est la fin des nouveaux programmes. Les canons chauffent et le beurre fond.

La « sale guerre » du Viêt-nam : « l'erreur la plus tragique » de l'histoire américaine

L'héritage de Kennedy est lourd dans le domaine des relations extérieures car la désintégration des alliances internationales porte en germe toute une série de menaces. La France de De Gaulle se retire en 1966 de l'organisation militaire de l'OTAN. La Chine, devenue puissance nucléaire, dénonce le révisionnisme soviétique et, plus encore, l'impérialisme américain. Le renversement de Nikita Khrouchtchev par Leonid Brejnev en octobre 1964 ne facilite guère le rapprochement américano-soviétique même si les deux Grands finissent par signer en 1968 un traité de non-prolifération des armes nucléaires. En Amérique latine, la situation est tout aussi instable. Johnson recourt à la stratégie du gros bâton pour soutenir la junte militaire de la République dominicaine tandis que l'ombre de Castro continue de planer.

Mais c'est au Viêt-nam que se polarise toute la tension. Persuadé de la validité de la théorie des dominos, Johnson est convaincu qu'il pourra gagner la guerre qu'il croit juste. Plutôt que la voie de la négociation, le président choisit celle de « l'américanisation » du conflit pour mieux lutter contre le communisme international.

A la fin de son mandat, Kennedy avait expédié 500 « bérets verts », des forces antiguérilla spéciales, et augmenté le nombre de ses « conseillers » militaires. En octobre 1963, 16 000 soldats, en situation de « légitime défense », sont en réalité engagés dans des raids contre le Nord, se livrent à des opérations de défoliation et procèdent à des déplacements de populations (programme des « hameaux stratégiques »). En 1964, Johnson se présente comme le « candidat de la paix » mais il procède à l'extension de l'engagement vietnamien. Déjà, au début d'août (du 2 au 5), la prétendue attaque vietnamienne du destroyer américain *Maddox*, soi-disant dans les eaux territoriales internationales, est bien exploitée pour obtenir de la part du Congrès un soutien accordant au président une très grande liberté de manœuvre. La résolution du golfe du Tonkin du 7 août, qui équivaut dans les faits à une déclaration de guerre sans que le Sénat ait eu pratiquement son mot à dire, offre à Johnson un magnifique chèque en blanc en lui donnant la possibilité d'utiliser la force armée pour mener le combat de la liberté. Les actions clandestines et les raids se multiplient et, à la fin de 1964, 23 300 soldats américains sont au Viêt-nam. L'attaque de la base américaine de Pleiku en février 1965 offre ensuite un excellent prétexte pour procéder au bombardement ininterrompu du Nord (opération *Rolling Thunder*). Les avis sur l'issue de la guerre sont contradictoires mais cette décision, qui ne tient pas compte notamment des comptes rendus pessimistes de la CIA, marque le début de l'escalade au Viêt-nam, et ce, sans augmenter les impôts. Début mars, Johnson expédie des unités de combat de *marines*. Le tournant du printemps 1965 est marqué par le début d'une guerre aérienne meurtrière. En avril, le secrétaire à la Défense McNamara estime le coût de la guerre à un milliard et demi de dollars. On est loin du compte puisqu'au total elle aura coûté 150 milliards en douze ans. L. B. J. durcit sa position car il considère que la protection du sud-Viêt-nam est le prix indispensable à payer pour préserver les forces de l'indépendance contre les tentatives d'Ho Chi-minh de réunifier un Viêt-nam coupé en deux depuis 1954. Fin décembre 1965, les effectifs militaires se montent à 184 300 hommes. Les bombardements, qui ont été interrompus à la fin de l'année, reprennent au début de 1966 pour toucher, en juillet, la zone démilitarisée séparant le Nord et le Sud. La présence encore accrue de troupes terrestres (385 300 en décembre 1966) révèle l'échec des efforts de pacification. L'année 1967 est dominée par le bombardement de Hanoi en mai et l'élection du général Thiêu comme président du Viêt-nam du Sud le 3 septembre. En décembre, il y a 485 600 soldats au Viêt-nam. La situation est difficile à gérer car les infiltrations des Vietcongs ne peuvent être contenues et le gouvernement du Sud semble chroniquement corrompu et impopulaire. Le coup de grâce semble porté par l'attaque-surprise des Nord-Vietnamiens qui intervient pour le nouvel an lunaire, le 31 janvier 1968. Outre qu'elle démontre la vulnérabilité des États-Unis, l'offensive communiste du Têt est humiliante pour Johnson. Le 22 mars, le général Westmoreland est nommé chef d'état-major et, le 31, c'est l'arrêt des bombardements au nord du 20ᵉ parallèle. Le secrétaire à la Défense McNamara et l'adjoint du secrétaire d'État George Ball ne croient pas à la victoire, essayent de dissuader Johnson qui s'entête et ils démissionnent. Tandis qu'aux États-Unis la résistance à la conscription s'amplifie et que la vague de constestation bat son plein, le président, au plus bas de sa popularité, annonce le 31 mars 1968 qu'il ne se représentera pas à la fonction suprême. Sa fin de mandat sera hypothéquée par la décision de se retirer de la vie politique. Le 10 mai, à Paris, s'ouvrent des pourparlers de paix puis, le 31 octobre, les bombardements sont arrêtés sur l'ensemble du pays. A la fin de l'année, il y a 536 000 soldats américains au Viêt-nam. Le maximum de la présence américaine est presque atteint et jamais on ne se sent aussi loin de la fin des hostilités qu'à la fin de l'escalade.

La révélation du massacre inqualifiable de paysans vietnamiens sans armes (hommes, femmes aussi bien qu'enfants) à MyLai en mars 1968, 18 mois après qu'il ait été commis par la patrouille américaine du lieutenant Calley, va faire scandale et accroître la perte de crédibilité *(credibility gap)* du pouvoir. En attendant, les nouvelles régulières des pertes humaines *(body count)* qui augmentent (on compte déjà 25 000 morts en 1968) alimentent un mouvement d'hostilité et l'opinion publique condamne vigoureusement ce qu'elle considère comme l'agression américaine et non plus comme la défense d'une juste cause par ses *good boys*. Plus de bombes auront été lâchées sur le Viêt-nam que pendant la Seconde Guerre mondiale. Malgré le sentiment de supériorité qu'ils avaient au départ sur les Vietcongs *(gooks)*, les Américains doivent se rendre à l'évidence. Ils comprennent un peu tard qu'ils se sont enlisés dans le bourbier vietnamien. Leurs ennemis sont insaisissables en raison de leur excellente technique d'infiltrations et de guerilla qui s'avère très supérieure aux agressions frontales et brutales des Américains qui n'ont opéré que des destructions chimiques massives des récoltes et des forêts (utilisation de bombes au napalm et d'agents défoliants comme l'agent orange).

La Révolution noire

Malgré les initiatives institutionnelles qu'ils considèrent comme des concessions tardives, les Noirs commencent à marquer leur impatience devant la lenteur des acquis. Ainsi, la fin des années 50 inaugure une nouvelle décennie marquée par la fragmentation de la communauté noire entre les modérés respectueux des voies légalistes et les extrémistes partisans d'actions violentes. Martin Luther King a réussi tant bien que mal à faire triompher la stratégie de la non-violence (il obtient d'ailleurs le prix Nobel de la paix en 1964) jusqu'à ce que son assassinat à Memphis le 4 avril 1968 ne laisse les adeptes de la violence tenir le devant de la scène.

La condition socio-économique des Noirs s'est objectivement améliorée mais, assez ironiquement, ce sont ces progrès qui sont le plus souvent les déclencheurs de la révolte car les inégalités demeurent entre Noirs et Blancs. Le chômage, par exemple, frappe les Noirs deux fois plus que les Blancs. Le rapport Moynihan de 1965 établit par ailleurs un constat affligeant sur l'état d'anomie de la communauté noire et son étude pessimiste sur la désintégration de la famille noire et le nombre important d'enfants illégitimes a pour principale vertu de montrer que le problème noir est devenu une affaire nationale.

Dès le début des années 60, on note une forte dénonciation de « l'oncletomisme » qui risque de faire des Noirs des Américains assimilés. La revendication violente des Afro-Américains qui exaltent avec fierté leurs origines africaines et leur « négritude » *(Black is beautiful)* permet d'affirmer l'existence d'un pouvoir noir, le *Black Power*, lancé par Stokely Carmichael. Les *sixties* avaient commencé sur un grand espoir, celui d'abolir la frontière de la couleur mais, à la fin de la décennie, la grande aventure de la déségrégation se solde par une immense déception et la question noire semble s'aggraver.

Les années 60 sont ponctuées, chaque été, avec une régularité consternante, par des explosions violentes et des désordres sanglants en milieu urbain dont les plus marquants sont ceux de Harlem (1964), de Los Angeles (1965), de Newark et de Detroit (1967). La révolte exprimée au travers des émeutes urbaines à partir de 1964 est à analyser en parallèle avec l'adoption d'importantes dispositions législatives. Ces dernières (le *Civil Rights Act* de 64 bientôt suivi du *Voting Rights Act* de 65) sont censées calmer les revendications à moins que ce ne soit plutôt la pression de la rue qui accélère la prise de décision législative. Ce qui est certain, en tout cas, c'est que, contrairement à ses deux prédécesseurs immédiats, le président est sans ambiguïté dans sa lutte contre la discrimination. Homme du Sud ou plutôt du Sud-Ouest, il n'épouse pas la cause des sudistes et appartient à la culture du Texas, entré plus tard dans le débat de l'esclavage.

Très vite, la NAACP et le SCLC font figure d'associations conservatrices et sont dépassées par la surenchère du *Congress of Racial Equality* (CORE) ou du *Student Nonviolent Coordinating Committee* (SNCC), créé en 1960 mais dont l'un des présidents, Carmichael, pense en 1964 qu'il ne devrait plus comprendre de Blancs. 1964 demeure la première année des grandes confrontations et consacre l'explosion du mouvement des droits civiques. Alors que le CORE et le SNCC organisent le *Mississippi Summer Project* qui vise à inscrire les Afro-Américains sur les listes électorales, 3 Noirs engagés dans le combat pour les droits civiques sont assassinés par des Blancs extrémistes avec la complicité présumée du FBI que dirige J. Edgar Hoover. La nouveauté, c'est que les violences ne sont plus l'apanage exclusif du Sud. Suite à la migration des Noirs du Sud rural vers les grandes villes, celles de la Californie et surtout celles du Nord industriel, qui s'est amplifiée depuis la Seconde Guerre mondiale, la moitié des Noirs habitent le Nord et les trois quarts sont des citadins. Inadaptés à la vie urbaine, ces Noirs transplantés laissent éclater leur frustration au milieu des années 60. La référence n'est plus à la loi mais aux guerillas de Fidel Castro ou de Che Guevara. De nouveaux leaders noirs apparaissent dans les ghettos du Nord tout comme Malcolm X, le chef des Musulmans noirs *(Black Muslims)* qui défend les principes d'une morale stricte comme la sobriété ou l'économie mais qui appelle clairement ses frères de race à conquérir la liberté par tous les moyens y compris la violence. Malcom X sera assassiné le 21 février 1965 par des dissidents de son propre mouvement.

L'été 1964 est dominé par les événements qui ont lieu dans le ghetto de Harlem à New York ainsi qu'à Rochester. Alors que des Noirs sont engagés dans une campagne d'inscription sur les listes électorales, le meurtre du révérend noir James Reeb le 11 mars 1965 conduit M. L. King à organiser une marche de Selma à Montgomery, la capitale de l'Alabama dont le ségrégationniste George Wallace est depuis peu le gouverneur. Les incidents de Selma ont valeur de symbole car ils eurent un impact certain sur le vote du *Voting Rights Act* du 6 août supprimant les tests qualifiant les électeurs. Cette loi sera pratiquement la dernière car, ensuite, l'attention des responsables politiques se polarise sur le Viêt-nam mais elle s'avère de toute façon impuissante face à la conflagration majeure de l'été 1965. La dernière initiative, le 24 septembre 1965, relève d'un décret présidentiel *(executive order)* qui complète le dispositif en incitant les entreprises et les institutions financées par le fédéral à réserver une partie des emplois vacants aux non-Blancs. C'est le début de la politique d'action positive *(affirmative action)*.

L'émeute de Watts, qui se déclenche le 11 août 1965 dans un quartier noir de Los Angeles, est le symbole patent de la radicalisation du mouvement noir. Au début de la décennie, les manifestations pour les droits civiques dégénéraient parfois en se terminant par les inévitables affrontements avec la police mais rien de comparable avec ces cinq jours d'émeutes qui font 34 morts et plus de 1 000 blessés, sans compter les dégâts matériels. Le surgissement brutal de la violence met aux prises des Noirs et quelques Blancs mais le phénomène, à la fois nouveau et original, tient au fait qu'il ne s'agit plus de voyous en fin de droits mais de jeunes ayant un emploi et une certaine instruction. Il ne s'agit donc plus d'une révolte due à l'exclusion socio-économique mais d'une violence sécrétée par le ghetto lui-même. De légale, la ségrégation est devenue résidentielle. Le caractère particulier de Watts va cesser d'être exceptionnel car, désormais, les émeutes vont se dérouler quasi exclusivement dans les quartiers noirs et ce sont les Noirs qui vont en être les principales victimes. En l'espace de trois ou quatre ans, ce sont plus d'une centaine d'émeutes du type Watts qui éclatent un peu partout dans les villes américaines. On peut citer le quartier noir du *West Side* à Chicago (12 juillet 1966), Atlanta (6-7 septembre 1966), Newark (12-17 juillet 1967) ou bien Detroit (23-30 juillet 1967). Dans tous les cas, le scénario est identique. Tout démarre par un incident banal entre un Blanc et un Noir qui dégénère en bagarres puis en scènes d'incendie et de pillage. Le reste de l'Amérique se réfugie dans la peur et se retranche derrière ses postes de télévision en attendant le retour au calme. On ne saurait mésestimer à cet égard le rôle joué par la presse dans la médiatisation de ces événements. On peut aussi penser que la rhétorique de la violence développée par la minorité agissante des militants noirs déterminés du *Black Power* n'a pas de fondement idéologique réel et ne provoque donc pas les émeutes urbaines, même si elle les exploite.

La radicalisation est bien le fait de quelques extrémistes acharnés. Doté d'une organisation para-militaire, le Parti des *Black Panthers* fondé en 1966 par deux « gauchistes », Huey P. Newton et Bobby Seale, rassemble des révolutionnaires urbains qui attirent l'attention sur les conditions de vie dans les ghettos. Carmichael les rejoindra en 1968 et deviendra leur premier ministre. La république nationaliste de la Nouvelle Afrique prône la séparation territoriale des Noirs et des Blancs et la Nation de l'Islam *(Black Muslims)* prêche le chauvinisme noir. Lors d'une manifestation noire, le 25 juillet 1967, à Cambridge dans le Maryland, un militant du *Black Power*, H. Rap Brown, devenu président du SNCC, encourage à brûler la ville tandis que, le 17 août 1967, Carmichael appelle la population noire à la révolution générale. C'est dans ce contexte que, le 28 juillet 1967, à l'invitation du président Johnson, une commission d'enquête s'interroge sur la signification de ces émeutes. Le rapport Kerner est publié le 1er mars 1968. Certes, il est plus facile de faire un diagnostic que de proposer des solutions. Le seul résultat concret est la loi du 10 avril 1968 *(Civil Rights Act)* qui interdit la discrimination dans la vente de 80 % des logements. Cette disposition sera complétée, le 17 juin, par la décision de la Cour suprême déclarant toute discrimination dans la vente ou la location d'une propriété illégale.

La violence semble atteindre un sommet spectaculaire en 1968 puisqu'elle dépasse le cadre des rapports interraciaux pour affecter le monde politique voire l'ensemble de la société. Cette année-là est marquée par une série d'assassinats, celui de Martin Luther King mais aussi celui de Robert Kennedy (5 juin) qui vient de remporter les primaires démocrates en Californie. L'Amérique est secouée par une profonde crise. Elle fait figure de colosse aux pieds d'argile. Alors qu'elle domine le monde aux plans diplomatique, militaire, économique et intellectuel (18 prix Nobel entre 1955 et 1964), l'Amérique, rongée par le cancer de la violence, est ébranlée dans ses convictions.

Le « mouvement » de contestation et la contre-culture

Les années 60 sont marquées par le doute qu'engendrent les violences de la Révolution noire mais aussi l'agitation dans les universités, la contestation des jeunes, la montée des revendications féministes et celles des minorités, qu'il s'agisse des homosexuels, des Indiens ou des Porto-Ricains, au nom du droit à la différence.

Le mouvement noir sert de modèle à un mouvement plus profond de contestation sociale. La fin de la guerre froide et les revers de la société d'abondance ébranlent le consensus libéral qui a soutenu Kennedy et Johnson et, d'une façon plus générale, les valeurs américaines. Les effets conjugués du problème noir et de la guerre du Viêt-nam conduisent à une remise en cause radicale du système.

La naissance de la contestation chez les jeunes s'explique par le contexte historique et sociologique. Issus des classes moyennes, les *baby boomers*, qui n'ont connu ni la crise ni la guerre, accèdent en masse à l'enseignement supérieur. Entre 1946 et 1964, le nombre d'étudiants a doublé et représente la moitié d'une classe d'âge. Sur un arrière-plan de combat pour les droits civiques et de guerre du Viêt-nam, la nouvelle génération trouve sur les campus des lieux de discussions privilégiés qui se transforment rapidement en foyers de contestation radicale. Le courant de pensée dominant des milieux universitaires est la Nouvelle gauche *(New Left)* qui, dès 1962, affiche son anarchisme et rejette toute autorité, fût-ce même celle de l'État. La première organisation extrémiste de jeunes, porte-parole de la Nouvelle gauche, est celle des Étudiants pour une société démocratique *(Students for a Democratic Society, SDS)* dont le prophète est Tom Hayden, un ancien étudiant de l'Université du Michigan. Il a défini les buts du mouvement en 1962 (manifeste de Port-Huron). Le « mouvement » *(protest movement),* qui naît véritablement en 1964, prend le relais du mouvement noir vers 1967 et atteint son apogée en 1968 pour disparaître en 1972. Sans référence idéologique précise, le mouvement est inorganisé et adhère à une démocratie fondée sur la participation, l'autogestion et la solidarité. Les adolescents riches et privilégiés qui ont accès à l'éducation versent dans un gauchisme sympathique. L'ordre et les contraintes sont à proscrire. Seuls valent l'action directe, le désordre et la créativité. Confrontés à des situations de blocage dans les universités dont ils découvrent qu'elles sont des « usines à savoir » qui ne permettent pas la promotion sociale, ils s'attaquent au *welfare* qui n'a pas réussi à éradiquer la pauvreté et dénoncent l'impérialisme américain. Leur critique du système politique est féroce. Ces rebelles non conformistes rappellent, par leur attitude, les dissidents originels et retrouvent l'utopie des fondateurs. Ils sont plus soucieux d'améliorer la société que de faire la révolution. Après le thème des droits civiques, leur cheval de bataille devient vite l'opposition à la guerre du Viêt-nam. Après une révolte à Berkeley (devenu le symbole de la protestation étudiante), en septembre 1964, qui vise strictement le fonctionnement du système universitaire en réclamant une plus grande liberté d'expression politique sur les campus, c'est la résistance à la conscription *(draft)* qui gagne les universités dès le printemps 1965. Des appelés brûlent leurs avis d'incorporation. A plusieurs reprises en 1966 (en mars, avril et août), le SDS organise une énorme manifestation pacifiste à Washington. Alors que les Noirs ont transformé le SNCC en organisation révolutionnaire, Martin Luther King prend la tête, en avril 1967, d'une marche protestataire sur la capitale qui réunit la croisade pacifiste et le mouvement des droits civiques. Beaucoup de jeunes quittent le pays pour échapper au Viêt-nam et 60 000 *draft-dodgers* se réfugient ainsi au Canada. Ensuite, les mouvements se radicalisent. En avril 1968, c'est l'occupation de l'Université Columbia et, en novembre 1969, 250 000 personnes défileront à Washington. C'est un record historique mais, en même temps, il marque l'un des derniers temps forts d'une contestation politique qui se calme peu après l'élection présidentielle de 1968. Dès 1968, le mouvement est victime de ses scissions.

Mais le mouvement des jeunes n'a pas que des aspects sociopolitiques. Il peut aussi être porteur d'une critique de la culture conventionnelle. A cela rien de très nouveau. Tout était parti avec Elvis Presley et le rock des *fifties*. La musique est au cœur de cette contre-culture en raison des innovations techniques (invention du microsillon en 1948 et multiplication des transistors et des stations de radio depuis la fin de la guerre) et de l'émergence d'un nouveau marché alimenté par des jeunes qui ont des moyens financiers. Les 18-24 ans sont 23 millions en 1968. C'est l'époque triomphale des Beatles qui font une tournée aux États-Unis en 1964. Les chansons de contestation comme *Blowin' in the Wind* sont popularisées par John Baez et surtout par Bob Dylan. C'est le grand moment des *festivals* qui renouent avec la tradition des réveils religieux et des *camp meetings* des pionniers. La contestation est indissociable d'une culture de masse symbolisée par le premier festival pop de Monterey en 1967 en Californie et surtout par celui de Woodstock près de New York en août 1969.

La mode est vestimentaire mais elle est aussi une manière d'être et de vivre. Les *beatniks* et les *hipsters* bohèmes et asociaux de Greenwich Village (New York), Haight-Ashbury (San Francisco), Venice West (Los Angeles) avaient aussi montré la voie avec Allen Ginsberg, Jack Kerouac, Gary Snyder, Ken Kesey, William Burroughs ou Lawrence Ferlinghetti. Les enfants gâtés des banlieues riches s'insurgent contre le milieu dont ils sont issus et dénoncent la société conformiste et répressive. Ils ont trouvé des maîtres à penser : le sociologue C. Wright Mills qui, dans *The Power Elite* (1956) ou dans *The Sociological Imagination* (1959), propose sa vision de l'individu aliéné et transformé en « gai robot » ou bien le penseur Paul Goodman qui, dans *Growing Up Absurd* (1960), dénonce la société américaine comme un agrégat d'individus conformistes dépourvus de sens communautaire. Très forte aussi est l'influence du philosophe Herbert Marcuse qui vulgarise Marx et surtout Freud dans *Eros et civilisation* (1955) avant de publier son *Homme unidimensionnel* (1964). Les *hippies* vivent hors de toute autorité dans des *communes*. Le chemin à suivre est celui de la libération. La quête du bonheur individuel passe par les plaisirs sexuels, l'hédonisme et la sensualité. Le recours à la « pilule » (autorisée dès 1960) facilite les rapports outre qu'elle accroît l'indépendance de la femme. Il importe de libérer ses instincts sans contrainte et tout est bon pour y parvenir. L'usage des paradis artificiels est recommandé, d'abord des drogues douces comme la marijuana puis, à l'instar de Timothy Leary, du LSD *(Lyserg Saüre Diathylamid)*, un hallucinogène qui conduit à l'extase. On est loin du puritanisme traditionnel.

La contre-culture est individualiste mais elle sait être ludique et joyeuse en s'appropriant le canular. A cet égard, le plus fort est sans doute la création du *Youth International Party* (YIP) par Jerry Rubin (*Do It*, 1970) et Abbe Hoffman qui désignent un cochon comme candidat à la Maison-Blanche à la convention démocrate de Chicago à la fin août 1968. La fin dramatique de cette convention fait perdre l'élection aux démocrates mais elle marque surtout le début de la fin. L'émeute contre la guerre dans le Sud-Est asiatique dégénère en raison de violents affrontements qui ont lieu avec la police du maire Richard Daley et la répression des jeunes radicaux sonne le glas de leur activisme.

L'explosion du féminisme et le cri des minoritaires

La génération des gauchistes et des *flower children* (« faites l'amour, pas la guerre ») représente une classe à part. La crise d'adolescence et la libération de tous les interdits se passent mieux quand on a le privilège d'avoir une assise financière solide et de bénéficier d'une formation universitaire.

Mais il est d'autres mouvements de contestation qui engagent d'autres combats. Outre ceux des écologistes et des consommateurs critiques, il convient d'insister sur celui des féministes. La conquête des droits politiques en 1920 par le 19ᵉ amendement est demeurée théorique et n'a pas entraîné l'égalité de fait tant espérée par les femmes. Leur situation s'est même dégradée en l'espace de quarante ans et elles refusent désormais d'être cantonnées dans leur rôle de mères et d'épouses. Majoritaires aux États-Unis (51,3 % de la population en 1970), les femmes adoptent la stratégie des minorités pour tenter de mettre un terme aux discriminations dont elles font l'objet et lutter contre le chauvinisme mâle. La figure de proue de la contestation est Betty Friedan qui, en 1963, publie son ouvrage *The Feminine Mystique* traduit à tort en français par la *Femme mystifiée*, sauf sans doute que la mystique est finalement mystification. Le livre vendu à plus d'un million d'exemplaires est un best-seller. Les revendications du mouvement de libération des femmes, le *Women's Lib*, pour obtenir plus de participation dans tous les domaines, sont reprises par l'organisation qu'elle fonde en 1966, la *National Organization for Women* (NOW). Refus d'être considérées comme femme objet ou femme image, demandes insistantes pour le droit à la contraception et à l'avortement résument l'essentiel des revendications féministes. Mais le mouvement se divise. A côté de la NOW qui est modérée et regroupe surtout des femmes blanches des classes moyennes, des groupes plus radicaux, proches de la Nouvelle gauche, apparaissent tels la WITCH (*Women's International Terrorist Conspiracy from Hell*, ensuite appelée *Women Infuriated at Taking Care of Hoodlums*) qui dénonce les injustices sexuelles et réclame le droit au lesbianisme par le biais du théâtre de rue. Le mouvement connaît d'autres excès. Certaines militantes abandonnent ostensiblement leurs soutiens-gorge et jettent leurs dessous en public par provocation ou bien encore perturbent l'élection de Miss Amérique à Atlantic City en 1968. Mais, dans l'ensemble, les Américaines finissent par remporter quelques victoires, sans attendre la décision de la Cour suprême de 1973 *(Roe v. Wade)* qui légalise l'avortement pendant les trois premiers mois de la grossesse. Des progrès sont réalisés dans le domaine de l'emploi et notamment en ce qui a trait à l'égalité des salaires entre hommes et femmes pour un même travail (loi de 1963). Cette même année voit aussi la publication du rapport de la Commission présidentielle sur le statut de la femme (mise en place par Kennedy en 1961) et le titre VII de la loi sur les droits civiques de 1964 interdit la discrimination sexuelle dans le secteur privé. On n'est pas encore parvenu au stade de l'*Equal Rights Amendment* (ERA) qui inscrirait l'égalité des sexes dans la Constitution fédérale. Voté par le Congrès en 1972, le texte ne recevra pas l'approbation requise des deux tiers des États et il sera donc repoussé, même après prolongation au-delà du délai normal.

De leur côté, grâce à la révolution sexuelle des années 60, les homosexuels et les lesbiennes s'organisent pour revendiquer, au nom du droit à la différence, que leur légitimité soit reconnue. Ainsi le statut des *gay* sera moins confidentiel. Le succès du mouvement noir, par ailleurs, a permis de s'interroger sur les composantes sociales et ethniques des États-Unis. Le 1ᵉʳ août 1953, en adoptant le *Termination from Federal Supervision and Control Act*, le Congrès avait décrété l'égalité « de privilèges et de responsabilités » entre les Indiens et le reste de la population américaine. Le fait d'affranchir les Indiens de la tutelle du *Bureau of Indian Affairs* traduit un véritable désengagement de la part de l'État fédéral puisque les tribus ainsi « libérées » tombent sous le coup de législations d'États qui leur sont moins favorables. La disparition des réserves risque d'appauvrir plus encore des Indiens qui manifestent leur inquiétude. En 1958, le secrétaire à l'Intérieur promet qu'aucune cessation de tutelle *(termination)* ne se ferait sans l'accord des tribus concernées. La politique de la « terminaison » explique ce militantisme indien qui va bientôt faire parler de « pouvoir rouge » *(red power)*.

L'ère de la cour Warren

La période de 1953 à 1969, qui est celle de la cour Warren, est marquée par l'affirmation de plus en plus concrète de droits individuels demeurés jusque-là théoriques. La Cour suprême présidée par Earl Warren (1891-1974), ancien gouverneur de la Californie nommé par Eisenhower, consolide son autorité, déjà bien établie par John Marshall, et renforce des droits individuels esquissés dans la Déclaration des droits de 1791. La Cour s'est affirmée comme l'une des trois branches indépendantes du gouvernement fédéral. Si, pendant plus de cent cinquante ans, elle avait marqué son conservatisme, elle se montre plus libérale en l'espace de quinze ans, au grand dam des plus réactionnaires tels les extrémistes de la Société de John Birch qui demandèrent la démission de Warren. La Cour consolide notamment les garanties d'égalité du 14ᵉ amendement et de la clause relative à l'égalité de protection. Warren est l'un des plus grands présidents de la Cour suprême sinon le plus grand et il s'illustre en faisant adopter la décision Brown en 1954, la décision *Yates v. United States* de 1957 qui élargit les garanties du 1er amendement au profit des communistes et des personnes « subversives ». L'une des décisions les plus contestées fut l'interdiction, le 25 juin 1962, de la prière à l'école en vertu de la séparation de l'Église et de l'État. Mais, on peut dire que la cour Warren a défendu les principes fondamentaux de la démocratie et les droits de la personne, la liberté de parole et de presse, le droit de vote, la liberté religieuse.

On ne saurait interpréter les années 1945-1969 comme un long règne démocrate interrompu par une parenthèse républicaine. Il convient plutôt d'opposer deux décennies contrastées. Au sortir de la guerre, l'Amérique traverse allègrement les épreuves et la continuité des administrations Truman et Eisenhower s'explique par le triomphe des années 50, dominées par la paix, la prospérité et la stabilité. Le rêve américain est conforté par l'assurance que tous les espoirs sont permis.

Les années 60, qui démarrent avec l'inauguration de Kennedy en janvier 1961, semblent s'arrêter avec la chute de Nixon en août 1974. Il est certain que pendant cette période qui va de Camelot au Watergate, les contradictions apparaissent au grand jour. Même si le pouvoir présidentiel s'est accru, les signes de la crise – tant aux plans intérieur qu'international – se multiplient.

Il y a bien une autre continuité entre J. F. K. et L. B. J. et, malgré les folles espérances que laissait augurer un Kennedy mythique, Johnson, ce colistier devenu président par accident, apparaît, avec le recul, comme un très grand président. Sans doute Johnson aurait aimé être, comme Roosevelt, un grand réformateur social et un vainqueur militaire. La majorité qu'il obtient lui donne carte blanche mais son engagement problématique au Viêt-nam hypothèque sa volonté réformatrice. Le seul drame de Johnson est d'avoir été victime de son époque.

A cet égard, l'année 1968 est un tournant capital puisqu'elle annonce une forme d'éclatement de la cohésion nationale. A cette date, les Américains, majoritairement hostiles à une guerre devenue cauchemar, prennent conscience de l'illusion de la justice sociale et économique. Le climat général se dégrade et les « valeurs américaines » sont ébranlées. Les *sixties,* qui ont si bien commencé, se terminent mal et l'espoir cède la place au doute.

9. Le déclin est-il inévitable ?

(1969-2001)

Les incertitudes de la fin des *sixties* ébranlent les convictions les mieux assurées et désormais se pose la question du déclin de l'Amérique. Pendant quelque temps même, la crise des valeurs morales est telle que certains croient à la décadence. Ces trente dernières années indiquent que les États-Unis sont toujours au cœur du débat mais toute la question est de savoir comment son nouveau rôle doit se définir pour que le XXIe siècle ne cesse pas d'être américain.

La présidence de Nixon (1969-1974)

L'élection de 1968

C'est dans un fort climat de contestation que s'engage la campagne pour les présidentielles de 1968 auxquelles Johnson a décidé, le 31 mars, de ne pas se présenter. L'offensive du Têt du 31 janvier, qui venait de révéler l'échec de la stratégie militaire américaine, conduit le président sortant à réduire les bombardements sur le Viêtnam du Nord. Le printemps est ensuite obscurci par deux assassinats, celui de M. L. King, le 4 avril, puis, le 6 juin, jour anniversaire de la guerre des Six Jours, celui de Robert Kennedy, victime du geste fou d'un Palestinien choqué par les prises de position en faveur d'Israël d'un candidat démocrate qui semblait bien parti dans la course à la présidence, après sa victoire dans la primaire de Californie.

Tandis que le mouvement pacifiste se durcit, Hanoi et Washington envisagent de négocier mais les pourparlers vont traîner. Le 5 novembre 1968, le républicain Richard Nixon est élu avec l'une des plus faibles majorités jamais obtenues par un président américain. En effet, l'opinion s'est divisée et les votes se sont curieusement répartis. Pour la première fois dans ce type de consultation, le candidat d'un tiers parti – réactionnaire de surcroît – fait un score impressionnant. George Wallace, au nom de l'éphémère Parti américain indépendant, remporte près de 10 millions de voix, soit 13,5 % des suffrages ainsi que 46 mandats électoraux, même s'il n'a toutefois pas égalé le score de Theodore Roosevelt en 1912 ni celui de Robert La Follette en 1924. L'écart de voix qui sépare Nixon de son adversaire est apparemment plus important que lors de l'élection de Kennedy mais, compte tenu qu'il n'y a que 61 % de participation électorale, son score de 43,4 % est le pourcentage de suffrages exprimés le plus bas depuis l'élection de Wilson en 1912. Il obtient 31 785 480 voix contre 31 275 166 à son adversaire Hubert Humphrey, le vice-président sortant qui est associé dans les esprits des électeurs à la guerre de Johnson. La différence n'est que d'un demi-million de voix, soit un écart de 0,7 %. En terme de mandats d'électeurs, la différence est plus claire avec 301 mandats contre 191. En obtenant l'investiture démocrate, Humphrey s'est aliéné le soutien des libéraux qui, après avoir soutenu R. Kennedy, se sont rangés derrière le sénateur Eugene McCarthy (qui n'a pas de lien de parenté avec le sénateur Joseph McCarthy), partisan de la paix. Richard Milhous Nixon (1913-1994) est finalement élu mais les démocrates conservent la majorité tant au Sénat qu'à la Chambre des représentants. Ce sera vrai aux élections de 1968, 1970 et 1972. La leçon essentielle de ce scrutin c'est que le pays a changé et qu'une nouvelle majorité semble prendre la relève. C'en est quasiment fini de la coalition rooseveltienne au pouvoir depuis un tiers de siècle. En effet, Nixon l'emporte dans 32 États y compris l'Ohio, l'Illinois, le New Jersey, la Californie, les 2 Carolines, la Virginie, le Tennessee, le Kentucky, le Missouri et Humphrey est le seul candidat démocrate à n'avoir remporté qu'un État du Sud (et encore son avance a été faible dans le Texas) tandis que, surtout, les États du Sud se sont portés sur Wallace. Si l'on additionne les soutiens de Nixon et de Wallace, 58 % des électeurs marquent leur rejet du libéralisme johnsonien et donc de l'héritage rooseveltien. Même s'il faut nuancer l'analyse, l'élection de 1968 annonce le retour du pays vers le conservatisme.

Nixon n'est pas un inconnu. Californien d'origine modeste, il est dévoré d'ambition. Représentant puis sénateur, il est pendant huit ans le vice-président d'Eisenhower. Il a déjà montré sa ténacité pour être présent dans les combats électoraux pour la présidence. Candidat malheureux en 1960 où il a été défait aux présidentielles, il a vécu depuis dans une sorte de *no man's land* politique. En 1962, il n'arrive pas à être élu gouverneur de Californie. Il est vrai qu'à l'époque il était accrocheur et combatif mais un peu dépourvu d'humour. Toutefois, le personnage sait faire évoluer sa personnalité. On se souviendra aussi de l'acharnement du représentant Nixon à convaincre ses collègues, dès 1948, qu'il y a une affaire Hiss. Le maccarthysme aurait fort bien pu s'appeler le nixonisme mais la seule différence réside dans le fait que Nixon n'est pas un démagogue. Il vise déjà le pouvoir et a l'ambition de laisser sa marque dans l'histoire des États-Unis. En un sens il y parviendra.

Nixon a mis son expérience en avant et s'est identifié au centre du Parti républicain. Son programme a surtout visé à rassurer l'opinion publique. A l'écoute de la « majorité silencieuse » *(silent majority)*, le président a tenu à mettre en avant la menace qui pèse sur l'avenir des valeurs américaines. Le discours s'adresse aux « oubliés » de l'Amérique profonde, essentiellement composée de travailleurs blancs. Le président souhaite rétablir « la loi et l'ordre », rassembler le pays divisé et, s'il promet la paix, ce n'est pas à n'importe quel prix. Le balancier va dans l'autre sens et Nixon se fait le porte-parole de l'Amérique moyenne. Par ailleurs les gaspillages et la persistance de la pauvreté fournissent des arguments très forts aux défenseurs du darwinisme. Ils permettent l'élection de Nixon tout comme ils assureront, un peu plus tard, celle de Reagan. Une autre promesse qui a su convaincre les sudistes est d'envisager une mesure *anti-busing*, d'autant que le vice-président du ticket républicain est le gouverneur du Maryland Spiro Agnew.

Le désengagement difficile du bourbier vietnamien

Malgré ses promesses de terminer la guerre, Nixon, une fois élu, s'engage activement dans sa poursuite. Le nombre maximum de 543 000 soldats américains est atteint en avril 1969. Dès cette même date, les raids de bombardiers B52, notamment contre le Cambodge qui est officiellement neutre, se multiplient sans que l'opinion publique en soit informée. Ce n'est qu'à partir d'août 1969 qu'est engagée la désescalade. Aux États-Unis, les pacifistes ne désarment pas et plus de 2 millions de personnes (dont 250 000 à Washington) se mobilisent pour participer massivement, le 15 octobre, au moratoire pour le Viêt-nam. En réalité, malgré le retrait progressif des forces terrestres américaines (leur nombre passe de 500 000 en 1968 à moins de 50 000 en 1972), les effectifs de l'armée sud-vietnamienne se sont renforcés. C'est la « vietnamisation » du conflit selon le programme annoncé par Nixon en novembre 1969. En avril 1970, allant à l'encontre du droit américain et du droit international, le président décide l'invasion du Cambodge. Cette nouvelle provoque de fortes turbulences sur les campus et, le 4 mai, une énorme émeute à l'Université Kent (Ohio) qui se solde, après l'intervention de la garde nationale, par 4 morts et 9 blessés. La décision arbitraire de Nixon relève sans doute du désir de ne pas accepter la défaite mais elle est vertement critiquée par le Sénat qui abolit, en juillet 1970, la résolution du golfe du Tonkin de 1964.

La guerre a de lourdes conséquences financières mais aussi morales et psychologiques. Les révélations du massacre de My Lai, dix-huit mois après qu'il se fut produit, le mystère entretenu autour de l'attaque cambodgienne qualifiée « d'incursion » agacent les Américains qui ont le sentiment qu'on leur cache la vérité. La révélation des *Dossiers du Pentagone* publiés, en juin 1971, par le *New York Times*, malgré la tentative de Nixon pour censurer la presse, fait apparaître que le Congrès et l'opinion publique ont été trompés. Il est clair que le gouvernement et le Pentagone se sont en effet massivement engagés au Viêt-nam malgré le scepticisme prudent et les avis éclairés et lucides du ministre de la Défense McNamara. Il y a bien eu désinformation et le soupçon est objectivement alimenté par la découverte de ces documents secrets. La presse commence à jouer un rôle essentiel dans les relations qu'elle va établir entre les décideurs politiques et les citoyens ordinaires. Les médias et, en particulier, les journaux télévisés qui ont leurs vedettes (Walter Cronkite sur CBS, David Brinkley et Chet Huntley sur NBC) renforcent les opinions et les préjugés plus qu'ils ne les créent véritablement et l'évolution de l'opinion qui passe du soutien à la condamnation est due à la prise de conscience du décalage entre le discours et la réalité *(credibility gap)*. En tout cas, de toutes ces informations se dégage le sentiment d'une grande confusion et d'un immense gâchis. C'est ce que ressentent aussi les conscrits américains qui n'avaient jamais été engagés dans une guerre aussi longtemps sans savoir exactement pourquoi. Ils vivent un véritable cauchemar qui devient celui de l'Amérique tout entière et qu'une production abondante de films exprimera un peu plus tard. On songe à *Apocalypse Now* (1979), à *Platoon* (1986), à *Good Morning Vietnam* (1987) ou à *Born on the Fourth of July* (1989). Nixon a confié à Henry Kissinger, un professeur de Harvard devenu son conseiller spécial pour les affaires de sécurité, le soin d'avoir des discussions secrètes avec le représentant du Nord Viêt-nam, Lê Duc Tho. Les pourparlers se concluent par l'accord de Paris qui met fin, le 28 janvier 1973, à la deuxième guerre d'Indochine. Il a été difficile de trouver une porte de sortie honorable. Malheureusement l'accord ne fut pas synonyme de paix. Les États-Unis continuent de soutenir le gouvernement impopulaire et corrompu de Thiêu au sud Viêt-nam contre les pressions menaçantes du Nord, jusqu'à la chute de Thiêu et à l'entrée des communistes nord-vietnamiens à Saigon le 30 avril 1975.

Le coût de cette guerre inutile et humiliante est énorme : 58 000 morts et 300 000 blessés pour ne parler que des pertes humaines. Financièrement, l'opération se chiffre à plus de 160 milliards de dollars pour les seules dépenses budgétaires. De surcroît, l'Amérique s'est divisée entre les colombes *(doves)* et les faucons *(hawks)*, les jeunes ont traversé une période de désenchantement profond et les Afro-Américains et les pauvres se sont sentis marginalisés malgré leur très forte participation aux combats. Le sentiment d'aliénation est aussi très fort chez les *Viet-Vets* (anciens combattants) qui, après avoir été rejetés au Viêt-nam, sont mal accueillis à leur retour aux États-Unis. Le moins que l'on puisse dire est que la confiance dans les institutions et les hommes s'est effritée. C'est le début d'un sérieux *credibility gap*.

La crise de confiance d'une société en panne

Le malaise a aussi des causes intérieures. La situation d'inégalité sociale et économique s'aggrave. La fiscalité est injuste puisque les riches bénéficient d'exemptions et pratiquent des formes diverses d'évasion fiscale. Les grandes compagnies et les grands groupes industriels et financiers et, notamment le secteur de la défense, augmentent leur pouvoir et leurs ressources tandis que subsistent dans les villes les fléaux de la pauvreté, de la délinquance et de la drogue. L'écart entre riches et pauvres s'accroît. 27 millions d'Américains se situent en dessous du seuil de pauvreté (3 700 dollars pour une famille de 4 personnes). Le coût de la guerre est colossal et les dépenses militaires sont 10 fois plus fortes que les dépenses sociales. La révolution sexuelle a aussi ses effets pervers. En diminuant le nombre des naissances illégitimes, la pilule contribue au déclin de la natalité qui atteint son taux le plus bas de l'histoire américaine en passant de 23,7 ‰ en 1960 à 17,5 ‰ en 1968 puis à 15 ‰ en 1974. La révolte dans les prisons traduit les conditions déplorables de la vie carcérale, comme en atteste le soulèvement de la prison d'Attica à New York en 1971 qui fait 43 morts parmi les détenus et les gardiens.

Les initiatives du président en faveur de la paix et une légère amélioration conjoncturelle de l'économie au début de 1972 permettent sans doute d'expliquer la réélection triomphale de Nixon en novembre 1972 où il obtient près de 61 % des suffrages, soit une majorité de 17 millions de voix. Il rassemble plus de 45,5 millions de suffrages contre 28,5 à George McGovern et il l'emporte dans tous les États, sauf dans le Massachusetts et le district de Columbia (520 mandats électoraux sur 537). Assez ironiquement le malaise social a conforté Nixon, car l'Amérique profonde qui travaille, paie des impôts et vit « normalement », attend de son président qu'il remette de l'ordre dans une société en pleine déconfiture. L'autre effet positif pour le camp républicain est sans doute l'annonce par Kissinger, en octobre 1972, que la paix est proche. Quoi qu'il en soit, le succès conforte le président Nixon dans une politique financière qui favorise le Pentagone au détriment des grands programmes sociaux *(Model Cities, Job Corps, Community Action, Neighborhood Youth)*. Le choix est fait d'une moindre intervention de l'État. Malgré les promesses du discours sur l'état de l'Union en janvier 1971 annonçant une *New American Revolution*, il n'est plus question du projet d'allocations familiales qui devait assurer un revenu minimum de 1 600 $ à toutes les familles ayant des enfants à charge. D'autre part, le « nouveau fédéralisme » décentralisateur, qui vise à partager les revenus de l'État *(revenue sharing)* et à les répartir afin de reverser des fonds fédéraux aux gouvernements des États et aux municipalités, connaît de sérieuses difficultés. Il en est de même du programme des logements sociaux et de toutes les mesures envisagées pour aider les étudiants, les paysans, les chômeurs et les handicapés. La suppression de l'*Office of Economic Opportunity* est le symbole achevé de ce renoncement à promouvoir des mesures sociales avancées.

La crise économique et le premier choc pétrolier

La situation économique s'est par ailleurs détériorée. Le chômage, dont le taux de 3 à 4 % en 1968 pouvait encore être considéré comme normal, atteint 6 % en 1970. Nixon doit faire face aussi à une véritable stagflation (stagnation + inflation). L'inflation galopante (entre 6 et 8 % par an) et le déficit budgétaire (23 milliards de dollars en 1971) ont un effet direct sur la balance des paiements. Déjà, depuis le début des années 60, la balance des paiements américaine affiche un déficit régulièrement augmenté par les réductions d'impôts, les dépenses militaires et les investissements à l'étranger. Les démocrates au pouvoir avaient bien essayé de réduire ces investissements (1968) mais devant l'aggravation de la situation financière, Nixon doit agir car on ne peut pas impunément prolonger une telle crise surtout quand l'inflation et le chômage réduisent la confiance dans le dollar et risquent de provoquer des retraits d'or excessifs. En août 1971, et c'est la première fois depuis 1888, la balance commerciale est aussi en déficit en raison de la très forte concurrence des produits européens et japonais. C'est pourquoi, le 15 août 1971, Nixon annonce une politique de redressement économique marquée par la fin de la garantie-or, c'est-à-dire de la convertibilité du dollar en or. La décision est prise de laisser flotter la monnaie américaine, de soumettre les importations à une surtaxe de 10 % et de bloquer les prix et les salaires.

Ces mesures provoquent la réaction immédiate de l'Europe et du Japon qui sont soudainement confrontés à un afflux massif de dollars à absorber et qui se voient limités dans leurs transactions commerciales avec les États-Unis. En décembre 1971, l'Europe obtient une dévaluation de 12 % du dollar (accords de Washington), la suppression de la surtaxe mais le dollar demeure inconvertible. C'en est donc fini du système monétaire défini par les accords de Bretton Woods en 1934 qui avait fait du dollar une monnaie de réserve internationale servant à l'égal de l'or mais le problème monétaire international n'a pas été réglé au fond. Le dollar connaît une nouvelle dévaluation d'environ 10 % en février 1973 et, à son tour, l'Europe propose un plan Marshall mais à rebours puisqu'il vise à consolider la dette extérieure des États-Unis qui avoisine 80 milliards de dollars. On ne sera guère surpris que la suggestion de l'Europe n'ait pas été retenue par l'Amérique qui se lance dans le *Nixon Round* à l'automne 1973. Il s'agit en fait d'un plan invitant les Alliés à partager la charge de la défense du monde libre, autrement dit une façon de maintenir la tutelle américaine.

Par ailleurs, il faut compter avec une autre crise. Provoquée au départ par des habitudes de dépenses immodérées de ressources naturelles, la pénurie d'énergie qui s'annonce au milieu des années 60 (dont la gigantesque panne d'électricité de novembre 1965, qui plonge le Nord-Est dans l'obscurité pendant plusieurs heures, est un signe) s'intensifie avec le conflit israélo-arabe et la guerre du Kippour (octobre-novembre 1973) qui déclenchent de la part de l'OPEP (Organisation des pays exportateurs de pétrole), favorable à la cause arabe, un embargo pétrolier (octobre 1973 - mars 1974). Le choc pétrolier de 1973 frappe donc les États-Unis de plein fouet avant de devenir une crise mondiale. En un sens, cette crise de l'énergie vient opportunément sauver l'Amérique en relançant l'inflation dans une Europe divisée sur les stratégies à adopter. Dès 1974, le dollar remonte, la balance commerciale se rétablit et ainsi le contrôle des investissements à l'étranger peut être levé (janvier 1974). La supériorité américaine, qui ne perd jamais de vue son objectif de domination économique, est réaffirmée par Nixon dans son discours du 15 mars 1974 à Chicago où il rappelle sans aucune ambiguïté qu'il est difficile de vouloir bénéficier de la protection des États-Unis sans se rallier à leur cause aux plans politique et économique.

Réformes ou remise en ordre ?

Malgré ce tableau sombre, la contestation va s'atténuer. Le retrait progressif du bourbier vietnamien calme les esprits qui n'ont plus de raison objective d'être mécontents. Par ailleurs, le président sait allier concessions et décisions fermes. Tout d'abord, le système du service militaire obligatoire, en vigueur depuis 1948, est réformé. Même si l'incorporation n'est pas synonyme de départ pour le Viêtnam et *a fortiori* n'implique pas automatiquement une présence en première ligne dans les unités combattantes, le *draft* est devenu le symbole de l'inégalité des chances. Il est modifié à partir de 1969 pour tenter de corriger l'injustice d'un système d'exemptions qui frappe surtout les pauvres, les Noirs, les sans-instruction. Nixon décide d'abolir les sursis et instaure un système nouveau de loterie censé être plus impartial puisqu'il s'agit d'un tirage au sort des dates de naissance. Ces nouvelles modalités vont à l'encontre de l'idéal de liberté et d'individualisme cher à l'Amérique et la mesure paraît d'autant plus insuffisante que le sentiment d'opposition à la guerre est encore fort à cette époque-là mais c'est un premier pas. Convaincu par l'idée que le volontariat était préférable à l'obligation imposée, Nixon recommande d'attendre un peu avant d'aller plus avant mais finalement, le 30 juin 1973, la conscription est supprimée au profit d'une armée de volontaires. Une autre initiative heureuse visant à abaisser la majorité électorale à 18 ans a été prise en juillet 1971 grâce à la ratification du 26ᵉ amendement.

Mais, en revanche, d'autres mesures sont moins libérales, telle la suppression du jury dans le cas de délits passibles d'une peine égale ou inférieure à six mois de détention. La pratique de perquisitions sans mandat devient plus systématique et la liberté de manifestation est réduite. Nixon tente aussi de bloquer le renouvellement du *Voting Rights Act* de 1965 et de retarder l'intégration scolaire dans le Mississippi. Il soutient un projet de loi *anti-busing* pour empêcher le ramassage scolaire devant favoriser la déségrégation mais que le Congrès n'adopte pas. Lorsque Earl Warren se retire en juin 1969, Nixon fait nommer un président nettement moins libéral, Warren Burger, mais il ne parvient pas à faire admettre par le Sénat la nomination de deux juges considérés comme particulièrement réactionnaires le 21 novembre 1969 et le 8 avril 1970. Il réussit cependant à faire entériner 3 « *nominations* » (le président propose *(nominates)* et le Sénat nomme *(appoints)*, celles des juges Harry Blackmun, Lewis Powell et William Rehnquist, réputés pour leur conservatisme. La majorité de la Cour demeure toutefois encore libérale, comme en attestent deux décisions, l'une relative à l'intégration scolaire (*Alexander v. Holmes*, 1969), l'autre concernant la pratique du *busing* pour favoriser la mixité dans les écoles (*Swann v. Charlotte-Mecklenburg*, 1971).

Tout en étant contrasté, le bilan d'ensemble conduit à indiquer que le réformisme social des années 60 s'est bien calmé et qu'il a introduit une nouvelle décennie de repli. L'Amérique moyenne a peu de goût pour l'expérimentation sociale. Les jeunes des années 70 sont moins engagés dans la défense d'idées généreuses et collectives et ils développent un intérêt narcissique pour leur destin individuel. C'est le triomphe de la génération du moi, selon l'expression du journaliste Tom Wolfe.

La politique extérieure

L'importance de la politique étrangère américaine de même que sa puissance militaire ont marqué avec une continuité remarquable l'administration présidentielle de Kennedy, de Johnson et de Nixon. Mais, pour ce qui est de Nixon, il se passionne plus pour les relations des États-Unis avec le reste du monde que pour les problèmes intérieurs. Une nouvelle définition du pouvoir présidentiel s'affirme : « Il faut un président pour la politique étrangère. Le secrétaire d'État n'est pas vraiment important. C'est le président qui fait la politique étrangère. » Le département d'État devient un organisme d'exécution (à l'exception d'une initiative au Moyen-Orient qu'il fut en mesure de prendre pendant le premier mandat). Mais c'est Henry Kissinger, l'homme qui siège « juste au-dessous de Dieu », qui préside aux destinées du Conseil national de sécurité, une structure parallèle dont les effectifs et le budget ne cessent d'augmenter, avant de devenir secrétaire d'État en septembre 1973. L'inflation administrative se poursuit avec l'augmentation des assistants présidentiels (plus de 50 sous Nixon contre 37 sous Eisenhower) et la multiplication des agences qui échappent au contrôle du Congrès et des ministères.

Les dangers de dérive du pouvoir présidentiel sont clairement perçus par le Congrès qui réagit en votant, le 7 novembre 1973, la loi sur les pouvoirs de guerre *(War Powers Act)*, stipulant que l'accord du Congrès est nécessaire pour que des unités combattantes soient mobilisées quelque part pendant plus de quatre-vingt-dix jours, limitant ainsi les pouvoirs de la présidence dans la conduite de la guerre et mettant un terme au blanc-seing qu'il lui avait accordé par sa résolution du golfe du Tonkin.

Il n'en demeure pas moins que l'époque de l'isolationnisme appartient au passé. On sait jusqu'où la lutte contre le communisme a entraîné les États-Unis au Viêt-nam. En réalité, il y a danger si l'Amérique est condamnée à un rôle de « géant pitoyable et impuissant », comme le rappelle Nixon en avril 1970. Ce danger du triomphe du totalitarisme et de l'anarchie doit être ardemment combattu. Washington s'y emploie en Amérique latine, à Cuba, à Saint-Domingue, en Bolivie. Subversion et guérilla sont à proscrire.

En fait, la rivalité avec le monde communiste a évolué et les États-Unis sont moins ouvertement confrontés à l'URSS depuis la fin de la Guerre froide qu'avec la Chine. Ponctuées par la visite de Nixon à

Moscou en mai 1972 et celle de Brejnev aux États-Unis en juin 1973, les relations avec l'Union soviétique s'améliorent. Le dialogue entre les deux superpuissances est guidé par la stratégie du *linkage* selon laquelle la détente ne peut s'engager avec l'Union soviétique que si Moscou accepte de convaincre Hanoi de négocier la paix. La compétition scientifique qui a opposé les deux Grands tourne désormais à l'avantage de l'Amérique qui a déployé tous les efforts nécessaires pour rattraper son retard, et ce, dans les domaines de l'énergie atomique, de la conquête de l'espace ou de l'électronique. En matière d'armes nucléaires, l'heure est à la sophistication des missiles balistiques intercontinentaux et, compte tenu du danger couru, l'URSS et les États-Unis signent, le 26 mai 1972, le premier accord SALT sur la limitation des armements stratégiques *(Strategic Arms Limitation Talks)* tandis que les relations commerciales sont également normalisées. Devancée par les spoutniks soviétiques, l'Amérique, qui a réussi à mettre sur orbite le premier véhicule spatial habité en 1962 et qui a opéré la première sortie dans l'espace en 1965, concrétise très symboliquement son avance avec le débarquement du premier homme (Neil Armstrong) sur la Lune le 21 juillet 1969.

Les lois de la géopolitique américaine veulent que désormais leurs engagements cessent d'être locaux ou régionaux pour devenir internationaux. Mais faut-il encore avoir les moyens d'une politique de globalisme. La « doctrine Nixon » allie souplesse et fermeté avec pragmatisme. Ceci explique les opérations conduites dans des pays considérés comme « menacés » comme le Pérou, la Bolivie, Cuba et Saint-Domingue. La CIA s'active pour former des forces anti-guerilla locales. La phobie du communisme va même pousser les États-Unis à soutenir des dictatures ou des régimes militaires répressifs et à engager certaines actions contre de prétendus conspirateurs, quitte à ternir l'image de l'Amérique. Ce fut déjà le sens de l'intervention armée décidée par Johnson en 1965 en République Dominicaine. C'est aussi l'orientation prise par la politique de Nixon en Amérique latine. Une série de faux pas malheureux tendent à discréditer les États-Unis à l'étranger.

Nixon apporte également son appui à la dictature militaire en Grèce et cautionne le renversement de l'archevêque Makarios à Chypre, vend des avions à réaction à l'Afrique du Sud de l'apartheid, combat en sous-main contre le régime démocratique de Salvador Allende au Chili dont il contribue à provoquer la chute dramatique en septembre 1973.

Mais la révolution mentale la plus spectaculaire fut la décision prise par Nixon de modifier radicalement sa stratégie vis-à-vis de la Chine. Après avoir soutenu le régime de Tchang Kaï-chek à Taiwan, le président décida d'établir des relations avec la Chine continentale qu'il s'était toujours employé à écarter des Nations Unies (la « Chine rouge » est finalement admise en octobre 1971). Kissinger n'est évidemment pas étranger à cette initiative de faire de l'Amérique l'arbitre d'une nouvelle relation triangulaire avec la Chine et la Russie. On saisit toute la portée de la visite officielle du président Nixon à Pékin en février 1972 et de sa rencontre avec le président Mao. Amadouer la Chine populaire correspond aussi sans doute au désir de continuer la guerre dans le Sud-Est asiatique sans trop de risques. Cette ouverture eut en tout cas pour effet de décrisper le contexte international. La force de Nixon aura été de pouvoir négocier ainsi avec l'URSS et la Chine sans qu'on l'accuse de faiblesse vis-à-vis du communisme, ce que les démocrates n'ont jamais pu faire sous peine d'être violemment attaqués par les républicains. Les succès de la diplomatie nixonienne sont censés atténuer les effets du *Watergate* mais est-ce bien certain ?

L'affaire du Watergate

Les méthodes de travail de Nixon sont particulières. Le président, tout d'abord, est mal entouré et toute une série de personnages peu scrupuleux gravitent autour de lui. Ensuite il entretient des relations difficiles avec le Congrès et doit affronter l'opposition des démocrates. Enfin, il est tenté par les abus de pouvoir. Le plus souvent enfermé dans son bureau, il voit peu ses collaborateurs. Cet homme, qui se méfie, est isolé et se croit constamment victime d'un complot. Il redoute les intellectuels et les libéraux de tous bords. Il a diabolisé la presse, son ennemi n°1, car c'est elle qui a bâti l'image d'un président horrible et détestable en répandant le surnom de Richard le tricheur *(Tricky Dick)*. Et pourtant Nixon a utilisé la télévision dans bien des circonstances mais jamais dans le cadre de conférences de presse. Il s'adresse directement aux citoyens et préfère le monologue.

On comprend mieux ainsi que, dans un contexte de guerre déclarée à la permissivité, le climat de suspicion se développe et que les contrôles de toutes sortes se multiplient. Il n'est pas rare que des enquêtes politiques et administratives fassent littéralement irruption dans la vie privée des individus. La pratique des écoutes téléphoniques *(wiretapping)* se généralise afin, aux dires du secrétaire à la Justice John Mitchell, de contrôler les éléments « révolutionnaires » de la société. Les journalistes sont souvent pressés de révéler leurs sources d'information. Les procédés utilisés sont parfois douteux, incluant le blanchissement des fonds électoraux. Au nom de la « sécurité nationale » mais, en réalité, à des fins politiques et partisanes, le président a recours systématiquement aux services de renseignements. Tout un groupe d'agents de la Maison-Blanche – les fameux « plombiers » – sont chargés d'activités d'espionnage, pillant les fichiers personnels et mettant les journalistes sur table d'écoute, sans compter les agents provocateurs qui s'infiltrent dans les milieux extrémistes. Le président s'est d'ailleurs constitué sa propre « liste noire d'ennemis ».

Or, l'élection triomphale de 1972 ne justifie pas ce recours systématique à des activités clandestines qui vont entraîner la chute du président. L'« affaire » commence banalement avant de devenir le plus grand scandale politique de l'histoire présidentielle américaine. D'anciens agents de la CIA au service du CRP (Comité pour la réélection du président) pénètrent par effraction dans le quartier général du Parti démocrate situé à Washington dans l'hôtel du *Watergate*, mettent les lignes téléphoniques sur écoute et installent des micros clandestins *(bugging)*. Puis, au cours d'une incursion dans la nuit du 17 juin 1972, la « joyeuse équipe » se fait surprendre et les supérieurs hiérarchiques qui la commanditaient commettent l'erreur de vouloir camoufler le délit. Une commission d'enquête sénatoriale se penche alors, au printemps 1973, sur cette affaire qui pose le problème de l'autorité présidentielle et l'ensemble des citoyens ont à en connaître puisque les débats sont télévisés. L'Amérique découvre alors les agissements curieux de l'entourage présidentiel dont la conduite n'est dictée que par par sa loyauté au « patron », au mépris du respect le plus élémentaire des lois. De nombreuses tentatives sont effectuées ensuite pour acheter le silence des cambrioleurs du Watergate. On apprend enfin que Nixon lui-même a enregistré toutes les conversations qui se sont tenues à la Maison-Blanche et, lorsque le procureur spécial Archibald Cox enjoint le président de donner ses bandes magnétiques, il est révoqué (octobre 1973). Décidément la démocratie est bien dévoyée.

Entre-temps, le vice-président qui ne semblait pas trop impliqué dans le Watergate fait l'objet d'une enquête pour une histoire de pots de vin remontant à l'époque où il était gouverneur du Maryland. Reconnu coupable d'évasion fiscale, Agnew est contraint de démissionner en octobre 1973. Appliquant le 25ᵉ amendement relatif à la succession (voté par le Congrès en 1965 et ratifié par les États en 1967), Nixon le remplace, avec l'accord du Congrès, le 6 décembre, par Gerald Ford, chef de la minorité républicaine à la Chambre.

Et tandis que les enquêtes du procureur spécial, des 4 commissions sénatoriales et d'une commission de la Chambre des représentants s'approfondissent, les démissions dans l'administration se multiplient (notamment celles de ses plus proches collaborateurs, Robert Haldeman et John Ehrlichman) ainsi que les mises en accusation. C'est lorsqu'on découvre que les bandes magnétiques du président ont été en partie effacées ou falsifiées que la procédure de la mise en accusation de Nixon *(impeachment)* paraît inévitable pour entrave au bon fonctionnement de la justice et pour abus de pouvoir. Elle est demandée, le 31 juillet 1973, par le représentant du Massachusetts Robert Drinan. Outre les agissements dans l'affaire du Watergate, c'est l'autorité morale du président qui est en cause, sérieusement sapée aussi bien par sa décision unilatérale de bombarder le Cambodge en secret que par des dépenses somptuaires injustifiables ou des déductions fiscales inacceptables. Les Américains sont abasourdis et retirent leur confiance à un président dont la cote de popularité a littéralement plongé puisque, de 70 % en 1973 quand la paix a été signée, elle tombe à seulement 24 % en avril 1974. Pendant le printemps et l'été 1974, le juge de la cour fédérale John Sirica engage une procédure d'inculpation à laquelle Nixon échappe de justesse grâce à une tactique d'atermoiements. Enfin, il apparaît au grand jour que Nixon s'est parjuré en proclamant son innocence dans un célèbre discours à la nation où il a déclaré qu'il n'avait pas menti *(I'm not a liar)*. Le 24 juillet 1974, la Cour suprême, par une décision unanime (avec l'abstention de Rehnquist), dut ordonner à Nixon de rendre les enregistrements. Le Sénat hésita sans doute à se lancer dans une procédure préjudiciable à la crédibilité et au bon fonctionnement des institutions mais, entre le 27 et le 30 juillet 1974, la Chambre vota trois articles d'*impeachment* avec le soutien des deux partis (27 voix contre 11). Se sentant abandonné, Nixon présenta sa démission le 8 août et se retira, dès le lendemain, dans sa propriété de Californie tandis que Gerald R. Ford devenait président.

On a certainement exagéré le rôle de la presse dans cette affaire (et, en particulier, des deux reporters Carl Bernstein et Bob Woodward) en affirmant qu'elle avait marqué une victoire d'un journal progressiste, le *Washington Post* en l'occurrence. La crise a plutôt montré finalement le bon fonctionnement d'institutions dont le principe repose sur l'équilibre. Alertés par les médias, le 4ᵉ pouvoir, le pouvoir judiciaire puis le pouvoir législatif (le Congrès) se sont tout simplement mis en travers de la route du président et du pouvoir exécutif qui, dans ces conditions, n'avait plus qu'à se démettre. En tout cas, le Watergate mit fin à la carrière d'un président douteux, fut un coup d'arrêt à l'expansion de la « présidence impériale » et plongea l'Amérique dans un profond désarroi à l'égard de ses dirigeants.

Les années creuses : 1974-1981

Le climat est à la résignation et à la méfiance à l'égard des hommes politiques et de l'autorité en général. L'héritage du Viêt-nam et du Watergate est lourd et les deux présidents qui succèdent à Nixon n'arrivent pas à redresser la barre. Sans être exceptionnels, ils n'en sont pas moins honnêtes et sérieux.

L'intermède de l'administration Ford (1974-1977)

Le successeur immédiat Gerald Ford est falot. Si Nixon fut le seul président à démissionner, Ford fut le seul président à n'avoir pas été élu par le peuple et à avoir ainsi dirigé le pays d'août 1974 à janvier 1977. Il nomme comme vice-président le gouverneur Nelson Rockefeller qui est le porte-parole de l'aile progressiste du Parti républicain.

Né en 1913, vedette de football américain dans sa jeunesse puis avocat, Ford siège à la Chambre des représentants pour le Michigan de 1949 à 1973. A partir de 1965, il devient le chef de la minorité républicaine et c'est à ce titre qu'il est choisi par Nixon en 1973 pour remplacer le vice-président Agnew démissionnaire. Ford qui séduit par sa franchise et par son intégrité est très populaire jusqu'à sa première erreur, commise un mois après son accession et qui consiste à amnistier Nixon. Dès septembre 1974, en effet, et contrairement aux engagements pris, Ford accorde son « pardon pour toutes les offenses commises ». Par cette décision prématurée, le nouveau président porte un coup rude au Parti républicain et s'aliène une partie des Américains qui ne comprennent pas une telle décision, d'autant que cette dernière n'efface pas l'humiliation qui demeure au regard de l'opinion publique et donc de l'histoire.

En matière de politique étrangère, Ford est le continuateur de Nixon. Il poursuit la politique de détente engagée avec Henri Kissinger qu'il garde comme secrétaire d'État. Il fait une visite officielle en Chine, tient deux sommets avec les Soviétiques et confirme la politique difficile de limitation des armements stratégiques en signant l'accord de Vladivostok en novembre 1974. La chute de Phnom-Penh et de Saigon en avril 1975 marque tout de même une nouvelle avancée du communisme en Asie ; la guerre civile en Angola permet aux forces cubaines et soviétiques d'établir des bases dans ce pays et Kissinger semble manquer de fermeté vis-à-vis de l'URSS. Mais, malgré ses allures de « Gulliver empêtré » (selon l'expression de Stanley Hoffmann), les États-Unis continuent de dominer les relations internationales. Ford améliore par ailleurs les relations avec le Japon et la France. Mais il hérite aussi de la crise au Moyen-Orient marquée sous Nixon par la guerre du Yom Kippour en 1973 au cours de laquelle Israël est attaqué par l'Égypte et la Syrie avec le soutien militaire de l'URSS. L'Organisation des pays exportateurs de pétrole (*Organization of Petroleum Exporting Countries*, OPEC) qui soutient les intérêts arabes a décidé de boycotter les exportations de pétrole aux États-Unis. Kissinger s'engage alors dans une diplomatie de la navette *(shuttle diplomacy)* et va de capitale arabe en capitale arabe pour tenter de régler l'affaire. On reproche parfois à Kissinger d'ignorer le Congrès et de se livrer à un véritable *one man show* mais le prestige des États-Unis est au moins pour un temps restauré dans le monde arabe. Une année intense de ballet diplomatique est nécessaire pour aboutir, en 1975, avec l'accord de l'Égypte et d'Israël, à la concrétisation d'un pacte pour que les forces de maintien de la paix des Nations Unies soient dans le Sinaï et que des pourparlers de paix au Moyen-Orient s'engagent à Genève. Cette offensive diplomatique présente tous les aléas d'une diplomatie personnelle mais sa limite tient aussi au refus d'Israël de céder les territoires occupés. D'une façon générale, la poursuite de la *Realpolitik* de Kissinger et les revendications du Pentagone restaurent la supériorité américaine en tendant à faire des États-Unis l'armurier du monde.

Même si par la suite les historiens ont insisté sur la contribution significative de Ford à la politique étrangère, il n'empêche que ses contemporains lui reprochent de négliger les questions intérieures. Dans ce domaine aussi, Ford hérite d'une situation délicate. Il va laisser le souvenir d'un président qui tombe, qui fait des chutes, qui fait des lapsus et commet des erreurs. En réalité, il est plus ou moins seul. Deux mois à peine après sa prise de fonctions, l'élection de novembre 1974 assure aux démocrates une représentation des deux tiers à la Chambre et les relations de Ford avec le Congrès sont d'emblée difficiles.

Ford a à gérer le déclin du pays. Ce déclin est lié à la crise économique générée par le premier choc pétrolier. A cause de l'embargo de l'OPEP (octobre 1973 - mars 1974), l'inflation passe de 3 % en 1972 à 11 % en 1974. Ford tente de lutter contre ce fléau avec son programme WIN *(Whip Inflation Now)* qui a peu d'impact. Dans une situation de concurrence avec les Japonais et surtout de productivité inférieure à celle de l'Europe et du Japon, Ford utilise en effet la même méthode que Nixon, à savoir limiter les salaires et les prix, mais c'est un échec. Les réductions d'impôts qui avaient été efficaces sous Kennedy et Johnson s'avèrent inopérantes dans une conjoncture économique qui a changé par rapport à l'ère des démocrates. Le seul secteur à échapper aux restrictions budgétaires est l'armée et l'augmentation des dépenses militaires renforce le complexe militaro-industriel. L'urgence de la sécurité sociale chère à Johnson est devenue celle de la sécurité militaire mais l'austérité des autres domaines a des conséquences fâcheuses. Le chômage atteint un taux de 8,5 % en 1975 et plus de la moitié des chômeurs ne bénéficient d'aucune indemnité. Tous les facteurs négatifs s'accumulent entre 1975 et 1978 pour expliquer l'état de santé d'une économie malade. A l'augmentation brutale des prix du pétrole (ils quadruplent en décembre 1973) viennent s'ajouter les effets de la sécheresse, des records de froid et d'une expansion démographique qui se tasse. Tous les indicateurs annoncent l'amorce du déclin général des États-Unis. Le PNB a chuté de 20 % entre 1973 et 1975. Le revenu moyen d'une famille (en dollars 1984) passe de 19 711 en 1960 à 28 167 en 1973 pour décliner ensuite. L'indice Dow Jones qui a atteint les 1 000 points pour la première fois en juin 1972 tombe jusqu'à 577 à la fin de 1974. Il faut attendre l'été 1976 pour que la situation économique donne des signes de légère reprise.

En fin de compte, le bilan de l'administration Ford est mitigé. Le président est un dirigeant terne qui n'a pas de solutions innovatrices mais il se comporte en président-gardien qui redonne de la dignité à la fonction et une certaine confiance dans l'exécutif. Sans avoir le brillant des autres, il réussit plutôt bien en politique extérieure et force est de constater que la traversée de ces années difficiles n'empêche pas le régime de survivre à la crise.

L'élection de 1976 et le phénomène Carter (1977-1981)

Les présidentielles de 1976 auraient pu permettre à Ford de concrétiser un éventuel redressement mais il manque son élection de peu. Les républicains se sont pourtant mobilisés pour cette consultation. Le gouverneur de Californie, Ronald Reagan, avait déjà fait un petit tour de piste discret lors de la convention républicaine de 1968 qui avait choisi Nixon. En 1976, Reagan se lance dans les primaires mais, cette fois encore, l'investiture lui échappe au bénéfice de Ford. C'est toutefois sous son influence que Ford doit s'appuyer davantage sur la droite du parti. Les démocrates, de leur côté, ont choisi le gouverneur de Géorgie, Jimmy Carter, parce qu'il est un homme sincère et naïf qui n'a aucun lien avec le pouvoir de Washington ni avec les grosses entreprises ni avec quelque lobby que ce soit. Carter donne l'image d'un homme pur et intègre.

Dans un contexte de scandales et de corruption qui démotive l'électorat, la consultation de 1976 apporte un élément de nouveauté puisque c'est la première fois qu'elle est organisée selon la nouvelle loi réglementant le financement des campagnes électorales. L'Amérique a pris conscience du danger que représente le poids de l'argent dans l'exercice de la démocratie d'autant que les médias sont de plus en plus sollicités. La loi de 1971 *(Federal Election Campaign Act)*, amendée en 1974 et surtout en 1976, accorde aux candidats une aide partielle sur fonds publics et limite la part des contributions individuelles et privées ainsi que les dépenses pour l'utilisation des médias. Elle garantit en outre une gestion de la campagne indépendamment de celle des ressources personnelles du candidat grâce à l'établissement d'un comité d'action politique *(Political Action Committee, PAC)*.

La course de novembre 1976 est serrée mais le ticket Jimmy Carter-Walter Mondale bat l'équipe Ford-Rockefeller en remportant 51 % des suffrages. Carter remporte 40,8 millions de voix contre 39,1 à son adversaire qui triomphe dans plus d'États que lui mais l'avantage est plus net au niveau des mandats électoraux : 297

contre 241. L'autre point positif est qu'il peut s'appuyer sur une majorité confortable au Congrès : 292 démocrates à la Chambre des représentants contre 143 républicains et 61 démocrates au Sénat contre 38 républicains.

L'élection de 1976, qui révèle la désaffection de l'électorat (les abstentions atteignent le taux record de 45 %), marque le triomphe d'un nouvel esprit. Le candidat Carter a d'ailleurs introduit tout le moralisme de sa piété baptiste dans une campagne annonciatrice du retour de J.C. (Jésus Christ/Jimmy Carter). L'Amérique a soif de virginité et de purification. Carter s'est fait symboliquement rebaptiser par le père de Martin Luther King dans une église baptiste du Sud. Il a mené une campagne de populiste régénéré et a rassuré les libéraux en faisant appel au sénateur du Minnesota, Walter Mondale, comme colistier. 1976 est aussi l'année du bicentenaire des États-Unis et peut être celle de la fin de la guerre de Sécession et de la réconciliation entre le Nord et le Sud.

Né à Plains (une petite bourgade de 600 habitants) en 1924, James (Jimmy) Earl Carter incarne le renouveau. Il fait même figure d'un inconnu sur la scène politique *(Jimmy who ? quel Jimmy ?)*, sauf dans sa Géorgie natale. Gouverneur de la Géorgie depuis 1971, il s'est toujours montré favorable à l'intégration des Noirs et, aux élections de 1976, il retrouve, au moins temporairement, le soutien de la coalition du *New Deal* qui associe les travailleurs, les zones urbaines, les Noirs, le Sud mais ce sont les Noirs du Sud qui ont fait la différence en votant massivement (à plus de 80 %) pour Carter. Il y a eu d'autres sudistes à la présidence (Wilson et Johnson) mais il est le premier président originaire du Sud profond depuis Zachary Taylor. Carter représente doublement le Sud, la *Bible Belt*, par son moralisme et ses appels à un nouveau « Réveil » autant que la *Sun Belt*, ce nouveau Sud qui bénéficie, plus que toute autre région, des effets d'une forte expansion démographique et économique. C'est dire les espoirs que le candidat Carter a suscités auprès des chômeurs, des femmes et des minorités ethniques.

Les difficultés intérieures

Malheureusement la crédibilité du nouveau président est vite entamée. L'homme est sans doute distancié du pouvoir mais sa simplicité d'allure et son idéalisme généreux sont vite déconsidérés et pris pour de la naïveté et de l'angélisme. L'excellent gestionnaire qui a repris et modernisé (en l'orientant vers l'*agribusiness*) la grosse entreprise agricole familiale spécialisée dans la culture de l'arachide est caricaturé en vendeur de cacahuètes. Le président s'entoure, en outre, de conseillers choisis parmi des amis géorgiens mais qui n'ont pas tous son style et qui ne sont pas des *outsiders* ou des défenseurs inconditionnels des opprimés et des exclus. Il fait aussi appel – et c'est là le début de son ambiguïté déconcertante – aux puissants cercles industriels qui gravitent autour de David Rockefeller et aux élites washingtoniennes. L'avocat Cyrus Vance, issu de la bonne société de Philadelphie et diplômé de Yale, est nommé au poste de secrétaire d'État. Le président du *California Institute of Technology*, Harold Brown, se voit confier le secrétariat à la Défense. Le nouveau chef du Conseil de sécurité nationale n'est autre que Zbigniew Brzezinski, issu de l'*establishment* et formé à l'Université Columbia. Les contradictions ne s'arrêtent pas là. C'est aussi le flou des projets du président dont la personnalité ne lui permet pas de trancher clairement entre des thèses souvent opposées. Carter manque de fermeté et de *leadership*.

La première décision de Carter, fort contestée, consiste à amnistier, le 21 janvier 1977, les insoumis et les déserteurs *(draft evaders)*. Les premières difficultés à affronter sont d'ordre intérieur. Le candidat, qui a fait de grands sourires en exhibant des dents d'un blanc étincelant, déçoit par ses promesses non tenues et ne fait que poursuivre la politique néo-conservatrice de ses deux prédécesseurs républicains. Pis encore, si Ford a passé son temps à exercer son droit de veto contre des propositions du Congrès à majorité démocrate, Carter se voit opposer le veto du Congrès sans pouvoir s'appuyer sur une solide majorité démocrate. Le meilleur exemple en est celui de la politique énergétique. Les deux chocs pétroliers de 1973 et de 1979 font prendre conscience aux Américains qu'ils gaspillaient en consommant de grandes quantités d'énergie à bas prix et que les ressources ne sont pas inépuisables mais Carter ne parvient pas à convaincre du bien-fondé de sa politique d'économies d'énergie proposant des quotas d'importation (la moitié de la consommation de pétrole des Américains dépend des importations) et affichant un volontarisme conservationniste. Il se heurte à de fortes réticences vis-à-vis de la nomination de James Schlesinger qui se voit confier le département de l'Énergie, créé en mars 1977. Au lieu de la réglementation et du rationnement, Carter finit par proposer la déréglementation et le Congrès rejette la taxe sur l'essence proposée par le président. Décidément le pouvoir présidentiel se trouve littéralement bloqué par le Congrès et la méfiance à l'encontre du *Big Government* favorise les groupes de pression et les intérêts des grandes entreprises. Carter connaît les mêmes résistances dès qu'il est question de contrôle de l'inflation, de réforme fiscale ou d'assistance publique.

Après un léger redressement en 1976, l'économie plonge à nouveau en 1978 et 1979 avec la hausse de l'inflation, la baisse de la productivité et le deuxième choc pétrolier de 1979. Après le creux de 1976 (5,8 %), le taux d'inflation passe à 6,5 % en 1977, 7,7 % en 1978 pour atteindre deux chiffres et se situer à 11,3 % en 1979 et 13,5 % en 1980. Au cours des années 70, les prix ont plus que doublé. La *priori*té de Carter n'est pas l'inflation. Il fait appel aux méthodes keynésiennes (relance des travaux publics grâce à des crédits injectés dans le budget fédéral et création d'emplois), au moins jusqu'en 1979, pour tenter de lutter contre le chômage dont le taux fluctue : de 4,9 % en 1973, il atteint un sommet de 8,5 % en 1975, accuse une baisse en 1976 avec 7,7 %, repart en 1977 (7,9 %) pour finalement redescendre en 1978 (6,1 %) et en 1979 (5,8 %). Le déficit du budget fédéral s'accroît en passant de 45 milliards de dollars en 1977 à 60 milliards en 1980. En dépit de tous ces indicateurs, il n'y a pas de véritable crise économique mais simplement un ralentissement de la croissance. De 1971 à 1980, le PNB en dollars constants (valeur 1972) a augmenté de plus de 30 %, soit 3 % en moyenne par an, malgré des années difficiles (1974, 1975, 1980). Et surtout l'Amérique doit faire face à de profonds changements dus aux mutations technologiques et à l'entrée dans l'ère post-industrielle. L'économie américaine a tout de même su créer 20 millions d'emplois dans les années 70, même s'ils sont de type tertiaire. La progression des cols blancs s'est confirmée (53 % en 1980 au lieu de 48 % en 1970) au détriment des cols bleus (qui sont passés dans le même temps de 35 % à 31 %) et de la main-d'œuvre agricole (moins de 3 % au lieu de 4 %).

Mais après avoir adopté une politique rooseveltienne au début, l'administration Carter fait volte face, revient à la libre entreprise et prend toute une série de mesures impopulaires. Devant les difficultés du système de sécurité sociale, Carter propose l'augmentation des cotisations et la loi du 6 avril 1978 permet à la majorité des travailleurs de prendre leur retraite à 70 ans au lieu de 65. La fin de la décennie est caractérisée par un véritable retour de bâton qui reflète un changement de mentalité. Les groupes les plus conservateurs prospèrent et partent en guerre contre l'avortement (suite à la décision de la Cour suprême de janvier 1973 d'affirmer le droit des femmes à l'avortement au moins dans les trois premiers mois de la grossesse), demandent le rétablissement de la peine de mort ou la pratique de la prière dans les écoles. En 1979, tous ceux qui sont contre les féministes, les homosexuels, les intellectuels, les communistes s'unissent sous la bannière de la Majorité morale, un groupe de chrétiens de droite, défenseurs des valeurs américaines et partisans d'un ordre politique droit, conduit par le télévangéliste Jerry Falwell.

Autre source de déception, Carter n'hésite pas à invoquer la loi Taft-Hartley pour mettre un terme, en 1978, à la plus longue grève des charbonnages de toute l'histoire américaine. Sur le plan de la déségrégation scolaire les progrès ne sont guère évidents. La ségrégation de droit est interdite mais la ségrégation de fait persiste. Le *busing* donne lieu à des débats passionnés voire à des émeutes (comme celle de Boston en octobre 1979). Ses détracteurs développent toutes sortes d'arguments tels le coût du ramassage scolaire, la fatigue imposée aux enfants, le risque de voir fuir les Blancs des classes moyennes vers les banlieues résidentielles et donc de laisser les Noirs seuls dans les écoles des centres-villes.

L'extension des idées libérales à l'enseignement supérieur et la pratique de l'action positive *(affirmative action),* qui impose aux universités de réserver des places aux minorités, risquent de mettre en place des recrutements à deux vitesses et se voit attaquée sous prétexte d'une discrimination à rebours *(reverse discrimination).* L'arrêt Bakke de juin 1978 invalide la décision de l'Université de Californie qui avait refusé d'admettre un étudiant en médecine blanc dont le niveau était supérieur à d'autres étudiants de couleur mais qui avaient été acceptés au titre des places réservées aux groupes désavantagés. Cette décision ambiguë de la Cour suprême est un frein à la décision Brown mais aussi à la pratique des quotas.

D'une façon générale, l'Amérique se referme. Le *welfare* fait les frais du slogan « moins d'impôts, moins d'État » qui résume l'esprit de la Proposition 13 adoptée par la Californie en juin 1978. Les Américains semblent s'être retranchés derrière la défense d'intérêts sectoriels et l'idéalisme généreux des années 60 a cédé la place à un repli égoïste. C'est le triomphe de la génération du moi *(me generation)* et de la culture du narcissisme, pour reprendre le titre de l'ouvrage de l'historien Christopher Lasch publié en 1978. Les problèmes intérieurs relèvent moins d'une faillite économique ou d'un manque de ressources que d'une crise des valeurs intellectuelles. Assiste-t-on à la fin de l'exceptionnalisme américain et à cette confiance illimitée en son destin ? Il semble que l'Amérique ait atteint des limites quant à son influence dans le monde, sa croissance économique, ses ressources naturelles. Jusqu'à l'image de la corruption qui a du mal à disparaître, comme le rappelle la démission du directeur du Budget, Bert Lance, un ami proche du président, suite aux enquêtes du Congrès sur ses pratiques douteuses dans le système bancaire en Géorgie.

La politique extérieure

La nouveauté de la fin des années 1970 tient sans doute au fait que les problèmes intérieurs sont indissociables du contexte international dans lesquels ils s'inscrivent. Les vieilles recettes n'ont plus cours et il faut innover. De même, en matière de relations internationales, il ne suffit plus d'affirmer sa puissance militaire pour s'imposer.

La crise profonde de la CIA de 1974 à 1976 est une remise en cause des « sales opérations » qui ont diabolisé le rôle des États-Unis. Le nouvel axe fort de la politique extérieure de Carter consiste à abandonner l'endiguement à l'égard de l'URSS, de cesser le soutien inconditionnel aux régimes anti-soviétiques et de défendre les droits de l'homme au nom d'un libéralisme internationaliste et idéaliste. Le discours prononcé le 22 mai 1977 à l'Université Notre Dame affirme l'attachement du président à la défense des droits de l'homme, à la présence américaine en Afrique noire et à la volonté de limiter les ventes d'armes.

L'ouverture engagée par Nixon à l'égard de la Chine est concrétisée par la reconnaissance diplomatique totale de la République populaire de Chine le 1er janvier 1979 et l'abrogation du traité de défense américain avec Taiwan. Cette option chinoise n'est pas pour faciliter les relations avec l'URSS mais le président Carter a par ailleurs le souci proclamé d'éliminer les armes nucléaires de la planète. Le plafonnement des armements stratégiques décidé en 1972 par Nixon (accord SALT I) est prolongé par un nouvel accord (SALT II) signé en juin 1979 par Carter et Brejnev visant à limiter les armements mais cet accord, non ratifié par le Congrès américain, est plus difficilement accepté par l'opinion dans un contexte de méfiance vis-à-vis des Soviétiques que vient renforcer l'invasion russe de l'Afghanistan à la fin de 1979. Les États-Unis qui semblent finalement regretter d'avoir suivi la voie de la modération, vont se relancer dans la guerre froide et la course aux armements. La menace de l'impérialisme soviétique conduit les États-Unis à suspendre les exportations de blé à l'URSS en janvier 1980 et à boycotter les Jeux olympiques d'été de Moscou en 1980.

Même si elle s'inscrit globalement dans la continuité, la politique américaine aux Antilles et en Amérique latine tend à s'infléchir légèrement. Un premier effort consiste à améliorer les relations avec Cuba, toujours tendues depuis l'affaire de la baie des Cochons. Le régime de Castro s'est résolument tourné vers l'URSS mais, suite au déploiement de force militaire américain dans la baie de Guantanamo, Castro libère des milliers de Cubains détenus et leur permet de rejoindre leurs familles installées aux États-Unis mais l'arrivée massive de ce flux d'immigrants cubains en Floride en mai 1980 provoque quelques remous (émeutes raciales de Miami du 17 au 19 mai 1980).

Par ailleurs, le soutien militaire apporté au régime dictatorial au Nicaragua prend fin en juillet 1979 avec la révolution sandiniste qui chasse Somoza du pays et les États-Unis acceptent de reconnaître le nouveau gouvernement mais c'est avec un enthousiasme très modéré. En revanche, l'administration Carter redore son blason au Panama. La ratification de deux traités sur le Canal (approuvés par le Sénat en mars-avril 1978) garantit sa neutralité puis rend le contrôle du Canal à Panama.

Mais la plus grande réussite de l'administration Carter tient aux négociations engagées au Moyen-Orient où Kissinger n'avait pas réussi à rapprocher Israël et l'Égypte depuis la guerre du Kippour. Carter est l'artisan des accords de paix de Camp David entre Israël et l'Égypte, négociés en septembre 1978 et signés en mars 1979. Après une visite symbolique spectaculaire à Jérusalem en novembre 1977, le président égyptien a accepté de reconnaître le principe des « droits légitimes » des Palestiniens et Israël a promis de se retirer du Sinaï. Le rapprochement entre le premier ministre Begin et le président Sadate offre un espoir de paix même si celle-ci n'est pas définitive en raison de la forte réticence des autres États arabes soutenus par l'URSS et de l'opposition terroriste de l'OLP de Yasser Arafat. L'Égypte est vite ostracisée par les nations arabes et Sadate sera assassiné par les intégristes.

Mais surtout Carter bénéficie peu du crédit de cette opération diplomatique majeure en ayant à subir l'impact négatif des otages de Téhéran. En novembre 1979, 400 étudiants fanatisés par les révolutionnaires iraniens intégristes (des musulmans chiites) de l'ayatollah Khomeyni, qui ont renversé le Shah (mis en place en 1953 et soutenu depuis par les États-Unis), occupent l'ambassade des États-Unis et retiennent 53 Américains en otages pendant quatre cent quarante-quatre jours. La tentative de sauvetage (opération *Desert One*), en avril 1980, se termine mal en faisant 8 morts et l'Amérique ressent fortement cette nouvelle humiliation, comme s'il y avait un affaiblissement de la volonté nationale. La crise iranienne provoque la démission du secrétaire d'État Cyrus Vance, remplacé par le sénateur du Maine Edmund Muskie. Les otages ne sont libérés qu'en janvier 1981 mais Carter n'est plus au pouvoir depuis moins d'une heure.

Défenseur des droits de l'homme et des causes généreuses, Carter resserre les liens avec les pays arabes ainsi qu'en Afrique avec les nationalistes noirs, au risque de retarder la limitation des armements avec les Soviétiques. L'ancien responsable du mouvement des droits civiques et compagnon de Martin Luther King, Andrew Young, est le porte-parole de Carter dans le Tiers Monde en sa qualité d'ambassadeur aux Nations Unies. Mais, malgré cela, le président a ses contradictions et donne l'impression de manquer de pragmatisme et de réalisme et finalement de fermeté, au point que l'on a pu parler de « cartérisation » du pouvoir. Il faudra attendre ces quelques dernières années pour que Carter retrouve une stature d'homme d'État en se voyant confier des missions diplomatiques délicates.

Mais, une fois encore, il convient de nuancer les jugements et d'atténuer ce « creux » des années de transition difficiles qui ne viserait qu'à exagérer la hauteur d'un Nixon réhabilité ou, plus tard, celle d'un Reagan mythifié. L'après-Watergate et la fin des années 70 sont envahis par le doute et l'inquiétude mais la crise ne saurait faire oublier que les États-Unis ont encore d'immenses ressources matérielles et morales. A défaut de croire en l'omnipotence de leurs présidents, les Américains n'ont jamais véritablement cessé de croire à l'Amérique. Plus que de déclin, il faudrait parler de renouveau au sens où l'Amérique doit traverser une crise pour s'adapter à des conditions nouvelles, réagir aux évolutions du monde moderne et digérer les mutations internes et externes du contexte international avant de repartir à la conquête de la planète.

Les années Reagan et le retour en force du conservatisme triomphant (1981-1989)

La déception des électeurs face aux espoirs suscités par Carter-le-Pur permet aux républicains de s'imposer en 1980 et de conforter leurs positions en 1984.

Dans un contexte de déliquescence dominé par une chute inquiétante du dollar et une poussée conjoncturelle de l'inflation (qui atteint, pour le seul premier trimestre de 1980, un taux de 18,2 % sur une base annuelle) et, compte tenu de l'effritement de la cote de popularité de Carter, le sénateur du Massachusetts Edward Kennedy croit que l'heure a sonné pour lui et s'appuie sur l'aura du clan familial. Le gouverneur de Californie, Jerry Brown, se lance aussi dans la course mais c'est tout de même Carter qui obtient l'investiture démocrate. La compétition est également rude dans les rangs républicains entre des modérés comme le sénateur du Tennessee Howard Baker ou l'ancien directeur de la CIA George Bush du Connecticut et le défenseur de thèses plus conservatrices Ronald Reagan.

Le tournant de l'élection de 1980

Né dans l'Illinois en 1911 dans un milieu modeste, Ronald Wilson Reagan a fait des études médiocres. Adolescent pendant la crise, il trouve un travail comme reporter sportif avant de devenir acteur à Hollywood et, comme pour tous ceux de sa génération, son grand homme est Roosevelt.

Victorieux dans 44 États, Ronald Reagan est élu par 43,9 millions de voix contre 35,5 millions à Carter, soit 50,7 % des suffrages contre 41 % (489 mandats contre 49). Compte tenu de la faible participation électorale (53 %), il n'a finalement obtenu le soutien que d'un Américain sur quatre. On ne peut donc pas parler de raz de marée. La victoire de Reagan s'explique par l'inflation et la crise des otages mais aussi sans doute par un glissement à droite de l'électorat qui a vieilli. Le taux de natalité a baissé (stabilisé autour de 15,5 ‰), le taux de mortalité est un peu tombé (de 9,45 ‰ en 1970 à 8,7 ‰ en 1980) et l'espérance de vie a augmenté (70 ans pour les hommes et 77,5 pour les femmes). Un autre phénomène de glissement, de type régional, s'est également produit. Le poids démographique (apports de l'immigration puis des retraités puis des entrepreneurs) et donc le pouvoir politique se sont déplacés vers les États plus conservateurs du Sud et de l'Ouest qui contiennent 48 % de la population totale en 1970, 52 % en 1980 et 55 % en 1990. On ne saurait en effet négliger le dynamisme de cette *Sun Belt* qui a bénéficié des progrès technologiques et d'aides gouvernementales dans le cadre du *New Deal* puis des commandes militaires à partir de 1945. Depuis Kennedy et à l'exception de Ford qui n'a pas été élu, tous les présidents sont issus de la *Sun Belt*. Les centres de décision sont bien la Californie, le Texas et la Floride et il n'est donc pas étonnant que ce soit un gouverneur de la Californie qui l'emporte aux présidentielles. Quant au vice-président, George Bush, il est originaire de la Nouvelle-Angleterre mais il a fait fortune dans les milieux du pétrole au Texas.

Les démocrates gardent le contrôle de la Chambre des représentants mais perdent 33 sièges et, pour la première fois depuis 1952, les républicains retrouvent la majorité au Sénat. L'émergence d'un courant néo-conservateur qui s'appuie sur l'électorat de la petite et de la moyenne bourgeoisie ne veut pas dire pour autant qu'il y a une mutation politique profonde. Reagan a conquis une partie de l'électorat traditionnellement démocrate, notamment les Juifs et les ouvriers ; il a même mordu sur une partie des syndiqués mais il n'a pas du tout convaincu les Noirs qui demeurent fidèles à Carter à 86 %.

Le parcours personnel de Reagan lui-même illustre cette évolution idéologique que traduit la victoire du « nouveau conservatisme ». Jeune, il a voté 4 fois pour Roosevelt et il a défendu des idées libérales en bon démocrate convaincu jusqu'en 1962. Mais depuis le milieu des années 60 (il soutient Goldwater en 1964), il appuie les intérêts des milieux d'affaires californiens qui lui ont facilité son élection de gouverneur en Californie en 1966 puis, une deuxième fois en 1970. Il subit sans doute aussi l'influence de sa deuxième femme, l'actrice Nancy Davis, issue du monde du *business*, qu'il a épousée en 1952.

Le nouveau président incarne surtout l'Amérique profonde en se faisant le défenseur de la loi et l'ordre et en affichant l'image du *cow boy* qui a réussi. Il s'est donné pour mission de combattre la menace soviétique et de démanteler le *welfare state*. Mais, de surcroît, Reagan est médiatique et il sait utiliser à son profit toutes les ressources de la télévision. L'ère de la politique-spectacle inaugurée par Kennedy atteint un point culminant avec Reagan, l'acteur de films de série B d'Hollywood qui triomphe à l'heure du village planétaire. Dans un contexte d'affaiblissement des partis et de montée en puissance des médias, des ordinateurs et des sondages, les candidats sont en campagne permanente et l'image finit par compter plus que le message. Reagan donne l'impression qu'il parle plus fort qu'il n'agit.

On assiste aussi à une fragmentation de l'autorité et à une désaffection de l'électorat pour les formations politiques traditionnelles voire pour le jeu politique. Le taux d'abstention aux présidentielles ne cesse d'augmenter depuis 1948. De 63 % de votants en 1960, on passe à 53 % en 1980 et à 50,27 % en 1988. L'électorat est plus volatile et se laisse également séduire par des candidats autres que républicains ou démocrates. Ainsi les libéraux déçus de Carter se laissent-ils entraîner à voter pour un candidat indépendant, John Anderson de l'Illinois, qui rassemble près de 7 % des suffrages, sans compter le 1,1 % des marginaux sceptiques qui se tournent vers le libertaire Ed Clark.

La politique économique dans une société dominée par les valeurs religieuses et morales de la nouvelle droite

Sur bien des points la continuité est évidente entre Carter et Reagan mais la grande différence réside dans la rhétorique. Reagan a un style qui inspire plus confiance et donne l'impression qu'il a l'autorité pour diriger le pays. Il rassure en proposant des solutions simples à des questions complexes. La dérégulation de l'industrie déjà engagée par Carter est accélérée par Reagan qui pense que moins on a d'État, mieux on se porte. Partisan du moins d'État il fait davantage confiance à l'initiative individuelle. Soucieux de réduire le rôle du gouvernement fédéral, il veut accroître celui des États. Dénonçant la présence excessive de l'État dans la vie économique, il rejette l'État omniprésent de l'État providence. Le programme consiste aussi à réduire les dépenses sur les programmes sociaux, à pratiquer des allégements fiscaux et à renforcer la défense militaire. Tous ces éléments guidés par une forte conscience nationaliste et une lutte contre le communisme envahissant ne font que reprendre en fin de compte la vieille tradition républicaine de l'époque de Harding, Coolidge et Hoover.

Mais l'électorat des années 80 est plus intéressé par les problèmes sociaux et moraux que séduit par le conservatisme des milieux économiques. Et c'est avec une sincérité convaincante que Reagan fait appel aux valeurs américaines traditionnelles, la religion, la famille et le patriotisme. L'ironie, c'est que le bilan de Carter est objectivement moins mauvais que ne l'est celui de Reagan qui ne réussira pas à atteindre l'équilibre budgétaire tant recherché. Mais les mentalités changent. Tout un mouvement de réveil religieux, de fondamentalisme moral, a introduit insensiblement la religion dans la politique. La « nouvelle droite », qui a émergé vers la fin des années 70 (l'expression même a été inventée en 1978 par le catholique texan, spécialiste de communication, Richard Viguerie, qui veut réactiver les traditions et les valeurs du passé), s'appuie sur la Majorité morale de Jerry Falwell (5 millions de membres en 1984). Cette droite évangélique qui rassemble des fondamentalistes, en majorité baptistes, rejette tout ce qui n'est pas américain. C'est un mouvement solidement implanté dans la *Bible Belt*, la « ceinture de la Bible » du Sud et du Sud-Ouest, qui affiche sa méfiance à l'encontre des villes de l'Est. Anti-intellectuelle, la Majorité morale est populiste et défend avec conviction des idées souvent étroites. Mais il faut compter désormais avec les évangélistes populaires tels que Billy Graham qui utilisent de plus en plus les média pour diffuser leur message. On sait l'énorme impact des télévangélistes de l'église électronique comme Jim Bakker ou Jimmy Swaggart sur près de 80 millions d'Américains, en proie à une profonde crise culturelle générée par les années de la contre-culture. C'est cette « droite chrétienne » qui s'insurge contre la décision *Roe v. Wade* libéralisant l'avortement en 1973 et qui organise des actes de violence dans les cliniques pratiquant l'interruption volontaire de grossesse. C'est aussi elle qui mène campagne en faveur de la prière dans les écoles publiques malgré le rejet de la Cour suprême, qui plaide en faveur de subventions fédérales aux écoles privées, c'est-à-dire confessionnelles, ou qui remet en cause les thèses évolutionnistes dans les manuels scolaires.

D'une façon plus large, il semblerait que la pensée originale dans la société américaine des années 80 soit désormais à droite. Il suffit pour s'en convaincre de considérer le foisonnement de groupes de réflexion conservateurs *(think tanks)* tels que le *Center for Strategic and International Studies* de l'Université Georgetown à Washington, la *Hoover Institution* de Stanford ou l'*American Enterprise Institute* ou bien encore l'extraordinaire succès de revues telles que *Public Interest* (dirigée par Irving Kristol), *Commentary* (animée par Midge Decter et Norman Podhoretz) ou la *National Review* de William F. Buckley

sans parler des publications de la *Heritage Foundation*. Tout ce courant néo-conservateur, qui apparaît aux plans religieux et intellectuel, est le même que celui qu'incarne Milton Friedman (monéta-
riste et prix Nobel d'économie en 1976) dans le domaine financier
et monétaire.

En dépit de son âge (il a près de 70 ans lorsqu'il entre à la Maison-Blanche et il est le président le plus âgé de toute l'histoire américaine), Reagan a convaincu par sa vitalité. Il séduit aussi par son
courage, ne serait-ce que lorqu'il est victime d'un attentat en mars
1981 et qu'il récupère rapidement des blessures dont il est victime
suite aux coups de feu tirés par un jeune déséquilibré. On notera au
passage que, malgré cet incident qui le touche personnellement, le
président n'en défendra pas moins avec autant d'attachement le
lobby des armes *(pro-gun)*.

Mais le courage et la fermeté se retrouvent surtout au niveau des
prises de position dans le domaine économique et social. Le programme de Reagan met clairement fin au keynésianisme. La priorité
est de réduire l'inflation et d'équilibrer le budget. C'est le rôle de
David A. Stockman, le directeur du Budget, qui met en place une
stratégie pour rationaliser la procédure législative et réduire les auto-
risations de programmes. Au moment où il est élu, le pays est au
cœur d'une récession qui bat son plein à la fin de 1981 mais insensiblement le redressement s'amorce en 1983 et se confirme en 1984.
Après une perte de 1,8 % en 1982, la progression du PNB est
nette : + 3,7 % en 1983 et + 6,8 % en 1984. Le taux d'intérêt élevé
qui avait été maintenu par le système fédéral de réserve est abaissé
en 1983-1984 et l'inflation se met à baisser (de 10,4 % en 1981, le
taux passe à 6,2 % en 1982 puis à 3,2 % en 1983 et à 4,2 % en
1984).

Pour aider à la reprise de l'économie, Reagan reprend le *new
federalism* de Nixon et y introduit une dose importante de laissez-
faire. Le nouveau président croit à l'économie dite de l'offre *(supply
side)*. L'idée de base est que si les impôts sont réduits, les consommateurs ne dépenseront pas l'argent épargné dans des produits de
consommation mais qu'ils investiront leurs économies, créant ainsi
de nouveaux emplois, encourageant l'investissement et la production des richesses et versant en fin de compte des sommes plus
importantes à l'administration des impôts. Cette thèse inspirée des
idées de l'économiste californien Arthur Laffer est aux antipodes de
celles de Keynes puisque le but recherché n'est pas de stimuler la
consommation mais l'offre. Cette thèse est une version rajeunie de

celle du *trickle down effect* développée par Andrew Mellon qui voulait qu'en aidant les riches on finisse par aider les pauvres. On peut toujours s'interroger sur l'originalité de la formule. Sans doute n'y a-t-il pas de véritable révolution ni même d'innovation mais la politique économique des républicains, la fameuse reagonomie *(reaganomics)*, marque un changement de cap radical par rapport au *New Deal*.

Toutes les dépenses intérieures ont été réduites (de 130 milliards de dollars de 1981 à 1984), sauf en ce qui concerne la défense nationale. Il est vrai que pour se protéger contre une attaque nucléaire soviétique, Reagan veut une Amérique forte. Il autorise la fabrication de la bombe à neutrons (10 août 1981), présente son programme d'armement massif qui repose sur la construction de bombardiers B1 et de fusées MX (octobre 1981) et se lance dans la Guerre des étoiles, la célèbre Initiative de Défense Stratégique *(Strategic Defense Initiative)*, qui s'avère très populaire. En 1986, le budget de la défense représente jusqu'à un tiers du budget fédéral.

La diminution importante des impôts directs (25 % en trois ans) est une réussite et passe par une simplification du système fiscal qui s'opère en deux temps, en 1982 puis en 1986. L'échelle d'imposition est revue (les taux de taxation passent de 14 à 2) et les tranches supérieures sont réduites. Ces mesures, qui permettent de dégager 750 millions sur cinq ans, bénéficient surtout aux riches et ne sont pas sans impact sur le *welfare state* et, notamment, sur un certain nombre de programmes comme les subventions pour la rénovation des villes, les aides à l'éducation, la recherche sur le cancer, les tickets d'alimentation *(food stamps)*, même si Reagan s'engage à maintenir un filet de sécurité *(safety net)* pour les plus défavorisés. Sauf pour les « vrais » pauvres, le budget social a été considérablement réduit.

Dans un autre ordre d'idées et en totale rupture avec son prédécesseur, Reagan montre peu d'intérêt pour les problèmes de l'environnement, le veto sur le *Clean Water Act* en étant le symbole éclatant. Et pourtant le climat général s'assombrit sur les questions écologiques, les années 80 étant dominées par les fortes inquiétudes relatives aux pluies acides, à la couche d'ozone et à l'effet de serre *(greenhouse effect)*.

Les effets de la nouvelle politique sur le chômage sont évidents puisqu'il n'y a plus qu'entre 7 et 8 millions de chômeurs, même si ces chiffres sont un peu artificiels puisque on ne compte plus désormais dans les statistiques ceux qui renoncent à trouver un emploi. Mais, de 10 % en 1982, le taux de chômage tombe à 7,5 % en 1984, à 6,7 % à la fin de 86, puis à 6,3 % au printemps de 87 et à 6 % à l'été de 87, voire à 5,7 % en 1988.

Tous les secteurs de la société ne bénéficient pas non plus de la relance et, parmi les plus touchés, on retrouve les fermiers dont le retard est devenu quasi structurel et l'industrie du pétrole du Texas dont la crise est plus conjoncturelle. L'avers de la médaille est surtout que le fossé entre les riches et les pauvres se creuse davantage. Le problème des sans-abri dont le nombre augmente est devenu majeur dans les villes américaines de la fin des années 80. Le taux de pauvreté atteint 14 % en juillet 1982 (c'est le plus élevé depuis 1967), alors que le seuil de pauvreté est de 8 414 $ pour un an pour un foyer de 4 personnes.

Mais la préoccupation la plus grave est sans doute le déficit fédéral. Certes les diminutions d'impôts ont permis de dépenser plus mais, alors que le budget national atteint 1 millier de milliards de dollars, le déficit, qui est de 60 milliards en 1981, passe à 110 milliards en 1982 puis à plus de 200 milliards en 1984 et à 250 milliards à la fin du deuxième mandat de Reagan. Le déficit de la balance commerciale (négative depuis 1976) est également préoccupant. Il passe de près de 40 milliards en 1981 à 69 milliards en 1983 puis à 123 milliards en 1984 et à 171 milliards en 1987. En effet, pour consolider le déficit budgétaire, il a fallu attirer les capitaux étrangers et maintenir un dollar fort, ce qui a eu pour conséquence de freiner les exportations américaines et de faire rentrer massivement les produits étrangers notamment japonais. En d'autres termes, la prospérité de l'Amérique reaganienne n'est qu'apparente. Le Congrès a bien marqué son inquiétude en essayant d'empêcher le gouvernement de vivre au-dessus de ses moyens *(deficit spending)*. Le projet de loi Gramm-Rudman, approuvé par le Congrès en décembre 1985, vise à limiter le déficit fédéral pendant cinq ans en pratiquant des réductions automatiques sur les programmes de politique intérieure mais les effets sont limités.

Il est toujours difficile de conclure. Peut-on parler de reaganisme ? S'agit-il d'une idéologie ou d'une doctrine ? Il semble que l'on ait plutôt affaire à un effet dû à la forte personnalité d'un homme. Si la reaganomie n'est pas une révolution, c'est en tout cas un remarquable modèle pour sortir de la crise économique et morale dans laquelle les Américains s'étaient enfoncés.

Les présidentielles de 1984

La situation en 1984 est objectivement meilleure. Le dollar, qui valait 4,50 F à la fin de 1980, augmente et passe la barre des 10 F en janvier 1985, les capitaux étrangers affluent, le taux de croissance est de 2,3 % et, même si le déficit budgétaire s'aggrave, le président jouit d'une forte popularité en novembre. Sans doute le « président Teflon » refuse-t-il d'assumer la responsabilité de certains échecs mais les Américains éprouvent une réelle impression de mieux lorsque s'ouvre la campagne présidentielle. C'est le retour à la confiance et Walter Mondale, l'ancien vice-président démocrate de Carter, n'est pas un adversaire dangereux pour Reagan d'autant qu'il commet la maladresse d'envisager une augmentation des impôts pour combler le déficit national.

L'élection de 1984 est sans véritable suspense. Toutefois, elle introduit quelques nouveautés. C'est la première fois, tout d'abord, qu'un Noir est candidat. Le Rév. Jesse Jackson a participé à la lutte pour les droits civiques dans les années 60 et a fondé en 1971 l'organisation PUSH *(People United to Save Humanity)*. Il tente de constituer une coalition arc-en-ciel *(rainbow coalition)* de toutes les races mais sans parvenir à rassembler les Hispaniques. Il subit aussi le contre-coup de sa solidarité inébranlable vis-à-vis des propos antisémites que tient le leader noir musulman, Louis Farrakhan. C'est aussi la première fois qu'une femme est sur un ticket présidentiel. Geraldine Ferraro, élue au Congrès par l'État de New York, est dans l'équipe Mondale. Mais le résultat est clair. Reagan gagne tous les États sauf le Minnesota et le District de Columbia et il obtient 525 mandats de grands électeurs contre 13 à Mondale pour 54,5 millions de suffrages contre 37,5 millions à son adversaire. Le score de 59 % de voix populaires est sans appel mais il importe surtout de constater que Reagan a réussi à remporter une partie des voix du Sud traditionnellement démocrate. Certes, le glissement opéré au niveau du soutien électoral de Reagan n'est pas un réalignement radical des partis et de l'idéologie mais il consacre la fin de la coalition rooseveltienne, sans pour autant marquer le début d'une coalition reaganienne. La majorité de la Chambre des représentants demeure démocrate de même que la plupart des assemblées législatives des États et des postes de gouverneurs. On doit surtout compter sur l'effet de personnalisation. L'impact de la personnalité charismatique de Reagan est indéniable et, dans un contexte politique de sympathies changeantes et de moindre fidélité aux partis, il se traduit par une adhésion massive à l'homme. Reagan ne séduit ni par son intelligence ni par sa culture. Il passe même pour être ignorant, à un point inégalé, et il s'est aliéné tous les milieux universitaires et intellectuels mais il a du charme. Ses talents de « grand communicateur » lui permettent de transmettre un message simple et percutant. Il passe pour être un chef énergique, tonique et roboratif. Il a redonné une direction à l'Amérique et confiance aux citoyens américains qui sortent de l'ornière du syndrome vietnamien et du scandale du *Watergate*.

Le bilan des années Reagan dans le domaine social

Malgré ce que l'on a pu affirmer, les programmes sociaux ne sont pas stoppés mais seulement ralentis dans leur accroissement. Dans le domaine de la sécurité sociale, une commission de réforme présidée par Alan Greenspan, futur président du système fédéral de réserve, propose des mesures ponctuelles et insuffisantes. La loi d'avril 1983 sur la sécurité sociale avait pourtant prévu une réorganisation du système. Ce n'est aussi qu'à la fin du deuxième mandat, en février 1988, qu'est adoptée la première loi sur les logements sociaux. 15 milliards sont débloqués en 1988 et 15,3 milliards pour 1989.

Les années Reagan sont également dominées par les difficultés du système éducatif. Des signaux d'alarme sur la baisse du niveau de l'enseignement sont lancés. Un rapport fédéral sur l'enseignement, *A Nation at Risk*, à l'initiative de la *National Commission on Educational Excellence*, publié en avril 1983, révèle la médiocrité du dispositif et fait état de l'existence dans le pays de près de 23 millions d'illettrés. Reagan critique sévèrement un système de promotion fondé sur l'ancienneté et non sur le mérite et se propose de démanteler le ministère de l'Éducation mais ne passe pas à l'acte. Malgré un budget en augmentation de 1981 à 1989, des lacunes graves sont mises en évidence surtout dans le domaine scientifique. Allan Bloom publie en 1987 son célèbre ouvrage l'*Âme désarmée : essai sur le déclin de la culture générale* qui opère un effet de choc.

La grande révolution est, en réalité, due aux évolutions démographiques et aux mutations technologiques financées en grande partie par le fédéral par le biais de crédits consacrés à la recherche-développement dans les industries de pointe. Dans le nouvel État industriel, le patronat affirme sa domination ; la société n'a jamais été autant saisie par une grande ferveur morale mais aussi par un souci d'enrichissement et de matérialisme. L'initiative privée a libre cours et profite de l'affaiblissement des syndicats dont l'influence recule depuis les années 70. Reagan lui-même peut oser licencier, en août 1981, 13 000 aiguilleurs du ciel du syndicat PATCO pour avoir déclenché une grève nationale contrairement à leur statut. Les syndicats subissent une crise de recrutement mais ils sont surtout touchés par les profondes mutations technologiques dans des secteurs et des régions où ils étaient solidement implantés. L'évolution qui privilégie le tertiaire et la *Sun Belt* leur est défavorable. Le développement de la technologie de pointe *(high tech)* notamment dans la *Silicon Valley* permet aux États-Unis de maintenir leur *leadership* en entrant de plain-pied dans la nouvelle ère industrielle. Les syndicats ne peuvent plus, d'autre part, s'appuyer sur le *Big government* dont ils étaient tributaires. Ils sont victimes du libéralisme tout autant que de l'épuisement et des effets de la « révolution conservatrice ».

Enfin, la configuration de la population comporte des éléments de grande stabilité avec une tendance déjà signalée au vieillissement. L'âge moyen est passé de 28 ans à 30,3 ans de 1970 à 1980. La progression démographique n'est pas spectaculaire mais poursuit sur la lancée du *baby boom* en passant de 204,4 millions d'habitants en 1970 à 227 millions en 1980 et à 243 millions en 1987. En revanche, le facteur de mobilité est très fort. La mobilité est inter-régionale et consacre l'essor du Sud mais l'apport de l'immigration, qui compte désormais pour près de 40 % de l'accroissement, est déterminant puisque les années 70 et 80 ont accueilli 7 à 9 millions de nouveaux arrivants sans compter les 3 à 6 millions de clandestins, ces *undocumented aliens* particulièrement nombreux en Californie. Les *indocumentados,* qui représentent une soupape de sécurité pour le Mexique, sont objet de scandale pour les uns qui prétendent qu'ils augmentent le chômage mais fournissent une main-d'œuvre précieuse et durement exploitée pour les autres qui les emploient. La tentative d'intégration à moitié avortée de ces *wetbaks (mojados),* par le biais de la légalisation proposée à ceux qui sont arrivés depuis 1982 aux termes de la loi Simpson-Rodino de 1986, prouve que l'illégalité présente des avantages pour les employeurs qui les recrutent. A peine un tiers d'entre eux bénéficient de la mesure.

La composition du tissu social a aussi changé avec le bouleversement radical des origines de l'immigration et l'arrivée massive d'Hispaniques et d'Asiatiques depuis le milieu des années 70. En 1988, les Hispaniques représentent 8 % de la population totale (63 % de Mexicains, 11 % de Portoricains et 5 % de Cubains) et talonnent en poids les Noirs. La progression de ces vagues nouvelles de Latino-Américains et d'Asiatiques crée le cadre pluri-ethnique qui conduira au débat actuel des États-Unis qui s'interrogent pour savoir si l'immigration est un atout ou un handicap.

La politique extérieure : la fierté et la confiance retrouvées

Pendant la guerre de Sécession, le Sud vaincu avait réussi à transformer sa défaite militaire et économique en victoire morale et psychologique mais rien de tel pendant le conflit dans le Sud-Est asiatique. C'est une chose de signer des accords de paix, c'en est une autre que d'en finir avec le syndrome du Viêt-nam. Reagan s'emploie à effacer les stigmates de la guerre pendant sa campagne électorale de 1980 en réhabilitant les anciens combattants et en évoquant la « noble cause ». La décision est prise en juin 1981 d'ériger à Washington un monument à la mémoire des militaires tombés au champ d'honneur. Les funérailles solennelles du soldat inconnu mort au Viêt-nam sont organisées en mai 1984 et, enfin, en août 1987, une délégation américaine se rend sur place pour tenter de retrouver la trace de 2 400 GI portés disparus, les fameux MIA *(missing in action)*.

La politique extérieure de Reagan se résume à des gestes simples et presque simplistes. Champion d'une véritable croisade contre le communisme, le président réussit à bâtir sa popularité sur des messages musclés, plus accessibles au grand public que les grands discours sur les réalités économiques. L'administration reaganienne est marquée par le retour à un nationalisme fort et à la dualité conflictuelle caractéristique de la guerre froide. En se référant aux mythes fondateurs de la nation américaine, Reagan célèbre à nouveau les vertus exceptionnelles de l'Amérique dont la destinée est unique. Il perçoit l'URSS comme l'empire du mal *(the evil empire)* et dénonce l'expansionnisme soviétique. Sa vision binaire du monde opposant la terre de liberté au royaume de l'esclavage régit les relations avec l'Union soviétique qui s'articulent autour d'une politique de consolidation de la défense et de renforcement du potentiel militaire. La vision est si manichéenne qu'elle conduit les États-Unis à soutenir des régimes autoritaires voire dictatoriaux sous le seul prétexte qu'ils sont hostiles au communisme. C'est l'aboutissement logique de la doctrine Kirkpatrick.

La course folle aux armements continue puisque chacun des deux Supergrands veut pouvoir négocier en position de force. Devant les réticences du Congrès à s'engager dans l'escalade, cette course est remplacée par la « guerre des Étoiles », comme en témoigne en 1983 l'annonce de l'Initiative de Défense Stratégique, ce projet de bouclier global anti-atomique. Mais l'absence totale de détente et de dialogue ne prévaut que jusqu'en 1985. Les accords SALT II qui n'avaient pas été adoptés par le Sénat en 1979 sont à nouveau écartés en 1981. La crise en Pologne, en décembre 1982, où un régime communiste écrase le mouvement libéral de contestation du syndicat Solidarité *(Solidarnösc)*, épaissit le climat. L'URSS boycotte les Jeux olympiques d'été à Los Angeles en 1984. Un minimum de flexibilité a dû déjà être introduit dès avril 1981 lorsque l'embargo sur les ventes de blé est levé mais c'est l'année 1985 qui marque véritablement la fin des restrictions. La disparition de toute une génération de vieux dirigeants soviétiques et l'arrivée au pouvoir en mars 1985 de Mikhaïl Gorbatchev permettent de renouer le dialogue. Le nouveau maître du Kremlin s'engage résolument dans une politique de reconstruction *(perestroïka)* et d'ouverture *(glasnost)*. Une première réunion de prise de contact à Genève en novembre 1985 est suivie par le sommet de Reykjavik en octobre 1986 où les initiatives du secrétaire d'État George Shultz (qui a succédé à Alexander Haig en 1982) se soldent pourtant sur une impasse sur les missiles même si le principe d'une réduction de 50 % des armes stratégiques est évoqué. Mais, sous Gorbatchev, les Soviétiques reprennent l'initiative de la concertation et finalement les deux Grands trouvent un terrain d'entente pour signer à Washington un traité sur la limitation des armes nucléaires à moyenne portée, un accord partiel de désarmement (option *double zero*) en décembre 1987. A partir de février 1988, les rencontres sont régulières entre les États-Unis et l'URSS. Le secrétaire d'État George Shultz et son homologue soviétique Chevernadze vont se rencontrer chaque mois pour permettre le sommet de Moscou entre les deux chefs d'État et la signature, en juin 1988, du traité qui stipule le démantèlement de 2 500 fusées américaines et soviétiques à moyenne portée Pershing-2 et SS-20.

La politique de Reagan au Moyen-Orient s'inscrit dans le sens de la continuité. Cette zone d'instabilité, malgré les accords de Camp David (Sadate est assassiné en octobre 1981), est le théâtre d'attaques terroristes incessantes, dues au soutien accordé par les États-Unis à Israël et aux dirigeants arabes modérés et à la défense de leurs intérêts vis-à-vis du pétrole dans le golfe Persique. Il devient impossible de régler le problème de l'intransigeance des Palestiniens. En 1982 Begin veut créer une zone tampon de 40 km entre Israël et les Palestiniens et s'engage dans une invasion du Sud Liban jusqu'à Beyrouth pour détruire les bases de l'OLP (Organisation pour la libération de la Palestine). Dans un contexte général de guerre civile au Liban, Reagan procède en septembre 1982 à l'envoi de 1 200 *marines* pour participer à une force internationale de maintien de la paix à Beyrouth qui se termine par un littéral carnage (le président Gemayel est assassiné, des Palestiniens sont massacrés aux camps de Sabra et de Chattila, un *marine* est tué) et par un retrait précipité en février 1984. Grand aussi est le danger de s'engager dans un affrontement américano-syrien.

La longue guerre qui démarre en 1980 entre l'Irak et l'Iran, et qui s'arrête en 1988, accroît les tensions et favorise le développement de l'intégrisme musulman. Le seul véritable allié des Américains dans le monde arabe est l'Arabie saoudite. L'intensité des attaques terroristes atteint un paroxysme en 1985. En juin, des pirates de l'air chiites – palestiniens ou syriens – détournent sur Beyrouth le vol de la TWA Athènes-Rome mais l'opération réussit à être déjouée. En octobre, le yacht *Achille Lauro* est arraisonné et un otage américain est assassiné. En décembre, ce sont les attentats dans les aéroports de Rome et de Vienne. Derrière tous ces actes terroristes Reagan soupçonne les agissements du président de la Libye, le colonel Kadhafi. Après avoir pris des sanctions économiques en janvier 1986 contre la Libye, le président américain décide de procéder, en avril, à un raid aérien punitif au cours duquel un proche parent de Khadafi est tué. Désormais la Libye semble se calmer mais il est clair qu'au Moyen-Orient et dans le monde arabe l'influence américaine est en recul au profit de l'URSS.

Aux Antilles et en Amérique latine, l'application musclée de la politique du « gros bâton » est diversement appréciée. L'administration Reagan éprouve la nécessité d'affirmer sa force sans courir trop de danger. C'est tout le sens d'une opération d'assainissement à la Grenade où 4 600 soldats américains débarquent, le 23 octobre 1983, suite à un coup d'État fomenté par des marxistes extrémistes proches de Cuba.

La situation est plus délicate en Amérique centrale où dominent les difficultés économiques et politiques. La quasi-totalité des sociétés américaines qui ont essayé de combattre le sous-développement subissent l'échec de leurs efforts de développement et les effets de leur endettement. Au Nicaragua, les sandinistes de Daniel Ortega, avec l'aide de Cuba et de l'URSS, ont mis fin en 1979, avant l'élection présidentielle américaine, à 46 ans de dictature militaire de Somoza. Persuadé d'avoir affaire à des communistes, Reagan fait appel à la CIA qui entraîne des *contras* pour lutter contre les sandinistes, très populaires dans le pays. Malgré le refus du Congrès de soutenir cette initiative, l'administration de Reagan s'engage dans un plan secret pour soutenir les *contras* basés au Honduras ou au Costa Rica. Ces « combattants de la liberté » ne sont souvent que d'anciens partisans de Somoza. Le directeur de la CIA, William Casey, des fonctionnaires du Conseil pour la Sécurité nationale, John Pointdexter et le lieutenant-colonel Oliver North, organisent une vente d'armes à l'Iran en 1985 en échange de leur appui pour obtenir la libération des otages américains au Liban (David Jacobsen est libéré le 2 novembre 1985 après dix-sept mois de détention par les musulmans chiites). En fait, les profits récupérés sur ces transactions servent à financer les *contras* au Nicaragua et l'affaire éclate au grand jour en novembre 1986. Le scandale qui divise l'Amérique fait de North soit un héros soit un gangster. Reagan prétend tout ignorer et l'*Irangate* apparaît un peu comme la répétition du *Watergate*. La commission d'enquête présidée par l'ancien sénateur John Tower indique, en février 1987, que le président a été victime de collaborateurs peu scupuleux mais le rapport final de novembre accuse Reagan d'avoir occulté une partie de la vérité. En tout cas, les années 1987 et 1988 voient s'intensifier les incidents entre hélicoptères et navires américains et iraniens dans le golfe Persique.

Reagan est également convaincu qu'au Salvador les *guerrilleros* sont des agents de Cuba et de l'URSS. Les militaires, qui ont renversé une dictature conservatrice, vont céder la place à une dictature de droite. Le Congrès finit par exiger du Salvador qu'il respecte les droits de l'homme s'il veut continuer à bénéficier de l'aide américaine. Les États-Unis envoient des conseillers militaires et soutiennent un modéré, Duarte, qui prend le pouvoir en 1984. Mais, au-delà des problèmes politiques, c'est bien la faiblesse économique de ces régimes qui constitue le phénomène le plus préoccupant. La situation au Mexique est, à cet égard, exemplaire puisque la seule porte de sortie pour les ressortissants mexicains est l'émigration vers le pays créancier, perçu comme la terre de la liberté.

Les relations avec l'Afrique recouvrent des tonalités à peine différentes. Les États-Unis accordent leur aide aux pays non communistes déchirés par les guerres civiles, que ce soit en Angola ou en Namibie. Ils éprouvent aussi de grandes difficultés pour acheminer l'aide alimentaire aux pays assaillis par les famines mais divisés par les déchirements internes comme le Soudan et l'Éthiopie où progresse l'influence soviétique. Sous la forte pression du Congrès, l'Amérique dénonce l'*apartheid* en Afrique du Sud (Nelson Mandela est libéré de prison) et incite les puissances internationales à prendre des sanctions économiques en septembre 1985.

En Asie, enfin, les relations se normalisent avec la Chine mais sans résultats tangibles malgré la visite de Reagan à Pékin en avril 1984 et la signature d'un accord d'échanges scientifiques et culturels en vue de développer l'énergie nucléaire. L'élément dominant est l'expansion économique de tout l'*Asian Rim*, de Singapour, de Hong Kong, de Taiwan, de la Corée du Sud et du Japon. Malgré des quotas introduits sur les voitures japonaises ou sur les produits électroniques, les Japonais construisent ou achètent des usines aux États-Unis et les relations commerciales sont plutôt tendues entre les deux partenaires.

Aux Philippines, ancienne colonie américaine, les problèmes économiques se doublent de bouleversements politiques. En 1987, une révolution populaire renverse Ferdinand Marcos qui était soutenu par les États-Unis et le remplace par Corazon Aquino.

Le bilan de politique extérieure apparaît comme contrasté. Les États-Unis connaissent un recul objectif dans les zones sensibles mais la fermeté de Reagan (tout au moins celle qu'il affiche dans ses discours) permet aux Américains de retrouver le sentiment de la réussite fondé sur la fierté et la confiance, à défaut de la véritable puissance. Les États-Unis demeurent une super-puissance mais en ayant pris conscience de leurs limites. Le colosse a des pieds d'argile.

Au terme de deux mandats, l'expérience Reagan a suscité des admirations ferventes comme celle de Guy Sorman qui a vu dans la révolution conservatrice un nouveau modèle pour la France mais elle a aussi eu ses détracteurs comme Nicole Bernheim. Les avis sont partagés sur la politique économique de Reagan entre les conservateurs enthousiastes et les consommateurs ou les écologistes, plus réservés, qui y ont vu une atteinte à la qualité de la vie. L'apport essentiel du président Reagan tient à la dynamique impulsée et à l'affirmation renouvelée de sa confiance dans le fait que le déclin de l'Amérique n'était pas inévitable. La réussite de Reagan est plus la victoire d'un homme que celle d'un parti et *a fortiori* de la nouvelle droite. Elle est aussi la conséquence d'une situation économique, comme ailleurs dans le monde. L'exceptionnalisme des États-Unis n'a pas disparu mais les Américains ont perdu leur innocence et n'ont plus l'inconscience de la jeunesse. Le talent de Reagan aura finalement été de parler fort en agissant avec prudence.

La continuité républicaine : George Bush, l'héritier (1989-1993)

L'élection de 1988

L'*Irangate* érode singulièrement la cote de popularité d'un président qui s'est aussi aliéné le soutien électoral des femmes et des minorités ethniques. La conjoncture économique s'est améliorée mais les bases de l'équilibre demeurent fragiles et la dette est telle que les démocrates peuvent espérer être dans la course présidentielle. En octobre 1987, le monde boursier est au bord de l'effondrement et, le 19, c'est le mini-krach lorsque le Dow Jones perd 508 points en tombant à 1 738 points.

Les prétendants à l'investiture démocrate sont le gouverneur du Massachusetts, Michael Dukakis, et le pasteur Jesse Jackson. Déjà en 1984 ce dernier avait fait preuve d'envergure et une excellente prestation dans les primaires de 1988 le place en bonne position. Finalement c'est Dukakis qui l'emporte et qui tente d'attirer le soutien du Sud en prenant le sénateur du Texas, Lloyd Bentsen, sur son « ticket ».

Dans le camp républicain, le vice-président Bush se lance avec comme colistier un inconnu falot et gaffeur, un jeune réprésentant de l'Indiana, Dan Quayle. George Herbert Walker Bush (1924-   ) l'emporte facilement le 8 novembre 1988 avec 54 % des suffrages et 426 mandats contre 112 à son adversaire. La continuité républicaine est ainsi assurée mais les démocrates obtiennent la majorité aux deux Chambres (56 sièges au Sénat contre 44 et 262 à la Chambre des représentants contre 173). C'est la première fois depuis 1836 qu'un vice-président en exercice est élu. C'est la première fois depuis quarante ans qu'un parti gagne trois fois de suite la course à la Maison-Blanche.

En prêtant serment en janvier 1989, Bush promet une nation « plus douce et plus gentille ». Après huit années pures et dures, les quatre années de Bush seront plus modérées. Très vite le nouveau président va maintenir les choses en l'état et va faire figure d'un homme de transition, d'un intérimaire. Après Ronald Reagan le Magnifique, Bush apparaît comme un héritier.

Né au Massachusetts dans une famille aisée, Bush a un côté patricien du Nord-Est. Diplômé de Yale en sciences économiques, il sert valeureusement comme pilote dans l'aéronavale pendant la Seconde Guerre mondiale contre les Japonais et il fait ensuite fortune dans les milieux pétrolifères du Texas. Il crée une société d'exploration et d'exploitation pétrolière baptisée Zapata dont les activités sont orientées vers l'Amérique du Sud mais, reconverti en pétrolier texan, il est peu convaincant. Élu représentant du Texas en 1966 puis réélu en 1968, il prend vite la tête de son parti. Malgré son échec au Sénat, il est soutenu par Nixon et occupe divers postes importants. Ambassadeur à l'ONU de 1971 à 1973, ambassadeur à Pékin de 1974 à 1975, puis directeur de la CIA de 1976 à 1977, il est ensuite vice-président pendant huit ans sous Reagan qu'il n'apprécie pas vraiment au plan personnel. La vision de Bush s'appuie sur le passé. Il a le sens du service public et ses traditions patriciennes et chrétiennes lui donnent des obligations qui sont celles des riches à l'égard des plus défavorisés. Épiscopalien, il a un sens victorien du devoir, du sacrifice et du patriotisme.

Bush s'entoure d'une équipe de politiciens, membres chevronnés de l'*establishment* et, d'emblée, il marque davantage d'intérêt pour la politique étrangère que pour les problèmes intérieurs. Il garde auprès de lui les plus brillants pour la diplomatie et la stratégie. Il nomme secrétaire d'État un ancien de Princeton, James Baker, un aristocrate du Sud dont la famille a quasiment fondé Houston. Cet avocat d'affaires texan a démissionné de son poste de secrétaire au Trésor en août 1988 pour diriger la campagne de Bush et il apparaît comme l'homme fort de la nouvelle administration. Le général Brent Snowcroft est conseiller pour les affaires de sécurité nationale (NSC), un poste qu'il a occupé quand Kissinger dirigeait le département d'État. En revanche, il laisse l'intérieur à des « seconds couteaux » : Samuel Skinner, John Sununu, ancien gouverneur du New Hampshire et maintenant chef d'état-major de la Maison-Blanche, Dick Brady, un ancien de Yale et de Harvard, directeur d'une banque d'affaires, qui est chargé du secrétariat au Trésor. Assez paradoxalement c'est aux membres les plus à droite, Jack

Kemp au Logement et William Bennet, « Monsieur Drogue », qu'il confie la mission délicate de relancer la guerre contre la pauvreté. Mais Bush a aussi introduit quelques « minoritaires ». Il fait appel à deux femmes : Elizabeth Dole, secrétaire au Travail, et Carla Hills, représentante spéciale de la Maison-Blanche pour le Commerce. Ont aussi un portefeuille deux Hispaniques, Manuel Lujan à l'Intérieur et Lauro Cavazos à l'Éducation, et un Noir, Louis Sullivan, à la Santé.

Le nouveau rôle des États-Unis dans le monde

Le bilan de Bush est un mélange subtil de succès en politique étrangère et d'échecs dans le domaine intérieur. Naturellement Bush reprend les quelques principes qui ont été définis par son prédécesseur sans avoir été nécessairement intégralement appliqués : la nécessité d'être fort pour pouvoir promouvoir la paix, la diminution des armements, la défense des droits de l'homme et la réduction des conflits régionaux avec la collaboration des Soviétiques. Toutefois, Bush va marquer sa différence avec Reagan dans ses relations avec l'URSS. Il ne souhaite pas se laisser emporter par la dynamique créée par Gorbachev et il marque un temps d'arrêt. Il est utile de se laisser le temps de la réflexion d'autant qu'il a nommé au secrétariat d'État Baker qui a de l'expérience mais pas dans le domaine des affaires étrangères. Bush a par ailleurs peu d'enthousiasme à l'égard du traité INF. Il n'a pas de stratégie préétablie mais il a des idées et les relations extérieures l'intéressent. Il est important de négocier à la fois la fin de la guerre froide et un énorme virage politique et stratégique en URSS. La politique soviétique de Bush est dominée par l'ouverture d'une conférence sur le désarmement « conventionnel » à Vienne en 1989 et par la signature du traité de l'unification de l'Allemagne en 1990, moins d'un an après la chute du mur de Berlin. L'année 1991 est caractérisée par plus de prudence alors que débute l'évacuation de l'ancienne RDA par les troupes soviétiques. Bush marque une réserve certaine pour aider l'Europe de l'Est à transformer ses structures économiques et il accorde un soutien discret à Boris Eltsine lors du putsch manqué d'août. La réussite de Bush dans ses relations avec les Soviétiques consiste à gérer l'éclatement de l'URSS sans qu'il menace la sécurité extérieure des États-Unis.

Mais il n'y a pas que l'URSS. Le deuxième grand front de politique étrangère des républicains est le Proche-Orient. Le terrain dans cette partie du monde est miné car la paix armée y est marquée du signe d'une précarité extrême. L'ouverture du dialogue avec l'OLP pose problème à Israël qui ne veut pas d'un État palestinien et qui essaie de gagner du temps mais il est bien difficile d'éluder la difficulté. Malgré une certaine prudence, Bush ne parvient pas à rétablir l'équilibre mais le changement radical d'attitude est provoqué lorsque Saddam Hussein annexe le Koweït par la force le 2 août 1990. Cette agression contre un petit pays a l'allure d'une provocation et apparaît comme une menace pour la paix dans le monde d'autant qu'elle menace le système de fixation des prix du marché pétrolier. Elle va entraîner une réponse ferme à l'échelle mondiale sous les auspices des Nations Unies. Les intérêts économiques des États-Unis sont en jeu dans un contexte de flambée des prix du pétrole puisqu'en moins de deux mois le prix du baril a augmenté de 80 % alors que l'Amérique importe un peu plus de 50 % de l'énergie dont elle a besoin. L'Irak et le Koweït contrôlent à eux seuls 20 % des réserves mondiales.

Le discours prononcé par Bush devant le Congrès le 11 septembre 1990 révèle une ferme détermination à lutter contre le mal, Saddam Hussein en l'occurrence. Le président exige le retrait inconditionnel des forces irakiennes du Koweït, le rétablissement du gouvernement koweïtien légitime, la garantie de la sécurité et de la stabilité dans le golfe Persique et la protection des citoyens américains. Décidé à ne pas se laisser intimider, Bush reçoit le soutien unanime du Congrès en ce 11 septembre qui est une journée d'unité nationale. Le président est persuadé que la crise actuelle doit conduire à l'avènement d'un « nouvel ordre mondial, d'un monde où le règne de la loi, et non la loi de la jungle, gouverne la conduite des nations ». On retrouve ici les accents du discours des 14 points prononcé le 8 janvier 1918 par Woodrow Wilson qui espérait que la guerre permettrait de créer un « endroit où l'on puisse vivre en sécurité » ou bien encore la tonalité de la vision rooseveltiennne exprimée le 20 janvier 1945 : « pour l'avenir que nous cherchons à rendre sûr, nous aspirons à un monde fondé sur quatre libertés essentielles ». Wilson avait inventé la SDN et Roosevelt l'ONU. Bush, après avoir songé un instant à développer un projet semblable, y renonce mais il partage avec ses prédécesseurs la même vision de l'Amérique comme seule puissance à pouvoir maintenir la paix dans le monde. Un temps, Bush a bien songé à reprendre l'idée d'un

« pacte mondial entre sherifs », comme l'avait conçu FDR. Il parle à Prague, en novembre, d'un *Commonwealth* basé sur l'idée de liberté et dont les garants auraient été Gorbatchev, Margaret Thatcher, Mitterand, Kohl et Kaifu mais la fin du pacte de Varsovie et la décomposition du système soviétique rendent ce rêve impossible d'autant que les principaux acteurs sont peu soucieux de cautionner une *pax* par trop *americana*.

Après la date-butoir du 15 janvier 1991 et l'adoption par le Conseil de sécurité des Nations Unies de la résolution 678, le feu vert est donné à Washington pour mener la guerre. C'est un véritable blanc-seing qui est ainsi donné aux États-Unis, en contradiction avec la mission de l'ONU.

La guerre du Golfe ne peut durer très longtemps quand on en sait le coût. La présence des troupes américaines au Proche-Orient revient à 45 millions de dollars par jour au contribuable, ce qui veut dire 11 milliards pour une année. L'Amérique n'a donc pas les moyens d'une guerre qui s'éterniserait, d'autant que ce chiffrage de l'effort de guerre inclut la participation financière de l'Arabie saoudite. Grâce à une coalition internationale ferme, la guerre-éclair de cent heures en février 1991 (opération Tempête du désert/*Desert Storm*) assure la victoire américaine. L'armée irakienne est écrasée mais l'intervention s'arrête un jour trop tôt pour entraîner la disparition ou la chute du « dictateur de Baghad ». Le déploiement de force aura été impressionnant et cette guerre que le monde regarde sur un écran de télévision en direct ressemble à un jeu Nintendo. Elle impressionne par la puissance du feu et la haute technicité des systèmes d'armements mais la victoire militaire n'est pas automatiquement une victoire politique. L'Amérique en déclin de Carter n'est pas soudainement devenue l'Amérique impériale de Bush car la crise économique est une limite considérable à son pouvoir. Pour la première fois dans l'histoire des interventions extérieures des États-Unis, la guerre du Golfe n'a pas été assumée par l'Amérique seule mais elle a été cofinancée par ses alliés. Depuis l'effacement de l'URSS du devant de la scène mondiale, les États-Unis sont sans opposition mais se sentent un peu seuls pour faire avancer la cause de la liberté. Qui dit ordre mondial dit gendarme mais, étant donné l'endettement des États-Unis et leur dépendance du bon vouloir financier de l'Allemagne, du Japon et des monarchies pétrolières, c'est plutôt la perspective d'un désordre généralisé qui guette le monde. La seule domination que conserve l'Amérique en propre est celle de la production d'images et de messages, comme l'a révélé la couverture médiatique des événements assurée par la chaîne CNN *(Cable News Network)*.

La politique étrangère de Bush, souvent dictée par des préoccupations d'ordre économique, s'intéresse aussi au Japon ou enfin au Canada et au Mexique, comme en atteste la signature d'un vaste accord de libre-échange aux implications majeures. La globalisation des échanges a favorisé la croissance et la constitution d'une association nord-américaine de libre-échange avec le Canada et le Mexique. Les États-Unis ont redécouvert l'Amérique lors de la fameuse « Initiative pour les Amériques » en juin 1991 visant à créer un « grand marché » continental de l'Alaska à la Terre de Feu. Le premier accord de libre-échange entre les États-Unis et le Canada (ALE) pour éliminer tout tarif douanier entre les deux pays dans les dix ans à venir est entré en vigueur depuis le 1er janvier 1989 et il s'est élargi ensuite au Mexique (ALENA). L'Accord de libre-échange nord-américain signé le 7 octobre 1992 n'entrera en vigueur que le 1er janvier 1994 suite à la ratification par les Parlements des trois pays.

En Amérique centrale, le bilan se doit d'être plus discret en raison des déconvenues essuyées par la nouvelle administration républicaine. Les 11 000 *contras* basés au Honduras ont été privés de leurs moyens d'action (dès mars 1989, un accord entre le président et le Congrès leur permet de subsister mais sans combattre), les réfugiés du Nicaragua affluent aux États-Unis, la situation au Salvador est préoccupante et, à Panama, le général Noriega, complice avec les trafiquants de drogue, continue de narguer Washington.

La montée des périls intérieurs

Le vrai danger n'est pas dans les sables du désert mais à l'intérieur des frontières de l'Amérique. Le succès de la guerre du Golfe a permis de réaffirmer la puissance politico-militaire des États-Unis mais il ne saurait cacher le déclin économique et social. La réussite des *Patriot* masque difficilement la faillite des caisses d'épargne et la polarisation obsessionnelle sur Saddam Hussein évite de voir en face la concurrence commerciale japonaise.

Pendant sa campagne électorale, le candidat Bush avait pris l'engagement de ne pas augmenter les impôts mais, compte tenu du déficit budgétaire, le président élu sera vite contraint de hausser la fiscalité au risque de contrarier la droite de son propre parti. Bush a reçu le très lourd héritage des déficits budgétaires. Après avoir culminé à 221 milliards de dollars en 1986, le déficit semblait pouvoir être maîtrisé. La loi Gramm-Rudman-Hollings de 1986, modifiée en 1987, avait fixé l'objectif d'un déficit de 100 milliards pour 1991. En réalité, la situation se détériore à nouveau et le déficit revenu en 1989 à hauteur de 152 milliards menace d'atteindre 195 milliards en 1990. Le tableau est moins sombre si on rapporte ces chiffres à la richesse nationale puisque la part du déficit par rapport au PNB représente 6,2 % en 1983, 5,4 % en 1985 mais seulement 3,5 % en 1990. La source de préoccupation majeure est que les comptes de l'État sont déséquilibrés par les intérêts à payer sur la dette publique accumulée depuis 1982. Inférieur à 60 milliards par an à la fin de la présidence Carter en 1979-1980, ce déficit fédéral atteint 128 milliards en 1982, 208 en 1983, 185 en 1984 et 212 en 1985. Les États-Unis subissent après coup les effets de la récession de 81-82 puisque la baisse d'activité a signifié moins de recettes fiscales, mais aussi les conséquences de la politique Reagan et de son plan triennal de réduction des impôts de l'État et des charges publiques. Il était prévu que les recettes fiscales augmenteraient de 9 % par an et que les dépenses augmenteraient de 6,5 % par an entre 1982 et 1985 mais, en fait, les chiffres s'établirent respectivement à 6 % et à 9 %. La prospérité retrouvée de la fin des années 80 avait bien masqué ces réalités. Bien sûr, il faut aussi compter avec le taux d'intérêt (dont le niveau est trop élevé) puisqu'une baisse d'un point est susceptible de réduire le déficit budgétaire de 30 milliards au bout de cinq ans mais l'aggravation subite du déficit budgétaire est en grande partie provoquée par la faillite des caisses d'épargne et la nécessité de les renflouer.

La réforme fiscale votée fin 1986, la « révolution ultra-libérale de l'ère reaganienne », a eu des retombées durables et très négatives sur l'épargne. La frénésie d'achat des consommateurs a provoqué une augmentation démesurée des importations, mettant ainsi en péril le commerce extérieur. Reagan a poussé à l'endettement massif sans considérer les dangers ni des modes de financement par effet de levier, les LBO *(Leverage Buy Out)*, grâce auxquels les entreprises rachètent leur capital en s'endettant ni ceux des obligations pourries ou de pacotille *(junk bonds)* qui ont permis de restructurer et de dépecer la plupart des entreprises américaines. Le président de la Réserve fédérale Alan Greenspan avait alors bien indiqué qu'il fallait promouvoir l'épargne et calmer la consommation. Une solution consistait à ce que la Fed renchérisse le crédit au risque d'entraîner une trop brusque remontée des taux d'intérêt ayant pour effet de décourager les investisseurs.

A la fin 1988, l'économie américaine présente les signes euphoriques de la bonne santé (baisse du chômage, hausse des profits, retour à un Dow Jones au-delà des 2 000 points) mais l'endettement est plus rapide que celui du Tiers-Monde et la reaganomie a déséquilibré les échanges internationaux. Le dollar fort, dont Reagan disait qu'il était le symbole d'une Amérique forte, a perdu de sa crédibilité et est au plus bas. Pour ralentir sa chute, les banques centrales d'Europe et du Japon se sont alors engagées dans des interventions de soutien. L'explosion du crédit a stimulé l'activité mais ce n'est pas le déficit budgétaire en tant que tel qui a entretenu la croissance mais la facilité avec laquelle il a pu être couvert grâce aux apports du capital étranger. On a beaucoup reproché au président Reagan d'avoir refusé de revenir sur les baisses d'impôts puis à Bush d'avoir adopté – au moins au début – la même attitude. La réponse au déficit devenu chronique ne peut passer que par une profonde réforme des comportements bancaires et financiers.

Selon la célèbre boutade de Robert Heller, gouverneur de la Réserve fédérale, il convient donc de s'atteler à trois problèmes majeurs, « le budget, le budget et le budget ». Un trio pragmatique entreprend d'assainir l'économie au début de la présidence Bush : Richard Darman, directeur du Budget, Nicholas Brady, secrétaire au Trésor, et Michael Boskin, chef des conseillers économiques et théoricien du groupe. Il est suggéré de procéder à un « gel flexible » des dépenses pour réduire le déficit budgétaire sans hausser les impôts. L'idée est de limiter globalement la progression des crédits au taux de l'inflation en effectuant des coupes sélectives dans les programmes mais sans trop toucher aux crédits sociaux si chers aux démocrates. L'exercice sera difficile et les hommes de Bush n'ont pas par ailleurs, comme leurs prédécesseurs, une foi aveugle dans la loi du marché et ils savent qu'ils devront être interventionnistes sur les dossiers économiques et sociaux pour corriger les dérégulations reaganiennes dans des secteurs comme les transports aériens, les banques ou la Bourse.

Dès la mi-1990, il apparaît que des taxes supplémentaires et un alourdissement de l'impôt sur le revenu des gros contribuables seront nécessaires. Le compromis est difficile à trouver car les républicains sont hostiles à tout impôt nouveau et les démocrates sont inquiets des économies qui pourraient être réalisées sur le dos des assurés sociaux. Bush demande au Congrès d'étudier un arrangement qui permettrait de réduire le déficit de 40 milliards pour 1991 et de 500 milliards sur cinq ans. En contrepartie, il accepte d'augmenter les impôts sur les revenus de 28 % à 33 % et de porter le taux d'imposition minimum sur les hauts revenus de 21 % à 25 %. Il prévoit aussi la diminution des dépenses sociales et il voudrait imposer aux démocrates de réduire la taxation sur les plus-values en capital de 28 % à 23 %. Il doit y renoncer pour faire voter son budget par le 101ᵉ Congrès fin octobre 1990.

Le trou atteint finalement 220 milliards en 1990, soit 4 % du produit national, puis 255 milliards en 1991. On comprend que Bush ait perdu une grande partie de son autorité dans son propre parti devant un tel bilan. Depuis la grave récession de 1981-1982, le redressement spectaculaire des quelque six ou sept années suivantes a permis d'investir mais, depuis 1989 ou 1990, les États-Unis traversent à nouveau une période difficile. L'économie s'essouffle et la faillite des caisses d'épargne est évaluée à 294 milliards de dollars, le budget de 1990 ayant apporté au titre du sauvetage la somme de 60 milliards. On comprendra l'ampleur du déficit largement sous-estimé puisqu'il tient compte des excédents grandissants du système de sécurité sociale (59 milliards en 1990 et 73 en 1991). Si ces excédents servent à financer le déficit public, ils ne pourront plus servir aux futures retraites des générations issues du *baby boom*. Dans ces conditions, le contexte est peu propice à une baisse des taux d'intérêt.

Même si les démocrates n'améliorent que légèrement leurs positions au Congrès (ils gagnent un siège au Sénat, dix à la Chambre et deux postes de gouverneur), les élections législatives de novembre 1990 sanctionnent la politique d'un George Bush indécis et suiviste dont la cote est au plus bas (50 %). Bush a perdu le contrôle de son équipe et l'opinion parle de « cartérisation » du pouvoir, tant le président est un modèle d'irrésolution. Un peu comme Hoover, il est vrai, Bush est laminé par la conjoncture. Il fait figure d'homme du *statu quo*, terne et hésitant. Il a beau renouveler son entourage en décembre 1991 (Samuel Skinner, jusque-là secrétaire aux Transports, remplace John Sununu comme secrétaire général de la Maison-Blanche), son bilan économique est plutôt sombre. En 1992, le déficit budgétaire tourne autour de 300 milliards et menace d'augmenter. Après avoir atteint un record de 152 milliards de dollars en 1987, le déficit de la balance commerciale est revenu à 66 milliards en 1991 mais c'est beaucoup encore. Pendant les années Bush, le PNB ne progresse en moyenne annuelle que de 1 %. L'activité s'est ralentie depuis 1988 et, depuis l'été 1990, l'Amérique est à nouveau plongée dans une récession molle. Le chômage a progressé et atteint 7,5 % en 1992, le niveau de 1984, touchant surtout les Noirs (14 %) et les Hispaniques (10 %). En 1988, le futur président avait promis de créer 30 millions d'emplois en huit ans. Au terme des quatre années de sa présidence il y a moins d'emplois dans le secteur privé qu'au début de son mandat. Le secteur public a créé des emplois mais le privé a licencié massivement. Les restructurations sont nombreuses. L'emploi dans les industries manufacturières est à son plus bas niveau depuis 1982-1983. Si elles employaient 21 millions d'Américains en 1979, c'est à peine 18 millions en 1992. En 1991, dans l'industrie automobile, *General Motors* supprime 75 000 emplois soit 20 % de ses effectifs, dans l'informatique, *IBM* licencie 20 000 personnes (16 % en moins depuis 1989), dans l'aéronautique, *Pan Am* disparaît et *MacDonnell Douglas* met à pied 6 000 employés. Le revenu moyen du travailleur américain a diminué de 5 % en trois ans depuis 1989. On assiste à une véritable McDonaldisation de l'emploi. Les emplois à bons salaires de l'industrie manufacturière sont remplacés par des emplois sous-qualifiés et peu payés dans les services. La pauvreté s'est étendue. Le taux était de 15,2 % en 1983. Fin 1990, il est de 13,5 %. La pauvreté touche 33,6 millions d'Américains et elle s'aggrave en 1991 (le seuil est alors de 13 359 $ par an pour un ménage de 4 personnes). La dualité richesse-pauvreté dans les grandes villes est effarante. New York, à elle seule, compte 90 000 sans-abri *(homeless)*. Dans le domaine de la santé, c'est toujours le choix de la réparation qui domine, préférée à une prévention évidemment coûteuse. L'assurance médicale – à l'exception du *Medicare* pour les personnes âgées – et du *Medicaid* pour les indigents – demeure privée et facultative.

A ces réalités économiques s'ajoutent les « maux » de la société américaine. Un grand nombre d'urgences en héritage sont demeurées sans réponse. Trafic et consommation de drogue sont l'activité principale des groupes sociaux défavorisés. Après la mobilisation générale de septembre 1989, le plan contre la drogue est axé sur la répression des producteurs et des trafiquants mais la lutte menée contre les caïds de la drogue en Colombie, le fameux cartel de Medellin (80 % de la cocaïne aux États-Unis vient de là), relève plus de la prohibition que de la prévention.

Une autre préoccupation est la progression de la criminalité. Bush a bien fait campagne sur la loi et l'ordre, et le discours sur la criminalité de mai 1989 n'empêche pas les émeutes de Miami de l'hiver suivant ; 1,8 milliard de dollars est consacré à un plan de lutte mais Bush n'a pas cessé de prêcher et de pratiquer la conciliation.

La bataille sur l'avortement, le « Viêt-nam des années 90 », selon la formule de Bella Abzug, représentante démocrate de l'État de New York, prend également une vigueur nouvelle. Les offensives répétées de ses adversaires culminent en août 91 au Kansas à Wichita. Les membres du mouvement *pro-life* (pour la vie) qui visent à obtenir l'annulation de l'arrêt de 1973 *(Roe vs. Wade)* mènent un rude combat pour faire de Wichita la première ville de l'Amérique sans avortement. Ils sont arrêtés pour avoir bloqué l'accès de cliniques où sont pratiquées des IVG. En juillet 1989, la Cour avait accepté la constitutionnalité d'une loi du Missouri restreignant le droit à l'avortement, ce qui encouragea plusieurs États à emboîter le pas. L'arrêt *Webster* déléguait ainsi partiellement aux États la responsabilité de légiférer sur l'avortement. Mais bien que devenue conservatrice, la Cour n'a pas annulé l'arrêt de 1973, d'où cette campagne des *pro-lifers* groupant les éléments de la droite du Parti républicain, les églises protestantes et la hiérarchie catholique. La mobilisation de Wichita, sous la direction du groupe *Operation Rescue* venu de l'État de New York, relance le sujet et l'avortement est bien au cœur du débat électoral à la veille des présidentielles de 1992. Bush est un adversaire déclaré de l'IVG mais l'enjeu est tel que même le Parti républicain est divisé sur la question.

D'autres urgences ont su attirer l'attention de l'administration Bush. Dès 1988, le candidat Bush s'était présenté en futur « président de l'éducation » et il consacre en septembre 1989 un « sommet » avec les gouverneurs à affirmer la nécessité d'une réforme de l'éducation. Au moins 8 % de la population (20 millions d'Américains) ne savent pas lire ou à peine et, en l'espace d'une génération, le désengagement de l'État vis-à-vis de ses obligations scolaires est tel qu'il ne consacre plus que 6 % de son budget à l'enseignement public, contre 10 % pendant les années 70. Il est clair aussi que l'impopularité des dépenses engagées pour la défense conduit à une diminution du budget du Pentagone et à une réduction sur l'IDS (Initiative de défense stratégique). Le nouveau secrétaire à la Défense, Dick Cheney, s'y emploie dès avril 1989 en consentant de nouveaux sacrifices en matière d'armements nouveaux. Bush par ailleurs exprime fortement une sensibilité nouvelle à la protection de l'environnement et célèbre, en avril 1990, le 20ᵉ anniversaire du 1ᵉʳ jour de la Terre.

L'administration républicaine innove enfin dans le domaine de l'immigration qui fait l'objet d'un compromis difficile avec le Congrès. Bush finit par signer en novembre 1990 une loi sur les Droits civiques entrée en vigueur en octobre 1991 qui concerne essentiellement le droit du travail et engage une lutte contre la discrimination concernant les femmes et les minorités. Cette loi majeure (la plus spectaculaire depuis 1965) augmente également de près de 40 % le quota annuel des nouveaux immigrants (le nombre des admis passe de 540 000 à 700 000 chaque année) et continue d'autoriser l'entrée d'immigrés pour regroupement familial mais donne la *priorité* aux candidats ayant des aptitudes professionnelles. Éliminant les clauses restrictives de la loi de 1952 qui datent du maccarthysme, la nouvelle législation cesse de refuser l'entrée de nouveaux arrivants pour des raisons politiques ou pour le seul fait d'être homosexuels, déprimés ou « retardés ». L'immigration est devenue un enjeu véritable dans le débat sur l'avenir économique et culturel de l'Amérique. Source de chômage pour les uns, elle constitue pour les autres un réservoir d'énergie et de rajeunissement. On imagine les difficultés que Bush a pu rencontrer pour surmonter les contradictions de son parti sur les droits civiques mais, à la veille des présidentielles, les émeutes de Los Angeles au printemps 1992 ne lui permettent plus d'ignorer que sa politique sociale n'a pas réussi à réduire les inégalités sociales et raciales. Cette explosion a fait une cinquantaine de morts après la décision d'un tribunal dans l'affaire de l'automobiliste noir, Rodney King, roué de coups par la police et la ville de Los Angeles s'est fracturée entre riches et pauvres, Blancs et Noirs, *Latinos* et Asiatiques.

Le « vainqueur de la guerre du Golfe » s'est surtout investi dans la politique internationale et a géré la fin de la guerre froide mais il a cru qu'il suffisait de faire régner la *pax americana* et il s'est peu intéressé au pays réel. Il n'a pas réussi en tout cas le redressement intérieur.

Le retour des « nouveaux démocrates » : Bill Clinton (1993-2001)

Les élections présidentielles de 1992

Dès le début de 1992, la campagne s'annonce morose. Même si aucun candidat ne s'impose d'emblée chez les démocrates comme le chef de file naturel, les sondages indiquent déjà que Bush aura du mal à se faire réélire. Victime de la fragmentation de sa formation politique, le président sortant est défié sur sa droite par quelques extrémistes. L'ancien chef du KKK néo-nazi David Duke qui, malgré sa défaite, a fait belle figure dans la course au poste de gouverneur de la Louisiane, risque de détourner dans le Sud des voix précieuses, comme l'avait fait le démocrate Wallace en 1968. Dans le Nord, Bush doit compter avec l'ambition tonitruante de Pat Buchanan, un conservateur de droite antisémite et isolationniste. Chez les démocrates, le gouverneur de l'État de New York, Mario Cuomo, le « prince Mario », l'« Hamlet de l'Hudson », hésite à se présenter tandis que Jesse Jackson, vedette des primaires de 1988 et représentant de l'aile gauche du parti, renonce à entrer dans la course.

Le bilan économique et social n'incite pas à l'optimisme et, après l'euphorie des années Reagan, les États-Unis sont dans le désarroi, comme l'avait bien diagnostiqué Michel Crozier dans le *Mal américain* en 1980. L'Amérique déprime littéralement à la fin des années 80 et le pessimisme ambiant est plus un problème de moral que de chiffres. Les Américains regrettent l'âge d'or de la prospérité perdue. La richesse est toujours là mais c'est la fin du rêve car ils éprouvent l'impression pour la première fois que leurs enfants ne vivront pas aussi bien qu'eux.

A droite comme à gauche, les candidats potentiels à la présidence exploitent ce moment d'introversion en entonnant l'hymne populiste de l'« Amérique d'abord » *(America First)*. C'est l'exaltation de l'isolationnisme en politique étrangère et du protectionnisme dans le domaine du commerce international. Bill Clinton, qui s'est dégagé assez vite au cours des primaires dans le camp démocrate, arrive imperturbablement en tête dans les sondages, malgré quelques attaques personnelles relatives à ses infidélités conjugales ou au sursis dont il a bénéficié pour échapper à la conscription durant la guerre du Viêt-nam fin 1969.

Le camp républicain croit judicieux de placer les valeurs traditionnelles familiales et patriotiques au cœur de la campagne. Assez ironiquement, alors qu'il n'a jamais réussi à être élu au Sénat parce qu'il passait pour être trop modéré, Bush va perdre les présidentielles pour avoir cédé à sa droite. Il doit donner des gages aux ayatollahs du Parti républicain, le télévangéliste Pat Robertson, le collecteur de fonds Richard Viguerie ou le polémiste Pat Buchanan, son principal rival pendant les primaires. Il est contraint d'afficher ostensiblement son hostilité au droit à l'avortement et son attachement à la peine de mort. La pression est forte de la part des populistes de droite, ces *firsters*, comme on les appelle, qui se déclarent protection-nistes notamment à l'encontre des importations japonaises et hostiles à l'activisme américain à l'étranger notamment à l'engagement dans le Golfe. L'ancrage à droite des républicains sous l'influence des chrétiens fondamentalistes sera fatal à Bush.

Clinton choisit en revanche de cultiver la classe moyenne blanche plutôt que les minorités. Ce n'est pas un hasard si les « nou-veaux démocrates » sont aujourd'hui pour la peine de mort, contrai-rement aux positions traditionnellement libérales du parti. A côté de la vision de Bush composée de libéralisme économique sauvage, de moralisme exacerbé et de fondamentalisme protestant, Clinton pro-pose une société humaniste, ouverte et tolérante.

L'élection de novembre 1992 est finalement une triangulaire. Jus-qu'au dernier moment, le milliardaire texan Ross Perot a entretenu le mystère autour de sa candidature. Cet ancien vendeur d'IBM apparaît comme un franc-tireur mégalomane, obsédé par le déficit budgétaire. Il dénonce l'endettement public qui fragilise les États-Unis en les plaçant sous la dépendance de l'épargne étrangère. Perot réussit à obtenir 19 millions de voix, le meilleur score jamais atteint par un candidat indépendant depuis la Guerre. Il a su exprimer les craintes des Américains face à la diminution du pouvoir d'achat, à la compétition commerciale accrue, à l'insécurité de l'emploi, à l'avenir incertain. Il a surtout traduit un certain dégoût de la politique. En revanche, la participation électorale (55,9 %) n'a jamais été aussi élevée depuis 1968. Malgré la dispersion des voix, Clinton bat nette-ment Bush avec plus de 5 millions de voix d'avance et 43 % des suf-frages populaires contre 38 %. Il est victorieux dans 32 États et rem-porte 370 mandats contre 168.

Même si les républicains ne sont pas laminés, le Congrès demeure largement dominé par les démocrates (58 contre 42 au Sénat et 259 contre 175 à la Chambre des représentants). Les démo-crates contrôlent le Sénat depuis 1986 et sont majoritaires à la Chambre depuis trente-huit ans. Pour la première fois en douze ans surtout c'est la fin de la cohabitation mais la tâche du nouveau prési-dent n'en sera pas nécessairement plus aisée car il défend des posi-tions plus « centristes » ou modérées que ses « amis » du Capitole et la discipline de vote y est pratiquement inexistante.

La physionomie du Congrès est changée et sa composition consi-dérablement renouvelée. 109 nouveaux (un nombre sans précédent) font leur entrée dans une Chambre marquée par une véritable

« poussée ethnique ». Désormais les minorités sont mieux représentées : 38 Noirs (contre 25), 17 Hispaniques (contre 11), 4 Asiatiques (contre 3) et 1 élu de la communauté amérindienne, un éleveur du Colorado du nom de Nighthorse (Cheval de nuit) Campbell. Mobilisées par l'affaire qui a opposé Anita Hill au juge Clarence Thomas, accusé de harcèlement sexuel, les femmes y sont aussi plus nombreuses (47 contre 28). Au Sénat, elles sont 6 au lieu de 2 dont la première femme noire, élue à Chicago, Carol Moseley Braun. C'est aussi la première fois depuis 1979 que le Sénat comprend un élu de couleur.

Le désir de changement

On pourra toujours se demander pourquoi Bush, au lendemain de la victoire en Irak, n'a jamais pu faire preuve d'autant de *leadership* et d'énergie sur le front intérieur. Sa défaite n'est en réalité que le rejet de la reaganomie et la raison de l'alternance est sans conteste l'économie. Mais elle traduit aussi chez les électeurs une grogne contre les élites. Il appartiendra donc à Clinton de réconcilier ses concitoyens avec la politique. Son équipe devra mettre en pratique l'aggiornamiento idéologique annoncé pour enrayer le relâchement des liens partisans.

Né à Little Rock, une bourgade de l'Arkansas, Bill Clinton (1946-) n'a que 46 ans quand il est élu. Il est le premier chef d'État américain né après la Seconde Guerre mondiale. C'est quasiment un inconnu. Il a des allures de *yuppie* mais c'est un fils du peuple. Il a fait de brillantes études et a reçu la formation d'un haut fonctionnaire (diplôme de Georgetown pour les questions internationales, études d'économie politique à Oxford en Angleterre puis de droit à Yale, où il rencontre sa femme Hillary, une juriste de haut niveau, à la forte personnalité et aux idées avancées). Il est le plus jeune gouverneur de l'Arkansas en 1978 et, malgré son échec en 1980, il est réélu sans interruption depuis 1982. L'Arkansas, qui est l'un des plus petits États de l'Union et sans doute le plus pauvre, n'a jamais donné de président à l'Amérique. C'est une première.

Clinton a recueilli 83 % du vote des Noirs, 62 % des Hispaniques, 80 % des Juifs. Le parti de l'âne demeure celui des minorités. En termes géographiques, le glissement des voix s'est opéré dans les États industriels du Nord-Est et de la région des Grands Lacs, la

« ceinture de la rouille » *(Rust Belt)*. La Californie a aussi basculé dans le camp démocrate. Le tandem sudiste (Clinton et Gore sont tous deux baptistes, blancs et modérés et ils ont conquis leurs États, l'Arkansas et le Tennessee) a su convaincre également la Louisiane. Le virage au vert avec le vice-président Gore, écologiste convaincu, a aussi permis de récupérer des voix. Mais la grande nouveauté tient au fait que Clinton a été élu par les classes moyennes. La majorité n'est plus dans les villes et le déclin de l'Amérique urbaine, qui a connu son apogée au milieu des années 60, s'est fait au dépens des démocrates. Clinton a clairement exprimé sa volonté de reconvertir l'ancien parti des villes et des syndicats et, en 1992, la classe moyenne a déserté la vaste coalition républicaine ébauchée par Nixon en 1968, élargie par Reagan pendant huit années et héritée par Bush en 1988. Depuis 1990, l'Amérique majoritaire, c'est en effet celle de la classe moyenne et moyenne supérieure des banlieues *(Suburbia)* qui se déroulent entre *Main Street*, la rue principale, et le *Mall*, le centre commercial. C'est la première fois dans l'histoire du pays que la majorité des électeurs sont des banlieusards (de 25 % en 1950, ils passent à 33 % en 1960 et à plus de 50 % en 1990).

Le candidat Clinton a su tenir le bon discours. Entre le capitalisme sauvage et le « trop d'État », il a trouvé un langage qui évite l'idéologie. Son désir de plaire, d'éviter les conflits et de rechercher le consensus lui a fait rejeter le libéralisme à outrance de Reagan, reconnaître le besoin d'une certaine intervention de l'État dans la vie économique et sociale (sans être aussi généreux que Johnson) mais aussi refuser la dépendance à l'égard du gouvernement. Son programme consiste à restaurer la croissance plutôt que de redistribuer la richesse par l'impôt ou les transferts de richesses, à stimuler les initiatives individuelles et à développer les investissements publics dans l'éducation, la formation professionnelle, les nouvelles technologies, les transports et à affronter les problèmes si longtemps négligés tels que le sida, l'environnement, la conversion des industries de la défense. Clinton se situe résolument au centre et a joué le pays profond. Ce démocrate conservateur nouvelle manière a bien assimilé les leçons de la révolution conservatrice et a récupéré les « démocrates de Reagan ». Il est par ailleurs bien conscient des limites de l'État providence ; il ose s'affirmer libre-échangiste dans un parti protectionniste. L'exercice est difficile mais le pari du changement est payant.

L'élection de 1992 marque un changement de parti, de culture mais aussi de génération. Le personnel politique démocrate est

rajeuni avec l'arrivée au pouvoir d'une nouvelle équipe de quadragé-
naires. Les dirigeants de l'Amérique sont des *baby-boomers* qui ont
découvert la politique à l'époque de la guerre du Viêtnam. Comme
Kennedy, Clinton s'entoure de têtes d'œuf et d'universitaires de haut
niveau. Il s'appuie sur des conservateurs en matière budgétaire en
faisant appel à Lloyd Bentsen du Texas au Trésor (jusqu'en
décembre 1994 où il est remplacé par Robert Rubin) et à Leon
Panetta de Californie comme directeur du Budget à la Maison-
Blanche. Son secrétaire d'État, Warren Christopher, est un membre
de l'*establishment* qui a été l'adjoint de Cyrus Vance sous Carter. A la
Sécurité nationale, il place W. Anthony Lake, un protégé de Kissinger. Robert Reich, sorti d'Oxford et professeur à Harvard, qui four-
mille d'idées, est au Travail. Ronald Brown est secrétaire au Commerce et Mickey Kantor est le représentant au Commerce à la
Maison-Blanche tandis que Laura d'Andrea Tyson est la première
femme à présider le Comité des conseillers économiques. Les Aspin
est à la Défense jusqu'à ce que William Perry lui succède en janvier 1994.

Rien ne permet de dire si Clinton sera un nouveau Roosevelt ou
un deuxième Carter ? Assurément, il est un animal politique
complexe. Rhéteur rusé, il a le sens de la repartie mais se montre
parfois fuyant. Comme Carter, il est d'origine sudiste, il appartient à
l'Église baptiste et il peut prendre des accents cartériens lorsqu'il
déclare prier et lire la Bible mais le parallèle s'arrête là. Lorsqu'il
joue du saxophone ténor, il n'a rien d'un prédicateur et il appartient
davantage à la génération de Woodstock et des concerts rock. Doué
pour l'art du compromis et le sens du relationnel, il se montre plus
homme de conciliation que de conviction. Ce qui frappe chez Clinton c'est l'hybridité. A la fois sincère et roublard, le technocrate peut
être populiste et l'idéaliste sait être pragmatique. Il est capable de
changer de discours et on l'a comparé à un caméléon sur un plaid
écossais. La modération peut passer pour de l'ambiguïté.

L'Amérique d'abord

Les premières mesures de la nouvelle administration vont dans
le sens d'un coup de barre au centre voire à droite mais, même s'il
défend la responsabilité individuelle, Clinton demeure fidèle à la
tradition libérale de son parti. C'est ce qui explique l'attention

accordée aux homosexuels. Le premier geste politique consiste en effet à vouloir mettre un terme à l'interdiction des *gay* dans l'armée mais, devant le tollé soulevé, le compromis est nécessaire (juillet 1993) et on s'en tiendra à ne pas demander à ceux qui entrent dans l'armée leurs « orientations sexuelles ». D'une façon plus générale, le désir est réaffirmé de mettre un terme aux discriminations dont les homosexuels mais aussi les autres minorités pourraient être victimes. Il est toujours question aussi de lutter pour les droits civiques même si le président se méfie des représentants de la gauche du Parti démocrate. Il a d'ailleurs pris ses distances à l'égard du pasteur Jesse Jackson dès les primaires et n'a pas négocié avec le leader noir qui a endossé le « ticket 92 » sans enthousiasme. Il a su aussi affronter pendant la campagne l'ancien gouverneur de Californie, Jerry Brown, qui se voulait le porte-parole des déclassés et des déshérités.

Au début de son premier mandat, Clinton connaît deux succès importants en matière de libéralisation du commerce international. Il a négocié l'heureuse conclusion du cycle de l'Uruguay du GATT (en décembre 1993) et su régler la question des réductions tarifaires dans le cadre de l'Accord général sur les tarifs douaniers et le commerce (entré en vigueur le 1ᵉʳ janvier 1948). Il a également fait approuver l'ALENA (cet accord qui instaure entre 368 millions de personnes une union commerciale ne concernant que la libre circulation des biens), quitte à s'opposer à l'AFL-CIO et à affronter les réticences d'un Congrès divisé et, plus particulièrement, le lobby des protectionnistes conduit par Richard Gephardt, le leader démocrate de la Chambre des représentants. Il convient toutefois de noter que l'Accord de Clinton n'est pas le vaste projet conçu par Bush d'un grand marché américain, véritable aimant autour duquel le continent latino-américain devrait s'organiser et se libéraliser.

Clinton remplit une partie de son programme en réduisant le train de vie du gouvernement et en montrant la voie de l'austérité. Dès février 1993, il annonce la suppression de 250 000 emplois de fonctionnaires fédéraux en quatre ans et la réduction de 25 % du personnel de la Maison-Blanche. Le nombre de fonctionnaires fédéraux était passé de 2,76 millions en 1982 à plus de 3 millions en 1988. La réforme de septembre 1993 amorce une contraction massive des effectifs de la fonction publique fédérale qui employait 3,048 millions de personnes en mai 1992, deux fois plus qu'en 1941. C'est bien la première fois depuis 1967 qu'il y a moins de 2 millions de fonctionnaires, outre l'économie réalisée de 108 milliards de dollars. Les coupes sont sensibles dans l'administration présidentielle. Composée de 1 098 personnes en 1940 puis de 5 722 en 1972, elle avait été réduite à cause du *Watergate* (1 735 en 1980) avant de gonfler à nouveau (1 841 en 1992). Même le Bureau de l'exécutif est sérieusement dégraissé en passant de 1 384 personnes sous Bush à 1 044 sous Clinton, ces mesures vont en tout cas dans le sens du populisme ambiant et du ressentiment général contre Washington.

Une autre question sensible est celle de la sécurité. Le nouveau président est favorable à la peine de mort et au renforcement de la sécurité. Il est surtout en faveur d'un contrôle des ventes d'armes individuelles et finit par obtenir gain de cause en 1993 à propos de la loi Brady – si longtemps différée en raison de l'opposition de la puissante NRA (*National Rifle Association*) – imposant désormais un délai de cinq jours lors de tout achat d'armes à feu. En août 1994, le Congrès adopte une loi sur la lutte contre la criminalité introduisant des mesures de contrôle des armes à feu, interdisant certaines armes d'assaut, définissant les modalités d'extension de la peine de mort et inscrivant des dépenses pour des programmes de prévention. Ce sont les voix des républicains modérés qui permettent l'adoption de cette loi pour compenser les défections au sein des démocrates.

Depuis Roosevelt, Clinton se veut être le premier président à donner la *priori*té au social, deux axes forts de sa politique étant l'éducation et la santé. Dans ces deux secteurs, il est partisan de l'intervention de l'État fédéral. Touchée par la discrimination, la violence et la drogue, l'école, dans les grandes villes, souffre de paupérisation. Le *busing* est toujours considéré comme souhaitable mais difficilement réalisable car les banlieues blanches se dépeuplent, là où il est pratiqué. La nouveauté consiste à développer dans les *inner city schools* des expériences de *tutoring*, conduites par des étudiants bénévoles qui assurent des cours de soutien. La mission d'enseignement est remplacée par une activité d'assistance sociale.

Quant au système de santé, il est coûteux et mal géré et l'administration Bush a démontré l'échec du laissez-faire. L'ambition de Clinton – très largement aidé dans sa réflexion sur ce dossier par son épouse Hillary – est d'offrir une assurance-maladie à tous les Américains, quelles que soient leurs ressources, alors que 37 millions d'entre eux (15 % de la population) n'ont aucune aide. Ce projet n'est pas sans déclencher l'hostilité des intégristes de la libre entreprise qui le trouvent dirigiste et bureaucratique et qui n'acceptent pas que le coût soit en grande partie (80 %) assuré par les entreprises. L'assistance sociale est pourtant conçue par Clinton comme une deuxième chance et non comme un mode de vie. Le discours des années 60 a considérablement évolué et s'est adapté à la réalité sociale des années 90 mais la réforme de santé qui constitue la pièce maîtresse du programme de Clinton est, à ce jour, toujours en panne au Congrès.

En revanche, le bilan économique est très favorable. La forte croissance prévue dans le programme de relance *(stimulus plan)* de 1992, amendé en 1993, n'est pas tout de suite au rendez-vous. Les mesures annoncées ont un relent de *New Deal* : programme de 200 milliards d'investissements publics sur quatre ans, effort de modernisation des infrastructures (routes, ponts et chemins de fer). Tout un plan de réduction de 500 milliards de dollars en cinq ans du déficit budgétaire (qui a atteint 255 milliards en 1993, soit 4 % du PNB) est financé par une augmentation des impôts et par une réduction des dépenses publiques. La hausse fiscale touche les bénéfices des sociétés et s'accompagne de la création d'une taxe sur l'énergie (4,3 cents par gallon (3,8 l) d'essence). Le budget de la défense est diminué en 1993 de 34 % par rapport à la fin des années 80. Représentant 27 % du total des dépenses fédérales en 1987, le budget militaire n'est plus que de 16 % en 1996.

Pourtant la sortie de la récession est hésitante. La légère amélioration en 1992 s'essouffle au début 1993 avant de se confirmer nettement à partir de 1994. Les États-Unis retrouvent des taux de croissance importants (un peu plus de 2 % au 1er semestre 1992, 4 % au second semestre 1992 puis 1,4 % au 1er semestre 1993, 2,8 % au 3e trimestre 1993, 5,9 % au 4e trimestre 1993, 4 % en 1994, 2,4 % en 1995. La baisse des taux d'intérêt a aidé la reprise (la Réserve fédérale a ramené son taux d'escompte de 6,5 % en décembre 1990 à 3 % en juillet 1992, son plus bas niveau depuis 1964) mais, au début, la productivité demeure médiocre et l'épargne privée faible, d'où une croissance un peu erratique puis, ensuite, la situation se conforte. Grâce à un boom des investissements et à la transformation de l'appareil productif, les États-Unis regagnent du terrain vis-à-vis du Japon dans l'électronique et l'informatique. Mais l'intérêt est qu'il ne s'agit pas d'une croissance sans emploi. La reprise est créatrice d'emplois dans les petites entreprises individuelles et les sociétés de taille moyenne tandis que l'économie se fait plus ouverte, plus productive, plus *high tech*. Les producteurs cherchent à réaliser des gains de productivité plutôt que d'augmenter les prix en raison de la « concurrence féroce ». Les grandes entreprises produisent plus avec des effectifs moindres. La pratique du dégraissage *(downsizing)* permet d'agir sur les coûts dans un contexte de globalisation des marchés et de développement de la télé-informatique. La seule limite est que l'emploi industriel disparaît au profit de l'emploi dans les services. L'échec est que l'investissement dans le capital humain, dans l'éducation et la formation professionnelle est insuffisant. La rançon, c'est que l'emploi créé est moins qualifié, moins bien payé et donc plus précaire.

La croissance soutenue aurait pu entraîner une surchauffe mais cette crainte s'est avérée injustifiée car l'économie américaine s'est profondément transformée grâce à ses efforts d'investissements, à l'introduction de technologies nouvelles et à la modification des comportements des salariés qui acceptent des baisses de revenus pour préserver l'emploi. Le retour de l'inflation est donc improbable. Son niveau a été maintenu aux alentours de 3 % : 2,7 % pour 1993, 3 % pour 1994, 2,6 % pour janvier 1995, le chiffre le plus bas depuis 1965. Le chômage enfin est en recul. L'objectif initial de 1992 était de créer 8 millions d'emplois en quatre ans (8,4 millions l'ont déjà été en trois ans). De 7,1 % en janvier 1993, le taux de chômage commence à baisser en avril 1993. Il atteint 6,4 % en décembre 1993, son niveau le plus bas depuis le début 1991. Il est toujours de 6,5 % en avril 1994 puis baisse à nouveau : 5,9 % en septembre 1994, 5,8 % en octobre-novembre 1994, 5,4 % en décembre 1994 (le record depuis juillet 1990). Le plus spectaculaire est sans doute la réduction du déficit budgétaire. De 255 milliards (le record historique) en 1993, il est tombé à 176 milliards en 1994. Mais les électeurs ne savent finalement pas gré à Clinton des bons résultats de l'économie.

Le refus de l'isolationnisme

Puisque Clinton consacre l'essentiel de son énergie aux problèmes intérieurs, c'est à dessein que le bilan de sa politique extérieure sera bref. Même si elle n'a pas constitué la première priorité du président, elle n'est pas inexistante.

La première image que l'on retient de cette administration démocrate est que le *leadership* traverse une phase d'introspection à partir de la fin des années 80. Pour corriger la formule de Hoffmann, Gulliver est plus méditatif qu'empêtré. La disparition de la menace militaire soviétique a finalement plongé l'Amérique dans le désarroi face à la définition de son rôle dans le monde. La deuxième impression qui se dégage au début est celle d'une politique hésitante ou changeante. Le premier mandat de Clinton débute par une série de ratages. C'est tout d'abord l'affaire somalienne et l'embuscade qui a coûté la vie à Mogadiscio à 18 soldats américains en octobre 1993 ; ce sont aussi la valse-hésitation bosniaque, les menaces d'intervention armée non suivies d'effet et enfin les tergiversations en Haïti. Sans doute le manque de détermination de la politique étrangère est-il à mettre au compte de Les Aspin, véritable « maillon faible », mais tout n'est pas négatif pour autant, qu'il s'agisse du soutien apporté à Eltsine et de l'aide accrue à l'économie russe ou du raid aérien sur Bagdad perçus comme de bonnes initiatives.

Après le départ d'Aspin en décembre 1993, la doctrine d'intervention des forces américaines à l'étranger se précise et les choix diplomatiques s'affermissent. C'est tout d'abord, suite à l'invasion des *boat people* haïtiens qui permet de la justifier, la décision en septembre 1994 d'intervenir en Haïti pour renverser la junte militaire, rétablir le président Aristide et restaurer la démocratie à Port-au-Prince. C'est aussi la fermeté puis la négociation dans la crise de l'été 1994, générée par les réfugiés cubains. C'est également l'accord avec la Corée du Nord en octobre 1994 et le règlement du contentieux nucléaire qui permet d'envisager le désarmement sur dix ans. C'est enfin l'accord de paix israélo-jordanien entre Shimon Pérès et le roi Hussein (octobre 1994) et le rétablissement des relations diplomatiques avec Hanoi (juillet 1995). Finalement la réussite un peu inattendue de Clinton permet d'éviter une stratégie de repli isolationniste. Les États-Unis qui ne cessent pas d'être idéalistes s'orientent vers la définition réaliste de leur rôle. Désormais la position de l'Amérique continuera d'être dominante mais sans être hégémonique.

Les mid-term de 1994

A l'approche des élections législatives à mi-mandat qui sont en général mauvaises pour le parti au pouvoir, l'opinion rejette l'*establishment* et la cote de Clinton n'est pas bonne. Le président essaie de provoquer un sursaut, en janvier 1994, dans son discours sur l'état de l'Union où il prône le retour aux valeurs fondatrices de l'Amérique. L'accent est mis sur la criminalité, sur le déficit, sur le système de santé. Le ton rappelle presque celui de Reagan, tant Clinton veut couper l'herbe sous le pied de l'opposition républicaine. Il souhaite que les États-Unis retrouvent le vouloir-vivre ensemble car il a le sentiment que le pays est de plus en plus ethniquement disparate et que tant les communautés que la cellule familiale se disloquent.

Les élections de novembre 1994 sont un raz de marée républicain. Le Parti démocrate perd la majorité au Congrès (230 contre 204 à la Chambre et 53 contre 47 au Sénat). Cela faisait quarante ans, depuis 1955 et l'administration Eisenhower, que le parti de l'âne n'avait pas perdu la Chambre. Le résultat était attendu mais ce qui surprend c'est l'ampleur. La Californie demeure républicaine (Pete Wilson), Mario Cuomo est battu comme gouverneur de New York, Edward Kennedy fait figure de rescapé en étant réélu dans le Massachusetts sans discontinuer depuis 1962. L'échec est dû à un manque de confiance dans le gouvernement ainsi qu'à un sentiment d'impuissance face aux maux de l'Amérique mais cette révolte contre les élites et ce rejet de la politique caractérisent la plupart des démocraties industrielles.

Malgré une bonne conjoncture économique, le président Clinton va devoir cohabiter avec un Congrès anti-gouvernement, anti-impôts et le « nouvel ordre » républicain s'installe. L'Amérique a viré à droite sanctionnant le libéralisme et exprimant un mandat clair pour promouvoir une « révolution conservatrice ». La nouvelle majorité a quelques porte-parole exubérants comme Newt Gingrich, le populiste radical. Ce professeur d'histoire dans une petite université de l'État de Géorgie devient le *speaker* de la Chambre des représentants et il s'attelle à mettre en place le « Contrat avec l'Amérique ». D'autres affichent un conservatisme exacerbé comme Jesse Helms, sénateur de la Caroline du Nord, qui préside la commission des Affaires étrangères du Sénat. Sans être moins critiques, d'autres sont plus prudents comme Robert Dole, patricien modéré, chef de la majorité au Sénat, qui se prépare pour l'élection présidentielle de 1996 sans avoir encore arrêté sa stratégie. Le danger de l'extrémisme guette les républicains qui risquent de se rendre impopulaires à force d'excès dans leur rejet systématique du *Big Government,* dans leur désir de restaurer les valeurs morales et familiales et dans leur acharnement crispé à défendre certains thèmes favoris tels que la prière à l'école, les droits des homosexuels, le droit à l'avortement, l'immigration ou la peine de mort. Le risque est aussi de remettre en cause les programmes sociaux, de baisser les impôts des plus aisés, de diminuer l'aide aux pays en voie de développement, de déclarer la guerre aux pauvres ou d'arrêter les allocations en faveur des mères célibataires âgées de 18 ans ou moins.

Mais Clinton ne tarde pas à trouver la parade contre cette avancée des républicains et recherche son second souffle. Il tente de retrouver le ton juste du « nouveau démocrate » dans son discours sur l'état de l'Union de janvier 1995 pour s'adresser à la classe moyenne. Il propose à son tour un « nouveau contrat social » et préconise le retour aux valeurs américaines. Moins obnubilé par le déficit en partie jugulé, il parle de lutte contre la criminalité mais aussi d'allégements fiscaux financés par des économies budgétaires. Les présidentielles de 1996 montreront qu'il a réussi son pari mais on lui prête en tout cas l'art de rebondir. Clinton a la réputation d'un éternel revenant *(comeback kid)* qui ne lâche pas prise et qui remonte la pente.

Le débat sur les acquis sociaux ou la « responsabilité individuelle » (1995-1996)

Les tirs croisés contre l'État providence n'ont rien de très nouveau puisque, déjà en 1985, Charles Murray dans *Losing Ground* avait accusé le *welfare state* de créer une mentalité d'assisté et une culture de la pauvreté. Les valeurs familiales et la responsabilité individuelle sont désormais au centre du débat sur l'aide sociale. Le maître-mot est bien celui d'autosuffisance *(self-reliance)*, comme sous Reagan mais, paradoxalement, pendant les années Reagan, l'État fédéral avait été remis en selle et les programmes sociaux n'avaient pas été coupés. En mars 1995, la Chambre des représentants remet sérieusement en cause l'aide aux familles avec enfants à charge (l'AFDC) en l'accordant pour un maximum de cinq ans et à condition de trouver un emploi au bout de deux ans ; elle supprime les secours aux mères célibataires de moins de 18 ans de même que les bons alimentaires (créés en 1961) pour 27,5 millions de bénéficiaires à moins que ces derniers trouvent un emploi au bout de quatre-vingt-dix jours. On peut d'autant plus s'inquiéter de la remise en cause de tout l'héritage social du *New Deal* que refleurissent les thèses sur l'hérédité de l'intelligence, comme l'atteste l'immense succès rencontré par l'ouvrage de Charles Murray, *The Bell Curve*, indiquant que les pauvres sont de toute façon condamnés par leur très bas QI. La Californie par ailleurs s'est engagée dans la même voie en adoptant en novembre 1994 la proposition 187 privant les immigrants clandestins et leurs enfants de l'accès à la santé et à l'éducation publiques.

Dans la même veine, la société américaine se met de plus en plus à dénoncer les excès de la logique communautaire. Le désir de freiner le flux des immigrés, notamment mexicains, qui s'établissent illégalement en Californie et au Texas, devient plus explicite. En trente ans, les minorités sont passées de 10 à 30 % de la population. De 1 million, les Asiatiques sont devenus 8,5 millions tandis que les Hispaniques sont passés de 3,5 à 23 millions. La plus forte augmentation est celle des Hispaniques (+ 61 % dans les années 70) qui constitueront au XXIᵉ siècle le groupe ethnique le plus important. En 1996, la société américaine est composée de 73,6 % de Blancs, de 12 % de Noirs, de 10,2 % d'Hispaniques, de 3,3 % d'Asiatiques et de 0,8 % d'Amérindiens. En 2050, selon les projections démographiques, ces proportions s'établiront respectivement à 52,8 %, 13,6 %, 24,5 %, 8,2 % et 0,8 %. La plus grande préoccupation ne tient pas tant à l'existence de violents conflits interethniques qui ont toujours existé aux États-Unis mais au fait que le sentiment national qui a toujours prévalu risque d'être remis en question. Ce n'est pas la mosaïque ou la salade mixte qui préoccupe mais plutôt la disparition du lien social. La remise en cause systématique de la discrimination positive et du traitement préférentiel *(affirmative action)* à l'instar de la Californie traduit ce malaise de l'homme blanc *(Angry White Male)* qui s'exprime avec force. Il est inquiétant de voir se développer les réactions extrémistes des défenseurs de la suprématie blanche, organisés dans des « groupes de la haine », des sectes paramilitaires ou des milices de droite en révolte ouverte avec le gouvernement fédéral et notamment avec le FBI (le lien est évident entre le suicide collectif des davidiens de David Koresh dans le « ranch de l'Apocalypse » de Waco en avril 1993 et l'attentat devant un bâtiment du gouvernement fédéral à Oklahoma City en avril 1995). La perte de confiance dans la police se traduit par la décision de plus en plus d'États de libéraliser le port d'armes (la Virginie est le 25ᵉ État à adopter cette attitude en juillet 1995). Ces signes révèlent l'angoisse d'un prolétariat blanc marginalisé.

L'enjeu des présidentielles de 1996

Pour les candidats en présence, le choix s'oriente entre le désir de râtisser large en affirmant la volonté de gouverner au centre (au risque d'être ambigu) ou de céder aux pressions de l'extrémisme de droite (au risque de se marginaliser). L'extrême droite américaine n'a pas désarmé et exploite le problème de l'avortement au risque de diviser les républicains. Le baptiste sudiste Pat Robertson cogère avec Paul Weyrich la Coalition chrétienne *(Christian Coalition)* créée en 1989 et qui revendique 1,5 million d'adhérents. La Majorité morale de Jerry Falwell est toujours là pour restaurer l'ordre moral et en appeler à une société théocratique afin de répondre au déclin américain. On peut se demander jusqu'à quel point ces mouvements expriment tout haut ce que la majorité silencieuse pense tout bas. Le sénateur du Kansas, Robert Dole, qui représente le sérail washingtonien, n'en est pas moins candidat même si les élites ont été sanctionnées par le vote de 1994. C'est sa troisième candidature à la magistrature suprême après ses tentatives de 1980 et de 1988. S'il était élu, il aurait 73 ans en 1997 et deviendrait le président le plus âgé de toute l'histoire américaine. Ce serait aussi la première fois qu'un *speaker* du Sénat deviendrait président et il est difficile de gouverner à partir du Congrès. Mais dans quelle mesure les républicains vont-ils pouvoir capitaliser sur les gains de 1994 ? Les chantiers législatifs en cours n'ont pas encore vraiment abouti. Dole se distance en tout cas de l'activisme de Newt Gingrich et souhaite garder une partie des programmes sociaux.

Dans le camp démocrate, Clinton bénéficie d'une cote plutôt favorable. L'opinion semble se désintéresser de l'affaire Whitewater, un investissement immobilier en Arkansas mettant en cause l'éthique financière de l'ancien gouverneur. L'actuel président se disperse-t-il ou a-t-il le sens des priorités ? Il peut en tout cas se targuer d'une conjoncture économique favorable et d'avoir réduit le déficit budgétaire. De 192,5 milliards en 1995, il se situe autour de 196,7 milliards en 1996, soit seulement 2,7 % du PNB. C'est bien le ratio de déficit par rapport au PNB le plus faible des grands pays industrialisés. L'économie est dans une phase de croissance soutenue. Le taux d'inflation est stabilisé à 2,7 %. Les résultats de l'emploi sont bons : stabilisé à 5,8 % en 1995, le taux de chômage, tombé à 5,4 % au printemps 1996, sans menace inflationniste, est proche du plein emploi. La reprise a objectivement eu lieu mais les États-Unis ont le sentiment de vivre une « dépression tranquille ». L'anxiété économique subsiste et Clinton n'a pas réussi à faire toutes les grandes réformes annoncées. Bien des problèmes urgents demeurent en attente de solutions dans les secteurs du logement, de l'éducation ou de la santé. En dix ans, le budget fédéral des villes est passé de 37,3 à 13,1 milliards de dollars. Il y a toujours le problème des sans-logis, des enfants du ghetto, du crack et de la violence. Depuis l'identification du sida il y a quinze ans, les États-Unis ont recensé 200 000 personnes atteintes, dont 65 % sont mortes depuis, et plus de 1 million de porteurs du virus.

Le second mandat de Bill Clinton (1997-2001) : la réconciliation et le consensus

Le 5 novembre 1996, Clinton, avec plus de 50 % des suffrages contre 42 % à son rival républicain, est le second démocrate depuis Franklin Roosevelt à être réélu. Le président confirme alors sa stratégie de recentrage idéologique qui peut passer pour de l'opportunisme. Il s'engage dans la « troisième voie » du libéralisme social qui vise à montrer que la libéralisation des échanges produit plus de richesses qu'elle n'en détruit, que la mondialisation est une réalité maîtrisable et que tout cela est compatible avec le maintien d'un filet de protection sociale.

La politique budgétaire engagée au cours du mandat précédent permet de dégager des excédents annuels grâce à une dépense publique contenue. La politique monétaire bénéficie d'une aisance plus grande qui a fortement contribué à la croissance des années 1990 tandis que le développement des nouvelles technologies a favorisé la hausse de la productivité. En 1998, pour la première fois en quarante-deux ans, le budget affiche un solde positif de 60 milliards de dollars et les excédents budgétaires atteignent des chiffres records : 142 milliards en 1999 puis 167 milliards en 2000. En 1999, la croissance économique aura été de 4,2 %, la troisième année consécutive au-dessus de la barre de 4 %. La prospérité est donc au rendez-vous et les huit années de Clinton sont la plus longue période d'expansion de l'histoire américaine. Cette période de 107 mois qui culmine en février 2000 est sans précédent depuis les années 1960 (de février 1961 à décembre 1969). Depuis 1992, 22,4 millions d'emplois nouveaux ont été créés et le taux de chômage (3,9 %) atteint, en octobre 2000, son niveau le plus bas depuis trente ans (après avoir été de 4,5 % en 1998 et de 4,2 % en 1999). Il en est de même de l'inflation qui n'a jamais été aussi faible même si elle a un peu augmenté (1,6 % en 1998, 2,2 % en 1999 et 3,4 % en 2000).

Si le bilan économique est impressionnant, le constat de réussite est plus mitigé sur le plan des réformes. L'ardeur réformiste du début s'est atténuée, si l'on en juge par exemple par l'échec du projet de réforme profonde du système de santé. Clinton s'est contenté de marquer habilement des points contre ses adversaires en jouant sur leurs divisions et en collant à l'opinion. Il a eu du mal à faire voter les projets auxquels il tenait comme le contrôle des armes à feu, le traité sur l'interdiction des essais nucléaires ou la réforme de la santé. La loi de 1996 de réforme de l'aide sociale cherche à mettre un terme à la culture de dépendance et met fin au *welfare* hérité du *New Deal*. Le nombre d'Américains dépendant de l'aide sociale passe de 14,1 millions en 1993 à 6,3 millions en 2000. Un enfant sur quatre vit toujours au-dessous du seuil de pauvreté et le nombre de personnes sans couverture sociale a augmenté de 5 millions depuis 1993 pour dépasser les 10 millions en novembre 1999.

Par ailleurs on peut dire qu'arrivé au pouvoir dans le contexte euphorique de l'après-guerre froide, Clinton aura fini par démontrer que la prospérité, l'expansion du capitalisme et le progrès de la démocratie allaient de pair. Si la politique extérieure a été un peu floue au cours du premier mandat avec un Conseil national de sécurité qui a eu tendance à prendre l'ascendant sur le Pentagone et sur le département d'État, le bilan s'affermit au cours du second mandat avec un meilleur équilibre entre le Conseiller national pour la sécurité Sandy Berger et la secrétaire d'État Madeleine Albright. Cette dernière a déployé des efforts notables pour mettre fin aux violences israélo-palestiniennes et, notamment au sommet de Charm-el-Cheikh, a tout fait pour sauver sa position de médiateur. Le voyage du président au Vietnam en novembre 2000 est une réussite de même que la reprise du dialogue sino-américain (octobre-novembre 1997) suivi de la normalisation des relations commerciales avec la Chine (mai 2000) qui a rejoint l'OMC en novembre 1999. Clinton termine ainsi son second mandat en imposant un autre accord de libre-échange et en remportant une nouvelle victoire sur les groupes hostiles à la mondialisation. Il est vrai que le nouvel organisme chargé du commerce international, l'OMC (Organisation mondiale du commerce) qui a remplacé le GATT avait engagé à la fin de 1999 un nouveau cycle de négociations multilatérales appelé « Cycle du Millénaire ». Le but était d'élargir la libéralisation à d'autres domaines mais la réunion de Seattle en décembre 1999 a fait éclater les divergences entre les États-Unis et l'Union européenne ainsi qu'avec les pays en voie de développement. Les relations avec Moscou se sont normalisées avec le premier sommet à Moscou entre Poutine et Clinton qui a permis de signer deux accords de désarmement.

Même si l'arsenal nucléaire est réduit en fonction des accords SALT I et le sera encore conformément aux accords SALT II d'ici 2007, les travaux sur la défense anti-missiles ont repris depuis 1998-1999 non seulement dans les zones périphériques comme le Japon mais aussi sur le territoire des États-Unis à travers le *National Missile Defense Program* (NMD). La réduction du budget militaire se poursuit (même s'il demeure confortable et place toujours les États-Unis en avance sur les autres pays) au point que le secrétaire de la Défense James Schlesinger s'en inquiète à l'automne 1998. Le budget de la défense est passé de 1985 à 1998 de 368 à 267 milliards de dollars mais il repart à la hausse depuis 1999 (il est de 291 milliards en 2000) grâce aux excédents budgétaires et il confirme la suprématie de la première puissance militaire du monde. Depuis juin 2000, le désir de mettre en place un système de défense anti-missiles pour se protéger contre les menaces nucléaires de « pays imprévisibles » comme la Corée du Nord, l'Irak ou l'Iran mais aussi contre les missiles russes rend désormais obsolète le concept de dissuasion qui avait empêché pendant cinquante ans l'affrontement entre les Deux Grands. C'est pendant le second mandat qu'apparaissent de nouveaux paradigmes de la politique internationale. Le droit des peuples à disposer d'eux-mêmes appuyé sur le droit d'ingérence est appliqué dans les Balkans et à Timor. La décision est enfin prise en décembre 2000 de participer à de nouvelles juridictions internationales comme la Cour pénale internationale (mise en place en juillet 1998) et la priorité est donnée, au moins dans les discours, à la promotion de la démocratie. Les moralistes idéalistes à la Woodrow Wilson semblent l'emporter sur les réalistes cyniques à la Theodore Roosevelt mais est-ce une illusion ?

Il est certainement difficile d'être la seule superpuissance et de garantir l'ordre international en évitant les deux extrêmes de l'impérialisme arrogant ou de l'indifférence irresponsable. La capacité des États-Unis à exercer un *leadership* qui ne soit pas hégémonique s'est émoussée. La seule politique cohérente poursuivie avec détermination est l'accélération de la globalisation et l'élargissement de l'OTAN. Même si l'intervention au Kosovo (la première guerre à avoir été gagnée par la seule puissance aérienne) et la chute de Milosevic dotent les États-Unis d'une nouvelle crédibilité, de nombreux exemples révèlent l'indifférence voire le mépris à l'encontre de la coopération institutionnalisée, des organisations internationales et du droit. Les États-Unis engagent des actions militaires sans l'aval du Conseil de sécurité, refusent de se joindre aux 121 pays engagés à bannir les mines anti-personnels, refusent de prendre part à la Cour pénale internationale dès sa mise en place ou bien accélèrent leurs projets de bouclier anti-missiles. La politique extérieure américaine est prise dans une contradiction entre la loi et l'ordre, entre le discours idéaliste et le pragmatisme. Il y a bien abandon de l'agenda internationaliste libéral pour se convertir au réalisme et Clinton a engagé l'Amérique dans la pratique d'un « multilatéralisme dégradé ».

Dans un tout autre registre, les frasques du président et les affaires dans lesquelles le couple Clinton est impliqué constituent cependant une ombre au tableau. Dans l'affaire de l'investissement immobilier à Whitewater, après six ans d'enquête, les époux Clinton sont finalement disculpés en septembre 2000 mais l'Amérique puritaine prend toujours très au sérieux les questions d'éthique et la vie morale de ses responsables politiques. L'affaire Monica Lewinski défraye la chronique. En mai 1994, Paula Jones, employée de l'État d'Arkansas, avait déjà porté plainte contre le président pour harcèlement sexuel en 1991. Ce n'est qu'en janvier 1999 que cette affaire est close avec le versement d'une « indemnité de compensation » de 850 000 $. L'incartade avec Monica Lewisnski, stagiaire à la Maison-Blanche, occupe activement le procureur indépendant Kenneth Starr dont certains pensent qu'il s'acharne. On peut toujours penser aussi que le Parti républicain cherche à exploiter cette affaire. Mais le président est en mauvaise posture lorsqu'il tarde à reconnaître cette liaison dont tous les détails ont été largement diffusés sur Internet. En mai 1997, la Cour suprême estime que le président peut être poursuivi avant la fin de son mandat et ce n'est qu'en août 1998 que Clinton reconnaît une « relation inconvenante » avec Monica. Kenneth Starr remet son rapport au Congrès en septembre 1998 et demande la destitution *(impeachment)*. En décembre 1999, Clinton exprime ses « profonds remords » et la Chambre des représentants retient les chefs d'accusation de parjure et d'obstruction à la justice tandis que le Sénat s'érige en tribunal. La fin politique du président semble proche mais, en février 1999, le Sénat met fin au *Monicagate* en refusant de voter la destitution. La dignité et le courage d'Hillary Clinton valent à la *First Lady* une popularité accrue. A nouveau, Bill Clinton se tire assez bien de ces scandales financiers et de ses fredaines et le boom économique qui a caractérisé ses deux mandats lui permet d'atteindre des taux de popularité exceptionnels pour un président sortant (65 %). Toutefois, les grâces douteuses accordées au moment du départ sont fort malvenues et notamment celle du demi-frère du président, Roger, condamné pour trafic de cocaïne ou bien encore l'amnistie accordée à Marc Rich, escroc de haut vol poursuivi pour faude fiscale et réfugié en Suisse, qui a arrosé la bibliothèque présidentielle de Little Rock et la campagne sénatoriale triomphale d'Hillary. Ces gaffes de dernière minute risquent de ternir le jugement final que l'histoire portera sur le couple Clinton.

L'imbroglio électoral des présidentielles de 2000

La campagne des présidentielles s'annonce très serrée entre le vice-président Al Gore et le gouverneur du Texas George Walker Bush, fils de George H. W. Bush. Les électeurs hésitent entre Gore qui représente la continuité mais qui doit assumer l'héritage des scandales sexuels des années Clinton et Bush qui veut unir la nation et brandit le drapeau de l'ordre moral. Le choix entre bonnet blanc et blanc bonnet excite peu l'imaginaire américain et tout indique que le vainqueur s'appellera Coca Bush ou Pepsi Gore à moins que ce ne soit Gush ou Bore. La différence ténue entre les deux candidats est plus au niveau des personnalités que des idées. Le prince démocrate du Tennessee donne l'image d'un second couteau et l'héritier républicain du Texas inspire des doutes quant à sa capacité à être président. « Al » a un côté « patricien figé » tandis que « Dubya » paraît insignifiant mais sympathique.

L'écart paraît insignifiant entre les deux programmes mais des variantes significatives portent cependant sur certains points. En matière d'éducation, Gore veut aider les plus pauvres et augmenter le budget de l'éducation nationale tandis que Bush veut sanctionner financièrement les écoles dont les performances n'augmenteront pas et encourager le système de bourses (les fameux coupons-éducation ou *vouchers*) qui permettent aux plus démunis d'aller dans les écoles privées de leur choix. Le risque est que les familles blanches retirent leurs enfants des écoles publiques, lesquelles pourraient se retrouver avec un pourcentage encore supérieur d'enfants noirs. Sur le droit à l'avortement, si Gore est dans le camp des *pro-choice*, Bush se déclare partisan d'une réduction voire d'une suppression de la libéralisation. Défendant la thèse républicaine de l'État minimum, Bush s'oppose enfin à son rival dans sa méfiance envers Washington et son cynisme envers la politique.

Peu excitante, cette campagne s'avère exceptionnelle en rebondissements. Elle aura été en tout cas la plus longue, la plus coûteuse (3 milliards de dollars) et la plus imprévisible depuis le duel Kennedy-Nixon en 1960. Le résultat a dépassé toutes les attentes et, au terme d'un feuilleton plein de suspense et d'une véritable guérilla politico-juridique, c'est le candidat républicain qui a été plus nommé qu'élu. Cette élection controversée a entaché la légitimité du nouveau président auprès de nombreux Américains outre qu'elle a révélé le côté archaïque de la procédure électorale et les limites d'un suffrage universel indirect et à un seul tour de scrutin.

Le 7 novembre 2000, les Américains élisent le successeur de Clinton en accordant un peu plus de 500 000 voix de plus à Gore qu'à Bush. Jamais depuis cent douze ans un président n'était élu avec moins de votes populaires que son adversaire. En 1888, le démocrate Cleveland avec la majorité des suffrages populaires dut céder la présidence à son rival républicain Benjamin Harrison dont le grand-père avait déjà été président. Ce n'est que le 18 décembre que le collège électoral, au terme de six semaines de confusion, donne la victoire au républicain. La victoire des urnes n'aura pas permis à Al Gore de remporter la majorité des grands électeurs (266 contre 271) en raison d'un système électoral défini par les Pères fondateurs dans une Constitution dont les Américains s'enorgueillissent mais qui vient de montrer qu'il est archaïque et peu démocratique.

Le décompte des bulletins en Floride, État déterminant avec ses 25 grands électeurs qui font la différence mais où l'écart est infime (300 voix sans compter les votes de l'étranger), fait l'objet de multiples contestations et de décisions judiciaires contradictoires. L'intervention de la secrétaire d'État Katherine Harris visant à clore les décomptes en cours est invalidée par la Cour suprême de Floride. Cette instance autorise le dépouillement manuel des bulletins qui n'avaient pas été correctement perforés dans certaines circonscriptions (notamment les comtés de Palm Beach et de Miami Dade). Le suspense s'achève finalement avec une prise de décision étonnante et tout à fait inhabituelle de la Cour suprême des États-Unis qui tranche par 5 voix contre 4 en faveur de Bush qui aura ainsi gagné pour une poignée de confettis.

Ralph Nader, le troisième candidat du parti Vert qui s'est battu pour faire respecter les droits des consommateurs dans les années 1960-1970, cet empêcheur de tourner en rond qui dénonce les « républicrates », n'a obtenu que 3 % des suffrages au lieu des 5 % escomptés qui lui auraient permis de trouver le financement de sa prochaine campagne mais il a raflé, avec ses quelque 96 000 voix en Floride, plus de voix qu'il n'en aurait fallu à Gore pour remporter cet État décisif. Les démocrates auraient peut-être pu gagner s'ils avaient mieux exploité l'argument économique d'une prospérité inégalée depuis la guerre mais il est vrai qu'en période de forte croissance les préoccupations se sont réorientées sur le social.

Le retour au conservatisme (2001-   )

Bush junior, avec l'aide de Dieu ?

Diplômé de la *Harvard Business School*, gouverneur du Texas, ce Texan a le style de l'Amérique profonde. Après John Quincy Adams, il est le deuxième fils de président à avoir été élu. Ce « conservateur au grand cœur » n'est ni un crétin ni un cow-boy. Il est plus habile qu'il n'y paraît et son conservatisme de compassion risque fort de recouvrir un libéralisme économique classique et une morale ultra-conservatrice.

Dans un pays où l'élection présidentielle représente un enjeu moindre qu'en France et où l'éventail des positions idéologiques est moins large les deux candidats avaient quelques points communs : outre le fait que Bush apparaît comme un héritier et que le parcours politique de Gore a été tout aussi programmé par son père, tous les deux sont des défenseurs inconditionnels de la peine de mort et, tout aussi paradoxalement, ces deux hommes se disent des chrétiens qui ont renouvelé leur foi *(born again christians)*. Ils intègrent fortement dans leur comportement l'importance du facteur religieux en Amérique, ce pays qui accueille plus de 2 000 confessions, 500 000 lieux de culte et où la pratique religieuse dépasse 40 % (en France elle n'atteint pas 10 %). George W. Bush a consacré l'essentiel de sa première journée de président élu le 14 décembre 2000 à assister à une cérémonie religieuse dans une église méthodiste d'Austin et on ne peut qu'être surpris par le propos du révérend qui dans son sermon a comparé le nouveau président évangélique à « Moïse qui a été choisi par Dieu, comme vous avez été choisi par Dieu pour diriger le peuple ». Bush senior était un républicain de la Côte est, c'est-à-dire modéré. Bush junior est un républicain du sud, tout empreint de la culture de la *Bible Belt* (la ceinture de la Bible), de ce Sud profond caractérisé par son moralisme et ses appels à un nouveau réveil.

La confirmation par le Congrès le 6 janvier 2001 de l'élection de George W. Bush met un terme à une véritable saga politique et il revient ironiquement au vice-président sortant Al Gore d'annoncer au Congrès l'élection de son rival. Le perdant, baptiste fervent (dont le colistier, Joe Lieberman, était un juif pratiquant) a surtout souhaité que « Dieu bénisse le prochain président des États-Unis ». Dans un pays qui a été fondé, « établi » sur des bases religieuses dès l'arrivée des Puritains, on ne s'étonnera pas de cette formule puisque, encore aujourd'hui, plus de 90 % des Américains déclarent croire en Dieu et veulent avoir, dans les mêmes proportions, un Président croyant. La nation américaine élue, choisie par Dieu, a toujours cru en sa « destinée manifeste ». Plus que jamais, dans une Amérique prospère dominée par les valeurs matérielles, l'inscription sur les dollars de la devise « *in God we trust* » (en Dieu nous avons confiance) n'aura eu autant de sens.

Il est clair que périodiquement on voit renaître ces mouvements de réveil. Après un premier Réveil au XVIIIe siècle puis un deuxième dans le premier tiers du XIXe siècle, un troisième mouvement revivaliste apparaît à la charnière du XIXe et du XXe siècle. Face au déclin du protestantisme libéral et à la progression du protestantisme évangélique, certains sont tentés de parler d'un quatrième grand Réveil incarné par Bush tout autant que par Gore.

La Constitution américaine impose par son célèbre article 1 une stricte séparation de l'Église et de l'État et la Cour suprême a interdit les prières à l'école ou avant les matches de foot mais cela n'implique pas qu'il y ait pour autant séparation entre la religion et la politique. Les scandales comme l'affaire Lewinski ont remis en évidence l'importance des valeurs morales et les Églises interviennent de plus en plus dans la sphère publique en offrant des services sociaux plutôt qu'en délivrant des messages religieux. Toute une fraction du protestantisme évangélique incarnée par les *mega churches* se montre plus préoccupée du bien être concret et propage un « Évangile de la prospérité et du bonheur ». La montée de la religion dans le champ politique est une nouvelle donne de l'Amérique actuelle qui introduit massivement la Bible dans ses bureaux et ses ateliers. La prospérité dont tout le monde ne profite pas, la montée des inégalités, les profondes mutations technologiques, la compétition sur les marchés ont généré une inquiétude que seule la religion semble pouvoir apaiser.

La nouveauté consiste en cette émergence d'un activisme religieux qui prend le relais d'une droite chrétienne conservatrice par trop visible sous Reagan et qui s'est décrédibilisée en confondant foi et politique. L'avenir va dire si Bush est paralysé par son aile droite ou s'il pourra continuer à diriger au centre avec autant de succès que Bill Clinton. Dans un contexte d'apathie politique, d'affaiblissement de l'idéologie, on voit se développer un activisme civique qui n'est que la nouvelle forme prise par la philanthropie. En tout cas, un fort mouvement de réveil religieux et de fondamentalisme moral a introduit la religion dans la politique.

La nouvelle administration et les premières mesures

Le 43e président des États-Unis entre en fonctions le 20 janvier 2001 alors que les républicains l'ont emporté dans les deux Chambres mais sans marge de sécurité. La majorité du Sénat n'est due qu'à la voix prépondérante du vice-président (50 républicains et 50 démocrates) et les républicains n'ont que 8 sièges d'avance à la Chambre des représentants.

Bush junior fait appel, pour constituer sa nouvelle administration, à des poids lourds expérimentés et respectés qui ont déjà servi sous Bush senior. Dick Cheney, ministre de la Défense sous « papa Bush », sera sans doute le vice-président le plus puissant de l'histoire américaine. Le général Colin Powell, le héros du Golfe, est secrétaire d'État. Il est le premier Noir à diriger la diplomatie américaine. Condoleezza Rice, spécialiste de la Russie sous Bush Ier, est la première femme noire à la tête du Conseil national de sécurité. Donald Rumsfeld qui a déjà servi sous Ford est secrétaire à la Défense, Paul O'Neill est secrétaire au Trésor. Larry Lindsey, Premier conseiller économique, est aussi un revenant. Al Gonzales, juge à la Cour suprême du Texas, est le premier Hispanique à devenir Avocat (conseiller juridique) à la Maison-Blanche. Karen Hughes est Conseillère chargée de la communication. La nomination de John Ashcroft, l'ultraconservateur soutenu par la majorité morale, au poste de ministre de la Justice *(attorney general)* est plus difficile à faire accepter. Soucieux de courtiser les minorités ethniques qui l'ont boudé dans leur soutien électoral à la présidentielle, W. Bush fait entrer Spencer Abraham, d'ascendance libanaise, comme secrétaire à l'Energie et Rod Paige est le troisième Noir du Cabinet au poste de l'Éducation. Tommy Thompson, gouverneur du Wisconsin, est nommé secrétaire à la Santé et aux services sociaux. Il est un des pionniers de la réforme de l'aide sociale et a de fortes convictions anti-avortement. Mme Gale Norton est à l'Intérieur (environnement). Bush a su s'entourer d'une équipe qui fait de lui un héritier mais son habileté consiste à savoir déléguer comme avaient pu le faire Reagan ou Eisenhower.

On donne en général cent jours aux nouveaux présidents pour juger leur capacité à gouverner. Le discours de politique générale du 27 février permet de réaffirmer la volonté de renforcer l'éducation et de lutter contre les discriminations raciales et notamment contre le racisme institutionnel de la police. Ce volet est de nature à rassurer les démocrates. L'ouverture au moins affichée en direction des démocrates a permis aussi de faire appel à un fils d'immigrants japonais, Norman Mineta, ancien secrétaire au Commerce, pour se charger des transports. Mais le reste du programme est plus conforme au conservatisme républicain, qu'il s'agisse de la privatisation partielle du système de sécurité sociale ou de la réforme du système de prestations sociales aux retraités. Est réaffirmée également la réduction des pouvoirs et du rôle de l'État fédéral dans les domaines économique et social qui risque de remettre en cause les acquis sociaux. Par une ordonnance du 22 janvier, Bush s'est d'ailleurs empressé de couper tout financement aux institutions humanitaires informant sur l'interruption volontaire de grossesse ou la pratiquant dans le Tiers Monde. Et, de surcroît, le nouveau président aura à nommer de nouveaux juges à la Cour suprême (compte tenu du grand âge de trois d'entre eux) qui pourraient être ouvertement hostiles à l'avortement.

Bush s'attaque en priorité aux dossiers économiques et fiscaux. Tout comme Reagan en 1981 qui était pour le libre marché, le moins d'État et le moins d'impôts, Bush sacrifie au dogme républicain en confirmant son ambitieux projet de réduction fiscale sur dix ans pour mieux répartir les fruits de la croissance. Le plan initialement fixé à 1 600 milliards de dollars, adopté par le Congrès en mars, a été réduit d'un quart à 1 200 milliards par le Sénat en avril. L'inquiétude demeure car les projections d'excédent budgétaire ne peuvent qu'être incertaines. Outre que ce plan va favoriser d'abord les revenus les plus élevés, il risque d'agir trop lentement. On s'oriente vers une baisse du taux d'intérêt. Le président de la réserve fédérale (Fed) Alan Greenspan, le « magicien du boom économique » a accepté de réduire le taux d'intérêt interbancaire de 5,5 % à 5 % en mars 2001, le taux le plus bas depuis novembre 1999, pour soutenir l'activité économique. Le risque est d'avoir à faire appel de nouveau, comme sous Reagan, à des capitaux étrangers pour financer le déficit budgétaire que peut entraîner la baisse d'impôts.

Dans le débat sur l'ampleur et la durée du ralentissement économique où les experts s'interrogent depuis la fin de l'année 2000 pour savoir si l'atterrissage sera brutal ou en douceur *(hard/soft landing)*, Alan Greenspan se montre optimiste. Il n'y a pas de récession si on entend par là deux trimestres successifs de croissance négative mais seulement un coup de frein et Greenspan affirme sa confiance dans les vertus de la hausse de la productivité. Le niveau des créations d'emplois au début de 2001 (268 000 en janvier et 135 000 en février) est en hausse par rapport à novembre et décembre 2000, les commandes industrielles augmentent, le bâtiment se porte bien, les achats de voitures progressent. Même s'il y a freinage de la consommation des ménages et de l'investissement (en raison des taux d'intérêt et du coût de l'énergie), on peut considérer le ralentissement de l'économie comme nécessaire après des périodes de surchauffe pour calmer la machine (tout comme en 1994-1995). La situation du plein emploi perdure puisque le chômage passe d'avril à mai 2000 de 3,9 % à 4,1 % mais se maintient à 4,2 % en janvier et février 2001 connaissant toujours son niveau le plus bas depuis trente ans. Le taux de croissance du PIB américain a baissé en 2000 : 5,5 % (en rythme annuel) au cours du premier trimestre, 5,2 % au deuxième, 2,7 % au troisième et 1,4 % au quatrième. Il devrait se situer entre 0 % et 1 % au premier semestre de 2001 mais retrouver un rythme de 2 % à 2,5 % au second semestre de 2001.

En matière de politique étrangère on constate un repli accru sur les intérêts nationaux. La diplomatie américaine a changé de ton. Bush junior a déclaré qu'il ne serait ni isolationniste ni arrogant mais que l'Amérique défendrait ses intérêts. On est loin du mélange de pragmatisme et de moralisme de son prédécesseur. Bush est moins attaché à ce que les États-Unis soit le leader naturel du monde et il va réduire la politique d'engagement avancé de Clinton. S'il est favorable à une intervention militaire des États-Unis en cas de danger avéré ou potentiel pour les alliés, il est réticent vis-à-vis d'un engagement décidé hâtivement sous prétexte de remplir une mission humanitaire. Il compte se décharger davantage sur les Européens de la responsabilité du maintien de la paix et redéfinir en concertation avec eux la présence de forces américaines sur les théâtres extérieurs et notamment en Bosnie et au Kosovo. Si, en 1996, les Américains avaient accepté à Berlin un pilier européen de l'OTAN, il semble qu'ils se montrent hostiles à une politique de défense européenne qui se voudrait autonome. L'IESD ne doit pas troubler le lien transatlantique.

C. Rice n'a certainement pas l'idéalisme de Madeleine Albright. Elle a déjà inspiré une attitude plus musclée à l'égard de la Russie. Le ton s'est durci avec Moscou et on retrouve quelques accents de la guerre froide que vient confirmer la récente expulsion d'une cinquantaine de diplomates russes accusés d'espionnage. Le projet de bouclier anti-missiles (NMD) marque le désir de privilégier les questions de sécurité. Il risque fort de signifier le retrait du traité anti-balistique de 1972 (ABM) en mettant un terme à une politique de sécurité fondée uniquement sur la dissuasion nucléaire tandis que Moscou s'apprête à prendre des contre-mesures pour accélérer la production et le redéploiement de missiles Topol SS27 et relancer ainsi la course aux armements. La Russie est accusée d'être un « proliférateur actif » en fournissant en technologies militaires des pays mis à l'index. L'Iran, l'Irak, la Corée du Nord, la Libye, le Pakistan sont considérés comme des « États parias » ou des « États voyous ».

Le climat s'est aussi tendu avec la Chine comme l'indique l'incident de l'avion-espion américain retenu dans l'île de Hainan suite à une collision aérienne qui a causé la mort d'un aviateur chinois. La Chine a exigé des excuses des États-Unis et, malgré les regrets exprimés, la négociation s'avère laborieuse. Les frappes contre l'Irak décidées unilatéralement en février 2001 pour « sanctionner » le refus de Saddam Hussein d'abandonner la production d'armes de destruction massive fournissent une indication supplémentaire sur le rôle que va jouer le Pentagone sous la direction du super-faucon Rumsfeld.

Mais le recul le plus spectaculaire est sans doute sur les questions d'environnement avec la confirmation du refus de ratifier le protocole de Kyoto (signé par Clinton en 1998) sur la limitation des émissions de gaz à effet de serre en avril 2001. On note ici l'effet du nouveau réalisme américain dicté par le clan Bush-Cheney, proche des pétroliers texans, qui ne veut pas nuire à l'industrie américaine. Cette politique relève plus de l'unilatéralisme brutal que de l'isolationnisme mais ce refus de coopérer reflète un certain mépris de la communauté internationale. Une telle décision paraît lourde de conséquences quand on sait qu'il est difficile de lutter contre le changement climatique sans le soutien des Américains qui avec 4 % de la population mondiale sont responsables de 25 % des émissions.

L'intérêt de Bush serait de continuer à gouverner au centre mais le nouveau président aura-t-il la même habileté que son prédécesseur ? Le « conservatisme de compassion » revendiqué semble camoufler un libéralisme économique classique et une morale conservatrice derrière une rhétorique démocrate peu convaincante.

En l'espace d'une génération, l'Amérique semble avoir radicalement changé et elle sombre désormais dans un pessimisme diffus. Passée de Rambo à Forrest Gump des années 60 aux années 90, elle a absorbé les bouleversements culturels des années 60 et 70, remettant en cause les valeurs traditionnelles, et a subi les mutations économiques des années 80 dont on constate actuellement les conséquences sociales.

En dépit des indicateurs économiques favorables, la classe moyenne a le sentiment de s'être appauvrie et se sent frustrée. Le fossé entre riches et pauvres semble s'être accru. Malgré l'émergence d'une élite noire, l'Amérique du *melting-pot* est en crise. Les acquis de la révolution des droits civiques des années 60 sont remis en cause et le manque de repères chez les *Wasps* génère un sentiment d'insécurité. La nouvelle obsession est bien celle de la détérioration du tissu social et de l'effondrement des valeurs morales et familiales. Les excès du « politiquement correct » et du respect de la différence érigé en système provoquent un retour de bâton. Face aux nouveaux défis de l'après-guerre, les États-Unis hésitent entre le repli et la prise de responsabilités internationales. Ne voulant plus être le gendarme du monde, ils souhaitent redéfinir leur rôle à l'extérieur comme celui d'une « superpuissance sans épée ».

La société malade de la fin du siècle douterait-elle d'elle-même ? Les prophètes de malheur ont multiplié, ces dix dernières années, des visions apocalyptiques, qu'il s'agisse d'Edward Behr qui évoque la spirale du déclin, ou d'Arthur Schlesinger qui accuse les idéologues du multiculturalisme de nier les objectifs historiques américains de l'intégration et de l'assimilation. L'ouvrage de Paul Kennedy sur la naissance et le déclin des grandes puissances *(The Rise and Fall of Great Powers)*, publié en 1987, avait ouvert le débat et conforté la thèse du déclinisme en défendant l'idée de la chute inévitable des empires (« *imperial overstretch* »). Le malaise moral et social des États-Unis et la crainte de la montée économique du Japon ont renforcé la crédibilité de cette thèse qui affirmait que le budget militaire finit par tuer l'économie. En réalité, les crédits du Pentagone ont considérablement baissé en une décennie (de plus de 25 %), et ce, d'autant plus que le pacte de Varsovie s'effondre et que la menace soviétique s'estompe. Le déclinisme paraît devoir faire long feu et la contre-offensive s'organise avec toute une série de publications plus optimistes. Déclin ne veut pas dire décadence. Henry R. Nau *(The Myth of America's Decline)* réaffirme sa confiance dans l'économie américaine, Charles R. Morris *(The Coming Global oom)* prédit la disparition du déficit budgétaire, Richard Rosecrance *(America's Economic Resurgence)* est persuadé de la renaissance des États-Unis à condition de réformer l'école et le système fiscal et de dégraisser la bureaucratie. Enfin, John S. Nye Jr. *(Bound to Lead. The Changing Nature of American Power)* suggère subtilement que l'on s'achemine vers de nouvelles formes d'autorité non coercitives.

Que conclure ? On pourra s'accorder à dire que le *leadership* économique américain sur le Japon et sur l'Europe a diminué depuis 1945. Une idéalisation rétrospective des années 50 tend à considérer le passé avec nostalgie. Si on analyse les chiffres, le revenu par tête a augmenté annuellement en moyenne de 2 % depuis 1870, même si les États-Unis passent derrière le Japon et la Suisse. Si on considère le pouvoir d'achat, les États-Unis sont toujours en tête. Assurément l'hégémonie ne se définit plus selon les mêmes termes et elle ne repose plus sur le pouvoir militaire. Quant au pouvoir économique, il n'est plus strictement national. Même si on ne néglige pas le poids du Japon ou de l'Allemagne, il faut considérer les blocs transnationaux, l'Union européenne, l'ALENA, le bloc Pacifique. Une fois encore, l'avantage des États-Unis est d'être un acteur dans ces trois blocs. Depuis le retrait provisoire de la Russie de la scène internationale, les États-Unis n'ont plus d'opposant à leur mesure, d'où l'impression de vide et de déstabilisation.

Mais la plus grande supériorité de l'Amérique réside encore dans le fait d'inciter les autres à définir leurs intérêts en accord avec les siens. La révolution des nouvelles technologies a bouleversé les données et les États-Unis exercent une réelle suprématie dans la diffusion de l'information et de la communication. La culture de masse américaine a investi le monde, à en juger par le seul fait que les étudiants indiens chantent de la musique rock ou que l'anglais devient la deuxième langue vivante de toutes les écoles du monde.

« L'Amérique est de retour » *(America is back)*, avait prédit Reagan. En dépit de la croissance, l'Amérique semble pourtant être la société malade de la fin du XXe siècle. Toute l'histoire des États-Unis se résume à un va-et-vient entre déclin et progrès. Au-delà de fluctuations à court terme, l'Amérique est soumise au phénomène du retour de balancier, ce mouvement régulier qui lui a toujours permis d'évoluer. Le rêve n'est pas terminé et l'Amérique saura faire face aux nouveaux défis de l'après-guerre froide.

Les États-Unis ont toujours la puissance militaire, la plus forte économie et l'énergie des origines. Le facteur religieux qui a fondé la nation américaine n'a pas disparu. Hormis les nouveaux croisés de l'Amérique qui sont nostalgiques de la théocratie et les marginaux déboussolés qui adhèrent aux sectes les plus folles, 90 % d'Américains continuent de s'identifier à une religion, du bouddhisme au rastafarianisme, en passant par toutes les églises chrétiennes, le judaïsme et l'islam. Bien qu'il y ait séparation de l'Église et de l'État, la République américaine n'a jamais été anticléricale et les Églises ont toujours été pour la démocratie. Tocqueville évoquait déjà le christianisme républicain. Bien sûr, l'Amérique actuelle n'est plus celle de Tocqueville mais il y a toujours une logique démocratique forte, un sens aigu du pragmatisme, une passion de l'égalité. Malgré les inégalités flagrantes d'une société à deux vitesses, l'Amérique demeure le pays de la deuxième chance.

Au cœur des années 90, Clinton renvoie à l'Amérique l'image d'une Amérique qui se cherche. L'opinion est volatile, le consensus national s'est affaibli, le pays hésite sur les priorités. On peut dire aussi qu'au-delà de cette vision d'une Amérique superficielle, il y celle d'une Amérique profonde qui a entrepris une réflexion sur son identité. La prise de conscience des enjeux et d'une volonté de réforme est annonciatrice d'un possible redressement. Au-delà du désarroi et de la morosité, les Américains ont sans doute assez d'énergie pour mener leur combat contre les forces du déclin. Les États-Unis ont cessé d'être une puissance impériale mais ils demeurent toujours la première puissance mondiale. Le XXIe siècle sera-t-il pour autant américain ?

Annexes

APPENDICE A

La déclaration d'indépendance
(« Déclaration unanime
des treize États-Unis d'Amérique »)

Lorsque, dans le cours des événements humains, un peuple se voit dans la néces-sité de rompre les liens politiques qui l'unissent à un autre, et de prendre parmi les puissances de la terre le rang égal et distinct auquel les lois de la nature et du Dieu de la nature lui donnent droit, un juste respect de l'opinion des hommes exige qu'il déclare les causes qui l'ont poussé à cette séparation.

Nous tenons ces vérités pour évidentes en elles-mêmes : que tous les hommes sont créés égaux ; que leur Créateur les a dotés de certains droits inaliénables, parmi lesquels la vie, la liberté et la recherche du bonheur ; que, pour garantir ces droits, les hommes instituent entre eux des gouvernements, qui tirent leurs justes pouvoirs du consentement des gouvernés ; que chaque fois qu'un gouvernement, qu'elle qu'en soit la forme, menace ces fins dans leur existence même, c'est le droit du peuple que de le modifier ou de l'abolir, et d'en instituer un nouveau qu'il fondera sur les princi-pes, et dont il organisera les pouvoirs selon les formes, qui lui paraîtront les plus pro-pres à assurer sa sécurité et son bonheur. La prudence recommande sans doute de ne pas renverser, pour des causes légères et passagères, des gouvernements établis depuis longtemps ; aussi a-t-on toujours vu les hommes plus disposés à souffrir des maux supportables qu'à se faire justice en abolissant les formes auxquelles ils étaient accoutumés. Mais lorsqu'une longue suite d'abus et d'usurpations, invariablement tendus vers le même but, marque le dessein de les soumettre à un despotisme absolu, il est de leur droit, il est de leur devoir de renverser le gouvernement qui s'en rend coupable, et de rechercher de nouvelles sauvegardes pour leur sécurité future. Telle fut la longue patience de ces colonies, et telle est aujourd'hui la nécessité qui les contraint à changer leur ancien système de gouvernement. L'histoire de celui qui règne aujourd'hui sur la Grande-Bretagne est une histoire d'injustices et d'usurpations répétées ayant toutes pour direct objet l'établissement d'une tyrannie absolue sur nos États. Pour en apporter la preuve, il suffit de soumettre les faits au jugement d'un monde impartial.

Il a refusé son assentiment aux lois les plus salutaires et les plus nécessaires au bien public.

Il a interdit à ses gouverneurs d'édicter des lois d'un intérêt immédiat et urgent, sauf à différer leur application jusqu'à ce qu'on obtienne son assentiment ; les ayant ainsi différées, il a entièrement négligé de s'y intéresser.

Il a refusé d'édicter d'autres lois utiles à certaines circonscriptions importantes, à moins que la population ne renonce à son droit de représentation dans le corps législatif, droit inestimable et que seuls les tyrans redoutent.

Il a convoqué des assemblées en des lieux peu usuels, inconfortables et loin de l'endroit où leurs documents étaient en dépôt, dans le seul but de les contraindre à se plier, de guerre lasse, à ses mesures.

Il a dissous, en plusieurs occasions, des chambres qui s'étaient prononcées avec fermeté contre ses atteintes aux droits du peuple.

Il a refusé pendant longtemps, après de semblables dissolutions, de faire élire d'autres corps législatifs, de sorte que l'exercice des pouvoirs législatifs, par nature indestructible, est retourné au peuple ; dans le même temps l'État demeurait exposé à tous les dangers d'envahissement de l'extérieur et de perturbation à l'intérieur.

Il a résolument empêché l'accroissement de la population de nos États, faisant obstacle dans ce but aux lois sur la naturalisation des étrangers, refusant d'en adopter d'autres qui auraient encouragé l'immigration, multipliant les obstacles à l'appropriation des terres nouvelles.

Il a entravé l'administration de la Justice en refusant sa sanction à des lois visant à établir des pouvoirs judiciaires.

Il a soumis les juges à sa seule volonté pour ce qui concerne la durée de leurs charges, le montant et le mode de paiement de leurs traitements.

Il a créé une multitude d'emplois nouveaux et envoyé sur notre sol des hordes d'officiers qui harcèlent notre peuple et dévorent ses biens.

Il a maintenu chez nous, en temps de paix, des armées permanentes, sans le consentement de nos législatures.

Il a prétendu rendre le pouvoir militaire indépendant et supérieur au pouvoir civil.

Il s'est joint à d'autres pour nous soumettre à une juridiction étrangère à notre Constitution et non reconnue par nos lois, donnant son assentiment à leurs prétendus actes de législation qui :

— autorisent le cantonnement sur notre sol de troupes en nombre important ;
— leur épargnent, par des simulacres de procès, toute punition pour les meurtres qu'elles pourraient commettre parmi les habitants de nos États ;
— étouffent notre commerce avec toutes les parties du monde ;
— nous imposent des taxes sans notre consentement ;
— nous privent, dans beaucoup de cas, des garanties du jugement par jury ;
— permettent de nous faire transférer outre-mer, et de nous y faire juger pour de prétendus délits ;
— abolissent le libre système des lois anglaises dans une province voisine, établissant un gouvernement arbitraire, repoussant les frontières de ladite province de façon à en faire un exemple aussi bien qu'un instrument destiné à introduire dans nos colonies le même régime despotique ;
— suppriment nos chartes, abolissent nos lois les plus précieuses et modifient dans leurs principes fondamentaux la forme de nos gouvernements ;
— suspendent nos propres Assemblées et leur permettent de se déclarer investis du pouvoir de légiférer à notre place dans quelque cas que ce soit.

Il a abdiqué le droit qu'il avait de nous gouverner, en nous déclarant hors de sa protection et en faisant la guerre contre nous.

Il a pillé nos mers, dévasté nos côtes, brûlé nos villes et anéanti la vie de notre peuple.

Il achemine présentement des armées importantes de mercenaires étrangers pour achever son œuvre de mort, de désolation et de tyrannie, qui a débuté dans des circonstances de cruauté et de perfidie à peine égalée aux âges barbares, et totalement indignes du chef d'un État civilisé.

Il a contraint nos compatriotes capturés en pleine mer à porter les armes contre leur pays, à devenir les bourreaux de leurs amis et de leurs frères, ou à tomber eux-mêmes sous leurs coups.

Il a provoqué des révoltes intestines et tâché de soulever contre les habitants de nos frontières les sauvages et impitoyables Indiens dont la règle de guerre bien connue est de détruire sans distinction les êtres de tous âges, sexes et conditions.

A chaque étape de l'oppression, nous avons réclamé justice dans les termes les plus humbles ; à nos pétitions répétées, il ne fut répondu que par des injustices répétées. Un prince dont le caractère s'affirme ainsi, en des actes qui, tous, définissent un tyran, ne peut prétendre gouverner un peuple libre.

Nous n'avons pas davantage réussi à capter l'attention de nos frères britanniques. Nous leur avons représenté périodiquement que leur corps législatif tentait d'étendre illégalement sa juridiction jusqu'à nous. Nous leur avons rappelé les circonstances dans lesquelles nous avons émigré et fondé ici des colonies. Nous avons fait appel au sens inné de la justice et à la grandeur d'âme qui sont censés les habiter, et nous les avons conjurés au nom des liens de parenté qui nous unissent de désavouer ces usurpations qui conduiraient inévitablement à la rupture de nos liens et de nos rapports. Eux aussi sont restés sourds à la voix de la justice et de la consanguinité. Nous devons donc nous incliner devant la nécessité et proclamer la séparation. Nous devons, comme nous le faisons pour le reste de l'humanité, les considérer, dans la guerre comme des ennemis, dans la paix comme des amis.

En conséquence, nous, représentants, des États-Unis d'Amérique, réunis en Congrès plénier, prenant le juge suprême du monde à témoin de la droiture de nos intentions, au nom et par délégation du bon peuple de ces colonies, affirmons et déclarons solennellement :

Que ces colonies unies sont et doivent être en droit des États libres et indépendants ; qu'elles sont relevées de toute fidélité à l'égard de la Couronne britannique, et que tout lien entre elles et l'État de Grande-Bretagne est et doit être entièrement dissous ; et qu'elles ont, en tant qu'États libres et indépendants, plein pouvoir de faire la guerre, de conclure la paix, de contracter des alliances, d'établir des relations commerciales, d'agir et de faire toutes autres choses que les États indépendants sont fondés à faire. Et pour le soutien de cette Déclaration, mettant notre pleine confiance dans la protection de la divine providence, nous donnons en gage les uns et les autres nos vies, nos fortunes et notre honneur sacré.

APPENDICE B

Liste des délégués de la Convention de Philadelphie*

New Hampshire
1. Nicholas Gilman
2. John Langdon

Massachusetts
3. Nathaniel Gorham
4. Rufus King
   Elbridge Gerry
   Caleb Strong

Connecticut
5. Wm. Sam. Johnson
6. Roger Sherman
   Oliver Ellsworth

New York
7. Alexander Hamilton
   John Lansing
   Robert Yates

New Jersey
8. David Brearley
9. Jonathan Dayton
10. William Livingston
11. William Paterson
    William C. Houston

Pennsylvanie
12. George Clymer
13. Thomas Fitzsimons
14. Benjamin Franklin
15. Jared Ingersoll
16. Thomas Mifflin
17. Gouverneur Morris
18. Robert Morris
19. James Wilson

Delaware
20. Richard Basset
21. Gunning Bedford, Jr.
22. Jacob Broom
23. John Dickinson
24. George Reed

Maryland
25. Daniel Carrol
26. James McHenry
27. Daniel of St. Thomas Jenifer
    Luther Martin
    John Francis Mercer

Virginie
28. John Blair
29. James Madison, Jr.
30. George Washington
    George Mason
    James McClurg
    Edmund Randolph
    George Wythe

Caroline du Nord
31. William Blount
32. Richard D. Spaight
33. Hugh Williamson
    William R. Davie
    Alexander Martin

Caroline du Sud
34. Pierce Butler
35. Charles C. Pinckney
36. Charles Pinckney
37. John Rutledge

Géorgie
38. Abraham Baldwin
39. William Few
    William Houstoun
    William Pierce

* Les délégués dont les noms sont précédés d'un chiffre ont signé la Constitution

La Constitution fédérale

Nous, le peuple des États-Unis, en vue de former une union plus parfaite, d'établir la justice, d'assurer la tranquillité intérieure, de pourvoir à la défense commune, de développer le bien-être général et d'assurer les bienfaits de la liberté à nous-mêmes et à nos descendants, ordonnons et établissons la présente Constitution pour les États-Unis d'Amérique.

Article I

Section 1. — Tous les pouvoirs législatifs accordés par la présente Constitution seront attribués à un Congrès des États-Unis, qui sera composé d'un Sénat et d'une Chambre des représentants.

Section 2. — La Chambre des représentants sera composée de membres choisis tous les deux ans par le peuple des divers États, et les électeurs dans chaque État satisferont aux conditions d'aptitude requises pour les électeurs de la branche la plus nombreuse de l'assemblée législative de l'État.

Nul ne sera représentant s'il n'a atteint l'âge de vingt-cinq ans, s'il n'est depuis sept ans citoyen des États-Unis, ni s'il n'habite, au moment de son élection, l'État où il est élu.

Les représentants et les taxes directes seront répartis entre les divers États qui pourront être compris dans l'Union, proportionnellement à leurs populations respectives, [lesquelles seront déterminées en ajoutant au nombre total des personnes libres, y compris les gens liés à service pour un certain nombre d'années et à l'exclusion des Indiens non imposés, les trois cinquièmes de toutes autres personnes][1]. Le recensement sera fait dans les trois ans qui suivront la première réunion du Congrès des États-Unis, et tous les dix ans par la suite, de la manière que le Congrès aura prescrite par une loi. Le nombre des représentants ne sera pas supérieur à un par trente mille habitants, mais chaque État aura au moins un représentant, et, jusqu'à ce que le premier recensement ait été fait, l'État de New Hampshire aura droit à trois représentants, le Massachusetts à huit, le Rhode Island et les Plantations de Providence à un, le Connecticut à cinq, le New York à six, le New Jersey à quatre, la Pennsylvanie à huit, le Delaware à un, le Maryland à six, la Virginie à dix, la Caroline du Nord à cinq, la Caroline du Sud à cinq, la Géorgie à trois.

Quand des vacances viendront à se produire dans la représentation d'un État, l'autorité exécutive de celui-ci convoquera les électeurs pour y pourvoir.

---

1. Annulé par le XIVᵉ amendement.

La Chambre des représentants choisira son président (speaker) et les autres membres de son bureau. Elle aura seule le pouvoir de mise en accusation devant le Sénat *(impeachment).*

Section 3. — Le Sénat des États-Unis sera composé de deux sénateurs pour chaque État, [choisis] pour six ans [par l'assemblée législative de chacun][1], et chaque sénateur aura droit à une voix.

Immédiatement après qu'ils seront assemblés à la suite de la première élection, les sénateurs seront divisés, aussi exactement que possible, en trois classes. Les sièges des sénateurs de la première classe deviendront vacants à l'expiration de la seconde année, de la seconde classe à l'expiration de la quatrième année, de la troisième classe à l'expiration de la sixième année, de telle sorte que le Sénat soit renouvelé par tiers tous les deux ans, [et si des vacances se produisent par démission ou autrement dans l'intervalle des sessions de l'assemblée législative d'un État, l'exécutif de cet État pourra procéder à des nominations provisoires jusqu'à la réunion suivante de ladite assemblée, qui pourvoira alors aux vacances][2].

Nul ne sera sénateur s'il n'a atteint l'âge de trente ans, s'il n'est depuis neuf ans citoyen des États-Unis, ni s'il n'habite, au moment de son élection, l'État pour lequel il est élu.

Le vice-président des États-Unis sera président du Sénat, mais ne pourra voter qu'en cas de partage.

Le Sénat choisira les autres membres de son bureau, ainsi qu'un président *pro tempore* pour remplacer le vice-président en l'absence de celui-ci, ou quand il sera appelé à exercer les fonctions du président des États-Unis.

Le Sénat aura seul le pouvoir de juger les personnes mises en accusation par la Chambre des représentants. Quand il siégera à cet effet, ses membres seront soumis à serment ou à déclaration. En cas de jugement du président des États-Unis, le président de la Cour suprême des États-Unis présidera. Et nul ne sera condamné sans l'assentiment des deux tiers des membres présents.

Le jugement, en matière d'*impeachment,* ne pourra excéder la destitution et l'incapacité de tenir toute charge d'honneur, de confiance ou rémunérée relevant des États-Unis, mais la partie condamnée n'en sera pas moins sujette à accusation, procès, jugement et châtiment, selon les termes de la loi.

Section 4. — Les époques, lieux et modes d'élection des sénateurs et des représentants seront fixés, dans chaque État, par l'autorité législative ; mais le Congrès pourra, à tout moment et par une loi, instituer ou modifier de tels règlements, sauf en ce qui concerne le lieu d'élection des sénateurs.

[Le Congrès s'assemblera au moins une fois l'an, et la réunion aura lieu le premier lundi de décembre, à moins que, par une loi, il ne fixe un jour différent][3].

Section 5. — Chaque chambre sera juge des élections, des résultats des élections et des qualifications de ses membres, et la présence de la majorité sera nécessaire dans chacune pour délibérer valablement ; mais tout nombre inférieur pourra s'ajourner de jour en jour et être autorisé à exiger la présence des membres absents, de telle manière et selon telles pénalités que chaque chambre aura prescrites.

Chaque chambre pourra établir son règlement, punir ses membres pour conduite contraire au bon ordre et, à la majorité des deux tiers, prononcer l'expulsion de l'un d'entre eux.

Chaque chambre tiendra un procès-verbal de ses débats et le publiera périodi-

1. Annulé par le XVIIᵉ amendement.
2. Annulé par le XVIIᵉ amendement.
3. Annulé par le XXᵉ amendement.

quement, à l'exception des parties qu'elle estimerait devoir tenir secrètes, et les oui et les non des membres de chacune sur toute question seront portés sur ce procès-verbal à la demande d'un cinquième des membres présents.

Pendant la session du Congrès, aucune des deux chambres ne pourra, sans le consentement de l'autre, s'ajourner à plus de trois jours, ni se transporter dans un lieu autre que celui où siégeront les deux chambres.

Section 6. — Les sénateurs et représentants percevront une indemnité qui sera fixée par une loi et payée sur le Trésor des États-Unis. En aucun cas, sauf pour trahison, félonie et délit contre l'ordre public, ils ne pourront être mis en état d'arrestation pendant leur présence aux séances de leurs chambres respectives, ni pendant qu'ils s'y rendent ou qu'ils en reviennent, et, pour tout discours ou débat dans l'une ou l'autre chambre, ils ne pourront être interrogés en aucun autre lieu.

Nul sénateur ou représentant ne pourra, pendant la durée de son mandat, être nommé à un emploi civil, relevant des États-Unis, qui aurait été créé ou dont les émoluments auraient été augmentés durant cette période ; et nulle personne détenant une charge sous l'autorité des États-Unis ne pourra, tant qu'elle restera en fonction, devenir membre de l'une ou l'autre des chambres.

Section 7. — Tous projets de lois comportant la levée d'impôts émaneront de la Chambre des représentants, mais le Sénat pourra proposer des amendements, comme pour les autres projets de loi.

Tout projet de loi adopté par la Chambre des représentants et par le Sénat devra, avant d'acquérir force de loi, être présenté au président des États-Unis. Si celui-ci l'approuve, il le signera ; sinon, il le renverra avec ses objections, à la chambre dont il émane, laquelle insérera les objections *in extenso* dans son procès-verbal et procédera à un nouvel examen du projet. Si, après ce nouvel examen, le projet de loi réunit en sa faveur les voix des deux tiers des membres de cette chambre, il sera transmis, avec les objections qui l'accompagnaient, à l'autre chambre, qui l'examinera également à nouveau, et, si les deux tiers des membres de celle-ci l'approuvent, il aura force de loi. En pareil cas, les votes de deux chambres seront pris par oui et par non, et les noms des membres votant pour et contre le projet seront portés au procès-verbal de chaque membre respectivement. Tout projet non renvoyé par le président dans les dix jours (dimanches non compris) qui suivront sa présentation deviendra loi comme si le président l'avait signé, à moins que le Congrès n'ait, par son ajournement, rendu le renvoi impossible, auquel cas le projet n'obtiendra pas force de loi.

Tous ordres, résolutions ou votes, pour l'adoption desquels l'accord du Sénat et de la Chambre des représentants serait nécessaire (sauf en matière d'ajournement), seront présentés au président des États-Unis, et, avant de devenir exécutoires, approuvés par lui, ou, en cas de dissentiment de sa part, adoptés de nouveau par les deux tiers du Sénat et de la Chambre des représentants, conformément aux règles et sous les réserves prescrites pour les projets de loi.

Section 8. — Le Congrès aura le pouvoir :

De lever et percevoir des taxes, droits, impôts directs et indirects, de payer les dettes et de pourvoir à la défense commune et à la prospérité générale des États-Unis ; mais lesdits droits, impôts et taxes seront uniformes sur toute l'étendue des États-Unis ;

De faire des emprunts sur le crédit des États-Unis ;

De réglementer le commerce avec les nations étrangères, entre les divers États et avec les tribus indiennes ;

D'établir une règle uniforme de naturalisation et des lois uniformes en matière de faillite applicables dans toute l'étendue des États-Unis ;

De battre monnaie, d'en déterminer la valeur et celle des monnaies étrangères, et de fixer l'étalon des poids et mesures ;

D'assurer la répression de la contrefaçon des effets et de la monnaie en cours aux États-Unis ;

D'établir des bureaux et des routes de poste ;

De favoriser le progrès de la science et des arts utiles, en assurant, pour un temps limité, aux auteurs et inventeurs le droit exclusif à leurs écrits et découvertes respectifs ;

De constituer des tribunaux inférieurs à la Cour suprême ;

De définir et punir les pirateries et félonies commises en haute mer et les offenses contre le droit des nations ;

De déclarer la guerre, d'accorder des lettres de marque et de représailles, et d'établir des règlements concernant les prises sur terre et sur les eaux ;

De lever et d'entretenir des armées, mais aucune affectation de fonds à cet usage ne dépassera une durée supérieure à deux ans ;

De créer et d'entretenir une marine de guerre ;

D'établir des règlements pour l'administration et la réglementation des forces de terre et de mer ;

De pourvoir à la mobilisation de la milice pour assurer l'exécution des lois de l'Union, réprimer les insurrections et repousser les invasions ;

De pourvoir à l'organisation, l'armement et la discipline de la milice, et au gouvernement de telle partie de celle-ci qui serait employée au service des États-Unis, en réservant aux États respectivement la nomination des officiers et l'autorité nécessaire pour instruire la milice selon les règles de discipline prescrites par le Congrès.

D'exercer le droit exclusif de législation, dans quelque cas que ce soit, sur tel district (d'une superficie n'excédant pas cent miles carrés) qui, par cession d'États particuliers et sur acceptation du Congrès, sera devenu le siège du gouvernement des États-Unis, et d'exercer semblable autorité sur tous lieux acquis, avec le consentement de l'assemblée législative de l'État dans lequel ils seront situés, pour l'érection de forts, magasins, arsenaux, chantiers et autres constructions nécessaires ;

Et de faire toutes les lois qui seront nécessaires et convenables pour mettre à exécution les pouvoirs ci-dessus mentionnés et tous autres pouvoirs conférés par la présente Constitution au gouvernement des États-Unis ou à l'un quelconque de ses départements ou de ses fonctionnaires.

Section 9 — [L'immigration ou l'importation de telles personnes que l'un quelconque des États actuellement existants jugera convenable d'admettre ne pourra être prohibée par le Congrès avant l'année mil huit cent huit, mais un impôt ou un droit n'excédant pas dix dollars par tête pourra être levé sur cette importation][1].

Le privilège de l'ordonnance de l'*habeas corpus* ne pourra être suspendu, sauf en cas de rébellion ou d'invasion, lorsque la sécurité publique l'exigera.

Aucun décret de confiscation de biens et de mort civile *(bill of attainder)*, ni aucune loi rétroactive *(ex post facto)* ne seront promulgués.

[Aucune capitation ni autre taxe directe ne seront levées, si ce n'est proportionnellement au recensement ou dénombrement ci-dessus ordonné][2].

Ni taxes, ni droits ne seront levés sur les articles exportés d'un État quelconque. Aucune préférence ne sera accordée par un règlement commercial ou fiscal aux ports d'un État sur ceux d'un autre ; et nul navire à destination ou en provenance d'un État ne sera obligé d'entrer, de remplir les formalités de congé ou de payer des droits dans un autre.

Aucune somme ne sera tirée du Trésor, si ce n'est en vertu de crédits ouverts

1. Annulé par le XIII⁰ amendement.
2. Modifié par le XVI⁰ amendement.

par une loi ; un état et un compte réguliers de toutes les recettes et dépenses des deniers publics seront publiés périodiquement.

Aucun titre de noblesse ne sera conféré par les États-Unis, et aucune personne qui tiendra de ceux-ci une charge rémunérée ou de confiance ne pourra, sans le consentement du Congrès, accepter des présents, émoluments, places ou titres quelconques d'un roi, prince ou État étranger.

Section 10. — Aucun État ne pourra conclure des traités ni former des alliances ou des confédérations ; délivrer des lettres de marque ou de représailles ; battre monnaie ; émettre du papier-monnaie ; donner cours légal, pour le paiement de dettes, à autre chose que la monnaie d'or ou d'argent ; promulguer des décrets de confiscation, des lois rétroactives ou qui porteraient atteinte aux obligations résultant de contrats, ni conférer des titres de noblesse.

Aucun État ne pourra, sans le consentement du Congrès, lever des impôts ou des droits sur les importations ou les exportations autres que ceux qui seront absolument nécessaires pour la mise en œuvre de ses lois d'inspection, et le produit net de tous les droits ou impôts levés par un État sur les importations ou les exportations sera affecté à l'usage de la Trésorerie des États-Unis ; et toutes lois portant imposition seront soumises à la révision et au contrôle du Congrès.

Aucun État ne pourra, sans le consentement du Congrès, lever des droits de tonnage, entretenir des troupes ou des navires de guerre en temps de paix, conclure des accords ou des pactes avec un autre État ou une puissance étrangère, ni entrer en guerre, à moins qu'il ne soit effectivement envahi ou en danger trop imminent pour permettre le moindre délai.

Article II

Section 1. — Le pouvoir exécutif sera confié à un président des États-Unis d'Amérique. La durée du mandat du président sera de quatre ans. Le président et le vice-président, dont le mandat sera de même durée, seront élus de la manière suivante :

Chaque État désignera, de la manière prescrite par sa chambre législative, un nombre de grands électeurs égal au nombre total de sénateurs et de représentants auquel il a droit dans le Congrès, mais aucun sénateur ou représentant, ni aucune personne tenant des États-Unis une charge de confiance ou rémunérée, ne pourra être nommé électeur.

[Les grands électeurs se réuniront dans leurs États respectifs et voteront par bulletin pour deux personnes, dont l'une au moins n'habitera pas le même État qu'eux. Ils dresseront une liste de toutes les personnes qui auront recueilli des voix et du nombre de voix réunies par chacune d'elles. Ils signeront cette liste, la certifieront et la transmettront, scellée, au siège du gouvernement des États-Unis, à l'adresse du président du Sénat. Celui-ci, en présence du Sénat et de la Chambre des représentants, ouvrira tous les certificats, et les suffrages seront alors comptés. La personne qui aura obtenu le plus grand nombre de voix sera président, si ce nombre représente la majorité de tous les grands électeurs désignés. Si deux ou plusieurs personnes ont obtenu cette majorité et un nombre égal de voix, la Chambre des représentants, par bulletins, choisira immédiatement l'une d'entre elles comme président. Si aucune n'a obtenu la majorité nécessaire, la Chambre des représentants choisira alors le président, de la même manière, entre les cinq personnes sur la liste qui auront le plus grand nombre de voix. Mais, pour le choix du président, les votes seront recueillis par États, la représentation de chaque État ayant une voix. Le quorum nécessaire à cet effet sera constitué par la présence d'un ou de plusieurs représentants des deux tiers des États, et l'adhésion de la majorité de tous les États devra être acquise pour la validité du choix. Dans tous les cas, après l'élection du président, la personne qui aura obtenu après lui le plus grand nombre de suffrages des grands électeurs sera vice-président. Mais s'il reste deux ou plusieurs personnes ayant le même nombre de voix, le Sénat choisira le vice-président parmi elles par bulletins][1].

Le Congrès pourra fixer l'époque où les grands électeurs seront désignés et le jour où ils devront voter – ce jour étant le même sur toute l'étendue des États-Unis.

Nul ne pourra être élu président s'il n'est citoyen de naissance, ou s'il n'est déjà citoyen des États-Unis au moment de l'adoption de la présente Constitution, s'il n'a trente-cinq ans révolus et ne réside sur le territoire des États-Unis depuis quatorze ans.

[En cas de destitution, de mort ou de démission du président, ou de son incapacité à exercer les pouvoirs et à remplir les devoirs de sa charge, ceux-ci seront dévolus au vice-président. Le Congrès pourra, par une loi, pourvoir au cas de destitution, de mort, de démission ou d'incapacité à la fois du président et du vice-président en désignant le fonctionnaire qui fera alors fonction de président, et ce fonctionnaire remplira ladite fonction jusqu'à cessation d'incapacité ou élection d'un président][2].

Le président percevra, à échéances fixes, une indemnité qui ne sera ni augmentée ni diminuée pendant la période pour laquelle il aura été élu, et il ne recevra, pendant cette période, aucun autre émolument des États-Unis, ni d'aucun d'entre eux.

Avant d'entrer en fonctions, le président prêtera le serment ou prendra l'engagement suivant :

« Je jure (ou j'affirme) solennellement que je remplirai fidèlement les fonctions de président des États-Unis et que, dans toute la mesure de mes moyens, je sauvegarderai, protégerai et défendrai la Constitution des États-Unis. »

Section 2. — Le président sera commandant en chef des armées de terre et de mer des États-Unis, et de la milice des divers États quand celle-ci sera appelée au service actif des États-Unis. Il pourra exiger l'opinion, par écrit, du principal fonctionnaire de chacun des départements exécutifs sur tout sujet relatif aux devoirs de sa charge. Il aura le pouvoir d'accorder des sursis et des grâces pour offenses contre les États-Unis, sauf en cas d'*impeachment*.

Il aura le pouvoir, sur l'avis et avec le consentement du Sénat, de conclure des traités, sous réserve de l'approbation des deux tiers des sénateurs présents. Il proposera au Sénat et, sur l'avis et avec le consentement de ce dernier, nommera les ambassadeurs, les autres ministres publics et les consuls, les juges de la Cour suprême et tous les autres fonctionnaires des États-Unis dont la nomination n'aura pas autrement été prévue par la présente Constitution, et qui sera établie par une loi. Mais le Congrès pourra, lorsqu'il le jugera opportun, confier au président seul, aux cours de justice et aux chefs des départements, la nomination de certains fonctionnaires de rang inférieur. Le président aura le pouvoir de remplir toutes vacances qui viendraient à se produire entre les sessions du Sénat, en accordant des mandats qui expireront à la fin de la session suivante.

Section 3. — Le président informera périodiquement le Congrès sur l'état de l'Union, et recommandera à son attention telles mesures qu'il estimera nécessaires et expédientes. Il pourra, dans des circonstances extraordinaires, convoquer l'une ou l'autre des chambres ou les deux à la fois, et, en cas de désaccord entre elles en

1. Annulé par le XIIe amendement.
2. Modifié par le XXVe amendement.

matière d'ajournement, il pourra les ajourner à tel moment qu'il jugera convenable. Il recevra les ambassadeurs et autres ministres publics. Il veillera à ce que les lois soient fidèlement exécutées, et mandatera tous les fonctionnaires des États-Unis.

Section 4. — Le président, le vice-président et tous les fonctionnaires civils des États-Unis seront destitués de leurs charges sur mise en accusation *(impeachment)* et condamnation pour trahison, concussion ou autres crimes ou délits majeurs.

Article III

Section 1. — Le pouvoir judiciaire des États-Unis sera confié à une Cour suprême et à telles cours inférieures que le Congrès pourra, à mesure des besoins, ordonner et établir. Les juges de la Cour suprême et des cours inférieures conserveront leur charge aussi longtemps qu'ils en seront dignes et percevront, à échéances fixes, une indemnité qui ne sera pas diminuée tant qu'ils resteront en fonction.

Section 2. — Le pouvoir judiciaire s'étendra à tous les cas de droit et d'équité sous le régime de la présente Constitution, des lois des États-Unis, des traités déjà conclus, ou qui viendraient à l'être sous leur autorité ; à tous les cas concernant les ambassadeurs, les autres ministres publics et les consuls ; à tous les cas d'amirauté et de juridiction maritime ; aux différends dans lesquels les États-Unis seront partie ; aux différends entre deux ou plusieurs États, [entre un État et les citoyens d'un autre État][1], entre citoyens de différents États, entre citoyens d'un même État revendiquant des terres en vertu de concessions d'autres États, entre un État ou ses citoyens et des États, citoyens ou sujets étrangers.

Dans tous les cas concernant les ambassadeurs, les autres ministres publics et les consuls, et ceux dans lesquels un État sera partie, la Cour suprême aura juridiction de première instance. Dans tous les autres cas susmentionnés, elle aura juridiction d'appel, et pour le droit et pour le fait, sauf telles exceptions et conformément à tels règlements que le Congrès aura établis.

Tous les crimes, sauf le cas d'*impeachment,* seront jugés par un jury. Le procès aura lieu dans l'État où lesdits crimes auront été commis, et, quand ils ne l'auront été dans aucun, en tel lieu ou lieux que le Congrès aura fixés par une loi.

Section 3. — La trahison envers les États-Unis ne consistera que dans l'acte de faire la guerre contre eux, ou celui de s'allier à leurs ennemis en leur donnant aide et secours. Nul ne sera condamné pour trahison, si ce n'est sur la déposition de deux témoins du même acte manifeste, ou suite à son propre aveu en audience publique.

Le Congrès aura le pouvoir de fixer la peine en matière de trahison, mais aucune condamnation de ce chef ne pourra entraîner la mort civile ou la confiscation des biens, sauf pendant la vie du condamné.

Article IV

Section 1. — Pleine foi et crédit seront accordés, dans chaque État, aux actes publics, registres et procédures judiciaires de tous les autres États. Et le Congrès pourra, par des lois générales, prescrire la manière dont la validité de ces actes, registres et procédures sera établie, ainsi que leurs effets.

Section 2. — Les citoyens de chaque État auront droit à tous les privilèges et immunités dont jouissent les citoyens dans les divers États][2].

Toute personne qui, accusée, dans un État, de trahison, félonie ou autre crime, se sera dérobée à la justice par la fuite et sera trouvée dans un autre État, devra, sur

---

1. Modifié par le XIe amendement.
2. Dispositions étendues par le XIVe amendement.

la demande de l'autorité exécutive de l'État d'où elle aura fui, être livrée pour être ramenée dans l'État ayant juridiction sur le crime.

[Une personne qui, tenue à un service ou travail dans un État en vertu des lois y existant, s'échapperait dans un autre, ne sera libérée de ce service ou travail en vertu d'aucune loi ou réglementation de cet autre État ; elle sera livrée sur la revendication de la partie à laquelle le service ou travail pourra être dû][2].

Section 3. — De nouveaux États peuvent être admis dans l'Union par le Congrès ; mais aucun nouvel État ne sera formé ou érigé sur le territoire soumis à la juridiction d'un autre État, ni aucun État formé par la jonction de deux ou plusieurs États, ou parties d'État, sans le consentement des assemblées législatives des États intéressés, aussi bien que du Congrès.

Le Congrès aura le pouvoir de disposer du territoire ou de toute autre propriété appartenant aux États-Unis, et de faire à leur égard toutes lois et tous règlements nécessaires ; et aucune disposition de la présente Constitution ne sera interprétée de manière à nuire aux revendications des États-Unis ou d'un État en particulier.

Section 4. — Les États-Unis garantiront à chaque État de l'Union une forme républicaine de gouvernement, protégeront chacun d'eux contre l'invasion et, à la demande de l'assemblée législative ou de l'exécutif (quand l'assemblée ne pourra être réunie), contre toute violence intérieure.

Article V

Le Congrès, quand les deux tiers des deux chambres l'estimeront nécessaire, proposera des amendements à la présente Constitution ou, sur la demande des législatures des deux tiers des États, convoquera une convention pour en proposer. Dans l'un et l'autre cas, ces amendements seront valides à tous égards comme faisant partie intégrante de la présente Constitution, lorsqu'ils auront été ratifiés par les chambres législatives des trois quarts des États, ou par des conventions dans les trois quarts d'entre eux, selon que l'un ou l'autre mode de ratification aura été proposé par le Congrès – sous réserve que nul amendement qui serait adopté avant l'année mil huit cent huit ne puisse en aucune façon affecter la première et la quatrième clause de la neuvième section de l'article premier, et qu'aucun État ne soit, sans son consentement, privé de l'égalité de son suffrage au Sénat.

Article VI

Toutes dettes contractées et tous engagements pris avant l'adoption de la présente Constitution seront aussi valides pour les États-Unis sous l'empire de cette dernière que sous la Confédération.

La présente Constitution, ainsi que les lois des États-Unis qui en découleront, et tous les traités conclus, ou qui le seront, sous l'autorité des États-Unis, seront la loi suprême du pays et lieront les juges dans chaque État, nonobstant toute disposition contraire de la Constitution ou des lois de l'un quelconque des États.

Les sénateurs et représentants susmentionnés, les membres des diverses assemblées législatives d'État et tous les fonctionnaires exécutifs et judiciaires, tant des États-Unis que des divers États, seront tenus par serment ou engagement solennel de défendre la présente Constitution ; mais aucune profession de foi religieuse ne sera exigée comme condition d'aptitude aux fonctions ou charges publiques sous l'autorité des États-Unis.

1. Annulé par le XIIIe amendement.

Article VII

La ratification des conventions de neuf États sera suffisante pour l'établissement de la présente Constitution entre les États qui l'auront ainsi ratifiée.

Fait en Convention, par le consentement unanime des États présents, le dix-septième jour de septembre de l'an de grâce mil sept cent quatre-vingt-sept, an douze de l'indépendance des États-Unis. En foi de quoi, nous l'avons signée de nos noms[1].

George Washington,
Président et délégué de la Virginie.

1. Suivent, outre la signature de George Washington, celles de 37 délégués représentant les douze États participants.

APPENDICE D

Les présidents et vice-présidents des États-Unis

Nu- méro	Président	État d'origine (naissance) (entre parenthèses, inscription sur liste électorale)	Parti	Mandat	Vice-président
1	George Washington	Virginie	F	1789-1797 ([2])	John Adams
2	John Adams	Mass.	F	1797-1801 ([1])	Thomas Jefferson
3	Thomas Jefferson	Virginie	DR	1801-1809 ([2])	Aaron Burr (1801-1805)
					George Clinton (1805-1809)
4	James Madison	Virginie	DR	1809-1817 ([2])	George Clinton ([1]) (1809-1812)
					Elbridge Gerry ([1]) (1813-1814)
5	James Monroe	Virginie	DR	1817-1825 ([2])	Daniel D. Tompkins
6	John Quincy Adams	Mass.	DR	1825-1829 ([1])	John C. Calhoun
7	Andrew Jackson	Car. du Sud (Tennessee)	D	1829-1837 ([2])	John C. Calhoun ([2]) (1829-1832)
					Martin Van Buren (1833-1837)
8	Martin Van Buren	New York	D	1837-1841 ([1])	Richard M. Johnson
9	William Henry Harrison	Virginie (Ohio)	W	1841 ([1])	John Tyler ([3])
10	John Tyler	Virginie	W	1841-1845	*
11	James Knox Polk	Car. du N. (Tennessee)	D	1845-1849 ([1])	George M. Dallas
12	Zachary Taylor	Virginie (Louisiane)	W	1849-1850 ([1])	Millard Fillmore ([3])
13	Millard Fillmore	New York	W	1850-1853	*
14	Franklin Pierce	New Hampshire	D	1853-1857 ([1])	William R. D. King ([1]) (1853)
15	James Buchanan	Pennsylvanie	D	1857-1861 ([1])	John C. Breckinridge
16	Abraham Lincoln	Kentucky (Illinois)	R	1861-1865 ([1]) 1865	Hannibal Hamlin Andrew Johnson ([3])
17	Andrew Johnson	Car. du N. (Tennessee)	R	1865-1869 ([1])	*
18	Ulysses S. Grant	Ohio (Illinois)	R	1869-1877 ([2])	Schuyler Colfax (1869-1873) Henry Wilson ([1]) (1873-1875)
19	Rutherford B. Hayes	Ohio	R	1877-1881 ([1])	William A. Wheeler
20	James A. Garfield	Ohio	R	1881 ([1])	Chester A. Arthur ([3])
21	Chester A. Arthur	Vermont	R	1881-1885	*
22	Grover Cleveland	New Jersey (New York)	D	1885-1889 ([1])	Thomas A. Hendricks ([1]) (1885)
23	Benjamin Harrison	Ohio (Indiana)	R	1889-1893 ([1])	Levi P. Morton
24	Grover Cleveland	New Jersey (New York)	D	1893-1897 ([1])	Adlai E. Stevenson
25	William McKinley	Ohio	R	1897-1901 ([1])	Garret A. Hobart (1897-1899) Theodore Roosevelt ([3]) (1901)
26	Theodore Roosevelt	New York	R	1901-1909 ([2])	* Charles W. Fairbanks (1905-1909)
27	William H. Taft	Ohio	R	1909-1913 ([1])	James S. Sherman ([1]) (1909-1912)
28	Woodrow Wilson	Virginie (New Jersey)	D	1913-1921 ([2])	Thomas R. Marshall
29	Warren G. Harding	Ohio	R	1921-1923 ([1])	Calvin Coolidge ([3])
30	Calvin Coolidge	Vermont (Mass.)	R	1923-1929 ([1])	Charles G. Dawes * (1925)
31	Herbert C. Hoover	Iowa (Californie)	R	1929-1933 ([1])	Charles Curtis
32	Franklin D. Roosevelt	New York	D	1933-1945 ([3])	John N. Garner (1933-1941) Henry A. Wallace (1941-1945) Harry S. Truman ([3]) (1945)
33	Harry S. Truman	Missouri	D	1945-1953 ([2])	Alben W. Barkley (1945-1949)
34	Dwight D. Eisenhower	Texas (New York)	R	1953-1961 ([2])	Richard M. Nixon
35	John F. Kennedy	Mass.	D	1961-1963 ([1])	Lyndon B. Johnson ([3])
36	Lyndon B. Johnson	Texas	D	1963-1969 ([1])	Hubert H. Humphrey (1965-1969) *
37	Richard M. Nixon	Californie	R	1969-1974 ([2])	Spiro T. Agnew ([2]) (1969-1973) Gerald R. Ford ([3]) (1973-1974)
38	Gerald R. Ford	Nebraska (Michigan)	R	1974-1977	Nelson Rockefeller
39	James E. Carter	Géorgie	D	1977-1981 ([1])	Walter Mondale
40	Ronald Reagan	Illinois (Californie)	R	1981-1989 ([2])	George H. W. Bush
41	George Bush	Mass. (Texas)	R	1989-1993 ([1])	James Danforth Dan Quayle
42	Bill Clinton	Arkansas	D	1993-2001	Al Gore
43	George W. Bush	Texas	R	2001-	Dick Cheney

* Ce n'est qu'à partir de 1967 (XXVe amendement) que le poste de vice-président est pourvu. Lorsque le vice-président doit succéder au président.
([1]) Mourut en fonctions.
([2]) Démissionnaire.
([3]) Succède au président (à la suite d'un décès sauf dans le cas unique de la démission de R. Nixon).
F : Fédéraliste ; D : Démocrate ; DR : Démocrate républicain ; R : Républicain ; W : Whig.

La déclaration des droits
(Bill of Rights)[1]
et les amendements ultérieurs

Article I

Le Congrès ne fera aucune loi qui touche à l'établissement ou interdise le libre exercice d'une religion, ni qui restreigne la liberté d'expression, ou celle de la presse, ou le droit qu'a le peuple de s'assembler paisiblement et d'adresser des pétitions au gouvernement pour la réparation des torts subis.

Article II

Une milice bien ordonnée étant nécessaire à la sécurité d'un État libre, le droit qu'a le peuple de détenir et de porter des armes ne sera pas enfreint.

Article III

Aucun soldat ne sera, en temps de paix, logé dans une maison sans le consentement du propriétaire, ni en temps de guerre, si ce n'est de la manière prescrite par la loi.

Article IV

Le droit des citoyens d'être garantis dans leurs personne, domicile, papiers et effets, contre les perquisitions et saisies déraisonnables ne sera pas violé, et aucun mandat ne sera délivré, si ce n'est pour un motif plausible, corroboré par un serment ou une déclaration solennelle, ni sans qu'il décrive précisément le lieu à fouiller et les personnes ou les choses à saisir.

Article V

Nul ne sera mis en jugement pour un crime capital ou autrement infamant si ce n'est sur déclaration de mise en accusation *(presentment)* ou acte d'accusation *(indictment)* présentés par un grand jury, sauf en cas d'actes commis dans l'armée

1. Le *Bill of Rights* comprend les dix premiers amendements ... la Constitution. Proposés en bloc le 25 septembre 1789, ces dix « articles » complémentaires entrèrent en vigueur (après ratification) le 15 décembre 1791.

de terre ou de mer ou dans la milice, en temps de guerre ou de péril public. Nul ne pourra pour le même délit être deux fois menacé dans sa vie ou dans sa personne. Nul ne sera tenu de témoigner contre lui-même dans une affaire criminelle. Nul ne sera privé de vie, de liberté ou de propriété sans procédure légale régulière *(due process of law)*. Nulle propriété privée ne sera expropriée pour un usage public sans une juste indemnité.

Article VI

Dans toutes les poursuites criminelles, l'accusé aura le droit d'être jugé promptement et publiquement par un jury impartial de l'État et du district où le crime aura été commis – le district ayant été préalablement délimité par la loi –, d'être instruit de la nature et de la cause de l'accusation, d'être confronté avec les témoins à charge, d'exiger par des moyens légaux la comparution de témoins à décharge et d'être assisté d'un conseil pour sa défense.

Article VII

Dans les procès de *common law*[1] où la valeur en litige excédera vingt dollars, le droit au jugement par jury sera observé, et aucun fait jugé par un jury ne sera examiné de nouveau dans une cour des États-Unis autrement que selon les règles de la *common law*.

Article VIII

Des cautions excessives ne seront pas exigées, ni des amendes excessives imposées, ni des châtiments cruels et inusités infligés.

Article IX

L'énumération, dans la Constitution, de certains droits ne sera pas interprétée comme déniant ou dépréciant les autres droits que le peuple aurait gardés pardevers lui.

Article X

Les pouvoirs qui ne sont pas délégués aux États-Unis par la Constitution, ni refusés par elle aux États, demeurent l'apanage respectif des États, ou du peuple.

Amendement XI
(8 janvier 1798)

Le pouvoir judiciaire des États-Unis ne sera pas interprété comme s'étendant à un procès de droit ou d'équité entamé ou poursuivi contre l'un des États-Unis par des citoyens d'un autre État, ou par des citoyens ou sujets d'un État étranger.

Amendement XII
(25 septembre 1804)

Les grands électeurs se réuniront dans leurs États respectifs et voteront au moyen de bulletins pour le président et le vice-président, dont l'un au moins n'habitera pas le même État qu'eux. Ils indiqueront sur des bulletins séparés le nom

---

1. Droit fondé non sur des textes exprimant la volonté du législateur, mais sur la coutume et la jurisprudence.

de la personne qu'ils désirent élire président et celle qu'ils désirent élire vice-président. Ils dresseront des listes distinctes de toutes les personnes qui auront obtenu des voix pour la présidence, de toutes celles qui en auront obtenu pour la vice-présidence et du nombre de voix recueillies par chacune d'elles. Ils signeront ces listes, les vérifieront et les transmettront, scellées, au siège du gouvernement des États-Unis, à l'adresse du président du Sénat. Celui-ci, en présence du Sénat et de la Chambre des représentants, ouvrira tous les certificats, et les suffrages seront alors comptés. La personne qui aura obtenu le plus grand nombre de voix pour la présidence sera président, si ce nombre représente la majorité de tous les grands électeurs désignés. Si aucune n'a obtenu la majorité nécessaire, la Chambre des représentants choisira immédiatement le président, par scrutin, entre trois personnes au plus, qui figureront sur la liste de celles ayant obtenu des voix pour la présidence et qui en auront réuni le plus grand nombre. Mais, pour le choix du président, les voix seront recueillies par État, la représentation de chacun ayant une voix. Le quorum nécessaire à cet effet sera constitué par la présence d'un ou de plusieurs membres des deux tiers des États, et l'adhésion de la majorité de tous les États devra être acquise pour la validité du choix. [Si la Chambre des représentants, quand le droit de choisir lui incombe, ne choisit pas le président avant le quatrième jour de mars suivant, le vice-président agira en qualité de président, comme en cas de décès ou d'autre incapacité constitutionnelle du président][1]. [La personne qui réunira le plus grand nombre de voix pour la vice-présidence sera vice-président, si ce nombre représente la majorité de tous les grands électeurs désignés ; si aucune n'a obtenu la majorité nécessaire, le Sénat choisira alors le vice-président entre les deux personnes sur la liste qui auront le plus grand nombre de voix. Le quorum nécessaire à cet effet sera constitué par la présence des deux tiers du nombre total des sénateurs, et l'adhésion de la majorité de tous les sénateurs devra être acquise pour la validité du choix. Mais aucune personne inéligible, de par la Constitution, à la charge de président ne pourra être élue à celle de vice-président des États-Unis][2].

Amendement XIII
(18 décembre 1865)

Section 1. — Ni esclavage ni servitude involontaire, si ce n'est pour le châtiment d'un crime dont le coupable aura été dûment convaincu, n'existeront aux États-Unis, ni dans aucun des lieux soumis à leur juridiction.

Section 2. — Le Congrès aura le pouvoir de donner effet au présent article par une législation appropriée.

Amendement XIV
(28 juillet 1868)

Section 1. — Toute personne née ou naturalisée aux États-Unis et sujette à leur juridiction est citoyen des États-Unis et de l'État dans lequel elle réside. Aucun État ne pourra faire ou appliquer une loi qui limiterait les privilèges ou immunités des citoyens des États-Unis ; aucun État ne pourra priver une personne de sa vie, de sa liberté ou de sa propriété sans procédure légale régulière, ni refuser à quiconque qui relève de son pouvoir la protection égale des lois.

Section 2. — Les représentants seront répartis entre les différents États proportionnellement à leur population, établie par le nombre total d'habitants, à

1. Annulé et remplacé par le XXe amendement.
2. Modifié par les XXe et XXIIIe amendements.

l'exception des Indiens non imposés. Mais, lorsque des habitants [de sexe mascu-lin] d'un État, [âgés de vingt et un ans][1] et citoyens des États-Unis, se seront vu refuser ou limiter d'une manière quelconque, sans qu'il y ait là châtiment d'une rébellion ou d'un crime, le droit de prendre part à une élection pour choisir le prési-dent et le vice-président des États-Unis, les représentants au Congrès, les fonction-naires de l'ordre exécutif ou judiciaire de leur État, ou les membres des législatures de leur État, la base de représentation de cet État sera réduite en proportion du nombre de ces habitants par rapport au nombre total d'habitants de sexe [masculin de plus de vingt et un ans][2] de cet État.

Section 3. — Nul ne sera sénateur ou représentant au Congrès, ou grand élec-teur des président et vice-président, ni ne tiendra aucune charge civile ou militaire du gouvernement des États-Unis ou de l'un quelconque des États, qui, après avoir prêté serment – comme membre du Congrès, ou fonctionnaire des États-Unis, ou membre d'une assemblée d'État, ou fonctionnaire exécutif ou judiciaire d'un État – de défendre la Constitution des États-Unis, aura pris part à une insurrection ou à une rébellion contre elle, ou donné aide ou secours à ses ennemis. Mais le Congrès pourra, par un vote des deux tiers de chaque chambre, lever cette incapacité.

Section 4. — La validité de la dette publique des États-Unis, autorisée par la loi, y compris les engagements contractés pour le paiement de pensions et de primes pour services rendus lors de la répression d'insurrections ou de rébellions, ne sera pas mise en question. Mais ni les États-Unis, ni aucun État n'assumeront, ni ne paieront aucune dette ou obligation contractée pour assistance à une insurrection ou rébellion contre les États-Unis, ni aucune réclamation pour la perte ou l'émancipation d'esclaves, et toutes dettes, obligations et réclamations de cette nature seront considérées comme illégales et nulles.

Section 5. — Le Congrès aura le pouvoir de donner effet aux dispositions du présent article par une législation appropriée.

Amendement XV
(30 mars 1870)

Section 1. — Le droit de vote des citoyens des États-Unis ne sera refusé ou res-treint ni par les États-Unis, ni par aucun État, pour cause de race, de couleur ou de condition antérieure de servitude.

Section 2. — Le Congrès aura le pouvoir de donner effet au présent article par une législation appropriée.

Amendement XVI
(25 février 1913)

Le Congrès aura le pouvoir d'établir et de percevoir des impôts sur les revenus, de quelque source qu'ils proviennent, sans répartition entre les divers États, et indépendamment d'aucun recensement ou dénombrement.

Amendement XVII
(31 mai 1913)

Le Sénat des États-Unis sera composé de deux sénateurs pour chaque État, élus pour six ans par le peuple de cet État ; et chaque sénateur aura droit à une

1. Dispositions modifiées par les XIXe et XXVIe amendements.
2. *Ibid.*

voix. Les électeurs de chaque État auront les qualités requises pour être électeurs de la chambre législative la plus nombreuse de l'État.

Quand des vacances se produiront dans la représentation d'un État au Sénat, l'autorité exécutive de cet État convoquera les électeurs pour y pourvoir, sous réserve que, dans chaque État, l'autorité législative puisse donner à l'exécutif le pouvoir de procéder à des nominations temporaires jusqu'à ce que le peuple ait pourvu aux vacances par les élections que l'assemblée législative pourra ordonner.

Le présent amendement ne sera pas interprété comme affectant l'élection ou la durée du mandat de tout sénateur choisi avant que ledit amendement ait acquis force exécutoire et fasse partie intégrante de la Constitution.

Amendement XVIII
(29 janvier 1919)

[*Section 1*. — Seront prohibés, un an après la ratification du présent article, la fabrication, la vente ou le transport des boissons alcoolisées, à l'intérieur du territoire des États-Unis et de tout territoire soumis à leur juridiction, ainsi que l'importation desdites boissons dans ces territoires ou leur exportation hors de ces territoires.

Section 2. — Le Congrès et les divers États auront concurremment le pouvoir de donner effet au présent article par une législation appropriée.

Section 3. — Le présent article sera inopérant s'il n'est ratifié comme amendement à la Constitution par les corps législatifs des divers États, de la manière prévue dans la Constitution, dans les sept années qui suivront la date de sa présentation aux États par le Congrès][1].

Amendement XIX
(26 août 1920)

Le droit de vote des citoyens des États-Unis ne pourra être refusé ou restreint par les États-Unis ni l'un quelconque des États pour raison de sexe.

Le Congrès aura le pouvoir de donner effet au présent article par une législation appropriée.

Amendement XX
(6 février 1933)

Section 1. — Les mandats du président et du vice-président prendront fin à midi, le vingtième jour de janvier, et les mandats des sénateurs et des représentants à midi, le troisième jour de janvier, des années au cours desquelles ces mandats auraient expiré si le présent article n'avait pas été ratifié ; et les mandats de leurs successeurs commenceront à partir de ce moment.

Section 2. — Le Congrès s'assemblera au moins une fois l'an, et la réunion aura lieu à midi, le troisième jour de janvier, à moins que, par une loi, il ne fixe un jour différent.

Section 3. — Si, à la date fixée pour l'entrée en fonction du président, le président élu est décédé, le vice-président élu deviendra président. Si un président n'a pas été choisi avant la date fixée pour le commencement de son mandat, ou si le président élu ne remplit pas les conditions requises, le vice-président élu fera alors fonction de président jusqu'à ce qu'un président remplisse les conditions requises ; et le Congrès pourra, par une loi, pourvoir au cas d'incapacité à la fois du président

---

1. Annulé par le XXIᵉ amendement.

élu et du vice-président en désignant la personne qui devra alors faire fonction de président, ou en précisant la manière de la choisir, et ladite personne agira en cette qualité jusqu'à ce qu'un président ou un vice-président remplisse les conditions requises.

Section 4. — Le Congrès pourvoira par une loi au cas de décès de l'une des personnes parmi lesquelles la Chambre des représentants peut choisir un président lorsque le droit de choisir lui incombe, et au cas de décès de l'une des personnes parmi lesquelles le Sénat peut choisir un vice-président lorsque le droit de choisir lui incombe.

Section 5. — Les sections 1 et 2 entreront en vigueur le quinzième jour d'octobre qui suivra la ratification du présent article.

Section 6. — Le présent article sera inopérant s'il n'est ratifié comme amendement à la Constitution par les corps législatifs des trois quarts des divers États, dans les sept années qui suivront la date de sa soumission.

Amendement XXI
(5 décembre 1933)

Section 1. — Le dix-huitième amendement à la Constitution est abrogé.

Section 2. — Le transport ou l'importation dans tout État, territoire ou possession des États-Unis, de boissons alcoolisées destinées à y être livrées ou consommées, en violation des lois y existant, sont interdits.

Section 3. — Le présent article sera inopérant, s'il n'est ratifié comme amendement à la Constitution par les divers États assemblés en convention, ainsi qu'il est prévu dans la Constitution, dans les sept années qui suivront la date de sa soumission aux États par le Congrès.

Amendement XXII
(27 février 1951)

Section 1. — Nul ne pourra être élu à la présidence plus de deux fois, et quiconque aura rempli la fonction de président, ou agi en tant que président, pendant plus de deux années du mandat pour lequel une autre personne aurait été élue président, ne pourra être élu à la fonction de président plus d'une fois. Mais cet article ne s'appliquera pas à quiconque remplit la fonction de président au moment où cet article a été proposé par le Congrès, et il n'empêchera pas quiconque pouvant remplir la fonction de président, ou agir en tant que président, durant le mandat au cours duquel cet article devient exécutoire, de remplir la fonction de président ou d'agir en tant que président durant le reste de ce mandat.

Section 2. — Le présent article ne prendra effet qu'après sa ratification comme amendement à la Constitution par les législatures des trois quarts des différents États dans un délai de sept ans à date de sa présentation aux États par le Congrès.

Amendement XXIII
(29 mars 1961)

Section 1. — Le district où se trouve établi le siège du gouvernement des États-Unis désignera, selon une procédure que pourra déterminer le Congrès, un nombre de grands électeurs du président et du vice-président équivalant au nombre total des sénateurs et représentants au Congrès auquel ce district aurait droit s'il était constitué en État ; ce nombre ne pourra dépasser en aucun cas celui des grands électeurs désignés par l'État le moins peuplé de l'Union ; ces électeurs se joindront à ceux désignés par les États et ils seront considérés, pour les besoins de l'élection du président et du vice-président, comme désignés par un État ; ils se réuniront sur le territoire du district et rempliront les devoirs spécifiés par le douzième amendement.

Section 2. — Le Congrès aura le pouvoir de donner effet aux dispositions du présent article par une législation appropriée.

Amendement XXIV

(23 janvier 1964)

Le droit des citoyens des États-Unis de voter lors de toute élection primaire ou autre scrutin relatif au président et au vice-président, aux grands électeurs du président et du vice-président, ou aux sénateurs et représentants au Congrès, ne sera dénié ou restreint ni par les États-Unis, ni par aucun État, pour cause de non-paiement de la taxe électorale ou de tout autre impôt.

Amendement XXV

(10 février 1967)

1. En cas de destitution, décès ou démission du président, le vice-président deviendra président.

2. En cas de vacance du poste de vice-président, le président nommera un vice-président qui entrera en fonction dès que sa nomination aura été approuvée par un vote majoritaire des deux chambres du Congrès.

3. Si le président fait parvenir au président *pro tempore* du Sénat et au président de la Chambre des représentants une déclaration écrite leur faisant connaître son incapacité d'exercer les pouvoirs et de remplir les devoirs de sa charge, et jusqu'au moment où il les avisera par écrit du contraire, ces pouvoirs seront exercés et ces devoirs seront remplis par le vice-président en qualité de président par intérim.

4. Si le vice-président, ainsi qu'une majorité des principaux fonctionnaires des départements exécutifs ou de tel autre organisme désigné par une loi promulguée par le Congrès, font parvenir au président *pro tempore* du Sénat et au président de la Chambre des représentants une déclaration écrite les avisant que le président est dans l'incapacité d'exercer les pouvoirs et de remplir les devoirs de sa charge, le vice-président assumera immédiatement ces fonctions en qualité de président par intérim.

Par la suite, si le président fait parvenir au président *pro tempore* du Sénat et au président de la Chambre des représentants une déclaration écrite les informant qu'aucune incapacité n'existe, il reprendra ses fonctions, à moins que le vice-président et une majorité des principaux fonctionnaires des départements exécutifs ou de tel autre organisme désigné par une loi promulguée par le Congrès ne fassent parvenir dans les quatre jours au président *pro tempore* du Sénat et au président de la Chambre des représentants une déclaration écrite affirmant que le président est incapable d'exercer les pouvoirs et de remplir les devoirs de sa charge. Le Congrès devra alors prendre une décision ; s'il ne siège pas, il se réunira dans ce but dans un délai de 48 heures. Si, dans les 21 jours qui suivront la réception par le Congrès de cette déclaration écrite – ou dans les 21 jours qui suivront la date de la réunion du Congrès au cas où il ne serait pas alors en session –, ce dernier décide par un vote des deux tiers des deux Chambres que le président est incapable d'exercer les pouvoirs et de remplir les devoirs de sa charge, le vice-président continuera à exercer ces fonctions en qualité de président par intérim ; dans le cas contraire, le président reprendra l'exercice desdites fonctions.

Amendement XXVI
(5 juillet 1971)

Section 1. — Le droit de vote des citoyens des États-Unis âgés de dix-huit ans ou plus ne pourra être dénié ou restreint ni par les États-Unis, ni par l'un quelconque des États pour des motifs liés à l'âge.

Section 2. — Le Congrès aura le pouvoir de donner effet au présent article par une législation appropriée.

APPENDICE F

Les membres de la Cour suprême

Président	Parti politique	Mandat	Nom du juge	Date naissance et mort	Durée du mandat
Washington	Fédéraliste	1789-1797	1. Jay, John*	1745-1829	1789-1795
—	—	—	2. Rutledge, John	1739-1800	1789-1791[1]
—	—	—	3. Cushing, William	1732-1810	1789-1810
—	—	—	4. Wilson, James	1724-1798	1789-1798
—	—	—	5. Blair, John	1732-1800	1789-1796
—	—	—	6. Iredell, James	1750-1799	1790-1799
—	—	—	7. Johnson, Thomas	1732-1819	1791-1793
—	—	—	8. Paterson, Wm.	1745-1806	1793-1806
—	—	—	9. Rutledge, John*	1739-1800	1796 †
—	—	—	10. Chase, Samuel	1741-1811	1796-1811
—	—	—	11. Ellsworth, Oliver*	1745-1807	1796-1800
Adams	—	1797-1801	12. Washington, Bushrod	1762-1829	1798-1829
—	—	—	13. Moore, Alfred	1755-1810	1799-1804
—	—	—	14. Marshall, John*	1755-1835	1801-1835
Jefferson	Républicain	1801-1809	15. Johnson, Wm.	1771-1834	1804-1834
—	—	—	16. Livingston, H. Brockholst	1757-1823	1806-1823
—	—	—	17. Todd, Thomas	1765-1826	1807-1826
Madison	—	1809-1817	18. Duval, Gabriel	1752-1844	1811-1835
—	—	—	19. Story, Joseph	1779-1845	1811-1845
Monroe	—	1817-1825	20. Thompson, Smith	1768-1843	1823-1843
Adams	—	1825-1829	21. Trimble, Robert	1777-1828	1826-1828
Jackson	Démocrate	1829-1837	22. McLean, John	1785-1861	1829-1861
—	—	—	23. Baldwin, Henry	1780-1844	1830-1844
—	—	—	24. Wayne, James M.	1790-1867	1835-1867
—	—	—	25. Taney, Roger B.*	1777-1864	1836-1864
—	—	—	26. Barbour, Philip P.	1783-1841	1836-1841
—	—	—	27. Catron, John	1778-1865	1837-1865
Van Buren	—	1837-1841	28. McKinley, John	1780-1852	1837-1852
—	—	—	29. Daniel, Peter V.	1784-1860	1841-1860
Tyler	Whig	1841-1845	30. Nelson, Samuel	1792-1873	1845-1872
Polk	Démocrate	1845-1849	31. Woodbury, Levi	1789-1851	1845-1851
—	—	—	32. Grier, Robert C.	1794-1870	1846-1870
Fillmore	Whig	1850-1853	33. Curtis, Benjamin R.	1809-1874	1851-1857
Pierce	Démocrate	1853-1857	34. Campbell, John A.	1811-1889	1853-1861
Buchanan	—	1857-1861	35. Clifford, Nathan	1803-1881	1858-1881
Lincoln	Républicain	1861-1865	36. Swayne, Noah H.	1804-1884	1862-1881
—	—	—	37. Miler, Samuel F.	1816-1890	1862-1890
—	—	—	38. Davis, David	1815-1886	1862-1877
—	—	—	39. Field, Stephen J.	1816-1899	1863-1897
—	—	—	40. Chase, Salmon P.*	1808-1873	1864-1873
Grant	—	1869-1877	41. Strong, William	1808-1895	1870-1880
—	—	—	42. Bradley, Joseph P.	1803-1892	1870-1892
—	—	—	43. Hunt, Ward	1810-1886	1872-1882
—	—	—	44. Waite, Morrison R.*	1816-1888	1874-1888
Hayes	—	1877-1881	45. Harlan, John M.	1833-1911	1877-1911
—	—	—	46. Woods, William B.	1824-1887	1880-1887
Garfield	—	mars-sept.	47. Matthews, Stanley	1824-1889	1881-1889
Arthur	—	1881-1885	48. Gray, Horace	1828-1902	1881-1902
—	—	—	49. Blatchford, Samuel	1820-1893	1882-1893
Cleveland	Démocrate	1885-1889	50. Lamar, Lucius Q. C.	1825-1893	1888-1893

Président	Parti politique	Mandat	Nom du juge	Date naissance et mort	Durée du mandat
—	—	—	51. Fuller, Melville*	1833-1910	1888-1910
Harrison	Républicain	1889-1893	52. Brewer, David J.	1837-1910	1889-1910
—	—	—	53. Brown, Henry B.	1836-1913	1890-1906
—	—	—	54. Shiras, George, Jr.	1832-1924	1892-1903
—	—	—	55. Jackson, Howell E.	1832-1895	1893-1895
Cleveland	Démocrate	1893-1897	56. White, Edward D.	1854-1921	1894-1910
—	—	—	57. Peckham, Rufus W.	1838-1909	1895-1909
McKinley	Républicain	1897-1901	58. McKenna, Joseph	1843-1926	1898-1925
Roosevelt	—	1901-1909	59. Holmes, Oliver W., Jr.	1841-1935	1902-1932
—	—	—	60. Day, William R.	1849-1923	1903-1922
—	—	—	61. Moody, William H.	1853-1917	1906-1910
Taft	—	1909-1913	62. Lurton, Horace	1844-1914	1909-1914
—	—	—	63. Hughes, Charles E.	1862-1948	1910-1916
—	—	—	64. White, Edward D. †*	1845-1921	1910-1921
—	—	—	65. Van Devanter, Willis	1859-1941	1910-1937
—	—	—	66. Lamar, Joseph R.	1857-1916	1910-1916
—	—	—	67. Pitney, Mahlon	1858-1924	1912-1922
Wilson	Démocrate	1913-1921	68. McReynolds, J. C.	1862-1946	1914-1941
—	—	—	69. Brandeis, Louis D.	1856-1941	1916-1939
—	—	—	70. Clarke, John H.	1857-1945	1916-1922
Harding	Républicain	1921-1923	71. Taft, William H.*	1857-1930	1921-1930
—	—	—	72. Sutherland, George	1862-1942	1922-1938
—	—	—	73. Butler, Pierce	1866-1939	1922-1939
—	—	—	74. Sanford, Edward T.	1865-1930	1923-1930
Coolidge	—	1923-1929	75. Stone, Harlan F.	1872-1946	1925-1941
Hoover	—	1929-1933	76. Hughes, Charles E.*	1862-1948	1930-1941
—	—	—	77. Roberts, Owen J.	1875-1955	1930-1945
—	—	—	78. Cardozo, Benjamin	1870-1938	1932-1938
Roosevelt	Démocrate	1933-1945	79. Black, Hugo L.	1886-1971	1937-1971
—	—	—	80. Reed, Stanley F.	1884-1980	1938-1957
—	—	—	81. Frankfurter, Felix	1883-1965	1939-1962
—	—	—	82. Douglas, William	1898-1980	1939-1975
—	—	—	83. Murphy, Frank	1893-1949	1940-1949
—	—	—	84. Byrnes, James F.	1879-1972	1941-1942
—	—	—	85. Stone, Harlan F. †*	1872-1946	1941-1946
—	—	—	86. Jackson, Robert H.	1892-1954	1941-1954
—	—	—	87. Rutledge, Wiley B.	1894-1949	1943-1949
Truman	—	1945-1953	88. Burton, Harold H.	1888-1965	1945-1958
—	—	—	89. Vinson, Fred M.*	1890-1953	1946-1953
—	—	—	90. Clark, Tom C.	1899-1977	1949-1967
—	—	—	91. Minton, Sherman	1890-1965	1949-1956
Eisenhower	Républicain	1953-1961	92. Warren, Earl*	1891-1974	1953-1969
—	—	—	93. Harlan, John M., Jr.	1899-1971	1955-1971
—	—	—	94. Brennan, Wm. J.	1906-1997	1956-1990
—	—	—	95. Whittaker, Charles	1900-1973	1957-1962
—	—	—	96. Stewart, Potter	1915-1985	1958-1981
Kennedy	Démocrate	1961-1963	97. White, Byron R.	1917-	1962-1993
—	—	—	98. Goldberg, Arthur	1908-	1962-1965
Johnson	—	1963-1969	99. Fortas, Abe	1910-	1965-1969
—	—	—	100. Marshall, Thurgood	1910-1991	1967-1991
Nixon	Républicain	1969-1974	101. Burger, Warren E.*	1907-	1969-1986
—	—	—	102. Blackmun, Harry A.	1908-	1970-1994
—	—	—	103. Powell, Lewis F., Jr.	1907-	1971-1987
—	—	—	104. Rehnquist, William H. †*	1924-	1972-
Ford	—	1974-1977	105. Stevens, John Paul	1920-	1975-
Carter	Démocrate	1977-1981			
Reagan	Républicain	1981-1989	106. O'Connor, Sandra D.	1930-	1981-
—	—	—	107. Scalia, Antonin	1936-	1986-
—	—	—	108. Kennedy, Anthony M.	1936-	1988-
Bush	Républicain	1989-1993	109. Souter, David	1939-	1990-
—	—	—	110. Thomas, Clarence	1948-	1991-
Clinton	Démocrate	1993-2001	111. Ginsburg, Ruth	1933-	1993-
Bush	Républicain	2001-	112. Breyer, Stephen	1939-	1994-

* Président de la Cour suprême.
1. Démissionnaire.
† Juge « promu » Président.

BIBLIOGRAPHIE SÉLECTIVE

OUVRAGES GÉNÉRAUX

Instruments de travail et de référence

Freidel Frank et Showman Richard K. (ed.), *Harvard Guide to American History,* Cambridge, Mass., 2 vol., The Belknap Press, 1974 (indispensable).

Fohlen Claude, Jean Heffer, François Weil, *Canada et États-Unis depuis 1770,* Paris, PUF, « Nouvelle Clio », 1965, 3ᵉ éd., 1997.

Fohlen Claude, Bulletins historiques, *Revue Historique,* fasc. 487, juillet-septembre 1968, p. 137-162 ; fasc. 504, oct.-déc. 1972, p. 403-444 ; vol. 267, 1977, p. 137-188 ; vol. 264, 1980, p. 75-120 ; vol. 272, 1984, p. 131-190 ; vol. 281, 1989, p. 219-259 ; vol. 288, 1993, p. 443-484 ; vol. 300, 1998, p. 845-885.

Kaspi André, Trocmé Hélène, Montagutelli Malie, *Les grandes dates des États-Unis,* Paris, Larousse, 1989.

Kaspi André, Bertrand Claude-Jean, Heffer Jean, *La civilisation américaine,* Paris, PUF, « Le Monde anglophone », 1979, 3ᵉ éd., 1991.

Lagayette Pierre, *Les grandes dates de l'histoire des États-Unis,* Paris, Hachette, 1993.

Lennkh Annie et Toinet Marie-France (dir.), *L'État des États-Unis,* Paris, La Découverte, 1990.

Martinière Guy et Varela Consuelo (dir.), *L'État du monde en 1492,* Paris, La Découverte, 1992.

Morris Richard B. (ed.), *Encyclopedia of American History,* New York, Harper & Row, 6ᵉ éd., 1982 (utile pour les dates).

Paullin Charles O., *Atlas of the Historical Geography of the United States,* Washington, DC et New York, 1932.

Dictionary of American Biography, New York, rééd. ACLS, 17 vol., 1981 (références sur les grands hommes à actualiser en consultant les grandes encyclopédies Larousse, Universalis, Britannica, Americana, Canadiana).

Historical Statistics of the United States, Colonial Times to 1970, Washington DC, Government Printing Office, 2 vol., 1975. A compléter après 1970 par le *Statistical Abstract of the United States, National Data Book and Guide to Sources,* Washington, US Bureau of the Census (annuel depuis 1878), 106ᵉ éd. en 1986.

Pocket Data Book, USA, 1976, Bicentennial issue, Washington, 1976.

Les Presses Universitaires de Nancy publient une *Histoire régionale des États-Unis*.
Bandry Michel, *Le Sud*, 1992.
Chouleur Jacques, *Nord-Ouest Pacifique*, 1992.
Lagayette Pierre, *Californie*, 1990.
Royot Daniel, *Nouvelle-Angleterre*, 1991.

Recueils de textes et de documents

Commager Henry Steele, *Documents of American History*, New York, Appleton Century Crofts, 9ᵉ éd., 1973 (référence classique).
Martin Jean-Pierre et Royot Daniel, *Histoire et civilisation des États-Unis* (textes et documents commentés du XVIIᵉ siècle à nos jours), Paris, Nathan Université, 1988 ; 5ᵉ éd., 1995 (utile et synthétique).
Il existe une collection de textes publiée par les Presses Universitaires de Nancy, *Histoire documentaire des États-Unis*, sous la direction de Jean-Marie Bonnet et Bernard Vincent, avec notices en français et textes en anglais.
Béranger Jean, *L'Amérique coloniale, 1607-1774*, Nancy, PUN, nᵒ 1, 1986.
Vincent Bernard, *La Révolution américaine (1775-1783)*, Nancy, PUN, nᵒ 2, 1985.
Marienstras Élise, *Naissance de l'État fédéral (1783-1828)*, Nancy, PUN, nᵒ 3, 1987.
Heffer Jean, *L'Union en péril : la démocratie et l'esclavage (1829-1865)*, Nancy, PUN, nᵒ 4, 1987.
Portes Jacques, *L'âge doré (1865-1896)*, Nancy, PUN, nᵒ 5, 1988.
Nouailhat Yves-Henri, *L'Amérique, puissance mondiale (1897-1929)*, Nancy, PUN, nᵒ 6, 1987.
Fohlen Claude, *De la crise à la victoire (1929-1945)*, Nancy, PUN, nᵒ 7, 1988.
Toinet Marie-France, *L'Amérique triomphante (1945-1960)*, Nancy, PUN, nᵒ 8, 1994.
Bertrand Claude-Jean, *Les années soixante,1961-1974*, Nancy, PUN, nᵒ 9, 1989.
Melandri Pierre, *La crise d'identité (1974-1992)*, Nancy, PUN, nᵒ 10, 1992.
Vincent Bernard *et al.*, *Histoire des États-Unis*, Nancy, PUN, 1994.
Les Presses Universitaires de Nancy ont aussi lancé dans le même esprit une *Histoire thématique des États-Unis*.
Castro Ginette, *Les Femmes dans l'histoire américaine*, Nancy, PUN, 1988.
Delanoë Nelcya et Rostkowski Joëlle, *Les Indiens dans l'histoire américaine*, Nancy, PUN, 1991.
Debouzy Marianne, *La classe ouvrière dans l'histoire américaine*, Nancy, PUN, 1989.
Gérard Patrick, *George Bush président : histoire d'une élection*, Nancy, PUN, 1989.
Martin Jean-Pierre, *La religion aux États-Unis*, Nancy, PUN, 1989.
Rivière Jean, *Le système économique américain : emprise et entreprise*, Nancy, PUN, 1988 ; 2ᵉ éd., 1991.
Toinet Marie-France, *La Cour suprême : les grands arrêts*, Nancy, PUN, 1989.

Histoires générales des États-Unis

Artaud Denise et Kaspi André, *Histoire des États-Unis*, Paris, A. Colin, coll. « U », 1969.
Blum John M., McFeely William S., Morgan Edmund S., Schlesinger Jr. Arthur M. , Stampp Kenneth M., Woodward C. Vann, *The National Experience* (Part I : « A History of the United States to 1877 », Part II : « A History of the United States Since 1865 », Orlando, Harcourt Brace Jovanovich, 1963 ; 7ᵉ éd., 1989 (1ʳᵉ éd., Beacon Press, 1962) (très complet).

Boorstin Daniel, *Histoire des Américains* (1. *L'aventure coloniale* ; 2. *Naissance d'une nation* ; 3. *L'Expérience démocratique*), Paris, A. Colin, 1981 ; nouv. éd en 1 vol., R. Laffont, 1991. Traduit de l'américain, Random House, 1958 (vol. 1), 1965 (vol. 2), 1973 (vol. 3).

Brogan Hugh, *The Pelican History of the United States of America*, London, Penguin, 1986 (1ʳᵉ éd., Longman, 1985).

Craig Béatrice, *Histoire des États-Unis*, Montréal, Lidec Inc., 1992.

Degler Karl N. *et al.*, *Histoire des États-Unis*, Paris, Economica, 1980.

Fiedler Eckhard *et al.*, *America in Close Up*, Longman, 1990, 2ᵉ éd., 1992.

Fohlen Claude, *De Washington à Roosevelt : l'ascension d'une grande puissance (1763-1945)*, Paris, Nathan, coll. « Fac », 1992.

Fohlen Claude, *Les États-Unis au XXᵉ siècle*, Paris, Aubier, 1988.

Gervais Pierre, *Les États-Unis de 1860 à nos jours*, Paris, Hachette supérieur, 1998.

Heffer Jean et Weil François (ed.), *Chantiers d'histoire américaine*, Paris, Belin, 1994.

Kaspi André, *Les Américains (*vol. 1, *Naissance et essor des États-Unis, 1607-1945* ; vol. 2, Les États-Unis de 1945 à nos jours), Paris, Seuil, « Points », 1986.

Kellogg William O., *American History the Easy Way*, New York, Barron's Educational Series Inc.,1991.

Lacour-Gayet Robert, *Histoire des États-Unis*, Paris, 4 t., Fayard, 1976-1982.

Melandri Pierre, *Histoire des États-Unis (1865-1996)*, Paris, Nathan, 6ᵉN éd., 1996.

Morison Samuel Eliot, Commager Henry Steele, Leuchtenburg William E., *The Growth of the American Republic*, New York, 2 vol., 1980 (l'une des meilleures en anglais).

Muzzey David Saville, *A History of Our Country*, Boston et New York, Ginn, nouv. éd., 1946.

Nevins Allan et Commager Henry Steele, *A Pocket History of the United States*, Little, Brown & Company, 1942 ; New York, Washington Square Press, 1986 (trad. franç., Paris, Economica, 1989).

Pasquet Désiré, *Histoire politique et sociale du peuple américain*, Paris, 3 vol., Auguste Picard, 1924-1931.

Rémond René, *Histoire des États-Unis*, Paris, PUF, « Que sais-je ? », n° 38, 1959 ; 16ᵉ éd., 1992.

Schoell Franck L., *Histoire des États-Unis*, Paris, Payot, coll. « Histoire », 1985.

Sellers Charles, May Henry, McMillen Neil R., *A Synopsis of American History*, Boston, Houghton Mifflin Company, 6ᵉ éd., 1985.

Smelser Marshall, Gundersen Joan R., *American History at a Glance*, New York, Harper & Row, 1959 ; 4ᵉ éd., 1978.

Trocmé Hélène et Rovet Jeanine, *Naissance de l'Amérique moderne, XVIᵉ-XIXᵉ siècle*, Paris, Hachette supérieur, « Carré Histoire », 1997.

Trottignon Yves, *Le XXᵉ siècle américain*, Paris, Bordas, 7ᵉ éd., 1984.

Zinn Howard, *A People's History of the United States*, New York, Harper, 1980.

HISTOIRES PAR PÉRIODES

L'Empire britannique et l'époque coloniale (1603-1763)

Adams James T., *Provincial Society, 1690-1763*, New York, The Macmillan Co., 1936 (sur société et culture).

Andrews Charles M., *The Colonial Period of American History*, New Haven, Conn., Yale University Press, 4 vol., 1934-1938 (essentiel).

Andrews Charles M., *The Colonial Background of the American Revolution*, éd. révisée, New Haven, Conn., Yale University Press, 1961.

Bailyn Bernard, *The New England Merchants in the Seventeenth Century*, Cambridge, Harvard University Press, 1955 ; New York, Harper Torchbooks, 1964.

Bérenger Jean, Durand Yves, Meyer Jean, *Pionniers et colons en Amérique du Nord*, Paris, A. Colin, « U prisme », 1974.

Bridenbaugh Carl, *Cities in the Wilderness, the First Century of Urban Life in America, 1625-1742*, New York, Knopf, 1938 ; 2ᵉ éd., 1955 (sur le développement économique).

Bridenbaugh Carl, *Cities in Revolt ; Urban Life in Early America, 1743-1776*, New York, Knopf, 1955 (sur le développement économique).

Bridenbaugh Carl, *Myths and Realities : Societies of the Colonial South*, New York, Atheneum, 1952 ; nouv. éd., 1963.

Brodin Pierre, *Les Quakers en Amérique du Nord au XVIIᵉ siècle et au début du XVIIIᵉ siècle*, Paris, 1985.

Chitwood Oliver P., *A History of Colonial America*, 3ᵉ éd., New York, Harper & Row, 1961.

Clark Ronald W., *Benjamin Franklin*, Weidenfeld & Nicholson, 1983 ; trad. franç., Paris, Fayard, 1986.

Claval Paul, *La conquête de l'espace américain*, Paris, Flammarion, 1989.

Craven Wesley Frank, *The Southern Colonies in the Seventeenth Century, 1607-1689*, Baton Rouge, Louisiana State University Press, nouv. éd., 1970.

Crouzet François, *De la supériorité de l'Angleterre sur la France*, Paris, Perrin, « coll. pour l'Histoire », 1985.

Cumming W., Skelton R. A., Quinn D., *La découverte de l'Amérique du Nord*, Paris, 1972 (traduit de l'anglais).

Durant David N., *Ralegh's Lost Colony*, Londres, Weidenfeld & Nicholson, 1981.

Galenson David, *White Servitude in Colonial America. An Economic Analysis*, Cambridge, Cambridge University Press, 1981.

Hansen Marcus Lee, *The Atlantic Migration, 1607-1860*, Cambridge, 1940.

Kavenagh W. Keith, *Foundations of Colonial America : A Documentary History*, New York, 1974.

Lemay J. A. Leo, *The American Dream of Captain John Smith*, University of Virginia Press, 1991.

Litalien Raymonde, *Les explorateurs de l'Amérique du Nord, 1492-1795*, Sillery, Québec, Éd. du Septentrion, 1993.

Louis Jeanne-Henriette et Héron Jean-Olivier, *William Penn et les Quakers*, Paris, Gallimard, 1990.

Martin Jean-Pierre, *Le puritanisme américain en Nouvelle-Angleterre (1620-1693)*, Talence, Presses Universitaires de Bordeaux, 1989.

Mauro Frédéric, *L'expansion européenne, 1600-1870*, Paris, PUF, « Nouvelle Clio », 1964 ; 3ᵉ éd., 1988.

Middleton Richard, *Colonial America, A History, 1607-1760*, Cambridge, Mass, 1992.

Morison Samuel E., *The Intellectual Life of Colonial New England*, Cornell University Press, 1955.

Morton Richard L., *Colonial Virginia*, Chapel Hill, University of North Carolina Press, 2 vol., 1960.

Perkins Edwin J., *The Economy of Colonial America*, New York, Columbia University Press, 1980.

Pomfret John E., *Founding the American Colonies, 1583-1660*, New York, Harper Torchbooks, 1971.

Rawley James A., *The Transatlantic Trade. A History*, New York, W. W. Norton, 1981.

Simpson Alan, *Puritanism in Old and New England*, Chicago, University of Chicago Press, 1955.

Smith Abbott Emerson, *Colonists in Bondage. White Servitude and Convict Labor in America, 1607-1776*, Chapel Hill, University of North Carolina Press, 1957.

Sweet Willam Warren, *Religion in Colonial America*, New York, Cooper Square Publishers, nouv. éd., 1965.

Wertenbaker Thomas J., *The Shaping of Colonial Virginia*, New York, Russell & Russell, 1958.

Wright Louis B., *The Cultural Life of the American Colonies, 1607-1763*, New York, Harper & Row, 1957.

Wright Louis B., *Everyday Life in Colonial America*, New York, G. P. Putnam's Sons, 1965.

La naissance de la nation américaine :
la Révolution et l'élaboration de la Constitution (1763-1789)

Alden John Richard, *La Guerre d'Indépendance*, Paris, Seghers, « Vent d'Ouest », 1965, traduit de l'anglais (interprétation *new left*).

Bailyn Bernard, *The Ideological Origins of the American Revolution*, Cambridge, Mass., Harvard University Press, 1967 ; 2ᵉ éd. augmentée, 1992.

Bancroft George, *History of the United States of America From the Discovery of the Continent*, New York, 10 vol., D. Appleton, 1834-1874 ; nouv. éd., 1924.

Beard Charles Austin, *An Economic Interpretation of the Constitution of the United States*, New York, Macmillan, 1913 ; nouv. éd. 1958 (interprétation progressiste).

Becker Carl, *La Déclaration d'Indépendance*, Paris, Seghers, « Vent d'Ouest », 1965.

Black Jeremy, *War for America. The Fight for Independence, 1775-1783*, Phoenix Mill (Gloucestershire), Alan Sutton, 1991.

Boorstin Daniel, *The Genius of American Politics*, Chicago, The University of Chicago Press, 1953 (approche révisionniste).

Brown Robert E., *Middle-Class Democracy and the Revolution in Massachusetts, 1691-1780*, Ithaca, Cornell University Press, 1955 (révisionniste).

Countryman Edward, *The American Revolution*, Harmondsworth, Penguin, 1985 (approche révisionniste).

Cunliffe Marcus, *George Washington, l'homme et la légende*, Paris, Seghers, « Vent d'Ouest », 1966 (traduit de l'anglais).

Cunliffe Marcus, *The Nation Takes Shape, 1789-1837*, University of Chicago Press, 1959.

Fohlen Claude, *Les Pères de la révolution américaine*, Paris, Albin Michel, 1989.

Fohlen Claude, *Thomas Jefferson*, Nancy, Presses Universitaires de Nancy, 1992.

Foner Eric, *Tom Paine and Revolutionary America*, New York, OUP, 1976.

Gipson, Lawrence H., *The Coming of the Revolution, 1763-1775*, New York, Harper Torchbooks, 1962 (école impériale).

Greene, Jack P. (ed.), *The American Revolution, Its Character and Limits*, New York, New York University Press, 1987 (révisionniste).

Hughes Gérard et Royot Daniel (eds), *Benjamin Franklin : des Lumières à nos jours*, Paris, Didier Érudition, « Études anglaises » n° 95, 1991.

Kaspi André, *Révolution ou guerre d'Indépendance ? La naissance des États-Unis*, Paris, PUF, 1972.

Kaspi André, *L'Indépendance américaine, 1763-1789*, Paris, Gallimard-Julliard, « Archives », 1976.

Kurtz Stephen G. et Hutson James H. (ed.), *Essays on the American Revolution*, Williamsburg, The Institute of Early American Culture, 1973 (vues révisionnistes).

Lacorne Denis, *L'invention de la République : le modèle américain*, Paris, Hachette, coll. « Pluriel », 1991.

Lemay J. A. Leo, *Reappraising Franklin*, University of Delaware Press, 1992.

Lerat Christian, *Benjamin Franklin, philosophe de l'ordre et de la liberté*, Doctorat d'État, Bordeaux, 6 vol., 1985.

Lerat Christian, *Benjamin Franklin : quand l'Amérique s'émancipait*, Talence, Presses Universitaires de Bordeaux, 1992.

Lessay Jean, *George Washington ou la grâce républicaine*, Paris, Jean-Claude Lattès, 1985.

Lessay Jean, *L'Américain de la Convention, Thomas Paine, professeur de révolutions*, Paris, 1987.

Maier Pauline, *From Resistance to Revolution, Colonial Radicals and the Development of American Opposition to Britain, 1765-1776*, New York, Alfred A. Knopf, 1973.

Marienstras Elise, *Les mythes fondateurs de la nation américaine*, Paris, Maspero, 1975.

Marienstras Elise, *Nous, le peuple. Les origines du nationalisme américain*, Paris, Gallimard, 1988.

McDonald Forrest, *We the People : The Economic Origins of the Constitution*, Chicago, Chicago University Press, 1958.

Middlekauff Robert, *The Glorious Cause. The American Revolution, 1763-1789*, New York, OUP, 1982.

Morgan Edmund S., *The Birth of the Republic, 1763-1789*, Chicago et Londres, University of Chicago Press, 1956.

Morris Richard B., *The American Revolution Reconsidered*, New York, Harper & Row, 1967 (revue des différentes interprétations).

Morris Richard B., *Nous, Peuple des États-Unis, Hamilton, Madison, Jay et la Constitution*, Paris, Economica, 1987 (traduit de l'anglais).

Paine Thomas, *Le sens commun (Common Sense)*, introd., trad. et notes par Bernard Vincent, Paris, Aubier, 1983.

Palmer Robert P., *The Age of Democratic Revolution. A Political History of Europe and America, 1760-1800*, Princeton University Press, 2 vol., 1959-1964.

Tunc André et Suzanne, *Le système constitutionnel des États-Unis*, t. 1 : *Histoire constitutionnelle*, Paris, Domat-Montchrestien, 1953.

Tunc André, préface de la trad. franç., *Le fédéraliste*, Paris, Economica, 1988.

Vincent Bernard, *Thomas Paine ou la religion de la liberté, Biographie*, Paris, Aubier, 1987.

Vincent Bernard et Marienstras Elise (eds), *Les oubliés de la Révolution américaine*, Nancy, Presses Universitaires de Nancy, 1990.

White Morton, *The Philosophy of the American Revolution*, Oxford University Press, 1978.

Wood Gordon S., *La création de la république américaine, 1776-1787* (introd. de Claude Lefort), Paris, Belin, 1991 (trad. du texte parue en 1969 à la University of North Carolina Press, *The Creation of the American Republic, 1776-1787*).

Wood Gordon S., *The Radicalism of the American Revolution*, New York, Alfred A. Knopf, 1992 ; New York, Vintage Books, 1993.

Young Alfred F. (ed.), *The American Revolution*, De Kalb, Northern Illinois University Press, 1976 (révisionniste).

Nation et création nationale (1789-1829). De Jefferson à Jackson

Clancy H. J., *The Democratic Party : Jefferson to Jackson*, New York, Fordham University Press, 1962.

Crété Liliane, *La vie quotidienne en Louisiane, 1815-1830*, Paris, Hachette, 1978.

Dangerfield George, *The Awakening of American Nationalism, 1815-1828*, New York, Harper Torchbooks, 1965.

Krout John Allen et Fox Dixon Ryan, *The Completion of Independence, 1790-1830*, Chicago, Quadrangle Books, nouv. éd., 1971.

James Marquis, *Andrew Jackson, portrait of a president*, Indianapolis, New York, The Bobbs-Merrill Comp., 1937.

Portes Jacques, *Les États-Unis de l'indépendance à la première guerre mondiale*, Paris, A. Colin, coll. « Cursus », 1991.

L'Amérique ante-bellum de Jackson à Lincoln (1829-1859)

Benson L., *The Concept of Jacksonian Democracy*, Princeton, Princeton University Press, 1961.

Billington Ray, *The Far Western Frontier, 1830-1860*, New York, Harper Torchbooks, 1956.

Craven Avery, *Civil War in the Making, 1815-1860*, Baton Rouge, Louisiana State University Press, 1959.

Craven Avery, *The Growth of Southern Nationalism, 1848-1861*, Baton Rouge, 1953.

Crété Liliane, *La vie quotidienne en Californie au temps de la ruée vers l'or, 1848-1856*, Paris, Hachette, 1982.

Dickson Bruce, *Violence and Culture in the Antebellum South*, Austin, University of Texas Press, 1979.

Donald David, *Charles Sumner and the Coming of the Civil War*, New York, Knopf, 1960.

Eaton Clement, *The Growth of Southern Civilization, 1790-1860*, New York, Harper Torchbooks, 1961.

Foner Eric, *Free Soil, Free Labor, Free Men*, New York, OUP, 1970.

Frayssé Olivier, *Abraham Lincoln. La Terre et le travail, 1809-1860*, Paris, Publications de la Sorbonne, 1988.

Gates Paul W., *The Farmer's Age : Agriculture, 1815-1860*, New York, Holt, Rhinehart & Winston, 1960.

Hammond Bray, *Banks and Politics in America, From the Revolution to the Civil War*, Princeton, Princeton University Press, 1957.

Holt Michael, *The Political Crisis of the 1850s*, New York, Norton, 1978.

Lacour-Gayet R., *La vie quotidienne aux États-Unis à la veille de la Guerre de Sécession*, Paris, 1965.

Merk Frederick, *Manifest Destiny and Mission in American History*, New York, Random House, 1966.

Perkins Dexter, *A History of the Monroe Doctrine*, Gloucester, Mass., P. Smith, 5ᵉ éd., 1966.

Quarles Benjamin, *Black Abolitionists*, New York, Oxford University Press, 1969.

Remini Robert V., *The Age of Jackson*, New York, Harper & Row, 1972.

Remini Robert V., *The Revolutionary Age of Andrew Jackson*, New York, 1976.

Remini Robert V., *Andrew Jackson*, New York, 3 vol., 1977-1984 (excellente bio-
  graphie).
Rémond René, *Les États-Unis devant l'opinion française, 1815-1852*, Paris, A. Colin,
  1962.
Stover John F., *American Railroads*, Chicago, University of Chicago Press, 1961.
Taylor George R., *The Transportation Revolution, 1815-1860*, New York, Holt, Rhine-
  hart & Winston, 1951.
Temin Peter, *The Jacksonian Economy*, New York, Heath, 1969.
Tocqueville Alexis de, *De la démocratie en Amérique*, Paris, 2 vol., Gallimard, 1986 ;
  Paris, Pléiade, 1992.
Turner Frederick J., *The United States, 1830-1850, New York H. Holt,, 1935.*
Schlesinger, Arthur M. Jr., *Andrew Jackson*, 2 vol., Boston, 1945.
Stampp Kenneth, *The Peculiar Institution. Slavery in the Ante-Bellum South*, New York,
  Knopf, 1956.

La guerre de Sécession et la Reconstruction (1860-1877)

Beard Charles A. et Beard Mary R., *The Rise of American Civilization*, 4 vol., New
  York, 1927-1942.
Billington Ray A., *The Westward Movement in the United States*, New York, Van Nos-
  trand, 1959.
Elkins Stanley M., *Slavery, A Problem in American Institutional and Intellectual Life*, Chi-
  cago, The University of Chicago Press, 1976.
Fabre Michel, *Les Noirs américains*, Paris, A. Colin, coll. « U2 », 1967.
Fabre Michel, *Esclaves et planteurs*, Paris, Gallimard-Julliard, coll. « Archives », 1970.
Fogel Robert W. et Engerman Stanley, *Time on the Cross*, Boston, 2 vol., Little, Brown
  & Co., 1974.
Fohlen Claude, *Les Noirs aux États-Unis*, Paris, PUF, « Que-sais-je ? », 1965 ; 8ᵉ éd.,
  1990.
Fohlen Claude, *Histoire de l'esclavage aux États-Unis*, Paris, Perrin, 1998.
Foner Eric, *Nothing But Freedom. Emancipation and its Legacy*, Baton Rouge, Louisiana
  State University Press, 1983.
Foner Eric, *Reconstruction, America's Unfinished Revolution, 1863-1877*, New York, 1988.
Franklin John Hope, *Reconstruction. After the Civil War*, Chicago, The University of
  Chicago Press, 1961.
Franklin John Hope, *From Slavery to Freedom*, New York, Vintage Books, Knopf,
  1969 ; traduit en français, Paris, Éditions caribéennes, 1984 (incontournable).
Frayssé Olivier, *Abraham Lincoln. La Terre et le travail, 1809-1860*, Paris, Publications de
  la Sorbonne, 1988.
Genovese E., *L'économie politique de l'esclavage*, Paris, Maspero, 1968.
Gutman Herbert, *The Black Family in Slavery and Freedom, 1750-1925*, New York, Pan-
  theon Books, 1976.
Heffer Jean, *Les origines de la guerre de Sécession*, Paris, PUF, « Dossiers Clio », 1971.
McPherson James M., *La guerre de Sécession (1861-1865)*, Paris, Robert Laffont, traduit
  de l'anglais (excellente mise au point).
Néré Jacques, *La guerre de Sécession*, Paris, PUF, « Que sais-je ? », 1961.
Nevins Allan, *The Ordeal of the Union*, 2 vol., *The Emergence of Lincoln*, 2 vol., *The War for
  the Union*, 2 vol., New York, Charles Scribner's Sons, 1947-1959 (excellent).
Oates Stephen, *Lincoln*, Paris, Fayard, 1984.

Potter David, *The Impending Crisis, 1848-1861*, New York, Harper & Row, 1976.
Randall James G., *The Civil War and Reconstruction*, Boston, Heath, 2ᵉ éd., 1961.
Randall James G., *Lincoln the President*, New York, Dodd, Mead, 4 vol., 1945-1955.
Ransom Roger L., *Conflict and Compromise, The Political Economy of Slavery, Emancipation and the American Civil War*, Cambridge, 1989.
Stampp Kenneth, *The Era of Reconstruction, 1865-1877*, New York, Vintage Books, 1965.
Woodward C.Vann, *The Strange Career of Jim Crow*, New York, OUP, 3ᵉ éd., 1974.

La montée en puissance (1865-1916)

Croissance économique et capitalisme

Bertier de Sauvigny (de), Guillaume, *Les Titans du capitalisme américain*, Paris, Plon, 1992.
Carosso Vincent P., *The Morgans, Private International Bankers, 1854-1913*, Cambridge (Mass.), 1987.
Cochran Thomas C. et Miller William, *The Age of Enterprise ; a Social History of Industrial America*, New York, Harper Torchbooks, 1942-1961.
Collier Peter et Horowitz David, *Une dynastie américaine : les Rockefeller*, Paris, Seuil, 1976.
Debouzy Marianne, *Le capitalisme sauvage aux États-Unis, 1860-1900*, Paris, Seuil, 1972.
Faulkner Harold U., *The Decline of Laissez-Faire, 1897-1917*, New York, Harper Torchbooks, 1968.
Hacker Louis M., *The Triumph of American Capitalism*, New York, 1940.
Heffer Jean, *Le port de New York et le commerce extérieur américain, 1860-1900*, Paris, Presses de la Sorbonne, 1986.
Livesay Harold C., *Andrew Carnegie and the Rise of Big Business*, Boston, Little, Brown & Co., 1975.
Nelson Daniel, *Managers and Workers : Origins of the New Factory System in the United States, 1880-1920*, Madison, University of Wisconsin Press, 1975.
Nouailhat Yves-Henri, *L'évolution économique des États-Unis, du milieu du XIXᵉ siècle à 1914*, Paris, Sedes, 1982.
Porter Glenn, *The Rise of Big Business, 1860-1910*, New York, Crowell, 1973.
Rostow W. W., *Les étapes de la croissance économique*, Paris, 1963.
Salvadori Massimo, *Le capitalisme américain*, Paris, Éd. du Vieux Colombier, 1958 (traduit de l'italien).
Weber Max, *L'éthique protestante et l'esprit du capitalisme*, 1904 (éd. originale en allemand) ; trad. franç., Paris, Plon, coll. « Agora », 1985.
Weil François, *Naissance de l'Amérique urbaine, 1820-1920*, Paris, CDU/Sedes, 1992.
Zunz Olivier, *Naissance de l'Amérique industrielle, Détroit, 1880-1920*, Paris, Aubier, coll. « Historique », 1983.

Frontière, expansion vers l'Ouest et impérialisme

Beale Howard K., *Theodore Roosevelt and the Rise of America to World Power*, New York, 1962 ; Baltimore, The Johns Hopkins University Press, 1984 (paperback).
Billington Ray A., *America's Frontier Heritage*, University of Mexico Press, 1974.
Billington Ray A., *Westward Expansion. A History of the American Frontier*, New York, Macmillan, 4ᵉ éd., 1974 (incontournable).

Cazemajou Jean, *American Expansionism and Foreign Policy (1885-1908)*, Paris, A. Colin-Longman, 1988.

Fiedler Leslie, *The Return of the Vanishing American*, Londres, Paladin, 1972.

Fiske John, « Manifest Destiny », *Harper's Monthly 70*, mars 1885, p. 578-590.

Fohlen Claude, *La vie quotidienne au Far West, 1860-1890*, Paris, Hachette, 1974.

Fohlen Claude, *La société américaine, 1865-1970*, Paris, Arthaud, 1973.

Gable A., *The Bull Moose Years : Theodore Roosevelt and the Progressive Party*, Port Washington (NY), Kennikat, 1978.

Jacquin Philippe et Royot Daniel (dir.), « Le mythe de l'Ouest. L'Ouest américain et les valeurs de la frontière », *Autrement*, série « Monde », HS, n° 71, 1993.

LaFeber Walter, *The New Empire : An Interpretation of American Expansion, 1860-1898*, Ithaca, Cornell University Press, 1963 ; 1984, paperback (révisionniste).

Merk Frederick, *Manifest Destiny and Mission in American History*, New York, Knopf, 1963.

Morgan H. Wayne, *America's Road to Empire*, New York, Random House, 1965.

Mowry George, *The Era of Theodore Roosevelt and the Birth of Modern America, 1900-1912*, New York, Harper Torchbooks, 1962.

Nouailhat Yves-Henri, *Les États-Unis de 1898 à 1933 ; l'avènement d'une puissance mondiale*, Paris, Éd. Richelieu, 1973.

Pratt Julius, *The Expansionists of 1898*, New York, Peter Smith, 1936.

Ricard Serge, *Theodore Roosevelt et la justification de l'impérialisme*, Aix-en-Provence, Presses de l'Université, 1986.

Ricard Serge et Bolner James (eds), *La République impérialiste : l'expansionnisme et la politique extérieure des États-Unis, 1885-1909*, Aix-en-Provence, Presses de l'Université, 1987.

Rieupeyrout Jean-Louis, *Histoire du Far West*, Paris, Tchou, 1967.

Shannon Fred A., *The Farmer's Last Frontier : Agriculture 1860-1897*, New York, Harper & Row, 1968.

Tompkins E. B., *Anti-Imperialism in the United States, The Great Debate, 1890-1920*, Philadelphia, The University of Pennsylvania Press, 1972.

Turner Frederick J., *La frontière dans l'histoire des États-Unis*, Paris, PUF, 1963, traduit de l'américain, *The Frontier in American History*, New York, Holt, Rinehart & Winston, 1920 (le grand classique).

Minorités et immigration

Bodnar John, *The Transplanted, A History of Immigrants in Urban America*, Bloomington (Ind.), 1985.

Brun Jeanine, *America ! America !*, Paris, Gallimard-Julliard, coll. « Archives », 1980.

Cazemajou Jean (ed.), *L'immigration européenne aux États-Unis, 1880-1910*, Talence, Presses Universitaires de Bordeaux, 1986.

Erickson Charlotte, *American Industry and the European Immigrant, 1860-1885*, Cambridge, Harvard University Press, 1957.

Fohlen Claude, *L'agonie des Peaux-Rouges*, Paris, Resma, 1970.

Fohlen Claude, *Les Indiens d'Amérique du Nord*, Paris, PUF, « Que sais-je ? », 1985 ; 2ᵉ éd., 1992.

Handlin Oscar, *Boston's Immigrants : A Study of Acculturation*, Cambridge, Harvard University Press, 1941.

Handlin Oscar, *Race and Nationality in American Life*, New York, Double Day, 1957.

Handlin Oscar, *The Uprooted. The Epic Story of the Great Migrations That Made the American People*, Boston, Little Brown, 1951.

Higham John, *Strangers in the Land, Patterns of American Nativism, 1860-1925*, New-Brunswick (New Jersey), 1955 ; New York, Atheneum, 1967 (un grand classique).

Jacquin Philippe, *Histoire des Indiens d'Amérique du Nord*, Paris, Payot, 1976.

Jones Maldwyn Allen, *American Immigration*, Chicago, The University of Chicago Press, 1960 (ouvrage de base).

Kraut Alan, *The Huddled Masses : The Immigrant in American Society, 1880-1921*, Arlington Heights, Harlan Davidson, 1982.

Marienstras Elise, *La résistance indienne aux États-Unis du XVIᵉ au XXᵉ siècle*, Paris, Gallimard-Julliard, coll. « Archives », 1980.

Marienstras Elise, *Wounded Knee ou l'Amérique fin de siècle*, Bruxelles, Complexe, 1992.

Rostkowski Joëlle, *Le renouveau indien aux États-Unis*, Paris, L'Harmattan, 1986.

Rougé Robert (dir.), *Les immigrations européennes aux États-Unis (1880-1910)*, Paris, Presses de la Sorbonne, 1987.

Vecoli Rudolph J. et Sinke Suzane M. (ed.), *A Century of European Migrations, 1830-1920*, Urbana, University of Illinois Press, 1991.

Weil François, *Les Franco-Américains, 1860-1980*, Paris, Belin, 1989.

Populisme, progressisme et réformisme

Bates L., *United States, 1898-1928, Progressivism and a Society in Transition*, New York, McGraw-Hill, 1975.

Buenker John D. et Kantowicz Edward R., *Historical Dictionary of the Progressive Era, 1890-1920*, Westport (Conn.), Greenwood, 1988.

Canovan Margaret, *Populism*, New York, Harcourt Brace Jovanovich, 1981.

Commager Henry, *L'esprit américain. Interprétation de la pensée et du caractère américains depuis 1880*, Paris, PUF, 1965 (traduit de l'anglais).

Creagh Ronald, *Histoire de l'anarchisme aux États-Unis d'Amérique, 1826-1886*, Grenoble, La Pensée sauvage, 1981.

Creagh Ronald, *Laboratoires de l'utopie. Les communautés libertaires aux États-Unis*, Paris, Payot, 1983.

Faulkner Harold U., *Politics, Reform, and Expansion, 1890-1900*, New York, Harper Torchbooks, 1963.

Faulkner Harold U., *The Quest for Social Justice, 1898-1914*, Chicago, Quadrangle Books, nouv. éd., 1971.

Hofstadter Robert, *The Age of Reform*, New York, Vintage Books, 1955.

Hofstadter Robert, *Anti-Intellectualism in American Life*, New York, Vintage Books, 1963.

Hofstadter Robert, *The Progressive Movement, 1900-1915*, Englewood Cliffs (NJ), Prentice Hall, 1963 ; nouv. éd., 1986.

Link Arthur S., *Woodrow Wilson and the Progressive Era, 1910-1917*, New York, Harper Torchbooks, 1963.

Marchand C. Roland, *The American Peace Movement and Social Reform, 1898-1918*, Princeton, Princeton University Press, 1972.

Marienstras Elise, *La résistance indienne aux États-Unis*, Paris, Gallimard, coll. « Archives », 1980.

Noble David W., *The Progressive Mind, 1890-1917*, Minneapolis, Burgess, nouv. éd., 1981.

Pollack Norman, *The Populist Response to Industrial America. Midwestern Populist Thought*, New York, W. W. Norton, 1962.

L'ère des crises et l'affirmation d'une puissance internationale (1896-1945)

Politique extérieure et Première Guerre mondiale

Adler Selig, *The Uncertain Giant, 1921-1941. American Foreign Policy Between the Wars*, New York, Collier Books, 1969.

Beale Howard K., *Theodore Roosevelt and the Rise of America to World Power*, New York, Collier Books, nouv. éd., 1968.

Devlin Patrick, *Too Proud to Fight, Woodrow Wilson's Neutrality*, Londres, Oxford University Press, 1974.

Dulles Foster Rhea, *America's Rise to World Power, 1898-1914*, New York, Harper & Row, 1963.

Duroselle Jean-Baptiste, *De Wilson à Roosevelt. La politique extérieure des États-Unis, 1913-1945*, Paris, A. Colin, 1960.

Kaspi André, *Le temps des Américains. Le concours américain à la France en 1917-1918*, Paris, Presses de la Sorbonne, 1976.

Nouailhat Yves-Henri, *Les États-Unis de 1898 à 1933. L'avènement d'une puissance mondiale*, Paris, Richelieu-Bordas, 1973.

Nouailhat Yves-Henri, *France et États-Unis, août 1914-avril 1917*, Paris, Presses de la Sorbonne, 1979.

Smith Gaddis, *American Diplomacy During the Second World War, 1941-1945*, New York, John Wiley & Sons, 1965.

Les *twenties*

Bernstein Irving, *The Lean Years. A History of the American Worker, 1920-1933*, Boston, Houghton Mifflin, 1960 ; Penguin, 1966.

Burner David, *Herbert Hoover : A Public Life*, New York, Knopf, 1979.

Chafe William H., *The American Woman. Her Changing Social, Economic and Political Roles, 1920-1970*, New York, Oxford University Press, 1972.

Christol H., *L'affaire Sacco-Vanzetti et les écrivains américains*, Lille, Atelier de reproduction des thèses, 1991.

Creagh Ronald, *Sacco et Vanzetti*, Paris, La Découverte, 1984.

Dobson John M., *Politics in the Gilded Age. A New Perspective on Reform*, New York, Praeger, 1972.

Franck Louis R., *Histoire économique et sociale des États-Unis de 1919 à 1949*, Paris, Aubier, 1950 (un peu dépassé).

Golding Gordon, 1925. *Le procès du Singe. La Bible contre Darwin*, Bruxelles, Complexe, 1982.

Hicks John, *Republican Ascendancy, 1921-1933*, New York, Harper Torchbooks, 1963.

Kaspi André, *La vie quotidienne aux États-Unis au temps de la prospérité, 1919-1929*, Paris, Hachette, 1980.

Leuchtenburg William E., *The Perils of Prosperity, 1914-1932*, Chicago, University of Chicago Press, 1958, nouv. éd., 1972.

Potter Jim, *The American Economy Between the World Wars*, New York, John Wiley & Sons, 1974 (remarquable).

Ricard Serge (ed.), *The Twenties*, Actes du GRENA, Aix, Presses de l'Université de Provence, 1982.

Rougé Jean-Robert (dir.), *Les années vingt aux États-Unis. Continuités et ruptures*, Paris, Presses de l'Université de Paris-Sorbonne, 1994.

Royot Daniel (ed.), *Les États-Unis à l'épreuve de la modernité. Mirages, crises et mutations de 1918 à 1928*, Paris, Presses de la Sorbonne Nouvelle, 1993.

Schlesinger A. M., *The Crisis of the Old Order, 1919-1933*, Boston, Houghton-Mifflin, 1957.

Sinclair Andrew, *Era of Excess, A Social History of the Prohibition Movement*, New York, Little Brown, 1964.

Soule George, *Prosperity Decade ; From War to Depression, 1917-1929*, New York, Harper Torchbooks, nouv. éd., 1968.

Wilson Joan Hoff, *Herbert Hoover : Forgotten Progressive*, Boston, Little Brown, 1975.

La grande dépression

Bernstein Irving, *Turbulent Years. A History of the American Worker, 1933-1941*, Boston, Houghton Mifflin, 1971.

Bernstein Michael A., *The Great Depression : Delayed Recovery and Economic Change in America, 1929-1939*, Cambridge (MA.), Cambridge University Press, 1987.

Chandler L. V., *America's Greatest Depression, 1929-1941*, New York, Harper & Row, 1970.

Galbraith John Kenneth, *La crise économique de 1929, anatomie d'une crise financière*, Paris, Payot, 1961 ; traduit de l'anglais (*The Great Crash*, Boston, Houghton Mifflin, 1954).

Heffer Jean, *La Grande Dépression. Les États-Unis en crise, 1929-1933*, Paris, Julliard, coll. « Archives », 1976.

Néré Jacques, *La crise de 1929*, Paris, A. Colin, coll. « U2 », 1968, 5ᵉ éd., 1983.

Wecter Dixon, *The Age of the Great Depression, 1929-1941*, New York, New Viewpoints, nouv. éd., 1975.

Franklin D. Roosevelt et le *New Deal*

Artaud Denise, *Le New Deal*, Paris, A. Colin, coll. « U2 », 1969.

Artaud Denise, *L'Amérique en crise, Roosevelt et le New Deal*, Paris, A. Colin, 1987.

Black Allida M., *Casting Her Own Shadow : Eleanor Roosevelt and the Shaping of Postwar Liberalism*, New York, Columbia University Press, 1996.

Brinkley Alan, *The End of Reform : New Deal Liberalism in Recession and War*, New York, Knopf, 1995.

Conkin Paul K., *The New Deal*, New York, Thomas Y. Crowell, 1967.

Davis Kenneth S., *Franklin D. Roosevelt : the New Deal Years, 1933-1937 : A History*, New York, Random House, 1986.

Fohlen Claude, *L'Amérique de Roosevelt*, Paris, Imprimerie nationale, 1982.

Freidel Franck, *Franklin D. Roosevelt, A Rendez-vous with Destiny*, Boston, 1990.

Friedman Milton et Schwartz Anna, *From New Deal Banking Reform to World War II Inflation*, Princeton, Princeton University Press, 1980.

Gordon Colin, *New Deals : Business, Labor, and Politics in America, 1920-1935*, New York, Cambridge University Press, 1994.

Kaspi André, *Franklin D. Roosevelt*, Paris, Fayard, 1988.

Leuchtenburg William E., *Franklin D. Roosevelt and the New Deal, 1932-1940*, New York, Harper Torchbooks, 1963.

Leuchtenburg William E., *The FDR Years : On Roosevelt and His Legacy*, New York, Columbia University Press, 1995.

Morgan Red, *FDR, A Biography,* New York, 1985.

Perkins Dexter, *The New Age of Franklin Roosevelt, 1932-1945,* Chicago, The University of Chicago Press, 1956.

Schlesinger Arthur M., *L'Ère de Roosevelt,* vol. 1 : *La crise de l'ordre ancien, 1919-1933,* Paris, Denoël, 1971 (traduit de l'anglais, *The Age of Roosevelt,* Boston, Houghton Mifflin, 1957).

Sitkoff Howard, *A New Deal for Blacks : the Emergence of Civil Rights as a National Issue, the Depression Decade,* New York, Oxford University Press, 1978.

Sitkoff Howard (ed.), *Fifty Years Later. The New Deal Evaluated,* New York, Alfred A. Knopf, 1985.

La Deuxième Guerre mondiale

Blum John Morton, *V Was for Victory, Politics and American Culture During World War II,* New York, Harcourt-Brace-Jovanovich, 1976.

Dallek Robert, *Franklin D. Roosevelt and American Foreign Policy, 1932-1945,* New York, Oxford University Press, 1979.

Divine Robert A., *Foreign Policy and US Presidential Elections, 1940-1948,* New York, Viewpoints, 1974.

Lingerman Richard R., *Don't You Know There Is A War On ? The American Home Front, 1941-1945,* New York, Paperback Library, 1970.

Louis Jeanne-Henriette, *L'engrenage de la violence. La guerre psychologique aux États-Unis pendant la Deuxième Guerre mondiale,* Paris, Payot, 1987.

Polenberg Richard, *War and Society : The United States, 1941-1945,* Philadelphia, Lippincott, 1972.

Vatter Harold G., *The US Economy in World War II,* New York, Columbia University Press, 1985.

Wyman Davis S., *The Abandonment of the Jews. America and the Holocaust, 1941-1945,* New York, Pantheon Books, 1984 ; Paris, Fayard, 1987 (traduit de l'anglais).

Wynn Neil A., *The Afro-American and the Second World War,* New York, Harper, 1976.

L'apothéose du siècle américain de Wilson à Johnson (1945-1969)

Ouvrages généraux

Alexander Charles C., *Holding the Line : The Eisenhower Era, 1952-1961,* Bloomington, Indiana University Press, 1975.

Chafe William H., *The Unfinished Journey. America since World War II,* New York, Oxford University Press, 1985.

Gilbert James, *Another Chance. Postwar America, 1945-1968,* New York, Alfred A. Knopf, 1981.

Goldman Eric F., *The Crucial Decade and After, 1945-1960,* New York, Vintage Books, 1960.

Grantham Dewey W., *Recent America, The United States since 1945,* Arlington Heights (Ill.), 1987.

Halberstam David, *The Fifties,* New York, Villard Books, 1993.

Heffer Jean, *Les États-Unis de 1945 à nos jours,* Paris, A. Colin, 1990, 3ᵉ éd., 1997.

Hochman Stanley, *Yesterday and Today. A Dictionary of Recent American History*, New York, McGraw & Hill, 1985.

Julien Claude, *Le Nouveau Nouveau Monde*, Paris, Julliard, 1960.

Melandri Pierre et Portes Jacques, *Histoire intérieure des États-Unis au XXᵉ siècle*, Paris, Masson, 1991.

Schlesinger Jr., Arthur M., *The Imperial Presidency*, New York, Popular Library, 1974 ; *La Présidence impériale*, Paris, 1976 (traduit de l'anglais).

Siegel Frederick F., *Troubled Journey. From Pearl Harbor to Ronald Reagan*, New York, Hill & Wang, 1984.

Zinn Howard, *Postwar America : 1945-1971*, New York, 1973.

Vie politique

Ambrose Stephen E., *Eisenhower*, New York, Simon & Shuster, 2 vol., 1983-1984 ; Paris, Flammarion, 1986

Bernstein Barton J., *Politics and Policies of the Truman Administration*, Chicago, Quadrangle, 1970.

Bernstein Barton J. et Matusow Allen J., *The Truman Administration. A Documentary History*, New York, Harper, 1966.

Bornet Vaughan Davis, *The Presidency of Lyndon B. Johnson*, Lawrence, University Press of Kansas, 1983.

Branyan Robert L. et Larsen Lawrence, *The Eisenhower Administration, 1953-1961 : A Documentary History*, New York, Random House, 1971.

Cochran Bert, *Harry Truman and the Crisis Presidency*, New York, Funk & Wagnalls, 1973.

Cohen Warren I., *Dean Rusk*, Tutowa (NJ), Cooper Square Publishers, 1980.

Collier Peter et Horowitz David, *Les Kennedy*, Paris, Payot, 1985.

Divine Robert A., *Eisenhower and the Cold War*, New York, Oxford University Press, 1981.

Divine Robert (ed.), *Exploring the Johnson Years*, Austin, University of Texas Press, 1981.

Eisenhower Dwight D., *The White House Years*, 2 vol., Garden City, Doubleday, 1963-1965 (traduit de l'anglais, *Mes années à la Maison-Blanche*).

Ferrell Robert H., *Harry Truman and the Modern American Presidency*, Boston, Little, Brown & Co., 1983.

Johnson Lyndon B., *Ma vie de président, 1963-1969*, Paris, Buchet/Chastel, 1972 (traduit de l'anglais).

Kaspi André, *Kennedy*, Paris, Masson, 1978.

Kearns Doris, *Lyndon Johnson and the American Dream*, New York, Harper & Row, 1976.

Kennan George F., *Memoirs*, New York, Bantam Books, 1969.

Kennedy Robert, *Témoignages pour l'Histoire*, Paris, Belfond, 1989.

Kolko Gabriel et Joyce, *The Limits of Power : The World and US Foreign Policy, 1945-1954*, New York, Harper, 1972.

McCoy Donald R., *The Presidency of Harry S. Truman*, Lawrence, University of Kansas Press, 1984.

McCullough David, *Truman*, New York, Simon & Schuster, 1992.

Nixon Richard, *Mémoires*, Paris, 1978 (traduit).

Pach Chester J., Richardson Jr. et Elmo, *The Presidency of Dwight D. Eisenhower*, Lawrence, University of Kansas Press, 1991.

Schlesinger Jr. Arthur M., *A Thousand Days,* Boston, Houghton Mifflin, 1965.

Sorensen Theodore C., *Kennedy,* Paris, Gallimard, 1966.

Sunquist James L., *Politics and Policy. The Eisenhower, Kennedy, and Johnson Years,* Washington (DC), The Brookings Institution, 1968.

Le maccarthysme

Belknap Michael R., *Cold War Political Justice. The Smith Act, the Communist Party and American Civil Liberties,* Westport, Greenwood Press, 1977.

Caute David, *The Great Fear. The Anti-Communist Purge Under Truman and Eisenhower,* New York, Simon & Schuster, 1978.

Freeland Richard M., *The Truman Doctrine and the Origins of McCarthyism. Foreign Policy, Domestic Politics, and Internal Security, 1946-1948,* New York, Alfred Knopf, 1975.

Kutler Stanley I., *The American Inquisition. Justice and Injustice in the Cold War,* New York, Hill & Wang, 1982.

Radosh Ronald et Milton Joyce, *Dossier Rosenberg,* Paris, Hachette, coll. « Documents », 1985.

Rovere Richard H., *Senator McCarthy.,* New York, Harcourt Brace Jovanovich, 1959.

Theoharis Athan, *Seeds of Repression. Harry S. Truman and the Origins of McCarthyism,* New York, Quadrangle Books, 1971.

Toinet Marie-France, *La chasse aux sorcières,* Bruxelles, Complexe, 1984.

Weinstein Allen, *Perjury. The Hiss-Chambers Case,* New York, Alfred Knopf, 1978.

Économie

Galbraith John K., *L'ère de l'opulence,* Paris, Calmann-Lévy, 1958.

Galbraith John K., *Le nouvel État industriel,* Paris, Gallimard, 3ᵉ éd., 1989.

Hansen Alvin H., *The Postwar American Economy : Performances and Problems,* New York, Norton, 1964.

Matusow Allen J., *Farm Politics and Policies in the Truman Years,* Cambridge, Harvard University Press, 1967.

Sicard Pierre, *Histoire économique des États-Unis depuis 1945,* Paris, Nathan, 1995.

Le déclin est-il inévitable ? : les États-Unis de Nixon à George W. Bush (1969-2001)

Vie politique

Ambrose Stephen E., *Nixon,* vol. 1 : *The Education of A Politician, 1913-1962,* New York, Simon & Schuster, 1987 ; vol. 2 : *The Triumph of A Politician, 1962-1972,* New York, Simon & Schuster, 1989.

Beaute Jean, *La présidence Reagan, 1ᵉʳ mandat, 1981-1985,* Paris, Documentation française, 1985.

Ben Barka Mokhtar, *La nouvelle droite américaine, des origines à l'affaire Lewinski,* Paris, Éditions du Temps, nouv. éd. 1999.

Bernheim Nicole, *Les années Reagan,* Paris, Stock, 1984.

Bernheim Nicole, *L'Amérique de Clinton,* Paris, Lieu Commun, 1993.

Berthelot Y. *et al., La reaganomie,* Paris, La Documentation française, 1982.

Carter Jimmy, *Mémoires d'un président,* Paris, Plon, 1984 (traduit de l'anglais).

Ferro Maurice, *Kissinger, diplomate de l'impossible,* Paris, 1976.

Gosset Pierre et Renée, *Richard Nixon le mal aimé,* Paris, 1972.

Kaspi André, *Le Watergate, 1972-1974,* Bruxelles, Complexe, 1983, 2ᵉ éd., 1986.

Kissinger Henry, *A la Maison-Blanche, 1968-1973*, Paris, Fayard, 1978.

Melandri Pierre, *Reagan. Une biographie totale*, Paris, Robert Laffont, 1988.

Miller William Lee, *Jimmy Carter, l'homme et ses croyances*, Paris, Economica, 1980 (traduit).

Nixon Richard, *Mémoires*, Paris, Stanké, 1978.

Palmer John L. (ed.), *Perspectives on the Reagan Years*, Washington, DC, The Urban Institute, 1986.

Parmet Herbert S., *Richard Nixon and His America*, Boston, Little, Brown, 1990.

Parmet Herbert S., *George Bush*, New York, Scribner, 1997.

Reagan Ronald et Hubler Richard G., *Reagan par Reagan, la jeunesse, Hollywood, naissance d'un président*, Paris, 1981 (traduit).

Reichley W. James, *Conservatives in an Age of Change. The Nixon and Ford Administrations*, Washington, DC, Brookings, 1981.

Sorman Guy, *La Révolution conservatrice américaine*, Paris, Fayard, 1983.

Zelnick Bob, *Gore ; A Political Life*, Washington, DC, Regnery Publishing, 1999.

Woodward Bob et Bernstein Carl, *Les derniers jours de Nixon*, Paris, 1976 (traduit de l'anglais).

Histoire des idées, institutions politiques

Abraham Henry J., *Freedom and the Court : Civil Rights and Liberties in the United States*, New York, Oxford University Press, 1967, 5ᵉ éd., 1988.

Astre Georges-Albert et Lépinasse Pierre, *La démocratie contrariée ; lobbies et jeux du pouvoir aux États-Unis*, Paris, La Découverte, 1985, 252 p.

Béranger Jean et Rougé Robert, *Histoire des idées aux États-Unis du XVIIᵉ siècle à nos jours*, Paris, PUF, « Le Monde anglophone », 1981.

Cohen-Tanugi Laurent, *Le droit sans l'État ; sur la démocratie en France et en Amérique*, Paris, PUF, « Recherches politiques », avril 1985 ; 2ᵉ éd., octobre 1985.

Cox Archibald, *The Court and the Constitution*, Boston, Houghton Mifflin Company, 1987.

Gérard Patrick, *Le président des États-Unis*, Paris, PUF, « Que sais-je ? », 1991.

Hartz Louis, *The Liberal Tradition in America* (1955) ; traduit *Histoire de la pensée libérale aux États-Unis*, Paris, Economica, 1990.

Kaspi André, *La vie politique aux États-Unis*, Paris, A. Colin, 1970.

Lassale Jean-Pierre, *Les institutions des États-Unis*, Paris, La Documentation française, coll. « Documents d'études », 1985.

Lassale Jean-Pierre, *Les partis politiques aux États-Unis*, Paris, PUF, « Que sais-je ? », 1987.

Lassale Jean-Pierre, *La démocratie américaine. Anatomie d'un marché politique*, Paris, 1991.

Lerat Christian, *La Cour suprême des États-Unis : pouvoirs et évolution historique*, Talence, Presses Universitaires de Bordeaux, « Images » n° 3, 1987.

Lipset Seymour Martin, *Continental Divide : the Values and Institutions of the United States and Canada*, New York, Routledge, 1990.

Longuet Claire-Emmanuelle, *Le Congrès des États-Unis*, Paris, PUF, « Que sais-je ? », 1989.

McCloskey Robert G., *The American Supreme Court*, Chicago, Chicago University Press, 1960 ; *La Cour suprême des États-Unis*, Paris, 1965 (traduit).

O'Brien David M., *Storm Center : The Supreme Court in American Politics*, New York, W.W. Norton & Company, 1986.

Poli Bernard, *Histoire des doctrines politiques aux États-Unis,* Paris, PUF, « Que sais-je ? », 1994.

Rossiter Clinton, *The American Presidency,* New York, 1956.

Rossiter Clinton, *Parties and Politics in America,* Ithaca, 1960.

Schlesinger Arthur M., *La présidence impériale,* Paris, PUF, 1976, traduit de l'anglais.

Toinet Marie-France, *Le système politique des États-Unis,* Paris, PUF, « Thémis », 1987.

Toinet Marie-France (ed.), *Et la Constitution créa l'Amérique,* Nancy, Presses Universitaires de Nancy, 1988.

Toinet Marie-France (ed.), *L'État en Amérique,* Paris, Presses de la Fondation nationale des sciences politiques, 1989.

Toinet Marie-France, *La présidence américaine,* Paris, Montchrestien, « Clefs/Politique », 1991.

Tunc André, *Les États-Unis. Comment ils sont gouvernés,* Paris, LGDJ, 3ᵉ éd., 1973.

Tunc André et Suzanne, *Le système constitutionnel des États-Unis,* Paris, Domat-Montchrestien, 2 vol., 1954.

Politique étrangère

Ambrose Stephen E., *Rise to Globalism, American Foreign Policy, 1938-1976,* New York, Penguin, 1976.

Aron Raymond, *République impériale. Les États-Unis dans le monde, 1945-1972,* Paris, Calmann-Lévy, 1973.

Artaud Denise, *La fin de l'innocence ; les États-Unis de Wilson à Reagan,* Paris, A. Colin, 1985.

David Charles-Philippe, *Au sein de la Maison-Blanche. La formulation de la politique étrangère des États-Unis de Truman à Clinton,* Nancy, Presses Universitaires de Nancy, 1994.

Duroselle Jean-Baptiste et Kaspi André, *Histoire des relations internationales de 1945 à nos jours,* Paris, Armand Colin, 12ᵉ éd., 2001.

Eudes Yves, *La conquête des esprits. L'appareil d'exportation culturelle du gouvernement américain vers le Tiers Monde,* Paris, Maspero, 1982.

Fontaine André, *Histoire de la guerre froide,* Paris, Fayard, 2 vol., 1965-1967.

Grosser Alfred, *Les Occidentaux. Les pays d'Europe et les États-Unis depuis la guerre,* Paris, Fayard « Points », Histoire, 1981.

Hoffmann Stanley, *Gulliver empêtré. Essai sur la politique étrangère des États-Unis,* Paris, Seuil, 1971.

Hoffmann Stanley, *Primacy of World Order,* New York, 1978.

Hoffmann Stanley, *World Disorders. Troubled Peace in the Post-Cold War Era,* Lanhan, Rowman & Littlefield, 1998.

Hyland William G., *Clinton's World. Remaking American Foreign Policy,* Westport, Conn., Praeger, 1999.

Julien Claude, *L'Empire américain,* Paris, Grasset, 1968.

Kennedy Paul, *The Rise and Fall of the Great Powers, Naissance et déclin des grandes puissances,* Paris, Payot, 1987.

Lelièvre Henri (ed.), *Les États-Unis maîtres du monde ?,* Bruxelles, Complexe, 1999.

Litwak Robert, *Rogue States and US Foreign Policy : Containment after the Cold War,* Washington, DC, The Woodrow Wilson Center Press, 2000.

Melandri Pierre, *La politique extérieure des États-Unis de 1945 à nos jours,* Paris, PUF, 2ᵉ éd., 1995.

Melandri Pierre et Ricard Serge (eds), *Ethnocentrisme et diplomatie : l'Amérique et le monde au XXᵉ siècle,* Paris, L'Harmattan, 2001.

Melandri Pierre et Vaïsse Justin, *L'Empire du milieu. Les États-Unis et le monde depuis la fin de la guerre froide*, Paris, Odile Jacob, 2001.

Nouailhat Yves-Henri, *Les États-Unis et le monde au XXe siècle*, Paris, A. Colin, coll. « U », 1997, 2e éd., 2000.

Oye Kenneth A., Rothchild Donald, Lieber Robert J. (ed.), *Eagle Entangled. US Foreign Policy in a Complex World*, New York, Longman, 1979.

Serfaty Simon, *La politique étrangère des États-Unis de Truman à Reagan*, Paris, PUF, « Politique d'aujourd'hui », 1986 (trad. de l'ouvrage paru en 1984 chez Praeger Publishers, New York).

Trubowitz Peter, *Defining the National Interest. Conflict and Change in American Foreign Policy*, Chicago, The University of Chicago Press, 1998.

Valladao Alfredo G. A., *Le XXIe siècle sera américain*, Paris, La Découverte, 1993.

White D., *The American Century. The Rise and Decline of the United States as a World Power*, New Haven, Yale University Press, 1996.

Zunz Olivier, *Le siècle américain : essai sur l'essor d'une grande puissance*, Paris, Fayard, 2001.

La guerre du Viêt-nam

Bodard Lucien, présentation, *Les dossiers secrets du Pentagone*, Paris, 1971 (traduit de l'anglais).

Capps Walter, *The Unfinished War. Vietnam and the American Conscience*, Boston, Beacon Press, 1982.

Herring George C., *America's Longest War. The United States and Vietnam, 1950-1975*, New York, Alfred A. Knopf, 1979 ; 2e éd., 1986 (excellent).

Karnow Stanley, *Vietnam*, Paris, Presses de la Cité, 1983 (témoignage journalistique).

Lacroix Jean-Michel et Cazemajou Jean, *La guerre du Viêt-nam et l'opinion publique américaine (1961-1973)*, Paris, Presses de la Sorbonne nouvelle, 1991, 2e éd., 1992.

Lévy David M., *The Debate Over Vietnam*, Baltimore, The Johns Hopkins University Press, 1991.

Portes Jacques, *Les Américains et la guerre du Viêt-nam*, Bruxelles, Éditions complexe, « Questions au XXe siècle », 1993.

Rigal-Cellard Bernadette, *La guerre du Viêt-nam et la société américaine*, Talence, Presses Universitaires de Bordeaux, « Images », 1991.

Sheehan Neil *et al.*, *The Pentagon Papers as Published by the New York Times*, New York, Bantam Books, 1971.

Young Marilyn B., *The Vietnam Wars, 1945-1990*, New York, Harper-Collins, 1990.

Économie

Azuelos Martine, *L'économie du Royaume-Uni et des États-Unis depuis la fin des années 1970 : structures, mutations, aspects terminologiques*, Paris, PUF, coll. « Perspectives anglo-saxonnes », 1994.

Azuelos Martine (ed.), *Pax Americana : de l'hégémonie au leadership économique*, Paris, Cervepas, Presses de la Sorbonne Nouvelle, 1999.

Bellon Bertrand, *L'interventionnisme libéral*, Paris, Economica, 1986.

Chandler Alfred D., *The Visible Hand, The Managerial Revolution in American Business*, Cambridge (MA.), 1977 ; *La main visible des managers*, Paris, Economica, 1988 (traduit).

Denizet Jean, *Le dollar. Histoire du système monétaire international depuis 1945*, Paris, Fayard, 1985.

Dorel Gérard, Gauthier André et Reynaud Alain, *Les États-Unis, de 1945 à nos jours,* Paris, Bréal, t. 2, 5ᵉ éd., 1988.

Dorel Gérard, *Agriculture et grandes entreprises aux États-Unis,* Paris, Economica, 1985.

Dumas Lloyd J., *The Overburdened Economy : Uncovering the Causes of Chronic Unemployment, Inflation, and National Decline,* Berkeley, University of California Press, 1986.

Esposito Marie-Claude et Azuelos Martine (eds), *Mondialisation et domination économique. La dynamique anglo-saxonne,* Paris, Economica, 1997.

Fogel Robert W. et Engerman Stanley L., *The Reinterpretation of American Economic History,* New York, Harper & Row, 1971.

Grapin Jacqueline, *Forteresse America,* Paris, 1984.

Lefèvre Christian et Body-Gendrot Sophie, *Les villes des États-Unis,* Paris, Masson, 1988.

Nau H. R., *The Myth of America's Decline : Leading the World Economy into the 1990's,* New York, Oxford University Press, 1990.

Poulson Barry W., *Economic History of the United States,* New York, Macmillan, 1981.

Rivière Jean, *Le monde des affaires aux États-Unis,* Paris, A. Colin, coll. « U prisme », 1973.

Rivière Jean, *Les États-Unis à l'horizon de la troisième révolution industrielle,* Nancy, PUN, 1986.

Soppelsa Jacques, *L'économie des États-Unis,* Paris, Masson, 1981.

Toinet Marie-France, Kempf Hubert, Lacorne Denis, *Le libéralisme à l'américaine. L'État et le marché,* Paris, Economica, 1989.

Société américaine

Behr Edward, *Une Amérique qui fait peur,* Paris, Plon, 1995.

Burgess Françoise (ed.), « America ; le rêve blessé », *Autrement,* série « Monde », HS, n° 58-59, février 1992.

Chaban-Delmas Jean-Jacques et Pons Jean-François, *La protection sociale aux États-Unis,* Paris, La Documentation française, 1983.

Chevalier Jean-Marie, *La pauvreté aux États-Unis,* Paris, 1971.

Collomp Catherine et Ménendez Mario (ed.), *Amérique sans frontière. Les États-Unis dans l'espace nord-américain,* Paris, Presses Universitaires de Vincennes, 1995.

Crozier Michel, *Le mal américain,* Paris, Fayard, 1980.

Fohlen Claude, *La société américaine, 1865-1970,* Paris, Arthaud, 1973.

Galbraith John K., *The Affluent Society,* London, Pelican, 1958.

Gitlin Todd, *The Sixties. Years of Hope, Days of Rage,* New York, Bantam, 1987.

Granjon Marie-Christine, *L'Amérique de la contestation ; les années 60 aux États-Unis,* Paris, Presses de la Fondation nationale des sciences politiques, 1985.

Harrington Michael E., *L'autre Amérique : la pauvreté aux États-Unis,* Paris, Gallimard, 1962.

Horton John, *The Politics of Diversity,* Philadelphia, Temple University Press, 1987.

Jencks Christophe et Riesman David, *The Academic Revolution,* Garden City (NJ), Doubleday & Co., nouv. éd., 1969.

Johnson Haynes, *Divided we Fall,* New York, Norton, 1994.

Kaspi André, *États-Unis 68. L'année des contestations,* Bruxelles, Complexe, 1988.

Kaspi André, *Mal connus, mal aimés, mal compris. Les États-Unis d'aujourd'hui,* Paris, Plon, 1999.

Kolko Gabriel, *Wealth and Power in America : An Analysis of Social Class and Income Distribution,* New York, Praeger, 1962.

Lasch Christopher, *The Culture of Narcissism*, New York, Norton, 1979.

Lefevre Christian et Body-Gendrot Sophie *et al.*, *Les villes aux États-Unis*, Paris, Masson, 1988.

Lerner Max, *La civilisation américaine*, Paris, Seuil, 1961.

Leuchtenburg William E., *A Troubled Feast : American Society since 1945*, Boston, Little, Brown, 1973.

Marcuse Herbert, *One Dimensional Man*, Boston, Beacon Press, 1964.

Mills C. Wright, *The Power Elite*, New York, Oxford University Press, 1956 ; Paris, Maspero, 1969 (traduit).

Mills C. Wright, *Les cols blancs. Essai sur les classes moyennes américaines*, Paris, Seuil, coll. « Points », 1966.

Moisy Claude, *L'Amérique sous les armes*, Paris, Seuil, 1971.

Nouvelle Amérique (la), *Documents Observateur*, n° 3, novembre-décembre 1988.

Murray Charles, *Losing Ground. American Social Policy, 1950-1980*, New York, Basic Books, 1984.

Murray Charles et Herrstein J., *The Bell Curve*, New York, Free Press, 1994.

Reich Charles, *Le regain américain ; une révolution pour le bonheur*, Paris, 1971 (traduit de l'anglais).

Revel Jean-François, *Ni Marx ni Jésus, la nouvelle révolution mondiale est commencée aux États-Unis*, Paris, 1970.

Rézé Michel et Bowen Ralph, *Introduction à la vie américaine*, Paris, Masson, 1991.

Riesman David, *The Lonely Crowd. A Study of the Changing American Character*, New Haven, Yale University Press, 1950.

Roszak Theodore, *The Making of a Counterculture*, Garden City, Doubleday, 1969.

Semidei Manuela, *Les contestataires aux États-Unis*, Paris, Casterman, 1973.

Summers Claude, *Gay Fictions, Studies in Male Homosexual Literary Tradition*, New York, Continuum, 1990.

Viorst Milton, *Fire in the Streets. America in the 1960's*, New York, Simon & Shuster, 1979.

Whyte William H., *The Organization Man*, Garden City (NJ), Doubleday & Co., 1957.

Syndicalisme

Collomp Catherine *et al.*, *Les salariés dans l'Amérique de Reagan*, Nancy, PUN, 1990.

Collomp Catherine, *Entre classe et nation : mouvement ouvrier et immigration aux États-Unis*, Paris, Belin, 1998.

Cot Jean-Pierre et Mounier Jean-Pierre, *Les syndicats américains, conflit ou complicité ?*, Paris, 1977.

Foner Philip S., *History of the Labor Movement in the United States*, New York, International Publishers, 1977.

Guérin Daniel, *Le mouvement ouvrier aux États-Unis de 1866 à nos jours*, Paris, Maspero, 1977.

Pelling Henry, *American Labor*, Chicago, Chicago University Press, 1960 ; *Le mouvement ouvrier aux États-Unis*, Paris, Seghers, coll. « Vent d'Ouest », 1965 (traduit de l'anglais).

Zieger Robert, *American Workers, American Unions, 1920-1985*, Baltimore, Johns Hopkins University Press, 1986.

Minorités

Alba Richard D., *Ethnic Identity. The Transformation of White America*, New Haven, Ct., Yale University Press, 1990.

Allen James, Turner Eugene, *We Other People : An Atlas of America's Ethnic Diversity*, New York, MacMillan, 1986.

Armand Laura, Martin D. et Toinet M. F., *Les États-Unis et leurs populations*, Bruxelles, Complexe, 1980.

Blea Irene, *La Chicana and the Intersection of Race, Class, and Gender*, Westport, Greenwood, 1991.

Body-Gendrot Sophie, Maslow-Armand Laura, Stewart Danièle, *Les Noirs américains aujourd'hui*, Paris, A. Colin, 1974.

Body-Gendrot Sophie, *Les États-Unis et leurs immigrants*, Paris, Documentation française, 1991.

Borjas George, *Friends or Strangers : The Impact of Immigrants on the US Economy*, New York, Basic Books, 1990.

Cazemajou Jean et Martin Jean-Pierre, *La crise du melting-pot. Ethnicité et identité aux États-Unis de Kennedy à Reagan*, Paris, Aubier, coll. « USA », 1983.

Cazemajou Jean, éd., *Les minorités hispaniques en Amérique du Nord (1960-1980)*, Talence, Presses Universitaires de Bordeaux, 1985, 2ᵉ éd., 1986.

Creagh Ronald, *Nos cousins d'Amérique*, Paris, Payot, 1988.

Daniels Roger, *Coming to America : A History of Immigration and Ethnicity in American Life*, New York, Harper Collins, 1990.

Deloria Vine, *Custer Died for Your Sins. An Indian Manifesto*, New York, Avon Books, 1970.

Dinnerstein Leonard, Nichols Roger L., Reimers David M., *Natives and Strangers*, New York, Oxford University Press, 1979, nouv. éd. 1994.

Ertel Rachel, Fabre Geneviève, Marienstras Elise, *En marge. Les minorités aux États-Unis*, Paris, Maspero, 1971.

Fabre Geneviève (ed.), *Parcours identitaires*, Paris, Presses de la Sorbonne nouvelle, 1993.

Franklin John Hope, *From Slavery to Freedom, A History of Negro Americans*, New York, Knopf, 1947, 3ᵉ éd., 1967 (*De l'esclavage à la liberté*, Paris, Éditions caribéennes, 1984).

Franklin John Hope, *Race and History : Selected Essays, 1938-1988*, Baton Rouge, Louisiana State University Press, 1989.

Fuchs Lawrence, *The American Kaleidoscope : Race, Ethnicity, and Civic Culture*, Wesleyan University Press, 1991.

Ghorra-Gobin Cynthia, *Les États-Unis entre local et mondial*, Paris, Presses de Sciences Po, « Références inédites », 2000 (chap. 2).

Glazer Nathan, *Les Juifs américains du XVIIᵉ siècle à nos jours*, Paris, Calmann-Lévy, 1972, traduit de l'anglais.

Glazer Nathan, *Affirmative Discrimination. Ethnic Inequality and Public Policy*, New York, Basic Books, 1978.

Glazer Nathan, *We Are All Multiculturalists Now*, Cambridge MA, Harvard University Press, 1997.

Gleason Philip, *Speaking of Diversity : Language and Ethnicity in Twentieth Century America*, Baltimore MD, Johns Hopkins University Press, 1992.

Gordon Milton, *Assimilation in American Life*, New York, Oxford University Press, 1964.

Gordon Milton, *Human Nature, Class and Ethnicity,* New York, Oxford University Press, 1978.

Grandjeat Yves C., *Aztlan : terre volée, terre promise,* Paris, Presses de l'ENS, 1989.

Grandjeat Yves C., Andouard-Labarthe Elyette, Lerat Christian, Ricard Serge, *Écritures hispaniques aux États-Unis, Mémoires et mutations,* Aix, Publications de l'Université de Provence, 1990.

Handlin Oscar, *Boston's Immigrants : A Study in Acculturation,* Harvard University Press, 1941.

Handlin Oscar, ed, *Immigration as a Factor in American History,* New Jersey, Prentice Hall, 1959.

Hine Darlene C., *Black Women in America From Colonial Times to the Present,* 2 vol., New York, Carlson, 1992.

Jacquin Philippe, *Les Indiens blancs,* Paris, Payot, 1987.

Jacquin Philippe (ed.), « Terre indienne », *Autrement,* 1991.

Jacquin Philippe, *Le cowboy,* Paris, Albin Michel, 1992.

Jacquin Philippe, Royot Daniel, Whitfield Stephen, *Le peuple américain ; origines, immigration, ethnicité et identité,* Paris, Éditions du Seuil, 2000.

Labarthe Elyette, *Vous avez dit chicano ; anthologie thématique de la poésie chicano,* Talence, MSHA, 1993.

Lacorne Denis, *La crise de l'identité américaine. Du melting-pot au multiculturalisme,* Paris, Fayard, 1997.

Lacroix Jean-Michel et Caccia Fulvio, *Métamorphoses d'une utopie ; le pluralisme ethnoculturel en Amérique,* Paris, Presses de la Sorbonne nouvelle/Montréal, Triptyque, 1992.

Leconte Monique et Thomas Claudine, eds, *Le facteur ethnique aux États-Unis et au Canada,* Lille, Presses de l'Université de Lille III, 1983.

Lerda Valeria Gennaro, ed, *From Melting Pot to Multiculturalism. The Evolution of Ethnic Relations in the United States and Canada,* Roma, Bulzoni, 1990.

Lerner Gerda, *Black Women in White America,* New York, Vintage, 1973.

Polenberg Richard, *One Nation Divisible, Class, Race, and Ethnicity in the United States since 1938,* New York, Penguin Books, 1980.

Reimers David, *Still the Golden Door : The Third World Comes to America,* New York, Columbia University Press, 1985.

Rocard Marcienne, *Les fils du soleil,* Paris, Maisonneuve, 1980.

Rostkowski Joëlle, *Le renouveau indien aux États-Unis,* Paris, L'Harmattan, 1986.

Schlesinger Jr. Arthur M., *The Disuniting of America. Reflections on a Multicultural Society,* New York, Norton, 1991.

Sitkoff Harvard, *The Struggle for Black Equality, 1954-1980,* New York, Hill & Wang, 1981.

Sollors Werner (ed.), *Ethnic Theory. A Classical Reader,* New York, New York University Press, 1996.

Sowell Thomas, *Ethnic America : A History,* New York, Basic Books, 1981.

Steinberg Stephen, *The Ethnic Myth. Race, Ethnicity, and Class in America,* Boston, Beacon Press, 1981.

Steiner Stan, *The New Indian,* New York, Delta Books, 1968.

Thernstrom Stephen, *Harvard Encyclopedia of American Ethnic Groups,* Harvard University Press, 1980.

Wilkinson J. Harvie, *From Brown to Bakke. The Supreme Court and School Integration, 1954-1978,* New York, Oxford University Press, 1979.

Femmes

Ballorain Rolande, *Le nouveau féminisme américain.* Essai : étude historique et sociologique du *Women's Liberation Movement*, Paris, Denoël/Gonthier, 1972.

Castro Ginette, *Radioscopie du féminisme américain*, Paris, Presses de la Fondation nationale des sciences politiques, 1984.

Chafe William H., *The American Woman : Her Changing Social, Economic, and Political Roles, 1920-1970*, New York, Oxford University Press, 1972.

Evans Sara M., *Born For Liberty. A History of Women in America*, New York, The Free Press, 1989 ; traduit de l'anglais, *Les Américaines. Histoire des femmes aux États-Unis*, Paris, Belin, 1991.

Friedan Betty, *The Feminine Mystique*, New York, Norton, 1963.

Goodman Susan et Royot Daniel (ed.), *Femmes de conscience*, Paris, Presses de la Sorbonne nouvelle, 1994.

Masnata-Rubattel Claire, *La révolte des Américaines*, Paris, Aubier, 1972.

Culture

Montagutelli Malie, *Histoire de l'enseignement aux États-Unis*, Paris, Belin, 2000.

Royot Daniel, Bourget Jean-Loup, Martin Jean-Pierre, *Histoire de la culture américaine*, Paris, PUF, coll. « Premier Cycle », 1993 (excellent ouvrage qui contient toutes les références utiles sur le sujet dans la bibliographie).

Religion

Ahlstrom Sydney E., *A Religious History of the American People*, New Haven, Yale University Press, 1972.

Bertrand Claude-Jean, *Le méthodisme*, Paris, A. Colin, coll. « U2 », 1971.

Bertrand Claude-Jean, *Les Églises aux États-Unis*, Paris, PUF, « Que sais-je ? », 1975.

Ellis John Tracy, *American Catholicism*, Chicago, 2ᵉ éd., 1969.

Lippy Charles H. et Williams Peter W., *Encyclopedia of the American Religious Experience : Studies of Traditions and Movements*, New York, Scribner's, 1988.

Silk Mark, *Spiritual Politics : Religion and America since World War II*, New York, Simon and Schuster, 1988.

Wills Gary, *Under God. Religion and American Politics*, New York, Simon & Schuster, 1990.

Wuthnow Robert, *The Restructuring of American Religion : Society and Faith since World War II*, Princeton, Princeton University Press, 1988.

Médias

Bertrand Claude-Jean, *Les mass media aux États-Unis*, Paris, PUF, « Que sais-je ? », 1974.

Burbage Robert, Cazemajou Jean, Kaspi André, *Presse, radio et télévision aux États-Unis*, Paris, A. Colin, U2, 1972.

Burbage Robert, *La presse aux États-Unis*, Paris, La Documentation française, 1981.

Ricard Serge, *The Mass Media in America since 1945. An Overview*, Paris, Armand Colin, 1998.

Royot Daniel et Ruel Susan, *Médias, société et culture aux États-Unis*, Gap, Ophrys, 1996.

Histoire des États-Unis

Table des cartes*

* Les cartes ont été dessinées par Annick Monnerie.

Liste des graphiques

Imprimé en France
Imprimerie des Presses Universitaires de France
73, avenue Ronsard, 41100 Vendôme
Septembre 2001 — N° 48 392